V&R

Alfred Adler Studienausgabe

herausgegeben von Karl Heinz Witte

Band 4: Alfred Adler
Schriften zur Erziehung und Erziehungsberatung (1913–1937)
herausgegeben von Wilfried Datler,
Johannes Gstach und Michael Wininger

Alfred Adler

Schriften zur Erziehung und Erziehungsberatung (1913–1937)

herausgegeben von Wilfried Datler,
Johannes Gstach und Michael Wininger

Mit einer Abbildung

Vandenhoeck & Ruprecht

Die Alfred Adler Studienausgabe wird im Auftrag der Deutschen Gesellschaft für Individualpsychologie herausgegeben von Karl Heinz Witte unter Mitarbeit von Vera Kalusche.

Die Veröffentlichung des vorliegenden Bandes wurde durch ein Forschungsprojekt des Referats Wissenschafts- und Forschungsförderung der Magistratsabteilung 7 der Stadt Wien (Leitung: Univ.-Prof. Dr. Christian-Hubert Ehalt) unterstützt.

Bibliografische Information der Deutschen Nationalbibliothek

Die Deutsche Nationalbibliothek verzeichnet diese Publikation in der Deutschen Nationalbibliografie; detaillierte bibliografische Daten sind im Internet über http://dnb.d-nb.de abrufbar.

ISBN 978-3-525-40106-4

© 2009, Vandenhoeck & Ruprecht GmbH & Co. KG, Göttingen
Internet: www.v-r.de
Alle Rechte vorbehalten. Das Werk und seine Teile sind urheberrechtlich geschützt. Jede Verwertung in anderen als den gesetzlich zugelassenen Fällen bedarf der vorherigen schriftlichen Einwilligung des Verlages. Hinweis zu § 52a UrhG: Weder das Werk noch seine Teile dürfen ohne vorherige schriftliche Einwilligung des Verlages öffentlich zugänglich gemacht werden. Dies gilt auch bei einer entsprechenden Nutzung für Lehr- und Unterrichtszwecke.
© Umschlagabbildung: DGIP-Archiv Gotha.
Printed in Germany
Satz: KCS GmbH, Buchholz / Hamburg
Druck und Bindung: ⊕ Hubert & Co, Göttingen
Gedruckt auf alterungsbeständigem Papier.

Inhalt

Einführung. 7
Editorische Vorbemerkung 29

Textausgabe

1. Zur Kinderpsychologie und Neurosenforschung (1914). 31
2. Soziale Einflüsse in der Kinderstube (1914) 50
3. Die Frau als Erzieherin (1916). 66
4. Über individualpsychologische Erziehung (1918) 76
5. Absichten und Leistungen der Erziehungsberatungsstelle
   »Volksheim« (1919). 87
6. Verwahrloste Kinder (1920). 90
7. Erziehungsberatungsstellen (1922). 102
8. Die Gefahren der Isolierung (1923) 107
9. Unerziehbarkeit des Kindes oder Unbelehrbarkeit der
   Theorie? (1925) 113
10. Schwer erziehbare Kinder (1926) 118
11. Die Erziehung zum Mut (1927). 133
12. Individualpsychologie in der Schule (1929). Vorlesungen für
    Lehrer und Erzieher 138
    Vorwort (141) – Einleitung (142) – I. Die ersten fünf Lebens-
    jahre (144) – II. Zur Vorgeschichte der Schwererziehbarkeit (151) –
    III. Kindliche Lebensstile (159) – IV. Schicksalsschläge (165) –
    IX. Übersicht; das Gemeinschaftsgefühl (169) – Beispiele (174) –
    Anhang [Schema] (181)
13. Neurosen. Zur Diagnose und Behandlung (1929) 184
    Kapitel 7: Die Familienkonstellation
14. Kindererziehung (1930) 203
    1. Einführung (205) – 3. Das Streben nach Überlegenheit und seine
    erzieherische Bedeutung (214) – 10. Das Kind in der Schule (227) –
    12. Jugend und Sexualerziehung (238) – 14. Elternerziehung (246) –
    Anhang 1: Ein individualpsychologischer Fragebogen (252) –
    Anhang 2: Vier Fallgeschichten mit Erläuterungen (256)
15. Das Leben gestalten (1930). Vom Umgang mit Sorgenkindern . . . 274
    Der Weg ins Verbrechen (277) – Dem Führer folgen (287)

16. Die Technik der Individualpsychologie (1930).
Zweiter Teil: Die Seele des schwer erziehbaren Kindes 295
Vorwort (300) – 1. Kapitel: Übertreibung der eigenen Wichtigkeit (302) – 4. Kapitel: Verzärteltes jüngstes Kind (309) – 6. Kapitel: Einziges Kind (323) – 10. Kapitel: Gehasstes Kind (329) – 19. Kapitel: Enuresis als Bindemittel (335) – 21. Kapitel: Wie spreche ich mit den Eltern? (344)

17. Verzärtelte Kinder (1930) 346
18. Individualpsychologie und Erziehung (1932) 354

Anhang

Kurzbiografien der erwähnten Personen 363
Literatur 389
Personenverzeichnis 411
Sachverzeichnis 415

Einführung

Alfred Adler war kein Autor, der zeit seines Lebens primär an Psychotherapie und an damit verbundenen persönlichkeitstheoretischen Überlegungen interessiert war und sich aus dieser Perspektive bloß das eine oder andere Mal zu pädagogischen Fragen geäußert hätte. Die kontinuierliche Befassung mit pädagogischen Themen, insbesondere mit Themen der Erziehung, stellte vielmehr einen integralen Bestandteil der von ihm begründeten Individualpsychologie dar. Und doch lassen sich Schriften identifizieren, in denen Adler die Behandlung von pädagogischen Fragen besonders markant ins Zentrum rückte.

Die Bedeutung dieser Texte erschließt sich freilich nur bedingt, wenn der Blick auf die Gesamtentwicklung der individualpsychologischen Theorie Alfred Adlers ausgespart bleibt. Deshalb werden im Folgenden einige Grundzüge von Adlers Theorieentwicklung skizziert und mit den Schriften zur Erziehung und Erziehungsberatung in Beziehung gesetzt, die im vorliegenden Band versammelt sind. Begonnen wird dabei mit jenem Zeitabschnitt, in dem sich Adlers Individualpsychologie zu konstituieren begann.

1. Zur Konstituierung der Individualpsychologie in der Zeit zwischen 1902 und 1913

Als das Jahr 1913 zu Ende ging, war der Prozess der Konstituierung der Individualpsychologie zu einem ersten Abschluss gekommen. Drei Etappen waren bis dahin zurückgelegt worden.

1.1 Alfred Adler im Kreis um Freud (1902–1911)

Am Anfang der ersten Etappe stand das Bemühen Sigmund Freuds, eine Gruppe von Interessierten um sich zu scharen, mit denen er seine Gedanken und Theorien teilen und diskutieren konnte. In diesem Sinn fragte Sigmund Freud im November 1902 bei Alfred Adler an, ob er sich einem solchen kleinen »Kreis von Collegen und Anhängern« anschließen wolle, um einmal pro Woche am Abend »Themata der Psychologie und Neuropathologie zu besprechen« (Freud 1902/1986). Bekanntlich folgte Adler dieser Einladung und wurde zu einem äußerst aktiven Mitglied dieser Gruppe, die letztlich als »Mittwochgesellschaft« in die Geschichte der Psychoanalyse einging und 1908 zur Gründung der Wiener Psychoanalytischen Vereinigung führte (Handlbauer 1990, S. 76). Es dauerte nicht lange, und Adler übernahm innerhalb der psychoanalytischen Bewegung wichtige Funktionen: Er fungierte von

1910 bis 1911 als Obmann der Wiener Psychoanalytischen Vereinigung und übte in derselben Zeit gemeinsam mit Wilhelm Stekel die Funktion des Schriftführers des neu begründeten »Zentralblattes für Psychoanalyse« aus.

Der ausführlichen Darstellung von Bernhard Handlbauer (1990) ist ebenso wie dem Band 1 dieser Studienausgabe zu entnehmen, dass Adler in dieser Zeit mehrere Arbeiten veröffentlichte, in denen er sich intensiv mit zentralen Annahmen der Theorie Freuds auseinandersetzte (Adler 2007a). Allerdings begann er auch bald, vor dem Hintergrund seines psychoanalytischen Selbstverständnisses Auffassungen zu publizieren, die von Freuds Annahmen abwichen. Einen besonders markanten Grundstein für diese Entwicklung legte Adler (1907a) mit seiner »Studie über Minderwertigkeit der Organe«, in der er die These entwickelte, dass die organische Basis neurotischer Symptombildungen in der Existenz von morphologischen oder funktionellen Schwächen einzelner Organe sowie im Bestreben des menschlichen Organismus gründe, solche Schwächen durch verschiedene Ausgleichsbemühungen zu kompensieren. Diesen Grundgedanken bezog Adler in weiterer Folge verstärkt auf den Bereich des Psychischen: Er nahm an, dass der primäre Antrieb von Menschen, aktiv zu werden, im Verlangen besteht, sich vor dem Erleben von Mangelzuständen im Allgemeinen und vor dem Verspüren von Minderwertigkeitsgefühlen im Besonderen zu schützen (Bruder-Bezzel 2007, S. 15). Da Adler in Varianten dieses Verlangens zugleich den primären Faktor im Prozess der Ausbildung von psychopathologischen Symptombildungen sah, geriet er zusehends in Opposition zu Freud, der das Zustandekommen von neurotischen Symptombildungen primär auf das Bestreben zurückführte, das bewusste Gewahrwerden von sexuellen Konflikten zu verhindern.

Als sich Adler und Freud immer weniger in der Lage sahen, die Spannungen zu ertragen, welche ihre unterschiedlichen Theorien, aber auch ihre unterschiedlichen Persönlichkeiten mit sich brachten, kam es zum Bruch: Adler gründete im Sommer 1911 den »Verein für freie psychoanalytische Forschung« und verließ mit fünf Anhängern die Wiener Psychoanalytische Vereinigung, nachdem die Generalversammlung der Wiener Psychoanalytischen Vereinigung beschlossen hatte, dass die Zugehörigkeit zu beiden Vereinen unzulässig sei (Handlbauer 1990, S. 158).

1.2 Der »Verein für freie psychoanalytische Forschung« (1911–1913)

Damit setzte im Prozess der Konstituierung der Individualpsychologie die zweite Etappe ein, die von 1911 bis 1913 dauerte und mit der Geschichte des »Vereins für freie psychoanalytische Forschung« zusammenfiel. Die Tätigkeit dieses Vereins war von regelmäßigen Sitzungen bestimmt, in denen Fragen der Psychopathologie und Kultur sowie die Unterschiede zwischen den Positionen von Adler und Freud diskutiert wurden (Kretschmer 1982). Darüber hinaus erschienen vier Hefte der »Schriften des Vereins für freie psychoanalytische Forschung«.

Von besonderer Bedeutung war in dieser Zeit freilich die Veröffentlichung der Monografie »Über den nervösen Charakter«, in der Adler (1912a) in geschlossener Form die Theorie darstellte, die er nach seiner Trennung von Freud vertrat. Im Zentrum seiner Ausführungen steht dabei die Annahme, dass sich Menschen bereits zu Beginn ihres Lebens mit Gefühlen der Kleinheit, der Schwäche, der Unterlegenheit oder der Unsicherheit konfrontiert sehen, die Adler der übergeordneten Kategorie der »Minderwertigkeitsgefühle« zuordnet. Das Erleben solcher Minderwertigkeitsgefühle kann nicht zuletzt durch die Beziehungserfahrungen gelindert werden, die Kinder etwa mit ihren Eltern machen, doch sind sie in jedem Fall schmerzlich und führen dazu, dass bereits Kinder in Gestalt von »leitenden Fiktionen« unbewusste Vorstellungen davon entwickeln, wie sie ihr Persönlichkeitsgefühl heben und dem Verspüren von Minderwertigkeitsgefühlen entkommen können. An solchen »leitenden Fiktionen«, so nimmt Adler an, orientieren dann Menschen all ihre Aktivitäten. In diesem Sinn folgen Menschen – weitgehend unbewusst – einem »einheitlich gerichteten Lebensplan« (Adler 1912a/2008a, S. 29), in dessen Dienst sie auch die Ausbildung entsprechender Apperzeptionsschemata stellen, nach denen sie ihre Wahrnehmungen und Einschätzungen in der unbewussten Absicht strukturieren, ihrer »leitenden Fiktion« möglichst nahezukommen.

In diesem Zusammenhang behandelt Adler insbesondere das Streben nach dem (vordergründigen) Erleben von Macht, Stärke und Überlegenheit als Ausdruck des Bemühens, sich vor dem bewussten Verspüren von schmerzlichen Minderwertigkeitsgefühlen zu sichern. Er bemüht in diesem Kontext den Begriff des »männlichen Protests«, um damit zum Ausdruck zu bringen, dass in der westlichen Kultur – in Übereinstimmung mit gegebenen gesellschaftlichen Verhältnissen und Gepflogenheiten – die Attribute der Macht, Stärke und Überlegenheit über weite Strecken in klischeehafter Gestalt mit »Männlichkeit« gleichgesetzt werden.[1] Aus

---

1 Mit dem Begriff des »männlichen Protestes« wendet sich Adler somit in kultur- und gesellschaftskritischer Absicht gegen die Auffassung, dass Frauen gleichsam »von Natur aus« Männern unterlegen seien und »Frausein« daher zwangsläufig mit Kleinheit, Schwäche und Unterlegenheit gleichzusetzen sei. Adler betont in seinen Schriften wiederholt, dass er solche Gleichsetzungen in unbewusster Form immer wieder bei Patientinnen und Patienten sowie in seiner Beratungsarbeit gefunden habe. Diese Gleichsetzungen gründen nach Adler nicht zuletzt darin, dass auch im alltäglichen gesellschaftlichen Leben beständig der Eindruck vermittelt wird, Männern würden primär aufgrund ihrer Zugehörigkeit zum männlichen Geschlecht privilegierte Positionen reserviert und eingeräumt. In diesem Zusammenhang ist etwa zu bedenken, dass zu Beginn des 20. Jahrhunderts nahezu alle gehobenen öffentlichen Ämter von Männern besetzt waren; dass Frauen das allgemeine Wahlrecht nicht zuerkannt wurde; dass es Frauen erst seit dem Jahre 1897 erlaubt war, an der Philosophischen Fakultät der Universität Wien zu studieren (Graf-Nold 1988, S. 25ff.; List 2006, S. 89ff.); oder dass es im damals geltenden »Allgemeinen bürgerlichen Gesetzbuch« hieß: »Der Mann ist das Haupt der Familie. In dieser Eigenschaft steht ihm vorzüglich das Recht zu, das

dieser Perspektive sind auch psychopathologische Symptombildungen als Manifestationen von »männlichem Protest« zu begreifen; dienen doch aus Adlers Sicht auch solche Symptombildungen der fiktiven Sicherung eines erhöhten Persönlichkeitsgefühls (Adler 1912a/2008a, S. 8off.).
Grundzüge der Theorie, die Adler (1912a) in seiner Schrift »Über den nervösen Charakter« vertrat, referierte er im September 1913 im Rahmen des vierten Kongresses des »Internationalen Vereins für medizinische Psychologie und Psychotherapie« unter dem Titel

– »Kinderpsychologie und Neurosenforschung« (1914j).

In diesem Vortrag versuchte Adler überdies zu zeigen, in welcher Weise die Grundlagen für die Ausbildung des »individuellen Lebensplans« eines Menschen bereits in der (frühen) Kindheit gelegt werden. Adlers Vortrag, der im Jahr darauf gleich in drei Publikationsorganen veröffentlicht wurde, stellt den ersten Aufsatz Adlers dar, der in diesen Band aufgenommen wird.

> Hauswesen zu leiten [...] Die Gattin erhält den Namen des Mannes und genießt das Recht seines Standes. Sie ist verbunden, dem Manne in seinen Wohnsitz zu folgen, in der Haushaltung und Erwerbung nach Kräften beizustehen und, soweit es die häusliche Ordnung erfordert, die von ihm getroffenen Maßregeln sowohl selbst zu befolgen, als befolgen zu machen« (ABGB 1811, §§ 91 f.; Dölemeyer 1997). Aus der Bestimmung des Mannes als »Haupt der Familie« wurde auch die Bestimmung der »väterlichen Gewalt« abgeleitet, die dem Vater in gesetzlich festgeschriebener Weise zahlreiche Entscheidungsbefugnisse einräumte, welche die Situation der Kinder sowie Belange der elterlichen Erziehung betrafen (ABGB 1811, §§ 147 ff.). Müttern konnte im Fall des väterlichen Todes hingegen nur dann die Vormundschaft über unmündige Kinder übertragen werden, wenn der Großvater väterlicherseits zur Übernahme der Vormundschaft nicht zur Verfügung stand (ABGB 1811, § 198). Ansonsten war »in der Regel« davon Abstand zu nehmen, »Personen weiblichen Geschlechts« Vormundschaften zu übertragen (ABGB 1811, § 192). – Grundzüge des Vormundschaftsrechtes wurden erst 1914 mit der Novellierung des »Allgemeinen bürgerlichen Rechts« verändert (ABGB 1914; Schey 1915), als mit dem Einsetzen des Ersten Weltkriegs Männer verstärkt zum Wehrdienst eingezogen wurden und nur in eingeschränktem Ausmaß erzieherische Aufgaben übernehmen konnten (vgl. dazu Adler 1916, S. 66 ff. in diesem Band). Für entsprechende Veränderungen hatten sich allerdings auch Repräsentantinnen der Frauenbewegung nachdrücklich eingesetzt (z. B. Hainisch 1902), die im Kampf gegen die gesellschaftliche Diskriminierung von Frauen erste Erfolge erzielten. Adlers Ausführungen zum »männlichen Protest« wurden daher von Vertreterinnen der Frauenbewegung ausdrücklich geschätzt (vgl. Schulhof 1937a).

1.3 Von der »freien Psychoanalyse« zur »Individualpsychologie« (1913)

Exakt vierzehn Tage, nachdem Adler den eben erwähnten Vortrag gehalten hatte, kam es zur Umbenennung des »Vereins für freie psychoanalytische Forschung« in »Verein für Individualpsychologie« (Bruder-Bezzel 1995, S. 195). Die Diskussionen, die zu dieser Umbenennung geführt haben und für die dritte Etappe des Konstituierungsprozesses der Individualpsychologie stehen, sind nicht näher dokumentiert. Verschiedene Anmerkungen Adlers lassen mit Wiegand (1995, S. 247) allerdings darauf schließen, dass mit der Umbenennung drei Absichten verfolgt wurden: *Erstens* wollte Adler die von ihm propagierte Richtung von Freuds Psychoanalyse abheben und begann sie deshalb mit einem neuen Begriff zu bezeichnen – nämlich mit dem der Individualpsychologie. Dieser Begriff erlaubte es ihm *zweitens*, in programmatischer Absicht zum Ausdruck zu bringen, dass sich die von ihm begründete Psychologie radikal um ein tiefenpsychologisches Verstehen der »individuellen« und somit unverwechselbar-einmaligen Art und Weise bemüht, in der Menschen Situationen erleben und in Situationen handeln. Und da der Begriff »Individuum« im Lateinischen »das Unteilbare« bezeichnet, schien Adler mithilfe des Begriffs »Individualpsychologie« *drittens* signalisieren zu wollen, dass er in seiner Theorie keineswegs von unterschiedlichen Trieben, Kräften und Systemen sprechen und damit den Eindruck vermitteln möchte, er würde im Menschen unterschiedliche Entitäten annehmen, die im Bereich des Psychischen gleichsam ihr Eigenleben führen.

2. Adlers Bezugnahme auf Pädagogik in der Zeit zwischen 1914 und 1918

Zu den ersten Aktivitäten des »Vereins für Individualpsychologie« zählten die Fortführung der Vereinsabende, die zunächst im vierzehntägigen Rhythmus stattfanden, sowie die Weiterführung der Schriftenreihe, die nun unter dem Titel »Schriften des Vereins für Individualpsychologie« erschienen. 1914 kam es überdies zur Gründung der »Zeitschrift für Individualpsychologie«, die 1923 den Namen »Internationale Zeitschrift für Individualpsychologie« erhielt. Mit der Wahl des Untertitels »Studien aus dem Gebiet der Psychotherapie, Psychologie und Pädagogik« kam zum Ausdruck, dass die Auseinandersetzung mit pädagogischen Themen von Beginn an zum Programm der Individualpsychologie zählte.

Dieses Bild vermittelt auch der Band »Heilen und Bilden«, der, 1914 von Alfred Adler und Carl Furtmüller herausgegeben, in einer spezifischen Publikationstradition steht, die in das 19. Jahrhundert zurückreicht und von der Frage der Zusammenarbeit zwischen Pädagogik und jenem Teilbereich der Medizin handelt, der sich im 20. Jahrhundert als »Kinder- und Jugendpsychiatrie« etablieren sollte (Adler u. Furtmüller 1914a; vgl. Bleidick 1984, S. 29ff., Ellger-Rüttgart 2008, S. 139ff.).

2.1 »Heilen und Bilden« (1914)

Der Sammelband »Heilen und Bilden« enthält den Wiederabdruck von dreizehn Veröffentlichungen Adlers, die daran erinnern, dass sich Adler bereits vor 1914 in mehreren Schriften explizit mit Erziehungsfragen befasst hatte. Viele dieser Artikel sind in Band 1 dieser Studienausgabe nachzulesen, darunter die Schriften

- »Der Arzt als Erzieher« (Adler 1904a),
- »Das Zärtlichkeitsbedürfnis des Kindes« (Adler 1908d),
- »Trotz und Gehorsam« (1910d) oder
- »Zur Erziehung der Eltern« (Adler 1912f).

Bringt man diese Artikel, die Adler 1914 in »Heilen und Bilden« versammelte, mit Furtmüllers (1914) Geleitwort sowie mit weiteren Schriften Adlers aus dieser Zeit in Verbindung, so kann man diesen Veröffentlichungen die Grundzüge eines programmatischen Rahmens entnehmen, die auch für jene pädagogischen Veröffentlichungen von Relevanz sind, die Adler nach 1914 publizierte und die über weite Strecken in den vorliegenden Band aufgenommen wurden. Vier Punkte sind in diesem Zusammenhang von besonderer Bedeutung:

(1.) Ähnlich wie Freud verzichtet auch Adler darauf, Begriffe wie »Erziehung«, »Psychotherapie«, »Bilden« oder »Heilen« unter Bezugnahme auf zeitgenössische Fachveröffentlichungen zu diskutieren, zu definieren und anschließend zueinander in Beziehung zu setzen (vgl. Datler 2005b, S. 110ff.). Zugleich verhält sich Adler allerdings konsequent, wenn er immer wieder zum Ausdruck bringt, dass in seinen Schriften die Begriffe »Heilen« und »Bilden« für zwei Bereiche stehen, die aus seiner Sicht eng miteinander verschränkt sind. In diesem Sinn signalisiert bereits der Untertitel des Buches »Heilen und Bilden« die Auflösung einer scharfen Grenzziehung zwischen Medizin und Pädagogik, wenn es dort heißt, dass die veröffentlichten Texte durchwegs als »ärztlich-pädagogische Arbeiten« anzusehen seien. Und diese Auffassung findet sich auch in einzelnen Texten wieder, wenn Adler etwa betont, dass es im Zuge des ärztlichen Handelns – und damit ist zunächst auch psychotherapeutisches Handeln gemeint – häufig erzieherische Aufgaben zu erfüllen gilt, während manche pädagogische Bemühungen darauf abzuzielen haben, psychopathologische Gegebenheiten zu lindern und somit Therapeutisches zu leisten (Adler 1904a/2007a; 1910d/2007a, S. 130f.; 1913c, S. 41; 1918d, S. 78ff., insbes. S. 80 in diesem Band).

Einführung

(2.) Den Anstoß und Ausgangspunkt für die Entwicklung der Theorie der Individualpsychologie bildeten zunächst die Erfahrungen, die Adler im Kontext von Psychotherapie gesammelt hatte. Da die Individualpsychologie aber nicht nur von pathologischen Zuständen und Verläufen handelt, sondern von der Besonderheit der menschlichen Psyche und ihrer Entwicklung im Allgemeinen, und da sie überdies darauf abstellt, in umfassender Weise »den sicheren Erfahrungen der Erziehungswissenschaft ihre wertvollsten Beweise und Hilfen« zu entnehmen (Adler 1910d/2007a, S. 123), ist sie in Hinblick auf mehrere pädagogische Arbeitsaufgaben von großer Relevanz:

- Neben dem Feld der *Psychotherapie*, das ja aus Adlers Sicht nicht gänzlich außerhalb des pädagogischen Arbeitsbereiches liegt, ist als zweiter Bereich jener der *Heilpädagogik* zu nennen. Damit ist die Einschätzung verknüpft, dass Pädagoginnen und Pädagogen auch dann, wenn sie über keine psychotherapeutischen Kompetenzen verfügen, mithilfe der Individualpsychologie in die Lage geraten, die Lebenssituation von behinderten und »erziehungsschwierigen« Kindern zu verstehen und diese – auf der Basis dieses individuumzentrierten Verstehens – in ihrer weiteren Entwicklung zu unterstützen (z. B. Adler 1910d/2007a, S. 130f.).
- Da Adler davon ausgeht, dass die Berücksichtigung der Erkenntnisse der Individualpsychologie auch die Möglichkeit eröffnet, Fehlentwicklungen bei Kindern erst gar nicht aufkommen zu lassen oder drohende pathologische Entwicklungen so frühzeitig zu erkennen, dass ihnen mit Erfolg begegnet werden kann, ist als dritter Bereich jener der *Prophylaxe* anzuführen (z. B. Adler 1904a/2007a; 1910d/2007a; 1918d, S. 85 in diesem Band).
- Schließlich deutet Adler an manchen Stellen an, dass individualpsychologische Kenntnisse auch dann von pädagogischer Relevanz sind, wenn sich im Fokus der pädagogischen Arbeitsbereiche keine unmittelbaren Bezugnahmen auf gegebene oder drohende Behinderungen oder pathologische Entwicklungen befinden. Dies hängt damit zusammen, dass zentrale Theoriestücke der Individualpsychologie von allgemeinen anthropologischen Annahmen sowie von komplexen Zusammenhängen zwischen individuellen und sozialen Gegebenheiten und Entwicklungen handeln. Vor diesem Hintergrund ist es der Individualpsychologie möglich, auf Besonderheiten aufmerksam zu machen, die allen erzieherischen Vorgängen inhärent sind, und zu verdeutlichen, welch komplexe – und im Regelfall unerkannte – Prozesse das Gelingen oder auch Misslingen von erzieherischen Bemühungen beeinflussen (Adler 1908d/2007a; 1910d/2007a; 1914f).

(3.) Erkenntnisse der letztgenannten Art veranlassen Adler, nüchtern einzuschätzen, welche Grenzen der zügigen Umsetzung individualpsychologischer Einsichten im Kontext von Pädagogik gesetzt sind. Unbewusste Strebungen aufseiten der Erzieher, die ihrerseits wiederum in unbewussten Minderwertigkeitsgefühlen, tendenziösen Werthaltungen oder Übertragungsprozessen gründen, führen oft dazu, dass es Erzieherinnen und Erziehern kaum gelingen kann, entscheidende individualpsychologische Forschungsergebnisse aufzunehmen und in ihre Alltagspraxis einfließen zu lassen (Adler 1912f/2007a); zumal ökonomische Nöte oder gesamtgesellschaftlich weithin verbreitete Apperzeptionstendenzen (etwa bezüglich der Überhöhung des Männlichen) wesentlich dazu beitragen, dass aufseiten der Erzieher entsprechende Minderwertigkeitsgefühle und Werthaltungen entstehen und stabilisiert werden (Adler 1914f, S. 58ff. in diesem Band; 1916, S. 73 in diesem Band).

(4.) Aus den eben skizzierten Einschätzungen leitet Adler einige Jahre später differenzierte Konsequenzen ab: Er bemüht sich um möglichst breitenwirksame Aufklärung und versucht auf diese Weise breite Kreise der Öffentlichkeit zu erreichen. Dabei ist er überzeugt, dass sich sein Engagement auch an Eltern richten muss, die man allerdings in Hinblick auf deren Fähigkeit, aus eigener Kraft weitreichende Veränderungen herbeizuführen, nicht überschätzen darf. Als pädagogische Laien sind ihnen diesbezüglich erhebliche Grenzen gesetzt, weshalb ihnen zwar Einsichten im Rahmen von Vorträgen zu vermitteln und spezifische Unterstützungen in Gestalt von Beratung bereitzustellen sind (Adler 1919d, S. 88ff. in diesem Band). In flächendeckender Weise, so Adlers Überzeugung, wird sich allerdings dadurch die Lebenssituation heranwachsender Kinder und Jugendlicher nicht verändern können.

So gut wie flächendeckend wird hingegen die allgemeine Schulpflicht realisiert; und in der Institution Schule arbeiten Lehrerinnen und Lehrer, von denen man professionelle Arbeit erwarten darf. Deshalb setzt Adler große Hoffnungen in ein reformiertes Schulsystem und verbindet dies mit entsprechenden Bemühungen, die auf die Verbesserung der pädagogischen Qualifikationen von Lehrerinnen und Lehrern abzielen (Adler 1921/1973c, S. 341; 1922b, S. 104f. in diesem Band; 1929b, S. 144 in diesem Band).

Darüber hinaus wird sich Adler auch für strukturelle Reformen im Bereich des Schulwesens sowie für die Einrichtung weiterer pädagogischer Institutionen in Gestalt von Horten oder Heimen einsetzen und wiederholt darauf aufmerksam machen, welche gesamtgesellschaftlich verankerten oder auch weithin verbreiteten Strukturen in pädagogischer Hinsicht als problematisch einzuschätzen und folglich zu verändern wären.

2.2 In den Band aufgenommene Veröffentlichungen

Mit solchen Gegebenheiten, die das gesellschaftliche Leben über weite Strecken und zum Teil sogar in seiner Gesamtheit betreffen und bestimmen, befasst sich Adler in den Arbeiten mit den Titeln:

- »Soziale Einflüsse in der Kinderstube« (1914f) und
- »Die Frau als Erzieherin« (1916).

Beide Aufsätze werden hier zum ersten Mal seit ihrem Ersterscheinen abgedruckt und damit einem größeren Kreis von Interessierten zugänglich gemacht. Der Artikel aus dem Jahre 1916 stellt zugleich eine der wenigen Veröffentlichungen dar, die Adler während des Ersten Weltkriegs publizierte. Adlers Aufsatz

- »Über individualpsychologische Erziehung« (1918d)

stellt den dritten Text Adlers aus der Zeit zwischen 1914 und 1918 dar, der hier wiedergegeben wird. In seinem Fokus stehen Adlers Vorstellungen, welche die enge Verschränkung der Arbeits- und Aufgabenfelder von Ärzten und Erziehern betreffen. In diesem Zusammenhang kommt Adler darauf zu sprechen, dass Kinder, die von ihren Eltern verzärtelt werden, die eine lieblose Behandlung erfahren oder die körperliche Schwächen aufweisen, besonders gefährdet sind, Minderwertigkeitsgefühle und daraus erwachsende Macht- und Geltungsstrebungen auszubilden. Weiters geht er darauf ein, dass für die Ausbildung entsprechender Tendenzen auch die Art und Weise bedeutsam ist, in der Kinder die Position erleben, die sie in der Geschwisterreihe einnehmen. Diese beiden Themenbereiche, die sich bereits in der Schrift »Zur Erziehung der Eltern« (Adler 1912f) finden lassen, ziehen sich in weiterer Folge wie rote Fäden durch Adlers Werk.

3. Das Konzept des »Gemeinschaftsgefühls« und Adlers Beiträge zum beginnenden Aufschwung der Individualpsychologie im »Roten Wien« (1918–1927)

Adlers Biografen sind sich einig darüber, dass Adler von den Erfahrungen, die er während des Ersten Weltkriegs nicht zuletzt als Soldat gesammelt hatte, tief berührt war (Furtmüller 1946, S. 259ff.). Zugleich verfolgte er mit großer Aufmerksamkeit die politischen Geschehnisse, die nach 1918 in Europa in Gang kamen, und schenkte dabei als linker Intellektueller der Oktoberrevolution in Russland besondere Aufmerksamkeit. In einem Artikel über »Bolschewismus und Seelenkunde« (Adler 1918e; 1919b) übte er Kritik an jeglichen Formen des Zusammenlebens, die von Machtinteressen getrieben sind und die sich durch den Einsatz von Machtmitteln auszeichnen. Dem setzte er die Vorstellung eines kooperativen Miteinanders entgegen, das von Gemeinschaftsgefühl geprägt ist.

3.1 Der Begriff des Gemeinschaftsgefühls

Dieser Begriff des Gemeinschaftsgefühls stellte von nun an einen zentralen Begriff der Individualpsychologie dar, der im Laufe der weiteren Entwicklung der Adler'schen Theorie einige Ausweitung erfuhr (Seidenfuß 1995). Zunächst verstand Adler unter dem Gemeinschaftsgefühl eine angeborene Kraft, die dem Macht- und Geltungsstreben entgegenwirkt, wenn er etwa festhielt, dass »die Bewegungslinie des menschlichen Strebens zunächst einer Mischung aus Gemeinschaftsgefühl und Streben nach persönlicher Überlegenheit entspringt. Beide Grundfaktoren erweisen sich als soziale Gebilde, der erste als angeboren, die menschliche Gemeinschaft festigend, der zweite als anerzogen, als naheliegende allgemeine Verführung, die unablässig die Gemeinschaft zum eigenen Prestige auszubeuten trachtet« (Adler 1920a/1974a, S. 15). Adler betonte allerdings zusehends, dass Menschen förderlicher Erfahrungen bedürfen, damit sich das »angeborene Gemeinschaftsgefühl« entfalten kann. Dies veranlasste Adler, die Vorstellung eines stark entwickelten Gemeinschaftsgefühls bald als zentrale Leitvorstellung menschlicher Entwicklung und somit auch als Leitvorstellung pädagogischer Bemühungen zu begreifen, zumal dies auch der Adler'schen Annahme von der »soziale[n] Beschaffenheit des Seelenlebens« entsprach (Adler 1927a/2007b, S. 41). Mit dieser Annahme verband Adler die These, dass Menschen aufgrund der Struktur ihrer Psyche nicht nur darauf ausgerichtet sind, von Lebensbeginn an mit anderen Menschen in Beziehung zu stehen, sondern dass sie überdies gefordert sind, diese Beziehungen so zu gestalten, dass dies der Entwicklung eines jeden Einzelnen, aber auch der Weiterentwicklung der Qualität des menschlichen Zusammenlebens insgesamt dienlich ist (Adler 1922b, S. 103f. in diesem Band; Rüedi 1988, S. 274).

Mit diesen grundsätzlichen Überlegungen verband Adler die Auseinandersetzung mit der Frage, wie es möglich sei, Heranwachsende »als Strebende und Mitwirkende ins Gemeinschaftsleben einzuführen« und sie »zur Kooperation anzuleiten« (Rüedi 1988, S. 275). Adlers Antworten auf diese Frage streuen über eine Vielzahl von Veröffentlichungen, folgen aber nach Rüedi (1988, S. 275ff.) einem Grundgedanken, der

– bei der Betonung der Bedeutung der frühen Mutter-Kind-Beziehung ansetzt,
– deren Beitrag zur Ausweitung des kindlichen Interesses auf die Beziehung zum Vater sowie zu anderen Familienmitgliedern betont,
– den hohen Stellenwert der Erfahrungen thematisiert, die Kinder im Kontext von Schule sammeln,
– die Bedeutung von Hort und Heim würdigt
– und schließlich mit vielschichtigen Überlegungen schließt, welche die Aufklärung, Beratung und Ausbildung von all jenen Eltern, Lehrern und anderen Erwachsenen betrifft, die pädagogische Aufgaben wahrzunehmen haben.

An all diesen Stationen können – aus Adlers Sicht – wesentliche Beiträge zur Entwicklung des Gemeinschaftsgefühls geleistet, zugleich aber auch Minderwertigkeitsgefühle geschürt werden, die ein verstärktes Streben nach dem Erleben von Überlegenheit, Macht und Geltung nach sich ziehen.

Da Letzteres unter konkreten gesellschaftlichen Bedingungen stets gegeben ist, sah sich Adler im Anschluss an die Einführung des Begriffs des Gemeinschaftsgefühls wiederholt veranlasst, sich von der Vorstellung abzugrenzen, er plädiere für eine kritiklose Anpassung von Heranwachsenden »an eine bestehende Gemeinschaftsform« (Rüedi 1988, S. 275; Antoch 1983). Wenn Adler schrieb, dass die Förderung der Eigenschaften von Kindern »zum Nutzen der Allgemeinheit« erfolgen müsse (Adler 1918d, S. 77 in diesem Band), so kam darin vielmehr die Annahme zum Ausdruck, dass der »Allgemeinheit« dann besonders gedient wäre, wenn Heranwachsende dafür gewonnen werden könnten, nach einer idealen Form des menschlichen Zusammenlebens zu streben. In diesem Sinn hielt Adler gegen Ende der 1920er Jahre fest, dass er »unter Gemeinschaft ein unerreichbares Ideal« verstehe und dass das Wesentliche der Erziehung darin bestünde, »das Kind zu bewegen«, nach diesem Ideal zu streben. Die nachfolgende Generation wird damit zum Träger der Hoffnung auf eine Weiterentwicklung des aktuell gegebenen Gemeinschaftslebens und die Erziehung zum Bemühen, »das Kind zu einem Instrument des sozialen Fortschrittes zu gestalten« (Adler 1929b/2009a, S. 154 in diesem Band).

3.2 Die erste Blütezeit der Individualpsychologie im »Roten Wien«

Die Entwicklung des Konzepts des Gemeinschaftsgefühls sowie Adlers Ausführungen darüber, in welcher Weise die Entwicklung von Gemeinschaftsgefühl gefördert werden kann, trugen wesentlich dazu bei, dass die Individualpsychologie nach 1918 auf öffentliches Interesse und wachsende Akzeptanz stieß. Dies hing zum einen damit zusammen, dass nach dem Ende des Krieges ein großes Verlangen nach Leitvorstellungen existierte, die von der Möglichkeit eines konstruktiven Miteinanders handelten und überdies aufzeigen konnten, wie das Zustandekommen eines solchen Miteinanders nicht zuletzt durch das Setzen entsprechender pädagogischer Maßnahmen unterstützt werden kann. Dazu kam, dass die österreichisch-ungarische Monarchie aufgehört hatte zu existieren und das Verlangen nach Erziehungskonzepten bestand, die in der Lage waren, die heranwachsende Generation zu einem erfolgreichen Leben unter demokratischen Rahmenbedingungen zu befähigen.

Zu all dem schien Adlers Individualpsychologie, die sich für die Entwicklung von Gemeinschaftsgefühl im oben beschriebenen Sinn engagierte, wichtige Beiträge leisten zu können, was dazu führte, dass Adlers Individualpsychologie im Wien der Zwischenkriegszeit prosperierte. Vier Aspekte scheinen in diesem Kontext besondere Aufmerksamkeit zu verdienen:

(1.) Schon in programmatischer Hinsicht war von Bedeutung, dass sich Adler entschieden gegen die damals weithin verbreitete Vorstellung wandte, dass das Auftreten von emotionalen oder sozialen Problemen, von Hoch- oder Minderbegabungen, von Erziehungsschwierigkeiten oder psychopathologischen Symptombildungen auf Vererbung zurückzuführen sei. Adler plädierte vielmehr dafür, all diese Phänomene als Ausdruck der »zielgerichteten Einheit der Persönlichkeit« des jeweiligen Kindes oder Jugendlichen zu begreifen, die in erfahrungsabhängiger Weise ausgebildet wird, und zeigte anhand von konkreten Beispielen immer wieder, in welcher Weise die Befassung mit der Biografie und der aktuellen Lebenssituation der jeweiligen Kinder und Jugendlichen hilft, aus individualpsychologischer Perspektive das Zustandekommen entsprechender Phänomene zu verstehen.

Vor diesem Hintergrund gelang es Adler, in nachvollziehbarer Weise auch zum Problem der Kinder- und Jugendverwahrlosung Stellung zu nehmen, das im Wien der Nachkriegszeit von besonders besorgniserregender Aktualität war (Adler 1920d, 1921/1973b, 1926l). Letzteres ist etwa dem Protokoll der Gemeinderatssitzung vom 30. Dezember 1918 zu entnehmen, in dem davon berichtet wurde, dass sich zwischen den Jahren 1913 und 1917 die Zahl der strafbaren Gesetzesverletzungen, welche der »verwahrlosten Jugend« anzulasten seien, mehr als verdoppelt hatte (und zwar von 6162 auf 14512 Fällen), wobei die darin enthaltene Anzahl der Gesetzesverletzungen, welche von unmündigen Kindern begangen worden waren, einen besonders starken Anstieg von 220 Prozent zu verzeichnen hatte (Loewenstein 1918).

(2.) Ähnlich wie Freud hob sich somit auch Adler von jener Tradition des ausgehenden 19. Jahrhunderts ab, in der ein Gutteil dieser kindlichen »Auffälligkeiten« als »Kinderfehler« bezeichnet, systematisch geordnet und in der Fachzeitschrift »Die Kinderfehler« besprochen wurden (Strümpell 1910; Bleidick 1984, S.19ff.). Denn während sich in der seinerzeitigen Fachliteratur über »Kinderfehler« keine elaborierte Theorie ausmachen ließ, die in der Lage war, das Zustandekommen einer größeren Gruppe unterschiedlicher »Kinderfehler« zu erklären, konnte Adler genau dies in Anspruch nehmen. Und während es in der zeitgenössischen Literatur Veröffentlichungen über »Kinderfehler« erst ansatzweise Hinweise darauf gab, wie im Falle des Vorliegens solcher Kinderfehler in psychotherapeutischer oder heilpädagogischer Weise gearbeitet werden könnte, zeigte Adler, in welcher Weise sogar im Falle des Vorliegens von gewichtigen Erziehungsschwierigkeiten Hoffnung geschöpft und die Bearbeitung dieser Schwierigkeiten in methodisch geleiteter Weise in Angriff genommen werden kann. Dabei kam der Glaubwürdigkeit seiner Auffassung der Umstand zugute, dass er über diese seine Ansprüche nicht nur referierte und schrieb, sondern von 1919 an überdies eine bestimmte Form von Beratung praktizierte, die es einer begrenzten Öffentlichkeit ermöglichte, unmittelbar mitzuverfolgen, in welcher Weise Adler seine Ansprüche auch einzulösen vermochte (Adler 1919d, S. 88 in diesem Band; dazu Näheres auf S. 23 f.).

(3.) Nachdem die Wiener Sozialdemokraten 1919 die Wiener Gemeinderatswahl gewonnen hatten und im »Roten Wien« bald eine Fülle von Reformen durchzuführen begannen, begrüßte Adler diese Intentionen. Zugleich gab die Wiener Individualpsychologie, die bereit war, sich für die Weiterentwicklung des Gemeinschaftslebens der jungen österreichischen Demokratie einzusetzen, einen attraktiven Bündnispartner in Hinblick auf die Ausarbeitung und Realisierung von vielen Reformbemühungen ab, welche die Bereiche der Gesundheit, der Bildung und des Sozialen betrafen (Handlbauer 1988, S. 115 ff.; Bruder-Bezzel 1919, S. 39 ff.).

Ein besonders breites Tätigkeitsfeld tat sich dabei im Rahmen der Wiener Schulreform auf, die eng mit dem Namen Otto Glöckel verbunden war, der 1922 die Funktion des »Geschäftsführenden zweiten Präsidenten des Wiener Stadtschulrates« übernahm. Auf Landesebene setzte er eine umfassende Reform des Schulwesens in Gang, die sowohl den Grundzügen der seinerzeit wirkmächtigen reformpädagogischen Strömungen als auch den Grundpositionen sozialistischer Bildungspolitik entsprach (Pfeiffle 1986; Engelbrecht 1988; Oelkers 2005, S. 294 ff.). Individualpsychologen wurden in diesem Prozess zur Beratung über die Arbeit mit schwierigen Schülern herangezogen, waren in die schulbezogene Weiterbildung von Lehrern und Eltern eingebunden, gehörten dem Kreis der engsten Mitarbeiter um Otto Glöckel an und wurden mit der Durchführung einer Versuchsschule betraut, über die Oskar Spiel in seinem Buch »Am Schaltbrett der Erziehung« (1947/2005) berichtete (vgl. S. 138 ff. sowie Fußnote 131 auf S. 230 in diesem Band). Adler, der im Rahmen dieser schulreformerischen Aktivitäten selbst Vorträge hielt und Beratungen durchführte, wurde 1924 zum Professor des Pädagogischen Instituts der Stadt Wien ernannt, das 1923 mit dem Auftrag gegründet wurde, Lehrerinnen und Lehrer in hochschulähnlicher Form aus- und weiterzubilden.

Ein zweites Tätigkeitsfeld Adlers stellte der Bereich der Erziehungsberatung dar, der im »Roten Wien« zusehends nachgefragt war und mit schulpädagogischen Initiativen verwoben, keineswegs aber deckungsgleich war. Neben Mitgliedern der Wiener Psychoanalytischen Vereinigung (vor allem um August Aichhorn) waren es insbesondere Individualpsychologen, die sich mit Adler auf dem Feld der Erziehungsberatung engagierten und dazu beitrugen, dass in Wien im Jahre 1929 – am Höhepunkt dieser Entwicklung – 28 individualpsychologische Beratungsstellen existierten (Handlbauer 1988, S. 167 ff.; Gstach 2003).

Eine dritte Initiative des »Roten Wien«, die für Adler bedeutsam war, betraf den Ausbau des Volksbildungswesens, das Adler die Gelegenheit gab, als charismatischer Redner vor großen Gruppen von Menschen zu sprechen, um so zur Verbreitung von individualpsychologischem Gedankengut beizutragen und Menschen für die Individualpsychologie zu begeistern (Handlbauer 1988, S. 128, 150 ff.; Furtmüller 1946/1983, S. 253).

(4.) Die Aktivitäten, die in den Bereichen der Erziehungsberatung und der Volksbildung von Adler initiiert und mitgetragen wurden, geben zu erkennen, dass Adler nicht nur darum bemüht war, mit öffentlichen Einrichtungen zusammenzuarbeiten. Mit dem Aufbau der individualpsychologischen Bewegung verband Adler vielmehr die Etablierung eines Netzwerkes, in das unterschiedliche Trägervereine, Kooperationspartner und Vereinsmitglieder eingebunden waren (Gstach 2005c, 2009). Innerhalb dieses Netzwerkes kam es zu unterschiedlichen Initiativen, die auch außerhalb des Vereins für Individualpsychologie gesetzt wurden und etwa zur Gründung einer Praxis für Ehe-, Familien- und Sexualberatung, eines individualpsychologischen Erziehungsheimes oder eines Nachmittagshortes führten. Auf viele dieser Initiativen kam Adler auch in seinen Schriften zu sprechen (siehe Adler 1929b/2009a, S. 141 sowie die Fußnote 42 und 170 auf S. 89 und 342 in diesem Band).

3.3 In den Band aufgenommene Veröffentlichungen

Zwischen 1919 und 1927 verfasste Adler Jahr für Jahr zahlreiche Veröffentlichungen, in denen er die eben angeführten Themen in unterschiedlichen Varianten miteinander verknüpfte und diskutierte. Unter diesen Veröffentlichungen zählen die sieben Texte, die in diesen Band aufgenommen wurden, zu den meistzitierten einschlägigen Arbeiten, die Adler in diesen Jahren verfasst hatte, sowie zu jenen, in denen Adlers Auffassungen besonders markant zur Darstellung gelangten:

- Absichten und Leistungen der Erziehungsberatungsstelle »Volksheim« (1919d)
- Verwahrloste Kinder (1920d)
- Erziehungsberatungsstellen (1922b)
- Die Gefahren der Isolierung (1923e)
- Unerziehbarkeit des Kindes oder Unbelehrbarkeit der Theorie? (1925c)
- Schwer erziehbare Kinder (1926l)
- Die Erziehung zum Mut (1927i)

In ihrer Gesamtheit geben diese Texte Einblick in Adlers Ausführungen zum Aufbau der Erziehungsberatung und der Erziehungsberatungseinrichtungen. Sie bringen weiters zentrale Anschauungen Adlers zur Genese der kindlichen Persönlichkeit zum Ausdruck, greifen die Themenbereiche der Prophylaxe und der Arbeit mit erziehungsschwierigen Kindern und Jugendlichen auf und geben zu erkennen, in welcher Weise sich Adler mit der normbezogenen Frage auseinandersetzte, wie das leitende Ziel der Erziehung – und Adler hat dabei sein Konzept des Gemeinschaftsgefühls vor Augen – bestimmt und eine entsprechende Bestimmung begründet werden kann (Adler 1927i, S. 134ff. in diesem Band).

Einige andere Texte aus der Zeit zwischen 1919 und 1927, die eine große inhaltliche Nähe zu den hier wiedergegebenen Texten aufweisen, finden sich in anderen Bänden dieser Studienausgabe. Speziell zu erwähnen sind insbesondere Adlers Arbeit mit dem Titel »Wo soll der Kampf gegen die Verwahrlosung einsetzen« (1921/1973c) sowie die Monografie »Menschenkenntnis« (1927a/2007b), die zahlreiche Kapitel enthält, in der Erziehungsfragen behandelt werden.

4. Adlers beginnendes Wirken in den USA (1926–1932)

Stand Adlers Schrift »Über den nervösen Charakter« (1912a) für die geschlossene Darstellung der Theorie, die Adler nach seiner Entzweiung mit Freud vertreten hatte, so kam dem Buch »Menschenkenntnis«, bezogen auf Adlers Theorie der späten 1920er Jahre, eine analoge Funktion zu. Und diese Theorie hatte auch einigen Bestand: In den Veröffentlichungen, die Adler nach 1927 publizierte, sind bis zum Jahr 1932 keine Aussagen zu finden, die von markanten Veränderungen in Adlers zentralen Annahmen und Ansichten zeugen würden. Dennoch stehen die Jahre 1926 und 1927 für einige Einschnitte, die in Adlers Leben und Werk auszumachen sind.

4.1 Adlers beginnende Tätigkeit in den USA

Seit der Mitte der 1920er Jahre hatte die Individualpsychologie in Europa weite Verbreitung gefunden, was nicht zuletzt mit Adlers reger Reise- und Vortragstätigkeit zusammenhing (Hoffman 1997, S. 175 ff.; Bruder-Bezzel 2007, S. 198). Im universitären Bereich hatte Adler allerdings nur bedingt Fuß fassen können, nachdem sein Versuch, sich an der Universität Wien mit seiner Schrift »Über den nervösen Charakter« zu habilitieren, im Jahre 1915 gescheitert war (Bruder-Bezzel 1995, S. 27).

Im Jahre 1914 war Adler allerdings schon von G. Stanley Hall in die USA eingeladen worden, um an der Clark University, an der Freud und Jung bereits sieben Jahre zuvor Vorlesungen gehalten hatten, eine Gastdozentur anzutreten (Ansbacher 1985). Nachdem der Ausbruch des Ersten Weltkriegs die Realisierung dieses Plans vereitelt hatte, war es Adler erst wieder 1926 möglich, eine Einladung in die USA anzunehmen, um an verschiedenen renommierten Einrichtungen, darunter auch an Universitäten wie Harvard oder Chicago, Vorträge zu halten. Die Resonanz und der Zuspruch, den Adler erhielt, waren enorm, sodass 1928 eine neue Phase in seinem Leben eintrat, die sich dadurch auszeichnete, dass Adler einen Teil der Zeit eines jeden Jahres in Europa und einen Teil in den USA verbrachte, wo er unter anderem an der New Yorker »New School for Social Research« zu lehren begann (Hoffman 1997; siehe dazu die S. 184 und 274 ff. in diesem Band).

4.2 Veränderungen in Adlers Schriften

Die Erfolge, die Adler in Amerika hatte, und Adlers Wunsch, möglichst viele Bevölkerungsschichten unterschiedlicher Länder für die Individualpsychologie zu gewinnen, zogen einige Konsequenzen nach sich, die nicht zuletzt in Adlers Schriften zur Erziehung und Erziehungsberatung ausgemacht werden können.

(1.) Der Anklang, den Adler in den USA fand, hing nicht zuletzt damit zusammen, dass sich die Auffassungen, die Adler zu dieser Zeit vertrat, in einem hohen Ausmaß mit den Werthaltungen deckten, denen sich weite Kreise der amerikanischen Bevölkerung verbunden fühlten (Hoffman 1997, S. 193ff.). Adlers Wunsch, in diesen Kreisen Anerkennung zu finden, ging Hand in Hand mit Adlers Tendenz, von etwa 1920 an auf sozialkritische Bemerkungen, wie man sie beispielsweise in der Schrift über die »Sozialen Einflüsse in der Kinderstube« (1914f) finden kann, zusehends zu verzichten (vgl. S. 58f. in diesem Band).

(2.) Das hohe Ausmaß an Resonanz, das Adlers Individualpsychologie international weckte, führte dazu, dass die Anzahl seiner jährlich erscheinenden Veröffentlichungen insgesamt wuchs. Insbesondere nahm die Zahl der Bücher, die Adler mit redaktioneller Unterstützung – zum Teil sogar in englischer Erstfassung – publizierte, rasant zu. Neben dem populärwissenschaftlichen Zug, den viele seiner Veröffentlichungen nun auswiesen, zeichneten sich Adlers Publikationen durch das Bemühen aus, »seine gereifte individualpsychologische Theorie« darzustellen, »für die Pädagogik fruchtbar zu machen« und zu zeigen, in welcher Weise die Stärkung und Entfaltung des Gemeinschaftsgefühls vor allem im Rahmen von Familie und Schule gefördert werden kann (Rüedi 1988, S. 287f.). Adler nimmt dabei zu zahlreichen Einzelfragen Stellung, welche auch schulorganisatorische Aspekte berühren (Rüedi 1988, S. 298ff.), kommt darüber hinaus aber immer wieder auf die Bedeutung des Erfassens der individuellen Eigenart von Kindern und Jugendlichen, auf Möglichkeiten des Einzelfallverstehens sowie auf die Aufgabe der »Korrektur« eines etwaigen »fehlerhaften Lebensstils« zu sprechen.

(3.) In enger Verbindung damit stehen Grundsatzüberlegungen zur Frage, wie solch ein individualpsychologisches Arbeiten gelehrt werden kann. Dies entspricht den damals einsetzenden Bemühungen um die Einrichtung von curricular geregelten Aus- und Weiterbildungsgängen, die sich in der Individualpsychologie vom Jahre 1926 an ausmachen lassen (Gstach 2005c, S. 155) und die vor allem von Adlers Auseinandersetzung mit der Frage begleitet waren, wie sich Interessierte die Fähigkeit des individualpsychologischen Verstehens aneignen können. Diese Frage war für Adler besonders bedeutsam, da er die Auffassung vertrat, dass auch pädagogische Bemühungen auf die Besonderheit der Persönlichkeit des jeweiligen Kindes, Jugendlichen und Erwachsenen abgestimmt sein müssen und diese Besonderheit nur auf dem Weg des Verstehens erschlossen werden kann.

4.3 Zur Lehrbarkeit des individualpsychologischen Verstehens

In Übereinstimmung mit Wilhelm Dilthey, der für die Fundierung der Hermeneutik als wissenschaftlicher Methode und in weiterer Folge auch für die Konstituierung der geisteswissenschaftlichen Pädagogik besonders bedeutsam war (Brunner 1995), begriff Adler individualpsychologisches Verstehen als Ausübung einer besonderen Art von wissenschaftlich fundierter Kunst oder Kunstfertigkeit. Da Prozesse des Verstehens darauf abzielen, einzelne Menschen in ihrer zielgerichteten Ganzheit und auf diese Weise auch in ihrer Individualität zu erfassen, kann sich individualpsychologisches Verstehen – aus Adlers Sicht – nicht durch ein schlichtes, regelgeleitetes Vorgehen auszeichnen. Individualpsychologisches Verstehen muss vielmehr auf Intuition setzen und zugleich darum bemüht sein, Zugänge zu Menschen zu eröffnen, die es erlauben, einzelne Aspekte ihrer Persönlichkeit als zusammengehörig zu begreifen (Adler 1929b/2009a, S. 142 f. und Adler 1930e/2009a, S. 302 ff. in diesem Band). Individualpsychologisches Verstehen hat demnach darauf abzuzielen, in speziellen Verhaltensweisen, Emotionen, Träumen oder Erinnerungen den Ausdruck eines bestimmten Lebensplans oder Lebensstils eines Menschen zu erkennen und überdies nachvollziehbar zu machen, wie es unter biografischem Aspekt zur Ausbildung dieses Lebensplans oder Lebensstils gekommen ist (Adler 1929b/2009a, S. 160 in diesem Band). Dabei kann es zwar hilfreich sein, der individualpsychologischen Empfehlung zu folgen, sich bestimmter individualpsychologischer Leitfragen zu bedienen oder sich in besonderer Weise um das Verstehen von Träumen, Kindheitserinnerungen oder des Erlebens der Position in der Geschwisterreihe zu bemühen. Letztlich, so betonte Adler, bedarf es zur Entwicklung und Kultivierung dieser Fähigkeit aber der Übung und der Möglichkeit, wiederholt Einblick in die Art und Weise zu erhalten, in der andere Individualpsychologen, allen voran Alfred Adler selbst, den Prozess des Verstehens praktizieren.

In diesem Zusammenhang kam der Einrichtung jener Beratungsstellen, die als sogenannte »Lehrberatungsstellen« geführt wurden, große Bedeutung zu: In diesen »Lehrberatungsstellen« wurden Beratungen vor den Augen interessierter Personen durchgeführt, die den vertieften Erwerb von individualpsychologischen Kompetenzen anstrebten und so die Gelegenheit erhielten, Beratungsprozesse, die in vier Phasen gegliedert waren, unmittelbar mitzuverfolgen (siehe dazu S. 105, S. 275 f. und S. 295 ff. in diesem Band). Darüber hinaus sollten Interessierte verschiedene Möglichkeiten erhalten, mit schwierigen Kindern und Jugendlichen außerhalb von Familie oder Schule in Kontakt zu kommen, um sich so Formen des förderlichen Umgangs mit ihnen zu erarbeiten.

Freilich konnte auf diese Weise nur ein begrenzter Kreis von Interessierten Einblick in diese Art des individualpsychologischen Denkens und Arbeitens erhalten. Deshalb beschränkte sich Adler nicht darauf, Fallberichte im konventionellen Sinn zu publizieren. Er veröffentlichte vielmehr in wachsendem Ausmaß überarbeitete

Verbatimprotokolle von Veranstaltungen, in denen er vorliegende Fallmaterialien unterschiedlicher Art vor Publikum kommentierte oder Beratungen öffentlich durchführte. Leserinnen und Leser sollten auf diesem Weg das Geschehen in größtmöglichem Ausmaß so nachvollziehen können, wie es für jene Personen wahrnehmbar war, die an diesen Veranstaltungen unmittelbar teilgenommen hatten. Diese Art der Darstellung, die man bereits bei Charcot findet (Datler 2004), nahm insbesondere in Adlers Buchveröffentlichungen bald breiten Raum ein.

4.4 In den Band aufgenommene Veröffentlichungen

Die meisten bedeutsamen Texte, die Adler nach der Veröffentlichung von »Menschenkenntnis« (Adler 1927a/2007b) zu Themen der Erziehung und Erziehungsberatung veröffentlichte, erschienen in Buchform. Angesichts des Gesamtumfangs dieser Bücher musste daher eine Entscheidung darüber getroffen werden, welche Buchausschnitte in den vorliegenden Band der Studienausgabe aufgenommen werden. Dabei kamen zwei Kriterien zum Tragen: Zum einen wurden solche Buchkapitel ausgewählt, in denen sich Adler in einer Weise zu pädagogisch relevanten Fragen äußerte, die differenzierter ausfällt, als dies in anderen Texten dieser Studienausgabe der Fall ist, oder in denen er Themen aufgreift, die in älteren Schriften zur Erziehung oder Erziehungsberatung noch kaum behandelt wurden. Zum anderen wurde der Auffassung Adlers Rechnung getragen, dass ein intensiveres Vertrautwerden mit Adlers Art, über Kasuistisches nachzudenken und Beratungsgespräche zu führen, der Gelegenheit bedarf, mehrere ausführliche Falldarstellungen nachlesen zu können. Dies ist der Grund dafür, dass der Wiedergabe von Falldarstellungen breiter Raum gegeben wurde.

Die Auswahl der einzelnen Buchkapitel führte dazu, dass der vorliegende Band 4 der Studienausgabe Auszüge aus folgenden Büchern Alfred Adlers wiedergibt:

- Individualpsychologie in der Schule. Vorlesungen für Lehrer und Erzieher (1929b)
- Neurosen. Zur Diagnose und Behandlung (1929c)
- Kindererziehung (1930a)
- Das Leben gestalten. Vom Umgang mit Sorgenkindern (1930c)
- Die Technik der Individualpsychologie. Zweiter Teil: Die Seele des schwer erziehbaren Schulkindes (1930e)

Welche Kapitel im Einzelnen ausgewählt wurden, ist dem Inhaltsverzeichnis des Bandes sowie den »Editorischen Hinweisen«, die den Textauszügen vorangestellt sind, zu entnehmen. Ergänzend dazu wurde in den Band der Artikel

- Verzärtelte Kinder (1930)

aufgenommen, in dem sich Adler differenzierter als in manchen vorhergehenden Schriften den innerfamiliären Prozessen widmet, die es Kindern erschweren, sich aus frühkindlichen Abhängigkeiten zu lösen.

5. Adler verlegt seinen Lebensmittelpunkt in die USA (1932–1937)

1932 erhielt Adler eine Gastprofessur für medizinische Psychologie am »Long Island College of Medicine« in New York, die er fünf Jahre lang ausüben sollte. Überdies wurde ihm die Erlaubnis erteilt, an diesem College eine »Lehrklinik« zu leiten (Hoffman 1977, S. 334f.). Zwei Jahre später kam in Österreich die Erste Republik an ihr Ende: Im Februar 1934 ergriff ein austrofaschistisches Regime die Macht. In weiterer Folge konnte ein Großteil der Reformbemühungen, die im »Roten Wien« internationale Aufmerksamkeit auf sich gezogen hatten, nicht mehr weitergeführt werden.

Ereignisse wie diese bewogen Adler, von 1935 an nicht mehr nach Österreich zurückzukehren (Hoffman 1997, S. 363). Er verlegte seinen Lebensmittelpunkt zur Gänze in die USA.

In wissenschaftlicher Hinsicht stellte das Buch »Der Sinn des Lebens« das bedeutendste Werk dar, das Adler in seiner späten Schaffensperiode veröffentlichte (Adler 1933b/2008b). Evolutionstheoretisch inspirierte Überlegungen, die sich bereits in früheren Schriften Adlers finden lassen, veranlassten ihn, ein angeborenes »Streben nach Vervollkommnung« anzunehmen und Minderwertigkeitsgefühle als Ansporn zu begreifen, die das Individuum ebenso wie die gesamte Menschheit dazu drängen, »von einer Minussituation in eine Plussituation zu gelangen« (Adler 1933b/2008b, S. 68). Noch markanter als in den zuvor erschienenen Schriften betonte Adler, dass die »Meinung«, die ein Mensch von sich und seinen Lebensaufgaben hat, letztlich entscheidend ist dafür, wie bestimmte Situationen erlebt werden und wie in bestimmten Situationen gehandelt wird, ohne dass sich der Einzelne über diese »Meinung« und deren Bedeutung im Regelfall im Klaren ist. Darüber hinaus ging Adler davon aus, dass sich »irrige Meinungen« dadurch auszeichnen, dass sie der »Logik des menschlichen Zusammenlebens« widersprechen und in den unterschiedlichsten Lebenssituationen »Lösungen im Sinne des Gemeinschaftsgefühls« verhindern (Adler 1933b/2008b, S. 34).

Diese Annahmen stehen für eine »kognitive Wende« in Adlers späten Schriften, in denen sich Bezüge zur Erziehung und Erziehungsberatung nicht mehr in jener Dichte finden, die Adlers Veröffentlichungen in den vorangegangenen Schaffensperioden ausgezeichnet hatte. Mehrere Artikel, die Adler nach 1932 veröffentlichte, sind in die Bände 3 und 7 dieser Studienausgabe aufgenommen. Für den Band 4 wurde deshalb nur ein Text ausgewählt:

– Individualpsychologie und Erziehung (1932k)

Dieser Aufsatz steht insbesondere für Adlers Tendenz, in seinen späten Schriften vor allem den Aspekt der »Verzärtelung« als Entwicklungsbelastung und Entwicklungsrisiko in den Vordergrund zu rücken.

Dessen ungeachtet behandelte Adler auch weiterhin pädagogische Themen in seinen Seminaren und zahlreichen Vortragsreisen. Am 26. Mai 1937 hatte er in einem Vortrag, den er in Aberdeen gehalten hatte, über die Unangemessenheit körperlicher Züchtigung als Erziehungsmittel gesprochen, ehe er am Tag darauf auf offener Straße zusammenbrach und starb (Rosche u. Zumer 2009).

6. Zur Aktualität von Adlers Schriften zur Erziehung und Erziehungsberatung

Adlers Schriften über Erziehung und Erziehungsberatung weisen einige Merkmale auf, die für reformpädagogische Schriften charakteristisch sind. Vor allem aus jenen Schriften, die nach 1918 erschienen sind, spricht Adlers Gestus der Gewissheit, der wenig Raum lässt für Vorsicht, Zweifel und die zurückhaltend-abwägende Auseinandersetzung mit abweichenden Positionen oder gar kritischen Einwänden (Schirlbauer 2005, S. 11). Dem entspricht Adlers Tendenz, Erziehungsschwierigkeiten oder pathologische Symptombildungen als Ausdruck von »irrtümlichen Meinungen«, »fehlerhaften Haltungen« oder »irrtümlichen Einstellungen« zu begreifen (vgl. Titze 1995b,c) und damit – zumindest implizit – zum Ausdruck zu bringen, dass sich Adler selbst auf dem Boden des Wahren und Richtigen befindet, von dem aus es ihm möglich ist, das Irrtümliche und Fehlerhafte zu erkennen und zu identifizieren. Bezeichnend für den reformpädagogischen Duktus seiner Arbeiten ist überdies seine »Sprache des Aufbruchs« (Schirlbauer 2005, S. 19); das dargelegte Wissen darum, was zu tun sei; die damit verbundene Vorstellung, mithilfe neuer Formen von Erziehung gesellschaftlichen Fortschritt herbeiführen zu können; sowie die darin mitgedachte Annahme, dass die Weiterentwicklung des Einzelnen immer auch einen Beitrag zur Weiterentwicklung des Ganzen darstellt (Schirlbauer 2005; Oelkers 2005, S. 132, 221).

In anderen Punkten unterscheiden sich Adlers Auffassungen allerdings vom Mainstream reformpädagogischen Schrifttums: Adler unterliegt nicht der Gefahr, das Kind und dessen Wesen mythisch zu überhöhen; und bei aller Emphase für das Konzept des Gemeinschaftsgefühls gibt Adler weder die Hoffnung auf die Macht der Aufklärung noch das Bemühen um die Eröffnung von Einsicht auf, wenn er dafür plädiert, dass Kinder über ihren Lebensstil aufzuklären sind, und wenn er sich insbesondere davon entscheidende Anstöße für Veränderung erhofft (S. 161 in diesem Band). Vor allem ist aber festzuhalten, dass Adler eine Vielzahl von Themen in die wissenschaftliche Auseinandersetzung mit pädagogischen Fragestellungen eingebracht hat, die auf das Engste mit der Entwicklung der individualpsychologischen Theorie in ihrer Gesamtheit verwoben sind und bis heute ein breites Feld wissenschaftlicher Betätigung abgeben. In diesem Zusammenhang ist etwa an die Bedeutung der Regulation von Selbstwertgefühlen in pädagogischen Kontexten, an die Konzeption eines »dynamischen Begabungsbegriffs« (Roth 1972; Rogner 1995), an die eingehende Untersuchung des Erlebens von geschwisterlichen Beziehungen für die menschliche Entwicklung (Kinast-Scheiner 1999) oder an Adlers These zu denken, dass frühen Erfahrungen ein besonders großes Gewicht im Prozess der Ausbildung von psychischen Strukturen zukommt (Lehmkuhl 1994; Dornes 2000). Aktuell sind überdies viele seiner Ausführungen zum Prozess des Verstehens und der begrenzten Steuerbarkeit von Lehr-Lern-Prozessen, in denen die Kompetenz des Verstehens von Psychischem entwickelt werden soll.

Unter historischem Aspekt ist es weiters angebracht, darauf hinzuweisen, dass Adler zu den Pionieren auf dem Gebiet der Entwicklung von Erziehungsberatung zählt und somit nicht nur wesentliche Beiträge zur Entwicklung von individualpsychologischen Konzepten der Beratung (Tymister 1990, Christensen 1993), sondern Entscheidendes zur Etablierung von Erziehungsberatung insgesamt geleistet hat (Hundsalz 1995, S. 22f.; Bittner 2001, S. 224ff.). Darüber hinaus ist bemerkenswert, dass Adler zu den ersten Wissenschaftlern zählte, die mit der Veröffentlichung von Verbatimprotokollen umfassende Einblicke in den realen Ablauf von Beratungsprozessen gab. Auf diesem Weg machte er – wenngleich ungewollt – darauf aufmerksam, wie wichtig es ist, zwischen dem dokumentierten Verhalten von Beratern und ihren programmatischen Äußerungen zu unterscheiden.

Schließlich sei an die Arbeiten Adlers aus der Zeit vor 1918 erinnert, mit denen dieser Band der Studienausgabe anhebt: Einige Jahre, bevor der Psychoanalytiker Siegfried Bernfeld (1926/1967, 1929/1996) seine scharfsinnigen Analysen über den Zusammenhang zwischen sozialen Gegebenheiten und pädagogischen Prozessen anstellt, finden sich bei Adler Textpassagen, die in eine ähnliche Richtung weisen. Angesichts der Tatsache, dass diese Perspektive einige Jahrzehnte später in Adlers Schriften verblasst und auch in der Geschichte der Psychoanalytischen Pädagogik immer wieder verloren zu gehen droht (Füchtner 1979, S. 23ff.), können gerade die frühen Schriften Adlers als Dokumente gelten, die auf ein Desiderat verweisen, das immer wieder in psychodynamisch orientierten Veröffentlichungen auszumachen ist, die sich mit erziehungswissenschaftlichen Themen befassen.

7. Abschließende Bemerkungen

Ein wichtiger Teil der umfangreichen Vorarbeiten, die dem Erscheinen des vorliegenden Bandes zugrunde liegen, konnten dankenswerter Weise im Rahmen eines Forschungsprojektes geleistet werden, das vom »Referat Wissenschafts- und Forschungsförderung der Magistratsabteilung 7 der Stadt Wien (Leitung: Univ.-Prof.

Dr. Christian Hubert Ehalt)« finanziert wurde. Die Herausgeber wissen es zu schätzen, dass dieses Referat der Bearbeitung tiefenpsychologischer Fragestellungen immer wieder besondere Unterstützung zukommen lässt.

Besonderer Dank gebührt weiters Sandra Bachmayr, Armin Baumgartner, Eva Cziegler, Diana Erkinger und Bernadette Steiner für ihre gewissenhafte Mitwirkung bei der Erstellung der Textvorlagen; Sonja Schuhmacher, Elfriede Witte und Antonia Funder für die sorgfältige Herstellung der Übersetzungen; und Ilse Schauhuber, Valentina Bruns sowie Alexandra Bisanz für die verlässliche Übernahme unverzichtbarer Koordinations- und Korrekturaufgaben. All dies wäre aber nicht ausreichend gewesen, wenn Karl Heinz Witte als Gesamtherausgeber der Alfred Adler Studienausgabe und Ulrike Kamp als Lektorin des Verlages das Entstehen des Bandes nicht mit bewundernswerter Geduld begleitet hätten.

Schließlich sehen wir uns mit jenen Autoren und Herausgebern verbunden, die in den letzten Jahrzehnten maßgeblich dazu beigetragen haben, dass die Auseinandersetzung mit Adlers Schriften zur Erziehung und Erziehungsberatung lebendig geblieben ist. Allen voran wollen wir Jürg Rüedi nennen, dessen umfassende Studie über »Die Bedeutung Alfred Adlers für die Pädagogik« ein Standardwerk darstellt und als vertiefender Begleittext zur Lektüre des vorliegenden Buches wärmstens empfohlen werden kann. Ähnliches gilt auch für die Editionsarbeiten, die in den 1970er und frühen 1980er Jahren im Zusammenhang mit der Herausgabe der Schriften Adlers im Fischer Taschenbuch Verlag geleistet wurden: Wolfgang Metzger, Heinz L. Ansbacher und Robert F. Antoch haben mit ihrer Textauswahl sowie mit ihren – nach wie vor lesenswerten – Einführungen in die einzelnen Bände in äußerst hilfreicher Weise den Boden für die Zusammenstellung und Kommentierung der Arbeiten bereitet, die in diesen Band Eingang gefunden haben.

Wilfried Datler, Johannes Gstach und Michael Wininger

Editorische Vorbemerkung

In der vorliegenden Studienausgabe werden Adlers Texte in der Fassung ihrer Erstveröffentlichung wiedergegeben. Am Beginn der editorischen Vorbemerkungen, die jedem Text vorangestellt sind, finden sich die bibliografischen Angaben zur Erstveröffentlichung sowie Angaben über – vornehmlich deutschsprachige – Neuauflagen und Wiederabdrucke. Wenn Adler die Neuauflagen von Büchern oder den Wiederabdruck von Artikeln zum Anlass nahm, um an seinen Texten Veränderungen vorzunehmen, so wurden diese, sofern sie inhaltlich von Relevanz sind, in speziell eingefügten Fußnoten vermerkt. Offensichtliche Druckfehler oder grammatikalische Irrtümer wurden stillschweigend korrigiert. Von Adler gesperrt hervorgehobene Textstellen werden kursiv wiedergegeben. Die Orthografie und Interpunktion Adlers, die im Laufe der Jahre variieren, werden den gegenwärtig gültigen Regeln angepasst.

Adlers Hinweise auf Literatur werden wörtlich übernommen. In eckigen Klammern wird jeweils die aktuelle Zitationsweise hinzugefügt, die das Auffinden des Werkes im Literaturverzeichnis ermöglicht.

Die in eckigen Klammern angeführten und in den fortlaufenden Text eingefügten Zahlen geben die Nummern der Seiten wieder, auf denen die Texte an den jeweiligen Orten der Erstveröffentlichung zu finden sind, zum Beispiel: »Von besonderer Wichtigkeit ist diese *[480]* Frage anlässlich der Berufswahl ...«.

TEXTAUSGABE

1. Zur Kinderpsychologie und Neurosenforschung (1914)

Editorische Hinweise
Erstveröffentlichung:
1914j: Zur Kinderpsychologie und Neurosenforschung. In: Wiener klinische Wochenschrift 27, S. 511–516
Neuauflagen:
1914e: Kinderpsychologie und Neurosenforschung. In: Zeitschrift für Pathopsychologie. Ergänzungsband 1, S. 35–52
1915: Kinderpsychologie und Neurosenforschung. In: A. Neuer: Bericht über den Internationalen Kongress für medizinische Psychotherapie. Wien im Sept. 1913. In: Zeitschrift für Psychotherapie und medizinische Psychologie 6, S. 198–202
1974a: Kinderpsychologie und Neurosenforschung. In: A. Adler (Hg.), Praxis und Theorie der Individualpsychologie: Vorträge zur Einführung in die Psychotherapie für Ärzte, Psychologen und Lehrer. Neu herausgegeben von W. Metzger [Neudr. d. 4. Aufl. v. 1930]. Frankfurt a. M.: Fischer Taschenbuchverlag, S. 74–90

Vom 19. bis 20. September 1913 fand in Wien unter dem Vorsitz von Eugen Bleuler der 4. Kongress des »Internationalen Vereins für medizinische Psychologie und Psychotherapie« statt. Im Rahmen dieses Kongresses referierte Adler über »Kinderpsychologie und Neurosenforschung«.

Adlers Vortrag wurde 1914 gleich zweimal publiziert: Eine sprachlich und orthografisch unsaubere Fassung erschien in einem Kongressbericht, der als »Ergänzungsband« der »Zeitschrift für Pathopsychologie« in Druck ging. Nahezu zeitgleich publizierte Adler eine zweite, redigierte Textfassung in der »Wiener klinischen Wochenschrift«. Längere Auszüge aus Adlers Vortragstext finden sich überdies in einem mehrseitigen Kongressbericht, den Alexander Neuer 1915 in der »Zeitschrift für Psychotherapie und medizinische Psychologie« veröffentlichte. Die Fassung, die im Folgenden nachzulesen ist (Adler 1914j/2009a), orientiert sich an jenem Text, der 1914 in der »Wiener klinischen Wochenschrift« erschien.

Adlers Text ist in zwei Teile und zehn Schlusssätze gegliedert. In der Fassung von 1914e findet sich vor diesen Schlusssätzen überdies eine kurze Passage, in der Adler auf Zauberglaube und Hexenwahn Bezug nimmt. Von Interesse ist Adlers Text in mehrfacher Hinsicht:

1. Adler referiert in seinem Beitrag zentrale Inhalte seiner Theorie, die er nach seiner Trennung von Freud vertrat und die er in ausführlicher Form 1912 in seinem Buch »Über den nervösen Charakter« publiziert hatte.[2] Entsprechend ausführlich behandelt er die individualpsychologische Annahme von der Zielgerichtetheit menschlicher Aktivitäten und dem damit verbundenen, über weite Strecken unbewusst verfolgten Streben nach Gefühlen der Stärke und Überlegenheit. Dieses Streben veranlasst neurotisch erkrankte Menschen beispielsweise, den Aspekt des »Krankseins« als Mittel einzusetzen, um in möglichst hohem Ausmaß sicherzustellen, dass sich Familienmitglieder, Therapeuten oder auch andere Menschen um die kranke Person ähnlich fürsorglich bemühen, wie man es von Eltern erwartet, die für ihr Kind Sorge tragen (siehe S. 34 f. in diesem Band).

2. Adler betont durchgängig, dass das Streben nach Gefühlen der Stärke und Überlegenheit einem unbewussten Lebensplan folgt, der in Grundzügen bereits in der frühen Kindheit auf der Basis der Erfahrungen entwickelt wird, die ein Kind – insbesondere mit seinen frühen Bezugspersonen – macht. Aus Adlers Sicht durchzieht und bestimmt dieser Lebensplan alle Aktivitäten eines Menschen, insbesondere auch jene, die zur Ausbildung von neurotischen (und psychotischen) Symptomen führen.

3. In Verbindung damit postuliert Adler, dass individualpsychologisches Verstehen darauf abzuzielen habe, alle Äußerungen des Psychischen als Ausdruck des individuellen Lebensplanes eines Menschen zu begreifen. Diesen zentralen Gedanken erläutert Adler unter Bezugnahme auf acht Fallbeispiele unterschiedlicher Länge. Von geradezu musterbeispielhafter Art sind dabei seine Ausführungen über eine an Hysterie erkrankte Frau, in denen Adler demonstriert, in welcher Weise sein Denken zwischen der Beschäftigung mit Details und dem Bemühen um ein verstehendes Erfassen eines »dahinterliegenden« Lebensplans oszilliert, bis er in die Lage gerät, die verschiedenen Aktivitäten dieser Frau als Ausdruck eines bestimmten, auf ein spezifisches Ziel hin ausgerichteten Strebens zu begreifen.

In diesem Zusammenhang wird auch Adlers Annahme deutlich, dass die psychischen Vorgänge, die dem individuellen Lebensplan eines Menschen entsprechen, über weite Strecken im Unbewussten vor sich gehen und gerade deshalb äußerst wirkmächtig sind (siehe dazu S. 36 ff. in diesem Band).

4. Adler nimmt in seinen Ausführungen immer wieder auf das Konzept des »männlichen Protests« und somit auf die These Bezug, dass die menschliche Psy-

---

2   [Siehe dazu auch die S. 9f. der Einführung in diesen Band.]

che das Erleben von »Überlegenheit« zumeist mit dem Aspekt des »Männlichen«
und das Erleben von »Unterlegenheit« zumeist mit dem Aspekt des »Weiblichen«
gleichsetzt (vgl. S. 9 f. der Einführung in diesen Band). Dies gründet nach Adler in
gesellschaftlich weithin verbreiteten Wertsetzungen und lässt ihn fragen, wie es
unter diesen Bedingungen mit pädagogischen Mitteln gelingen kann, Mädchen
vor der Ausbildung von allzu starken Minderwertigkeitsgefühlen zu bewahren. Er
plädiert dafür, heranwachsenden Mädchen nahezubringen, dass die Geschlechtszugehörigkeit unveränderbar ist, damit verbundene Benachteiligungen und
Schwierigkeiten allerdings ebenso wie andere Probleme verstanden und bekämpft
werden können (siehe dazu S. 45 in diesem Band).

Zur Kinderpsychologie und Neurosenforschung

I.

Wenn man das *Gemeinsame* in den Beziehungen des Kindes und des Nervösen
zur Umgebung kurz bezeichnen will, so ergibt es sich als deren Unselbstständigkeit im Leben. Beide haben es noch nicht so weit gebracht, ihren Aufgaben
gerecht zu werden, ohne sich der Dienstleistungen anderer zu versichern. Und
zwar geschieht Letzteres beim Nervösen in viel höherem Maße als durch das
Gesetz der Sozietät erheischt wird. Nur, was im Falle des Kindes naturgemäß
die Familie, das wird im Falle des Nervösen Familie, Arzt und weitere Umgebung. Ist es beim Kinde die Hilflosigkeit und Schwäche, so wird in der Neurose das Mittel des »Krankseins« erfasst, um die entsprechenden Personen
vor erhöhte Aufgaben zu stellen und ihnen größere Leistungen oder Verzichte
aufzuerlegen. Damit aber wird neben der Schwäche leider ihre Stärke in ein
besonderes Licht gestellt.

Die Ähnlichkeit in den »verstärkten Forderungen« also kann uns schon
den Vergleich nahelegen. Noch wichtiger sind die Erkenntnisse der »vergleichenden Individualpsychologie«, die uns zeigen, dass wir in der Individualität eines Menschen seine Vergangenheit, Gegenwart, Zukunft und sein
Ziel wie in einem Brennpunkt sehen. Ja, wir sind gezwungen anzunehmen,
wenngleich wir erst nach längerem Studium Beweise hierfür erlangen, dass wir
in den Haltungen und Ausdrucksbewegungen, kurz im Modus Vivendi einer
Person auch die Spuren der äußeren Einwirkungen kraft ihrer Reaktionen zu
erkennen vermögen.

Mit dieser Anschauung sagen wir nun: dass es eigentlich in der Individualpsychologie nicht angeht, fertige Begriffsbestimmungen wie Charakter, Affekt,
Temperament, Symptome, ja jede seelische Eigenschaft anders zu verstehen
denn als Mittel, die einem geformten Lebensplan entsprechen und ihn ausführen. So wird als Wille eines Patienten erscheinen, in die Behandlung zu

kommen, sobald ihm dies als Krankheitsbeweis erforderlich wird, wodurch etwa sein Lebensplan, zum Beispiel die Einschränkung seines Kampfplatzes auf das Haus (wie bei der Platzangst), ganz erhebliche Förderung erfährt. Derselbe Patient wird gelegentlich später den Willen zeigen, die Behandlung zu verlassen, wenn ihm ein Misserfolg der Kur als Mittel zur Fortführung desselben Planes erscheint. Das heißt aber: Wenn einer zwei gegenteilige Wege verfolgt, so will er doch dasselbe! Oder wenn Sie die beiden Willensstrebungen auf zwei Personen verteilen: Wenn zwei nicht dasselbe tun oder wollen, ist es doch oft dasselbe (Freschl, Schulhof)[3]. Dass in diesem Falle durch Analyse der Erscheinungen kein Verständnis zu gewinnen ist, kann sicher behauptet werden. Was uns dabei interessiert, das planvoll individuelle, das persönliche Wesen, liegt als Vorbereitung vor der Erscheinung, als Ziel hinter ihr und ist in der Erscheinung selbst nur in einem Durchschnittspunkt getroffen. In beiden Fällen wird aber auch durch die ganze Summe der notwendig dazugehörigen Phänomene (Energie, Temperament, Liebe, Hass, Lust und Unlust, Verständnis, Unverstand, Leid und Freude, Besserung und Verschlimmerung) so weit und in solchem Ausmaße vorhanden sein, dass der vom Patienten gewollte Ausgang sichergestellt erscheint. Dass auch die Bewusstheit und Unbewusstheit des Denkens, Fühlens und Wollens durch diesen Zwang zur Gestaltung der Persönlichkeit diktiert wird, kann leicht nachgewiesen werden, und so ergibt sich auch ihr gegenseitiges Verhältnis als ein Mittel und als eine Schablone des individuellen Seins, nicht etwa als dessen Ursache.

Die gleichen Zusammenhänge gelten von der Determination des Charakters und seiner Stellung als Mittel im Dienste der Persönlichkeit. Die Abstufungen der konstitutionell gegebenen Kräfte, ihre Abschätzung durch das Kind, die Erfahrungen des Milieus beeinflussen Zielsetzung und Lebenslinien. Stehen diese einmal fest, dann passt der Charakter ebenso wie die Triebe ganz genau zu ihnen. Freilich darf man eine Gegensätzlichkeit oder Verschiedenheit in

---

3   [Robert Freschl hatte sich in einer Studie, die kurze Zeit später im 1. Heft der »Zeitschrift für Individualpsychologie« erschien, der Strindberg-Figur Helene gewidmet und herausgearbeitet, dass Helene mit äußerst unterschiedlichen, ja sogar widersprüchlich wirkenden Verhaltensweisen ein einziges Ziel zu verfolgen scheint – nämlich das Ziel, ihren Mann zu dominieren (Freschl 1914/1916a). Freschls Ausführungen wirken wie eine kasuistische Illustration zur Bemerkung Adlers, dass ein Mensch, der »zwei gegenteilige Wege verfolgt« (siehe oben), doch »dasselbe will«. – Hedwig Schulhof versuchte in ihrer individualpsychologischen Veröffentlichung zur »Frauenfrage« hingegen zu zeigen, in welch hohem Ausmaß verschiedene kulturhistorisch ausmachbare Phänomene, die von unterschiedlichen Menschengruppen zu unterschiedlichen Zeiten hervorgebracht wurden (und werden), als Manifestationen des »männlichen Protestes« begriffen werden können (Schulhof 1914b). Dem entspricht Adlers Bemerkung: »Wenn zwei nicht dasselbe tun oder wollen, ist es doch oft dasselbe« (siehe oben).]

den Mitteln nicht ohne Weiteres als grundlegende Unterschiede oder als ätiologische Dissoziation des Seelenlebens ansehen. So sehr sich auch ein Hammer von einer Zange unterscheiden mag, einen Nagel einzuschlagen glückt mit beiden. Bei nervös disponierten Kindern einer Familie sieht man zuweilen das eine im Trotz, das andere durch Unterwerfung um die Herrschaft in der Familie ringen. *Ein fünfjähriger Knabe* litt an der nicht seltenen Erscheinung, alles, dessen er habhaft werden konnte, zum Fenster hinauszuwerfen. Als er genug geprügelt war, erkrankte er an der Angst, er könnte wieder etwas hinauswerfen. Durch beide Symptome gelang es ihm, die Eltern an sich zu fesseln und sich zu ihrem Herrn zu machen. Einer meiner Patienten war *bis zur Ankunft eines jüngeren Bruders das verhätschelte Kind* der Familie. Seine Rivalität gegen den Jüngeren ging eine Zeit lang auf den Linien des Trotzes und der Indolenz, und um das Interesse der Eltern für sich zu gewinnen und wieder zu befestigen, kam er zur Enuresis und zur Nahrungsverweigerung. Es gelang ihm nicht, auf diese Weise den jüngeren Bruder auszustechen. Da wurde er ein äußerst netter, fleißiger Knabe, musste aber, um dauernd an erster Stelle zu stehen, seine Entwertungstendenz derart überspannen, dass eine schwere Zwangsneurose sich daraus entwickelte.[4] Ein ausgesprochen starker *Fetischismus* verriet leicht die Hauptoperationsbasis dieses Patienten: das Arrangement der Entwertung der Frau als Folge der Furcht vor derselben. Was dieser Patient in einer wütenden Aggression von seinen Nebenmenschen zu erringen suchte, die *Vormacht*, erwarb sich sein jüngerer, dereinst vorgezogener Bruder, leicht durch einen hohen Grad von Liebenswürdigkeit; ein leichtes Stottern verriet aber auch bei Letzterem die Linien des Trotzes, des Ehrgeizes und der zugrunde liegenden Unsicherheit (Appelt 1914).[5]

So tritt uns der ganze Ablauf des Seelenlebens, so auch das neurotische Wollen, Fühlen und Denken und der Zusammenhang der Neurose und Psychose als ein von langer Hand gefertigtes Arrangement, als ein Mittel zur siegreichen Bewältigung des Lebens entgegen. Die Anfänge aber führen uns regelmäßig in die Kindheit zurück, in der mit den Ausweisen der Konstitution, im psychischen Rahmen eines Milieus die ersten tastenden Versuche unternommen wurden, um zu einem sich aufdrängenden Ziel der Überlegenheit zu gelangen.

---

4 Siehe Adler, »Über den nervösen Charakter«. Bergmann, Wiesbaden 1912 [Adler äußert sich hier unter anderem über die aggressiven Tendenzen älterer Kinder, die das schmerzliche Gefühl entwickeln, von ihren Eltern weniger Zuwendung als ihre jüngeren Geschwister zu erhalten, und verweist darauf, dass mitunter sowohl der Weg des Trotzes als auch jener des Gehorsams in der Absicht beschritten wird, das herabgesetzte Selbstwertgefühl zu erhöhen (Adler 1912a/2008a, S. 56).]

5 Siehe in »Heilen und Bilden«. E. Reinhardt, München 1913 die Arbeit Appelts, »Stottererbehandlung« [Appelt 1914].

Um zu verstehen, worin das Arrangement des Lebenssystems besteht, wollen wir uns vor Augen führen, wie das Kind an das Leben herantritt. Wo immer wir auch die Entstehung seines Bewusstseins ansetzen wollen, es muss *[512]* wohl ein Stadium sein, in welchem das Kind bereits Erfahrungen gesammelt hat. Es ist aber im höchsten Grade bemerkenswert, dass dieses Sammeln von Erfahrungen nur gelingen kann, wenn das Kind bereits ein Ziel hat. Sonst wäre alles Leben ein wahlloses Herumtasten, jede Wertung wäre unmöglich und von notwendigen Gruppierungen, Heranbringung höherer Gesichtspunkte, Aneinanderreihung und Ausnützung könnte keine Rede sein. Jede Wertung ginge verloren, wenn das fiktive Maß, eben das fix angesetzte Ziel, die ordnende Tendenz fehlte. Und so sehen wir denn auch, dass *niemand seine Erfahrungen tendenzlos erleidet, sondern dass er sie »macht«.* Das aber heißt wohl so viel, dass er ihnen den Gesichtspunkt abgewinnt, ob sie und wie sie seinen Endzielen förderlich oder hinderlich sein können. Was in den Erfahrungen und Erlebnissen wirkt und sich wirksam zeigt, ist ein auf ein Ziel gerichteter Lebensplan, der es auch ausmacht, dass wir unsere Erinnerungen immer in einer aufmunternden oder abschreckenden Stimme reden hören und dass wir sie erst verstehen und richtig werten können, wenn wir diese Stimme in ihnen entdeckt haben.

Wo immer wir im Leben des Kindes oder anamnestisch ein Erlebnis, eine Erinnerung einer Untersuchung unterziehen, sagt uns die Erscheinung selbst ja gar nichts; sie ist an und für sich vieldeutig, jede Deutung muss erst hineingetragen werden und harrt ihres Beweises. Das heißt aber, dass das, was uns daran interessiert, gar nicht in dem Phänomen selbst liegt, sondern sozusagen vor und hinter dem Phänomen, und dass wir eine seelische Erscheinung nur verstehen können, wenn wir bereits intuitiv den Eindruck einer Lebenslinie gewonnen haben. Eine Lebenslinie aber ist erst durch mindestens zwei Punkte bestimmt. Und so ist auch vorzugehen, dass man anfangs zwei Punkte eines Seelenlebens verbindet. Dadurch erhält man einen Eindruck, der durch Hinzuziehung weiterer Erlebnisse erweitert oder eingeschränkt wird. Was dabei vorgeht, ist am ehesten mit der Porträtmalerei zu vergleichen und wie diese nur an ihrer Leistung, nicht aber an Regeln zu bemessen. Oft hat man den Eindruck einer plastischen Attitüde, wie in dem Falle einer meiner hysterischen Patientinnen, die an hysterischen Anfällen mit Bewusstseinsschwund, Armlähmung und Amaurose[6] litt. Es ergab sich, dass sie, um ihren Mann sicher festhalten zu können, außer ihren täglich mehrmals auftretenden Anfällen äußerst scharfe Züge von Misstrauen gegen jedermann, insbesondere gegen Ärzte, an den Tag legte. Um ihr diese gegen andere abwehrende Haltung, die wieder die Unentbehrlichkeit ihres Mannes zum Ausdruck brachte, plastisch vor Augen zu führen, zeigte ich ihr, dass sie wie mit abwehrend vorgestreckten

---

6 [Griech.: Blindheit]

Händen, distanzierend dastehe. Daraufhin teilte mir ihr Gatte, in dessen Anwesenheit die Kur vor sich ging, mit, gerade so hätten die ersten Anfälle ausgesehen, dass die Patientin plötzlich wie zur Abwehr gegen irgendjemanden die Hände ausstreckte. Die ersten Anfälle der Patientin waren eingetreten, als sie eine Untreue des Gatten befürchtete. Wie anamnestisch zutage kam, benahm sie sich so wie in ihrer Kindheit, als sie einmal, auf kurze Zeit *allein gelassen*, fast einem sexuellen Attentat zum Opfer gefallen wäre. Wenn Sie diese zwei so entfernt liegenden Erscheinungen verbinden, erhalten Sie den Eindruck, der in keinem der beiden Phänomene an sich enthalten ist: Die Patientin *fürchtet, allein gelassen zu werden!* Und gegen das jetzt in Sicht tretende Erlebnis richtet sie sich mit der ganzen Wucht ihrer wertvollsten und brauchbarsten Erfahrungen. Nun erst verstehen wir, was wir höchstens voraussetzen konnten, dass sie bereits aus ihrem Kindheitserlebnis diese Nutzanwendung gezogen hatte: Ein Mädchen müsse immer wen um sich haben! Damals bot sich ihr nur der Vater, und dies umso mehr, als er, *fern jeder sexuellen Beziehung zu ihr*, der Mutter ein Gegengewicht bieten konnte, die der älteren Schwester weitaus den Vorzug gab.

Aus diesen Anschauungen geht die Unhaltbarkeit der Auffassung hervor, die den Krankheitsprozess aus den Erlebnissen erklären will, wie es die französische Schule[7] tut und wie später Freud und insbesondere Jung hervorhoben, *als ob der Patient an Reminiszenzen litte*.[8] Auch die dieswöchentliche

---

7 [Adler bezieht sich auf jene Theorie- und Praxistradition der »dynamischen Psychiatrie« im Sinne Ellenbergers, die Jean-Martin Charcot begründete und der auch Pierre Janet zuzurechnen ist (Ellenberger 1985).]

8 [In kritischer Weiterführung der Theorie Charcots vertraten Freud und Breuer in ihrer Arbeit »Über den psychischen Mechanismus hysterischer Phänomene« die Auffassung, dass alle hysterischen Symptombildungen auf traumatische Erfahrungen zurückzuführen wären, in denen heftige Affekte verspürt wurden. Menschen, die später an Hysterie erkrankten, konnten diese Affekte in den Momenten ihres Auftretens oder knapp danach nicht ausreichend lindern: Die Erinnerungen an die traumatischen Erfahrungen blieben deshalb »frisch« und »affektkräftig« (Breuer u. Freud 1883). Wurden sie überdies aus der assoziativen Verbindung mit anderen Erinnerungen ausgesperrt, ist ein nachträgliches »Verblassen oder Affektloswerden« (ebd. S. 87) der Erinnerungen unmöglich. Die affektiv stark besetzten Erinnerungen können nun innerhalb des Psychischen »nach Art eines Fremdkörpers« (ebd. S. 85) wirken und letztlich zur Ausbildung hysterischer Phänomene führen, die mit der Art der traumatischen Erfahrungen in vielgestaltiger Verbindung stehen können. Die viel zitierte und von Adler paraphrasierte Aussage, »der Hysterische leide größtenteils an Reminiszenzen« (ebd. S. 86), besagt demnach, dass nicht die traumatischen Erfahrungen an sich, sondern vielmehr die Erinnerungen an diese Erfahrungen die hysterischen Symptombildungen auslösen. – Von diesem Gedanken ausgehend entwickelte Freud in den darauffolgenden Jahren eine umfassende Theorie unbewusster Abwehrprozesse und

Umarbeitung dieser Theorie, die dem Aktualkonflikt schon besser Rechnung trägt[9] und sich so unserer Anschauung erheblich nähert, leidet noch an dem mangelhaften Verständnis der Lebenslinie des Patienten. Denn Erlebnis wie sogenannter Aktualkonflikt sind nämlich durch die wirkende Lebenslinie zusammengehalten; das unablässig hypnotisierende Ziel des Patienten hat es zustande gebracht, dass hier eine Individualerfahrung gemacht und dort ein Geschehnis zu einem Individualerlebnis erhoben wurde[10]. Die Untreue des Gatten ist für jede Frau ein individuell verschiedenes Erlebnis und darf nicht an sich beurteilt werden.

in Verbindung damit eine komplexe Theorie der Entstehung verschiedener Formen von Neurosen. Dabei beschäftigte ihn weiterhin die Frage des Einflusses früherer Erfahrungen auf die spätere »Neurosenwahl« im Speziellen und des Einflusses dieser Erfahrungen auf latente und manifeste psychische Aktivitäten, die in späteren Situationen gesetzt werden, im Allgemeinen. Auch andere Repräsentanten der immer größer werdenden Gruppe der Psychoanalytiker sowie Angehörige der »französischen Schule« (siehe etwa Ellenberger 1985) publizierten zu diesen Themen. Ohne deren Theorieansätze im Einzelnen differenziert zu rezipieren und zu diskutieren, kritisiert Adler an diesen Ansätzen generell die – aus seiner Sicht gegebene – Vernachlässigung der Fragen, (a) welche aktuellen Probleme (»Aktualkonflikte«) einen Menschen auf der Basis welcher Bewertungen, Interpretationen und Einschätzungen zum Vollzug spezifischer (Abwehr-)Aktivitäten veranlassen; und (b) in welchem Verhältnis all diese Aktivitäten zur finalen Ausrichtung der Gesamtpersönlichkeit dieses Menschen stehen.]

9 [Der Beginn des Kongresses, auf dem Adler den Vortrag »Zur Kinderpsychologie und Neurosenforschung« hielt, war der Diskussion des Konzepts der Verdrängung und damit der Frage gewidmet, was zu Verdrängung führt (Schiferer 1995). Dabei war die These vertreten worden, dass die aktuelle »Akkumulierung« unterschiedlicher unangenehmer Affekte und deren Zusammenwirken für Verdrängung ausschlaggebend sei (Jahresversammlung 1913).]

10 [Vgl. dazu Adlers Bemerkung auf S. 36 in diesem Text: Ein etwaiger Bedeutungszusammenhang zwischen einem vergangenen »Erlebnis« und einem »Aktualkonflikt« wird demnach in Hinblick auf ein bestimmtes Ziel hergestellt, das ein Mensch im Sinne seiner finalen Orientierung (meist unbewusst) verfolgt. In diesem Sinn können beispielsweise vergangene Erfahrungen den Hintergrund dafür abgeben, dass die Realisierung eines Zieles in einer aktuellen Situation als sehr schwierig eingeschätzt wird, dass sich Unschlüssigkeit in Hinblick auf das weitere Handeln breitmacht und dass die aktuelle Situation deshalb als konflikthaft erlebt wird. Solche Bewertungen, die im Bemühen um die bestmögliche Realisierung eines unbewussten Lebensplans vollzogen werden, sind nach Adler auch ausschlaggebend dafür, dass ein bestimmter Vorfall als bedeutungsvolles »(Individual-)Erlebnis« oder ein bestimmtes »Geschehnis« als bedeutungsvolle »Individualerfahrung« erlebt wird. – Die imaginäre Verbindung zwischen einzelnen Aspekten (wie »Ereignis« oder »Aktualkonflikt«) bezeichnet Adler wiederholt als »Lebenslinie« oder »Leitlinie«, die auf die Erreichung eines bestimmten Zieles verweist und in diesem Sinn dem Menschen hilft, »Orientierung in der Welt« zu finden (Adler 1912a/2008a, S. 57).]

Für die Psychologie und insbesonders für die Psychologie des Kindes ergibt sich demgemäß die Notwendigkeit, nie aus einem einzelnen Detail, sondern immer nur aus dem ganzen Zusammenhang Schlüsse und Deutungen zu versuchen.

Wenn wir in der individualpsychologischen Deutung des obigen Krankheitsfalles weitergehen wollen, so genügt uns noch immer die gewonnene Einsicht nicht, dass die Patientin das *Alleinsein* fürchtet. Denn diese Stimmungslage ist wieder vieldeutig und sagt uns deshalb zu wenig. Wir wollen diesen Befund deshalb mit einem weiteren in Verbindung bringen. Die ersten Kindheitserinnerungen der Patientin sind durchtränkt von den *Gedanken und Regungen der Rivalität gegen die Schwester*. Insbesondere kommen immer wieder Erinnerungen an die Oberfläche, wie man ihre Schwester überallhin mitgenommen, während man *sie allein gelassen habe*. Wir sehen also auch in *der Kindheitserinnerung*, die die Patientin als die früheste angibt, jenen *gleichen Zug* immer wiederkehren und sind dadurch sicherer geworden, unsere Vermutung über die Lebenslinie der Patientin sei berechtigt.

Ob wir damit aber auch ein weiteres Symptom, einen anfallsweise auftretenden Kopfschmerz der als »reißend« beschrieben wird, verstehen? Und warum dieser Schmerz immer zur Zeit der Menses auftritt? Die anamnestischen Angaben der Patientin besagen, dass dieses Symptom kurz nach einer heftigen Szene mit der ungerechten Mutter aufgetreten sei. Die Mutter habe sie an den Haaren gerissen, und [die] Patientin, die damals gerade die Menses hatte, lief voll Wut in den eiskalten Fluss, der an einem Gute vorüberfloss, in der Hoffnung, auf diese Weise krank zu werden oder zu sterben. Solche Wutanfälle, die, um den andern zu treffen, bis zur Hintansetzung des eigenen Lebens gingen, hatte sie bei ihren beiden älteren Brüdern öfters gesehen. Während sie aber *wie die Brüder* handelt, verletzt sie auffallenderweise gleichzeitig ein Gebot, das für sie als Mädchen unbedingte Geltung hat: Sie geht während der Menses im Winter in eiskaltes Wasser! *Ihre Wut richtet sich gegen ihre weibliche Natur!* Und obwohl sie ihre Handlungsweise nicht versteht, sich an zunächst liegende Abfolgen von Ursachen und Wirkungen hält, zieht sie faktisch ein Resümee, das folgendermaßen lautet: Meine Brüder revoltieren und sind die Herren im Hause; meine Schwester genießt wenigstens die Gunst und Zärtlichkeit der Mutter; und ich bin ein Mädchen, dazu die jüngere Schwester, mich lässt man allein, erniedrigt mich; nur Krankheit oder der Tod können meine Erniedrigung aufhalten! In dieser Stimmungslage und ihren Konsequenzen liegt so deutlich die Erwartung der *Gleichberechtigung* ausgesprochen, dass ein Bewusstwerden derselben ganz überflüssig wäre. *Das Resultat der Expansion genügt.* Freilich hat es noch andere Gründe, dass dieser Vorgang im Unbewussten bleibt. Die *Nötigung zum Bewusstwerden* des Mechanismus besteht nicht, ja noch mehr, das völlige Bewusstwerden des Vorganges müsste den erforderten Erfolg infrage stellen: Es wäre ganz ausgeschlossen, dass dieses Mädchen in ihrer Persönlichkeit intakt bleiben könnte, wenn [513] sie sich das vor Augen hielte, was wir von ihr verstehen, dass nämlich die *Hauptvoraussetzung ihres Lebens* und ihres Lebensplanes auf einer tief wurzelnden Empfindung *von der Minderwertigkeit der Frau ruht*. Um gegen eine solche Bloßstellung sich zu wappnen, zieht sie aus allen Erlebnissen die hierher gehörige Moral: *Um ihre Geltung zu bewahren, darf sie nicht allein bleiben!* Als sie die Geltung, den Einfluss, die Macht in Bezug auf ihren Gatten zu verlieren fürchtet, tritt das indes herangewachsene *Angriffs- und Verteidigungsorgan*, als dessen gewichtigsten Anteil wir die Neurose kennen, in Aktion, und beweist und erzwingt, dass sie wenigstens zum Schein ihre alte Macht behält: *Sie darf jetzt nicht mehr allein gelassen werden!*

Sind wir so zum Zentralpunkt alles Wirkens, Fühlens und Denkens vorgedrungen, steht das seelische Porträt des Patienten klar vor uns, dann ergeben sich für uns durch die Anschaulichkeit desselben eine Menge von weiteren Zügen und individuellen Eigenheiten von selbst. Die Furcht, allein gelassen zu werden, muss doch wohl auch zur *nächstliegenden Waffe, zur Angst* gegriffen haben. Eine diesbezügliche Erkundigung ergibt eine Bestätigung. So zum Beispiel tritt regelmäßig ein Angstanfall auf, wenn sie im Fond des Wagens allein sitzt, während ihr Mann vom Kutschbock aus den Wagen lenkt. Dieser Symptomenkomplex ist die Antwort auf die Unterordnung, auf die Ausschaltung des eigenen Willens und auf das *Fehlen der geforderten Resonanz*. Unsere Patientin beruhigte sich erst, wenn sie selbst auch auf dem Kutschbock saß. Die Plastik dieser Attitüde bedarf keiner weiteren Erörterung, wird übrigens von selbst noch deutlicher, wenn wir hören, dass auch dann noch Angstanfälle bei jeder Biegung des Weges sowie bei jeder Begegnung mit anderen Fahrzeugen auftraten. In allen diesen Fällen griff sie ihrem Manne flugs in die Zügel, sie, die Ungeübte dem kundigen Lenker. Auch wenn die Pferde schneller liefen, bekam sie Angst. Sobald ihr Mann dies bemerkte, trieb er im Scherz die Pferde noch mehr an. *Ihre Waffe der Angst versagte!* Was nun geschah, ist bemerkenswert und wichtig für das Verständnis *scheinbarer Heilungen*: Der Angstanfall trat nicht ein, *damit ihr Mann die Pferde nicht antreiben könne!*

Eine weitere, höchst bedeutungsvolle Einsicht ergibt sich jetzt mühelos bei der Beantwortung folgender, sehr berechtigter Frage: Warum kam diese Patientin bei ihrem Streben zur Manngleichheit nicht dahin, selbst die Zügel des Gefährtes zu ergreifen? Ihre ganze Vergangenheit gibt uns eine ungeheuer bestimmte Antwort: *Sie traute sich diese Manngleichheit gar nicht zu,* war vielmehr auf den Weg verfallen, sich des Mannes als Mittel, einer Stütze, als Beschützers zu bedienen, um sich so über ihn zu erheben. Wieder erkennen wir die Voraussetzung ihres Denkens und Handelns: Ihr weibliches Minderwertigkeitsgefühl, *ein Mädchen darf nicht allein bleiben.*

II.

Die Seelenkunde sowie die Pädagogik müssen sich mehr als bisher auf die Erfahrungen des Neurologen und Psychiaters stützen. Ich brauche in diesem berufensten Kreise nicht weiter darauf einzugehen. Die Psychotherapie hinwiederum drängt uns mit Macht zur Erschließung des kindlichen Seelenlebens. Wenn es richtig ist, wie ich auch heute wieder zu zeigen versuchte, dass die Erfahrungen des Lebens, die Lehren der Vergangenheit, die Erwartungen der Zukunft immer wieder zugunsten des in der Kindheit gefassten, fiktiven Lebensplanes *gerichtet* und geformt werden, dass ein bisschen falsche Buchführung und ein wenig Autismus[11] – und dies ist ja wohl seine Bestimmung! – genügen, um die alten Linien wieder zu gewinnen und die erhöhte Aggression offen oder verschleiert wieder zum Ausdruck zu bringen, dann bleibt nichts übrig, wenn man die Folgen eines solchen Lebens, in der Einbildung gelebt, beseitigen will, als eine *Revision dieses kindlichen Systems* durchzuführen. Die dabei nötige *Zusammenhangsbetrachtung* glaube ich ins richtige Licht gerückt zu haben, den Symptomen, Charakterzügen, Affekten, der Einschätzung der eigenen Persönlichkeit des Kranken sowie seiner Sexualbeziehung gebührt dabei die gleiche Stelle wie der Neurose und Psychose im Ganzen: Sie sind *Mittel, Tricks, Zauberkunststückchen, die der Tendenz dienen, von unten nach oben zu kommen.* In dem Miterleben des Schicksals eines Patienten, in der Ergriffenheit des Psychotherapeuten durch das seelische Porträt bleibt ferner niemals der Eindruck *der vermehrten Spannung* und Gehässigkeit aus, die zwischen dem Patienten und seiner Welt bestehen und wie er zur Bewältigung der Umgebung zu gelangen hofft. Und wir schildern eigentlich kindliche Verhältnisse und die Kinderseele, wenn wir erzählen, wie aus der Angst eine Waffe wird, *wie ein eigener Zwang gesetzt wird, um einen fremden zu verhindern,* wenn wir von der zögernden *Attitüde* im Falle einer Entscheidung sprechen, von der *Beschränkung auf einen kleinen Kreis, vom Nichtspielenwollen, vom Kleinseinwollen* und von *Größenideen.* Es wäre unrichtig, diese Erscheinungen als Infantilismen samt und sonders aufzufassen. Wir sehen bloß, dass, wer sich schwach fühlt, als Kind, als Wilder oder als Erwachsener, zu ähnlichen Kunstgriffen gedrängt wird. Deren Kenntnis und Übung stammt aber *aus der individuellen Kindheit,* wo nicht der geradlinige Angriff, die Tat, den Sieg verspricht, sondern meist der Gehorsam, die Unterwerfung oder die Formen des kindlichen Trotzes, der Schlafverweigerung, der Esslust, die Indolenz, die Unreinlichkeit und die

---

11 [In der ebenfalls 1914 erschienenen Schrift »Das Problem der ›Distanz‹« (1914k/1974a) spricht Adler von der Tendenz neurotisch Erkrankter, sich »von Welt und Wirklichkeit« abzugrenzen (S. 116) und »die Fühlung mit der Wirklichkeit zu verlieren« (S. 119). Neun Jahre später widmet Adler die Schrift »Die Gefahren der Isolierung« dieser Thematik (Adler 1923e, S. 107ff. in diesem Band).]

mannigfaltigen Arten der deutlich demonstrierten Schwäche. *In gewissem Belange ähnelt unsere Kultur auch der Kinderstube:* Sie gibt dem Schwachen besondere Privilegien. Ist das Leben aber der immerwährende Kampf, wie es das nervös disponierte Kind als *stärkste* Voraussetzung seiner Haltung erkennen lässt, dann kann es nicht ausbleiben, dass jede Niederlage und jede Furcht vor einer drohenden Entscheidung in Verbindung steht mit einem nervösen Anfall, der Waffe, der Revolte eines Menschen, der sich minderwertig fühlt. Diese eigenartige Kampfposition des Nervösen, die ihm von Kindheit an die Richtung gibt, spiegelt sich in seiner Überempfindlichkeit, in seiner Intoleranz gegen jede, auch gegen die kulturelle Art des Zwanges und zeigt sich in einem steten Bestreben, sich *solipsistisch* der ganzen Welt gegenüber einzustellen. Sie ist es auch, die ihn ständig aufpeitscht, die Grenzen seiner Macht zu überspannen, so wie es das Kind tut, solange das Feuer nicht gebrannt, der Tisch nicht gestoßen hat. Die verstärkte Kampfposition, das verstärkte Messen und Vergleichen, das Pläneschmieden, Tagträumen, die *kunstvolle Einübung technischer Kunststücke der Organe,* ferner auch die ausgreifenderen, trotzigen, sadistischen Bewegungen, Verbrechensneigung, der Zauberglaube und Gottähnlichkeitsgedanke wie auch die kunstvollen Ausbiegungen in die Perversionen infolge von Furcht vor dem Partner finden sich regelmäßig bei Personen, die als Kinder unter einem unerträglichen Gefühl des Druckes, in verzärtelnder Verweichlichung oder unter erschwerter körperlicher und geistiger Entwicklung herangewachsen sind. *Ein übergroßer Sicherungskoeffizient soll den Weg zur Höhe ermöglichen* und vor Niederlagen behüten – *da schieben sich zwischen den Patienten und die Erfüllung seiner Aufgaben allerlei Hindernisse ein,*[12] unter denen der *Krankheitsbeweis als Legitimation* immer die abschließende Rolle spielt. *Nichtigkeiten* werden wie bei der Zwangsneurose überschätzt und so lange zwecklos hin- und hergetragen, bis die richtige Zeit glücklich vertrödelt ist.

Man kann nicht leugnen, dass dieses aufgepeitschte Drängen nach dem Erfolg zuweilen große Werke schafft. Was wir Nervenärzte davon sehen, ist zumeist ein trauriges ut aliquid fieri videatur[13], bei *[514]* dem der natürliche Sinn der Organe verfälscht werden muss, um jede Bewegung bremsen zu kön-

---

12 Siehe Adler, »Das Distanzproblem, eine Grundtatsache der Neurose und Psychose«. Z. f. Individualpsychologie, Heft 1. Reinhardt, München. (Adler 1914k/1974a) [Fußnote nur in 1914e]

13 [Zu Deutsch in etwa: »Damit zu sehen ist, dass etwas getan wird.« Diese Phrase bringt zum Ausdruck, dass eine an sich sinnlose Aktivität bloß deshalb gesetzt wird, um den Anschein von zielgerichteter Kompetenz des Handelnden aufrechtzuerhalten. Positiv gewendet steht das Prinzip des »ut aliquid fieri videatur« im medizinischen Kontext auch für eine ärztliche Handlungsmaxime, die dem (unheilbar) Kranken die Hoffnung auf Genesung und das Vertrauen in den Arzt bewahren soll.]

nen. Im Fanatismus des Schwachen kann jede Funktion pervertiert werden. Um einer Realitätsanforderung zu entgehen, auch um den Schein eines ungeheuren Martyriums zu gewinnen, wird das Denken gedrosselt oder macht dem Grübeln Platz. Durch ein kunstvolles System *wird die Nachtruhe gestört, um die Müdigkeit des Tages und dadurch Arbeitsunfähigkeit vorzubereiten.* Die Sinnesorgane, die Motilität, der vegetative Apparat werden durch tendenziöse Vorstellungen und durch tendenziöse Lenkung der Aufmerksamkeit zur *Dysfunktion* gebracht und die *Fähigkeit der Einfühlung* in schmerzhafte Situationen ruft Schmerzen hervor, die in Ekel und Erbrechen sich äußern. Durch die von langer Hand her angesponnene Tendenz, dem geschlechtlichen Partner auszuweichen, die immer auch durch gleichgerichtete Ideale und ideale Forderungen protegiert wird, ist oft die durch die Kultur ohnehin eingeengte Liebesfähigkeit völlig aufgehoben.

In vielen Fällen erfordert die eigenartige Individualität des Patienten eine derart absonderliche oder verschrobene Stellung zum Liebes- und Eheproblem, dass sich der Typus und die Zeit der Erkrankung nahezu als vorherbestimmt ergeben. Wie weit die Formung eines solchen Lebensplanes in die Kindheit zurückreicht, ist aus ähnlichen Fällen wie den folgenden zu entnehmen:

1. Eine 34-jährige Dame, die vor einigen Jahren an Platzangst erkrankt war, leidet derzeit noch an Eisenbahnangst. Schon in der Nähe eines Bahnhofes überfällt sie ein heftiges Zittern, das sie zwingt, umzukehren. Ihre erste Kindheitserinnerung ist eine Szene zwischen ihr und der jüngeren Schwester, in der sie der Kleineren einen Platz streitig macht. An der Vieldeutigkeit dieses Vorfalls besteht wohl kein Zweifel. Ziehen wir eine Linie bis zur Eisenbahnangst, der letzten ihrer Erscheinungen, und vergleichen wir diese mit der Erinnerung, etwa *als ob* sie auch der Eisenbahn den Platz streitig machen wollte, so ergibt sich sofort der Eindruck, dass die Patientin ausweicht, wo ihr die *Herrschsucht* nicht fruchtet. Solcher Fälle entsinnt sie sich insbesondere aus dem Verhalten zu ihren älteren Brüdern, die sie zum Gehorsam zwangen. Wir dürfen demnach im Leben dieser Patientin erwarten, dass sie *die Frauen* zu beherrschen suchen wird, sich dagegen dem Willen des Mannes entziehen, also Liebe und Ehe aus ihrem Leben ausstreichen wird. Ein wichtiges Detail ergibt eine weitere Jugenderinnerung. Lange Zeit in ihren Mädchenjahren ging sie stets mit einer Peitsche bewaffnet auf ihrem Gute umher und schlug die männliche Dienerschaft. Wir werden demnach Vorfälle erwarten dürfen, aus denen auch Versuche klar hervortreten dürften, den Mann als Untergeordneten zu behandeln. Fast in allen ihren Träumen treten die Männer in Tiergestalten auf und werden von ihr überwunden oder geflohen. Ein einziges Mal in ihrem Leben trat sie einem Manne flüchtig näher; er erwies sich als ein Schwächling, war homosexuell und berief sich vor der Verlobung auf eine Impotenz. Ihre Eisenbahnangst ist ihrer Ehe- und Liebesscheu adäquat: *Sie kann sich keinem fremden Willen anvertrauen.*

2. Natürlich kann man diesen Mechanismus des »männlichen Protestes« auch in der Kindheit selbst studieren. Besonders deutlich zeigt er sich bei Mädchen. Man findet diese Richtung der Expansionstendenz in den verschiedensten Variationen und entdeckt bald, wie auf diesem Wege die real geforderten Spannungen des Kindes zu seiner Umgebung oft maßlos aufgepeitscht werden. Ich habe noch in keinem Falle dieses männliche Delirium vermisst. Und aus dem Gefühl der Verkürztheit entwickelt sich regelmäßig ein Fanatismus der Schwäche, der uns alle Formen der Übererregbarkeit, der Affektivität, des Negativismus und der neurotischen Kunstgriffe des Kindes verstehen lässt. Ein sonst gesundes, dreijähriges Mädchen bot zum Beispiel folgende Erscheinungen: Fortwährendes Messen mit der Mutter, furchtbare Empfindlichkeit gegen jede Form von Zwang und Zurücksetzung, Eigensinn und Trotz, Nahrungsverweigerung, Obstipation und andere Revolten gegen die Hausordnung setzten ständig ein. Der Grad ihres Negativismus wurde fast unerträglich. So hielt sie eines Tages, als ihr die Mutter schüchtern eine Jause vorschlug, folgenden Monolog: »Sagt sie Milch, so trinke ich Kaffee, und sagt sie Kaffee, so trinke ich Milch!« Ihre Sehnsucht nach Manngleichheit kam häufig zum Ausdruck. Eines Tages stand sie vor dem Spiegel und fragte ihre Mutter: »Hast du auch immer ein Mann sein wollen?« Später, als ihr die Unwandelbarkeit des Geschlechtscharakters klar geworden war, schlug sie der Mutter vor, sie wolle noch eine Schwester haben, beileibe keinen Bruder; dagegen werde sie, wenn sie groß sein werde, nur Knaben bekommen. So verriet sie später noch ihre unbedingte *Höherwertung* des Mannes und suchte nach einer Ausgleichsmöglichkeit.

3. Wegen ihrer vollendeten Deutlichkeit will ich noch aus dem Leben eines gesunden dreijährigen Mädchens folgende Details anführen: Ihre liebste Beschäftigung bestand darin, die Kleider ihres älteren Bruders, anfangs nie der Schwester, anzuziehen. Eines Tages hielt sie bei einem Spaziergange den Vater vor einem Knabenkleidermagazin fest und wollte ihn bewegen, ihr dort Knabenkleider zu kaufen. Auf den Hinweis, dass ein Knabe auch nicht Mädchenkleider bekäme, wies sie auf ein Mäntelchen, das zur Not auch für ein Mädchen geeignet sein konnte, und verlangte wenigstens dieses zu besitzen. Man kann in diesem Falle einen nicht seltenen Formenwandel der Leitlinie beobachten, der gleichwohl in Abhängigkeit vom männlichen Endziel steht. Es genügt der Schein!

In den Fällen dieser zwei kleinen Mädchen, die ich typisch nennen kann, in denen wir einen Entwicklungsmodus beobachten, wie ich ihn ganz allgemein finde, ist es nötig, die Frage aufzuwerfen: Welche Mittel bietet uns bisher die Pädagogik, diese eine Hälfte der Menschheit mit einem unabänderlichen Zustand restlos auszusöhnen? Denn, das eine ist klar, wenn dies nicht gelingt, so haben wir dauernd jenen Zustand vor uns, von dem ich schon ausführlich gesprochen habe: *Ein andauerndes Gefühl der Minderwertigkeit wird stets den Anreiz zu Unzufriedenheit und zu den mannigfachsten Versuchen und Kunstgriffen abgeben, trotz allem* zum Beweis der eigenen Überlegenheit zu gelangen. So kommen dann jene Waffen zustande, teils von Wirklichkeitswert, teils imaginärer Art, die das äußere Bild der Neurose formen. Dass dieser Zustand auch Vorzüge hat, dass er eine intensivere, subtilere Art des Lebens ermöglicht, kommt in dem Momente nicht in Betracht, wo wir auf Abhilfe der viel größeren Nachteile sinnen. Diese Stimmungslage, an deren einem Pol das Gefühl der Minderwertigkeit, an deren anderem die Sehnsucht nach quasi-männlicher Geltung steht, wird noch verschärft, sobald das Mädchen den Knaben gegenüber in den Hintergrund gedrängt wird, sobald es seine Entwicklungsmöglichkeiten eingeschränkt sieht, sobald die weiblichen Molimina[14], Menses, Geburt und Klimakterium, mit neuen Benachteiligungen näher rücken. Es ist bekannt, dass diese Termine für die neurotische Revolte maßgebend, für uns demnach vorausbestimmt sind. Haben wir so eine Wurzel des neurotischen Übels erfasst, so ist es recht bedauerlich, dass wir weder im pädagogischen, noch im therapeutischen Inventar ein Mittel gefunden haben, die Folgen dieser natürlich oder gesellschaftlich gegebenen Situation zu verhüten. Von unserem Gesichtspunkte aus ergibt sich vorläufig die Notwendigkeit, teils prophylaktisch und teils therapeutisch die Unwandelbarkeit des organischen Geschlechtscharakters dem Kinde frühzeitig einzuprägen, alle Benachteiligungen aber als nicht unüberwindlich und als Schwierigkeiten des Lebens wie andere auch verstehen und bekämpfen zu lehren. Damit, scheint uns, wird aus der Frauenarbeit auch jene Unsicherheit, jene Resignation und quälende Aggression schwinden, gleichzeitig auch die übertriebene Geltungssucht, die sie so oft als minderwertig erscheinen lässt[15]. *[515]*

4. Der Fall eines zehnjährigen Knaben, der zeigen soll, wie im gesellschaftlichen Zusammenhang das irgendwo eingedrungene Gift, in unserem Falle *der männliche Protest des weiblichen Geschlechts,* auch auf den übrigen Teil der Gesellschaft, auf die Knaben, übergreift und dort fast die gleichen Erscheinungen zeitigt. Es ist von vornherein bei der uns bekannten Natur des Menschen klar, dass sich der Knabe durch die meist offen betriebene, teils in unseren gesellschaftlichen Verhältnissen zutage tretende Höherwertung nicht bloß geschmeichelt, sondern noch *mehr verpflichtet fühlt.* So steigert sich auch bei ihm die Spannung, in der er sich zur Welt einstellt. Soweit dies mit realen Kraftleistungen einhergeht, balanciert ja unsere Kultur größtenteils auf dieser Zuspitzung. Ein mäßiger Druck aber, der den Weg der kulturellen Aggression

---

14 [Lat.: Beschwerden]
15 Siehe Schulhof, »Individualpsychologie und Frauenbewegung«, Reinhardt, München 1914. [Fußnote nur in (Adler 1914e)]

versperrt, genügt, um feindselige Haltungen, Herrschgelüste und Imaginationen mächtig emporzutreiben. Der Knabe fürchtet oft, seinen Verpflichtungen nicht gerecht werden zu können, jenes Maß von Geltung nicht erreichen zu können, das ihm zur männlichen Vollkommenheit nötig erscheint. Und schon sieht man frühzeitig, bei organischer Minderwertigkeit, bei gedrückten und verhätschelten Kindern, den Beginn des Pläneschmiedens, der Hast und der Gier, um *trotz allem* zur Überlegenheit zu gelangen, was für viele Fälle ein Ausnützen ihrer Schwäche, eine allgemein zögernde Attitüde, ein sich Festlegen auf Zweifel und Schwanken, ein immerwährendes Zurück zur Folge hat oder ein offenes und heimliches Revoltieren und ein deutliches Nichtmitspielenwollen. Damit ist der Boden der Neurose erreicht und man kann nun den Schaden besehen.

Der Fall, von dem ich sprechen will, betrifft einen stark kurzsichtigen Knaben, der trotz aller Anstrengungen der zwei Jahre älteren Schwester nicht gewachsen war. Seine Aggression zeigte sich in immerwährenden Streitigkeiten. Auch die Mutter ließ sich kaum von ihm beeinflussen. Alle aber überragt an Geltung und Einfluss der Vater, der ein strenges Regiment führte und häufig auf die »Weiberwirtschaft« schimpfte. Der Knabe zeigte sich ganz nach dem Vater gerichtet, wie ich später nachweisen will. Nun schienen ihm in seiner etwas bedrängten Situation der Beweis und die Zuversicht seiner dereinstigen Gleichwertigkeit mit dem Vater unsicher. Mit Knabenstreichen hatte er, wohl auch wegen seiner Kurzsichtigkeit, Unglück. Als er sich einmal der Schreibmaschine des Vaters bemächtigen wollte, schnitt ihm der Vater kurzerhand diese wissenschaftliche Betätigung ab. Der Vater war ein passionierter Jäger und nahm den Knaben zuweilen mit auf die Jagd. Dies scheint nun endlich diejenige männliche Attitüde gewesen zu sein, die dem Knaben seine Gleichheit mit dem Vater und seine Überlegenheit gegenüber dem »Weibervolk« bewies. Denn *sooft ihn der Vater nicht mitnahm, erkrankte der Knabe an Enuresis,* worüber der Vater immer außer sich geriet. Später ereignete sich der nächtliche Unfall auch, wenn der Vater dem Knaben sonst wie seine Autorität spüren ließ. In einigen Unterredungen kam dieser Zusammenhang zutage und ferner auch, dass er sich die Enuresis derart *ermöglichte, indem er sich in der Halluzination des Traumes* die gebräuchlichen Utensilien oder Lokalitäten herbeizauberte. Es war leicht zu ersehen, dass sein Leiden eine heftige Revolte war und gegen den Vater zielte: Vor oder nach dem nächtlichen Unfall träumte er zumeist, der Vater (der ihn nicht zur Jagd mitgenommen hatte) wäre gestorben. Einmal fragte ich ihn, was er werden wolle. »Ingenieur, wie der Vater.« Und wie er sich einrichten wolle. Er werde eine Wohnung nehmen und eine Haushälterin zur Bedienung anstellen. Heiraten werde er nicht, denn die Weiber schauen nur auf den Putz.

5. Ähnlich und doch ganz anders zeigen sich die Erscheinungen des männlichen Protestes bei einem achtjährigen Knaben, der an Status lymphati-

cus[16] litt und geistig wie körperlich etwas zurückgeblieben war. Er kam wegen Zwangsmasturbation in Behandlung. Seine Mutter widmete sich fast ganz den jüngeren Geschwistern und hatte ihn der Pflege der Dienstboten überlassen. Sein Vater war ein jähzorniger Mensch, der immer Befehle erteilte. Des Knaben Minderwertigkeitsgefühl offenbarte sich in einem schüchternen, scheuen Wesen und in einer dankerfüllten Haltung gegenüber Personen, die sich mit ihm beschäftigten. Die weitreichendste Kompensation, die er gesucht hatte, fand er in einem rastlosen Interesse für Zauberkünste, auf die er durch Märchen und Kinovorstellungen verfallen war. Weit mehr als andere Kinder stand er in deren Banne und war eigentlich immer darauf aus, einen Zauberstab zu finden und ins Schlaraffenland zu kommen. Eine teilweise Realisierung dieser Idee gaukelte er sich derart vor, dass er immer andere alles für sich machen ließ. Das Zerrbild dessen, was er beim Vater sah, der gleichfalls alle in seinen Dienst stellte, konnte er diesen Weg nur dann gehen, wenn er selbst unfähig und ungeschickt blieb. Also blieb er es.

Die masturbatorischen Erscheinungen waren nach einiger Zeit von der Mutter bemerkt worden. Nun wendete sie wieder ihr Interesse dem Knaben zu. So gewann er Einfluss auf die Mutter. Sein Kurs war erheblich gestiegen. Wollte er nicht sinken, musste er bei der Masturbation bleiben; also blieb er dabei.

Sein Ziel aber, dem Vater gleich zu sein, verriet sich nebenbei auch in einem zwangsartigen Antrieb, steife Hüte erwachsener Personen, ähnlich dem kleinen Gernegroß, an sich zu bringen.[17]

---

16 [Konstitutionelle Erkrankung, die sich durch die Neigung zur hartnäckigen und oft wiederkehrenden Entzündung und Vergrößerung des Lymphgewebes auszeichnet.]

17 Erg. 1914e: In einer kurzen Schlussbetrachtung möchte ich mir gestatten, unsere Erkenntnis von den neurotischen, in der Kindheit angesponnenen Kunstgriffen auf die Kindheit der Menschheitsgeschichte auszudehnen. Der Glaube an eigene und fremde Zauberkräfte lag früher deutlicher zutage, ist aber auch heute fast allgemeine Voraussetzung des menschlichen Verhaltens. Die Furcht des männlichen Neurotikers vor der Frau und seine Gehässigkeit finden ihre Analogie im Hexenwahn und in der Hexenverbrennung; die Furcht des weiblichen Patienten vor dem Mann und sein männlicher Protest widerspiegeln uns die Furcht vor Teufel und Hölle und den Versuch, Hexenkünste zu betreiben. Es soll nur kurz darauf hingewiesen werden, wie durch die Erniedrigung der Frau die gegenseitige Unbefangenheit in der Liebe leidet, wie die Erziehung ganz allgemein darauf ausgeht, einen gegenseitigen Zauber anstelle von Schätzung zu postulieren, die männliche Autorität gewaltsam durchzusetzen und anderes mehr, was alles aber weniger einer seelischen Hygiene förderlich, als es vielmehr das wahnhafte Denken befruchtet.

Schlusssätze

1. Im Begriff des Lebens ist der organische und seelische Modus bereits vorgebaut, der uns als »Zwang zur Zielsetzung« überall entgegentritt.
2. Der *ununterbrochene Anreiz* zur Zielstrebigkeit ist beim Menschen durch Gefühle der Insuffizienz gegeben. Was wir Triebe nennen, ist schon der Weg und erweist sich als durch das Ziel orientiert; und die Fähigkeit des Wollens sammelt sich trotz scheinbarer Widersprüche, um zu *diesem einheitlichen Ziele* durchzudringen.
3. Genauso wie *ein insuffizientes Organ* eine unerträgliche Situation schafft, aus der zahlreiche Kompensationsversuche ihren Ursprung nehmen, bis sich der Organismus seiner Umwelt wieder gewachsen fühlt – ebenso erwirbt die Seele des Kindes in ihrer Unsicherheit jenen Fond von Kraftzuschüssen, die seine Gefühle der Unsicherheit überbauen.
4. Die Erforschung des Seelenlebens hat in erster Linie mit diesen tastenden Versuchen und Kraftanstrengungen zu rechnen, die aus den konstitutionell gegebenen Realien und unter probeweisen, schließlich erprobten Ausnützungen des Milieus erwachsen.
5. Jedes seelische Phänomen kann deshalb *nur als Teilerscheinung eines Lebensplanes* verstanden werden. Alle Erklärungsversuche, die davon Abstand nehmen, um durch Analyse der Erscheinung, nicht ihres Zusammenhanges, in das Wesen des kindlichen Seelenlebens einzudringen, sind deshalb als verfehlt zu erklären. Denn die »Tatsachen« des Kinderlebens sind *nie als fertige Tatsachen*, sondern im Hinblick auf ein Ziel als vorbereitende Bewegungen zu sehen.
6. Nach diesem Konspekt aber geht *nichts ohne Tendenz* vor sich. Wir wollen es hier unternehmen, folgende Leitlinien als die wichtigsten hervorzuheben.
    1 Realtätigkeit:
        a) Ausbildung von Fähigkeiten, um zur Überlegenheit zu gelangen
        b) Sich messen mit seiner Umgebung
        c) Erkenntnisse sammeln
        d) Empfinden eines feindseligen Charakters der Welt
        e) Verwendung von Liebe und Gehorsam, Hass und Trotz
    2 Imagination:
        f) Ausbildung des »Als ob« (Fantasie symbolischer Erfolge)
        g) Verwendung der Schwäche
        h) Hinausschieben von Entscheidungen; – Deckung
7. Als unbedingte Voraussetzung dieser Richtungslinien findet man einzig ein *hoch angesetztes Ziel,* das im Unbewussten bleiben muss, um wirksam zu sein. Dieses Ziel ist je nach Konstitution und Erfahrung mannigfach konkret eingekleidet und kann in dieser Form, regelmäßig in der Psychose, bewusst werden.

8. Die regelmäßigste Einkleidung, neben der im Bedarfsfalle andere, oft scheinbar widersprechende zu finden sind, ist nach dem Schema »Mann – Weib« gebildet und deutet auf die Summe aller Macht, deren das Kind teilhaft werden will. Der darin erfasste Gegensatz, in der Regel das Weibliche, wird als das feindliche Element, zugleich als das zu unterwerfende bekämpft.
9. Alle diese Erscheinungen treten beim Nervösen scharf hervor, weil der Patient sich bis zu einem gewissen Grade durch seine Kampfstellung jeder weitergehenden Revision seiner kindlichen Fehlurteile entzogen hat. Dabei kommt ihm sein dadurch gefestigter solipsistischer Standpunkt sehr zu Hilfe.
10. So kann es uns nicht wundernehmen zu erfahren, dass jeder Nervöse sich derart benimmt, als ob er den Beweis seiner Überlegenheit, immer, auch den über die Frau, ununterbrochen zu erbringen hätte.

2. Soziale Einflüsse in der Kinderstube (1914)

Editorische Hinweise
Erstveröffentlichung:
1914f: Soziale Einflüsse in der Kinderstube. In: Pädagogisches Archiv 56, S. 473–487

Adlers Beitrag über »Soziale Einflüsse in der Kinderstube« (Adler 1914f) erschien knapp nach dem Ausbruch des Ersten Weltkriegs als erster Artikel des achten Heftes der Fachzeitschrift »Pädagogisches Archiv«, die in Leipzig verlegt wurde und vor allem der Auseinandersetzung mit pädagogischen Fragen der höheren Schule gewidmet war. Die Redaktion der Zeitschrift eröffnete das Heft mit einem »Geleitwort«, in dem sie auf den bevorstehenden »gewaltigsten Kampf« hinwies, dem »unser Vaterland [...] je hat standhalten müssen«, und äußerte die Befürchtung, dass die Diskussion von pädagogischen Fragen angesichts der Bedrohung »unseres Volkstums und unserer staatlichen Macht [...] ungehört« verhallen könnte (Geleitwort 1914, S. 473). Dennoch plädierte die Redaktion für eine Fortführung »der gewohnten Arbeit«, da auch die »stille Arbeit der Erziehung unseres Volkstums gilt, die jetzt die Feuerprobe zu bestehen hat«, und äußerte sich zuversichtlich darüber, »dass die Geistes- und Charakterbildung, die bisher die deutsche höhere Schule ihren Zöglingen übermittelt hat, uns mit zum Siege verhelfen wird« (S. 473). Diesem Optimismus zum Trotz musste das weitere Erscheinen der Zeitschrift mit dem Ende des Jahres 1914 eingestellt werden (Päd. Archiv 2007).

Auf die Geschehnisse des Ersten Weltkriegs nimmt Adler im vorliegenden Beitrag (Adler 1914f/2009a) noch nicht Bezug. Er benennt zunächst vielmehr das Problem, dass es Erziehung immer mit dem Versuch zu tun habe, Individuen zu beeinflussen, während es gleichzeitig gelte, allgemein geltende Aussagen über Erziehung mit wissenschaftlichem Anspruch zu erarbeiten und nach diesen zu handeln. Vor diesem Hintergrund bespricht er soziale Einflüsse, denen Erziehung im Allgemeinen sowie im familiären und schulischen Bereich im Besonderen ausgesetzt ist, und thematisiert fünf Themenstränge, die den Zusammenhang zwischen sozialen Gegebenheiten bzw. Vorgaben einerseits und Erziehung andererseits betreffen:

1. Adler geht davon aus, dass Erziehung auf »gesellschaftliche Einfügung« und »gesellschaftliche Brauchbarkeit« abzuzielen habe (siehe dazu S. 52 in diesem Band). Wenn er den Pädagogen in diesem Zusammenhang die Frage aufgibt, auf welche Vorstellung von Gesellschaft ihre Bemühungen gerichtet sein sollen, deutet er allerdings an, dass er keineswegs der schlichten Anpassung an jedwede gesellschaftliche Gegebenheit das Wort reden will (S. 54 in diesem Band) – ein Thema, das Adler nach 1918 noch intensiv beschäftigen wird.

2. Adler betont, dass Vorstellungen von Gesellschaft bzw. von der Beziehung

zwischen dem Einzelnen und der Gesellschaft als Leitvorstellungen pädagogischen Handelns in vielgestaltiger Weise zum Tragen kommen, ohne dass dies dem einzelnen Pädagogen immer bewusst wäre. In welcher Weise solche Leitvorstellungen pädagogische Bewertungen beeinflussen, verdeutlicht er etwa am Beispiel des Themenbereichs »Faulheit« (unten S. 53 f. in diesem Band).

3. Ein Gutteil dieser Leitvorstellungen ist aus Adlers Sicht weit verbreitet und zugleich äußerst problematisch, weil sie Heranwachsende dazu verleiten, Grundhaltungen zu entwickeln, die es ihnen schwer machen, sich gegebenen Problemen – auf der Basis realitätsnaher Einschätzungen – aktiv und mit Zuversicht zu stellen. In diesem Sinn äußerst sich Adler in kritischer Weise: a) zur Art, in der zumeist der Begriff der Begabung verwendet wird (siehe S. 55 f.; vgl. dazu S. 27 der Einführung in diesen Band); b) zur Tendenz, Kindern nahezubringen, dass das Leben ein beständiger Kampf sei, der es dem Einzelnen abverlange, sich beständig vor kaum abwendbaren Niederlagen zu schützen, sowie c) zur gesellschaftlichen Gepflogenheit, dass »der Mann einen höheren Wert beansprucht und zugewiesen erhält als die Frau« (siehe dazu S. 60 f. in diesem Band).

4. Die Dimension des Sozialen gilt es darüber hinaus auch dann zu berücksichtigen, wenn im Kontext von Pädagogik über einzelne Kinder eingehender – und das heißt: in verstehender Absicht – nachgedacht wird. Denn zum einen macht Adler deutlich, dass ein auf Verstehen abzielendes Nachdenken über Kinder die Frage mit einbeziehen müsse, welchen sozialen Einflüssen ein Kind bislang ausgesetzt war (und noch immer ausgesetzt ist). Und zum andern gelte es aus individualpsychologischer Sicht zu bedenken, dass man die Bedeutung einzelner »Fähigkeiten oder Tätigkeiten« von Kindern nur unter Berücksichtigung ihrer Gesamtpersönlichkeit erfassen könne – und dies mache es notwendig, sich damit zu beschäftigen, wie das Kind den Bereich des Sozialen erlebt und wie es sich zu diesem Bereich stellt (siehe S. 53 f. in diesem Band).

5. Schließlich bringt Adler zum Ausdruck, dass viele Kinder in ihren Familien Vorstellungen vom Leben in der Gemeinschaft vermittelt bekommen, die für die Entwicklung der Kinder ebenso wenig förderlich sind wie für die Weiterentwicklung der Gesellschaft insgesamt (siehe dazu S. 58 f. in diesem Band). Aus Adlers Sicht ist dies kaum veränderbar – und deshalb weist er der Schule die Aufgabe zu, sich um die »Korrektur« sich abzeichnender Fehlentwicklungen von Kindern zu bemühen, dabei ergänzend, dass entsprechende schulische Bemühungen durch individualpsychologische Untersuchungen, durch Psychotherapie und durch Empfehlungen zu unterstützen sind, die vor dem Hintergrund der therapeutischen Beschäftigung mit schwierigen Kindern gewonnen wurden (z. B. S. 61 in diesem Band). In diesem Zusammenhang verweist er darauf, dass im schulpädagogischen wie psychotherapeutischen Bereich mit bestimmten Übertragungsphänomenen zu rechnen ist – wobei er den Begriff der Übertragung entsprechend seiner Tendenz, von Freud geprägte Begriffe zu vermeiden, in expliziter Weise nicht bemüht (siehe S. 62 in diesem Band).

Eine Besonderheit des vorliegenden Artikels besteht weiters darin, dass ein Fallbeispiel Adlers nicht nur Einblick in seine Art des verstehenden Nachdenkens, sondern auch in seine Art des Setzens darüber hinausgehender Interventionen eröffnet (siehe dazu S. 56f. und ausführlicher S. 166f. in diesem Band). Beide angeführten Beispiele belegen zugleich, dass sich Adler in seiner Privatpraxis bereits vor 1914 nicht nur mit diagnostisch-verstehendem Anspruch, sondern auch in psychotherapeutischer und beratender Weise mit Kindern und Eltern befasst hat (siehe dazu S. 54f. und S. 56f. in diesem Band). Bemerkenswert ist schließlich, dass sich Adler in den erwähnten Beispielen, aber auch in anderen Textpassagen nach allen Seiten hin verständnisvoll zeigt: Einfühlsam schreibt er über die Folgen der »Verelendung großer Volksschichten« (S. 58 in diesem Band); über den sozialen Druck, der es vielen Frauen schwer macht, sich von gesellschaftlich tradierten Rollenklischees zu distanzieren, oder über soziale und psychische Notlagen, die es Kindern und ihren Eltern oft so schwer machen, Beziehungen zueinander aufzubauen, die den Entwicklungsverläufen der Kinder zuträglich sind.

Soziale Einflüsse in der Kinderstube

Alle erzieherische Beeinflussung hat mit dem Einzelwesen zu rechnen. Nur was im vorliegenden Falle zum Ausdruck kommt, wie es wirkt, was zu tun ist, um hier zu ändern, dort zu unterstützen, Art und Stärke der geistigen Beeinflussung, lenken die Aufmerksamkeit und das Wirken des Erziehers.

Nicht anders handeln der Arzt, die Eltern, der Lehrer, sobald Fragen der körperlichen Tüchtigkeit auftauchen. Bald ist eine allgemeine Schwäche zu beheben, bald verlangen Mängel einzelner Sinnesorgane eine verschieden abgestufte Berücksichtigung, hier gilt es, ein Leiden zu verhüten, dort zu beseitigen – immer wird die Erwägung *[474]* auf den Einzelfall gerichtet sein und ein Einzelschicksal zu beeinflussen versuchen.

Aber die Denk- und Arbeitsökonomie drängt dazu, die erzieherischen Maßnahmen *gesetzmäßig* zu erfassen und anzuwenden. Solange eine Kultur, eine Sprache, eine Erziehung besteht, rechnet sie bewusst oder unbewusst mit der Voraussetzung der »gesellschaftlichen Brauchbarkeit«, ist durch dieses Ziel erst gewachsen und hat durch dasselbe ihre Linie des Aufschwungs, des ewigen Fortschreitens erhalten.

Es ist also offenbar eine wesentlich verschiedene Leistung: die gesellschaftliche Einfügung eines Kindes oder eines Erwachsenen abzumessen oder gar zu verstärken – und Gesetze anzugeben oder zu erdenken, von denen erwartet wird, dass sie das Individuum für das Leben brauchbar machen. Beiderlei Tätigkeiten fallen in das Arbeitsgebiet der Erziehungslehre und, soweit krankhafte Ausartungen in Betracht kommen, in den Bereich der Psychotherapie; beide nehmen auch die gleiche gesellschaftliche Brauchbarkeit zum Ziel ihres

Wirkens oder als Vergleichspunkt. Aber im ersten Falle fragen wir vor allem nach einem Resultat oder versuchen einen Mangel zu beheben, indem wir an einer uns vorschwebenden idealen Voraussetzung messen; im zweiten Falle versuchen wir die Wege anzugeben, auf denen wir dieses vorausgesetzte Ideal zu erreichen hoffen. In jenem Fall wird vom Erzieher und Seelenforscher im weitesten Sinne des Wortes eine vorwiegend künstlerische Arbeit entfaltet, für deren günstige Erledigung ihm die schöpferische Gestaltungskraft zur Verfügung sein muss; im zweiten wird versucht, in wissenschaftlicher Tätigkeit allgemeine Leitsätze und Maximen aus der Erfahrung und aus überkommenen Lehren abzuleiten, um einem Durchschnitt den Entwicklungsgang zu weisen.

Wir würden einen großen Fehler begehen, wenn wir eine solche Einteilung und Abschätzung von Fähigkeiten oder Tätigkeiten streng bis zu Ende durchführten. Denn es erweist sich wie immer bei der Betrachtung des seelischen Mechanismus, dass wir nur mit größter Vorsicht und nur zu Einteilungszwecken, und auch dann nur beiläufig, das Ganze des Seelenlebens teilen dürfen. Es ist wie im Gebiet das Körperlichen auch: Jeder Teil steht mit dem Ganzen in Zusammenhang, und wir verstehen den Teil erst dann, wenn wir das Ganze begriffen haben. Das seelische Ganze des Menschen aber zu verstehen, heißt ihn im Gefüge seiner gesellschaftlichen Stellung erfassen; und in diesem Ausblick erscheint uns auch jeder Teil seiner seelischen Bewegungen ganz anders, als wenn wir ihn aus der Gemeinschaft herausheben, um ihn als Einzelwesen zu begreifen oder zu beeinflussen.

Und so dürfen wir wohl behaupten, dass der Pädagoge als Künstler wie als Wissenschaftler seine Ausbildung erfahren haben muss; nicht anders als wir verlangen müssen, dass die Einzelbeobachtung einer [475] Menschenseele nie vom sozialen Boden losgelöst werde. Vor allem ist es die Vieldeutigkeit einer herausgerissenen seelischen Erscheinung, die eine isolierte Betrachtung unmöglich macht. Ich will versuchen, dies an einem Beispiel eines *faulen Kindes* anzudeuten.

Sobald wir das »Laster« der Faulheit und zur Not auch dessen Ursachen, was schon schwieriger ist, erkannt haben und sobald wir Mittel zur Beseitigung in Bewegung setzen, handeln wir nicht mehr voraussetzungslos, geschweige denn aus ästhetischen Rücksichten, sondern wir sind bewusst oder unbewusst durch die Rücksicht auf das Gemeinwohl und auf das Fortkommen des Kindes innerhalb der ihm zugedachten künftigen Gesellschaft geleitet. Noch mehr, unsere Aufmerksamkeit wäre lange nicht so sehr durch die Erscheinung der Lässigkeit eines Schülers in Anspruch genommen, hätten wir nicht aus dem Gesellschaftsleben ein Idealbild eines Schülers mitgebracht, nach dem wir bewusst oder unbewusst unsere Forderungen einrichten. So zeigt sich durch diese kleine Überlegung, dass jede Erziehung sich gewisse Gesetze aus der Betrachtung des Gesellschaftslebens oder ein Ergebnis dieser Betrachtung darstellt. Ganz bescheiden aber sei behufs Überprüfung dieser Einstellung die Frage aufgeworfen: Auf welche Gesellschaft hin soll das Leitbild des Lehrers gerichtet sein?

Andererseits ist auch eine Erscheinung wie Schülerfaulheit ohne Weiteres aus dem isolierten Seelenleben zu begreifen. Die Voraussetzung der *Arbeitsbereitschaft* liegt so deutlich in der Art unseres Lebens zutage, dass wir im gegenteiligen Falle mit Recht an eine tief gehende Revolte des kindlichen Seelenlebens denken werden, die zum Arrangement dieser fehlerhaften Haltung Anlass gegeben hat. Dass diese Haltung in letzter Linie auf eine bestimmte vorauskonstruierte Linie künftigen Lebens hinzielt und durch eine Erwartung wie: andere müssten die Sorge für des Lässigen Wohlergehen übernehmen, festgehalten wird, ist nicht schwer zu verstehen. Für unsere Betrachtung ist aber von Wichtigkeit, dass die *Konstruktion von Faulheit* mit irgendeiner Art meist missverstandenen künftigen gesellschaftlichen Lebens rechnet, um es zu bekämpfen. Der Erzieher muss so viel vom kindlichen Seelenleben verstehen, dass er mithilfe eines Fachmannes oder allein diese fehlerhafte Entwicklung erfassen und bessern kann. Man soll sich in solchen Fällen nicht auf eine angeblich allgemeine menschliche Neigung ausreden. Denn man wird sich in jedem Falle von viel tiefer liegenden seelischen Beweggründen überrascht sehen. Es ist nach meiner Überzeugung heute noch verfrüht, ein allgemeines Schema solcher seelischen Verwicklungen aufzustellen. Ich begnüge mich mit dem Hinweis auf häufig zu findende Tatsachen wie: dass die *Faulheit als ein Zeichen der Resignation* häufig bei Kindern von brennendem Ehrgeiz auftritt, die sich einem als Kampf vorge*[476]*stellten künftigen Leben gleichwohl nicht gewachsen glauben. Sie streben nicht mehr, verzichten auf die Entwicklung ihrer Selbstständigkeit – und doch haftet das Bild des Lebens als eines Kampfes weiter als Voraussetzung in ihrer Seele. *Sie geben nur den geradlinigen Kampf auf*, ihre oft unbeugsame Faulheit stellt ihnen den Kampf aber wieder her, aus dem ihnen keine Niederlage zu drohen scheint. Wer es versteht, sich in die Haltung eines solchen Kindes einzufühlen, wie es die Ohnmacht der Eltern, des Lehrers genießt, oft freilich Strafen einheimst, daneben aber auch mit Aufmerksamkeiten überhäuft wird, die es früher entbehren musste, wird sich leicht ein plastisches Bild machen können, das Bild eines Kindes etwa, das mit angezogenen Armen in einer Ecke steht und zusieht, wie die andern ihm zur Tätigkeit zureden oder behilflich sind. Einen solchen Fall will ich beispielsweise anführen:

Ein neunjähriger Knabe kam in der Schule nicht weiter, im Hause fiel er seit Langem dadurch auf, dass er sich jeder eigenen Tätigkeit entschlug und alle seine kleinen Verrichtungen, wie Waschen, Ankleiden, seine Schulaufgaben, immer von anderen besorgen lassen wollte. Er war träge in seinen Bewegungen, gab sich keinerlei Mühe bei körperlicher Tätigkeit und bot das Bild eines körperlich und geistig unbefähigten Jungen, der mindestens um zwei Jahre unentwickelter schien. Strafen und Zureden blieben ergebnislos, und in dem wohlhabenden Hause kam es bald so weit, dass der Knabe drei Personen ständig beschäftigte. Er kam wegen sexueller Unarten in Behandlung. Da zeigte sich sofort, dass er mit diesen Manipulationen die ständige Aufmerksamkeit seiner Mutter von den jüngeren Geschwistern weg und auf sich lenkte. Weitere Einblicke ergaben, dass der Ehrgeiz des Knaben dahin ging, ein *Schlaraffenland* für sich zu errichten, alle Menschen zu seinem Dienst heranzuziehen, und dass er dieses Ziel am ehesten zu erreichen hoffte, wenn er kein Glied für sich rührte. Sein Ehrgeiz zeigte sich bereits bei seinem Begehren nach der *ausschließlichen* Aufmerksamkeit der Mutter. Noch deutlicher konnte man in seiner auffallenden Sucht, Märchen und Kinozauberstücke zu verschlingen, wahrnehmen, wie seine Haltung mit seiner *leitenden Idee* des Einzugs ins Schlaraffenland zusammenhing. Auch wer deutlichere Beweise des Ehrgeizes eines sonst faulen Kindes wünschte, konnte sie in seiner Neigung finden, fast ununterbrochen Zigarrenspitzen im Munde zu haben oder die Hüte erwachsener Personen sich anzueignen. Auch diese *Züge der Großmannssucht* und der angedeuteten Neigung zum Eigentumsdelikt sind bemerkenswert, denn sie weisen wie seine Faulheit eindeutig darauf hin, dass dieses Kind sich bereits eingerichtet hatte, eine *Methode des Lebens* zu wählen, bei der *andere für ihn* Dienste leisten oder die Resonanz abgeben sollten. [477] Die Erwartung und Berechnung der zukünftigen Welt als einer feindlichen und gefahrdrohenden ist dermaßen greifbar herauszufühlen, dass [sich] ein weiterer Beweis erübrigt. In diesem Falle gelang es leicht, die Quellen seiner Voraussetzung zu finden: Sein Vater war ein jähzorniger, herrschsüchtiger Mann, der die Kämpfe seines Berufes in das Familienleben übertrug und so dem Kinde eine falsche Richtung gab, indem er ihm seine kindliche Schwäche in übertriebener Weise vor die Seele stellte und ihm den Impuls aufdrängte, sich eine ähnliche Herrscherstellung durch den *Kunstgriff* einer praktikablen Faulheit zu verschaffen.

Wie sehr darunter die Entwicklung der kindlichen Fähigkeiten litt, ist kaum zu berechnen. Dieser Knabe war nicht minder durch die missbräuchliche Anschauung vom Wesen der Faulheit als durch die bedenkliche Rechnung mit dem Faktor der Begabung gefährdet. Was letzteren Punkt anlangt, so will ich die geringe Verwendbarkeit des Begriffs der »*Begabung*« in der Erziehung, sofern es sich nicht um tief begründete konstitutionelle Organminderwertigkeiten handelt, ganz besonders betonen. Ich wenigstens habe noch nie ein Kind oder einen Erwachsenen gesehen, deren Begabung aus anderen Erscheinungen erschlossen wurde als aus Leistungen oder Ansätzen zu solchen. Wenn dem so ist, dann bringen wir aber durch das Hineintragen eines derart unklaren, mystischen Begriffs in die Erziehung in den günstig gelegenen Fällen ein Gefühl der Unverantwortlichkeit, oft auch eine Unterschätzung der selbstständigen Arbeit zustande, während die Unbegabten im Gefühle dieser selben Unverantwortlichkeit allzu leicht resignieren oder untätig ihr Schicksal beklagen, oft auch den Vorwand für ihre Untätigkeit mit somnambuler Sicherheit in ihrer mangelnden Begabung finden.

Was man außerdem aus ähnlichen Fällen lernen kann, ist ein höchst wichtiger Grundsatz für die Erziehung: Mag uns das Leben, der Erwerb, unsere soziale Rolle als Mann oder Frau auch noch so schwierig werden, in der Kinderstube ist es der schwerste Fehler, den Glauben des Kindes an deren Überwindbarkeit zu erschüttern, indem man des Kindes Kräfte als unzulänglich hinstellt oder die Schrecknisse des Lebens allzu gräulich ausmalt.

Freilich ergibt sich dieser Fehler oder [er] geschieht häufiger unbewusst und unbemerkt, als dass man ihn bewusst übt. So insbesondere in der Mädchenerziehung, bei der oft Geschöpfe resultieren, die eine Haltung wie ein gehetztes Reh einnehmen und dem Leben und dem Manne gegenüber stets die Erwartung einer Niederlage oder ihrer Vernichtung haben. Daraus ergeben sich dann, wie ich gezeigt habe, die schwersten Formen der Nervosität und der Psychosen als ein beredter Protest gegen ein Leben, das fälschlich als schmachvoll und erniedrigend angesehen wird. Davon noch später.
[478]
Überhaupt findet sich hei näherer Betrachtung, dass die Voraussetzung vom Leben als einem unerbittlichen, ja mörderischen Kampf den Erzieher viel zu stark beeinflussen kann, aber auch das Seelenleben des Kindes leitet und verfälscht. Misstrauen, Schüchternheit und Angst ergeben sich mit Notwendigkeit, wenn das Kind erst mit dieser Perspektive ans Leben herantritt. Ich kann an dieser Stelle nur kurz darauf hinweisen, dass das Kind sehr häufig die Genugtuung hat, Bestätigungen zu erleben und seine kämpferische Haltung zu vertiefen. Denn der Zusammenstoß mit Personen, die in der gleichen Kampfstellung herangewachsen sind, bleibt auch im Rahmen der Familie selten aus. Nur dass das Kind die Bedeutung seiner näheren Umgebung für das Leben *maßlos überschätzt* und dass es fast nie dazu kommt, aus eigener Kraft eine fehlerhafte Haltung zu verbessern, die es bei anderen als feindlich empfindet, – viel mehr geneigt ist, die gleiche fehlerhafte Konsequenz zu ziehen wie die meisten andern. Dies kommt wohl daher, dass wir alle im Aberglauben herangewachsen sind, unser gesellschaftliches Leben müsse unter allen Umständen zum *Beweise unserer Überlegenheit* führen. Ein drei Tage währendes Erlebnis mit einem achtjährigen Mädchen kann diese Schwierigkeit erläutern und abermals zeigen, wie man in der Beurteilung der »*Begabung*« irregehen kann.

Eine Mutter, die in einer kurzen freudlosen Ehe viel Missgeschick zu ertragen gehabt hatte, bis sie sich von ihrem Manne trennte, hatte ihr wenige Monate altes Kind zu Landleuten in die Pflege gegeben, um in der Großstadt einen selbstständigen Erwerb zu begründen. Nach langer Mühe war dies der tapferen Frau gelungen, und nun entschloss sie sich, ihr Kind zu sich zu nehmen und es zu einem guten, tauglichen Menschen zu erziehen. Ihr hat wohl ihr eigenes Missgeschick vorgeschwebt, als sie voll Bangen und in innerer Unsicherheit recht strenge zu sein beschloss, damit es ihre Tochter einst weiterbringe als sie selbst. Nach einer kurzen Zeit des ersten freudigen Wiedersehens kamen die ersten Schläge und die ersten Tränen. Kurz nachher erklärte die Klassenlehrerin, das Kind sei völlig unbegabt und man könne mit ihm nichts anfangen. Erneute Ermahnungen, erneute Schläge. Das Kind saß meist still und verweint in einem Winkel des Hauses, die Mutter, die nie ein Kind erzogen hatte, verlor den Mut und wurde ratlos. Ich traf sie beide eines Tages in Tränen aufgelöst. Das gemeinsame Leid und die sympathischen Züge des kleinen Mädchens, ferner die verständige und wohlwollende Haltung der Frau ließen mich an einen beiderseitigen Irrtum denken. Eine kurze Überlegung sagte mir, das kleine Mädchen müsse sich von ihrer Heimkehr zur Mutter Wunderdinge versprochen haben. Meine Fragen bezogen sich deshalb auf die Behandlung seitens der Pflegeeltern, und ich er[479]fuhr, dass sie dort nicht gerade schlecht gehalten war, aber es fehlte an Schlägen und heftigen Zurechtweisungen nicht. Auch dass sie bestimmt erwartet habe, bei der Mutter nur Geduld und Liebe zu finden, teilte mir die Kleine mit. Während also das Kind von Liebe träumte und nur bei der Mutter, nicht aber bei Fremden Liebe erwartete, die Herzlosigkeit fernstehender Personen also wahrscheinlich in übertriebener Weise einschätzte und empfand, hatte die Mutter, um ihr Kind abzuhärten im Kampfe ums Dasein, den sie wieder aus ihren persönlichen Erfahrungen heraus missverstand, einen Plan ersonnen, der geeignet war, des Kindes stärkste Hoffnung zunichtezumachen. Dass dem Kinde auch die Schule und die Lehrerin kein wärmeres Interesse einflößen konnten, lag nahe genug. Ich besprach mit der Mutter, was ich von der Haltung des Kindes zu verstehen glaubte, und es gelang mir, die Mutter auf meine Seite zu bringen. Ich legte ihr den Verzicht auf das *Ungetüm der mütterlichen Autorität* nahe und bewog sie, dem Kinde in freundlichen Worten den Sachverhalt und den mütterlichen Irrtum eines gescheiterten Erziehungsplanes auseinanderzusetzen. Es half. Nach drei Tagen schon erzählte mir die Mutter, wie sie beide gute Freunde geworden seien, und das freudestrahlende Gesicht der Kleinen bestätigte es mir. Das Wunder fand seine Fortsetzung in der Schule: Die Kleine soll seither die beste und fähigste Schülerin der Klasse geworden sein.

Man mag noch so lange mit schwierigen Erziehungsfragen gerungen haben, allgemeine Regeln zu geben, wäre ohne Gewinn. Jeder Fall drängt einem andere Erwägungen und andere Wege auf. Für den Erzieher und Psychotherapeuten bleibt als einzige einheitliche Forderung bestehen, sein künstlerisches Feingefühl für das fremde Seelenleben zu üben und auszubilden, die Haltung des Individuums zur Umgebung und in der Haltung seine Voraussetzungen zu erkennen, seinen Zielpunkt zu erraten und in schwierigen Fällen nach erprobten Erfahrungen der *Individualpsychologie* tastend vorzugehen. So gelingt es auch, dem Aberglauben betreffs angeborener krimineller und sexuell perverser »Triebe« beizukommen und an seiner statt das Verständnis einzuführen, dass diese krankhaften Haltungen Produkte eines Erziehungsfehlers sind. Ebenso lässt sich die Trotzeinstellung solcher Kinder nachweisen. So kommt man allmählich ihrem Kampf gegen die Umwelt, ihren Irrtümern von der Unüberwindlichkeit äußerer Hindernisse und ihrem eigenen Minderwertigkeitsgefühl auf die Spur. Nicht gerade selten endet der Druck elterlicher Autorität mit der Unterwerfung und mit bedingungslosem Gehorsam des Kindes, aber wie zur Rache treten Erscheinungen auf, die auf einen stillen, jedoch heftigen Kampf des Wachsenden gegen seine Einfügung in das gesellschaftliche Leben gerichtet sind. Von besonderer Wichtigkeit ist diese *[480]* Frage anlässlich der *Berufswahl*, die man nie einseitig beeinflussen sollte. Ich kann von Fällen berichten, bei denen jeder Schritt zu einem schlechten Ende führte, bis man sich entschloss, dem Individuum freie Bahn zu geben. Gewöhnlich erwies sich, dass sich die auftauchenden Missgeschicke *wie ein Schicksal* einstellten, während sie in Wirklichkeit zustande kamen, weil sich einem krankhaften Ehrgeiz ein Zweifel an der eigenen Kraft verbunden hatte. Daraus erwuchs dann regelmäßig die Furcht vor Entscheidungen im Leben, eine zögernde Haltung, ferner ein krankhafter Hang zu Vorwänden und Machinationen aller Art, bis Zeit und Gelegenheit versäumt waren.

Ziehen wir aus diesen herausgegriffenen Anmerkungen die Summe, so ergibt sich der Schluss, dass dem Erzieher sowohl wie dem Kinde bei allen ihren Schritten ein Leitbild vorschwebt, das in irgendeiner Weise der Zukunft und vor allem dem künftigen sozialen Leben des Kindes angepasst ist. Mit dieser Behauptung sagen wir demnach, dass die seelische Entwicklung des Kindes ununterbrochen aus dem gesellschaftlichen Leben seiner Zeit Direktiven und Richtungslinien empfängt. Gleichzeitig wollen wir hinzufügen, dass uns der ganze Umfang dieser Beeinflussungen durchaus noch nicht bekannt scheint sowie dass das zu bearbeitende Material unerschöpflich ist.

In einer bestimmten Beziehung allerdings lässt die Beeinflussung der Kinderstube durch soziale Erscheinungen an Klarheit nichts zu wünschen übrig. Dort, wo durch die Verelendung großer Volksschichten angeborene Schwäche, Krankheitsbereitschaften und hohe Säuglings- und Kindersterblichkeit zutage tritt, ist der Zusammenhang seit Langem bekannt. Auch wo die luetische Seuche[18] ins Leben der Kinder eingreift oder wo eine unwissende Bevölkerung ihr Elend im Alkohol zu ersäufen trachtet, fehlen uns diese Belege nicht. Undeutlicher, aber noch immer greifbar, findet sich der Zusammenhang bei Völkern und Klassen, die einem politischen oder sozialen Druck zu erliegen drohen. Deren Kinder werden zumeist die Kunstgriffe des Schwachen aufweisen, seine Laster und seine Tugenden. Und sie werden oft in eine Trotzeinstellung geraten, die manchmal die Erlösung bringen kann, zumeist aber festgehalten

---

18 [Lat.: Syphilis, harter Schanker]

wird, weil die Kampfposition es zu verlangen scheint und weil sogar die soziale Minderwertigkeit einen guten Vorwand abgeben kann, falls der Glaube an die eigene Kraft fehlt. – Auch die künstliche Beschränkung der Kinderzahl, ihre Vorteile und ihre Nachteile für die Gesellschaft und für die Familie sollten zur Sprache kommen, da auch diese Frage von sozialen Einflüssen beherrscht ist. Und alle diese Erörterungen würden zeigen, wie die kleine Welt der Familie, wie das Gedeihen des Kindes immer im Zusammenhang steht mit dem Leben und Treiben in der Gesellschaft. *[481]*

So wird sich bei jeder Frage des seelischen Wachstums zeigen lassen, wie sie ganz im Banne eines sozialen Zielpunktes zu betrachten ist.

Wir erhalten demnach als Ergebnis unserer Untersuchungen folgendes Bild: Kind und Erzieher tragen ihre unbewussten und bewussten leitenden Gedanken entsprechend ihrem Verhalten zu einem Schema der Gesellschaft nahezu unabänderlich in sich. Dieses Schema, das sich beiden unmerklich aufgedrängt hat, besitzt nur teilweise Wirklichkeitswert, setzt sich vielmehr recht oft aus mangelhaften Erkenntnissen und tendenziösen Einschätzungen zusammen. Die Voraussetzung des gesellschaftlichen Lebens und der Zukunft ist individuell verschieden und steht vor dem Kinde und dem Erzieher wie eine stete Frage etwa der Art: »Wie wirst du dich bei gewissen Schwierigkeiten des Lebens verhalten?« Und in der Haltung beider, in den Lebenslinien, die sie verfolgen, geben sie die Antwort. Was immer wir nun finden – ein geradliniges Vorwärtsschreiten, Charakterzüge, Affekte, »Triebe«, auch Kniffe und Kunstgriffe der Seele, Temperament, Zögern und Zweifel, optimistische oder pessimistische Grundstimmung, *élan vital*[19] oder Tendenzen der Rückwärtsbewegung –, stammt aus dem Zwang zur *Einheit der Persönlichkeit,* ist Versuch und Vorbereitung zu einem Ziel des *Geltenwollens und der Überlegenheit.* In der Kindheit und in der Erziehung liegt demnach die Gefahr einer falschen Perspektive fürs Leben, die schwierig zu erkennen und schwer abzuändern ist. Das Familienleben und die Kinderstube, die erst für das wirkliche Leben zugänglich gemacht werden müssen, zeigen sich schlecht geeignet zur *Förderung des Gemeinsinns,* der meist erst in der Schule seine Ausbildung erfährt. Sie ergeben viel häufiger infolge der Enge ihres Horizontes, auch aus natürlichen Schwierigkeiten heraus starre Richtungslinien für ein eingebildetes Leben des Kampfes und der Gefahren und beeinträchtigen die Tauglichkeit fürs wirkliche Leben, die Lebensbereitschaft. Sie führen oft zu fast unveränderlichen Fertigkeiten des Misstrauens, der Angst und des Zweifels und erfüllen die Seele des wachsenden Kindes mit einer unersättlichen Gier nach Triumphen aller Art.

Es wäre, wie gesagt, eine Vermessenheit, bei der Buntheit dieser Verhält-

---

19 [Franz.: Lebenskraft, Lebensenergie. Der Begriff wurde von E. Bergson eingeführt, auf den sich Adler öfters bezieht.]

nisse und bei der Fülle noch unklarer Beziehungen, allgemeine Regeln geben zu wollen. Glücklicherweise gelingt vielen Kindern die Ausmerzung oder die Abschleifung solcher fehlerhafter Voraussetzungen und Vorurteile, sobald sie in die Schule kommen oder ins Leben treten. Bei den übrigen ist die Revision ihres fehlerhaften Lebensplanes meist durch eine individualpsychologische Untersuchung möglich, am besten in einem frühen Stadium, solange nicht erworbene Schäden als faits accomplis[20] die Abänderung fehlerhafter Methoden des Lebens erschweren. Ich will auf die wichtigste der von unserer Schule [482] aufgedeckten Tatsachen hinweisen: *Immer wird ein Minderwertigkeitsgefühl durch seelische Kunstgriffe überbaut erscheinen, bis in einer Lebenslüge der Halt, freilich auch die seelische Krankheit gefunden ist.*

Meine Erörterungen wären recht unvollständig, wenn sie nicht in der vielleicht wichtigsten Frage unserer Gesellschaft, in der *Frauenfrage,* ihre Bedeutung nachweisen könnten. Unser auf Arbeit und Erwerb gestelltes Leben bringt es mit sich, dass, in der Sprache der Ziffern ausgedrückt, der Mann einen höheren Wert beansprucht und zugewiesen erhält als die Frau. Dieses ökonomische Verhältnis drückt sich in den meisten Köpfen in der Form aus, als wäre die Frau des Mannes wegen auf der Welt und zu seinen Diensten. Eine derartig unnatürliche Voraussetzung, künstliche Teilung des natürlichen Zusammenhangs der Geschlechter, ein Vorurteil, das gerne an gelegentliche Verhinderungen der Frau anknüpft, wird von Frauen wie von Männern meist durchs ganze Leben getragen. Nicht in Worten und bewussten Gedanken muss man diese Wertung suchen, sondern in der Haltung. Die niedrige Selbsteinschätzung der Frau bringt es dann mit sich, dass sie leicht vor den Prüfungen und Entscheidungen des Lebens zurückweicht, weil sie den Glauben an sich verloren hat. Ihre Kraftanstrengungen erlahmen meist zu früh oder verraten den Mangel der Zuversicht durch den Charakter der Exaltation. Der Hang zu selbstständigem Handeln verlischt meist schon in der Kindheit, und ein überaus großes *Anlehnungsbedürfnis,* das selten Befriedigung finden kann, gibt ihren Leistungen den Zug der Minderwertigkeit. Die Waffen des Schwachen, Umwege zu überaus hohen Zielen und Züge einer Unterwerfung tauchen auf, die anfänglich übertrieben erscheinen, bald jedoch in die Linien der Herrschsucht umbiegen. Der natürliche Sinn des Körpers und seiner Organe wird verfälscht, alle Regungen werden verändert und vergiftet durch das erwünschte und zugleich unerwünschte Ziel und durch den Zwang der Ehe. Denn die Züge der natürlichen Weiblichkeit sind der Entwertung anheimgefallen und lassen sich nur bedingungsweise wiederherstellen. Was hochgelehrte Autoren als »angeborene weibliche« Züge im schlechten Sinne des Wortes gefunden zu haben glauben oder als weibliche Artung, die zur dauernden Minderwertigkeit verdamme, ist nichts anderes als dieses eben geschilderte Notprodukt, das zu-

---

20 [Franz.: vollendete Tatsachen]

stande kommen muss, weil das kleine Mädchen einen männlichen Aberglauben von der Aussichtslosigkeit ihres geistigen Strebens in sich aufgenommen hat und nun dauernd mit einer männlichen Stimme zu reden versucht. Aber alle Protestversuche, eingeleitet, um den Glauben an sich wiederzufinden, der den Frauen in der Kinderstube schon geraubt wurde, beeinträchtigen nur die Unbefangenheit des Erlebens. Wenn ein Knabe in seinen Leistun[483]gen Schwierigkeiten findet, hilft er sich zunächst mit der Anerkennung einer allgemeinen Unannehmlichkeit, bleibt in seelischem Gleichgewicht und kann ruhig weiterarbeiten. Ein Mädchen hört in solchen Fällen von allen Seiten und auch aus der Unruhe ihres eigenen Herzens nichts anderes als: »Weil ich nur ein Mädchen bin!« – und gibt die Mühe leicht verloren. Die menschliche Seele kann aber in einer solchen Selbstentwertung keinen Ruhepunkt finden. Der Schluss ist eine meist verborgene, aber leicht zu entziffernde, sonderbare Feindseligkeit gegen den scheinbar bevorzugten Mann.

Dieser hinwiederum, seit seiner Kindheit bereits mit der Verpflichtung belastet, seine Überlegenheit gegenüber der Frau zu beweisen, erwidert das heimliche feindselige Wesen des weiblichen Geschlechts durch gesteigertes Misstrauen und womöglich durch Tyrannei. Bei der selbstverständlichen Gleichwertigkeit »alles dessen, was Menschenantlitz trägt«[21], ist es begreiflich, dass beiden Geschlechtern aus ihrer unnatürlichen, aber schier unausweichlichen Haltung ein ewiger Kampf erwächst und in dessen Gefolge auch die unausbleiblichen Rüstungen, Sicherungen und Spiegelfechtereien im Dienste eines überflüssigen Prestiges, dass ferner beide Geschlechter mit überaus störender Vorsicht und gesteigerter Angst, feindlich einander trotzend und beide ihre Niederlage fürchtend, einander gegenüberstehen.

Es wäre ein Unfug dieser Betrachtung gegenüber, die der tiefsten Krankheit unseres gesellschaftlichen Organismus nachspürt und fehlerhafte Perspektiven der Kindheit als Vollstrecker eines tragischen Geschicks aufweist, auf die Lebenslüge der Verfeinerung unserer Empfindungen hinzuweisen, die aus dem Kampf der Geschlechter entspringen. Wer weiterspüren will, sei darauf hingewiesen, dass Überlegenheitsbeweise in den Beziehungen von Mann und Frau fast immer nur Scheinbeweise sind und das »Höhersein« wenig fördern. Und auch, dass dieser Schein gerne mit verbotenen Kunstgriffen der List und Vorstellung erreicht wird, sei noch hinzugefügt.

Was die Schule mit Recht *vom Nervenarzt fordern* darf, ist: *einen Wegweiser zu erhalten,* der es ermöglicht, *ein auf Abwege geratenes Seelenleben zu erkennen und zum Mindesten nicht zu verschlimmern.* Es verdient immer wieder hervorgehoben zu werden, dass die Forderung nach Erleichterungen des Lehrstoffes noch keine genügende Gewähr bietet, dem geistigen Misswuchs oder der Nervosität unter der Schuljugend zu steuern. Eine kameradschaftliche

---

21 [In der Aufklärung begründetes Menschenrechtsprinzip]

Beziehung des Lehrers, bewusst geübt und wohl vorbereitet, leistet sicherlich mehr als alle Milderung administrativer Art. Eine angespannte Herrschsucht des Lehrers dagegen, wie sie oft unbewusst und ungeprüft in den Unterricht einfließt, wird stets den nervösen Widerstand der seelisch kränkelnden Kinder wachrufen. Ich habe unter meinen jün[484]geren nervösen Patienten fast regelmäßig erlebt, dass sie, um einen Kampfstandpunkt mir gegenüber zu finden, gerne eine Haltung einnahmen, als ob ich ein bestimmter Lehrer wäre. Den aber hatten sie als feindliches Symbol erfasst und erwarteten immer wieder, einen ähnlichen Druck auch außerhalb der Schule zu erfahren, wie sie ihn dort gefühlt hatten. Wie weit der Aufbau einer derartigen kampfbereiten Gefühlslage zurückreicht, mag die Tatsache erweisen, dass oft auch der Lehrer nur – und dies trotz aller gegenteiligen Züge – im Geiste des Schülers so empfangen wird, als wäre seine Absicht, den gleichen Druck auszuüben wie etwa der Vater, die Mutter oder ein älterer Bruder. Einem unbefangenen Streben des Schülers und oft auch seinen Erfolgen steht dann ein aus der Kinderstube herübergetragenes Vorurteil im Wege. In diesem Falle wäre die wichtigste Forderung, diese erworbene Perspektive, sobald sie sich störend erweist, aufzudecken, verdächtig zu machen und zu zerstören.

Wie tief die Eindrücke der Lehrpersonen haften können, lässt sich auch daraus erschließen, dass nicht selten erwachsene Personen von missliebigen Lehrern und Prüfungen träumen, wenn sie nach einer bewährten Taktik in einer schwierigen Lebenslage suchen, als ob sie eine bekannte Widerwärtigkeit befürchteten. Im wachen Zustand fehlt ihnen dann die Unbefangenheit, sie nehmen zuweilen eine unpassende, verkehrte Haltung ein und machen den Eindruck, wie wenn sie auf der Schulbank säßen.

Eine Charakteristik des nervösen Schülers würde Bände füllen.[22] Es ist unumgänglich nötig, auch in den höheren Altersstufen des Schülers dessen meist verschleierte Voreingenommenheit zu erkennen, seine Stellung zur Gesellschaft, zu den Kameraden, zum Lehrer, zum Beruf und zum andern Geschlecht herauszufühlen. Man kann sich dabei eines Durchschnittsmaßes zum Vergleich bedienen: eines Schülers etwa, der sich als *guter Mitspieler* erweist. Jede stärkere Abweichung darf uns misstrauisch stimmen. Denn auch in der Schule wird das seelische Profil des Kindes daraufhin zugeschnitten sein, wie weit sein Wille zur sozialen Anpassung entwickelt ist, und ob sein Ziel sich dem Rahmen des gesellschaftlichen Lebens einfügt.

Als Kennzeichen von schwankendem Werte sozial schlecht angepasster und gesellschaftlich unvorbereiteter Kinder dürfen wir – anfangs nur vermutungsweise – alle *auffallenden Fehler und Mängel* auffallender Art betrachten, weil sie oft die Ursache einer verfehlten seelischen Entwicklung und einer schiefen

---

22 Adler, »Über den nervösen Charakter«, [Adler 1912a/2008a], und »Zeitschrift für Individualpsychologie«, München, Reinhardt [Adler u. Furtmüller 1914b]

Stellung zur Welt abgeben. Ohne weiter auf diesen Punkt einzugehen,[23] sei nur hervorgehoben, dass *[485]* das Schicksal solcher Kinder von der Bedeutung abhängt, die ihre Fehler für sie gewinnen. So kommt es dann auch wohl vor, dass körperlich gut geartete Kinder in die gleiche falsche Stellung geraten können, wenn sie verleitet wurden, dem Zauber ihrer Persönlichkeit allzu viel zuzutrauen. Gerade diese Schüler kommen bisweilen bei Misserfolgen ganz aus dem Gefüge und verfallen in völlige Untätigkeit und Faulheit, verraten aber ihre sorgsam verborgene Empfindlichkeit durch jähe Ausbrüche und gelegentliche Selbstmordversuche.

Man wird die gleichen Schwierigkeiten erwarten dürfen, sobald man eine zu strenge oder verzärtelnde häusliche Erziehung wahrgenommen hat. So nahe aber auch in diesen Fällen die Vermutung liegt, die Stellung des Schülers zur Umgebung sei auf diese Weise hervorragend ungünstig beeinflusst worden, wird man doch noch mit einem bereits erfolgten Ausgleich zu rechnen haben.

Als Zeichen erster Ordnung – und diese fallen bei unserer vorbauenden Erwägung vor allem ins Gewicht – kann nur die gegenwärtige Haltung des Schülers gegenüber den gesellschaftlich durchschnittlichen Erwartungen der Schule und der Umgebung gelten. An dieser Haltung, die sich im Blick, im Gang, in der Kopf- und Körperhaltung, in der Aufmerksamkeit, im Fleiß, im Streben und im Temperament zum Ausdruck bringt, lässt sich die größere oder geringere Schwierigkeit einer Erziehung ungefähr abschätzen. Insbesondere in den höheren Klassen treten die Abweichungen von einem Durchschnitt deutlicher hervor, sobald die Distanz zum öffentlichen Leben geringer wird. Allerdings darf man in dieser Altersklasse nicht allein die auffälligsten Störungen erwarten; der gänzlich missratene Nachwuchs fällt ja bereits in den untersten Jahrgängen fort. Nichtsdestoweniger treten gegen Schluss des Jahres oder vor den Reifeprüfungen die Zeichen der Lebensfeigheit in den mannigfachsten Formen gesteigerter Nervosität hervor.

Auch bei diesem älteren Schülermaterial ergibt sich die fehlerhafte Haltung aus ihrer dem Familienleben entstammenden Perspektive und aus ihrer voreingenommenen Stellungnahme zum Leben. Gelegentliche oder in veralteten Lehrplänen gelegene Schwierigkeiten werden von diesen Schülern als Signale ihrer eigenen Insuffizienz überschätzt. Und sie dürfen niemals als Ausgangspunkt oder als »Ursache« der Krise gelten; vielmehr kommt in Betracht, wie weit der Schüler von ihnen erfasst wird. Und es wird sich in allen Fällen bei eingehender Untersuchung zeigen, dass nicht wegen einer Ursache, sondern wegen erwarteter befürchteter Folgen von seelisch unausgeglichenen Kindern eine fatale Wendung zu erwarten ist. Man könnte die Zeitpunkte bestimmen, an denen das seelisch nicht intakte Schülermaterial vermehrten Trotz, erhöhte

---

23 Adler, »Studie über Minderwertigkeit von Organen«, Wien 1907 [Adler 1907a/1977b]

Nachlässigkeit und Neigung zu Streichen *[486]* aller Art zeigen wird. Oft handelt es sich gar nicht um wirkliche, vielmehr um vermeintliche Schwierigkeiten. Fehlt dem Schüler in solchen Zeitläuften der Glaube an sich selbst, dann wird er kaum je – und dies müssen wir dann unserer gesamten Erziehungskunst zur Last legen – die Verantwortung glatt übernehmen. Er wird eher Vorwände suchen. Ja, er wird sie schaffen, und dies in so unauffälliger Weise, so sehr seiner eigenen Kritik entrückt, dass alles, was jetzt eintritt, nicht wie eine anrechenbare Schuld, sondern vielmehr wie ein unausweichliches Schicksal erscheinen wird. In diesen schwierigeren Zeitläuften wird das seelische Porträt des Schülers stärker und deutlicher als sonst hervortreten. Etwa wie nach Art einer Karikatur. Die einen werden auf angeborene Schwächen, Mängel, Unzulänglichkeiten hinweisen, nicht ohne dass dabei ihre eigene Verantwortlichkeit außer Frage kommt! Alles, was bei solchen Anlässen zur Sprache kommt, weist vielmehr auf ein Schicksal, auf Heredität, auf Erziehungsfehler der Eltern, der Lehrer hin – als ob jemand dadurch zur Unfähigkeit verpflichtet wäre! Mit Vorliebe wird die Stockung im Vorwärtsschreiten als ein Rätsel empfunden und hingestellt. Oder Krankheitserscheinungen geben den Anlass und werden als Legitimation auf den Tisch gelegt. Ein anderer Typus wirft nach kürzerem oder längerem Kampfe die Flinte ins Korn und wechselt den Ort seiner Tätigkeit.

Das Bild, das ich nun zum Schlusse zu zeichnen versuchen will, hat eine frappante Ähnlichkeit mit dem eines Deserteurs oder eines vom Heimweh Erfassten. Die Bewegungen und Fortschritte des Schülers werden langsamer und ungenügend, oder er kommt in ein auffälliges Hasten, das ihn auch nicht vorwärtsbringt. Manche kommen zu allem zu spät, sitzen oft träumend in der Schule, ducken sich, werden ängstlich, erröten und erschrecken, wenn der Lehrer sie ruft. Andere verfallen in völlige Indolenz oder versäumen häufig die Schule. Dann hört man zuweilen, dass sie sich im Freien herumtreiben, nicht selten in unpassender Gesellschaft, oder dass sie ununterbrochen zu Hause sitzen und sich mit Dingen beschäftigen, die sich kaum in die angestrengte Zeit ihres Studiums einfügen lassen. Es ist oft nur eine sympathischere Nuance desselben Typus, der sich knapp vor der Reifeprüfung verliebt, Musik, Philosophie oder Literaturgeschichte betreibt. Man kann nicht behaupten, dass alle diese Schüler Besorgnisse erwecken müssten. Aber sie werden kaum je aus eigener Kraft ihre Furcht vor dem Leben verlieren.

Die schwersten Fälle unter ihnen, die zuweilen noch deutliche Kinderfehler bis über die Pubertät hinaus mit sich tragen, bedürfen der ärztlichen Hilfe, sobald sie nicht vorwärtszubringen sind. Andernfalls erlebt man die schwersten Formen regressiver Entwick*[487]*lung: geistigen Verfall (Dementia präcox) oder Selbstmord. Bei genauer Kenntnis des Einzelfalles wird es sich stets zeigen, dass man jene Kinder wieder vor sich hat, die schon in jungen Jahren den Glauben an sich verloren hatten und den Fragen des Lebens mit Angst und

Bangen gegenüberstanden. Und immer wieder sind es die Fragen der Gesellschaft und deren Erwartungen, denen gegenüber sie versagen. Es schreckt sie die Prüfung, der Beruf, die Sexualfrage, die eigene Verantwortung und die Einfügung in die Gesellschaft. Mit der revoltierenden Geste der Nervosität lehnen sie alle Forderungen der Gemeinschaft ab.

5

3. Die Frau als Erzieherin (1916)

Editorische Hinweise
Erstveröffentlichung:
1916: Die Frau als Erzieherin. In: Archiv für Frauenkunde und Eugenik, S. 341–349

Im Jahre 1914 war der Aufbau der Individualpsychologie voll im Gang gewesen – und Adler hatte rege veröffentlicht: Seine Publikationsliste enthält, was das Jahr 1914 betrifft, elf Fachartikel und fünf Rezensionen und erinnert daran, dass Adler im selben Jahr – in Zusammenarbeit mit Carl Furtmüller – überdies den pädagogisch bedeutsamen Sammelband »Heilen und Bilden« sowie die ersten Hefte der »Zeitschrift für Individualpsychologie« herausgegeben hat (Adler 1914a/1973c, vgl. dazu die Einführung zu diesem Band, S. 12ff.).

All diese Entwicklungen und Aktivitäten konnten nach dem Ausbruch des Ersten Weltkriegs nur in eingeschränkter Form weiterverfolgt werden (vgl. dazu die editorischen Hinweise zu Adler 1919d/2009a, S. 87 in diesem Band).

Adler selbst veröffentlichte 1915 bloß den Wiederabdruck des Vortrags über »Kinderpsychologie und Neurosenforschung« (Adler 1915, in diesem Band S. 31ff.). Und auch im Jahr darauf, in dem er zum Militärdienst eingezogen wurde, publizierte er nicht mehr als einen Text – nämlich diesen über »Die Frau als Erzieherin« (Adler 1916/2009a).

Diese Schrift stellt die erste Publikation dar, in der Adler auf den Krieg und seine Folgen Bezug nimmt. Während manchen seiner späteren Veröffentlichungen zu entnehmen ist, in welcher Weise Adlers Auseinandersetzungen mit dem Ersten Weltkrieg zur Weiterentwicklung seiner Theorie geführt haben, konzentriert sich Adler in der vorliegenden Schrift auf die Analyse des Sachverhalts, dass viele Väter wegen des Militärdienstes, den sie leisten müssen, von ihren Familien getrennt sind. Die Auseinandersetzung mit dieser Thematik verbindet Adler allerdings mit der Diskussion der Frage, wie über die erzieherische Tätigkeit der Frau grundsätzlich zu denken sei.

In diesem Sinn weist Adler eingangs darauf hin, dass die Erziehung der Kinder auch in Friedenszeiten primär Frauen übertragen zu sein scheint, während genau dieses Faktum ebenso vielgestaltig wie kontrovers diskutiert werde. Vor diesem Hintergrund fragt Adler, ob es nun, nach zwei Jahren Krieg, in denen »die Kindererziehung von fast ganz Europa in die Hand der Mütter« gelegt wurde (siehe dazu S. 68 in diesem Band), möglich sei, zu verlässlicheren Aussagen darüber zu kommen, wie es um den Einfluss der Frau auf die Erziehung der Kinder tatsächlich stehe und wie ein solcher Einfluss bewertet werden müsse. Ob es in den Zeiten der verstärkten räumlichen Abwesenheit der Väter zu einem Anstieg an problematischen kindlichen Verhaltensweisen gekommen ist, stellt in diesem Zusammenhang ein entscheidendes Kriterium dar, auf das Adler seine Bewertungen – in Verbindung mit allgemein gehaltenen kulturkritischen Überlegungen – bezieht (siehe S. 69 f. und S. 71 f. in diesem Band).

Adler entwickelt seine Überlegungen in mehreren, miteinander eng verschlungenen Schleifen, in deren Zentrum der Gedanke steht, dass der Aspekt des Männlichen die gesamte Kultur und folglich auch die Erziehung dominiere. Selbst in jenen Situationen, in denen der Mann räumlich abwesend ist, finde sich »die Erziehung durch die Frau regelmäßig dem Einfluss des Mannes und der männlichen Kultur unterworfen«, weshalb die Frau nur bedingt für Kindererziehung und deren Folgen verantwortlich gemacht werden könne (siehe dazu S. 69 f. in diesem Band). Da aus diesem Grund »von einer leitenden Erziehung durch die Frau derzeit in den seltensten Fällen gesprochen werden kann« (siehe dazu S. 70 in diesem Band), sei es auch gar nicht sinnvoll, sich über »Wert und Unwert der Erziehung durch die Frau« zu äußern (siehe dazu S. 72 in diesem Band).

Diesen Grundgedanken bezieht Adler auf zwei unterschiedliche Problemsituationen: Er führt (a) die Tatsache, dass manche Kinder während des Krieges »weder im Hause noch in der Schule größere Schwierigkeiten« zeigen, primär darauf zurück, dass die Autorität des räumlich abwesenden Vaters durch die räumlich anwesende Mutter zur Geltung gebracht werde (S. 70 in diesem Band). Und er begründet (b) das verstärkte Auftreten von Erziehungsschwierigkeiten und Schulproblemen vieler anderer Kinder mit dem Hinweis darauf, dass sich diese Kinder vor Kriegsbeginn vor allem aus Angst vor der väterlichen Autorität anders verhalten hätten: Die Mütter dieser Kinder könnten die Lücke der fehlenden väterlichen Autorität nicht schließen, zumal sie »ohne geeignete Vorbereitung« nun plötzlich »die Führung« in der Erziehung übernehmen müssten, die von männlichen Leitvorstellungen bestimmt sei und »dem Sieg des männlichen Prinzips« dienen solle, das den Frauen fremd sei (siehe dazu S. 70 in diesem Band). Deshalb machten sich Unsicherheit, Uneinheitlichkeit, Zaghaftigkeit und überzogene Strenge breit und schüre bei vielen Kindern jenes »Geltungsstreben«, das am »Kulturideal [...] männlichen Zuschnitts« orientiert sei und sich dann in Gestalt von Erziehungsschwierigkeiten, Schuldelikten oder gar kriminellen Handlungen äußere (siehe S. 70 und S. 72 in diesem Band).

Adler kritisiert eine solche Form von Erziehung, die Kinder dazu einlade, ihr Verhalten von der Angst vor Bestrafung abhängig zu machen (S. 71 in diesem Band), und betont zugleich, dass die Frau dafür ebenso wenig verantwortlich zu machen sei wie für allfällige erzieherische Misserfolge (oder auch Erfolge); denn zuzuschreiben sei all das der besagten »Tatsache des männlichen Übergewichts in der gegenwärtigen Kultur« (S. 70 in diesem Band). Diese Einschätzung verbindet Adler mit dem allgemein gehaltenen Gedanken, dass Frauen wegen des »männlichen Diktat[s]« vielgestaltigen Entwertungstendenzen ausgesetzt seien, die der »freien Entfaltung weiblicher Erziehungskunst« abträglich seien (S. 71 in diesem

Band). Adler verweist in diesem Zusammenhang darauf, in welch vielfacher Weise die erzieherischen Bemühungen von Frauen abgewertet würden (S. 71 in diesem Band), und betont insbesondere, dass viele Frauen unter den gegebenen kulturellen Bedingungen das männliche Vorurteil übernähmen, unselbstständig und schwach zu sein. Letzteres führe bei manchen Frauen zur Ausbildung von Haltungen, »die den Wert der Frau als Erzieherin leicht beeinträchtigen können« und gerade in schwierigen Zeiten besonders deutlich auszumachen seien (S. 73 in diesem Band). Mit der Skizze von drei solchen typischen Haltungen sowie damit verbundenen Typen von Erzieherinnen schließt der Artikel.

Die Frau als Erzieherin

In der Poesie und in der Theorie ist die Frage entschieden: Der Frau fällt die
5 Erziehung der Kinder zu. Ein flüchtiger Blick ins Leben scheint den gleichen Schluss nahezulegen. Selbst wenn beide Ehegatten dem Erwerbe nachgehen, ist der erzieherische Einfluss auf Körper und Geist der Kinder unmittelbar der Mutter anheimgegeben. Ebenso unbestritten tritt dieses Herrschaftsgebiet der Frau im System der Erzieherinnen und Gouvernanten zutage. Ferner ist die
10 Schulerziehung der Mädchen in überwiegendem Maße, die der Knaben zum großen Teile in die Hand der Lehrerin gegeben.

Scheiden wir die Stimmen aus, die der Erziehung jeden Einfluss bestreiten – sie sind ebenso unbesonnen wie die, die alles von ihrer Erziehung erwarten –, so stoßen wir auf die großen Heerlager derer, die den Einfluss der Frau auf die
15 allerfrüheste Zeit des Kindes, fast bis auf den Geburtsakt beschränken möchten, und ihrer Gegner, die zumindest die mütterliche Erziehung als die unantastbare Grundlage aller menschlichen Entwicklung betrachten. Beide weisen auf den reichen Schatz ihrer Erfahrungen hin und auf eine Reihe bedeutender Männer und Frauen als auf stichhaltige Beweise ihrer Anschauungen. Und in
20 der Tat, mächtig bewegt uns die Erzählung, dass Achilles von Frauen erzogen ward, und unsere Stimmung, durchtränkt von der Innigkeit des Bildes der Mutter, labt sich an der Verehrung und Dankbarkeit Goethes für den Einfluss seiner Mutter. Aber heftig dringen uns die Stimmen ins Ohr, die unentwegt kritisieren und anklagen: »Weiberwirtschaft, Frauenerziehung taugt nicht!«
25 Bei Knaben insbesondere hält man vielfach die Frauenhand in der Erziehung für verhängnisvoll. *[342]*

Mitten in dieses Gewirr von Anschauungen trägt nun der Krieg seinen ehernen Standpunkt hinein und legt die Kindererziehung von fast ganz Europa in die Hand der Mütter. Sind wir jetzt bereits imstande, uns ein Urteil zu
30 bilden? Oder gibt es etwa Schwierigkeiten anderer Art als die der Materialbeschaffung, die eine ungetrübte Einsicht erschweren? Ist diese Frage nach der besseren Erziehung etwa gar eine jener unlösbaren Fragen, die mit der

menschlichen Gesellschaft entstanden sind, um ewig ungelöst nur Streit und Wettstreit zu erzeugen?

Was wir derzeit, nach fast zweijähriger Kriegszeit, beitragen können, sind in erster Linie persönliche Eindrücke aus den Gesellschaftskreisen, denen wir selbst angehören. Eine Umfrage ergab mir, dass weder im Hause noch in der Schule größere Schwierigkeiten aufgetaucht seien; öfters sei vielmehr festzustellen gewesen, dass die Abwesenheit des Vaters und seine gefahrvolle Lage für die Kinder einen Ansporn abgegeben habe, allerlei Verlockungen zur Schlimmheit auszuweichen. Das Ziel dieser Kinder, dem Vater zu Gefallen zu sein, ihm in seiner Abwesenheit Sorgen und Kummer zu ersparen, trat deutlich hervor. Freilich hatte ich es in dieser Gesellschaftsschicht oft mit Eltern zu tun, die seit Langem mit großem Verständnis und Interesse den Fragen der Erziehung nachgehen und in Eintracht nebeneinander ihren Einfluss auf die Kinder ausübten.

Diese der Beurteilung der mütterlichen Erziehung günstigen Ergebnisse fallen nicht ins Gewicht. Der Einfluss des Vaters war nicht ausgeschaltet. Seit jeher vermochten diese Kinder in den Worten der Mutter zugleich die Stimme des Vaters zu vernehmen. Andererseits lag in meinen Fällen die Position der Kinder so, dass sie sich bestrebten, dem Vater Achtung abzugewinnen. Ihren Müttern wieder muss lobend nachgerühmt werden, dass sie dieses Streben nicht gestört, vielmehr ausbauen geholfen haben. Ein Zerrbild dieser nützlichen, gemeinsamen, erzieherischen Beeinflussung hätten wir in jenen Fällen vor uns, wo sich die Mutter heimlich der Mithilfe des Vaters bedient und den Kindern bei einer Entgleisung mit der Mitteilung an den Vater droht. Es wäre ein Irrtum, das Ergebnis einer solchen Erziehung angesichts einer derart festgewurzelten Autorität des Vaters als Erfolg oder Misserfolg der Erziehung durch die Frau auszugeben. Es wäre auch irrtümlich anzunehmen, dass solche Drohungen nur gelegentliche Kunstgriffe der mütterlichen Erziehung wären und keine weitere Bedeutung für die Beurteilung des Systems hätten. Sie zeigen uns vielmehr in ihrer auffallenden Bevorzugung, wie häufig sich die Erziehung durch die Frau mit der männlichen Autorität *[343]* verstärkt. In anderen Fällen spielt der Vormund, der Oheim, der Lehrer, der Schuldirektor die gleiche Rolle. In einer Sammlung meiner Untersuchungen über die Furcht der Kinder finde ich zum Beispiel folgende Mitteilung eines siebenjährigen Mädchens: »Ich fürchte mich vor dem Krampus (Teufel), wenn er kommt mit den Ketten. Ich fürchte mich vor einer Maus. Ich fürchte mich vor den Serben und Russen. Ich fürchte mich vor dem Gespenst. Ich fürchte mich vor meiner Mutter und vor meinem Vormund. Ich fürchte mich vor dem Pracker (Ausklopfrohr) und vor Schlangen. Am meisten fürchte ich mich vor Hieb.« In der Stufenleiter seiner Befürchtungen stellt dieses arme Kind offenbar den Vormund obenan, lässt uns zumindest verstehen, dass sie jeden erzieherischen Eingriff der Mutter als im Namen des männlichen Vormunds erlitten ansah.

Überblicken wir also die starke Einengung der weiblichen Einflusssphäre von unserem Aussichtspunkt, so ergibt sich, dass von einer leitenden Erziehung durch die Frau derzeit in den seltensten Fällen gesprochen werden kann. Diese entscheidende Erkenntnis steht in voller Übereinstimmung mit der Tatsache des männlichen Übergewichts in der gegenwärtigen Kultur. Folglich hat der Mann für den ihm zufallenden Anteil an der Erziehung ohne Widerspruch die Verantwortung zu übernehmen.

Diese Arbeit will in erster Linie einen richtunggebenden Standpunkt einführen und zu weiteren Untersuchungen auffordern. Auch die Fortschritte in der Schule bei Kindern, die dauernd oder vorübergehend des Vaters, des Lehrers entbehren, sollen geprüft werden. Aber es gilt das gleiche Bedenken wie oben: Der männliche Einfluss ist durchaus nicht ausgeschaltet. Er ist es umso weniger, als das allgemeine Kulturideal das Ziel jedes Kindes irgendwie beeinflusst. Und dieses Kulturideal trägt deutlich den männlichen Zuschnitt, richtet die Sehnsucht des Kindes und alle seine Bewegungen auf Herrschaft und Geltung in seiner Umgebung, ist in der Tat nichts als der zum gesellschaftlichen Willen zusammengeschmolzene Individualwille der Kindheit. Das allgemeine, männlich gerichtete Ideal drückt auf das Ansehen und auf die Geltung der Erziehung durch die Frau. Dieser Spannung entspringt in der Regel die Unbotmäßigkeit des Kindes gegen die Mutter, während die Geltung des Vaters ursprünglich leichter ertragen wird.

Wir kommen demnach zu dem Ergebnis, dass die Erziehung *[344]* durch die Frau regelmäßig dem Einfluss des Mannes und der männlichen Kultur unterworfen ist, dass sie unter dem männlichen Diktat steht. Man wird ihr also nicht alle Verantwortlichkeiten aufhalsen können. Man wird nicht anklagen dürfen, sobald überraschende Änderungen wie in der Kriegszeit den Zusammenklang in der Leitung der Kinder erschüttern, und wenn Schwierigkeiten erwachsen. Denn jetzt geht ohne geeignete Vorbereitung die Führung auf die Frau über, und sie soll nun, entgegen ihrem innersten Wesen, selbstständig ein Werk vollbringen helfen, das dem Sieg des männlichen Prinzips zum Ausdruck verhilft. Die Mithilfe des Mannes machte sich als Schranke und Wegweiser geltend. Der Frau aber fehlt, sobald sie allein das Erziehungswerk vollbringt, die instinktive hingebungsvolle Vertrautheit mit dem männlichen Prinzip unserer Kulturwelt. Auch die bewusste Kenntnis desselben und der Versuch einer niemals restlosen Einfügung werden durch das natürliche, niemals auszuschaltende Geltungsbedürfnis der Frau immer wieder Einschränkungen erfahren. Der Geist einer einheitlichen Führung leidet noch mehr als sonst, Unruhe und Schwanken in der Leitung der Familie erzeugen ein Gefühl der allgemeinen Unsicherheit und wirken auf die Empfindung der Kinder zurück. Diese aber, wenn sie selbst auch die Änderung nicht erfassen noch verstehen, erleiden dennoch gefühlsmäßig den Eindruck einer widerspruchsvollen, zaghaften Führung. An dieser Stelle setzt nun das übergroße kindliche Geltungsbedürfnis ein und äußert sich in verstärkten Antrieben zur Revolte. Oder die Frau versucht als Gegenmittel gegen den Zwang ihrer Unterordnung im Sinne einer Überkompensation eine starke Haltung zu forcieren, was oft schon durch eine Neigung aus der Kindheit her begünstigt wird; auch in diesem Falle droht die offene oder heimliche Auflehnung des Kindes, insbesondere der Knaben, häufig aber auch der Mädchen. Denn der Mangel einer geschulten Moral bringt es mit sich, dass man sich leichter einer sozial eingekleideten Autorität neigt, als dass man selbstständig prüft und ohne Voreingenommenheit seine Einordnung vornimmt. Dazu kommt noch, dass vielleicht kein Kind heranwächst, ohne erlebt zu haben, wie die mütterlichen oder weiblichen Anordnungen gelegentlich oder regelmäßig vonseiten anderer Personen mit erhabener Geringschätzung bedacht werden. Gewöhnlich erklären dann die Mütter das auffällige Übergewicht des Vaters in der Weise, dass sie sein selteneres Zusammensein mit den Kindern als ausschlaggebend hinstellen. Aber wir finden die gleiche Erscheinung in der Schule und in Pensionaten, ebenso auch in Familien, in denen die Mutter den Kindern ebenso wenig wie der Vater zur Verfügung steht. [345]

Ein Übel wie das geschilderte wird nicht geringer, wenn man vor ihm die Augen schließt. Der richtunggebende Punkt im Tun und Lassen des Kindes bleibt in unserer Kultur die überlegene Autorität des Mannes. Und wer immer seine Persönlichkeit in der Erziehung des Kindes einsetzt, muss wohl oder übel mit dieser Tatsache rechnen. Einer freien Entfaltung weiblicher Erziehungskunst steht derzeit noch das weibliche Minderwertigkeitsgefühl im Wege. Wenn etwas imstande ist, die vorhandenen Schwierigkeiten zu vermindern, so ist es die Erkenntnis von dem Mangel an Selbstvertrauen der Frau, aus der sich ihre Zaghaftigkeit herleitet, aber auch die Überspannung ihrer Autoritätsgelüste. Ferner müsste, wie es diese Arbeit versucht, die herrschende Entwertungstendenz gegenüber dem Erziehungswerk der Frauen als unberechtigt und sozial schädlich nachgewiesen werden.

Man kann also rechtlicherweise die gegenwärtigen Erziehungsresultate nur so weit zur Entscheidung unserer Frage heranziehen, als sie etwa durch die persönliche Abwesenheit des männlichen Miterziehers beeinflusst erscheinen. Sollte sich dabei herausstellen, dass diese körperliche Distanz allein schon ausreicht, das Verderbnis der Kinder herbeizuführen, so wäre in dieser Tatsache die schärfste Verurteilung unserer gegenwärtigen Erziehung gelegen, gleichviel, ob der Mann oder die Frau zur Erziehung berufen ist. Denn wir müssten nicht bloß die Selbstständigkeit unserer Kinder infrage stellen, sondern wir hätten in solchem Falle eine Erziehungsmoral vor uns, die mit den gröbsten Mitteln der Furcht und des Schreckens arbeitet, und eine Kindermoral, die nur durch den Anblick der Zuchtrute im Gang zu halten wäre. Wer wagt es, eine solche Behauptung zu vertreten, die als Voraussetzung einer Anschauung von der persönlichen Unabkömmlichkeit des Mannes nicht zu übersehen wäre?

Nichtsdestoweniger sind wir gezwungen, für einen großen Teil der jugendlichen Verirrungen eine ähnliche Grundanschauung geltend zu machen. Soweit Schuldelikte und kriminelle Handlungen von Kindern, deren Zahl in den Krieg führenden Ländern namhaft gestiegen ist, in Betracht kommen, hat uns ein vorläufiger Einblick gezeigt, dass die Täter niemals ein auffallendes Maß an Mut oder Aktivität besitzen, dass sie auch früher nur durch strenge Überwachung und Furcht erweckenden Antrieb zur regelmäßigen Tätigkeit anzuhalten waren. Man wird viel häufiger, als man glaubt, unter ihnen Züge von Feigheit, Indolenz und Verträumtheit finden, ebenso Furcht vor selbstständiger, sozial wertvoller Tätigkeit und ängstliche Ablehnung einer selbstständigen Verantwortlichkeit. Diesen Deser[346]teuren und Drückebergern aus der Kinderstube, die sich gerne aneinanderschließen, um in der Bandenbildung einen Halt zu finden, die jetzt den Stock nicht mehr sehen, mit dem sie angetrieben wurden, droht nun das Schicksal des unselbstständigen Schwächlings. Die Pubertätszeit, sein erwachendes Mannesbewusstsein drängt vor allem den feigen Knaben zu prahlerischen Leistungen. Sein Schwächegefühl verbietet ihm den Wettkampf auf sozialen Gebieten, denen er sich bisher gewohnheitsmäßig nur unter dem Druck des Vaters genähert hat. Ihm sitzt bereits das Helotenbewusstsein[24] im Blute, und er nützt seine neu gewonnene Freiheit, um eine Sklavenrevolte anzuzetteln. Sein Gegenspieler bei seiner Vernachlässigung der Schule, bei seinem Ausflug ins Kriminelle ist der abwesende Vater. Deshalb muss die Mutter einflusslos bleiben, und ihre Bestrebungen versagen. Die ursprüngliche Feigheit solcher Kinder zeigt sich aber in der Ausnützung heimlicher Gelegenheiten, von Schwierigkeiten des mit Aufgaben überhäuften Lehrers, in der Lügenhaftigkeit im Haus und in der Schule und häufig auch in der Unterordnung unter einen geschulteren, führenden Geist, der wieder behufs eigener Deckung die Bandenbildung anregt. Über Letztere als einer Kompensation des Minderwertigkeitsgefühls hat Dr. *Charlot Strasser* in seiner aufschlussreichen Arbeit »Das Kumulativverbrechen«[25] weitgehende Aufklärungen beigebracht, die ein Meisterstück individualpsychologischer Betrachtung darstellen.

Bei diesem Tatbestand ist es demnach nicht angängig, Wert oder Unwert der Erziehung durch die Frau an den Schülerleistungen oder an der steigenden Kriminalität der Jugendlichen im Kriege abzumessen, und dies umso weniger,

---

24 [»Heloten«: Staatssklaven bzw. Leibeigene im antiken Sparta. Die rechtlose Stellung und die zusehende Verarmung der Heloten führten wiederholt zu Sklavenaufständen und blutigen Revolten.]

25 Archiv für Kriminalpsychologie, Verlag Vogl, 1914 [Strassers Band erschien bereits 1913 (Strasser 1913).]

als die unausbleiblichen Rechtserschütterungen der Kriegszeit ganz allgemein die Festigkeit der zu Hause gebliebenen Moral in Versuchung führen. Für etwaige Verschlechterungen in der Schule sowie für die sichergestellte steigende Kriminalität der Jugend liegen viel bedeutsamere Gründe vor als eine Unfähigkeit der Frau in der Erziehung.

Dagegen lässt sich der Standpunkt wohl vertreten, dass diesen kulturellen Missständen die Frau oft ebenso wenig gewachsen ist wie die Polizei oder die gerichtliche Strafdrohung und die Schule. Und so mag es, zum Besten der Allgemeinheit, dem Psychologen gestattet sein, drei schädliche Haltungen der Frau hervorzuheben, die häufig zu finden sind und die den Wert der Frau als Erzieherin leicht beeinträchtigen können. In jedem dieser Fälle stehen wir vor einer Stellungnahme der Frau zum Leben, demnach vor Weltanschauungsfragen, und dürfen nicht ohne Weiteres eine rasche Ände[347]rung erwarten. Alle drei Haltungen gleichen sich auch, so verschieden sie in ihrer äußeren Ausprägung erscheinen, in dem einen Punkte, dass sie sich aus einem Minderwertigkeitsgefühl entwickelt haben, das subjektiver Art ist – noch mehr, dass es sich um die Übernahme eines männlichen Vorurteils handelt, dem die Frau in ihrer Kindheit erlegen ist: von der Unselbstständigkeit und von der natürlichen Schwäche der Frau. Selten macht sich eines der Mädchen los davon. Sonst fühlt man, auch wenn man den Zusammenhang nicht versteht, das innere Zagen der Frau als einen dauernden Charakterzug und ist geneigt, auf eine natürliche Anlage zu schwören. Oder das Mädchen macht die größten Anstrengungen, dem Fluch der vermeintlichen Minderwertigkeit und der Unselbstständigkeit zu entkommen, und fällt leicht ins andere Extrem, seine Sache unter Krämpfen und mit Exaltation zu führen. Mischfälle kommen in den verschiedensten Abstufungen vor und gestalten das Schicksal.

Ehe und Kindersegen erscheinen solchen Personen oft als Lasten, die der Frau auferlegt sind, und sie ertragen sie wie eine unabänderliche Ungerechtigkeit. Oder sie streben danach in der sehnsuchtsvollen Erwartung einer Erlösung von allen Übeln der Minderwertigkeit, erwerben aber in diesem Entwicklungsprozess eine übergroße Empfindlichkeit, der gegenüber die raue Wirklichkeit nur als Enttäuschung wirken kann. Auch verlassen sie sich im Gefühl ihrer vermeintlichen Schwäche oft mehr auf ihren Zauber als auf ihre eigene Kraft. Oder sie sind durch die Äußerlichkeiten der »männlichen Kraftnatur« irregeleitet, ahmen sie nach, übertreiben sie auch und geraten in ein System von Herrschsucht, Tyrannei und Despotismus. An dem Ausbau eines kameradschaftlichen Verhältnisses zu Mann und Kindern, das für eine harmonische Erziehung unentbehrlich ist, gehen sie blind vorbei.

Aus dieser nicht gerade kleinen Zahl von schlechten Mitspielerinnen der Gesellschaft stammen die drei Typen von durchwegs unbrauchbaren Erzieherinnen, deren Unfähigkeit sich gerade in schwierigen Zeiten entpuppt. Ich will es nunmehr unternehmen, ohne auf die zahlreichen Mischfälle einzugehen, auch ohne anzuklagen – denn es handelt sich ausschließlich um Opfer kindlicher und kindischer Vorurteile –, ein leicht vergleichbares Schema der drei untauglichen Typen der Öffentlichkeit vorzulegen, in der Überzeugung, dass ein Übel von großer Tragweite durch Verschleierung nicht kleiner wird.

Ganz offenkundig liegt der erste Fall, den ich bereits einmal in einer Arbeit über »Erziehung der Erzieher«[26] *[348]* ausführlich beschrieben habe. Wächst ein Mädchen mit einer dauernden Missachtung der Frauenrolle heran, dann wird es, so es in die Ehe gelangt, während und nach der ersten Schwangerschaft in auffälliger Weise leiden, wird meist auch nervös erkranken. Auf rätselhafte Weise wird sich ergeben, dass die Pflege und die Erziehung des einzigen Kindes, ebenso zweier oder dreier Kinder mit unglaublichen Schwierigkeiten verknüpft sind, sodass die Umgebung unter den Eindruck gerät, ein Mehr von Kindern wäre für die ganze Familie eine unerträgliche Last. Die Haltung der Frau beeinflusst trotz guter Vorsätze das ganze Erziehungssystem, das Kind steigert, verführt durch vernunftwidrige Verzärtelung, seine Ansprüche ins Maßlose oder beantwortet herzlosen Druck und ewiges Nörgeln mit einer rachsüchtigen Revolte. Bleibt es, wie jetzt im Kriege, mit seinem Gegenspieler allein, so werden alle Register gezogen, und es kann sich fügen, dass das Kind in einer Verfassung dem Vater entgegenkommt, die dem als ein lebendiger Beweis gegen weiteren Kindersegen gelten kann.

Als den zweiten Typus der schlechten Erzieherin, dem Ursprunge nach dem ersten ähnlich, will ich diejenigen Mütter bezeichnen, denen der mangelnde Glaube an ihre eigene Kraft ganz in dem Unglauben an den erzieherischen Wert der Frau aufgegangen ist. Sie glauben nur an den Mann, sehen in ihm ihre natürliche und verantwortliche Stütze und stellen sich, ohne an eine Änderung zu denken, im Gefühle der Ohnmacht mit deutlichem Lampenfieber an die Spitze der ungläubig gewordenen Kinder. Mit ihrer Haltung gegenüber den Kindern haben diese Frauen die Rückzugslinie im Auge, als ob es ihre Hauptaufgabe wäre, ihre Lebensmethode zu rechtfertigen, nach welcher der Mann allein schöpferisch und demnach auch in der Erziehung ganz und gar unersetzlich wäre. Ihre Erziehungsmittel sind dementsprechend: quälendes, verzweifelndes Jammern, kraftloses Gezeter und hohles Poltern. Die Kinder ersehen leicht den Spaß und spielen ihre Heldenrolle verblüffend richtig,

---

26 In »Heilen und Bilden«, *[348]* Verlag Reinhardt, München 1914 [Adler bezieht sich auf seinen Artikel »Zur Erziehung der Erzieher«, der zuerst 1912 in den Monatsheften für Pädagogik und Schulpolitik (Adler 1912f) erschien und 1914 unter dem Titel »Zur Erziehung der Eltern« im Sammelband »Heilen und Bilden« wiederabgedruckt wurde (Adler 1912f/1914a). Ein Abschnitt dieses Artikels ist dem Thema »Schädigung der Kinder durch Furcht vor Familienzuwachs« gewidmet (Adler 1912f/2007a, S. 230ff.).]

freilich ohne zu verstehen, dass sie ihrem Gegenspieler in die Hand spielen. Zum Schlusse klappt es, der »Beweis« ist hergestellt: Nur der Mann taugt zur Erziehung!

Die größte Aktivität kommt dem dritten Typus zu. Er hat als Zauberformel, um die Schwierigkeiten des Lebens zu lösen, für sich die »männliche« Aggression erspäht – und übertreibt sie. Züge von Herrschsucht und besonderer Strenge treten auf und die Prügelstrafe wird zum dauernden Pol der Erziehung. Das Kind artet unter solchem Druck leicht zur Feigheit und Zaghaftigkeit aus, schielt *[349]* aber heimlich nach der Niederlage der Mutter. Da öffnet sich ihm der breite Weg zum Kampf gegen Ordnung und Recht in der Familie, Schule und Gesellschaft. Die Abwesenheit des Mannes wirkt oft auf solche Frauen wie eine Aufforderung zu vermehrter Härte. So kann sie den Trotz des Kindes steigern, und beide scheitern dann. Exaltation ist noch nicht Kraft, auch wenn sie sich männlich gebärdet.

Erziehen heißt: für ein gesellschaftliches Zusammenleben tauglich machen. Meister wird der sein, der selber tauglich ist, Mann oder Frau.

4. Über individualpsychologische Erziehung (1918)

Editorische Hinweise
Erstveröffentlichung:
1918d: Über individualpsychologische Erziehung. In: A. Adler (Hg.), Praxis und Theorie der Individualpsychologie: Vorträge zur Einführung in die Psychotherapie für Ärzte, Psychologen und Lehrer. München: Bergmann, 1920, S. 221–227. In einer Fußnote teilt Adler hier (1920) mit, dass es sich um einen Vortrag von 1918 im Züricher Ärzteverein handelt.
Neuauflagen:
1924: Praxis und Theorie der Individualpsychologie, 2. Aufl., S. 234–240
1927: Praxis und Theorie der Individualpsychologie, 3. Aufl., S. 234–240
1930: Praxis und Theorie der Individualpsychologie, 4. Aufl., S. 223–229
1974a: Über individualpsychologische Erziehung. In: A. Adler (Hg.), Praxis und Theorie der Individualpsychologie: Vorträge zur Einführung in die Psychotherapie für Ärzte, Psychologen und Lehrer. Neu herausgegeben von W. Metzger [Neudr. d. 4. Aufl v. 1930]. Frankfurt a. M.: Fischer Taschenbuchverlag, S. 305–313

Adler hatte sich mit seinen Ausführungen über Erziehung bereits vor 1918 mehrfach an Ärzte gewandt und die Auffassung vertreten, dass Ärzte im Zuge der Wahrnehmung ihrer beruflichen Arbeit Erziehungsaufgaben zu erfüllen haben. Besonders markant wurde diese Auffassung in dem Artikel »Der Arzt als Erzieher« aus dem Jahr 1904 vertreten (Adler 1904a/2007a, S. 27 ff.).

In seinem Vortrag »Über individualpsychologische Erziehung« (Adler 1918d/ 1920a) führt Adler diese Thematik fort. Er betont, dass die Gesamtverantwortung in Sachen Erziehung in den Händen der Erzieher liege, und verbindet diesen Gedanken mit zwei weiteren, welche auf das Arbeitsfeld der Ärzteschaft bezogen ist: 1. Ärzte müssen »bis zu einer gewissen Grenze« in Erziehungsfragen kompetent sein, weil es ihnen nur dann gelingt, die Dynamik der Arzt-Patient-Beziehung professionell zu verstehen und zu gestalten (S. 77 in diesem Band). 2. Die Beschäftigung mit Psychopathologie eröffnet Ärzten privilegierte Zugänge zur Ergründung bestimmter Aspekte von Erziehungsschwierigkeiten und Erziehungsproblemen. Damit die nichtärztlichen Erzieher ihre Aufgabe bestmöglich wahrnehmen können, ist ihnen abzuverlangen, sich mit den Erkenntnissen über Erziehungsschwierigkeiten und Erziehungsprobleme vertraut zu machen, welche die ärztliche Tätigkeit hervorgebracht hat. Dabei hat Adler vor allem jene Erkenntnisse vor Augen, die in die Theorie der Individualpsychologie Eingang gefunden haben.

In diesem Sinn geht Adler auf fünf Bereiche näher ein. Er beschreibt erstens die seelischen Nöte von Kindern, die mit körperlichen Problemen zu kämpfen haben, und weist zweitens auf Reaktionen von Eltern und Erziehern hin, die geeignet sind, diese Nöte zu verschärfen. Adler folgert drittens, dass sich Ärzte organmedizinisch um die Verringerung der körperlichen Schwächen, aber auch um damit verbundene Erziehungsfragen mit dem Ziel zu kümmern haben, das kindliche Gefühl der Schwäche zu lindern, damit sich Kinder weniger stark gedrängt sehen, sich in Kompensationsversuche zu flüchten, die als problematisch anzusehen sind. Viertens umreißt Adler Zusammenhänge zwischen späteren psychischen Erkrankungen und der Art und Weise, in der Kinder ihre Position innerhalb der Geschwisterreihe wahrnehmen. Fünftens thematisiert Adler die Bereiche der sexuellen Aufklärung, des kindlichen Trotzes und der Berufswahl in Zusammenhang mit psychischen Problemen von Heranwachsenden.

Über individualpsychologische Erziehung

Es zeigt sich insbesondere vom Standpunkt der nervenärztlichen Behandlung, von welcher ungeheuren Bedeutung ein wohlgegründetes, fundiertes Verständnis der Erziehungsfragen ist und wie notwendig es bis zu einer gewissen Grenze auch für jeden Arzt ist, die Erziehungsfrage zu beherrschen. Gerade vom Arzt verlangt man mit Recht, dass er ein Menschenkenner sei, und die bedeutsamen Beziehungen zwischen Arzt und Patienten scheitern ja regelmäßig, wenn der Arzt als Menschenkenner und als Erzieher versagt. Dieser Gesichtspunkt und diese Auffassung waren es auch, die *Virchow* die Worte in den Mund legten: »Die Ärzte müssen dereinst die Erzieher des Menschengeschlechts werden.«[27]

Eine häufige Frage, die in unserer Zeit akut wird und wahrscheinlich in einiger Zeit noch viel stärker hervortreten wird, ist die, wie denn die Kompetenz zwischen Arzt und Erzieher abzugrenzen sei. Es ist sicherlich wichtig, sich über den ganzen Komplex der Fragen zu einigen und ihn zu überblicken; der Übergriffe gibt es ja genug, vielleicht von beiden Seiten. Die Zusammenarbeit mangelt allenthalben.

Fragen wir uns, was die Erziehung bezweckt, so fällt der Hauptpunkt, der hier in Betracht kommt, schon in den Rahmen der ärztlichen Tätigkeit. Die Heranbildung der Kinder zu sittlich handelnden Menschen, Förderung ihrer Eigenschaften zum Nutzen der Allgemeinheit[28] wird wohl vom Arzt als selbst-

---

27 [Adler bringt hier in eigenen Worten einen Grundgedanken Virchows zum Ausdruck, der in seinen Schriften mehrfach die Auffassung vertrat, dass der gesundheitliche Zustand von weiten Kreisen der Bevölkerung an die Realisierung von ökonomischen und sozialen Reformen gebunden ist (vgl. Wengler 1989).]

28 [Adler gibt hier als Zweck der Erziehung die Förderung der Eigenschaften von Kindern »zum Nutzen der Allgemeinheit« an. Noch im selben Jahr führt Adler in der Züricher

verständliche Voraussetzung seines Handelns empfunden werden. Und man kann von ihm in seiner Tätigkeit verlangen, dass alle seine Schritte, seine Maßnahmen in erster Linie damit übereinstimmen. Die unmittelbare Leitung der Erziehung wird immer Sache der Erzieher bleiben, der Lehrer und Eltern, denen wir aber wohl zumuten müssen, dass sie sich auch mit jenen Fragen und Schwierigkeiten vertraut machen, die nur der Arzt ergründen kann, weil er sie aus dem pathologischen Zusammenhang des Seelenlebens erst hervorholen muss. Ich will besonders betonen, dass die ungeheure Ausdehnung dieses Gebiets unmöglich in kürzerer Zeit durchmessen werden kann, dass ich nur einzelne Fragen streifen kann, deren Diskussion die nächste Zukunft beschäftigen wird, bevor eine einheitliche Auffassung derselben möglich sein wird. Immerhin ist es wichtig, jene Standpunkte kennenzulernen, von denen die Individualpsychologie immer wieder behauptet, sie seien von ungeheurer Bedeutung, und ein Missverstehen derselben räche sich an den Kindern im Laufe ihrer Entwicklung.

Was den Arzt in allernächste Nähe zu den Erziehungsfragen bringt, ist der Zusammenhang der seelischen Gesundheit mit der körperlichen. Nicht etwa bloß in jener Allgemeinheit, in der wir immer ge[222]hört haben, dass ein gesunder Geist in einem gesunden Körper wohne, eine Auffassung, die durchaus nicht stichhältig ist. Wir haben genug Gelegenheit, körperlich gesunde Kinder und gesunde Erwachsene zu sehen, deren seelisches Verhalten durchaus nicht einwandfrei ist. Aber umgekehrt gewinnt dieser Satz eine große Bedeutung. Es ist schwierig, vielleicht ausgeschlossen, dass ein Kind von schwächlicher Konstitution seelisch zu jener Harmonie gelangt, die wir von gesunden Kindern erwarten. Stellen Sie sich ein Kind vor, das mit schwachen Verdauungsorganen zur Welt gekommen ist. Die Behütung wird von den ersten Tagen an eine sehr vorsichtige und ängstliche sein. Solche Kinder werden also in einer ungeheuer warmen Atmosphäre heranwachsen. Sie werden sich immer bevormundet und geleitet sehen, und ihr Lebensweg wird durch eine ungeheure Zahl von Verordnungen und Verboten eingeengt erscheinen. Die Bedeutung des Essens wird riesenhaft anwachsen, sodass sie selbst die Bedeutung der Nahrungsaufnahme und auch die Frage der[29] Verdauung außerordentlich zu schätzen und zu überschätzen beginnen werden. Gerade die Magen-Darm-schwachen Kinder stellen ein großes Kontingent zu den schwer erziehbaren Kindern, was schon den alten Ärzten immer bekannt

---

»Internationalen Rundschau« den Begriff des Gemeinschaftsgefühls ein und spricht bereits kurze Zeit später davon, dass Erziehung auf die Entfaltung von »Gemeinschaftsgefühl« abzuzielen habe, ein Grundgedanke, der alsbald zum Kernbestand des Adler'schen Denkens zählt. (Siehe Adler 1918e, Studienausgabe, Bd. 7; vgl. auch S. 15 ff. in der Einführung zu diesem Band.)]

29 Erg. 1930: Ernährung und

war. Man hat behauptet: Solche Kinder müssten nervös werden. Eine derart verpflichtende, zwingende Kausalität besteht keineswegs. Aber der »feindselige« Charakter des Lebens drückt stärker auf die Seelen dieser leidenden Kinder und verleiht ihnen selbst eine feindselige, *pessimistische Perspektive* auf die Umwelt. Im Gefühle einer Verkürztheit fordern sie stärkere Garantien für ihre Geltung, werden egoistisch und verlieren leicht den Kontakt mit den Mitmenschen, weil ihre Ich-Findung allzu gegensätzlich zur Findung der Umwelt ausfällt.

Denn die *Verlockung* wird für das Kind eine ungeheure, in seiner Beziehung zur Umgebung, in seiner Stellungnahme zur Schule und Welt die Unannehmlichkeiten, die es durch seine Magen-Darm-Schwäche und die häufigen Verschlimmerungen erfährt, *zu kompensieren durch Vorteile,* die es sich mit seiner Krankheitslegitimation zu verschaffen sucht. Es wird zum Beispiel einen außerordentlichen Hang zur Verzärtelung erwerben. Es wird sich von frühester Kindheit angewöhnen, dass andere ihm alle Schwierigkeiten des Lebens aus dem Wege räumen. Es wird viel schwerer zu einer Selbstständigkeit gelangen, wird gewohnheitsmäßig in allen riskanteren Situationen des Lebens *größeren Anspannungen ausweichen.* Sein Mut, sein Selbstvertrauen wird sich maßlos erschüttert zeigen. Diese Haltung bleibt solchen Kindern bis in ihr höchstes Alter, und es ist nicht leicht, ein solches Kind, das vielleicht zehn, fünfzehn, zwanzig Jahre lang als Schwächling, als verzärteltes Kind herangewachsen ist, in einen lebensmutigen Menschen voll Initiative, voll Unternehmungsgeist und Selbstvertrauen, wie es unsere Zeit erfordert, zu verwandeln.

Der Schaden für die Allgemeinheit ist sicher viel größer, als wir von diesem Standpunkt übersehen, wenn wir nicht nur die magen-darm-schwachen Kinder hier in Betracht ziehen, sondern alle Kinder, die mit minderwertigen Organen zur Welt gekommen sind, die mit Minusvarianten von Sinnesorganen ausgestattet sind und deshalb den Zugang zum Leben irgendwie erschwert finden. Man kann oft in biografischen Mitteilungen oder auch in Mitteilungen von Patienten von diesen Schwierigkeiten hören. Die Ärzte werden in einem solchen Fall *[223]* nicht bloß die seelische Erziehungsfrage zu behandeln haben, sondern auch aus allen Kräften dahin streben müssen, durch irgendein Hilfsmittel, durch Behandlung, durch Korrekturen des Gebrechens dafür zu sorgen, dass rechtzeitig dem Kind der Weg zu einem[30] Schwächegefühl abgeschnitten wird. Wir werden dies umso eifriger tun, wenn wir uns die gerechtfertigte Überzeugung verschafft haben, dass es sich häufig nicht um bleibende Ausfälle handelt oder um eine Schwierigkeit größeren oder geringeren Grades, sondern wenn wir auch der zahlreichen Fälle gedenken, bei denen eine ursprüngliche, *später aber aufgehobene*

---

30 Erg. 1930: übertriebenen

Schwächung der Organe *ein andauerndes Schwächegefühl* vermittelt hat und für das Leben untauglich macht. Diese Verhältnisse komplizieren sich außerordentlich, weil die Kinder selbst nach irgendeiner Korrektur oder Kompensation streben. Den wenigsten gelingt eine glückliche Kompensation eines solchen Fehlers. Sie werden *auf irgendeine Weise* versuchen, die Unterschiede wettzumachen und etwa mit kulturellen[31] Mitteln, zuweilen freilich auch mit einer Steigerung ihrer ganzen Initiative und ihrer geistigen Kräfte, das Manko auszugleichen.

Bei allen diesen Fällen werden wir auch Charakterzüge wahrnehmen, die auffallend sind, die zu Störungen führen, zum Beispiel eine große seelische Empfindlichkeit, die immer Konflikte hervorruft. Es handelt sich hier um Escheinungen des täglichen Lebens, an denen wir nicht vorübergehen können, weil sie Geist und Körper schädigen.

Wir können nicht scharf genug darauf hinweisen, welche Not, welche Überspannung in der kindlichen Seele herrscht. Es gelingt mit leichter Mühe, untauglich gewordene Menschen, ihren geistigen Gesamthabitus daraufhin zu verstehen, dass sie ihre Untauglichkeit aus der Kinderstube mitgebracht haben. Überhaupt bedeutet *Krankheit und Krankheitsbegriff* für das Kind viel mehr, als wir uns gewöhnlich klarmachen. Wer die Seele des Kindes von diesem Standpunkt aus zu überblicken gewillt ist, der wird finden, dass es sich um ganz bedeutsame Erlebnisse handelt, und dass das Kranksein fast in allen Fällen nicht als Erschwerung des Lebens erscheint, sondern als Erleichterung, dass die Krankheit sogar als ein Mittel geschätzt wird, um Zärtlichkeiten und Macht, irgendwelche Vorteile zu Hause und in der Schule zu erreichen.

Es gibt eine Unzahl von Kindern, die immer das Gefühl der Kränklichkeit haben, die sich immer schwach fühlen. Und alle jene Fälle, bei denen eine Fortdauer von Erscheinungen nicht aus dem Krankheitsbefund erklärlich ist, zeugen ebenfalls dafür, *dass die Kinder sich des Gefühls der Krankheit bedienen,* um auf irgendeine Weise an die Oberfläche zu kommen, um irgendwie ihren Wünschen nach Herrschaft, nach Geltung in der Familie gerecht werden zu

---

31 Änd. 1930: unkulturellen [Mit dieser Textveränderung bringt Adler die Auffassung zum Ausdruck, dass »glückliche Kompensationsversuche« im Regelfall mit dem Einsatz von »Mitteln« einhergehen, die mit kulturell gegebenen Normvorstellungen oder mit Anforderungen kompatibel sind, die im Dienst der Weiterentwicklung kultureller Gegebenheiten stehen. »Nicht glückliche« Kompensationsversuche zeichnen sich hingegen meist durch den Einsatz von Mitteln aus, die in kultureller Hinsicht als wenig dienlich oder gar inakzeptabel einzuschätzen sind. – Solch eine Auffassung vertrat Adler bereits 1918. Deshalb ist anzunehmen, dass Adlers Textveränderung aus dem Jahr 1930 als Korrektur eines Druckfehlers zu begreifen ist, der 1918 zustande gekommen war.]

können. So beispielsweise bei jenen Fällen, die nach Keuchhusten lange Zeit noch an ähnlich klingendem Husten laborieren, bei denen wir auch regelmäßig finden, dass es ihnen gelingt, durch die Hustenanfälle ihre Umgebung in Schrecken zu versetzen – ein Fall, bei dem der Arzt genötigt ist, pädagogisch einzugreifen.

Dann wieder gibt es Eltern und Erzieher, die den gegenteiligen Standpunkt einnehmen, die die Kinder mit Härte, ja Brutalität behandeln oder die immer den Anschein einer solchen Härte beim Kinde wachrufen wollen. [224]

Das Leben ist so vielgestaltig, dass es die Fehler der Erzieher oft wieder ausgleicht. Aber man wird einem Menschen, dessen Kindheit unter Lieblosigkeit verlaufen ist, oft bis ins späteste Alter anmerken, dass er liebeleer geblieben ist. Er wird immer misstrauisch voraussetzen, dass alle mit ihm lieblos verfahren werden. Er wird sich leicht abschließen und den Zusammenhang mit den anderen verlieren. Oft berufen sich auch solche Menschen auf ihre liebeleere Kindheit, als ob sie dadurch gezwungen wären. Verpflichtet ist das Kind natürlich auch nicht dadurch, dass seine Erzieher mit ihm hart verfahren sind, sein Misstrauen zu entwickeln, seine Kälte anderen zu zeigen, wie man sie ihm gezeigt hat, oder an seinen Kräften deshalb zu zweifeln. Auf solchem Boden entwickeln sich gerne die Neurose und Psychose. Immer wird man in der Umgebung solcher Kinder einen *Schädling* finden, der durch Unverständnis oder bösen Willen die Seele des Kindes vergiftet. Kaum ein anderer als der Arzt kann in solchen Fällen eine Änderung des Milieus durchsetzen, sei es durch Ortsveränderung, sei es durch Aufklärung.

Es gibt aber Komplikationen, die man erst bei tieferem Eindringen gewahr wird, die aber einmal verstanden das Bild außerordentlich erhellen.

So besteht ein grundlegender Unterschied in der seelischen Entwicklung eines Erstgeborenen gegenüber dem Zweitgeborenen oder den letzten Kindern. Auch die Eigenart von einzigen Kindern ist leicht festzustellen. Seelisch macht es sich oft sehr geltend, wenn in einer Familie nur Knaben oder nur Mädchen oder ein Knabe unter lauter Mädchen oder ein Mädchen unter lauter Knaben aufwächst. Dies sind die gegebenen Realien und Positionen, aus denen sich die Haltung der Kinder herleitet. Es ist häufig möglich, den Ältesten oder Jüngsten aus seinem Verhalten herauszufinden. Ich habe fast regelmäßig erfahren, dass der Erstgeborene in sich eine Art von konservativem Element aufweist. Er rechnet mit der Stärke, paktiert mit der Macht und er zeigt eine gewisse Verträglichkeit. Vergleichen Sie die Biografie *Fontanes*, der ausführt, er gäbe etwas darum, wenn man ihm erklären könnte, woher bei ihm die Erscheinung stamme, dass er mit einer gewissen Neigung sich auf die Seite des Stärkeren stelle. Ich schloss mit Recht, als ich diese Stelle las, dass er ein Erstgeborener sein musste, der auch seine Überlegenheit über die Geschwister als ein unantastbares Gut empfand.

Der *Zweitgeborene* findet immer vor sich und neben sich einen anderen, der mehr kann, mehr bedeutet, der meist auch mehr Freiheiten hat und ihm überlegen ist. Ist dieser Zweite entwicklungsfähig, so wird er unbedingt in einer fortwährenden Anspannung leben, um den Ersten zu überflügeln. Er wird förmlich wie unter Dampf arbeiten, rastlos. Und in der Tat findet man unter den rastlosen Nervösen in einer auffallenden Häufigkeit zweitgeborene Kinder, während der Erste mehr oder weniger unwillig allen Rivalitäten gegenübersteht.

In der Haltung des *Jüngsten* ist in einem vielleicht vorherrschenden Typus etwas Infantiles gegeben, Zurückhaltung und Zögern, so als ob er sich nennenswerte Leistungen nicht recht zutrauen würde, die er bei anderen sieht oder voraussetzt. Sie können leicht daraus entnehmen, dass es sich um die Stabilisierung eines ursprünglich gegebenen Zustandes handelt. Er hat es immer mit Leuten zu tun, die mehr können *[225]* als er, sieht überhaupt nur Leute vor sich, die bedeutender sind als er. Dagegen zieht er in der Regel ohne Gegenleistung die ganze Liebe und Verzärtelung der Umgebung auf sich. Er hat gar nicht nötig, seine Kräfte zu entwickeln, denn er rückt von selbst in den Mittelpunkt seiner Umgebung. Wir verstehen sofort, welchen Schaden dies für seine ganze geistige Entwicklung in sich birgt: *Er wird alles von den andern erwarten.* Ein zweiter Typus des Jüngsten aber ist der »Joseph-Typus«. Rastlos nach vorwärts strebend überflügelt er alle mit seiner Initiative, die *(Kunstadt)*[32] oft aus der Art schlägt und neue Wege findet. In der Bibel und in den Märchen hat die Menschenkenntnis des Volkes den Jüngsten zumeist mit den stärksten Gaben, mit Siebenmeilenstiefeln ausgestattet.

Wichtig ist das Verhalten von einzelnen Mädchen unter Knaben. Hier gestalten sich so große Spannungsverhältnisse, dass wir voraussetzen müssen, es werde sich zu irgendwelchen abnormen Haltungen Gelegenheit bieten. Ich bin weit davon entfernt, hier von gänzlich abgeschlossenen Ergebnissen zu sprechen. Dem Mädchen wird oft frühzeitig klargemacht, dass es ein toto coelo[33] verschiedenes Wesen ist, dass ihr vieles verschlossen ist, was die Knaben von Natur aus als ihr Recht, als ihr Privileg beanspruchen dürfen. Und es ist nicht leicht, etwa durch Lob, durch Verhätschelung in einem solchen Falle einen Ersatz zu bieten. Denn es handelt sich hier oft um Gefühlswerte, die für Kinder etwas Wesentliches, Unersetzliches sind. Das Mädchen wird oft fortwährend benörgelt werden, auf Schritt und Tritt Anweisungen, Belehrungen erhalten. Bei solchen Kindern ist besonders Empfindlichkeit gegenüber Tadel festzustellen, fortwährende Versuche, sich keine Blöße zu geben, absolut fehlerlos dazustehen und gleichzeitig Furcht, in ihrer Bedeutungslosigkeit erkannt zu

---

32 [Dabei handelt es sich vermutlich um eine Anspielung auf den Rabbiner und theologischen Autor Isaak Kunstadt. Siehe Personenregister.]

33 [Lat.: sinngemäß für »gänzlich«, »vollkommen« oder »absolut«]

werden. Auch diese Mädchen stellen ein häufiges Kontingent zu späteren nervösen Erkrankungen[34].

Nicht anders steht es mit einzelnen Knaben unter Mädchen. Gerade hier scheint der Gegensatz noch größer zu werden. Der Knabe wird zumeist mit besonderen Privilegien bedacht. Die Folge ist die, dass die Mädchen gegen den einzeln stehenden Knaben wie in einem Geheimbund operieren. Solche einzeln stehende Knaben leiden oft wie unter einer weit gediehenen Verschwörung. Jedes Wort wird von den Schwestern belacht, man nimmt sie nie ernst, man trachtet ihre Vorzüge herabzusetzen, sucht ihre Fehler aufzubauschen, sodass es häufig geschieht, dass der Knabe bald seine ganze Fassung, seinen Glauben an sich selbst verliert und meist schlechte Fortschritte im Leben zeigt. Man pflegt dann von Faulheit und Indolenz zu sprechen. Dies ist aber nur die äußerliche Erscheinungsform, die sich mit ihren Folgen auf einer krankhaften Ausartung des Gemüts, einer Lebensfeigheit aufbaut. Der Hauptgesichtspunkt ist der, dass wir es immer mit Menschen zu tun haben, die den Glauben an sich verloren haben oder ihn leicht verlieren. So wird es solchen Knaben immer geschehen, dass sie gewohnheitsmäßig zurückschrecken, dass sie immer fürchten ausgelacht zu werden, auch dort, wo kein Anlass besteht. Sie geben leicht das Rennen auf und werfen sich auf Zeitvertrödelung oder verwahrlosen.[35] Ebenso schwierig gestaltet sich oft die Entwicklung eines älteren Bruders neben einer jüngeren Schwester.

Ein weiterer ärztlicher Geschichtspunkt betrifft die *sexuelle Aufklärung* der Kinder[36]. Eine einheitliche Formel dafür zu geben ist *[226]* bis heute nicht gelungen, schon wegen der Verschiedenartigkeit der Kinderstube, der Indi-

---

34 Erg. 1930: oder Fehlschlägen
35 Erg. 1930: Oder sie stürmen vorwärts, als ob sie immer ihre Männlichkeit beweisen wollten.
36 [Im Zuge der Beschäftigung mit infantiler Sexualität (vgl. Freud 1905d/1972) problematisierten viele Psychoanalytiker zu Beginn des 20. Jahrhunderts die weithin verbreitete Auffassung, dass die offene Besprechung von sexuellen Themen Kindern schade und dass Kindern deshalb die Wahrheit über Geschlechtsunterschiede, Zeugung, Schwangerschaft und Geburt vorenthalten werden sollte. Aus psychoanalytischer Sicht wurde dem entgegengehalten, dass die Tabuisierung von Sexualität die kindliche Sexualneugierde hemmen, die Angst vor Sexualität steigern und die Neigung zur Verdrängung von sexuellen Erlebnisinhalten in einer Weise intensivieren würde, welche der weiteren Entwicklung von Kindern wenig zuträglich wäre und mitunter sogar die (spätere) Ausbildung von Neurosen begünstige (vgl. Groenendijk 1998). Den Ausführungen über verschiedene Folgen von unzureichend durchgeführter Aufklärung, über die im ersten Drittel des 20. Jahrhunderts publiziert wurden, fügt Adler hier den Hinweis auf Störungen in der Ausbildung von geschlechtlicher Identität hinzu.]

viduen, der Kreise, in denen die Kinder aufwachsen. Immerhin ist eines fest im Auge zu behalten. Es ist ein Unrecht, das sich außerordentlich leicht rächt, wenn man Kinder in der Unsicherheit über ihr Geschlecht länger als notwendig aufwachsen lässt. Und das geschieht merkwürdigerweise sehr häufig. Ich habe oft von Patienten gehört, dass sie noch um ihr zehntes Jahr gar nicht sicher waren, welchem Geschlecht sie angehörten. In ihre ganze Entwicklung schlich sich ein Gefühl ein, als ob sie nicht als Knaben oder Mädchen wie die anderen geboren seien und sich auch nicht so entwickeln würden. Dies bedeutet ihnen eine so ungeheure Unsicherheit, dass man es solchen Kindern bei jeder Bewegung anmerkt. Und ähnlich steht es mit Mädchen. Es gibt solche, die bis ins achte, zehnte, zwölfte, vierzehnte Lebensjahr in der Unsicherheit über ihr Geschlecht aufwachsen, und die in ihrer Fantasie sich immer noch in irgendeiner Weise ausmalen, sie könnten sich später männlich gestalten. Diese Tatsache wird auch durch gewisse Berichte in der Literatur unterstützt.

In solchen Fällen wird eine sichere Entwicklung gestört. Die Kindheit verläuft unter Anstrengungen, der Geschlechtsrolle künstlich nachzuhelfen, sie männlich zu gestalten oder strikten Entscheidungen, die mit einer Niederlage enden könnten, auszuweichen. Eine grundlegende Unsicherheit zeigt sich deutlich oder verrät sich in anmaßenden, übertreibenden Bewegungen. Mädchen nehmen männliche Haltung an, forcieren mit Vorliebe ein Benehmen, das ihnen und der ganzen Umgebung als charakteristisch für Knaben geläufig ist. Sie tollen mit ungeheurer Vorliebe herum, nicht nur in der harmlos kindlichen Form, die wir Kindern gerne konzedieren, sondern zwangsmäßig, unterstrichen, mit einer solchen unabänderlichen Neigung, die schon frühzeitig den Eltern als krankhafte Ausartung erscheint. Knaben zeigen sich gleichfalls von diesem Taumel erfasst, biegen aber, durch Widerstände belehrt, meist um und nehmen bald eine unsichere, schwankende Haltung an oder werfen sich auf mädchenhaftes Getue. Die erwachende Erotik nimmt dann bei beiden Geschlechtern unnatürliche, häufig perverse, ihrer sonstigen Haltung gleichlaufende Züge an.

Einiges wäre noch zu sagen über Erscheinungen, die man als *Trotz* zu bezeichnen gewohnt ist. In dieses Gebiet des Trotzes fällt eine Unzahl von Zeichen, die der Arzt bereits als Krankheit ansieht. So die oft ziemlich weit gediehenen Formen der *Nahrungsverweigerung,* sogar Formen der Revolte in der Stuhlentleerung oder in der Harnentleerung. Alle die krankhaften Symptome, die wir dann in ausgeprägterer Form etwa als Enuresis beobachten oder auch als unerklärliche, unwandelbare Obstipation, basieren sehr häufig auf einem derartig eingewurzelten Trotz der Kinder, die jeden Anlass benutzen möchten, um sich einem vermeintlichen Zwang, der auf sie ausgeübt wird, zu entziehen, weil sie jeden Zwang als Beeinträchtigung, als Erniedrigung empfinden.[37] Die Verweigerung einer glatten Einfügung in die Forderungen der Kultur empfinden sie als Genugtuung als gewichtige Zeichen ihrer Bedeutung. Wir deuten sie als Ausdruck ihrer Revolte. Die Probe darauf ist leicht zu machen: Wir werden niemals weitere Züge von Trotz vermissen. Dies gilt auch für harmlosere Unarten wie Nasenbohren, Schlamperei, Nägelbeißen. Üble Gewohnheiten sind uns ein deutlicher Hinweis geworden auf eine Entwicklung, die sich im Gegensatz zu den [227] Forderungen der Gemeinschaft herausgebildet hat. Niemals fehlt der Gegenspieler! Das Symptom gestaltet sich fast immer aus ursprünglichen funktionellen Minderleistungen.

Es ist außerordentlich interessant, die ganze Linie zu verfolgen, die sich bildet, wenn wir die verschiedenen Wandlungen der *Berufswahl* bei Kindern in Betracht ziehen, wie sie etwa bei kleinen Mädchen auf Prinzessin, Tänzerin, dann Lehrerin geht und zuletzt, vielleicht etwas resigniert, bei der Rolle der Hausfrau endet. Man findet oft bei erwachsenen Kindern, dass sich ihre Berufswahl eigentlich nur daran kehrt, in irgendeine Art von Gegensatz zu den Vorschlägen des Vaters etwa zu kommen. Natürlich entwickelt sich dieses Gegenspiel nie offen. Die Logik gerät unter den Druck der feindlichen Endabsicht. Es werden die Vorzüge des einen Berufes besonders betont, und die Nachteile, die etwa dem anderen anhaften, besonders stark unterstrichen. Auf diese Weise kann man für und gegen alles argumentieren. Auch dieser Gesichtspunkt bedarf einer starken Berücksichtigung. Bezüglich der *Berufsberatung und der Berufswahl* ist ja der Arzt auch von einer anderen Seite her außerordentlich engagiert. Er hat die körperliche Eignung in erster Linie zu berücksichtigen. Der seelische Faktor kommt aber ebenso stark in Betracht, in vielen Fällen überwiegt er.

Es ist eine außerordentlich missliche Sache, jedem missratenen, mit einer nervösen Krankheit oder Psychose behafteten Menschen nachzulaufen, um ihn zu bessern, zu heilen. Darin liegt eine ungeheure Verschwendung von Energie, und es wäre schon an der Zeit, dass wir uns mehr der *Prophylaxe* zuwenden. Gesicherte Ausblicke gibt es bereits genug. Durch Erziehung der Eltern sowohl als der Ärzte versuchten wir immer wieder darauf hinzuwirken. Aber ein besseres Resultat bei der ungeheuren Häufung der neurotischen und psychotischen Erscheinungen, insbesondere bei der Verwahrlosung, ist dringend zu wünschen. Da wäre es vor allem am Platz, die geäußerten, aus der Individualpsychologie fließenden Anschauungen, ihre Menschkenntnis und Erziehungskunst bekannt zu machen und in Anwendung zu bringen, damit jeder nach seinen Kräften und Möglichkeiten mithelfen könnte. Die seelischen Entwicklungsanomalien, die uns anfangs als Unarten erscheinen, geben oft

---

37 Anm. Adlers 1924: Ebenso bedeutsam wird ihr Hang, durch Mängel und Leiden die Aufmerksamkeit ausschließlich auf sich zu lenken.

später zu den schwersten Formen der nervösen Erkrankungen und des Verbrechens Anlass.[38]

---

38 Erg. 1930: Als den geeignetsten Punkt, in die Entwicklung des schwer erziehbaren Kindes einzugreifen, haben wir die Schule erkannt. In den Schulberatungsstellen, die wir Individualpsychologen, Ärzte und Lehrer gemeinsam, an vielen Orten errichtet haben, findet jedes schwer erziehbare Kind den sichersten Ort, seine Fehler zu erkennen. Durch eine gemeinsame Arbeit von Arzt, Lehrer, Eltern und Kind gelingt es immer, den richtigen Weg zu finden und die Fähigkeit des Kindes zur Kooperation zu stärken. Siehe auch Zeitschrift für Individualpsychologie 7. Jahrgang: »Die Schulberatungsstellen in Wien«. Leipzig 1929 [Das genannte Heft trägt den Titel »Die individualpsychologischen Erziehungsberatungsstellen in Wien« und enthält einige Beiträge, in denen das Thema »Individualpsychologische Erziehungsberatung und Schule« behandelt wird. Vgl.: Seidler (1929); Seidler u. Zilahi (1929) oder Spiel u. Birnbaum (1929).]

5. Absichten und Leistungen der Erziehungsberatungsstelle »Volksheim« (1919)

Editorische Hinweise
Erstveröffentlichung:
1919d: Absichten und Leistungen der Erziehungsberatungsstelle Volksheim. In: Bericht des Vereins »Volksheim« in Wien über seine Tätigkeit vom 1. Oktober 1918 bis 30. September 1919. Verlag des Vereins Vorwärts: Wien, 1919, S. 33–34

Während des Ersten Weltkriegs hielt Alfred Adler an der Wiener Volkshochschule »Volksheim« im Wintersemester 1915/16 sowie im Sommersemester 1916 Kurse mit dem Titel »Praktische Erziehungsfragen« und »Praktische Übungen aus der Pädagogik« (Volksheim 1917, S. 17f.). Als Adler 1916 zum Militärdienst einberufen wurde, war es ihm unmöglich, diese Kurse weiter anzubieten. Erst im Wintersemester 1918/19 war er wieder in der Lage, seine Vortragstätigkeit aufzunehmen. Er bot einen Kurs unter mit dem Titel »Über praktische Erziehungskunst und Menschenkunde« an, der wöchentlich stattfand und mit 120 Hörern sehr gut besucht war (Volksheim 1919, S. 19).

Adlers Vortragstätigkeit dürfte dazu geführt haben, dass sich Eltern im Anschluss an manche Kurseinheiten in Erziehungsfragen an Adler wandten, um ihn um Rat zu bitten (Handlbauer 1984, S. 169; Schiferer 1995, S. 127). Dies scheint Adler veranlasst zu haben, im »Volksheim« eine eigene Erziehungsberatungsstelle einzurichten.

Der vorliegende Text Adlers (Adler 1919d/2009a) stellt einen Rechenschaftsbericht über die »Absichten und Leistungen« dieser Erziehungsberatungsstelle dar. Er wurde der Jahresversammlung des Vereins »Volksheim« am 2. Dezember 1919 vorgelegt und erschien im Jahresbericht 1918/19 der Volkshochschule »Volksheim«. Ihm folgten 20 kurze, jeweils einige Zeilen umfassende Falldarstellungen, die von Else Horwitz (1919/2003) verfasst wurden. Diese sollten in Ergänzung zu Adlers Darstellung verdeutlichen, welchen Problemen die Beratungstätigkeit gewidmet war und welche Formen von Unterstützung gegeben wurden. Dabei wird von Elternberatung, von eingehenderen Gesprächen mit einzelnen Kindern und Jugendlichen sowie davon berichtet, dass – von Fall zu Fall unterschiedlich – auch Lernunterstützung und Nachhilfeunterricht angebahnt, kinderpsychotherapeutische Behandlungen eingeleitet, die Aufnahme in Kinderheime veranlasst und eine berufliche Anstellung vermittelt wurden. Manche Kursteilnehmerinnen boten außerschulische Nachhilfe unentgeltlich an oder erklärten sich bereit, die weitere Entwicklung einzelner Kinder und Jugendlicher mitzuverfolgen (Adler spricht von »Überwachung« auf S. 88 in diesem Band).

In Verbindung mit den Fallskizzen von Else Horwitz stellt Adlers Text das erste

Dokument dar, das vom Entstehen und Aufkommen der individualpsychologischen Erziehungsberatungsstellen zeugt.

Absichten und Leistungen der Erziehungsberatungsstelle »Volksheim«

Die Gründung der Beratungsstelle erwies sich als notwendige Fortsetzung und praktische Ergänzung meiner Vorträge über »Menschenkenntnis und Erziehungskunst«. Ich sah mich gedrängt, die vorgetragenen Anschauungen vor meinen Hörern turnusweise an den zur Verfügung stehenden schwer erziehbaren Kindern darzustellen, zu überprüfen und ihre Wirksamkeit sichtbar zu machen. Dabei konnte einer größeren Anzahl von verwahrlosten und zur Verwahrlosung neigenden Kindern und deren Angehörigen Hilfe geleistet werden. Nicht bloß Ratschläge wurden erteilt, sondern die Hörer der Vorlesungen fanden sich stets bereit, einen Überwachungsdienst zu übernehmen, der die besten Früchte trug. Insbesondere Fräulein *Else Horwitz* und die Lehrerin *Frank*[39] scheuten keine Opfer an Zeit und Mühe, und manche Kinder verdanken ihrer Tüchtigkeit die sittliche und seelische Wiedergeburt. *[34]*

In der Beratungsstelle wurde also der praktische Blick der Hörer geschärft und ihre pädagogische Initiative geweckt und gefördert. Und so steht zu hoffen, dass die Grundsätze der Individualpsychologie von hier aus immer wieder aufs Neue ins Volk hinausgetragen werden und üble Denk- und Erziehungsfehler beseitigen helfen. Anderseits würde durch diese fruchtbare Tätigkeit die Liebe zur Gemeinschaft und das Verantwortlichkeitsgefühl in den Mitarbeitern außerordentlich gefördert und dürfte niemals versinken.

Die Grundsätze unserer individuellen Erziehung erlaubten uns ein wirksameres Vorgehen, weil wir, durch sie belehrt, in jedem Falle leicht das *Minderwertigkeitsgefühl* des verwahrlosten Kindes feststellen konnten, seine *Revolte gegen die Gemeinschaft* und seine herostratischen Gelüste[40].

Um eine Umwandlung seiner Persönlichkeit durchzuführen, war es nötig, sein Vertrauen zu seinem Können in praktisch anschaulicher Weise – durch Nachhilfe, durch Abwehr ungerechtfertigter oder zu weitgehender Beeinträchtigungen, durch Vermittlung geeigneter Aufenthalte und geeigneten Umgangs – zu heben. Immer mussten wir auch auf die Umgebung einwirken, zur Aussöhnung mahnen, Hoffnungen aufrichten und Härten und Ungerechtigkeiten beggenen. Oft traf unsere Bemühung auf den heftigsten Widerstand

---

39 [In den von Else Horwitz verfassten Fallskizzen ist über die von Adler erwähnte »Lehrerin Frank« nachzulesen: »Erna, 5 Jahre. Stammlerin, etwas mikrozephal. Der Fall wird dem Fräulein Frank zur Behandlung zugewiesen« (Horwitz 1919/2003).]

40 [Herostratisch: aus Ruhmsucht Verbrechen begehend]

der Umgebung, auf Lieblosigkeiten und Unverstand, die den Fehlschlag in der Erziehung der Kinder begreiflich machen. Zumeist versorgten wir solche unglücklichen Kinder außerhalb der Familie. Die Tagesheimstätten, das Kinderheim der Frau Dr. *Formanek*, der Frau Dozent *Hammerschlag* und andere kamen uns bereitwilligst entgegen.[41] Wir statten ihnen hiemit unseren besten Dank ab. Die öffentliche Fürsorge blieb uns manche Erfüllung schuldig. Auch begegneten wir Unzukömmlichkeiten vereinzelt in Haus, Schule und Heimstätten, die den Mangel einer gemeinsinnigen Erziehungskunst verrieten.

Der weitere Ausbau unserer Tätigkeit wird auf die Errichtung eines *Erziehungsheimes* gerichtet sein, das zur Schulung einer großen Anzahl von erziehungskundigen Menschen und zum Wohle einzelner Kinder errichtet werden soll.[42] *Wir können aus unserem Material mit Bestimmtheit feststellen, dass öftere obligate Zusammenkünfte und Aussprachen der Erzieher missratener Kinder nicht mehr zu umgehen sind, wenn nicht vielfach unsere Heilerziehung fruchtlos bleiben soll.*

Vorläufig steht die Gründung eines Seminars für Vorgeschrittene in Aussicht, das alle willigen Mitarbeiter fortbilden soll.[43]

---

41 [Nach Horwitz (1919/2003) zählte neben dem Kriegskinderheim im Wiener Liebhartsthal und dem Ferienheim Oberhof auch das von August Aichhorn geleitete »Kinderheim Oberhollabrunn« zu den Anstalten, die einzelne Kinder und Jugendliche aufnahmen, die aus Adlers Sicht in pädagogisch gänzlich unzulänglichen und durch Beratung kaum veränderbaren Verhältnissen aufwuchsen. Siehe dazu auch die Angaben zu August Aichhorn, Emmy Formanek und Gertrude Hammerschlag auf den S. 364 f., 370 und 374 in diesem Band.]
42 [Ein Kinderheim unter individualpsychologischer Führung wurde 1924 unter der Leitung von Stephanie Horowitz und Alice Friedmann eröffnet (siehe dazu S. 20 in der Einführung zu diesem Band).]
43 [Spätestens 1920 begann der Verein für Individualpsychologie in Wien, spezielle Aus- und Weiterbildungsmöglichkeiten für Personen zu schaffen, die an pädagogischen Themen besonders interessiert waren. Siehe dazu Gstach 2005c.]

6. Verwahrloste Kinder (1920)

Editorische Hinweise
Erstveröffentlichung:
1920d: Verwahrloste Kinder. In: A. Adler (Hg.), Praxis und Theorie der Individualpsychologie: Vorträge zur Einführung in die Psychotherapie für Ärzte, Psychologen und Lehrer. München: Bergmann, 1920, S. 237–244, mit der Fußnote: »Vortrag im April 1920«
Neuauflagen:
1924: Praxis und Theorie der Individualpsychologie, 2. Aufl., S. 234–240
1927: Praxis und Theorie der Individualpsychologie, 3. Aufl., S. 234–240
1930: Praxis und Theorie der Individualpsychologie, 4. Aufl., S. 223–229
1974a: Verwahrloste Kinder. In: A. Adler (Hg.), Praxis und Theorie der Individualpsychologie: Vorträge zur Einführung in die Psychotherapie für Ärzte, Psychologen und Lehrer. Neu herausgegeben von W. Metzger [Neudr. d. 4. Aufl v. 1930]. Frankfurt a. M.: Fischer Taschenbuchverlag, S. 326–336

In den öffentlichen Debatten, die nach dem Ende des Ersten Weltkriegs einsetzten, spielte das Thema der Verwahrlosung von Kindern und Jugendlichen eine wichtige Rolle. Dies hing damit zusammen, dass es während der Kriegsjahre nur bedingt möglich war, der Erziehung der heranwachsenden Generation ein ausreichendes Maß an Energie und Aufmerksamkeit zu schenken. Bezeichnend war in diesem Zusammenhang nicht zuletzt der Umstand, dass viele Väter während ihres Militärdienstes von ihren Familien getrennt waren und viele Mütter ein hohes Maß an Zeit und Energie dafür aufbringen mussten, das Überleben der Familien zu sichern. Dazu kamen die Probleme, die Adler bereits 1916 in seiner Schrift über »Die Frau als Erzieherin« thematisiert hatte (S. 66 ff. in diesem Band). Die pädagogischen Versäumnisse, die der Krieg mit sich gebracht hatte, wurden nun nach 1918 besonders sichtbar und wurden nochmals durch die Tatsache verschärft, dass die gesellschaftliche Gesamtsituation in Österreich nach dem Zerfall der österreichisch-ungarischen Monarchie angespannt blieb und von Unsicherheit, Not und Zukunftsängsten beherrscht war.

Als Adler 1920 zum Thema der Verwahrlosung von Kindern und Jugendlichen publizierte, äußerte er sich – ähnlich wie etwas später August Aichhorn (1926/1977), Siegfried Bernfeld (1929/1996) und andere Pädagogen der Zwischenkriegszeit – zu einem Thema, das ein hohes Maß an öffentlicher Aufmerksamkeit hatte und von Adler auch in späteren Schriften immer wieder behandelt wurde (vgl. S. 107 ff. in diesem Band).

In der vorliegenden Schrift (Adler 1920d/1920a) geht Adler zunächst in allgemein verständlicher Weise der Frage nach, worin Verwahrlosungserscheinungen bei Kindern und Jugendlichen gründen. Er stellt dar, welche vielschichtigen Eindrücke und Erfahrungen Kinder von klein auf veranlassen, sich überfordert, entmutigt und unterlegen zu fühlen. Diese Kinder erleben gegebene Lebensbedingungen im Allgemeinen sowie Mitmenschen im Besonderen als tendenziell feindlich. Wenn sie in Verbindung damit das ehrgeizige Verlangen entwickeln, Gefühle der Macht und Überlegenheit zu verspüren sowie drohenden Misserfolgserlebnissen zuvorzukommen, können sie unbewusst im Setzen von dissozialen Verhaltensweisen ein vermeintlich probates Mittel zur Befriedigung dieses Verlangens sehen. In Übereinstimmung mit dem zentralen Stellenwert, der dem Konzept des Gemeinschaftsgefühls seit 1918 in Adlers Theorie zukommt (vgl. dazu S. 15 ff. der Einführung in diesen Band), werden die vielgestaltigen Verwahrlosungserscheinungen von Kindern und Jugendlichen daher als Ausdruck und Folge von Machtstreben und mangelhaftem Gemeinschaftsgefühl begriffen (siehe unten S. 99 f.).

An mehreren Stellen weist Adler darauf hin, dass viele der weithin verbreiteten Reaktionen auf dissoziale Verhaltensweisen von Kindern und Jugendlichen das Gegenteil des eigentlich Bezweckten zur Folge haben. Demgegenüber empfiehlt Adler eine Reihe von anderen Maßnahmen, die dem individualpsychologischen Verständnis des Zustandekommens von Verwahrlosungserscheinungen Rechnung tragen (siehe dazu S. 100 f. in diesem Band).

Es ist nicht bekannt, an welchem Ort der Vortrag über »Verwahrloste Kinder« gehalten wurde, den Adler 1920 in dem Band »Praxis und Theorie der Individualpsychologie« veröffentlichte. Der Vortrag dürfte allerdings in engem Zusammenhang mit Adlers Bemühungen um die Anhebung des (heil)pädagogischen Versorgungsangebotes in Wien sowie mit seiner Tätigkeit an Wiener Volkshochschulen gestanden sein.

Verwahrloste Kinder

Unter den Kriegsfolgen, mit denen das Volk beglückt wurde, steht nicht an letzter Stelle die außerordentliche Steigerung der Verwahrlosung der Jugend. Sie ist wohl allen aufgefallen, und mit Schaudern haben alle davon Kenntnis genommen; denn die veröffentlichten Zahlen waren bedeutsam und können nur übertroffen werden durch die Überlegung, die uns sagt, dass auch nicht der kleinere Teil davon uns zum Bewusstsein kommt, sondern dass eine Unzahl von anderen Fällen in der Verschwiegenheit[44] sich abspielt, Monate lang, Jahre lang, bis endlich Menschen vor uns stehen, die man nicht mehr zu den Verwahrlosten, sondern zu den Verbrechern zählen muss. Die Zahlen sind groß;[45] die Zahl derer, die nie in einer Statistik vorkommen, ist größer.

---

44 Erg. 1924: der Familie
45 [Vgl. dazu S. 18 der Einführung zu diesem Band.]

Denn das meiste spielt sich anfangs im Familienkreis ab. Man hofft von Tag zu Tag auf eine Änderung, versucht auch irgendwelche Mittel, und da es eine Anzahl von Vergehen unter den Verwahrlosten gibt, die nicht direkt mit dem Strafgesetz und Jugendgericht zu tun haben, die aber doch die Familie schwer schädigen, so werden sie verschleiert, ohne dass eine Änderung im Wesen des Verwahrlosten eintritt. Allerdings, es ist nicht angebracht, den Fehlern und Vergehen der Jugend gegenüber die Hoffnung zu verlieren, obwohl bei der außerordentlich mangelhaften Erkenntnis und bei der Verständnislosigkeit, mit der man ihnen zumeist gegenübersteht, nicht allzu viel Hoffnung gerechtfertigt ist. Doch muss hervorgehoben werden, dass in der Entwicklungslinie jedes Menschen, besonders in der Jugend, nicht alles nach idealen Normen abläuft, sondern dass oft Ausartungen vorkommen, und wenn wir an unsere eigene Jugend und die unserer Kameraden zurückdenken, so werden wir eine große Fülle von Verfehlungen vor Augen haben, auch von Kindern, die doch in der späteren Zeit halbwegs tüchtige oder sogar hervorragende Menschen geworden sind. Wie weit verbreitet in der Jugend Vergehungen sind, mag Ihnen ein flüchtiger Überblick zeigen. Ich habe gelegentlich in taktvoller Weise Untersuchungen in Schulklassen gepflogen, die den Einzelnen nicht verletzen konnten. Auf ein Blatt Papier, welches nicht mit Namen zu versehen war, wurde Antwort auf die Fragen gegeben, ob ein Kind jemals gelogen oder gestohlen habe, und gewöhnlich war das Ergebnis, dass sämtliche Kinder kleine Diebstähle zugaben. Interessant war ein Fall, in dem sich auch die Lehrerin an der Beantwortung beteiligte und sich auch eines eigenen Diebstahls erinnerte. Nun bedenken Sie einmal die Komplikation dieser Frage! Der eine hat einen nachsichtigen und verständnisvollen Vater, der mit ihm zurechtzukommen sucht, und es gelingt ihm in vielen Fällen. Der andere, der *[238]* vielleicht genau dasselbe getan hat, vielleicht nur auffälliger, ungeschickter, verletzender, wird sofort von der ganzen Wucht der häuslichen Disziplin getroffen, und man züchtet in ihm die Überzeugung, dass er ein Verbrecher sei. So kann es uns nicht wundern, dass das verschiedene Maß der Beurteilung zu verschiedenen Ausgängen führt. Es ist das schlechteste Prinzip von allen schlechten Prinzipien in der Erziehung, einem Kind vorauszusagen, dass aus ihm nichts werden wird oder dass es eine Verbrechernatur besitzt,[46] Anschauungen, die in das Reich des Aberglaubens führen, obwohl auch Gelehrte von geborenen[47] Verbrechern sprechen. Damit sind wir bei dem Punkt angelangt, an dem die landläufige Erziehung kein Mittel kennt, mit der beginnenden oder vorgeschrittenen Verwahrlosung fertig zu werden.[48] Das darf uns nicht wundernehmen, weil es sich hier um

---

46 Anm. Adlers 1924: Siehe Birnbaum, »Hoffnungslose Eltern« [Birnbaum 1924]
47 auch bis geborenen] Änd. 1924: oft Gelehrte von angeborenen
48 Damit bis werden] Änd. 1924: So jammervoll die Feststellung wirkt: Die landläufige

Vorgänge im kindlichen Seelenleben handelt, deren Verständnis vorläufig noch auf einen außerordentlich kleinen Kreis beschränkt ist.

Wenn wir von Verwahrlosung sprechen, haben wir gewöhnlich die Jahrgänge der Schule im Sinn. Aber der erfahrene Untersucher wird eine Anzahl von Fällen aufweisen können, deren Verwahrlosung schon vor der Schulzeit vollzogen ist. Man kann sie nicht immer der Erziehung zuschreiben. Die Eltern mögen sich gesagt sein lassen: So fleißig sie auch ihr Werk betreiben, jener Anteil der Erziehung, von dem sie nichts wissen oder merken, der aus anderen Kreisen eindringt, jener Erziehung, die das Kind beeinflusst, ohne dass sie es wissen, ist viel größer als der Einfluss der bewussten Erziehung. Es sind eigentlich die gesamten Umstände, die gesamten Verhältnisse des Lebens und der Umwelt, die in die Kinderstube hinein ihre Wellen entsenden. Das Kind wird von der Schwere der Erwerbsverhältnisse des Vaters getroffen, es merkt die Feindseligkeit des Lebens, auch wenn man nicht davon spricht. Es wird sich eine Anschauung mit unzulänglichen Mitteln bilden, kindlichen Auffassungen, kindlichen Erfahrungen. Aber diese Weltanschauung wird für das Kind zur Richtschnur, es wird in jeder Lage diese Weltanschauung zugrunde legen und entsprechende Nutzanwendungen ziehen. Letztere sind größtenteils unrichtig, weil man es mit einem unerfahrenen Kind zu tun hat, dessen Logik unentwickelt ist, das Fehlschlüssen unterworfen ist. Aber bedenken Sie den gewaltigen Eindruck, den ein Kind bekommt, dessen Eltern in schlechter Wohnung und gedrückter sozialer Lage leben, gegenüber dem eines Kindes, bei dem dieses Gefühl der Feindseligkeit des Lebens nicht so deutlich wird. Diese zwei Typen sind so verschieden, dass man es jedem Kind am Sprechen, ja am Blick ansehen kann, zu welchem es gehört; und der zweite Typus, der sich mit der Welt leichter befreundet, weil er von ihren Schwierigkeiten nichts weiß oder sie leichter überwindet: Wie wird dieses Kind ganz anders dastehen im Leben, mit Selbstvertrauen und Mut, und wie wird sich das in der Körperhaltung spiegeln! Ich habe bei Kindern in Proletarierbezirken untersucht, wovor sie sich am meisten fürchten: *fast alle vor Schlägen.* Also vor Erlebnissen, die sich in der Familie abspielen. Solche Kinder, die in der Angst vor dem starken Vater, dem Pflegevater, der Mutter aufwachsen, haben das Gefühl der Ängstlichkeit bis in die Mannbarkeit, und wir müssen feststellen, dass im Durchschnitt der Proletarier nicht den weltfreundlichen Eindruck macht wie der Bürger, der mutiger ist als jener. Und nicht wenig von der beklagenswerten Tatsache geht darauf zurück, dass er in der Angst vor dem Leben und vor Prügeln aufgewachsen ist. Es ist das schädlichste Gift, Kinder *pessimistisch* zu stimmen; sie behalten *[239]* diese Perspektive für das ganze Leben, trauen sich

---

Erziehung kennt kein Mittel, mit der beginnenden oder vorgeschrittenen Verwahrlosung sicher fertig zu werden.

nichts zu und werden unentschlossen. Die[49] Erlangung einer mutigen Haltung aber beansprucht dann viel Zeit und Mühe. – Die Kinder aus wohlhabenden Bezirken antworten auf jene Frage, wovor sie sich fürchten, zumeist: Vor Schularbeiten. Das zeigt, wie sie nicht die Personen, nicht ihr eigenes Milieu schrecken, sondern wie sie sich mitten im Leben sehen, wo es Aufgaben und Arbeiten gibt, vor denen sie sich fürchten, was uns allerdings auch Schlüsse ziehen lässt auf unhaltbare Schulzustände, die in den Kindern Angst erwecken, statt sie zu einem fröhlichen, mutigen Leben zu erziehen.

Nun zur Verwahrlosung vor der Schulzeit. Es wird uns nicht wundernehmen, wenn unter den aufgepeitschten Stimmungen, die in Kindern durch irgendwelche störende Beziehungen erregt werden können, zum Beispiel dadurch, dass sie Furcht vor dem Leben bekommen, dass sie den Nächsten als Feind betrachten usw., das Kind den rastlosesten Versuch machen wird, sich zur Geltung zu bringen, nicht als der Niemand zu erscheinen, zu dem man Kinder so oft zu machen versucht. Es ist eines der wichtigsten Prinzipien in der Erziehung, das Kind *ernst* zu nehmen, als *gleichwertig* anzusehen, nicht herabzusetzen, mit Spottreden zu überhäufen, nicht komisch zu nehmen, weil das Kind alle diese Äußerungen seines Gegenübers als drückende aufnimmt und anders aufnehmen muss, wie ja der Schwächere immer anders empfindet als der, der sich in der geruhigen Stellung des Besitzes geistiger oder körperlicher Überlegenheit befindet. Wir können nicht einmal genau sagen, wie sehr ein Kind dadurch getroffen ist, dass es Leistungen nicht vollbringen kann, deren Vollbringung es täglich von Eltern und älteren Geschwistern bestaunen kann. Dies muss berücksichtigt werden, und wer sich den Blick angeeignet hat, in der Seele der Kinder zu lesen, der wird bemerken, dass sie eine außerordentliche *Gier nach Macht und Geltung,* nach erhöhtem Selbstbewusstsein haben, dass sie wirken wollen, als bedeutsame Faktoren auftreten wollen, und der *kleine Gernegroß* ist nur ein Spezialfall unter ihnen, die man allenthalben nach Macht ringen sieht. Man kann sich die Verschiedenheiten bald erklären. In einem Falle lebt das Kind in Eintracht mit den Eltern, im anderen aber gerät es in feindselige Haltung und entwickelt sich im Gegensatz zu den Forderungen des gesellschaftlichen Lebens, nur um nicht zusammenzubrechen mit dem Bewusstsein: »Ich bin hier nichts, ich gelte nichts, man sieht über mich hinweg.« Kommt es zu dieser letzten Entwicklung, dass Kinder in dem durchbrechenden Gefühl ihres Nichts, ihrer sinkenden Bedeutung sich zur Wehr setzen – und alle setzen sich zur Wehr –, dann können sich auch früh die Erscheinungen der Verwahrlosung zeigen. Ich habe einmal ein fünfjähriges[50] Scheusal gesehen, das bereits drei Kinder umgebracht hatte, und zwar vollzog sich die Untat bei dem geistig etwas zurückgebliebenen Kind folgendermaßen:

---

49 Die bis Erlangung] Änd. 1924: Das spätere Training zu
50 Änd. 1930: sechsjähriges

Das Mädchen suchte – es war in einer Ortschaft auf dem Lande – kleinere Mädchen aus, nahm sie zum Spiel mit sich und stieß sie dabei in den Fluss. Erst beim dritten Mal kam man auf den Täter. Wegen des auffälligen Tatbestandes lieferte man sie in eine Irrenanstalt ein. Das Mädchen zeigte von Erkenntnis der Verworfenheit seiner Taten keine Spur. Sie weinte zwar[51], ging aber gleich zu etwas anderem über, und nur mit Mühe konnte man über den Tatbestand und die Motive etwas Näheres erfahren. Sie war vier Jahre lang die Jüngste unter lauter Brüdern gewesen und wurde ziemlich verzärtelt. Dann kam [240] eine Schwester, und die Aufmerksamkeit der Eltern wendete sich der Jüngsten zu, als Ältere musste sie ein wenig zurückstehen. Sie vertrug es aber nicht und fasste einen Hass gegen die eigene jüngere Schwester, dem sie aber nicht nachgeben konnte, weil das kleine Kind stets sorgfältig behütet wurde und vielleicht weil ihr klar war, dass eine Entdeckung sehr leicht gewesen wäre. – Da verschob sich ihr Hass generalisierend auf alle jüngeren Mädchen, die ihre vermeintlichen Feindinnen waren. In allen sah sie die jüngere Schwester, derentwegen man sie nicht mehr so verzärtelte wie früher. Und aus dieser Stimmung ging sie in ihrem Hass so weit, zu töten. Versuche, solche Kinder in kurzer Zeit auf gute Wege zu bringen, scheitern *oft wegen ihrer geistigen Minderwertigkeit*, die häufiger ist, als man glaubt. Hier bleibt nur übrig, sich auf lange Zeit gefasst zu machen und mit besonderem erzieherischen Takt in einer Art von einer Dressur das Kind wieder lebensfähig zu machen. Aber diese Fälle, die außerordentlich häufig sind, sind wegen der geistigen Minderwertigkeit weniger interessant, und wir könnten uns mit ihnen als einem traurigen Naturspiel abfinden, weil es eben Kinder sind, die in die menschliche Gesellschaft nie ganz hineinpassen. Die große Menge der verwahrlosten Jugend ist frei von geistiger Minderwertigkeit. Man findet im Gegenteil oft außerordentlich begabte Kinder unter ihnen, die eine Zeit lang recht gut vorwärtsgekommen sind und Fähigkeiten bis zu einem gewissen Punkt entwickelt haben, die aber, *einmal gescheitert, das Scheitern auf einer Hauptlinie des menschlichen Lebens*[52] *nicht verwinden können*. Jeder Fall zeigt die regelmäßigen Charakterzüge: *außerordentlich stark entwickelten Ehrgeiz, der im Inneren verschlossen bleibt; Empfindlichkeit gegen Zurücksetzungen aller Art; Feigheit, die nicht im einfachen Davonlaufen besteht, wohl aber im Auskneifen vor dem Leben und seinen allgemeingültigen Forderungen.* Man kann aus diesen wenigen Strichen ein Bild des Zusammenhanges geben: Nur ein ehrgeiziges Kind ist imstande, vor einer Aufgabe, die ihm über seine Kraft zu gehen droht, zurückzuschrecken und sich auf einen anderen Weg zu begeben, als ob es die Schwäche verdecken wollte. Dies ist der gewöhnliche Gang der Verwahrlosung in der Schule. Wir finden immer, *dass die Verwahrlosung mit einem Misserfolg zusammenhängt,* der vor-

---

51 Erg. 1924: bei solchen Erörterungen
52 Erg. 1924: fürchten und

ausgeht oder droht. Die Erscheinung der Verwahrlosung besteht anfangs in einem Vermeiden der Schule. Das Schwänzen muss natürlich verborgen werden, und es kommt anfangs zu Fälschungen von Entschuldigungen und Unterschriften. Was aber soll das Kind mit der freien Zeit tun? Da muss eine Beschäftigung gesucht werden. Dadurch ergibt sich nun meist ein *Zusammenschluss von mehreren,* die die gleiche Linie betreten haben, die das gleiche Schicksal drückt. Nun sind es immer ehrgeizige Kinder, die gern eine Rolle spielen möchten, die sich aber eine Befriedigung ihres Ehrgeizes auf der Hauptlinie nicht mehr zutrauen. So suchen sie nach Betätigungen, die sie befriedigen. Es findet sich immer der eine oder andere, der sich am besten zum Anführer eignet, und die Konkurrenz der Ehrgeizigen stellt sich ein. Jeder hat einen Einfall, was man machen könnte. Entsprechend den Formen der Großen haben sie eine »Berufsehre« der Verwahrlosten. Sie strengen sich an, Taten zu ersinnen und mit Meisterschaft, immer jedoch mit List und Hinterlist, da sie sich[53] offenes Vorgehen nicht zutrauen – eine Folge ihrer Feigheit –[54] zum Ruhme vor ihren verwahrlosten Kameraden auszuführen. Kommt *[241]* einmal einer auf diese Bahn, dann geht es weiter und weiter. Zuweilen geraten geistig Minderwertige in die Bande. Die werden verspottet und gehänselt, ihr Stolz wird dadurch erst recht angeeifert, und sie entschließen sich zu besonderen Taten. *Oder sie sind von Haus aus an eine bestimmte Dressur gewöhnt,* sie sind auf Folgsamkeit dressiert, ihnen wird diktiert: *Sie führen es*[55] *aus.* Es kommt oft vor, dass der eine die Untat ersinnt und der Jüngere, Unerfahrene, Minderwertige sie unternimmt. Ich übergehe andere Verlockungen, obwohl man auch darüber sprechen sollte, zum Beispiel schlechte Bücher oder das Kino, die erst in dieser Phase als Leitfaden gut wirken. Das Kino könnte sich ja gar nicht halten, wenn nicht die Geschicklichkeit und besondere List in seinen Darbietungen, sei es der Verbrecher, sei es der Detektive, die Zuschauer anregte. In der Überschätzung der List zeigt sich gleichfalls die Lebensfeigheit. Die Bandenbildung ist so häufig, dass man immer daran denkt, wenn man von Verwahrlosten spricht. Aber auch die Einzelverwahrlosung ist häufig. Das Schicksal eines solchen Lebens gleicht ganz dem eben geschilderten, nur dass die nächsten Beweggründe andere zu sein scheinen. Wir wollen festhalten, dass bei den geschilderten Verwahrlosten ihr Schicksal aufkeimt, *wenn sie eine Niederlage erlitten haben oder wenn sie ihnen droht.* Genauso ist es bei den Einzelverwahrlosungen. Die einfachsten, fast unschuldigen Fälle gehorchen der Regel genauso wie die schwersten: Immer ist es die Verletzung des persönlichen Ehrgeizes, die Furcht, sich zu blamieren, ein Gefühl des Sinkens in ihrem Machtbestreben und Machtbewusstsein, das zum *Ausreißen auf eine*

---

53 Erg. 1924: – eine Folge ihrer Feigheit – / Erg. 1930: alleiniges und
54 eine bis Feigheit] Ausl. 1924
55 Änd. 1924: die Tat

Nebenlinie Anlass gibt; es ist, als ob sich diese Kinder einen *Nebenkriegsschauplatz* gesucht hätten. Oft zeigen sie sich unter der besonderen Form der Faulheit, die nicht etwa als angeboren oder als schlechte Gewohnheit zu betrachten ist, sondern *als Mittel, sich keiner Probe unterziehen zu müssen.* Denn das faule Kind kann sich immer auf die Faulheit berufen: Fällt es bei einer Prüfung durch, so ist die Faulheit schuld, und es legt lieber der Faulheit seine Niederlage zur Last, als einer Unfähigkeit. Nun muss das Kind wie ein erfahrener Verbrecher *sein Alibi machen,* es muss durch Faulheit jederzeit nachweisen, warum es durchgefallen ist, und es gelingt ihm; es ist durch seine Faulheit gedeckt, seine seelische Situation ist in Bezug auf die Schonung seines Ehrgeizes besser geworden.

Wir kennen die Übelstände der Schule. Die überfüllten Klassen, die ungeeignete Schulung mancher Lehrer, manchmal auch das mangelnde Interesse der Lehrer, die unter den Lebensverhältnissen so sehr leiden, dass man von ihnen nicht mehr erwarten kann, zum größten Teil aber *das Dunkel, das über diese seelischen Verwicklungen gebreitet ist* – diese Umstände machen es aus, dass bisher so trostlose Beziehungen zwischen Lehrer und Schüler bestehen wie sonst nirgends im Leben. Macht der Schüler einen Fehler, so bekommt er eine Strafe oder schlechte Note. Das käme dem Falle gleich, wenn jemand das Bein bräche, und der herbeigerufene Arzt würde feststellen: »Sie haben einen Beinbruch! Adieu!« So ist doch Erziehung nicht gemeint. Die Kinder fördern sich in diesen schlimmen Verhältnissen zwar vielfach selbst, aber mit welchen Lücken pilgern sie weiter! Bis sie an einen Punkt kommen, wo die Sünden[56] so groß sind, dass sie stecken bleiben. Da muss man nur gesehen haben, wie schwer das beste Kind dann vorwärtskommt, wie sich infolge der angesammelten Schwierigkeiten[57] das peinliche Bewusst[242]sein regt: »Du kannst das nicht, was die anderen zustande bringen!«, wie sein Ehrgeiz verletzt und gereizt wird![58] Viele kommen weiter, aber andere eröffnen den Nebenkriegsschauplatz.

Die Einzelverwahrlosung vollzieht sich also in der gleichen Art. Auch hier ragt das Gefühl der Minderwertigkeit, der Unzulänglichkeit, der Herabsetzung hervor. Ich entsinne mich eines Knaben, des einzigen Kindes seiner Eltern, die viel Mühe auf die Erziehung verwendeten. Schon mit fünf Jahren fasste er das Verschließen der Kasten, wenn die Eltern fortgingen, als schwere Beleidigung

---

56   Änd. 1924: Mängel
57   Erg. 1924: und Lücken
58   Erg. 1924: Meist ist selbst bei fachkundiger Hilfe die Lücke im Wissen nicht in kurzer Zeit auszufüllen. Die ersten redlichen Anstrengungen eines solchen Kindes bleiben unbelohnt, und trotz allen Eifers reifen die Früchte erst nach Monaten. Das Kind, die Umgebung, der Lehrer verlieren viel früher die Geduld, und das Kind gibt sein Interesse und seinen Eifer wieder verloren.

auf, kam erst so dazu, sich einen Nachschlüssel zu verschaffen und die Kasten zu plündern. Er war durch sein Streben nach Selbstständigkeit auf diesen Weg gedrängt und entwickelte sein Machtstreben gegenüber den Eltern entgegen dem Gesetz der Gemeinschaft, und bis heute – er ist 18 Jahre alt – verübt er Hausdiebstähle, von denen die Eltern glauben, dass sie ihnen alle bekannt werden. Wenn der Vater ihm öfter sagt: »Was nützt es dir denn? Sooft du stiehlst, komme ich dahinter!«, so hat der Junge das stolze Gefühl, dass der Vater nicht einmal den zwanzigsten Teil erfährt, und stiehlt weiter in der Überzeugung, man müsse nur schlau genug[59] sein. Hier sehen Sie die so häufige Kampfstellung des Kindes gegen Vater und Mutter, die ihn zu irgendwelchen Handlungen gegen die Gemeinschaftsmoral treibt. Auch erwachsen wird sich der junge Mann die seelischen Hilfen und Stützen verschaffen, die es ihm ermöglichen, weiter seine Untat ohne Gewissensbisse zu vollführen. Der Vater ist ein großer Geschäftsmann, und wenn der Sohn auch nicht zu den Arbeiten zugelassen wird, weiß er doch genau, dass der Vater Kettenhandel betreibt, und wenn er mit jemand spricht, so bezeichnet er die Angriffe seines Vaters als ungerecht, weil der dasselbe wie er in größerem Stil macht. Hier sehen wir wieder die Erziehung der Umgebung, von der die Eltern nichts wissen.[60]

Noch ein Fall aus Proletarierkreisen. Ein sechsjähriger Knabe, ein uneheliches Kind, wird von der inzwischen verheirateten Mutter ins Haus genommen. Der wirkliche Vater ist verschollen, der Stiefvater aber ist ein älterer, brummiger Mann, der, ohne Interesse für Kinder, doch seiner eigenen Tochter mit Zärtlichkeit anhängt, sie liebkoste und ihr Zuckerwerk brachte, während der ältere Knabe zuschauen konnte. Eines Tages verschwand der Mutter ein größerer Geldbetrag spurlos. Aber bald darauf nahm sie bei weiteren Verlusten wahr, dass der Sohn der Dieb sei und dass er die Summen auf den Ankauf von Naschwerk verwendete, das er gelegentlich mit Kameraden teilte, Letzteres sicherlich, um sich hervorzutun. Sie sehen auch hier den Nebenkriegsschauplatz, mit der alten Hauptaufgabe bedacht, sich doch siegreich durchzusetzen, Ansehen zu gewinnen. Das ging mehrere Male so, Prügelszenen folgten, denn der Vater schonte ihn nicht; ich sah das Kind mit Striemen, zerkratzt und zerhackt am ganzen Körper. Trotz der Prügelstrafe hörten die Diebstähle natürlich nicht auf. Die Mutter war allerdings ungeschickt, indem sie die Diebstähle erleichterte, aber wie viele Eltern zeigen sich in solchen Fällen geschickt? Die Aufklärung dieses Falles ergab, dass der Knabe bei einer älteren Bäuerin

---

59 nur bis genug] Änd. 1924: hervorgehoben
60 Erg. 1924: Eine Kindheitserinnerung dieses Jünglings zeigt seinen alten heimlichen Gegensatz zum Vater. Auf einem Spaziergang hielt der Vater eine brennende Zigarre in der Hand, während er sich mit einem Geschäftsfreund unterhielt. Der Knabe empfand dies als Zurücksetzung und hielt zur Rache seine Hand so, dass die Zigarre des Vaters an sie stieß und zu Boden fiel.

Verwahrloste Kinder

in Pflege gewesen war; auf ihren Wegen in die umliegenden Dörfer zog sie ihn immer mit und gab ihm hie und da Zuckerwerk. Nun kommt der Knabe in die neue Lage: Er findet sich gegen früher außerordentlich benachteiligt. Die kleine Schwester wird verzärtelt und mit Naschwerk beschenkt, er nicht; sie wird beachtet und geehrt, er nicht; in der Schule war er sehr brav. *[243]* Sie sehen: Wie unter einem Zwang zeigt sich ein Fehler *gerade dort, wo sein Feind saß.* So ist es in vielen Fällen, dass die *Verwahrlosung wie ein Racheakt* wirkt, dass sie dem Kind eine seelische Erleichterung verschafft.[61]

Eines muss man noch feststellen: Es sind nicht aktive, mutige Vergehen, die von Verwahrlosten verübt werden, außer wenn sie in größerer Zahl kommen, was uns wieder auf ihre Feigheit verweist. Das Hauptdelikt ist der Diebstahl, den man ja als Feigheitsdelikt bezeichnen muss.[62]

Wenn wir den ganzen Zusammenhang und die Stellung dieser Kinder zur Gesellschaft klar erkennen wollen, so sehen wir zweierlei: 1. Ihr Ehrgeiz ist ein Zeichen ihres Strebens nach Macht und Überlegenheit, und deshalb suchen sie ihre Geltung auf einem anderen Gebiet als auf der Hauptlinie, wenn sich diese verschließt. 2. Ihr Zusammenhang mit den Menschen ist irgendwie dürftig; sie sind keine guten Mitspieler, sie fügen sich nicht leicht in die Gesellschaft ein, sie haben etwas Eigenbrödlerisches an sich, sie haben den Kontakt mit der Mitwelt nicht; manchmal ist von Liebe zu den Angehörigen nicht mehr übrig als der Schein oder Gewohnheit, oft fehlt auch diese, und sie werden sogar gegen die Familie tätlich. Sie spielen die Rolle von Menschen, deren Gemeinschaftsgefühl Mangel gelitten, die den Zusammenhang mit den Menschen nicht gefunden haben, und sie sehen den Nebenmenschen als etwas Feindliches. Auch misstrauische Züge sind bei ihnen sehr häufig. Sie sind immer auf der Lauer, ob sie nicht der andere übervorteilen wird, und ich habe von solchen Kindern oft gehört, dass man »gerissen«, das heißt den anderen überlegen sein muss. Das Misstrauen schleicht sich in alle Beziehungen ein und macht, dass die

---

61 Erg. 1924: Oder der Fall eines elfjährigen Mädchens, das, von Vater und Mutter frühzeitig verstoßen, bei der Großmutter aufwuchs. Die Mutter, eine Jüdin, hatte kurz nach der Geburt des illegitimen Kindes geheiratet und sich aus dem Staube gemacht. Der Vater verbot dem Kinde, als er einmal mit seiner neuen Gattin zu Besuch kam, ihn Vater zu nennen. Das Kind wuchs in einer katholischen Umgebung als Jüdin auf und lebte in heftigem Kampf mit seinem jüdischen Religionslehrer, der es gleich in der ersten Klasse durchfallen ließ. Kurz nachher beging das Kind eine Reihe von Diebstählen und verwendete die gestohlenen Gegenstände für seine Mitschülerinnen, um sie zu bestechen und sich vor ihnen zu prahlen. Seine Prahlsucht, gereizt und hervorgerufen durch seine traurige Stellung in der Schule, zeigte sich auch darin, dass es mit Vorliebe Messingringe an den Fingern trug.
62 Erg. 1930: Aber auch alle anderen Verbrechen zeigen sich in ihrer Struktur als Feigheit.

Schwierigkeiten des Zusammenlebens immer zunehmen. Feige List erwächst ihnen von selbst aus ihrem mangelnden Zutrauen zu sich selbst.

Es fragt sich nun, ob Machtstreben und mangelhaftes Gemeinschaftsgefühl verschiedene Triebfedern abgeben? Gewiss nicht, es sind nur zwei Seiten derselben psychischen Haltung. *Unter einem gesteigerten Machtstreben muss ja das Gefühl der Zusammengehörigkeit leiden.* Wer von jenem besessen ist, denkt nur an sich, an seine Macht und Geltung und lässt andere außer Acht. Wenn es gelingt, das Gefühl der Zusammengehörigkeit zu entwickeln, ist die beste Sicherung gegen Verwahrlosung gegeben.

Uns quält die Sorge, was heute in der Zeit der gesteigerten Verwahrlosung zu tun wäre. Selbstverständlich wäre es recht und billig, möglichst rasch einzugreifen. Schon in den friedlichsten Zeiten ist die bürgerliche Gesellschaft über Verwahrlosung und Verbrechen nicht Herr geworden. Sie konnte nur strafen, sich rächen, höchstens abschrecken, nicht aber das Problem lösen. Sie konnte die Verwahrlosten fernhalten – und nun bedenken Sie das schwere Schicksal der Leute, deren Vereinsamung allein sie zum Verbrechen führen muss, die ja Verbrecher sind, *weil sie den Zusammenhang verloren haben.* So entstehen aus ihnen Gewohnheitsverbrecher! Es ist auch ein großer Übelstand, dass man verwahrloste Kinder in der Zeit der Untersuchung mit Gleichartigen oder gar Verbrechern zusammenbringt.

Man muss rechnen, dass ungefähr 40 Prozent der Verbrechen unentdeckt bleiben. Bei den Verwahrlosten aber ist es noch ärger. Vor kurzer Zeit wurde ein jugendlicher Mörder verurteilt, von dem nur der Ver*[244]*teidiger wusste, dass schon sein zweiter Mord in Verhandlung stand. Wenn diese Menschen zusammenkommen, so unterhalten sie sich darüber, wie oft sie nicht entdeckt wurden. Das erschwert natürlich die Bekämpfung des Verbrechens, gibt vielmehr den Verbrechern immer neuen Mut[63].

Aber man sieht auch den Übelstand in der Art der Stellungnahme der Gesellschaft. Gericht und Polizei arbeiten erfolglos, weil für sie immer andere Fragen in Betracht kommen als die radikal wirkenden. Zur Abhilfe ist zunächst nötig, dass der amtliche Apparat ein anderer, menschenfreundlicherer wird. Es müssen Anstalten errichtet werden, die diese verwahrlosten Kinder wieder ins Leben zurückführen, sie von der Gesellschaft nicht abschließen, sondern ihr geneigt machen. Das gelingt nur, wenn man das volle Verständnis für ihre Eigenart hat. Es geht nicht an, dass irgendwer (etwa ein ehemaliger Offizier oder Unteroffizier) eine leitende Stelle an einer Anstalt für Verwahrloste bekommt, weil er Protektion hat. Es dürfen nur Menschen in Betracht kommen, deren Gemeinschaftsgefühl sehr stark entwickelt ist, die Verständnis für die ihnen Anvertrauten haben. Der Kern meiner Ausführungen ist scharf im Auge

---

63 Erg. 1930: und verleiht ihnen die Emotion eines – wenngleich abscheulichen – Heldentums

zu behalten: dass in einer Gesellschaft, in der jeder der Feind des anderen ist, – unser ganzes Erwerbsleben verleitet ja dazu, – die Verwahrlosung unausrottbar ist. Denn Verwahrlosung und Verbrechen sind *Produkte des Kampfes ums Dasein,* wie er in unserem wirtschaftlichen Leben geführt wird. Seine Schatten fallen früh in die Seele des Kindes, erschüttern sein Gleichgewicht,[64] fördern seine Großmannssucht und machen es feige und unfähig zur Mitarbeit.

Zur Eindämmung und Beseitigung der Verwahrlosten[65] wäre eine Lehrkanzel für Heilpädagogik notwendig, und es ist nicht zu verstehen, dass sie bis heute noch fehlt.[66] Das wirkliche Verständnis für die Verwahrlosten ist an allen Stellen sehr dürftig. Es müsste jeder, der mit irgendeiner Funktion in dieser Frage betraut ist, gezwungen werden, sich an dieser Schule zu betätigen[67]. Sie müsste eine Zentralstelle sein, an die man sich in allen Angelegenheiten wenden könnte, die eine Vorbeugung und Bekämpfung der Verwahrlosung betreffen.

Außerdem müssten bezirksweise Beratungsstellen[68] für die leichten Fälle geschaffen werden. Für die schweren Fälle müssten sie den Angehörigen den Weg weisen, den diese sonst nie finden.

Schließlich müssten auch die Lehrer mit der Individualpsychologie und Heilpädagogik bekannt gemacht werden, damit sie imstande sind, gleich im Anfang die Zeichen der Verwahrlosung zu erkennen, helfend einzugreifen oder dem nahenden Übel im Keim mit Takt und Liebe entgegenzutreten. Eine Musterschule müsste ferner zur praktischen Ausbildung der Hilfskräfte dienen.[69]

---

64 Erg. 1924: zerstören sein Gemeinschaftsgefühl,
65 Änd. 1930: Verwahrlosung
66 [Adler erwartete sich von der Einrichtung entsprechender Lehrkanzeln an Universitäten wesentliche Impulse für das Voranbringen von sozialen Reformen. 1902 hatte er in der »Ärztlichen Standeszeitung« bereits die Einrichtung einer »Lehrkanzel für soziale Medizin« gefordert (Adler 1902b).]
67 Erg. 1930: und nachzuweisen, welche Mittel er anwenden will
68 Erg. 1930: im Zusammenhang mit den Schulen
69 [Etwa zeitgleich mit der Veröffentlichung dieses Textes setzten in Wien Entwicklungen ein, die den Wiener Stadtschulrat 1931 veranlassten, eine Wiener Knabenhauptschule offiziell als »Individualpsychologische Versuchsschule« anzuerkennen. Über diese Versuchsschularbeit berichtete Oskar Spiel (1947/2005) ausführlich. Vgl. dazu auch: Wittenberg (2002); Datler u. Gstach (2005) sowie S. 19 der Einführung in diesem Band.]

7. Erziehungsberatungsstellen (1922)

Editorische Hinweise
Erstveröffentlichung:
1922: Erziehungsberatungsstellen. In: A. Adler u. C. Furtmüller (Hg.), Heilen und Bilden. Vorträge zur Einführung in die Psychotherapie für Ärzte, Psychologen und Lehrer. 2. Aufl. München: Bergmann, S. 221–227
Neuauflage:
1928: Heilen und Bilden. 3. Aufl., S. 142–145

Adler hatte seine Arbeit über »Verwahrloste Kinder« (Adler 1920d/1920a, S. 90ff. in diesem Band) mit der Forderung nach Reformen im Bereich des Schulwesens geschlossen. In diesem Zusammenhang hatte er mit Nachdruck für die individualpsychologische und heilpädagogische Aus- und Weiterbildung von Lehrerinnen und Lehrern plädiert (ebd., S. 101 in diesem Band).

Zwei Jahre später verfasste Adler für die zweite Auflage von »Heilen und Bilden« den vorliegenden Beitrag (Adler 1922b/1922a), in dem er den immer noch bestehenden Mangel an einer entsprechenden Lehrerausbildung beklagt. Adler plädiert in diesem Zusammenhang insbesondere für den Aufbau eines Systems von einschlägig qualifizierten »Hilfslehrern« und verweist darauf, dass der Bedarf an entsprechend ausgebildeten Lehrern mit dem Anlaufen der Glöckel'schen Schulreform nochmals gewachsen ist (dazu S. 19 der Einführung in diesen Band). Adler betont, dass er in dieser Situation selbst begonnen hat, entsprechende Weiterbildungsaktivitäten zu setzen, und führt in diesem Zusammenhang in allgemeiner Form die »Vorlesungen und Kurse« an, die in Wien in Volksheimen durchgeführt wurden, um dann eingehender auf die Einrichtung individualpsychologischer Erziehungsberatungsstellen zu sprechen zu kommen.

Von diesen Erziehungsberatungsstellen existierten 1922 bereits mehrere: Zusätzlich zu jener Beratungsstelle im Wiener Volksheim, von deren Gründung Adler schon 1919 berichtet hatte (S. 87 in diesem Band), gab es zumindest seit 1920 eine weitere Beratungsstelle, die der – im Zuge der Glöckel'schen Schulreform eingerichteten – amtlichen »Arbeitsgemeinschaft der Lehrer im 20. Gemeindebezirk Wiens« angegliedert war (Wittenberg 2002, S. 10ff.). 1921 waren vier Beratungsstellen in Wiener Räumlichkeiten des Fürsorgevereins »Die Bereitschaft« gegründet worden (Gstach 2003, S. 50), und die Eröffnung weiterer Beratungsstellen stand knapp bevor.

Vor diesem Hintergrund führt Adler den bereits 1919 publizierten Gedanken fort, dass individualpsychologische Erziehungsberatungsstellen mehr als Beratung im engeren Sinn zu leisten haben. Drei Aufgaben nennt Adler im vorliegenden Text:

a) Die Durchführung von öffentlichen Beratungen soll interessierten Personen die Möglichkeit geben, mit der individualpsychologischen Methode des Verstehens und Bearbeitens von Erziehungsproblemen vertraut zu werden.

b) Die Mitarbeiterinnen und Mitarbeiter der Beratungsstellen sollen weiters verschiedene Gelegenheiten des außerfamiliären und außerschulischen Zusammenkommens mit schwierigen Kindern schaffen, damit engagierte Personen die Fähigkeit entwickeln können, mit schwierigen Kindern in hilfreicher Weise umzugehen.

c) Schließlich sollen die Beratungsstellen die Einrichtung eines individualpsychologischen Kinderheimes initiieren, dessen Eröffnung Adler bereits 1919 gefordert hatte und in dem Personen arbeiten sollen, die sich durch den Besuch von individualpsychologischen Vorlesungen und Kursen, vor allem aber durch die Mitwirkung an den Aktivitäten der Beratungsstellen für diesen Tätigkeitsbereich qualifiziert haben (Adler 1919d/2009a, S. 89 in diesem Band).

Adler schließt den Artikel, indem er sieben Charakteristika individualpsychologischer Beratung anführt.

Erziehungsberatungsstellen

Der Geist eines Volkes und seiner Zeit drückt sich nirgends so klar und deutlich aus wie in der Kindererziehung. Die Bedürfnisse der einem Volke eigentümlichen Kultur drängen Eltern, Erzieher und Schule ununterbrochen zu erzieherischen Maßnahmen, ihnen zu genügen. Auch der ganze kleinere oder größere Kreis des Lebens, der das Kind umgibt, stellt ihm seine logischen Forderungen oder Schranken. Das Ideal eines Volkes, wie es sich aus seiner Position im Völkerleben und aus seiner geistigen Reife ergibt, regelt auch seine bewussten und unbewussten erzieherischen Eingriffe und bewegt die Reform seiner Pädagogik in Schule und Haus.

Die Erziehbarkeit des Kindes stammt aus der Breite seines angeborenen, differenzierten und wachsenden Gemeinschaftsgefühls. Mittels desselben gewinnt es den Anschluss an das Volksideal. Auf diesem Wege werden die Forderungen der Allgemeinheit zu persönlichen, die immanente Logik der menschlichen Gesellschaft, ihre Selbstverständlichkeiten und Notwendigkeiten zur individuellen Aufgabe für das Kind.

Neben dem Gemeinschaftsideal unserer Kultur wirkt in unheilvollster Weise das Ideal der persönlichen Macht. In den Bahnen der Eitelkeit, der Hoffart, der Eigenliebe, des Ehrgeizes erfolgt die Zerstörung des Zusammengehörigkeitsgefühls. Misstrauen, zänkisches Wesen, Neid und Eifersucht vergiften frühzeitig die Atmosphäre des Kindes und weisen ihm für die ganze Zeit seines Lebens eine kämpferische Stellung zum Nebenmenschen an, verhindern seine Entwicklung zum Mitmenschen und zum Mitarbeiter. Unwillig, und deshalb unvollkommen geht ein solches Kind, das nur mit sich und seiner Selbstsucht erfüllt ist, den naturgegebenen Aufgaben seines jungen Lebens nach und sehnt immer wieder Triumphe herbei, um seinem Machtrausch zu frönen, oder es sucht sich an der Ohnmacht seiner Umgebung zu weiden. Der Verfall in Unarten und in Kinderfehler bezeichnet diesen Weg. Oft locken böse Beispiele und der niedrige Stand unserer Kultur. Die Rechnung des Lebens wird verpfuscht, das Kind steht auf gegen die Logik des Zusammenseins, und die Verwahrlosung mit ihren Folgen nimmt es gefangen.

Das selbstsüchtige Streben nach Macht findet in der Familie, die als grundlegende Einrichtung unseres Gesellschaftslebens neben manchen unersetzlichen Vorzügen auch schwerwiegende Mängel zeigt, einen unverhältnismäßig guten Nährboden. Die überragende Rolle des Vaters verleitet zur Nachahmung. Die Frauenrolle, im Äußeren Zeichen der Unterwerfung, oft der Erniedrigung, treibt das Kind zum Widerstand und Protest, legt den Knaben Großmannssucht und Prahlerei, oft auch Lebens[120]feigheit und Ausreißerei nahe, den Mädchen Revolten aller Art oder unheilvolle, unausgeglichene Resignation. In der Familie entstanden, kann die Verwahrlosung durch die Familie nicht geheilt werden.

Die Schule übernimmt die Kinder schon mit fertigen Schablonen, die ihnen im zweiten und dritten Lebensjahr erwachsen sind. Nur eine individuelle Vertiefung in das Seelenleben des Einzelnen, Einzelerziehung, könnte bei Fehlschlägen Abhilfe schaffen. Die Schule im Prinzip der Massenerziehung bleibt ohnmächtig. Erst wenn sie durch ein wohlausgebautes System von Hilfslehrern sich ergänzen wird, die, individualpsychologisch ausgebildet, dem einzelnen strauchelnden Kinde zu Hilfe eilen, wird sie unseren Forderungen genügen können. Derzeit aber schafft sie als Prüfstein der Schulfähigkeit für schlecht vorbereitete und mangelhaft eingefügte Kinder oft Schwierigkeiten, vor denen die Eitelkeit des Kindes gerne in die Verwahrlosung ausbiegt. Die von der Glöckel'schen Schulreform geforderten Bögen zur Charakteristik der Schüler[70] sind ein vielversprechender Anfang, erfordern aber dringend eine Ausgestaltung in unserem Sinne, die Bestellung von Hilfslehrern behufs individueller Erziehung bei schwer erziehbaren Kindern, bis die Lehrer Individualpädagogen werden.

Die Ausbildung solcher Hilfslehrer aber ist bis heute nicht in die Wege geleitet. Unter den wenigen Lehrstätten nennen wir die Vorlesungen und Kurse

---

70 [Solche »Schülerbeschreibungsbögen« wurden 1922 in Wien im Rahmen der Glöckel'schen Schulreform (vgl. dazu die S. 19 der Einführung in diesen Band), aber auch in einigen anderen österreichischen Bundesländern eingeführt (Engelbrecht 2006).]

in den Volksheimen, wo praktisch und theoretisch moderne Pädagogik und Individualpsychologie betrieben werden. Eine im Wiener »Volksheim« errichtete »Beratungsstelle für Erziehung«, bei der Kinder, Eltern und Lehrer mit Wünschen und Fragen bezüglich erzieherischer Fehlschläge zur Aussprache kommen, ist ein bescheidener Anfang. Durch diese Stellen soll dafür gesorgt werden, dass verwahrloste und schwer erziehbare Kinder innerhalb oder außerhalb ihrer Familie wieder »kontaktfähig« werden, das heißt, dass sie sich wieder der Gemeinschaft und ihren Forderungen anpassen.

Die Schulreform, selbst aus den Notwendigkeiten der Zeit entsprungen, bestimmt, die bürgerliche Schule in die soziale umzuwandeln, schafft und enthüllt in ihren Auswirkungen neue Notwendigkeiten. Indem sie immer weitere Verpflichtungen der Familie übernimmt, denen diese nicht mehr genügen kann, stößt sie auf die Aufgabe der individuellen Erziehung. Die erzieherischen Fehlschläge, Ergebnisse der unzureichenden Familienerziehung, können in der Familie nicht korrigiert werden, es sei denn, die Familie werde in die Erziehung miteinbezogen.

Eine Ausgestaltung solcher Erziehungsberatungsstellen, wie sie auch in Deutschland, in der Schweiz und in Amerika bestehen,[71] erfordert den Anschluss eines mit den gleichen Erfahrungen und Erkenntnissen ausgerüsteten Kinderheims. Für ein solches müssen sich die Beratungsstellen gleichzeitig ihre Kräfte schaffen. Deshalb ist es nötig, die Beratungsstellen so anzulegen, dass eine disziplinierte Hörerschaft an ihnen teilnehmen kann, dort sich Rat holt und an Kenntnissen gewinnt. Die unerlässliche praktische Erfahrung und der pädagogische Takt können nur im persönlichen Umgang mit den schwer erziehbaren Kindern gewonnen werden. Ist man, wie wir, auf schmale Hilfsmittel gesetzt, so muss ein Turnsaal für den Anfang genügen, gemeinsame Ausflüge der Hörerschaft mit den Kindern, gemeinsame Spiele, ein Strandbad im Sommer oder die Arbeit in einem Schrebergarten. Jedes Kind stellt einen vor eine bestimmte Aufgabe. Sie muss immer im Auge behalten werden, die *[121]* Fühlung mit Kindern und deren Eltern darf nicht verloren gehen, und bei jeder Zusammenkunft muss man durch taktvolles Eingreifen den Stand der Besserung feststellen und den Fortschritt befestigen.

Zum Schlusse will ich noch ein Schema vorlegen, das trotz seiner Unvollständigkeit genügende Anhaltspunkte gibt, um größere Fehler zu vermeiden. 1. Verzicht auf jede Autorität. – 2. Feststellung der krankmachenden Situation und deren Verfolgung bis ins früheste Kindesalter. – 3. Peinliche Rücksichtnahme auf das Recht des Verwahrlosten. – 4. Aufdeckung seiner Eitelkeit. – 5. Entfaltung seines Gemeinschaftsgefühls unter beispielgebendem Verhalten

---

71 [Die Gründung der ersten Erziehungsberatungsstellen setzte in Deutschland sowie in den USA zu Beginn des 20. Jahrhunderts ein. Die erste Child-Guidance-Clinic wurde beispielsweise 1909 in Chicago eröffnet (Hundsalz 1995, S. 22; Kluberitz et al. 2007).]

des Erziehers. – 6. Zurückführung des Aberglaubens von der Begabung[72] auf die wahren, dürftigen Grenzen. – 7. Jeder dieser Standpunkte muss erarbeitet und erfühlt, muss lebendig gemacht sein, muss sich über das Reich der Phrase und der Augenauswischerei erheben.

Es ist ein dringendes Bedürfnis unserer Zeit, die andersartigen Standpunkte aller Personen, die mit der Erziehung von Verwahrlosten beschäftigt sind, einer strengen Prüfung zu unterziehen und je nach dem Ausfall seine Maßnahmen zu treffen.

---

72 [Adler kritisierte in mehreren Schriften, dass der Begriff »Begabung« zumeist in Verbindung mit der Vorstellung verwendet wird, Begabung wäre ein stabiles Persönlichkeitsmerkmal, in der die kaum veränderbaren Grenzen der Fähigkeit eines Menschen – etwa eines Schülers – gründen, Leistungen auf einem bestimmten Gebiet – etwa Mathematik – hervorzubringen. Hier bezeichnet er diese Vorstellung als »Aberglaube«. Vgl. dazu Adler 1914f/2009a, S. 55 in diesem Band sowie die S. 27 der Einführung in diesen Band.]

8. Die Gefahren der Isolierung (1923)

Editorische Hinweise
Erstveröffentlichung:
1923e: Die Gefahren der Isolierung. In: Zentralblatt für Vormundschaftswesen, Jugendgerichte und Fürsorgeerziehung 15. Jg., H. 3, S. 53–54
Neuauflagen:
1923g: Die Gefahren der Isolierung. In: Bereitschaft 10, S. 2–3
1982a: Die Gefahren der Isolierung. In: A. Adler: Psychotherapie und Erziehung. Ausgewählte Aufsätze, Bd. 1. 1919–1929. Ausgewählt u. hg. von H. L. Ansbacher u. R. F. Antoch. Mit einer Einführung von R. F. Antoch. Fischer: Frankfurt a. M., S. 48–51

Ein Gutteil der medizinischen, psychologischen und pädagogischen Strömungen, die zu Beginn des 20. Jahrhunderts aufkamen, thematisierte in neuer Weise die Bedeutung von Umwelteinflüssen und (unbewussten) innerpsychischen Vorgängen für das Zustandekommen von manifesten Verhaltensweisen. Die Theorien, die in diesem Zusammenhang entstanden, wurden bald auch in juristischen Kreisen aufmerksam rezipiert; denn sie boten neue Zugänge zur Erklärung von rechtswidrigem Verhalten und gaben Anlass zur Kritik an bislang verfolgten Versuchen, Rechtsbrecher von weiteren Gesetzesübertretungen abzuhalten oder dem Auftreten von straffälligem Verhalten gar prophylaktisch zu begegnen. In diesem Sinn verbreitete sich in den ersten Jahrzehnten des 20. Jahrhunderts zusehends die Vorstellung,
- dass sich die Umsetzung gesetzlicher Vorgaben im Allgemeinen und der Vollzug von Jugendgesetzen im Besonderen an pädagogischen Zielen zu orientieren habe,
- dass dies unter Bezugnahme auf aktuelle Theorieentwicklungen zu verfolgen sei und
- dass es zur Realisierung dieses Anspruchs vielgestaltiger Formen des Austausches und der Zusammenarbeit zwischen Rechtswissenschaft, Pädagogik, Medizin und Psychologie bedürfe (vgl. Kölch 2006).

In diesen Prozess, für den etwa die Veröffentlichungen von Naegele (1925), Francke (1926), Clostermann (1927), Többen (1927) oder Aichhorn (1934) stehen, war Adlers Individualpsychologie von ihren Anfängen an mit eingebunden; hatte doch Adler in seinen Veröffentlichungen wiederholt deutlich gemacht, dass individualpsychologische Theorien auch das Zustandekommen von straffälligen Handlungen zu erklären sowie Erfolg versprechende Ansätze zur »Bekämpfung« von Dissozialität und Verbrechen bereitzustellen vermögen (Adler 1904a/2007a; Adler

1916/2009a, in diesem Band S. 71 ff.). Zudem wurden nach 1920 die Textpassagen, in denen sich Adler zu diesen Themen äußerte, zusehends länger und durch eigenständige Artikel über Kriminalität und Verwahrlosung ergänzt (z. B. Adler 1932h, Studienausgabe, Bd. 3; z. B. Adler 1920d/1920a, in diesem Band S. 90 ff.; Adler 1921/1922; Adler 1924e/1925; Adler 1931h/1982b). Vor diesem Hintergrund sahen sich auch reformorientierte Juristen veranlasst, Kontakte zur Individualpsychologie zu suchen und in individualpsychologischen Publikationsorganen zu veröffentlichen:

- Gleich im ersten Jahrgang der »Zeitschrift für Individualpsychologie« publizierten zum Beispiel ein Staatsanwalt und ein Rechtsanwalt über »Das Strafrecht in seinen Beziehungen zur Individualpsychologie« (Zeller 1914/16) sowie über »Individualpsychologie und Kriminalpolitik« (Hauser 1914/16).
- In Berlin und München suchten die Richter Herbert Francke und Otto Naegele sowie der Rechtsanwalt Eugen Schmidt (1923/24; 1925; 1926; 1928) die Nähe zur Individualpsychologie und setzten sich mit großem Engagement dafür ein, dass Adlers Ansätze in die deutsche Jugendfürsorge und Strafrechtsreform Eingang fanden (vgl. dazu die Personenangaben zu Herbert Francke, Otto Naegele und Eugen Schmidt auf S. 370, 379 f. und 384 f. in diesem Band).
- Und die Kongresse des »Internationalen Vereins für Individualpsychologie« wurden sowohl von Individualpsychologen als auch von Juristen zum Anlass genommen, um Rechtsfragen aus der individualpsychologischen Perspektive Adlers zu diskutieren: Am 1. Internationalen Kongress für Individualpsychologie hielten zwei Juristen, am 2. Internationalen Kongress drei Juristen Vorträge über aktuelle Fragen des Strafrechts und des Strafvollzugs (Bericht 1923/24a; Bericht 1923/24b); und jener Teil des 4. Internationalen Kongresses für Individualpsychologie, der gleich zur Gänze dem Thema »Verwahrlosung und Kriminalität« gewidmet war, wurde von zwei Referaten von Rechtsanwälten eingeleitet, in denen »das österreichische und deutsche Strafrecht« unter Bezugnahme auf Individualpsychologie »einer kritischen Betrachtung« unterzogen wurde (Lenzberg 1927, S. 469).

Einige Jahre vorher, als die Annäherung zwischen Individualpsychologie, Rechtswissenschaft und Justiz einen ersten Aufschwung erhalten hatte, verfasste Alfred Adler den kurzen Artikel über »Die Isolierung« für das deutsche Zentralblatt für Vormundschaftswesen, Jugendgerichte und Fürsorgeerziehung (Adler 1923e). In einer Anmerkung, die von der Redaktion der Zeitschrift in Gestalt einer Fußnote zum Titel des Beitrags abgedruckt wurde, wird Adler für die Verfassung des Manuskripts gedankt und darauf hingewiesen, dass die Leser der Zeitschrift bereits im Jahr zuvor in zwei Artikeln mit Adlers Theorien bekannt gemacht worden waren (Dosenheimer 1922; Francke 1922). Dies belegt, dass in den frühen 1920er Jahren Adlers Schriften und Aktivitäten auch außerhalb Österreichs in zunehmendem Ausmaß rezipiert und verbreitet wurden (Hoffman 1997, S. 175 ff.).

Im vorliegenden Text (Adler 1923e/2009a) umreißt Adler in knappen Worten, was heranwachsende Menschen daran hindert, Beiträge zur »Förderung der Allgemeinheit« (unten S. 109) zu leisten. Adler skizziert dabei verschiedene Entwicklungswege von Kindern, die sich bereits früh dazu gedrängt fühlen, sich durch soziale oder innerpsychische Isolierung von einem lebendigen Austausch mit ihren Mitmenschen fernzuhalten. Ihnen fällt es – aus Adlers Sicht – auch später schwer, sich den Lebensaufgaben in den Bereichen »Gesellschaft«, »Beruf« und »Liebe« so zu stellen, dass dies der Allgemeinheit zugutekommt (S. 110 in diesem Band). Adler plädiert somit dafür, dass die Neigung zur sozialen oder innerpsychischen Isolierung bereits in frühen Jahren als ernst zu nehmendes Warnsignal begriffen werden muss. Implizit spricht er sich damit auch gegen Erziehungs- oder Jugendfürsorgemaßnahmen aus, die auf die soziale Isolierung von Kindern setzen.

Die Gefahren der Isolierung[73]

Man kann das Wesen eines Menschen und den Sinn seines Lebens nur aus seinem Zusammenhang mit den anderen Menschen erkennen und aus den Antworten, die er auf die gesellschaftlich unabweislichen Fragen gibt. Wert und Bedeutung eines Gedankens, einer Tat, einer genialen Leistung ruhen immer nur in ihrer Beisteuer zur Förderung der Allgemeinheit. Alle großen Schöpfungen der Einzel- und der Massenseele, Gesetze, Religionen, Werke der Wissenschaft und der Kunst haben einzig ihren Sinn und Anspruch aus ihrem bleibenden oder vorübergehenden Nutzen für die Allgemeinheit geholt.

Der Natur gegenüber ist der Mensch recht stiefmütterlich bedacht. Selbst unsere gegenwärtige Kultur mit allen ihren Hilfen ist noch nicht genügend entwickelt, ein unbesorgtes Dasein genießen zu lassen. Der Prozess, den die Natur gegen uns anstrengt, ist hart und unerbittlich. Die Spannung, in die er uns versetzt, und die Vergänglichkeit alles Irdischen, ferner die Hilflosigkeit unserer ersten Jahre erzeugen in jeder Seele eine *Stimmung der Unsicherheit*

---

73 Anm. 1923 Redaktion (Zentralblatt, siehe oben): Es freut uns besonders, die obigen, für das Zentralblatt geschriebenen Ausführungen des bekannten Wiener Psychologen und Entdeckers neuer individualpsychologischer Methoden bringen zu können. Wir verweisen auf den Bericht über den Kongress der internationalen Gesellschaft für vergleichende Individualpsychologie vom 8.–10. Dez. 1922 in München, Zentralblatt 14. Jg., Nr. 11, S. 239 [Dosenheimer 1922] und die Darstellung von Amtsgerichtsrat Francke »Das Minderwertigkeitsgefühl der Jugendlichen und seine Behandlung in der Jugendfürsorge« 14. Jg., Nr. 2, S. 27 [Francke 1922].

und Minderwertigkeit, aus der sich zwangsmäßig das Streben nach Besserung der menschlichen Lage entwickelt.

Der Weg zur Linderung der kindlichen Unsicherheit ist in der Logik der Tatsachen ziemlich eindeutig vorgeschrieben. Er führt in die menschliche Gemeinschaft. Die Anlehnung und das Gefühl der Zugehörigkeit sind imstande, die Unsicherheit des Kindes zu bannen. Deshalb ist es Aufgabe der Erziehung, den Prozess des »Wurzelschlagens« zu fördern und das Heimatgefühl für diese Erde zu erwecken.

Eine große Anzahl von Menschenkindern wächst auf, ohne Wurzel gefasst zu haben. Sie bewegen sich wie Fremdlinge unter den anderen und schalten sich von den gemeinsamen Aufgaben aus. Der Varianten gibt es unzählige.

Sie haben samt und sonders ihre Rechenaufgabe verfehlt. Wie eine solche trägt auch das Leben jedes Einzelnen seine Lösung, seine absolute Wahrheit in sich, nur dass wir sie schwer und unmöglich ganz errechnen können. Jeder beträchtliche Fehler verfällt der Kritik und der Strafe von Natur und Außenwelt und stört die Einfügung in die Gesamtheit und in ihre Aufgaben. In dreifacher Bindung sind wir an die Gemeinschaft angeschlossen und dreifach müssen wir dieser Bindung Rechnung tragen: in der Gesellschaft, im Beruf und in der Liebe.

Die uns aufgegebene Leistung setzt eine Bejahung des Zieles der Gemeinschaft voraus. Dementsprechend müssen die Vorbereitungen fürs Leben bereits in der Kindheit getroffen werden. Das Kind darf nicht als Fremdling in seiner Umgebung aufwachsen, muss den Glauben an seine Leistungsfähigkeit erwerben, muss die Verlässlichkeit seiner Umgebung kennenlernen und seine Entfaltung in der Richtung der Gemeinschaft als wertvoll und richtig erfassen.

Diese Entwicklung zum Mitmenschen kann durch die Schwierigkeiten unseres irdischen Lebens leicht verhindert werden. Immer findet man dann Gründe, die in der frühesten Kindheit liegen. Sie sind nicht objektiver Natur, wenngleich verständlich. Sie kommen durch die unreife, fehlerhafte Anschauung des Kindes zustande, sind das eine Mal organische Schwächen, Krankheiten und Leiden und führen, obgleich sie sich mit der Zeit beheben lassen, zu einem frühzeitigen unverwischlichen Eindruck einer Feindseligkeit des Lebens, das andere Mal [sind sie] berechtigte oder unberechtigte Empfindungen von Lieblosigkeit mit dem gleichen Ergebnis. Auch die Verzärtelung führt zu einer übermäßigen Bindung an den engsten Kreis und schafft eine lähmende Unsicherheit gegenüber allem Neuen.

Allen drei Typen kann es leicht widerfahren, dass sie sich wie im Feindesland finden und den Kontakt mit dem Leben einbüßen. *[54]*

Eine solche Stellungnahme zum Leben ist unweigerlich mit einer vermehrten Berücksichtigung der eigenen Person, mit einer kämpferischen Haltung und mit einer feindseligen Rücksichtslosigkeit gegenüber anderen verbunden.

Erst wenn man die ganze Technik des egozentrischen Lebens erfasst hat mit all seiner Unsicherheit gegenüber der Zukunft, mit dem Mangel an Zuversicht in die eigene Kraft, sobald sie sich aller Kunstgriffe und Tricks entschlägt, mit ihrer Entwertung fremden Lebensglücks und fremden Lebensschicksals, mit ihrer Drosselung des Gemeinschaftsgefühls und ihrem eitlen Streben nach eigener Machtbereicherung auf unkulturellen Wegen, begreift man die *Isoliertheit* solcher Seelen und ihr Abirren in die Neurose, in die Fantastik und, bei einiger erhaltenen Aktivität, in die Verwahrlosung, in das Verbrechen und in den Selbstmord.

Die Abbiegung, Ausreißerei vom Wege der Gemeinschaft äußert sich frühzeitig in mannigfacher Weise. Aber vielleicht keiner der frühkindlichen Abwege ist so sehr Ursache und Folge zugleich wie die Isolierung, sei sie nun äußerlich oder seelisch erfassbar. Die richtige Vorbereitung für ein Leben in der Gemeinschaft wird dadurch unmöglich. Man unterschätzt die Notwendigkeit einer solchen Vorbereitung sicherlich auch heute noch. Sie ist Vorbedingung für den Umgang mit Menschen, für Berufswahl und Berufsfertigkeit, für Ausbildung der moralischen und ästhetischen Gefühle, für Einfügung in neue Verhältnisse, für Ausbildung der logischen und sprachlichen Funktionen und für die einwandfreie Anknüpfung von Freundschafts- und Liebesbeziehungen. Sie ist auch Vorbedingung für die Toleranz gegenüber Schwierigkeiten und Niederlagen in Haus, Schule und Welt.

Die richtige Vorbereitung fürs Leben ist aber immer nur in der Gesellschaft möglich, so wie das Schwimmenlernen nur im Wasser gelingt. Die kleinen, aber so wichtigen Technizismen der Haltung, der Arme, der Beine, Ausdrucksformen der Sprache, Gedankenablauf, die Stellung des Gefühls- und Affektlebens und Triebbefriedigung können, für die Gesellschaft geeignet, nur innerhalb der Gesellschaft erlernt werden. Deshalb ist es notwendig, das Kind so früh wie möglich unter allen zuträglichen Vorsichtsmaßregeln den Beanspruchungen des größtmöglichen Kreises auszusetzen, auch zu verhindern, dass seine Seele sich dort isoliert.

In der Praxis des Lebens wird sich diese Forderung derart ausgestalten müssen, dass das Kind bereits innerhalb der Familie in seinem Anschluss an die Familienmitglieder nicht gestört wird, weder durch Lieblosigkeit noch durch einseitige Bindung an einen der Elternteile. Auch Zwistigkeiten unter den Eltern, Zank und Streit verhindern den Kontakt ebenso wie der Druck einer aufgezwungenen Autorität. Nötigung, Nörgelei und Behinderung einer selbstständigen Entwicklung führen gleichfalls zu Unsicherheit und Entmutigung des Kindes und stören seine Anschlussbereitschaft. Isolierungstendenz der Familie aber und Entmutigung der Mutter oder des Vaters, auch ihr Bangemachen vor der Zukunft rauben dem Kinde leicht den Glauben an sich selbst und beeinträchtigen seine Kontaktfähigkeit. Diese Entmutigung kann ganze Klassen, Nationen oder Staaten ergreifen.

Das Bild des isolierten Kindes ist nicht immer leicht zu erkennen. Die Bedeutung der Isolierung wird fast immer verkannt. Diese scheuen, schüchternen, verschlossenen Kinder, die keine Freunde haben, oder nur solche, die sich von ihnen beherrschen lassen, die oft unausgesetzt Bücher lesen und in Tagträumen schwelgen, sind für Mitarbeit und Mitmenschlichkeit nicht leicht zu gewinnen. Ihre Eitelkeit und Empfindlichkeit ist erschreckend groß und macht sie zum Mitspielen ungeeignet. Mut zeigen sie immer nur in der Fantasie oder wie zum Prunk. Bei kleinen Schwierigkeiten aber und Misserfolgen nehmen sie sofort Reißaus und fallen leicht der Entmutigung anheim. Ausreden, Lügen und Vorwände trifft man oft als Zeichen der schlechten Einfügung in die Forderungen der Gemeinschaft, ebenso Fremdheitsgefühle, bohrende Unzufriedenheit, Ungeduld und mangelndes Verständnis für den Nebenmenschen. Ihr Leben mutet uns ebenso fremd an, wie sie sich als Fremdlinge auf dieser Erde fühlen mit ihrer kleinlichen Eitelkeit, als ob sie sich nur für höhere Sphären geschaffen glaubten.

9. Unerziehbarkeit des Kindes oder Unbelehrbarkeit der Theorie? (1925)

Nach einem Vortrag im Volksheim gestern Abend
(4. März 1925)

Editorische Hinweise
Erstveröffentlichung:
1925c: Unerziehbarkeit des Kindes oder Unbelehrbarkeit der Theorie? Bemerkungen zum Falle Hug. In: Arbeiter-Zeitung (Wien), 5. März, S. 6

In der Nacht vom 28. zum 29. September 1924 wurde Hermine Hug-Hellmuth, Mitglied der Wiener Psychoanalytischen Vereinigung, von ihrem 18-jährigen Neffen Rolf Hug beraubt und ermordet. Dieser Vorfall erregte ebenso wie die anschließende Gerichtsverhandlung ein hohes Maß an öffentlicher Aufmerksamkeit und hatte für die psychoanalytische Bewegung in zweifacher Weise Bedeutung:
– Zum einen verlor die psychoanalytische Bewegung ein prominentes Mitglied, das über die Entwicklung von Kindern und Jugendlichen, Erziehungsberatung und Kinderpsychotherapie publiziert hatte, als Kursleiterin gefragt gewesen war, seit 1923 die erste Erziehungsberatungsstelle des psychoanalytischen Ambulatoriums der Wiener Psychoanalytischen Vereinigung geleitet und sich emsig bemüht hatte, mit ihren Studien Freuds Theorie der infantilen Sexualität zu stützen (Graf-Nold 1988; Mühlleitner 1992, S. 163f.).
– Zum anderen waren die näheren Umstände von Hug-Hellmuths Tod aber auch geeignet, jenen kritischen Stimmen frische Nahrung zu geben, die dazu neigten, Schwächen an Hug-Hellmuths Person und Werk auszumachen und sich gegen die Psychoanalyse als Ganzes zu wenden (vgl. Friedjung 1924, S. 337): In diesem Sinn hatte das von Hug-Hellmuth (1919/1923)[74] herausgebrachte und mit einem Vorwort Freuds versehene »Tagebuch eines halbwüchsigen Mädchens« bereits Jahre zuvor die kritische Diskussion um die empirische Fundiertheit psychoanalytischer Entwicklungstheorien intensiviert, nachdem der Verdacht aufgekommen war, dass es sich bei diesem Tagebuch um eine von Hug-Hellmuth hergestellte Fälschung handeln könnte. Und nun drohte die Tatsache, dass sich Hug-Hellmuth seit 1915, dem Tod der Mutter des Mörders Rolf, intensiver um ihren Neffen gekümmert hatte, all jene zu bestärken, die seit Langem der Überzeugung waren, dass es schädlich oder sogar gefährlich wäre, mit Kindern und Jugendlichen nach psychoanalytischen Gesichtspunk-

---

74 [Hermine Hug-Hellmuth trat erst ab der 3. Auflage (1923) als Herausgeberin in Erscheinung.]

ten zu arbeiten; denn Hug-Hellmuth gab einigen Anlass für die Annahme, dass sie ihre Art des Umgangs mit Rolf an ihrem Verständnis von Psychoanalyse orientierte und zugleich dazu beitrug, dass sich dessen Lebensprobleme kontinuierlich verschärften. Dazu kam, dass der Psychoanalytiker Isidor Sadger, bei dem Hug-Hellmuth in Analyse gewesen war, seit 1919 die Vormundschaft für Rolf Hug übernommen hatte und während des Gerichtsverfahrens zu manchen heiklen Punkten Stellung nehmen musste, die nicht zuletzt die Frage betrafen, weshalb den erzieherischen Bemühungen, die von ihm und Hug-Hellmuth zu verantworten waren, offensichtlich so wenig Erfolg beschieden war (Graf-Nold, 1988, S. 296ff.).

Adler wohnte dem Prozess, der für den 3. und 4. März 1925 anberaumt war, offensichtlich persönlich bei, denn er war am Abend des zweiten Gerichtstages und somit knapp nach Prozessende in der Lage, dem »Interesse der Wiener Bevölkerung am Gewaltdrama im Psychoanalyse-Milieu« Rechnung zu tragen und zum Gerichtsverfahren im Rahmen seiner Vortragsreihe über »Menschenkenntnis«, die an jedem Mittwoch im »Volksheim Koflerpark« stattfand, Stellung zu nehmen (Chronik 1925, S. 142; Graf-Nold 1988, S. 315). Am Tag darauf erschien in der Arbeiter-Zeitung der vorliegende Text mit dem Titel »Bemerkungen zum Falle Hug«, der mit dem Untertitel »Nach einem Vortrag im Volksheim gestern Abend« versehen ist (Adler 1925c/2009a).

Adler nimmt in diesem Artikel zu einzelnen Äußerungen kritisch Stellung, die während des Gerichtsverfahrens gefallen sind, ohne dabei den Begriff »Psychoanalyse« oder den Namen Sadgers auch nur an einer Stelle explizit zu erwähnen. Dessen ungeachtet ist der Darstellung von Graf-Nold (1988, S. 290ff.) zu entnehmen, dass Adlers scharfe Kritik primär gegen Sadger gerichtet ist, dessen pädagogische Bemühungen und Anschauungen er als unhaltbar veraltet ansieht. Insbesondere streicht Adler hervor, dass Sadgers Auffassung, Rolf wäre nicht mehr zu retten gewesen, dazu geeignet war, die sozialen und psychischen Schwierigkeiten, mit denen Rolf Hug seit geraumer Zeit zu kämpfen hatte, eher zu stabilisieren denn zu lindern. In Abhebung davon skizziert Adler Grundzüge seiner Theorie und betont deutlicher als in anderen Schriften, dass es aus individualpsychologischer Sicht unangemessen wäre, zu meinen, die psychische Entwicklung eines Menschen wäre nach den ersten fünf Jahren in unabänderlicher Weise abgeschlossen.

Unerziehbarkeit des Kindes oder Unbelehrbarkeit der Theorie?

Nach einem Vortrag im Volksheim gestern Abend

Ich will, ganz abgesehen von Personen und vom wissenschaftlichen Standpunkt, auf einige Äußerungen zurückkommen, die in diesem Prozess gefallen sind. Ich will nur erwähnen, dass sich da einer geäußert hat: »*Der Knabe war nicht mehr zu retten.*«[75] Wir wären sehr neugierig, zu erfahren, wo die Rettbarkeit eines Menschen anfängt und wo sie aufhört und warum dieser Knabe nicht zu retten wäre. Ich will darauf hinweisen, wie schwer es in manchen Familien fällt, ein solches Missgeschick innerhalb ihrer Familie jemand anzuvertrauen, und wie sehr man bestrebt ist, ein Geheimnis daraus zu machen. Dieses Geheimnis aber wird dann riesengroß; denn es ist sozusagen ein Vorteil des Fehlgehenden. Es mag sein, dass in einer Familie, in der die Pädagogik zu Hause ist, auch das Geheimnistun in einem solchen Falle noch viel größer ist als sonst. Es ist natürlich ein besonderer Schaden in diesem Falle, dass man einen erzieherischen Fehlschlag in der erzieherischen Umgebung nicht gerne an die große Glocke hängt. Aber man sieht, was daraus geworden ist. Denn es gehen Leute herum und wissen schon, dass da nichts mehr zu retten ist. Wäre nicht doch ein größeres Unglück zu verhüten gewesen?

Seit Jahren gilt es als größte Schädigung in der Kindererziehung, einem Kind auf den Kopf zu sagen, dass es unrettbar ist. Diese Sicherheit kann dem Kinde nicht verborgen geblieben sein, und wenn es diese Worte nicht hundertmal gehört hat, so hat es sie doch gespürt. Es gibt nichts Schädlicheres, als einem Kind die Hoffnung für die Zukunft zu nehmen, und keine schädlichere Form, in der dies geschehen könnte, als indem man ihm sagt: »Du bist ein Lump und wirst im Kriminal enden«, und so weiter. Wenn es auch derjenige, der es ausspricht, sicherlich nicht ernst meint, so wirkt es doch zerstörend auf den Glauben des Kindes an sich selbst. Betrachten wir die Tätlichkeitsverbrecher, so würde man unter den Verbrechern nur solche Menschen finden, die den Mut verloren haben, sich im normalen Leben aufrecht zu halten. Es ist also geradezu ein Spiel mit dem Feuer, wenn man einem Kinde seine Zukunft in der Verbrecherlaufbahn zeigt.

Wenn ich auf dem Standpunkt stehe, dass ein Kind nicht zu retten ist, so ist das nicht nur ein persönlicher Standpunkt, sondern er wirkt über mich hinaus

---

75 [Während der Gerichtsverhandlung antwortete Isidor Sadger auf eine Frage des Verteidigers, die auf einen Diebstahl bezogen war, den Rolf Hug im Alter von dreizehn Jahren begangen hatte, mit folgenden Worten: »Der Angeklagte war nicht zu retten, denn das war nicht der erste, sondern der 25. oder 30. Diebstahl. Es war klar, dass der Junge sich nicht mehr ändern würde« (Graf-Nold 1988, S. 297).]

auf die Umgebung. Wenn man ein Unglück voraussagt, so ist es gerade so, als wenn man es *provoziert* hätte. Äußerungen: »Jemand ist nicht zu retten«, müssen wir von vornherein abweisen, weil wir da keinen Unterschiedsgrund sehen können, *weil wir nicht an angeborene Verbrechemeigungen glauben*,[76] sondern ganz deutlich darauf verweisen können, wie alle Kennzeichen eines solchen Fehlschlages aus einem Irrtum entstehen, auf den wir den Finger legen können. Ich muss auch noch erwähnen, dass zum Beispiel eine Äußerung wie, dass der Mensch beim fünften Lebensjahr fertig ist,[77] mit den Anschauungen der *Individualpsychologie* nicht übereinstimmt. Wir gehen sogar weiter, indem wir sagen: Er ist mit dem zweiten Lebensjahr fertig, *aber nicht unabänderlich*, sondern er hat im zweiten Lebensjahr entsprechend der Situation, in der er aufwächst, Gestalt und Form bekommen; aber es ist unstatthaft, aus der Tatsache, dass es so frühzeitig schon eine Einheit der Person gibt, zu folgern, dass dieser Keim des Bösen weiterwuchern müsste. Und es ist ein böser Irrtum, wenn gesagt wird, dass es hier kein Erziehen gab, sondern nur ein Heilen. *Wir hätten nichts dagegen, wenn der Junge, statt erzogen, geheilt worden wäre.*[78]

Wir hören auch weiter, dass wohl einiges geschehen sein soll. Nämlich es wurden dem Hug Vorhalte gemacht; er ist aber trotzdem höflich und kühl geblieben und hat weiter gestohlen.[79] Diese Methode ist seit Jahren beliebt und keine neue Erfindung. Man kann sich hier nicht darauf berufen, dass hier ein umwandelbares Unglück vorliegt; denn es hat weder die Familie richtig eingegriffen noch die Gesellschaft noch der Staat dadurch, dass er für derartige

---

76 [Isidor Sadger sprach vor Gericht von der »diebischen Veranlagung des Angeklagten«, und die gerichtlich bestellten Gutachter nahmen bei Rolf Hug eine »dispositionell vorgebildete schwere Abartung der sittlichen Gefühlsphäre« an (Graf-Nold 1988, S. 298, 305).]
77 [Nachdem Sadger die in Fußnote 75 gemachte Feststellung getroffen hatte, setzte Rolf Hugs Verteidiger mit der Frage nach, wie Sadger denn »begründe, dass ein Junge von dreizehn Jahren erziehungsmäßig nicht mehr zu beeinflussen wäre«. Sadger antwortete: »Ich stehe auf dem Standpunkte, dass der Mensch längstens mit dem fünften Lebensjahre fertig ist und man dann wenig mehr tun kann. Mit dem 13. Lebensjahr ist eine Erziehungsmethode unmöglich und bloß eine Heilmethode durch Auflösen der Komplexe möglich« (Graf-Nold 1988, S. 297f.).]
78 [Adler bezieht sich hier auf die Schlusspassage jener Äußerung Sadgers, die in Fußnote 77 wiedergegeben ist.]
79 [Der Verteidiger fragte Sadger während der Verhandlung, was er »als Vormund gegen die ›diebische Veranlagung‹ des Angeklagten unternommen habe«. Sadger antwortete: »Anfangs hatte ich kein Recht, da ich noch nicht Vormund war. Nachher habe ich ihn wiederholt vorgenommen, ihm das Beispiel seiner ehrenhaften Mutter vorgehalten und ihm einmal auch vorgestellt, dass er die Tante direkt zum Selbstmord treibe, er ist jedoch kalt und kühl geblieben« (Graf-Nold 1988, S. 297).]

Misserfolge der Familienerziehung eine Rettung schafft. Eine weitere Äußerung, die sich den anderen eigentlich anschließt, war die, dass Hug zum Hauen nicht geeignet war.[80] Es ist nicht ganz leicht, sich davon ein Bild zu machen. Vielleicht könnte man es am ehesten verstehen, dass er sich nicht hätte gefallen lassen, gehauen zu werden, obgleich er selber sagt, er wäre glücklich gewesen, wenn man ihn einmal durchgehauen hätte.[81] Wir halten trotzdem von der Prügelstrafe nichts, auch wenn er sie so sehnlich wünscht. Denn manche Verbrecher haben behauptet, dass sie ihre Untaten leichter begangen hätten, wenn sie gegen einen Widerstand gestoßen wären; auch der große Seelenforscher Balzac sagt einmal, der Mörder wünscht, dass sich das Opfer wehrt, damit er eine Rechtfertigung für seine Tat finde.[82] Wir können also verstehen, dass er gern gehauen worden wäre, weil er dann hätte darauf hinweisen können; aber dies wäre überflüssig gewesen, denn er hat es auch ohne Prügel getroffen und wahrscheinlich mit Prügeln noch viel leichter. Ich glaube nicht fehlzugehen, wenn ich bemerke, dass alle diese Äußerungen des Vormundes nicht neue wissenschaftliche Anschauungen enthalten, sondern aus den ältesten Kammern genommen geworden sind. Sie enthalten keine neuen Erkenntnisse, sondern sprechen nur die eigene Unsicherheit aus, in einer Organisation der Schutzmittel gegen solche Übel ein wirkliches Heilmittel zu finden. Dass vielleicht *gar keine Lehre* imstande ist, unter mangelhaften Voraussetzungen Übel größerer Art zu beseitigen, ist ja selbstverständlich. Aber man sollte die Stimme erheben und nicht zuschauen, wie jemand dem Abgrund entgegeneilt. Man sollte sich darauf besinnen, dass es sich nicht darum handelt, unter schlechten Bedingungen zu arbeiten, sondern auch, dass es das Notwendigste wäre, durch *Errichtung eines Erziehungsinstituts für soziale Kinder zu verhüten, dass diese kriminell werden, vielmehr eine richtig geleitete Erziehung bekommen. Und vor allem sollte man den Gedanken ausschalten, als ob irgendjemand unrettbar verloren sei.*

---

80 [Eine entsprechende Bemerkung mag während des Gerichtsverfahrens gefallen sein. In der Darstellung Graf-Nolds (1988) findet sich solche eine Bemerkung nicht.]

81 [Als Sadger die in Fußnote 79 zitierten Äußerungen von sich gab, warf Rolf Hug ein, dass er lieber Prügel erhalten hätte (Graf-Nold 1988, S. 298). Und während des Verfahrens kritisierte er etwas später die »angebliche Nachsicht« seiner Tante, der er eine »einfache Tracht Prügel« vorgezogen hätte, sowie deren »ewiges Deuteln« (Graf-Nold 1988, S. 302).]

82 [Adler bezieht sich an dieser Stelle vermutlich auf den Dichter Honoré de Balzac (siehe Personenregister). In seinem umfassenden Werk konnte keine Passage identifiziert werden, die Adlers Anspielung eindeutig zuzuordnen wäre.]

10. Schwer erziehbare Kinder (1926)

Editorische Hinweise
Erstveröffentlichung:
1926l: Schwer erziehbare Kinder. Dresden: am Anderen Ufer
Neuauflagen:
1927: Schwer erziehbare Kinder. 2. Aufl.
2001: In: O. Rühle u. A. Rühle (Hg.) (1926–1927/2001): Schwer erziehbare Kinder. Eine Schriftenfolge. Neu hg. u. eingeleitet von G. Lehmkuhl u. H. Gröner. Gotha: Deutsche Gesellschaft für Individualpsychologie, S. 32–48

Mitte der 1920er Jahre nahm die Verbreitung der Individualpsychologie ebenso zu wie die Zahl der Personen, die sich in der individualpsychologischen Bewegung engagierten (S. 17 ff. und S 108 f. in diesem Band). Diese Entwicklungen verdankten sich nicht zuletzt Adlers reger Vortragstätigkeit sowie dem Umstand, dass viele seiner Vorträge anschließend publiziert wurden (Bruder-Bezzel 1991, S. 44 ff. und S. 52 ff.). Auch der vorliegende Text gibt die verkürzte Fassung eines Vortrags wieder, den Adler 1926 in Chemnitz gehalten hat. Er wurde noch im selben Jahr als Heft 1 der Schriftenreihe »Schwer erziehbare Kinder« publiziert.

Als Herausgeber dieser Schriftenreihe fungierten Otto und Alice Rühle, die »zu den führenden Köpfen und zu den bekannteren und erfolgreichen Autoren in der Gemeinschaft der Individualpsychologen« zählten (Lehmkuhl u. Gröner in Rühle u. Rühle 1926–1927/2001, S. 8). Beide gehörten dem marxistischen Flügel der Individualpsychologie an, hatten 1924 die Ortsgruppe Dresden mitbegründet und brachten in dem von ihnen begründeten »Verlag am Andern Ufer« mehrere individualpsychologische Veröffentlichungen heraus (Mackenthun 2002). Unter diesen Veröffentlichungen befinden sich auch die zwanzig Einzelhefte der Schriftenreihe »Schwer erziehbare Kinder«, die in den Jahren 1926 und 1927 jeweils einem bestimmten Thema gewidmet waren und von prominenten Vertreterinnen und Vertretern der damaligen Individualpsychologie verfasst wurden (Rühle u. Rühle 1926–1927/2001).

Adler eröffnet seinen Beitrag (Adler 1926l/2009a) mit einer nachdrücklich vorgebrachten Forderung: Wer mit »schwer erziehbaren Kindern« arbeitet, müsse sich darum bemühen, zu diesen Kindern eine Beziehung herzustellen, die es den Kindern erlaubt, sich zu öffnen. Dies ist aus Adlers Sicht nötig, damit ein differenzierter Zugang zur inneren Welt von Kindern gefunden und in diesem Zusammenhang verstanden werden kann, in welchen innerpsychischen Aktivitäten die kindlichen Verhaltensweisen gründen, die als problematisch anzusehen sind. Diese Schritte des Verstehens sind unverzichtbar, da die Arbeit mit »schwierigen Kindern« darauf abzuzielen habe, die innerpsychischen Gründe (oder auch Ursachen) problematischer Verhaltensweisen zu »beseitigen« (unten S. 119). Damit wendet sich Adler gegen die damals weithin verbreitete Usance, sogenannte »Kinderfehler« direkt – und somit unter Umgehung des Ringens um ein Verstehen der tieferen Bedeutung solcher »Kinderfehler« – mit Strenge sowie durch den Einsatz von Strafen zu bekämpfen (S. 120 in diesem Band). Zugleich plädiert er für eine erzieherische Grundhaltung, die sich durch sorgfältiges Nachdenken und nicht durch überstürztes oder verständnisloses Handeln auszeichnet.

Im Anschluss daran stellt Adler dar, welche Folgen es für die weitere Entwicklung von Kindern hat, wenn es der Mutter nicht gelingt, dem Zärtlichkeitsbedürfnis des Kindes zu entsprechen und damit einen unverzichtbaren Grundstein für die Entfaltung des Gemeinschaftsgefühls zu legen. Einmal mehr kommt Adler dann auf die Aufgabe von Schule zu sprechen, die nicht zuletzt darin bestehe, kindliche »Fehler zu erkennen und zu korrigieren« (siehe dazu S. 124 in diesem Band).

Am Ende des Textes ist wiedergegeben, welche Antworten Adler auf drei Fragen gab, die ihm im Anschluss an seinen Vortrag gestellt wurden.

Schwer erziehbare Kinder[83]

Wenn man einen Fehler[84] bei einem Kinde beobachtet, dann mache man halt und denke nach, worin dieser Fehler seinen Grund hat. Was ist die Ursache? Gibt es nicht irgendwelche Gründe? Oder irgendwelche verlockende Momente, die die Kinder von der Seite des Nützlichen auf die Seite des Unnützlichen[85] gebracht haben? Und wenn wir diese Gründe fest in der Hand halten, dann gehen wir daran, diese Ursachen zu beseitigen. Diese Aufgabe ist aber nur zu erfüllen, wenn wir mit dem Kinde in einem guten Verhältnis stehen, wenn wir das Kind so weit gewinnen, dass es sich uns eröffnet, uns seine Seele darbietet, damit wir sein Innerstes erkennen können. Dann erst können wir eine fruchtbare Wirksamkeit entfalten. *[10]*

Dass jemand dasselbe erreicht, wenn er sich auf einen Kampf mit dem Kinde einlässt, halte ich für ausgeschlossen. Immer werden Verfehlungen des Kindes

---

83 [Verkürzte Wiedergabe eines Vortrages, gehalten am 3. März 1926 in Chemnitz.]
84 [Zum Begriff »Kinderfehler« vgl. S. 18 in diesem Band.]
85 [Nach der Einführung des Konzepts des Gemeinschaftsgefühls unterschied Adler zusehends zwischen Strebungen, die auf der »nützlichen« Seite des Lebens stehen, und anderen, die der »unnützlichen« Seite zuzurechnen sind. In den Schriften »Individualpsychologie und Wissenschaft« (Adler 1927j, S. 409) und »Individualpsychologie in der Schule« (Adler 1929b, S. 183 in diesem Band) bringt Adler diese Unterscheidung in einer – von seinem Sohn Kurt gezeichneten – Skizze zum Ausdruck. Auf solch eine grafische Veranschaulichung verweist Adler auch in der vorliegenden Schrift (siehe unten S. 124).]

in einer bedrängten Lage entstehen. Man muss darauf verzichten, mit einem geschlossenen Strafsystem vorzugehen, und den Satz aufgeben, dass ein Kind, das lügt und stiehlt, sofort gestraft werden müsse. Eltern, die ein schwieriges Kind haben, sagen häufig: »Wir haben es in Güte versucht, es war vergeblich. Wir haben es mit Strenge versucht, es war vergeblich. Was sollen wir tun?« Man soll nicht glauben, dass ich die Güte als ein Allheilmittel betrachte; aber sie ist notwendig, um das Kind zu gewinnen für das, was wir mit ihm vorhaben und was darauf hinausläuft, seine ganze Person zu ändern. Denn die Fehler des Kindes, die zuerst zur Schau kommen, an die man anknüpfen muss, sind nur die Oberfläche. Man hat gar nichts davon, wenn man das Kind wegen einer Lüge straft und es durch die Strafe nur vorsichtiger macht; es wird nun darauf ausgehen, vorsichtiger und scheuer zu werden, sich noch mehr zu verbergen und vielleicht an einer anderen Stelle sein Heil durch List und andere unnütze Maßnahmen zu erreichen. [11]

Damit möchte ich auf das kindliche Seelenleben zu sprechen kommen.

Was wir schon in den ersten Tagen des kindlichen Lebens beobachten können, ist das Aufkommen eines Zärtlichkeitsgefühls[86]. Das Kind beginnt Interesse zu bekommen für seine Umgebung, und da ist natürlich die Mutter die erste Person, der dieses Interesse zufließt. Das ist ein bedeutungsvoller Vorgang, denn es bedeutet, dass das Kind aus seiner Isolierung erwacht[87] und sich eine Welt formt, in der auch andere Menschen eine Rolle spielen, dass es sich mit diesen verknüpft und verknüpfen lernt. Es ist nicht allein Funktion der Mutter, das Kind zur Welt zu bringen, sondern es ist ebenso hohe Aufgabe, dem Kind ein Mitmensch, ein Nebenmensch zu werden, auf den sich das Kind verlassen kann und dem es trauen darf, der für das Kind nützlich ist, es unter-

---

86 [Den Begriff »Zärtlichkeitsbedürfnis« hatte Adler 1908 in seiner Schrift »Das Zärtlichkeitsbedürfnis des Kindes« eingeführt, wo er die Ausdrucksformen des »Zärtlichkeitsbedürfnisses« folgendermaßen beschrieb: »Die ursprünglichen Äußerungen des Zärtlichkeitsbedürfnisses sind auffällig genug und hinlänglich bekannt. Die Kinder wollen gehätschelt, geliebkost, gelobt werden, sie haben eine Neigung, sich anzuschmiegen, halten sich stets in der Nähe geliebter Personen auf, wollen ins Bett genommen werden usw. Später geht das Begehren auf liebevolle Beziehung, aus der Verwandtenliebe, Freundschaft, Gemeinschaftsgefühle und Liebe stammen« (Adler 1908d/2007a, S. 96).]

87 [Die Annahme, dass Kinder zunächst in einer Art von »psychischer« Isoliertheit leben, aus dem sie das Aufkommen des »Zärtlichkeitsbedürfnisses« herausführt, findet sich in Adlers Schrift über »Das Zärtlichkeitsbedürfnis des Kindes« aus dem Jahre 1908 noch nicht. Adler könnte zu dieser Annahme durch Freuds Schrift »Zur Einführung des Narzissmus« inspiriert worden sein, in der Freud die Annahme des »primären Narzissmus« einführt. Dieser zeichnet sich – nach Freud (Freud 1914c/1975, S. 43) – durch eine ursprüngliche libidinöse Besetzung des Ich aus, von der aus es erst zur libidinösen Besetzung der Objekte kommt (vgl. dazu S. 148 in diesem Band).]

stützt. So kommt das Kind durch diese Verknüpfung zur Mutter zum Anfang seines Gemeinschaftsgefühls; es bleibt nicht mehr mit seinen Bedürfnissen allein, es tritt in einen Zusammenhang, in einen neuen Bezugskreis, der zum Anfang Kind und Mutter einschließt.

Jetzt können wir schon sehen, wo die künftige Entwicklung einsetzt und die ersten Irrtümer be*[12]*ginnen. Die erste Einheit darf nur eine Vorbereitung sein für die vielen größeren Einheiten Familie und Umwelt. Das ist der Beginn des gesellschaftlichen Menschen.

Der Mensch steht nicht allein, nicht für sich da, er ist nicht abgeschlossen, sondern hat durch die Funktion der Mutter die Überleitung zu finden, sich in Zusammenhang mit der menschlichen Gesellschaft zu setzen und als ein Teil von ihr zu betrachten. Danach müssen sich nun seine Lebensformeln entwickeln und einrichten. Diese Überleitung kann misslingen, wenn das Kind keine Mutter hat, wenn es vielleicht Menschen überantwortet ist, die die Funktion der Mutter nicht übernehmen, wie bei Kostkindern[88], die missliebig sind, von einer Hand in die andere gestoßen werden, für welche niemand Wärme übrig hat und die infolgedessen mit Notwendigkeit eine Lebensform suchen, in der sie allein sind, weil sie immer glauben, dass die anderen ihnen feindlich gegenüberstehen. Wir können auch hier schon erraten, welches die einzelnen Züge eines solchen Kindes sein werden. Selbst immer gestoßen, selbst immer verfolgt, selbst immer hart behandelt, wird ein solches Kind aufwachsen wie im Feindesland; und wenn ich auch nur diesen *[13]* einen extremen Fall betrachte, so können wir sehr häufig schon bei einer großen Gruppe von Kindern und Menschen aus diesen Verhältnissen sagen: Hier ist die Überleitung zum Gemeinschaftsgefühl nicht gut gelungen.

Das bedeutet außerordentlich viel, denn ein solches Kind wird immer isoliert dastehen, wird den anderen nicht nähertreten, sich ihnen nicht verbinden, und es wird in allen denjenigen Funktionen, die ein entwickeltes Gemeinschaftsgefühl zur Voraussetzung haben, Mangel leiden. Sind das vielleicht unbedeutende Sachen? Es sind die bedeutendsten, über welche ein Menschen-

---

88 [Als »Kostkinder«, »Haltekinder« oder »Ziehkinder« wurden Kinder bezeichnet, die »bei fremden Leuten Tag und Nacht gegen Entgelt in Pflege gegeben sind« (Karstedt et al. 1924, S. 311). Das deutsche Reichsjugendwohlfahrtsgesetz (RJWG), das 1924 in Kraft getreten war, führte zur einheitlichen Bezeichnung dieser Gruppe von Kindern den Begriff »Pflegekind« ein. Unter den verstorbenen sowie straffällig gewordenen Kindern und Jugendlichen befanden sich nach Többen (1927, S. 664f.) überdurchschnittlich viele Pflegekinder, was auf mangelnde Fürsorge und grobe Vernachlässigung zurückzuführen war, die ein Großteil der Pflegekinder erfahren mussten. Dies wurde durch den Umstand begünstigt, dass die »behördliche Aufsicht« über die Tätigkeiten der Pflegeltern bis zur Einführung des RJWG minimal war und entsprechende »Auswüchse und Schäden auf diesem Gebiet« weit verbreitet waren (Többen 1927, ebd.).]

kind überhaupt verfügen kann. Nicht allein, dass es keine Freundschaft halten wird, alle Tugenden, wie Treue, Opfer- und Hilfsbereitschaft, Rücksichtnahme auf die Fehler anderer Menschen, werden hier fehlen. Allen denen, die sich mit Kindern befassen, werden hier die großen Zahlen der Kinder auftauchen, die auf dem unrichtigen Boden gewachsen sind. Sie wissen von diesen Kindern, die rücksichtslos gegen ihre Kameraden, ihre Eltern und ihre Lehrer sind, die sich nie einigen können mit anderen, die immer streiten müssen und immer Rohheiten verüben. Und wenn man näher nachschaut, dann findet man den [14] Mangel der Mutter, die entweder gefehlt oder ihre natürliche Pflicht und Aufgabe aus irgendwelchen Gründen nicht ausgeübt hat.

Wir dürfen dabei nicht zu viel auf die Mutter allein werfen, sie ist vielleicht durch ihre Arbeit, oft durch ihr ganzes Schicksal nicht in der Lage gewesen, mehr zu tun, und das Kind hat der Mutter entbehrt. Die Mutter hat die Erziehungsgrundlagen durchaus zerstört. Am besten ist es, um in der Welt eines Kindes Hass zu erzielen, es zu züchtigen. Ja, wo ist das Maß dafür, bei welchem das Kind aufhört, diese Verknüpfung mit der Mutter durchzusetzen? Wir haben eine Unzahl von Menschen kennengelernt, nicht nur Kinder, sondern auch Erwachsene, deren Leben verpfuscht worden ist einzig und allein dadurch, dass die Verknüpfung mit der Mutter und mit der Allgemeinheit nicht gelungen ist. Für uns ist das kein Gegengrund, wenn wir annehmen müssen, dass die Mutter ihr Kind liebt, aber sie hat unrecht gehandelt. Es ist ihr auch kein Vorwurf zu machen, sie hat es nicht anders gewusst. So kommen dann diese einsamen Kinder vor, die eine kämpferische Haltung einnehmen, Spielverderber sind, sich nicht mit anderen einigen können zu einem gemeinsamen Werk, die vielleicht in [15] günstigen Fällen gelegentlich allein für sich leben können, aber unterliegen werden durch die Kälte, die von ihnen ausgestrahlt wird. Das wird wohl nicht von jedem verstanden, aber von jedem verspürt. So kommen diese Kinder zu den weiteren wichtigen Funktionen durchaus schlecht vorbereitet.

Die Entwicklung der Sprache des Menschen zum Beispiel setzt diesen Kontakt zwischen Mensch und Mensch voraus. Sie ist aus diesem innigen Kontakt entstanden und mehr noch, sie ist auch ein neues Band zur Verbindung des Einzelnen mit den anderen. Wir werden regelmäßig finden, dass die Sprachentwicklung gestört ist, wenn das Kind nicht richtig angeschlossen ist. Hier setzen die zahlreichen Fälle ein, die wir bei Kindern finden mit langsamer Sprachentwicklung, durch Stottern gehinderte Kinder, bei denen wir immer feststellen können, nicht, dass die Mutter lieblos gewesen wäre, sondern dass der Kontakt mit den anderen nicht geglückt ist. Ich habe genug Kinder gesehen, die wegen ihres Stotterns auch gedrückt worden sind; derartige Erscheinungen werden wir nicht beseitigen können, bevor die Ursachen aufgedeckt sind. Wir müssen den Kontakt dieser Kinder stärker herstellen; aber dazu ist es not[16]wendig, den ganzen Lebenslauf des Kindes aufzurollen, und das wird dem nicht gelingen, der mit derber Faust eingreift, nur dem, der haltmacht und nachdenkt und das Kind für seine Pläne zu gewinnen weiß. Ich habe ein neunjähriges Kind gesehen, das frühzeitig von seiner Mutter weggenommen worden ist und bei einer Bäuerin aufgezogen wurde, die für das Kind kein Verständnis hatte. Als es in die Schule kommen musste, stellte sich heraus, dass eine Sprachentwicklung fast gar nicht vorhanden war. Es stand den Menschen gegenüber wie ein Feind, es hatte die Vorbereitung nicht gefunden, mit ihnen durch die Sprache in Kontakt zu treten. Es war niemand Freund geworden, es hat für niemand etwas übrig gehabt, und so blieb nichts anderes übrig, als dieses Kind aus seinem bisherigen Aufenthaltsort wegzunehmen und es in eine Gemeinschaft zu versetzen, um dort den Kontakt des Kindes mit den anderen herzustellen.

Es ist nicht die Sprache allein, die durch derartige verhängnisvolle Entwicklung bedroht ist. Das gilt auch für die Entwicklung des Verstandes in eine Funktion, die allgemeine Gültigkeit erfordert. Was ich richtig denke oder zu denken glaube, von dem muss ich voraussetzen, dass jeder [17] vernünftige Mensch genauso denkt. Wo soll ich die Probe machen, wenn ich nicht den Kontakt mit anderen habe? Ich kann es nicht, wenn ich wie ein Feind den anderen gegenüberstehe und die anderen mir. So werden wir bei solchen Kindern finden, dass sie in ihrer Verstandesentwicklung unter dem Durchschnitt stehen.

Für einen Menschen, der allein lebt, ist Moral das Überflüssigste von der Welt. Ein einsamer Mensch braucht keine Moral. Das ist eine Erscheinung des Gemeinschaftsgefühls, eine Funktion der Allgemeinheit, eine Lebensform der Menschen, die untereinander im Zusammenhang stehen. Wenn wir Unmoral bei einem Kinde finden, können wir sicher sein, dass hier der Zusammenhang mit anderen gestört ist. Bevor wir den nicht hergestellt haben, ist es undenkbar, das Kind moralisch zu erziehen.

Das gilt auch für alle ästhetischen Gefühle usw., kurz, alles das, was den Menschen auszeichnet, steht mit der Entwicklung seines Gemeinschaftsgefühls in Zusammenhang.

Betrachten wir einmal die höchst merkwürdige, aber tragische Entwicklung eines solchen Kindes, das sich im Feindesland befindet. Es hat von seiner Zukunft die allerschlechtesten Erwar[18]tungen, es ist gedrückt durch seine Verhältnisse. Es fühlt sich immer als das Schwächste und Kleinste und hat nie empfunden, was es heißt, geliebt zu werden. So kommt es, dass es selbst von sich eine Einschätzung macht, die außerordentlich niedrig gehalten ist. Es wird schweres Minderwertigkeitsgefühl in Bezug auf seine eigene Person haben. Man wird das daran bemerken, dass es sich nirgends in einen Kreis hineinbegibt, manchmal deutlich die Zeichen der Ängstlichkeit an sich trägt. Alle Pädagogen werden leicht die Erfahrung machen können, dass ein solches Kind große Neigung zur Verwahrlosung hat, auch dass es feig ist. Die Feigheit kann man nicht damit wegdiskutieren, dass es auf Bäume klettert. Das ist kein Mut. Mut gibt es nur auf der Nützlichkeitsseite.

Wenn Sie zuerst an die Betrachtung eines Kindes herantreten, dann machen Sie eine höchst unkomplizierte Zeichnung, ein einfaches Schema, nämlich einen senkrechten Strich, und dann sagen Sie sich: Auf der linken Seite befinden sich die nützlichen Bewegungen eines Kindes und auf der rechten Seite die unnützlichen.[89] Auf dieser rechten Seite gibt es keinen Mut und keine Tugend, selbst wenn es noch so aussieht. Wir können un[19]möglich das Zusammenhalten der Kinder, ihre Ritterlichkeit innerhalb einer verwahrlosten Bande als etwas Nützliches betrachten, sondern ihr ganzer Standpunkt fällt eben in den Bereich des Unnützlichen.

Wenn nun solche Kinder aus der Familie herauskommen, zum Beispiel in die Schule, die ja heute alle Kinder erfasst und deren Aufgabe es ist, diese Fehler zu erkennen und zu korrigieren – betrachten wir einmal, wie die Kinder sich verhalten. Feindseligkeit, Ängstlichkeit, immer befürchten, dass man ihm Unrecht tut, immer bestrebt, aus der Schule wieder herauszukommen und vielleicht einen Ort aufzusuchen, auf dem man sich so halbwegs geschützt glaubt, immer bestrebt, den Kontakt mit den anderen wieder aufzulösen. Das ist schlechtes Material für die Schule. Mangelhafte Vorbereitung für die Schule in ihrer heutigen Form, die ein starkes Gemeinschaftsgefühl bei den Kindern erfordert und den sicheren Glauben an sich. Diesen Glauben an seine Kraft und an die Zukunft hat ein solches Kind nicht, und das fällt natürlich sofort auf und beeinträchtigt auch die Leistung. Schon in den allerersten Tagen zeigt es sich, dass es zu den Schlechteren gezählt wird. Sehr bald erweist es sich, dass es schlechte Zen[20]suren bekommt, und nun bekommt es eine Bestätigung in die Hand, dass es in der Schule nicht anders ist, als es bisher war. Es wird in seiner Überzeugung bekräftigt, dass dieses Leben ein Jammertal ist, dass man nur durch List, durch Schlauheit usw. den vielen Unannehmlichkeiten entgehen kann und dass es am besten wäre, aus der Schule wieder herauszukommen. Dementsprechend ist auch ihr ganzes Verhalten.

Ich sagte schon vorhin, dass sehr oft ihre Fähigkeiten und ihre Entwicklung stark gelitten haben, nicht durch ihre Schuld. Sie haben nicht gelernt, Ordnung zu halten. Sie haben nicht gelernt, sich zu konzentrieren; nun wird es auf einmal von ihnen verlangt, und wenn sie es nicht leisten können, folgt die Strafe. Dies ist ungefähr so, als wenn einer aus einer Melodie eine Note herausnimmt oder auch einen Takt, und man nun dieses Stück beurteilen wollte. Dieser Takt hat nur seinen Wert in dem ganzen Zusammenhange. Erst wenn ich die Melodie eines Kindes kennengelernt habe, kann ich verstehen, woher ein Irrtum stammt. Es ist notwendig, in dieser gründlichen Art vorzugehen und nicht

---

89 [Ein solches Schema hat Adler in Gestalt einer Skizze an zwei Stellen veröffentlicht. Vgl. dazu die Quellenangaben in Fußnote 85 auf S. 119 in diesem Band.]

zu glauben, dass man die Erziehung eines Kindes, eines Erwachsenen, eines ganzen Volkes dadurch be*[21]*werkstelligen kann, dass man ihm irgendwelche Last auferlegt. Alles stammt aus tieferen Gründen und steht im Zusammenhang mit dem ganzen Wachstum des Kindes.

In den extremsten Fällen ist natürlich die Fortsetzung des Lebens dieser Kinder außerordentlich unheilvoll. Sie werden in der Schule wie ein Fremdkörper empfunden. Sie erleben dasselbe, was sie bisher auch erlebt haben. Die Welt scheint für sie keine anderen Ausdrucksformen zu haben als die der Feindseligkeit und des schlechten Verhaltens und der schlechten Behandlung ihrer Person. Wenn dann einer im guten Glauben hingeht und schlägt ein solches Kind, dann ist es das, was das Kind eigentlich erwartet hat, und seine Auffassung von der Welt wird immer wieder bestätigt.

Ich will den Lebenslauf dieser Kinder nicht weiter verfolgen, nur bis zu dem einen Punkt noch, wo es den Glauben an seine Zukunft, die Hoffnung, in der Schule doch etwas zu leisten, verloren hat. Das ist nämlich der Moment, wo es in die Verwahrlosung übergeht; denn es ist nicht möglich, dass ein Mensch dauernd von sich das Gefühl hat, dass er zu nichts taugt, dass er wertlos ist, er muss irgendeinen Ausweg suchen. Des*[22]*halb sehen wir die Kinder so weit auf die Seite des Unnützlichen hinüberbiegen, bis wir sie als verwahrlost sehen. Der Vorgang ist immer derselbe. Das leuchtet auch ein. Ich habe kein verwahrlostes Schulkind gesehen, das nicht die Hoffnung auf seine Schulerfolge endgültig aufgegeben hätte. Was folgt für uns daraus? Dass wir die Schule so einrichten müssen, dass das Kind den Glauben an sich nicht verliert. Diese Kinder kommen endlich aus der Schule heraus mit schlechten Zeugnissen, bemängelt, kritisiert, bestraft, mit dem wachsenden Unglauben an ihre eigene Kraft, und nun sollen sie nützlich wirken, sollen sie sich für die Gesamtheit durch ihre Arbeit nützlich erweisen. Diese Kinder haben schon den Glauben verloren, dass sie irgendetwas leisten können. Unterzieht man sie einer Prüfung, zu was sie eigentlich tauglich sind, so wird man finden, dass sie unerfahrener und unentschlossener sind als die anderen. Sie wissen selbst nicht, was sie werden wollen, und wenn sie irgendetwas sagen, so ist es ein leeres Wort. Das sind die Kinder, die bei jeder Berufsberatungsprüfung durchfallen. Sie kommen nirgends an, sie haben den Glauben völlig verloren und sind so schlecht vorbereitet für jede Prüfung, dass in ihnen lang*[23]*sam, aber sicher der Gedanke aufkeimt und ein Streben in ihnen wach wird, doch auf irgendeine Weise den andern zu zeigen, dass man nicht der letzte Mist ist.

Etwas, was sie oft gehört haben, was man ihnen schändlicherweise immer wieder an den Kopf wirft: »Du wirst im Kriminal enden, bist zu nichts nütze, du bist nichts und kannst nichts!« Das fällt alles auf fruchtbaren Boden. Das Kind glaubt ja selbst nicht, dass es etwas ist und kann. Das wird immer von allen Seiten verstärkt. Um nun doch ihr Leben fristen zu können, um diesem Gefühl der Beschämung und Erniedrigung zu entgehen, beginnt ihre Flucht in die Unnützlichkeit. Schon in der Schule ist es so, dass sie dieser Institution ausweichen wie dem bösen Feind. Wo sie können, bleiben sie der Schule fern, und das geht sogar so weit, dass die Entschuldigungen gefälscht werden und dass sie ihre Zeugnisse fälschen, und nicht immer kommen die Eltern und Lehrer dahinter. Wenn Eltern und Lehrer sagen: »Mir kannst du nichts vormachen!«, dann weiß das Kind schon: Wie oft bist du nicht dahintergekommen, ich muss es nur schlau anstellen! Anstatt in die Schule zu gehen, sucht es entlegene Orte auf. Hier findet es andere, die vor ihm [24] schon den Weg gegangen sind und genau erprobt haben, wie man das zu machen hat, die auch schon wissen, wie man sich auf dem Gebiet des Unnützlichen auszeichnen, wie man den Glauben an sich selbst heben und zeigen kann, dass man ein ganzer Kerl ist. Oft ist es so, dass die Jüngsten aufgestachelt werden, die Leiter im Hintergrund bleiben und die Neulinge vorschieben, die dann mit der Polizei zu tun bekommen. Dort erhalten sie immer wieder neue Eingebungen, dass man es noch schlauer anfangen muss. Weil ihm der Weg auf die nützliche Seite gesperrt zu sein scheint, bleibt er auf der unnützlichen Seite. Und das ganze Unglück ist entstanden dadurch, dass sie sich nicht als Mitmenschen gefühlt haben.

Die Behandlung solcher Kinder kann nur so sein, dass man ihnen diesen Kontakt wieder gibt. Wer das einmal getan hat, weiß, wie beseligt ein solches Kind ist, wenn es ein neues Erlebnis hat, wenn ihm jemand entgegentritt, der selbst ein Mitmensch ist, der sich die Mühe nicht verdrießen lässt, sondern unablässig darauf dringt, dieses Kind an den rechten Platz zu stellen und den richtigen Kontakt herzustellen. Oft kann durch kleine Äußerlichkeiten dieser Kontakt verhindert werden, zum Beispiel wenn ein solches Kind nicht früh[25]zeitig genug mit anderen Kindern zusammenkommt und in die Gemeinschaft der Menschen tritt, oder wenn jemand, obwohl er sein Kind lieb hat, sich nicht die Zeit nimmt und selbst ein isolierter Mensch ist. Dann fördert er nicht den Kontakt mit dem Kinde. Da gibt es eine Anzahl Kleinigkeiten im Haus, im Familienleben, die so häufig Verfehlungen werden, wo man ganz leicht ansetzen könnte zum größten Gewinn aller Teilnehmer. Zum Beispiel halte ich die gemeinsamen Mahlzeiten innerhalb der Familie für etwas außerordentlich Wichtiges. Nur müssen sie auch verstanden werden als die Gelegenheit, den Kontakt mit den Kindern stärker zu knüpfen. Das geht nicht, indem man ein saures Gesicht macht, man den Stock neben sich stellt, den Kindern alle ihre Verfehlungen vorhält. Wo es nur halbwegs irgendwie geht, dort rate ich, dass man den Tag beginnt mit einem gemeinsam eingenommenen Frühstück, nicht dass jeder um eine andere Zeit zu essen beginnt, dass der eine noch zu Bett liegt, während der andere schon zur Schule geht. Es unterlaufen da auch noch andere Fehler, nicht nur der, dass man den Kindern ihre Gemeinsamkeit dadurch zerstört, dass man gerade am Tisch auszukramen beginnt und von den Sachen spricht, bei denen [26] sich das Kind denkt: Ach, wenn das doch schon vorbei wäre und ich die Leute nicht mehr zu sehen brauchte! Natürlich ist das ein ebenso großer Unfug, wenn da einer bei dem anderen sitzt und die Zeitung herausnimmt und liest. Das geht nicht, weil da das Kind leicht das Gefühl hat: Warum sitze ich eigentlich hier? Natürlich ist es auch nötig, außerhalb der Mahlzeiten den Kontakt mit den Kindern zu pflegen, so weit, bis die Kinder den Kontakt auch auf andere überleiten können. Deshalb erscheint es mir sehr wichtig, dass ein Kind mit drei Jahren in die Gesellschaft eintritt.

Bei der Anknüpfung des Kontaktes, bei dem die Mutter eine so ungeheuer große Rolle spielt, kann noch ein anderer größerer Fehler begangen werden, und das ist der, dass die Mutter den Kontakt so stark macht, dass dem Kinde nichts mehr übrig bleibt für die anderen Menschen. Da entsteht ein Lebenskreis Mutter – Kind, mit dem alles andere ausgeschaltet wird. Es handelt sich bei dieser Betrachtung um die verzärtelten Kinder. Diese Mutter ist natürlich infolge ihrer Überlegenheit die Stütze für dieses Kind, allezeit hilfsbereit, immer anregend und wird auch von dem Kinde immer gefordert, ist ihm zu Willen, bewahrt es vor allem Möglichen, ist immer ängstlich *[27]* zur Seite, gestattet dem Kinde nicht seine Funktion, seine Bewegung, sich selbst auszuspielen; und weil die Mutter alles für dieses Kind tut, bleibt diesem Kind nichts mehr zu tun übrig. Nicht mal zu denken braucht ein solches Kind, nicht zu handeln, weil die Mutter alles besorgt. Da sehen wir, dass die Schwierigkeiten bei einem solchen Kinde fast die gleichen sind wie bei der ersten Art von Kindern. Sie sind auch ausgeschaltet aus der wichtigsten und größten Gemeinschaft. Sie haben nur die Mutter erlebt, die bei der Gelegenheit alle anderen Mitmenschen ausschaltet. Es geschieht sehr oft, dass der Vater diese falsche Entwicklung bemerkt und dem beikommen will, dass er beispielsweise eine härtere Erziehung einführt. Was geschieht? Das Kind schließt sich noch inniger an die Mutter an und schaltet den Vater noch mehr aus. Es will von ihm nichts mehr wissen. Es muss zwischen Vater und Mutter ein Plan besprochen werden, bei dem das Kind nicht noch mehr vom Vater abgedrängt wird. Es ist nicht so schwer für einen Vater, das Kind auch für sich zu gewinnen; nur muss er dabei im Auge behalten, dass damit noch nicht viel gewonnen ist. Man muss dafür sorgen, dass auch andere Menschen an das Kind herankommen. *[28]*

Das ängstliche Kind stammt aus dieser Gruppe der Verzärtelung, denn die Angst ist nichts anderes als der Notschrei nach einer Hilfe, und das können wir solchen Kindern auf Schritt und Tritt ansehen. Ja, es geht oft so sehr in die ganze Körperlichkeit des Kindes über, dass diese Kinder nicht allein stehen können und sich immer anlehnen; ist die Mutter dabei, dann lehnen sie sich an die Mutter an. Sie schreien, wenn die Mutter sie allein lässt. Natürlich wird das für die Mutter zu einer großen Aufgabe; so rächt sich ein Irrtum in der Erziehung an dem, der ihn begangen hat. Das Kind hat falsche Lebensformen gewonnen, und Anschreien hilft da nichts. Auch nicht in Fällen, in denen das Kind Unfug macht, nicht einschlafen will, die Nachtruhe stört, nur zu dem Zwecke, um die Mutter immer wieder heranzuholen. Im Schlaf kann das

Gefühl der Isolierung so stark sein, dass die Kinder an Aufschreien zu leiden beginnen, eine Entwicklungsform, wo sich solche Kinder schon als nervöse Kinder entpuppen. Dann muss der Nervenarzt eingreifen. Bei den Kindern, die ins Bett nässen, liegt nicht selten auch dieser Fehler vor. Dann ist es nichts anderes als ein Anzeichen dafür, dass das Kind mit seinem ganzen Körper, mit seiner Blase *[29]* spricht und erklärt: Mich darf man nicht allein lassen, auf mich muss man achtgeben, mich muss man immer hüten! Solche Kinder werden oft hart gezüchtigt und immer erfolglos. Wenn man von recht großen Misshandlungen von Kindern hört, dann handelt es sich meist um Bettnässer. Bei solchen Kindern findet man in der Umgebung stets jemand, der alle Formen der Kultur fallen lässt und die Kinder auf martervolle Weise behandelt. Aber die Sache wäre viel einfacher und menschlicher zu beseitigen. Damit wird das Kind kein anderes, dass es gestraft wird, sondern erst, wenn wir erkennen, die Kinder haben ein so schweres Unsicherheitsgefühl, dass sie auch nachts an die Mutter appellieren, etwas, was nichts anderes ist als beispielsweise die Kinder, die beim Schlafengehen Geschichten machen: Man muss ihnen die Decke richtig legen, das Licht brennen lassen, die Tür offenstehen lassen. Diese Kinder sind dann mangelhaft vorbereitet für die Schule. Darf es uns da wundern, dass solche Kinder schlecht bestehen? Wenn diese Kinder mit Zittern, Weinen und Schreien, mit Mühe und Not in die Schule gebracht werden, und sie finden dort einen freundlichen Lehrer, viel freundlicher, als sie erwartet haben, und zufällig beschäftigt *[30]* sich der Lehrer mit ihnen, dann kann noch alles gut werden. Sonst aber wird es nur schlimmer. Diese Kinder kommen zu spät, haben ihre Aufgaben nicht richtig gemacht, verlieren ihre Bücher, ihre Schultasche, sitzen teilnahmslos da. Prüft man sie, so zeigt es sich, dass sie keine Konzentration haben. Ihr Gedächtnis scheint gelitten zu haben, nicht wirklich, sondern sie haben nur Gedächtnis für ganz andere Dinge, sind konzentriert auf ganz andere Dinge. Sie stehen auch zu ihren Kameraden in einem schlechten Verhältnis und finden nur dort Anschluss, wo jemand ihnen mit größter Wärme entgegenkommt.

Nun kann man solchen Kindern begegnen, bei denen die Umwandlung aus einem zärtlichen Kinde plötzlich zu einem anderen wird. Nämlich, die Bedürftigkeit solcher verzärtelter Kinder wächst automatisch. Sie wird immer größer, und die Forderungen, die sie an die Mutter stellen, werden oft unerfüllbar. Aber sie wollen ihre Forderung erfüllt haben, und so kommt eines Tages der Moment, wo sie anfangen, die Mutter zu tyrannisieren, sie schreien, sie stampfen. Die Vorbereitung dazu stammt von viel früher, ja nicht selten bekommt man dann Kinder zu sehen, von denen die Mutter sagt: Das war doch ein so zärt*[31]*liches Kind. Ist dieses Kind ein anderes geworden? Durchaus nicht. Wenn man dem Kinde alle Wünsche erfüllen würde, würde es auch nicht schreien, nur dass dies jetzt nicht mehr so leicht möglich ist. In der Schule dieselben Erfahrungen wie bei dem anderen Typus. Es braucht eine

Schonzeit, innerhalb derer es sich entwickeln kann, in der es gleichen Schritt halten kann mit den anderen Kindern. Darauf wird heute noch zu wenig geachtet.

Ich bin überzeugt, dass jeder, der von unserem Aussichtspunkt aus die Kinder betrachtet, zu demselben Schluss kommt, dass man solche Kinder langsam erziehen muss, dass man Geduld haben muss, dass man immer auf den wunden Punkt aufmerksam machen muss in der Weise, dass man danach strebt, sie mit allen Mitteln selbstständig zu machen. Sie sind unordentlich, und wenn ich davon höre, dann sehe ich immer eine Gestalt auftauchen, die Ordnung macht. Aber ebenso sehe ich diese Gestalt auftauchen, wenn man von einem lügenhaften Kinde erzählt. Da ist mir immer, als ob ich eine starke Hand um den Kopf des Kindes sehen müsste, der gegenüber das Kind auszuweichen trachtet. Diese Bewegung wird dann in der Lüge manifestiert. *[32]*

Es gibt noch eine Gruppe von Kindern, die wir hier anschließen müssen. Das sind die Kinder, die mit schwachen, minderwertigen Organen zur Welt kommen. Sie kommen in die gleiche Lage wie die anderen. Sie empfinden alle kleinen Aufgaben als drückend, haben nicht das Gefühl, gewachsen zu sein, sehen und hören nicht gut genug, haben in ihren besten Fähigkeiten gelitten. Ihre Aufzucht und Ernährung machen besondere Schwierigkeiten, sie leiden, haben Krämpfe, sind Tag und Nacht gestört, kommen nicht zu einem ruhigen Schlaf, ihre Lungen sind mangelhaft entwickelt, und ein körperliches Schwächegefühl bleibt. Auch hier wieder kann durch organische Bedingtheit das Schwächgefühl der Kinder außerordentlich groß werden. Freilich werden alle Gruppen von Kindern ein Streben haben, über diese Schwierigkeiten hinauszukommen. Sie werden auffällig viele Maler finden, die irgendwelche Gebrechen der Augen haben, auffällig viele Musiker, die mit ihren Ohren zu leiden haben und nicht nur mit zufälligen Ohrenerkrankungen, sondern mit angeborener Krankheit. Beethoven, Bruckner usw. sind bekannte Beispiele dafür. Aber sie haben die Schwierigkeiten überwunden, haben gestrebt, und in diesem Streben haben sie *[33]* den Mut nicht verloren. So haben sie aus dem Kampf mit dem Schwierigen neue Kräfte gezogen. Unter den Malern sind viele sogar farbenschwach oder farbenblind, die doch das Größte geleistet haben. Wenn Sie ihre Malerei ansehen, werden Sie finden, dass sie die feinsten Unterschiede beherrschen, und das alles nur, weil sie den Mut hatten, Widerstand zu leisten, sich nicht zu ergeben. Die Mängel des Kindes können unter Umständen ein Vorteil sein, aber nur dann, wenn wir den Mut eines solchen Kindes nicht untergraben. Wenn wir ihn aber untergraben, dann können wir auch das grausamste Schicksal über diesen Menschen verhängen; und wenn Sie nachdenken und sich hier vorstellen, dass all dieses Grundsätzliche nicht nur auf Kinder anzuwenden ist, sondern auch auf Erwachsene, auch auf ganze Gruppen und ein Volk, dann werden Sie eine wundervolle Einheit darin finden.

Wir erwarten von Erziehern und Eltern, dass sie das Streben des Kindes auf die nützliche Seite lenken, dass sie den Mut zu diesem Streben nicht unterbinden. Das sind die zwei Forderungen, die wir an die Erzieher stellen müssen.

Dieses Erdenrund ist nur für mutige, selbstbewusste Menschen erträglich. Es bietet nur dem *[34]* etwas, der sich im Einklang weiß und der die Schwierigkeiten, die sich ihm bieten, in allen ihren Verzweigungen nicht fürchtet, sondern sie zu überwinden trachtet. Darum leiten sich wohl auch aus dieser unabänderlichen Verknüpftheit Mensch – Erde, Mensch – Mensch, zu der noch eine dritte kommt, die der beiden Geschlechter, offenbar richtige Grundsätze für unser Leben, für unser Wirken, für die Ausstattung unserer Lebensformen, für unsere Entwicklung ab. Wir können nur die Grundsätze gelten lassen, die diese Verknüpfung anerkennen, die geeignet sind, aus einem Menschen einen richtigen Erdenbewohner zu machen, einen richtigen Mitmenschen innerhalb einer sozialen Organisation, und die mit einer richtigen Lösung ihn seiner Lebensfrage mit weisem Sinn nahebringt. *[35]*

In der Aussprache, die diesem Vortrage folgte, wurden folgende Fragen gestellt:
1. Ob die Gründe einer Verwahrlosung auch in der Erbmasse eines Kindes liegen können?
2. Können wir unsere Kinder zusammenbringen mit den Schwererziehbaren, ohne dass wir körperliche Züchtigung haben? Ist es richtig, schwer erziehbare Kinder gemeinsam mit den anderen zu erziehen oder in besondere Klassen zu vereinigen?
3. Ist es richtig, dass wir begabte Klassen aussondern?

Antwort zu 1:
Gäbe es Kinder, die in ihrer Erbmasse bereits so verschlechtert sind, dass man ihnen nicht helfen kann, sodass sie unbedingt verwahrlosen müssen, so würde es kaum recht lohnen, Pädagogik zu betreiben, vor allem nicht an solchen Kindern. Es hat aber noch nie jemand ein Maß der verschlechterten Erbmasse bestimmt, welches zu einem Schluss berechtigen würde, dass hier Hopfen und Malz verloren wäre. Es war immer umgekehrt, *[36]* immer so, dass, wenn es nicht gelungen ist, ein Kind auf den richtigen Weg zu bringen, der Erzieher sich dann auf die schlechte Erbmasse berufen hat. Ich habe Kinder mit sehr schlechter Erbmasse gesehen, die aber zu den Besten gehört haben, und ich habe Kinder mit sehr guter Erbmasse gesehen, die zu den Schlechtesten gehört haben. Auch wenn ein Erzieher glaubt, dass er wegen der Erbmasse nichts ausrichten könne (dabei sehe ich von defekten Kindern ab), dann möchte ich raten, er möchte es einmal einen anderen versuchen lassen und die Gesichtspunkte hinanbringen, die ich entwickelt habe. Es ist eine sichere Tatsache, dass es schwere Fälle gibt, und wir haben oft genug Blut geschwitzt, aber es ist doch vorwärtsgegangen. Wenn ich auf dem Standpunkt stünde, dass man

in gewissen Fällen nichts ausrichten könne wegen der Erbmasse, so würde ich doch umso sicherer davon überzeugt sein, dass es mir gelingen könnte, bei allen Kindern mit guter und schlechter Erbmasse ein annehmbares Ergebnis zu erzielen, kurz gesagt: Ein Kind verderben kann man immer, ob es eine gute oder schlechte Erbmasse hat. Folglich kann die Erbmasse keine solche bedeutungsvolle Rolle spielen, *[37]* wie es heute noch zu sein pflegt, insbesondere in den medizinischen Betrachtungen, wo jede pädagogische Einsicht in der Regel fehlt. Ein Zusammenhang besteht natürlich und muss deutlich hervorgehoben werden, es ist nämlich der, dass ein Kind mit minderwertigen Organen – das wäre ja die schlechte Erbmasse – leichter als ein anderes in ein Verhältnis geraten kann, in dem es ein starkes Minderwertigkeitsgefühl entwickelt. Das festgestellt zu haben ist aber eine Leistung unserer Wissenschaft und ist der Ausgangspunkt für alle unsere Betrachtung. Wir sehen sehr bald, dass das ein relatives Verhältnis ist, dass nämlich ein Kind mit einer schlechten Erbmasse in günstigen Verhältnissen sich mindestens so verhält wie ein Kind mit einer guten Erbmasse in schlechten Verhältnissen. Kommt nun ein derartig schwach organisiertes Kind auch noch in schlechte Verhältnisse, findet man für dieses Kind keinen Erziehungsplan, der genau geeignet sein muss, so ist es sehr leicht möglich, dass die Erziehung hier zwecklos bleiben kann und immer schlechte Ergebnisse herauskommen. Ich halte es für untunlich, dass ein Pädagoge sich auf diesen Standpunkt stellt, denn er hat vor allem die Aufgabe, den aktiven Optimismus in sich zu tragen und an seine *[38]* Kinder weiterzugeben. Bevor man Kinder wegen ihrer Erbmasse zur Seite schiebt, sollte erst unsere Methode probiert werden.

Antwort zu 2:
Ob man schwer erziehbare Kinder in der gewöhnlichen Schule belassen soll oder nicht? In der Familie kann man sich nicht anders helfen. Die Entscheidung hängt vom Grade ab. Für schwere Fälle muss besonders gesorgt werden. Für gewisse Entartungen ist die Schule ein ungeeigneter Aufenthalt. Man muss solche Kinder auch oft aus der Familie herausbringen.

Antwort zu 3:
Wie Sie aus dem Unterton meiner Auseinandersetzung gefühlt haben, glaube ich nicht an die Begabung. Alles ist selbst erarbeitete Schöpferkraft. Goethe sagt: Das Genie ist vielleicht nur Fleiß![90] Was die Schule, was das Leben verlangt, das kann jedes vollsinnige Kind leisten. Wenn man Klasseneinteilung

---

90 [Adler dürfte sich hier auf eine Passage aus Goethes »Willhelm Meisters Lehrjahre« beziehen (Goethe 1796/1981, S. 572). Allerdings meint Goethe an dieser Stelle nicht, dass Genie bloß aus Fleiß resultiere. Vielmehr habe selbst das Genie ein gehöriges Maß an Fleiß aufzubringen, um seine Begabung zur Entfaltung zu bringen.]

macht nach dem schönen Schlagwort: »Freie Bahn dem Tüchtigen«, also in Begabte und Unbegabte teilt, dann kommt man zu großen Misserfolgen, die sich ja bei den ausgeprägten begabten Klassen herausgestellt haben.

Ich möchte auf eine Gefahr aufmerksam machen, der die Erzieher unterliegen, wenn sie gar zu sehr *[39]* auf die Begabung schwören. Wenn Sie einem Kind beibringen, dass es begabt ist, dann kann es sehr oft geschehen, dass das Kind sich keine Mühe mehr gibt und hochmütig wird. Das ist sozial falsch. Das ist aber noch nicht das Schlimmste, sondern, wenn einem solchen Kinde auf seinem weiteren Gang durch das Leben Schwierigkeiten entgegentreten, dann kann es geschehen, dass es eine Niederlage mehr fürchtet, als es einen Erfolg verlangt; dann beginnt ein Zögern und Zweifeln, und dann stellen sich nervöse Erkrankungen ein, und das Kind bleibt haften und kann nicht weiter. Man denke an die Wunderkinder. Sie haben oft schlecht geendet. Dann gibt es noch eine zweite Seite. Das sind die sogenannten Unbegabten, an die ich in Wahrheit nicht glaube. Deshalb bin ich dagegen, dass man Begabte und Unbegabte teilt. Ich glaube nicht, dass das in Zukunft irgendwelchen Erfolg zeitigen wird. Ich weiß aber, dass man dadurch den Begabten nichts nützen wird und den Unbegabten schadet.

Man muss lernen, ein Kind als einen gleichwertigen Menschen zu behandeln. Das wird dem leichter gelingen, der die Neigung hat, in dem anderen einen gleichwertigen Menschen zu finden. *[40]* Wer diese Neigung nicht hat, dem wird das schwer gelingen, sich dem Kinde gegenüber als ein gleichwertiger Kamerad zu fühlen. Das muss vorausgehen. Die ganze Erziehung hat darauf hinauszulaufen, dass man das natürliche Minderwertigkeitsgefühl auf die Nützlichkeitsseite hinlenkt und sich auf das Nützliche erstrecken lässt. Dazu gehört die Gleichwertigkeit. Ich glaube nicht an die Fähigkeit oder Unfähigkeit des Kindes, sondern nur des Erziehers.

11. Die Erziehung zum Mut (1927)

Editorische Hinweise
Erstveröffentlichung:
1927: Die Erziehung zum Mut. In: Internationale Zeitschrift für Individualpsychologie. 5. Jg., S. 324–326

Alfred Adlers Individualpsychologie hatte in der zweiten Hälfte der 1920er Jahre international bereits weite Verbreitung und Anerkennung gefunden. Dies hing damit zusammen, dass Adler rege publizierte und in verschiedenen Städten Europas – und von 1926 an überdies in den USA – immer wieder als Vortragender zu hören war.

1927 sprach Adler am 4. Internationalen Kongress der »New Education Fellowship«, einem internationalen Forum, das dem Austausch über Reformpädagogik sowie der Verbreitung reformpädagogischer Bemühungen diente. Dieses Forum, das im deutschsprachigen Raum etwas später unter dem Namen »Weltbund zur Erneuerung der Erziehung« bekannt wurde, war 1921 in Calais gegründet worden und hatte bereits in Montreux (1923) und Heidelberg (1925) viel beachtete Kongresse abgehalten (Röhrs 1995). 1927 fand der 4. Kongress in Locarno (Schweiz) statt und ging nicht zuletzt deshalb in die Geschichte der Reformpädagogik ein, weil der Jenaer Universitätsprofessor Peter Petersen auf diesem Kongress erstmals ein reformpädagogisches Schulkonzept präsentierte, das Petersen in einer Versuchsschule zu realisieren versuchte, die der Universität angeschlossen war, und das unter dem Titel »Jena-Plan« zu einem der meistzitierten Schulkonzepte der deutschsprachigen Reformpädagogik wurde.

Der genaue Wortlaut des Vortrags, den Adler auf diesem Kongress hielt, ist in seiner Gesamtheit nicht erhalten. In der Internationalen Zeitschrift für Individualpsychologie veröffentlichte Adler allerdings die Einleitung seines Referats unter dem Titel »Die Erziehung zum Mut« (Adler 1927i/2009a). Dieser Titel knüpft an den Gedanken an, dass es Mut bedürfe, um Aktivitäten zu setzen, die auf der »nützlichen Seite« des Lebens angesiedelt sind (vgl. Adler 1926l/2009a, in diesem Band S. 124), und führt diesen Gedanken in die Forderung über, dass Erziehung auf die Entfaltung von Mut abzuzielen habe.

Adler eröffnet den Text, indem er die Frage aufwirft, in welcher Weise das Ziel oder die leitende Idee von Erziehung so bestimmt werden kann, dass der Geltungsanspruch entsprechender Vorstellungen als allgemein gültig und von ideologischen Positionen, politischen Vereinnahmungen oder historisch sich zufällig ergebenden Traditionen möglichst unabhängig ausgewiesen werden kann. Damit zeigt sich Adler von den Überlegungen des Neukantianismus zum Problem der Bestimmung und Begründung von Normen beeinflusst (Blankertz 1982, S. 285).

Er fügt demgemäß der Forderung, das »Erziehungsideal« müsse ein »allgemeines« sein, die Bemerkung hinzu, dass sich die Bestimmung dieses »Erziehungsideals« zugleich als »denknotwendig« erweisen muss (unten S. 135); denn wenn die Bestimmung des »Erziehungsideals« aus der Besonderheit des menschlichen Denkens gleichsam zwingend folgt und wenn zugleich davon ausgegangen wird, dass dem menschlichen Denken der Anspruch auf allgemeine Verbindlichkeit innewohnt (Titze 1995b), kann der Geltungsanspruch einer »denknotwendigen« Leitidee von »Erziehung« zugleich als allgemein gegeben angesehen werden. Adler führt diesen Gedanken allerdings nicht vollständig aus, sondern fügt dem neukantianischen Zugang ein utilitaristisches Kriterium hinzu: Er merkt an, dass die Bestimmung der leitenden Idee von Erziehung so zu erfolgen habe, dass der Versuch, dieser Leitidee von Erziehung zu entsprechen, auch für die Allgemeinheit nützlich sein müsse.

Die Erziehung zum Mut[91]

Wenn man genötigt ist, sich zu einem Ziel der Erziehung zu bekennen, so liegt die Schwierigkeit darin, alles, was man anstrebt, in einem Begriff so richtig zu erfassen, dass ein Verkennen des ungefähr richtigen Weges oder eine Selbsttäuschung nahezu ausgeschlossen ist. Die Aufgabe müsste so gestellt sein, dass auch in schwierigen Fällen die leitende Idee sowohl den Erzieher als das Kind vor größeren Irrwegen behütet. Und diese leitende Idee darf nicht etwa aus der Tradition allein entsprungen sein. Denn der Wechsel unserer Lebensbeziehungen kann uns eine Änderung unserer Lebensgewohnheiten und -notwendigkeiten als lebenswichtig aufdrängen. Sie darf auch nicht aus gefühlsmäßigem Drange allein hervorgegangen sein. Sie soll nicht im Dienste anderer tragender Ideen stehen, religiöser, nationaler, sozialer – auch nicht, wenn diese im Ideal des Erziehers eine hervorragende Rolle spielen. Denn nur zu leicht kann sich als Dogma wirksam erweisen, unumstößlich bestehen bleiben, was, um eine führende Rolle zu spielen, einer Entwicklung bedarf. Vom Standpunkt der Erziehung aus gesehen, sind die Faktoren der Religion, der Nationalität, des sozialen Bewusstseins immer nur Hilfsmittel, den ungefähr richtigen Weg zu finden zur bestmöglichen Entwicklung des Kindes; sie müssten auch wohl oder übel hintangesetzt werden, wenn sie diesen Zweck verfehlten.

Nun ist aber die bestmögliche Entwicklung des Kindes so sehr dem vorgefassten Standpunkt des Erziehers anheimgegeben, dass es eine lohnende Aufgabe wäre, zuerst diese Standpunkte zu überprüfen, bevor man das Ziel der Erziehung einheitlich festsetzt. Es wäre ein unschätzbarer Vorteil, sich

---

91 Anm. Adler 1927: Einleitung zu einem Vortrag anlässlich der Konferenz des »Vereins für neue Erziehung«, gehalten in Locarno, am 5. August 1927

wenigstens auf einige Punkte zu einigen, die kraft ihrer wissenschaftlichen Unanfechtbarkeit oder weil sie wenigstens dem Common Sense entsprechen, im Ziel der Erziehung ihren berechtigten Platz einnehmen müssen.

Wenn wir die zur dauernden geistigen Verkrüppelung verdammten Kinder ausschalten, so scheinen uns drei von diesen Forderungen als die heute bemerkenswertesten. 1. Das Erziehungsideal muss ein allgemeines sein. 2. Es muss sich als denknotwendig ergeben. 3. Es muss die Nützlichkeit für die Allgemeinheit gewährleisten. [325]

1. Das Erziehungsideal muss ein allgemeines sein.

Alle Einrichtungen, für die eine Scheidung der Jugend in dem Sinne, als ob die einen zur dienenden, die anderen zur herrschenden Kaste gemacht werden sollten, müssen fortfallen. Anstatt der Auswahl der gegenwärtig für höhere Zwecke begabt Erscheinenden, müssten jene Methoden bevorzugt werden, die den scheinbar Unbegabten den Aufstieg erleichtern. Nicht mehr das Aufsuchen von verborgenen Fähigkeiten, nicht die Überschätzung sichtbarer Fähigkeiten in der Kindheit und Jugend, wie zum Beispiel bei der Testprüfung, dürften in erster Reihe stehen, sondern die Erweckung von Fähigkeiten bei allen Kindern. Die Bedeutung eines richtigen Trainings auch in geistiger und moralischer Beziehung müsste dem Erzieher klarer werden als bisher. Die Grenzen der geistigen, körperlichen und moralischen Entwicklungsfähigkeit sind heute noch viel zu eng gesteckt. Sie erheblich hinauszuschieben wird nur dem gelingen, der sich frei macht von dem Aberglauben der Gegebenheit dieser Grenzen und ihrer Konstanz. Und in seinen Methoden wird der Erzieher in erster Linie immer darauf bedacht sein, das Streben und den Mut seiner Zöglinge zu fördern und nicht einzuengen.

2. Das intelligible Erziehungsideal

Die Berufung auf Tradition und Gefühle darf nicht ausschlaggebend sein. Eine Einigung, die gerade in den Erziehungsformen nottut, kann nur im Wege des Verstehens statthaben. Die Durchdrungenheit von der Richtigkeit des Weges beim Erzieher und seinen Zöglingen wird sich unweigerlich geltend machen in ihrer Selbstständigkeit und ihrem Selbstvertrauen, sobald sie mit reiflicher Überlegenheit an ihre Probleme gehen. Und auch ihr Mut und die Selbstverständlichkeit ihres Weiterstrebens kann nur gewinnen, wenn sie aus ihrem Wissen und aus ihren Erkenntnissen geschöpft haben. Als Grundlage des Verstehens ihrer Aufgaben möchte ich die individualpsychologische Anschauung empfehlen, nach der das Leben eine konstruktive Leistung ist, dahin gerichtet, aus der Beziehung des Menschen zum Kosmos[92], zur Gemeinschaft und zum anderen Geschlecht ungefähr richtige Lösungen zu finden. Aus dem Tatbestand dieser konstruktiven Leistungen folgt, dass nur der Mutige sich dieser Aufgabe vollkommen widmen kann.

3. Die Nützlichkeit für die Allgemeinheit

Jede Leistung, die nicht im Rahmen der Nützlichkeit für die Allgemeinheit erfolgt, verkürzt den Vollbringer in dem Gefühle seiner Wertigkeit, gibt ihm ein Gefühl seiner Minderwertigkeit und bringt ihn in Widerspruch mit den stets sozialen Aufgaben und Zusammenhängen des Lebens. Es wird daher immer den Widerspruch der Allgemeinheit erfahren und alle die Schwierigkeiten und Strafen, die naturnotwendig aus einer Verletzung der Logik des menschlichen Zusammenlebens erfließen. Er wird sein Leben nicht *[326]* leichter gestalten, als er angenommen hat, sondern schwerer. Er wird sich nicht als einen Teil des Ganzen empfinden, sondern wie in Feindesland leben. Wert des eigenen Lebens, wertvolle Leistungen gibt es nur auf der Seite der Nützlichkeit für die Allgemeinheit. Sein mangelndes Interesse für die anderen stammt immer aus der Furcht, sich nicht nützlich machen zu können. Deshalb sucht er, wie die Individualpsychologie gezeigt hat, mittels allerlei Tricks und allerlei Selbstrechtfertigungen fern von der Wahrheit des Lebens unter Verübung eines Selbstbetrugs seine Geltung und sein Persönlichkeitsgefühl abseits vom allgemeinen Nutzen in einer Lebenslüge zu sichern. In dieser Erkenntnis fließen Wahrheit, Mut und Wert als soziale Faktoren zusammen. Sie sind Erscheinungsformen des entwickelten Gemeinschaftsgefühls. Sie sind nur verschiedene Seiten eines und desselben Lebensstils. Solange das Kind sich zutraut, auf der Seite der Nützlichkeit zur Geltung zu kommen, so lange liegt ihm der Weg zu unnützlichen Leistungen nicht im Sinne. Die Erweckung dieser Erkenntnisse ist für die Individualpsychologie der erste Schritt zur Erweckung des Mutes. Die Möglichkeit, durch eine geeignete Methode die höchsten nützlichen Leistungen vollbringen zu können, wenigstens mit Aussicht auf Erfolg danach streben zu dürfen, nicht durch hereditäre oder konstitutionelle Andersartigkeit daran

---

92 [Von 1922 an thematisiert Adler den Gedanken, dass dem Gefühl der Zusammengehörigkeit nicht nur das Gefühl der Verbundenheit mit anderen Menschen, sondern auch das Gefühl der Verbundenheit mit Tieren, Pflanzen, Gegenständen, ja letztlich mit dem gesamten Kosmos zuzurechnen ist (Adler 1927a/2007b, S. 54). Damit fügt Adler dem Konzept des Gemeinschaftsgefühls eine weitere Dimension hinzu (Seidenfuß 1995, S. 188). Erste Ansätze, die in diese Richtung deuten, finden sich in einer Textpassage, die Adler 1922 seiner Schrift über den Aggressionstrieb hinzufügt (Adler 1908b/2007a, S. 76, Fußnote 63, Erg. 1922).]

gehindert zu sein, lässt sich erkenntnisgemäß und nur im Wege des Verstehens erweisen.

So schließen sich diese drei Gesichtspunkte zu einer Einheit zusammen und dürfen als Grundlage einer Auseinandersetzung über das Erziehungsideal dienen. Sie zeigen auch gleichzeitig die zentrale Bedeutung der Erziehung zum Mut, wie sie bewusster und immer auf das Verstehen gestellt in der Individualpsychologie geübt wird.

Wenn ich in Kürze einen kleinen Beweis für die Richtigkeit der obigen Gesichtspunkte liefern müsste, so würde ich auf jene Folgen fehlgegangener Erziehung hinweisen, die dem Erzieher am schärfsten auf die Seele fallen. Es sind dies die schwer erziehbaren Kinder, die Nervösen, die Selbstmordkandidaten, die Verbrecher und die Prostituierten. In allen diesen Fällen wird man finden, dass sie ihren Weg gegangen sind, weil ihnen der Mut, nützliche Dinge zu vollbringen, abhandengekommen ist. Wie weit sie sich, mit einigem Recht oder Unrecht, aus einem allgemeinen Erziehungsideal ausgeschaltet geglaubt haben, wie wenig sie das hier wissenschaftlich erfasste Erziehungsideal verstanden haben, ist nicht so schwer einzusehen, bedarf aber doch einer Erweisung an den Tatsachen ihres Lebens. Dass sie alle den Weg der Nützlichkeit für die Allgemeinheit verfehlt haben und dass sie deshalb mit der Allgemeinheit in Widerspruch geraten, ist ebenso leicht einzusehen, wie dass die Mittel zu ihrer Bekehrung heute vollkommen unzulänglich sind.

Ebenso verständlich dürfte es erscheinen, dass sie nur wieder gewonnen werden können, wenn sie den Mut gewinnen, ihre Geltung im Sinne des Gemeinschaftsgefühls zu beanspruchen und nicht im Gegensatz zu diesem.

12. Individualpsychologie in der Schule (1929)
Vorlesungen für Lehrer und Erzieher

Editorische Hinweise
Erstveröffentlichung:
1929b: Individualpsychologie in der Schule. Vorlesungen für Lehrer und Erzieher. Leipzig: Hirzel
Neuauflage:
1973b: Individualpsychologie in der Schule. Vorlesungen für Lehrer und Erzieher. Mit einer Einführung von W. Metzger. Frankfurt a. M.: Fischer

Bereits 1919 waren in Österreich verschiedene Initiativen zur Reform der Lehrerbildung gesetzt worden. Unstete politische Entwicklungen sowie divergierende bildungspolitische Auffassungen, die von den politischen Parteien, aber auch von anderen politisch gewichtigen Gruppierungen vertreten wurden, verhinderten allerdings tiefgreifende Veränderungen: Im Zentrum der Ausbildung jener Lehrer, die an Mittelschulen unterrichten und ihre Schüler zur Matura führen sollten, stand daher auch weiterhin das universitäre Studium ihrer Unterrichtsfächer ohne vertiefte Befassung mit der Aneignung pädagogischer Kenntnisse oder der Entwicklung pädagogischer Kompetenzen. Und jene angehenden Lehrer, die in Pflichtschulen unterrichten wollten, mussten sich auch weiterhin darum bemühen, bereits nach ihrem vollendetem 15. Lebensjahr zu einer fünfjährigen Ausbildung an einer jener Lehrerbildungsanstalten zugelassen zu werden, die nicht zur Hochschulreife qualifizierten und die sich auch sonst erfolgreich gegen all die Entwicklungen abzuschotten verstanden, die nach 1920 in den verschiedenen wissenschaftlichen Disziplinen bereits kräftig eingesetzt hatten. An der zunehmenden Kritik, die sich gegen beide Ausbildungsformen richtete, änderte auch der Umstand nichts, dass den Lehrern beider Gruppen eine zweite Phase der praktischen Bewährung im Schuldienst sowie die Teilnahme an Fortbildungsveranstaltungen aufgegeben war (Hörburger 1967, S. 209 f; Scheipl u. Seel 1985, S. 60, 98 ff.).

In dieser Situation kam es 1923 im Rahmen der Schulreform, die Otto Glöckel in seiner Funktion als stellvertretender Präsident des Wiener Stadtschulrates in Österreichs Hauptstadt durchführte, zur Eröffnung des Pädagogischen Instituts der Stadt Wien. Hier sollte die Lehrerschaft für die Ideen der Schulreformbestrebungen gewonnen werden und in hochschulähnlicher Form jene Kenntnisse und Fähigkeiten erwerben, die in Übereinstimmung mit den seinerzeitigen Entwicklungen – insbesondere in den Bereichen der Pädagogik und Psychologie – für ein Unterrichten und Erziehen im Sinne der Reformbemühungen nötig waren. Bald widmete sich das Pädagogische Institut nicht nur der Lehrerfortbildung, sondern auch der Lehrerausbildung und bot zwischen 1925 und 1930 viersemestrige Kurse an, die zum Teil auch den ergänzenden Besuch universitärer Lehrveranstaltungen vorsahen (Zehetner 1994, S. 65ff.). Insgesamt waren am Pädagogischen Institut etwa 130 Dozenten und Dozentinnen in 196 Vorlesungen und Übungen tätig, darunter so bekannte Persönlichkeiten wie die Psychologen Karl und Charlotte Bühler, der Verfassungsrechtler Hans Kelsen, der Philosoph und Soziologe Max Adler, etwas später Anna Freud – und eben auch Alfred Adler, der 1924 zum Professor des Pädagogischen Instituts ernannt wurde.

Alfred Adler hielt ab dem Wintersemester 1923/24 Vorlesungen zum Thema »Schwer erziehbare Kinder«. Da Adler von 1926 an immer länger andauernde Auslandsreisen, insbesondere nach Amerika, unternahm, ist zu vermuten, dass er zwischen 1926 und 1929 zumindest zeitweise von anderen Wiener Individualpsychologen vertreten wurde. 1929 wurde Adlers Funktion am Pädagogischen Institut von Ferdinand Birnbaum übernommen.

Einleitung zum Buch »Individualpsychologie in der Schule«

Das Buch »Individualpsychologie in der Schule« gibt, mit einigen Ergänzungen versehen, die Vorlesungen wieder, die Adler 1928 am Pädagogischen Institut gehalten hatte. Nach Rüedi (1988, S. 156ff.) verfolgt Adler in dieser Schrift vier Stränge:

a) Ein Themenstrang ist Adlers Auffassung gewidmet, dass die Förderung von Gemeinschaftsgefühl zu den vordringlichsten Aufgaben von Schule zählt. In diesem Zusammenhang vertritt Adler einmal mehr die Vorstellung, dass Schule einen wesentlichen Beitrag zur Heranbildung von Kindern und Jugendlichen zu leisten habe, die gemeinschaftsfähig sind und von denen man erwarten dürfe, dass sie künftig an der Realisierung von sozialem Fortschritt mitwirken würden (vgl. etwa S. 144 oder 154 in diesem Band).

b) Wesentliche Bereiche der Persönlichkeit – Adler spricht seit 1926 vom »Lebensstil« – sind allerdings in Abhängigkeit von den Erfahrungen, die ein Kind in den ersten fünf Lebensjahren in seiner Familie machte, bereits ausgebildet, wenn ein Kind mit dem Schulbesuch beginnt. Will man verstehen, wie einzelne Kinder auf die Schule und damit auf das Leben in der Gemeinschaft vorbereitet sind, gilt es daher deren Lebensstil zu erkennen und zu erfassen. Letzteres ist insbesondere dann unverzichtbar, wenn es die Schule mit »schwer erziehbaren Kindern« zu tun hat. Der zweite Themenstrang ist deshalb der Frage gewidmet, wie mithilfe der Individualpsychologie die Besonderheit des Lebensstils eines Kindes verstanden werden kann, indem nach dem Zustandekommen des Lebensstils gefragt und in Verschränkung damit nachzuvollziehen versucht wird, wie ein bestimmtes Kind (in lebensstiltypischer Weise) aktuell bestimmte Situationen erlebt und sich in diesen Situationen folglich in einer bestimmten Weise verhält (vgl. dazu insbesondere S. 160 in diesem Band).

c) In einem dritten Themenstrang geht Adler darauf ein, welche Aufgaben und Möglichkeiten der Schule gegeben sind, in »korrigierender« Absicht auf den Lebensstil von – insbesondere schwer erziehbaren – Kindern Einfluss zu nehmen. Adler geht in diesem Zusammenhang wiederholt darauf ein, dass Schule das Interesse der Kinder an ihren Mitmenschen zu wecken, den Kindern Mut zu machen und ihnen zu helfen habe, zu Selbsterkenntnis zu gelangen (siehe dazu etwa die S. 161 in diesem Band).

d) Ein vierter, kasuistischer Strang liegt zu den eben genannten drei Themensträngen quer. Um die Besonderheit des individualpsychologischen Praxisvollzugs an Fallbeispielen zu verdeutlichen und somit Einblick in die »Kunst« des individualpsychologischen Fallverstehens zu geben (vgl. S. 23 f. in diesem Band), referiert Adler zum einen Fallberichte aus seiner Beratungstätigkeit sowie aus der eines (offensichtlich individualpsychologisch geschulten) Lehrers (unten S. 166 ff. und 162 ff.). Zum anderen kommentiert Adler schriftliche Berichte, die ihm vorgelegt wurden (vgl. dazu die S. 23 f. und S. 275 in diesem Band).

Adler gliederte das Buch in dreizehn Abschnitte und setzte an den Beginn der neun zentralen Kapitel bloß römische Ziffern. Als das Buch 1973 neu aufgelegt wurde, fügte Metzger diesen römischen Ziffern Kapitelüberschriften und der letzten Zwischenüberschrift Adlers das Begriffspaar »Schema und Fragebogen« hinzu. Setzt man diese Ergänzungen Metzgers in eckige Klammern, stellt sich der Inhalt des Buches folgendermaßen dar:

> *Vorwort – Einleitung – 1. [Die ersten fünf Lebensjahre] – 2. [Zur Vorgeschichte der Schwererziehbarkeit] – 3. [Kindliche Lebensstile] – 4. [Schicksalsschläge] – 5. [Echte und falsche Kindheitserinnerungen] – 6. [Kindheitserinnerungen und Kinderträume] – 7. [Zur Bedeutung von Erinnerungen, Fantasien und Träumen] – 8. [Zur Theorie des Traumes; Fortsetzung] – 9. [Übersicht; das Gemeinschaftsgefühl] – Beispiele – Anhang [Schema und Fragebogen]*

In der vorliegenden Studienausgabe wurde auf die Wiedergabe der Kapitel 5 [Echte und falsche Kindheitserinnerungen], Kapitel 6 [Kindheitserinnerungen und Kinderträume], Kapitel 7 [Zur Bedeutung von Erinnerungen, Fantasien und Träumen], Kapitel 8 [Zur Theorie des Traumes; Fortsetzung] verzichtet, da sich Adler zu den Themen Erinnerung, Traum und Fantasie auch andernorts ausführlich geäußert hat. Ähnliches gilt für das Kapitel 4 [Schicksalsschläge], von dem nur ein Teil aufgenommen wurde, da Adler gegen Ende des Textes Überlegungen vorstellt, die bereits in anderen Texten der vorliegenden Studienausgabe hinreichend Behandlung finden. Von den vier Beispielen, die Adler im vorletzten Kapitel referiert, werden hier die ersten beiden neu abgedruckt. Der besagte »Fragebogen« kann in einer ausführlicheren Fassung auf S. 252 ff. dieses Bandes nachgelesen werden (siehe dazu auch die Fußnote 111 auf S. 182 f.).

Individualpsychologie in der Schule.
Vorlesungen für Lehrer und Erzieher

Vorwort	141
Einleitung	142
Kapitel 1 [Die ersten fünf Lebensjahre]	144
Kapitel 2 [Zur Vorgeschichte der Schwererziehbarkeit]	151
Kapitel 3 [Kindliche Lebensstile]	159
Kapitel 4 [Schicksalsschläge]	165
Kapitel 9 [Übersicht; das Gemeinschaftsgefühl]	169
Beispiele	174
Anhang [Schema]	181

Vorwort

Dies ist ein erster Versuch,[93] Individualpsychologie in die Schule zu tragen und an der Ausgestaltung der Schule zur Erziehungsschule mitzuwirken. Das Buch enthält die Vorlesungen, die ich als Dozent des Pädagogischen Instituts der Stadt Wien im Jahre 1928 vor Lehrern gehalten habe. Mein Thema war: Schwer erziehbare Kinder in der Schule.

Der Leser wird auf den ersten Blick erkennen, dass ich auf eine Zusammenarbeit von Psychiater, Lehrer und Familie hinzielte. Diese Arbeit gibt ein kleines Bild davon, was ich und meine Freunde seit vielen Jahren in den Schulberatungsstellen (Erziehungsberatungsstellen) anstrebten: das Los der Kinder, der Lehrer und der Familie zu verbessern. Dies mag manchem, besonders dem Unerfahrenen, als ein allzu langsamer Weg erscheinen.

Wir Individualpsychologen, die Lehrer und Eltern, die mit uns gearbeitet haben, die einsichtigen Pädagogen aller Länder haben anders geurteilt. Wenn unsere Arbeit weiterschreitet wie bisher, wenn es uns weiter gelingt, das Vertrauen und die Zuversicht der Lehrer zu gewinnen und zu erhalten, dann baut sich die Organisation des Erziehungswerkes auf einer besseren Grundlage auf und wird sich einfügen in das Werk aller jener, die am Wohle und zum Wohle des Volkes arbeiten.

Wien, am 31. August 1929
Dr. Alfred Adler

---

93 [Adler befasst sich nicht zum ersten Mal aus individualpsychologischer Sicht mit dem Thema der Schule. Er wendet sich allerdings erstmals mit einem Buch an die Öffentlichkeit, das zur Gänze dieser Thematik gewidmet ist.]

Einleitung

[VII] Vorliegende Arbeit stellt eine Sammlung von Vorträgen dar, die ich als Dozent des Pädagogischen Instituts der Stadt Wien vor Lehrern gehalten habe, zu dem Zwecke, ihnen die Einführung individualpsychologischer Grundanschauungen in das Schulleben zu erleichtern. Sie stellt so eine Ergänzung der praktischen Arbeit dar, die die Individualpsychologie seit vielen Jahren in Wien und anderen Städten des Auslandes in den von ihren Vertretern errichteten Schulberatungsstellen[94] geleistet hat. Eine kurze Übersicht über diese Leistung findet der geneigte Leser in dem »Erziehungsberatungsheft« des VII. Jahrganges der Internationalen Zeitschrift für Individualpsychologie[95].

Wenn die Darlegungen dieses Büchleins heute manchem einfach erscheinen, so darf ich wohl daran erinnern, dass außerhalb des Kreises der Individualpsychologen wohl nur die Kenntnis der Klaviatur zu finden ist. Und diese Kenntnis haben wir freilich in langjähriger Anstrengung auch denen, die zwischen theoretischer Darstellung und künstlerischer Praxis nicht unterscheiden können, mundgerecht gemacht. Dagegen haben wir allen Grund zu behaupten, dass keiner von denen, die tiefer gesehen zu haben glauben und denen die Individualpsychologie oberflächlich erscheint, imstande wäre, auf dieser Klaviatur spielen zu können.

Ich habe deshalb im Laufe vieler Jahre getrachtet, nicht nur in wissenschaftlich einwandfreier Weise eine individualpsychologische Seelenkunde zu entwickeln, sondern auch in persönlicher Zusammenarbeit mit psychiatrisch geschulten Ärzten, Lehrern und Erziehern jene praktische Fähigkeit zu schulen und zu entwickeln, ohne die eine Erziehung schwer erziehbarer Kinder und Nervöser undenkbar erscheint. Mit Verwunderung konnten wir nun beobachten, dass manche unserer kritischen Leser einzelne Begriffe aus ihrem organischen Zusammenhang reißen wollten und sie aus ihrer eigenen ganz anderen Begriffswelt missdeuten konnten. So den Ausgangspunkt unserer Betrachtungen über das Minderwertigkeitsgefühl. Für uns ein positives Erleiden aus den Anspannungen gegenüber den Anforderungen des [VIII] Lebens, kamen sie nicht darüber hinaus, es als relativ, aus einem Vergleich mit anderen erwachsen, misszuverstehen[96]. Einen weiteren Missgriff bedeutet

---

94 [Siehe dazu S. 19 sowie Fußnote 38 auf S. 85 f. in diesem Band.]
95 [Heft 3 des 7. Jahrgangs der Internationalen Zeitschrift für Individualpsychologie aus dem Jahr 1929. In diesem Heft erschien auch jener Fallbericht, der unter dem Titel »Enuresis als Bindemittel« in »Die Technik der Individualpsychologie« nochmals veröffentlicht wurde (Adler 1929g, siehe S. 335 ff. in diesem Band).]
96 [Metzger (in der Einführung zu Adler 1929b/1973b, S. 8 ff.) hat in der Diskussion dieser Textpassage darauf hingewiesen, dass Adler die Entstehung von Minderwertigkeitsgefühlen in früheren Schriften durchaus auf den – schmerzlich erlebten – Ver-

natürlich der oft hämische Hinweis auf die von uns geübte und wohl trainierte, mit der größten Vorsicht geschulte Fähigkeit des Erratens, das manchem sogar als »unwissenschaftlich« gilt. Als ob jemals neue Ergebnisse auf anderem Wege als auf dem des Erratens zustande gekommen wären!

Aber wir dürfen uns nicht beklagen. Je mehr einer in das Gebiet der Individualpsychologie Einblick genommen hat, desto mehr wird er des großen, inneren Zusammenhangs gewahr, des eisernen Netzwerks, das wir zur Erschließung seelischer Zusammenhänge benützen und der großen Brauchbarkeit zur Verhütung von Schwererziehbarkeit und Neurose und zu deren Behebung.

Wir sind in dauerndem Fortschreiten begriffen. Lehrer, Erzieher, Ärzte und Psychologen wenden sich mehr und mehr dem Studium der Individualpsychologie zu. In unseren Schulberatungsstellen (Erziehungsberatungsstellen) haben wir mit Erfolg eine Instanz geschaffen, die eine fehlerhafte Entwicklung des Schulkindes zu bessern imstande ist. Lehrer, Ärzte, Eltern und wohl auch Kinder sind daran, mit immer größerem Eifer und mit Liebe teilzunehmen und sich ihrer zu erfreuen. Die Bedeutung dieser Schulberatungsstellen wird immer mehr erkannt.

Dies kleine Büchlein enthält neben theoretischen und praktischen Hinweisen zu Zwecken der Schule einen Fragebogen zum Verständnis und zur Behandlung schwer erziehbarer Kinder und eine individualpsychologische Skizze der Norm und der Fehlschläge, in der Ursachen und Folgen einer mangelnden Fähigkeit zur Kooperation ersichtlich gemacht sind.

Der Verfasser [1]

---

gleich des Einzelnen mit Anderen zurückgeführt hat. So heißt es etwa im »Nervösen Charakter«: »Das Gefühl ist stets als relativ zu verstehen, ist aus den Beziehungen zu seiner Umgebung erwachsen oder zu seinen Zielen. Stets ist ein Messen, ein Vergleichen mit anderen vorausgegangen« (Adler 1912a/2008a, S. 54). – Gegen Ende der 1920er Jahre rückt Adler die Annahme in den Vordergrund, dass am Beginn des Verspürens der ersten Minderwertigkeitsgefühle nicht der Vergleich mit anderen, sondern die »Kleinheit und Unbeholfenheit« des Kindes stehen, die dem Kind den Eindruck vermitteln, »dem Leben nur schwer gewachsen zu sein« (Adler 1927/2007b, S. 72). Frühe Minderwertigkeitsgefühle resultieren demnach allenfalls im Vergleich zwischen dem Verlangen, »eine Aufgabe, ein Bedürfnis, eine Spannung« zu lösen, und der schmerzlichen Erfahrung, dass eine solche Lösung noch nicht herbeigeführt werden kann. Im vorliegenden Text begreift Adler das Realisieren einer solchen Diskrepanz als ein »positives Erleiden«, da er im Verlangen, dem Verspüren solcher Minderwertigkeitsgefühle zu entkommen, die »treibende Kraft« sieht, »von der alle Bestrebungen des Kindes ausgehen«, Bestrebungen, zu lernen und sich zu entwickeln, mit eingeschlossen (ebd. S. 72, vgl. dazu auch Adler 1930a/1976a, S. 214 f. in diesem Band; sowie Adler 1933l/1983a, S. 35, Studienausgabe, Bd. 3).]

Kapitel 1 [Die ersten fünf Lebensjahre]

Ich werde Ihnen in diesen Vorlesungen nicht nur Theorie vortragen, denn Sie selbst stehen ja alle im Rahmen des Erziehungswesens, und es ist für Sie viel wichtiger, Theorie und Praxis zu verbinden. Wir werden über Fälle von schwer erziehbaren Kindern sprechen, oder Sie werden irgendwelche Fälle vorlegen, damit wir dann gemeinsam besprechen können, in welcher Weise solch einem Kinde zu helfen ist. Wir dürfen auch nicht die Hauptsache übersehen, das Kind mit der Schule zu verbinden, zu interessieren. Es ist aber auch wichtig zu wissen, was die Schule im Leben eines Kindes, im Leben eines Volkes bedeutet. Wir dürfen nicht übersehen, dass wir es hier mit der verlängerten Hand der Familie zu tun haben. Wenn die Familie fähig wäre, das Kind richtig zu erziehen, dann wäre ja die Schule überflüssig. Sie wissen aus der historischen Entwicklung der Schule, dass es Zeiten gab, wo von einer Schule überhaupt noch nicht gesprochen werden kann, wo die Familienerziehung noch vollkommen genügend war. Immerhin gab es auch in dieser Zeit Einrichtungen, dass Kinder aus den höchsten Familien zum Beispiel in Prinzenschulen gingen, sodass sie für die Regierungsgeschäfte, für die Verwaltung unterrichtet waren. Später war es die Kirche, die in ihrem Interesse Schulen errichtet hat, die das Wissen so weit fördern konnten, dass sie den Bedürfnissen der Kirche und des Staates genügten. Die Schule ist organisch gewachsen mit den Bedürfnissen des Volkes. Sie hat immer diese Einrichtung gezeigt, welche durch die Notwendigkeiten der Gesellschaft erfordert wurde, wie es in der Zeit des entwickelten Handels und der entwickelten Technik notwendig war. Da erwuchs die Notwendigkeit einer Volksschule. Die Volksschule hat verschiedene Formen angenommen, entsprechend den Forderungen der regierenden Gewalten.

Wir stehen auch heute vor der Frage, wie eine Schule einzurichten ist. Dass die Schule als die Basis der ganzen Erziehung des Volkes angesehen werden muss, daran ist kein Zweifel. [2]

Die Aufgabe der Schule ist: Wie entwickeln wir Menschen, die im Leben selbstständig weiterarbeiten, die alle Erfordernisse notwendiger Art nicht als fremde Angelegenheiten, sondern auch als ihre eigene Sache betrachten, um daran mitzuwirken? Das Ideal eines Volkes reicht bis in die Familie hinein. Es ist offenkundig, dass innerhalb der Familie und Schule Einrichtungen getroffen werden müssen, sodass man nach Beendigung der Schule die geeigneten Menschen für die Gemeinschaft findet.

Wir betrachten immer die Zusammenhänge, wir verstehen unter Menschenkenntnis immer die Kenntnis der persönlichen Haltung eines Menschen zu den anderen, der Ausbildung seiner Mitmenschlichkeit. Die Schule steht nicht am Anfang dieser Persönlichkeitsentwicklung, sie beginnt innerhalb der Familie. Diese ersten Eindrücke sind bereits formgebend. Die Form, in der ein Kind in die Schule eintritt, ist von der Familie gegeben. Bei Schulbeginn steht das Kind vor einer neuen Aufgabe, ebenso der Lehrer. Je besser ein Kind für die Notwendigkeiten der Schule vorbereitet ist, desto weniger Schwierigkeiten wird es haben, und je schlechter es vorbereitet ist, umso stärker werden sich seine Schwierigkeiten vermehren. Die Schule ist ein Experiment, eine Testprüfung, die ergibt, wie das Kind für die soziale Aufgabe der Schule vorbereitet ist. Gut vorbereitet zu sein heißt: sich einzuordnen, nicht nur sich an die anderen anzuschließen, sondern an die anderen zu denken, für die anderen Interesse zu haben, nicht nur die Annehmlichkeiten der Schule als seine eigenen, als Geschenk zu empfinden, sondern auch die Schwierigkeiten als zu sich gehörig zu betrachten und zu versuchen, diese Schwierigkeiten zu überwinden. Die Schule ist nicht die erste soziale Aufgabe, die dem Kinde erwächst. Die erste soziale Aufgabe ist die Beziehung zur Mutter. Wir können beobachten, wie die Mutter das Kind für eine richtige Beziehung vorbereitet hat. Was ist eine richtige soziale Beziehung zur Mutter? Interessiert sein an ihr, in ihr einen richtigen Mitmenschen zu empfinden. Da laufen aber viele Fehler unter, bis zu einem solchen Grade, dass die Kinder zu Mitmenschen gar nicht werden können. Sie fängt das ganze Interesse des Kindes in ihrer Person auf, bringt das Kind in eine behagliche Situation, oft so sehr, dass es nicht selbst funktionieren kann, alles von der Mutter erwartet. Solch ein Verhalten einer Mutter, das alle Tage, alle Minuten zum Vorschein kommt, dient dazu, dass das [3] zugehörige Benehmen dieser Kinder sich mechanisiert, und da man ihnen nicht Gelegenheit gibt, sich vom Anfang an in der Überwindung von Schwierigkeiten zu üben, sind sie für ihr weiteres Leben sehr mangelhaft vorbereitet.

Einen anderen Typus, wo die Mutter nicht den Eindruck eines Mitmenschen vermittelt, finden wir bei den gehassten Kindern, zum Beispiel oft bei Kindern, die als Waisen aufgewachsen sind, bei illegitimen Kindern, Kindern, die nicht gewünscht waren, bei hässlichen Kindern, bei Stiefkindern. Ihnen fehlt oft der Eindruck, dass es Mitmenschen gibt. Ihre Haltung wird dadurch beeinflusst, dass sie die Liebe nicht kennenlernen. Sie fühlen sich wie im Feindesland und leben auch dementsprechend.

Der erste Typus sucht immer nach einer ihn stützenden Person, kann nicht selbstständig funktionieren. Der andere Typus lebt immer in der Idee des Verfolgtseins, des Zurückgesetztseins. Diese Kinder sind meistens sehr misstrauisch und fürchten sich immer vor einer Niederlage. In beiden Fällen ist ein Problem vorgeschoben, das das ganze Leben leitet: Ich muss verzärtelt werden, ich muss entweichen, entwischen, ich muss schauen, dass mir niemand etwas anhaben kann.

Die ersten vier bis fünf Jahre genügen, um die Haltung des Kindes zu mechanisieren. Es überlegt sich nicht mehr, was das Wesentliche seiner Eindrücke ist. Wenn ein verzärteltes Kind in die Schule kommt und sieht, dass man dort nicht verzärtelt wird, wenn es in eine unbekannte Situation kommt, wird es sich nicht gut fühlen, aber sein Streben, verzärtelt zu werden, im Mittelpunkt zu stehen, nicht aufgeben. Es achtet immer darauf, ob jemand für es da ist, will immer im Mittelpunkt der Aufmerksamkeit stehen. Das kann in zweifacher Weise geschehen: Entweder nimmt es sich sehr zusammen, ist besonders brav, lenkt dadurch die Aufmerksamkeit auf sich und hat seine frühere angenehme Situation beinahe hergestellt. Diese Kinder lieben Schwierigkeiten überhaupt nicht. Oder aber es wird sehr faul oder schlimm sein, benimmt sich sehr auffällig, ist trotzig, um wenigstens die Aufmerksamkeit des Lehrers, der Kameraden auf sich zu lenken, um die anderen zu veranlassen, sich viel mit ihm zu beschäftigen. Nun entwickelt sich ein Prozess im Leben des Kindes, aus dem wir ersehen können, dass alles zum Mittel werden kann, wenn im seelischen Leben die Richtung einmal festgelegt ist. Diese Kinder sind in den meisten Fällen nicht richtig vorbereitet. Es fehlt ihnen die Konzen[4]tration, die Aufmerksamkeit; sie können keine Kameraden finden, weil sie immer mit sich beschäftigt sind; sie betrachten diese Aufgaben als besondere Schwierigkeiten, trauen sich nichts zu und entfremden sich immer mehr und mehr der Schule. Solche Kinder werden immer den Eindruck haben, im Recht zu sein. Sie werden gefühlsmäßig die Situation des Elternhauses der der Schule vorziehen. Sie werden den Aufgaben der Schule mit Abneigung, Abwehr gegenüberstehen. Es ist offenkundig, dass hier ein fehlerhafter Aufbau vorliegt, der sich nicht ohne Weiteres durch Ermahnungen und Tadel ändern kann.

Wir finden dasselbe bei solchen Kindern, die sich gehasst fühlen. Sie fühlen sich zurückgesetzt und haben immer mehr Schwierigkeiten. Wir müssen zuerst forschen und verstehen, was in einem Kinde vorgeht. Für den Lehrer ist es wichtig, alle Richtungen der Psychologie zu prüfen. Wenn Sie Fehler beobachten, müssen Sie daran denken, dass die Mutter dieses Kind vielleicht vier bis fünf Jahre verzärtelt hat. Es denkt: Zu Hause bei der Mutter war es doch besser; es trachtet alles auszuschalten, weil es keinen Ersatz hat für das verlorene Paradies. Dieses Kind ist für eine Mitarbeit, Mitmenschlichkeit, Mitspielen noch gar nicht vorbereitet. Dieses Kind hat ja noch nicht versucht, ob es zahlen könnte, wenn es zahlen muss. Wir müssen uns darüber freuen, dass die Arbeit des Lehrers auf diese Art eine außerordentlich genussreiche und interessante wird und gleichzeitig der Vermeidung von Schwierigkeiten näher ist. Wenn ein Lehrer durch eine Anzahl von 30–40 Schülern überbürdet ist, dann gibt es nur eine Art, diese Arbeit sich zu erleichtern, wenn er geübt und bewandert wäre, den Typus des einzelnen Kindes zu begreifen. Es ist kaum möglich, einen Fehler zu begehen, wenn er den Typus eines Kindes erfasst hat. Es lässt sich leider nicht in Regeln fassen, was diese Arbeit zu einer künstlerischen Aufgabe macht. Ein merkbares Abirren vom Weg ist durch die Individualpsychologie beinahe ausgeschlossen. Es gibt nur einen einzigen Weg, Menschenkenntnis zu verwerten: nicht nur dem Kind einen richtigen Weg zu öffnen, sondern auch die Eltern zu beeinflussen, dass sie das Kind nicht hindern, diesen richtigen Weg zu gehen.

Ich möchte eine Frage aufwerfen, die sehr wichtig ist. Wir sind einig, dass die häusliche Erziehung sehr unvollkommen ist, den Kindern werden ihre Leistungen, ihr Leben meist allzu sehr erleichtert. Das *[5]* größte Gut der Eltern sind die Kinder, für die sie von jeher immer eine Ausnahmestellung wünschen. Die Kinder fühlen und merken das und wünschen diese Ausnahmestellung zu behalten, um ihre Vorteile auszunützen. So kommt es zu der großen Zahl der verzärtelten Kinder.

Diese Kinder und der zweite Typus haben alle einen Mangel an Gemeinschaftsgefühl; sie haben kein Interesse für den anderen Menschen. Sie interessieren sich – wenn sie verzärtelt sind – nur für ihre eigene Wohlfahrt. Wenn sie gehasst sind, wissen sie nicht, dass es Mitmenschen gibt, da sie sie nie erlebt haben. Ihr egoistisches Interesse wächst und steigert sich. Es ist niemals angeboren, sondern ist begründet in dem Erleben der ersten Jahre. Die ganze grundlegende Schädigung entsteht dadurch, weil das Kind sich nicht als zugehörig und angepasst empfindet. In ihm wird sich auch nicht das Gefühl entwickeln, ein Teil des Ganzen zu sein. Es wird keinen Mut haben, seine Aktivität nicht entwickeln können. Es wird vor jeder Aufgabe in Spannung geraten. Das kann die verschiedensten Formen annehmen. Jede neue Aufgabe ist wie eine Testprüfung, ein Experiment anzusehen. Wir müssen verstehen, wie ein Kind sich benimmt, wenn es konfrontiert ist, wenn es vor einer Aufgabe steht. Wir müssen unser Auge schärfen für die Nuancen, in denen sich dieser Prozess abspielt. Eine einzelne Erscheinung gibt es überhaupt nicht; sein ganzes Leben wird denselben Lebensstil aufweisen. Der Fehler kommt nur zum Vorschein, wenn es daran geht, eine Aufgabe zu lösen. Solange niemand etwas von ihm verlangt, solange es nicht vor Schwierigkeiten steht, werden Sie nichts beobachten können. Wie es um ein Kind bestellt ist, können wir nur beobachten, wenn es vor einer neuen Situation steht, dann können wir sehen, wie weit es vorbereitet ist. Wir können nicht warten, bis wir alle Eltern belehrt haben, was eine richtige Vorbereitung ist; wir können nicht warten, bis ein Kind größere oder kleinere Verfehlungen begeht. Wenn eine Wissenschaft bis zu einem gewissen Grade entwickelt ist, so kann sie sich nicht begnügen, einzelnen Fehlern nachzulaufen, sondern sie muss an eine Prophylaxe denken. Es ist sehr viel dadurch geholfen, wenn der Lehrer über ein lebenswahres und fruchtbringendes psychologisches Verständnis verfügt. Es genügt nicht, wenn er einen Fehler sieht, der in der Vorbereitung geschehen ist, die Art, wie ein solcher Fehler durch Verzärtelung oder Lieblosigkeit entstanden ist, beschreiben kann. Sie *[6]* können beschreiben, wie man ein Bild malt; deshalb können Sie das Bild noch nicht malen. Die Kunst, die darin entwickelt werden muss, muss man selbst ausüben. Die Erziehungskunst kann von jedem erlernt und geübt werden. Man braucht ein Verständnis und ein unaufhörliches Streben, den Einklang mit den Tatsachen des Lebens, mit dem Ideal des gemeinschaftlichen Lebens herzustellen und das Kind darauf vorzubereiten. Von wem erwarten wir die erste Vorbereitung für das gemeinschaftliche Leben? Ich verstehe unter Gemeinschaft ein unerreichbares Ideal, das wir nur ahnen können, da alle menschlichen Kräfte dazu nicht ausreichen. Der Hauptfaktor ist die Ausübung dieser Kunst, das Kind zu bewegen, dass es auch das Ideal einer Gemeinschaft anstrebt.⁹⁷ Nur so kann man die Abwege vermeiden, die das Kind zu Schwererziehbarkeit, Neurose, Selbstmord, Trunksucht, sexueller Perversion, Kriminalität usw. führen. Wer ist die Person, die diese Aufgabe naturnotwendig zu erfüllen hat? Die Mutter. Wir müssen uns daran erinnern, was die Mutter hätte tun sollen. Das Schicksal dieses fehlerhaften Ablaufes sehen wir. Sie müssen die Mutter ersetzen und korrigieren, wo die Mutter einen Fehler begangen hat. Die Mutter hat zwei Funktionen:⁹⁸ 1. Das Kind für sich zu gewinnen, das Interesse des Kindes auf sich zu lenken, ihm als ein Mitmensch vor Augen zu stehen. 2. Das Interesse dieses Kindes auf andere zu lenken. Als Mitmenschen den Vater auch zu finden. Der Vater soll auch das Seinige beitragen, dass das Kind den Geschwistern und Außenstehenden gegenüber Interesse gewinnt. Die Aufgabe der Schule ist in diesen zwei Funktionen der Mutter begründet, die oft in großem oder geringerem Maße verfehlt werden. Jede Aufgabe ist ein soziales Problem. Wenn ein Kind ein zweites Geschwister bekommt – wie es sich zu dem Geschwister bezieht, das ist auch ein soziales Problem, für das das Kind richtig vorbereitet werden muss.

Das Sprechen ist auch ein soziales Problem. Wie verbindet sich das Kind durch die Sprache? Solche Kinder, deren Gemeinschaftsgefühl nicht genügend entwickelt ist, haben meistens Sprachschwierigkeiten. Wie kann ich mich für die Gemeinschaft nützlich machen? An die anderen zu denken, für sie interessiert zu sein. Kameradschaft, Freundschaft, Interesse für die Menschheit, religiöser oder politischer Standpunkt, Ehe, Liebe sind soziale Probleme und Antworten darauf, ob einer interessiert ist an dem Wohlergehen des anderen oder nicht. [7] Die Kinder, die wir als schwer erziehbar bezeichnen, sind nicht interessiert an dem Wohlergehen des anderen. Diese Kinder haben einen Mangel an Gemeinschaftsgefühl, Mangel an Optimismus und Courage. Wie in einem richtig gelegten Mosaikbild können wir die Richtigkeit unseres Vorgehens von einem anderen Standpunkt aus prüfen. Wir müssen in der Lage sein vorauszusagen, wie das Kind sich einem sozialen Problem gegenüber verhalten wird.

---

97 [Nach Metzger (in Adler 1929b/1973b, S. 14) bestimmt Adler hier in einer neuen Weise den Aufgabenbereich von Erziehung. Vgl. dazu auch Adlers Diktum im 2. Kapitel: »Unsere Aufgabe ist, das Kind zu einem Instrument des sozialen Fortschrittes zu gestalten« (S. 154 in diesem Band).]

98 [Adler führt hier jene Gedanken zur Aufgabe der Mutter im Erziehungsprozess weiter, die er in seiner Arbeit über »Schwer erziehbare Kinder« veröffentlicht hat (Adler 1926l/2009a, S. 120 ff. in diesem Band).]

In einem vorliegenden Bericht handelt es sich um ein fünfjähriges Vorschulkind, aus dessen Leben wir entnehmen werden können, wie es sich in der Schule benehmen wird. Ich will Ihnen zeigen, wie man in der allerkürzesten Zeit Klarheit und Gewissheit bekommen kann.

»Dieses Kind ist schwierig zu behandeln.«
 Dieses Kind kämpft offenbar, lebt in einer Kampfsituation und wahrscheinlich in einer ziemlich weichen Umgebung, die es verzärtelt hat. Aber die Frage entsteht: Warum kämpft es denn jetzt, hat es denn die Empfindung, jetzt nicht so verzärtelt zu sein? Es geht ihm offenbar jetzt nicht so gut wie früher. Wir werden dies alles voraussagen können.

»Es ist überaktiv.«
 Ist es etwas Neues für uns? Können wir uns einen Kämpfer vorstellen, der nicht überaktiv ist? Wenn es nicht aktiv wäre, würden wir denken: Es ist nicht intelligent.

»Es liebt Gegenstände zu zerbrechen ...«
 Das ist Kämpferart.

»Gelegentlich hat dieses Kind Zornausbrüche ...«
 Diese Dinge sind selbstverständlich, das muss ein intelligentes Kind sein. Es handelt sich ja auch darum, festzustellen, ob es zu den Kindern gehört, die schwachsinnig sind, die ganz anders erzogen werden müssen. Die haben keinen Lebensstil. Dieses Kind hat ein Ziel, zu kämpfen und zu siegen. Die Freude, die Genüsse, die Befriedigungen des Sieges zu haben.

»Die Mutter erzählt, das Kind ist gesund, voll Leben ...« »Will immer irgendjemanden beschäftigen.«
 Es ist ein Kampf, wie er sich in einer nachgiebigen Familie abspielen kann, wo dadurch, dass irgendetwas gemacht wird, andere irritiert werden.

»Er klettert mit seinen schmutzigen, schweren Schuhen auf den schönsten Tisch. Es macht ihm die größte Freude, mit der Lampe zu spielen, wenn die Mutter gerade beschäftigt ist ...« [8]
 Er weiß ganz genau, an welcher Stelle er angreifen muss.

»Wenn die Mutter Klavier zu spielen oder zu lesen beginnt, wählt er diese Zeit, mit dem Lichte zu spielen ...« »Er ist rastlos, unruhig bei Tische und verlangt ununterbrochen Aufmerksamkeit ...«
 Er will seinen Sieg erreichen, sodass er immer im Mittelpunkt steht. Es taucht folgender Gedanke auf: Wenn er sich so sehr danach sehnt, im Mittelpunkt zu stehen, dann ist er schon einmal im Mittelpunkt gestanden und möchte wieder diese ihm geläufige Situation. Was kann dem Kinde diese Situation so erschwert haben? Ein jüngerer Bruder oder eine jüngere Schwester?

»Er boxt immer den Vater und wünscht, dass er mit ihm spiele ...«
 Wir sehen, dass er immer seine Mittel findet, um zu kämpfen und zu stören.

»Er hat die Gewohnheit, mit der Hand in den Kuchen zu fahren und seinen Mund damit zu füllen ...«

Er könnte auch den Kampf durch Nichtessen beweisen.

»Wenn die Mutter Gesellschaft hat, so stößt er die Gäste vom Stuhl und setzt sich selbst darauf ...«

Wir sehen an dieser Bewegung, dass er keine anderen Leute mag, wir sehen seinen Mangel an Gemeinschaftsgefühl, der ihn auch gegen den jüngeren Bruder stimmt.

»Wenn der Vater und die Mutter singen und Klavier spielen, schreit der Knabe ununterbrochen, dass er diesen Gesang nicht liebt ...«

Es passt ihm nicht, man muss sich mit ihm beschäftigen. Wenn wir einen Fehler sehen, dürfen wir nicht strafen, Strafe ist keine Hilfe. Wir verstehen, an welchem Punkte wir ansetzen müssen. Er fühlt sich gekränkt, beleidigt, zurückgesetzt.

»Der Vater ist ein Sänger und singt in einem Konzert, die Mutter begleitet ihn am Klavier. Der Junge schreit laut auf: ›Vater, komm zu mir‹ ...«

Sein Streben ist, den Vater und die Mutter fortwährend mit sich zu beschäftigen.

»Der Junge hat Zornausbrüche, wenn er etwas wünscht und es nicht bekommt ...«

Das ist seine kämpferische Haltung.

»Er bricht alles. Er nimmt alle Schrauben von seinem Bett mit einem Schraubenzieher heraus ...« *[9]*

Hier zeigt sich wieder sein soziales Verhalten. Er tut, was er kann, die Eltern zu schädigen, um seinen Unwillen zu beweisen.

»Er macht gelegentlich zynische Bemerkungen zu Leuten, besonders wenn er etwas angestellt hat und weiß, dass er damit ganz glatt fortkommt. Die Leute betrachten ihn als einen intelligenten Knaben, weil er sehr kritische Bemerkungen macht. Er kann sich mit nichts für längere Zeit beschäftigen. Die Mutter versucht, ihn abzulenken ...«

Was ihr natürlich nicht gelingt.

»Wenn die Mutter ihm einen Klaps gibt, so lacht er, und vielleicht für zwei Minuten ist er ruhig ...« »Die Mutter meint, dass sie, die Großmutter und der Vater das Kind außerordentlich verzärtelt haben. Jetzt wird es eigentlich nicht mehr verzärtelt ...«

Deshalb ist er so geworden, weil sein Gemeinschaftsgefühl sich nicht entwickeln konnte, da er nur an seiner Mutter und seinem Vater hing.

»Der Vater und die Mutter sind immer erschöpft, der Junge nie ...«

Es ist selbstverständlich, dass er nicht müde dabei wird, weil es ihm gefällt. Dem Vater und der Mutter gefällt die Arbeit mit dem Jungen nicht, deshalb sind sie erschöpft. Zwang nützt hier nichts. Er rächt sich dafür, wenn man ihn zwingt.

»Er hat kein Gedächtnis, er kann sich nicht konzentrieren.«
Er hat es für seinen Lebensplan nicht nötig, er hat auch keine Vorbereitung.
Er sollte jetzt selbstständig funktionieren und kann es nicht.
»Er war nie in einem Kindergarten ...«
Die Aufgabe der Mutter scheint es gewesen zu sein, ihn nur für sich zu gewinnen.

Es ist sehr wichtig, wie wir diese Zusammenhänge verstehen. Wir können von Verstehen sprechen, wenn wir wissen, dass es sich hier um einen Teil des Ganzen handelt. Es ist nicht ein physiologischer Vorgang. Verstehen ist, den Zusammenhang der Dinge zu erkennen.

Kapitel 2 [Zur Vorgeschichte der Schwererziehbarkeit]

Ich habe das letzte Mal von einem fünfjährigen Jungen gesprochen, der von einem ihm folgenden jüngeren Bruder aus seiner angenehmen zentralen Stellung verdrängt wurde[99] und jetzt danach strebt, diese Stellung wiederzugewinnen. An dieser Stelle ist es an der Zeit, ver*[10]*schiedene Fragen aufzuwerfen, die Ihnen ständig wieder vor Augen kommen werden, wenn Sie mit einem schwer erziehbaren Kinde in der Schule zu tun haben. Vielleicht ist da ein angeborener hereditärer Instinkt vorhanden aus der Zeit, wo die Menschen noch wild umhergelaufen sind? Die modernen psychologischen Schulen zeigen, dass derartige Auffassungen noch bestehen. In diesem Falle kann man nicht solche Hypothesen aufstellen. Es ist verlockend, wenn auch nicht befriedigend, zu so einer Theorie zu greifen. Wir werden uns mit dieser Frage nicht abgeben dürfen. Wir wollen das Kind ins Gleichgewicht bringen. Der Gesichtspunkt ist sehr wichtig: Was geschieht, wenn das Kind seine Prüfung schon in der Familie nicht gut abgelegt hat, sobald es in die Schule kommt und dort eine neue Prüfung zu machen hat? Er kommt schon als ein fertiges Individuum; er wird nicht nach der Einordnung fragen; er hat sich seine eigene Aufgabe gesetzt. Er strebt, im Mittelpunkt zu stehen, und will wieder seine frühere angenehme Situation haben. Er kann das an verschiedenen Punkten zeigen. Er wird sich so benehmen, wie er es mechanisiert hat. Hier sehen wir, wie weit man sich darauf verlassen kann, dass die Schule mit der Erziehung zu beginnen hätte. Sie bekommen die Kinder fertig und sollen korrigieren, was von früher her verfehlt worden ist. Sie müssen richtig anfangen, weil die menschliche Gesellschaft es von Ihnen erwartet, dass Sie etwas Richtigeres

---

99 [Diese Information entstammt nicht dem Bericht, den Adler im I. Kapitel referiert und kommentiert hat, sondern offensichtlich einer anderen Quelle, die Adler nicht ausweist.]

tun, als die Eltern früher getan haben. Ich brauche Ihnen nicht die Ausdrucksformen aufzuzählen, wie sich solche Kinder in der Schule zeigen, die zu Hause das so gelernt haben und durch einen Impuls angetrieben sind, sich weiter so zu benehmen. Es ist eine verwegene Voraussetzung, dass, wenn ein Kind nach den ersten vier bis fünf Jahren an ein bestimmtes Verhalten, an eine Beziehung und Stellungnahme gewöhnt ist, es schon eigentlich einen Typus vorstellt, der sich nicht ändern kann und unter allen Umständen als solcher erscheinen wird. Sie sehen in jedem Schüler einen bestimmten Typus und Sie können erraten, wie er sich in der einen oder anderen Situation benehmen wird und wie er in Bezug auf sein soziales Verhalten immer die gleiche Rolle spielen wird. Wenn dieses Kind erst vor einer Aufgabe steht, die nicht zu seiner Rolle gehört, dann wird es sich zeigen, was es leisten kann. Wie in einem Theater, wenn jemand immer komische Rollen gespielt hat und auf einmal in einer Tragödie auftreten muss, wo dann alle lachen. Ein jedes *[11]* Kind tritt mit einem Rollengefühl ins weitere Leben, demgemäß es immer handelt. Das ist das Wichtigste, wenn wir darauf ausgehen, die Stellungnahme eines Kindes zu seinen Aufgaben zu verstehen, ja sogar vorauszusagen. Ihre Aufgabe ist, die fehlerhaften Einordnungen in diesem Lebensplan herauszufinden und zu korrigieren.

Die Strafen der Mutter waren ganz nutzlos, weil der Erfolg seine Stellungnahme ganz befriedigt hat; er war am richtigen Platz. Zum Beispiel wenn er das Licht abgedreht hat, sodass sich die Mutter mit ihm beschäftigen musste. Er hat das Gefühl: Ich habe recht, das ist der Platz, der mir gebührt. In der Schule wird er auch im Mittelpunkt stehen, man kann ihn nicht abbringen davon, dass er seine zentrale Rolle spielen will. Das ist meistens bei Kindern so, die in der Kindheit eine starke Verzärtelung erfahren haben. Wo fängt eine Verzärtelung an und wo hört sie auf? Das Leben eines Kindes verläuft so, dass es im Beginn zufolge seiner Schwäche auf die Hilfe eines zweiten Menschen angewiesen ist. Das menschliche Individuum ist ein soziales Wesen, weil es zufolge seiner Schwäche, Hinfälligkeit und Unsicherheit einen anderen Menschen haben muss, der sich mit ihm verbindet, für ihn zu sorgen hat.

Wir kommen zu der Überzeugung, dass in allen seelischen Entwicklungsfragen der Ursprung und Antrieb in dem Zusammenhang mit den anderen gegeben ist; nicht nur für das Kind, sondern für die ganze Menschheit. In diesen Rahmen ist die ganze Entwicklung eines Kindes eingespannt, ganz ungeachtet aller Triebe und Instinkte. Man setzt immer, ohne es zu wissen, den sozialen Zusammenhang voraus. Menschliche Lebewesen kommen nicht mit gerichteten Trieben zur Welt; aber es gibt Menschen, denen es gelingt, ihr Triebleben aus dem sozialen Zusammenhang herauszunehmen. Die meisten Psychologen haben deshalb angenommen, dass der Mensch von Natur aus böse wäre und aus Notwendigkeit seine Triebe so weit dressieren und abändern könne, dass er zu einer Form seines Trieblebens gelangen werde, die nicht gegen das Wohl der Gemeinschaft gerichtet wäre. Es ist umgekehrt. Was immer ein Kind mit zur Welt bringt, wird mit allen angeborenen Möglichkeiten in einen sozialen Rahmen hineingestellt, den es als das Wichtigste zu erfassen hat. Denn seine Schwäche, seine Minderwertigkeit verlangt danach. Wir sehen, dass auch im Tierreich alle Lebewesen, die der Natur gegenüber *[12]* ungünstig gestellt sind, eine große Neigung zum Zusammenschluss haben. Die Schwächeren schließen sich zusammen, und dadurch erwachsen ganz neue Kräfte, denen sie ihre Daseinsmöglichkeiten verdanken. Es liegt in dem Wesen dieser Schwächlichkeit, dass das menschliche Lebewesen untrennbar geknüpft ist an die Gemeinschaft. Es ist nicht wichtig, was einer mitbringt, sondern was er daraus macht. Wir sehen: Dieser Junge ist gesund, von wohlhabenden Eltern stammend. Es ist kein Rückschlag zu finden. Wir wissen den Grund, der sich nach seiner Geburt eingestellt hat, als er eine soziale Funktion ausüben sollte, für die er nicht vorbereitet war, weil er über alles verfügen konnte, weil er vor Ankunft seines Bruders einen viel größeren Aktionskreis hatte, den er vollständig beherrschte. Er verträgt nicht restlos eine Verminderung seiner Bedürfnisbefriedigungen, er wehrt sich dagegen und sucht neue Bedürfnisbefriedigungen im Sinne der Macht. Wir suchen einen Weg, wie wir ihn so einordnen könnten, wie er nach seiner Geburt eingeordnet werden sollte. Wir müssen seinen Aktionskreis vergrößern. Wir können ihm nur solche Wege eröffnen, in denen er sich nützlich machen kann, die auch im Interesse der anderen gelegen sind. Als verzärteltes Kind hat dieser Junge das nicht gelernt, er hat immer nur seine eigene Person im Auge gehabt, er hat auf das Interesse der anderen nicht geachtet, weil es nicht notwendig gewesen war.

Die ganze Aktion, die ganze Leistung der Sinnesorgane ist nur in der Idee der Vereinigung denkbar. Wenn ich jemanden anschaue, verbinde ich mich; wenn ich spreche, ist das ein Band, das mich mit jemandem verbindet. Diese Einzelheiten sind sehr bedeutungsvoll, wenn wir sie in ihrem Erfolg richtig verstehen. Wir können aus dem Blick eines Kindes die Größe seines Gemeinschaftsgefühles herausfinden. Die Kinder, die einem nicht ins Gesicht schauen können, geben einen ganz offenkundigen Beweis, dass sie Beweggründe haben, dieser Verbindung aus dem Wege zu gehen. Die Sprachfähigkeit eines Kindes beweist seine Kontaktfähigkeit. Es ist nicht möglich, dass ich mich verbinden kann, wenn ich es zugleich nicht will, wenn ich nicht vorbereitet bin, wenn in meinem Lebensplan diese Verbindungsneigung nicht besteht. Alle diese Tatsachen sind großartige Wegweiser, zum Verständnis eines Menschen zu kommen. Wir wollen nicht nur einzelne Erscheinungen, einzelne Ausdrucksformen als beweisend herausgreifen, wir sind verpflichtet, immer neue Bestätigung*[13]*en für unsere Auffassung beizubringen. Wenn wir nur einzelne seelische Bewegungen betrachten, dann können wir Komplikationen übersehen. Wir müssen prüfen, ob die einzelnen Erscheinungen einen verminderten Grad des Gemeinschaftsgefühls verraten. Wenn ich von Trieben spreche, weiß ich nicht, was damit angefangen ist; wenn ich aber weiß, dass alle Triebe in diesem sozialen Netz eingefangen sind, das uns umfängt, dann weiß ich, was sie besagen. Die Mitmenschlichkeit ist als ein Ideal der Gemeinschaft zu betrachten, sie ist der individuelle Ausdruck für das Gemeinschaftsgefühl, das die Menschheit als eine Einheit vorstellt und empfindet. Diese Gemeinschaft ist heute noch nicht entwickelt. Die Menschheit ist in einer dauernden Entwicklung zu ihr begriffen. Aus der Tatsache, dass die Menschheit der Natur gegenüber stiefmütterlich bedacht ist, geht hervor, dass ein anderer Weg als der zu der Gemeinschaft nicht denkbar ist. Jeder muss als ein Teil des Ganzen sein Teil dazugeben. Unsere Aufgabe ist, das Kind zu einem Instrument des sozialen Fortschrittes zu gestalten. Das ist der Kern der Individualpsychologie als Weltanschauung. Es ist nicht von Wert, dass man nur die einzelnen Teile untersucht, sondern die Idee der Gemeinschaft leitet jedermann in jeder Beurteilung, und wir können darüber nicht hinauskommen, weil in dieser Voraussetzung schon ein Ziel steckt, sodass wir einen Weg sehen im Chaos der Teilerscheinungen. Wir können ohne Zielsetzung nicht denken, nicht fühlen, nicht handeln. Diese Zielsetzung ist unumgänglich bei jeder Bewegung. Wenn ich eine Linie ziehe, kann ich sie nur zu Ende ziehen, wenn ich ein Ziel im Auge habe. Bei Trieben kann ich keine Linie ziehen. Bevor ich ein Ziel setze, kann ich unmöglich etwas damit leisten, weil ich nur dann den Weg gehen kann, wenn ich voraussehe. Diese Zielsetzung hängt damit zusammen, dass der Mensch ein sich bewegendes Lebewesen ist. Wenn wir Blumen, Pflanzen wären, dann hätte diese Zielsetzung keine Bedeutung. Die Seele ist Bewegung, betrifft Bewegung und haftet nur an sich bewegenden Lebewesen. Wenn eine Pflanze eine Seele hätte, in irgendeinem Grad denken, fühlen, verstehen könnte, sie könnte davon keinen Gebrauch machen, weil sie fest wurzelt, sich nicht bewegen kann. Ganz anders bei sich bewegenden Lebewesen. Sie müssen kraft ihrer Bewegungsfähigkeit vorbereiten, was sie zu tun haben: einer Gefahr zu entgehen, ein Bedürfnis zu befriedigen. Sie müssen voraussehen. Was wir unter Seele verstehen, ist etwas Voraussehendes. Die ganze Entwicklung des [14] menschlichen Seelenlebens ist eine Einheit. Was wir als Denkvermögen ansehen, ist Voraussehen, Schlüsseziehen, wie sich etwas gestalten kann und wie wir mit unseren Bewegungen antworten werden. Da wir mit unseren Bedürfnissen in den Rahmen der Gemeinschaft eingebettet sind, werden unsere Bewegungen zeigen, ob in unsere Zielsetzungen auch die Gemeinschaft in der gehörigen Art vertreten ist.

Dort, wo wir von Schwererziehbarkeit sprechen, werden wir darunter immer verstehen, dass jemand ein Ziel verfolgt, welches mit den Gesetzmäßigkeiten der Gesellschaft nicht übereinstimmt. Es kann aber mit seinem Streben übereinstimmen, mehr zu sein, für sich allein einen Platz zu finden, in Widerspruch mit den Forderungen der Gemeinschaft. Er sucht ein Ziel der Überlegenheit auf der unnützlichen und nicht auf der nützlichen Seite des Lebens.

Wir haben nun bereits die Anfangsgründe unseres individualpsychologischen Netzwerkes.

Unsere erste Aufgabe ist, festzustellen, dass die Klagen, die wir da hören, deshalb bestehen, weil dieses Kind sich nicht im Rahmen der Gemeinschaft bewegt, sondern außerhalb desselben, auf der Seite des allgemein Unnützlichen. Uns schwebt ein ganz spezielles Ziel vor, das Ziel, einen idealen Mitmenschen zu erziehen. Wir sind nicht geneigt, etwa zu glauben, dass diese Mitmenschlichkeit sich ganz von selbst entwickelt, sondern wir haben mit schöpferischer Kraft dahin zu trachten, dieses Werk zu fördern und unsere eigene schöpferische Kraft einzusetzen, das Kind zu diesem Zwecke zu entwickeln. Kameradschaft, Liebe, Ehe, Schule, politische Auffassung usw. sind alles Situationen, die eine Vorbereitung des Kindes auf der nützlichen Seite des Lebens erfordern. In seiner Haltung diesen Fragen gegenüber werden wir wahrnehmen können, wie weit es vorbereitet ist. Unsere Aufgabe ist: zu forschen. Wenn wir sehen, dass ein Kind bis zu der Geburt einer Schwester oder eines Bruders auf der nützlichen Seite sich zu bewegen scheint und dann auf der unnützlichen Seite nach Geltung, nach Anerkennung strebt, dann ist es nicht das Ziel der nützlichen Überlegenheit, was durch die Erziehung bewerkstelligt ist. Es interessiert uns da, warum eine große Anzahl von Kindern vielen Fragen gegenüber ihre mangelhafte Vorbereitung zeigt. Wir werden uns auch dafür interessieren, wie sie diese mangelhafte Vorbereitung zeigen. Was ist da vorgegangen, dass sie zum Ausdruck bringen, für diese Fragen des Lebens nicht vor[15]bereitet zu sein? Wenn ein Kind aus einer Schule, in der es nichts gelernt hat, in eine andere Schule kommt, wo alle Schüler schon voran sind, dann wird es uns gewiss interessieren zu wissen, ob seine Vorbereitung vorher eine mangelhafte gewesen ist und wie sie zustande gekommen ist. Das gilt auch für Kinder, die etliche Jahre von Mutter, Vater, Onkel, Schwester unterrichtet worden sind und dann in eine öffentliche Schule kommen. Wir sehen an diesem Falle, wie wichtig die Vorbereitung ist. Was werden wir mit solch einem Kinde beginnen? Es ist nicht genug, festzustellen, du kannst das nicht leisten, was man von dir verlangt. Es erwächst dem Lehrer eine Aufgabe, diese Mängel ausfindig zu machen und zu korrigieren, einen Weg zu finden, das Kind so weit zu bringen wie die anderen. Instinktiv handelt jeder Lehrer so, aber wir wollen es wissenschaftlich durchforschen und feststellen. Die Erfahrung eines ärztlichen Psychologen kommt uns zu Hilfe. Wir haben mit Fällen zu tun, wo diese Mängel nicht nur in der Form der Schwererziehbarkeit hervortreten, sondern in der Form der Nervosität, des Verrücktseins, in den Formen der Verbrecherneigung, der Selbstmordneigung, in der Neigung zur Trunksucht, zu sexuellen Abirrungen, Neigung zur Prostitution usw. Wir sehen die Dinge wie in einem Mikroskop und haben oft den Eindruck vorher: Wenn dieses oder jenes Kind in eine schwierige Lage kommt, wird es seine Aufgabe nicht lösen können, wird es nicht bestehen können. Es ist ein Sinken des Mutes vor

Aufgaben, was wir bei schwer erziehbaren Kindern immer sehen. Wir können bei einem Schwererziehbaren behaupten, dass er den Mut nicht hat, durch Streben auf der nützlichen Seite des Lebens seine alte, bevorzugte Stellung wiederzugewinnen. Er sucht auf einem leichteren Weg durchzudringen, auf dem er sich stark fühlt, wozu man aber keinen Mut braucht. Wenn wir seine Geschichte weiter verfolgen, so lesen wir, dass er sich des Nachts fürchtet, dass er des Nachts aufspringt und zu der Mutter läuft, damit sie ihn beschützen soll. Wir lesen noch, dass er Fremden mit niedergeschlagenen Augen scheu entgegentritt. Die Entmutigung finden Sie immer, wenn einer sich nicht auf der nützlichen Seite bewegt. Er traut sich nicht genug Kraft zu, mit seinen Aufgaben fertig zu werden, er sucht Erleichterungen in seinem Leben. Bei Fehlschlägen eines Menschen können wir von Mut nicht sprechen. Ein Verbrecher hat keinen Mut. Er strebt mit List, stärker als ein anderer zu sein, über den anderen zu siegen. Wenn Sie einen [16] Dieb, einen Einbrecher beobachten, wird es sich herausstellen, dass ein Einbrecher nur einbricht, wenn niemand zu Hause ist, wenn er von vorneherein der Stärkere ist. Ein Mörder mordet nur dann, wenn er glaubt, dass der andere schwächer ist. Ich bin ein bisschen optimistisch der Verbrecherfrage gegenüber. Es würde sich vieles verändern, wenn man dem Volke verständlich machen könnte, dass ein Verbrechen nur entstehen kann, wenn einer den Mut verloren hat. Es ist kein Triumph, stärker zu sein als die Gesetze unseres Landes. Sie werden den Ausdruck der Feigheit im Verbrechen verständlich zu machen haben.

Ich habe einmal von einem Einbrecher gehört, der in ein Zimmer kam, wo zwei Lehrerinnen schliefen. Die eine von den Lehrerinnen tadelte ihn, warum er solche Dinge tue und warum er nicht durch ehrliche Arbeit fortzukommen trachte. Der Einbrecher antwortete mit dem Revolver in seiner Hand: »Kennen Sie denn die schwierigen Bedingungen unseres Arbeitslebens?« In seiner Antwort ist seine Mutlosigkeit ausgedrückt. Die Überschreitung des Gemeinschaftsgefühls ist niemals Mut.

Wir kommen zu dem Punkt, der uns nähere Aufschlüsse geben wird, woher diese mangelhafte Vorbereitung herrührt. Sie liegt in der frühesten Kindheit und ist dadurch charakterisiert, dass es sich hier um Situationen handelt, wo das Kind in der ersten Zeit seines Lebens viel zu sehr belastet erscheint. Ein allzu sehr belastetes Kind kann sich nicht so entwickeln wie ein sich durchschnittlich entwickelndes. Welche Situationen sind es, die ein Kind allzu sehr belasten? Es gibt Kinder, die schwächer sind als andere, die mit minderwertigen Organen zur Welt kommen oder frühzeitig durch Krankheiten in ihrer Lebensfreude benachteiligt sind. Es gibt Kinder, die einen schwachen Ernährungstrakt haben, die die Muttermilch nicht vertragen können, die erbrechen, Krämpfe haben, die Tag und Nacht in Unruhe leben, deren Nahrungsbedürfnis man nur vorsichtig befriedigen kann, um ihnen nicht zu schaden ... Derartige Situationen können oft längere Zeit andauern und machen es begreiflich, dass diese Kinder ihr irdisches Dasein nicht als ein Paradies empfinden. Es beginnt sein Leben mit Leiden, mit Schwierigkeiten, und das macht es aus, dass solch ein Kind an seinem Interesse für andere meistens Schaden erleidet. Es ist gequält, bedrückt und belastet, sodass es keine Möglichkeit hat, sich für andere zu interessieren. Was ein solches Kind am meisten im Leben interessieren *[17]* wird, wird immer sein, was sich um das Essen dreht. Es wächst eine große Anzahl von Kindern auf, deren Hauptinteresse es ist, wie sie ihr Nahrungsbedürfnis befriedigen sollen. Sie beschäftigen sich ununterbrochen damit. Solche Kinder beschäftigen sich später auch in ihren Träumen mit Beziehungen des Essens. Sie richten unter allen Umständen ihre Aufmerksamkeit darauf, was es zu essen gibt. Da kann man auch das Interesse auf die nützliche Seite lenken, zum Beispiel einen feineren Geschmack entwickeln. Sie können gute Köchinnen, Köche werden, sie können mit essbaren Dingen besser vertraut sein. Wir finden dieses gesteigerte Interesse bis zum Ende ihres Lebens, weil sie unter allen Umständen heraussuchen, was sich auf das Essen bezieht.

Körperliche Schwäche ist in engem Zusammenhang mit dem Aufbau des Seelenlebens. Es handelt sich nicht um die absolute Schwäche des Organs, sondern um die Spannung, in die so ein Kind gerät infolge seiner Organwertigkeit. Wenn wir ein gesundes Kind in schlechte Verhältnisse stellen, können sich dieselben Schwierigkeiten, Spannungen entwickeln, wie bei einem Kinde mit schwachen Organen. Bei solchen Kindern können wir wahrnehmen, dass die Sinnesorgane eine besonders große Bedeutung gewinnen können. Wir werden beobachten können, dass Kinder, die schlechte Augen haben, den sehbaren Dingen gegenüber diesen Zustand nicht ertragen, sich sogar diesen Schwierigkeiten aussetzen. Es erwacht in ihnen ein Interesse, hinauszuwachsen, ein Mehr zu erreichen, in eine Situation zu kommen, in der sie über diese Schwäche gesiegt haben. Sie werden finden, dass das Interesse, das sich auf dieses Organ richtet, an Ausdehnung gewinnt. Sie werden sehen (mit Ausnahme von Blinden), dass ihr Interesse am Sehbaren viel stärker ist, als wir es im Durchschnitt erwarten können. Sie geben viel mehr acht, sie sind viel aufmerksamer, sie sehen Farben, Schatten, Nuancen, Perspektiven viel besser. Oft geschieht es auch, dass solch ein Kind ein Maler wird. Ich glaube nicht, dass ein Kind mit normalen Augen jemals ein guter Maler sein könnte, sondern wir finden fast immer bei Malern einen Mangel der Sehfähigkeit. Sie sind weit- oder kurzsichtig, astigmatisch, farbenblind oder farbenschwach, sie haben nur ein Auge usw. Solche Fehler finden Sie sehr häufig unter Malern. Wir können das nur so verstehen, dass die schöpferische Kraft das Kind zwingt, über die Schwierigkeiten hinauszuwachsen.

Wir treffen auch oft einen anderen Mangel, der das Interesse des Kindes in dieser Richtung gleich im Anfang steigert, wobei freilich *[18]* viele den Mut verlieren und sich als minderwertig empfinden, ohne weiterzustreben. Dies finden wir bei den linkshändigen Kindern. Ich muss Ihnen da den Befund der

Individualpsychologie mitteilen, dass in unserer menschlichen Gesellschaft etwa 35–50 Prozent der Menschen linkshändig sind, und kaum 10 Prozent wissen es, aber alle erleben es. Unsere Kulturarbeit verlangt fast immer die rechte Hand, und wenn ein solches Kind in die Schule kommt, dann zeigt es sich, dass es nicht richtig vorbereitet ist, dass es ungeschickt ist, wofür es getadelt oder gestraft wird. Solche Kinder werden die ersten Leistungen schlechter ausführen können als die anderen. Aber man muss diese schwächere rechte Hand trainieren, um nicht das Gefühl groß werden zu lassen, als ob sie nicht dasselbe leisten könnten wie die anderen. Es erfordert längere Zeit und eine richtige Methode. Es ist bekannt, dass in früheren Jahrhunderten das Training für Lesen und Schreiben sehr mangelhaft war. Einhart schreibt von Karl dem Großen, dass er sich die größte Mühe gab, die Kunst des Schreibens und Lesens zu erlernen, der große Herrscher es aber nicht erlernen konnte, »weil er dafür nicht begabt war«[100]. Es ist ganz gewiss, dass in der damaligen Zeit die Methode fürs Schreiben und Lesen eine sehr schlechte gewesen ist. Seit Pestalozzi ist die Methode viel besser. Es können es selbst die Schwachsinnigen erlernen. Die Methode hat immer eine sehr große Bedeutung. Es gibt Dinge, von denen wir nicht wissen, wie wir eigentlich trainiert haben; wir verstehen nicht einmal den Zusammenhang, wenn man uns nicht darauf aufmerksam macht (z. B. Boxertraining). Die rechte Hand in diesem Falle zu trainieren ist eine besondere Aufgabe. Manche Kinder finden instinktiv, oder wenn man ihnen Mut macht, eine bessere Methode und kommen über ihre Schwierigkeiten hinweg. Sie werden ein Glücksgefühl ihres Sieges haben. Sie werden eine Neigung haben, recht schön zu schreiben, recht schön zu zeichnen usw. Sie werden einen auffällig hohen Prozentsatz unter Linkshändern finden, die eine sehr schöne Handschrift haben. Bei einer Prüfung, die auf die Organwertigkeit ausgeht, ist es nicht schwer, das Geheimnis der Linkshändigkeit zu entdecken. Sie brauchen nur die Finger kreuzen zu lassen und Sie werden finden, dass bei Linkshändern der linke Daumen höher liegt als der rechte. Sie werden auch finden, dass eine große Anzahl der Linkshänder sehr geschickt ist, weil sie trainiert haben, weil sie überwunden haben. Wer überwindet, der gewinnt! Der größere Teil der Linkshänder [19] kommt aber nicht über die Schwierigkeiten hinaus, bleibt immer ungeschickt und gilt im Allgemeinen als manuell unbegabt. Diese werden sehr stark entmutigt und versagen oft in allen Dingen. Sie können mit den Aufgaben des Lebens, mit den Schwierigkeiten nicht ringen. So kommt es zustande, dass wir unter den schwer erziehbaren Kindern, Kriminellen, Selbstmördern usw. eine größere Anzahl von Linkshändern finden. Wir finden auch unter denen, die ein höheres Niveau erreicht haben, eine größere Anzahl von Linkshändern. Es kann zweierlei geschehen. Entweder bricht das Kind zusammen oder ringt, findet eine gute Methode zu

---

100 [Siehe dazu Heine (1986, S. 75).]

seiner Entwicklung und strebt, seine Schwierigkeiten zu überwinden. Wenn man das nicht weiß, dass ein Kind ein Linkshänder ist, dann kann man glauben, dass dieses Kind unbegabt oder faul ist. Es gibt für die Faulheit keinen anderen Erklärungsgrund als den, dass dieses Kind einen Erfolg nicht mehr erwartet. Wenn Menschen einen Erfolg erwarten, dann sind sie nie faul. Faulheit ist eine Ausdrucksform des Minderwertigkeitsgefühles und zeigt sich, sobald sie an eine Frage des Lebens herantreten. Wir können unsere Beobachtungen auch auf andere Sinnesorgane erstrecken. Es ist immer dieselbe Linie: Mutlosigkeit, Mangel an Interesse für die anderen, Interesse für die eigene Person oder aber Überwindung und bessere Leistung. Eine Kompensation für den gefühlten Druck tritt immer ein. Uns interessieren bei den schwer erziehbaren Kindern die vor der Nützlichkeit ausweichenden Bewegungen. Die werden Sie bei schwer erziehbaren Kindern immer finden.

Kapitel 3 [Kindliche Lebensstile]

Was wir bisher gesehen haben, bezieht sich auf die zwei Grundfragen[101]: Seit wann bestehen Verfehlungen, aus denen wir erkennen können, dass ein Kind nicht richtig vorbereitet ist, und was für Besonderheiten liegen vor in der Zeit vor den Verfehlungen.

Ich habe gezeigt, wie man in der frühesten Kindheit eine Anzahl von Situationen feststellen kann, die ein schweres Minderwertigkeitsgefühl des Kindes hervortreten lassen. Ich habe auch die Frage gestreift, worin dieses Minderwertigkeitsgefühl besteht. Dieses Minderwertigkeitsgefühl kann nicht erfragt werden. Diese Tatsache kann nur zutage treten, wenn das Kind vor eine Aufgabe gestellt wird. *[20]* Dann wird man es sehen. Solange es nichts zu leisten hat, solange es alles hat, was es wünscht, wird nie seine Selbsteinschätzung zutage treten. Es wird vor solcher Situation sehr oft sichtbar werden, dass solch ein Kind sich zur Lösung einer Aufgabe nicht für fähig hält. Man sieht allmählich, was im Hintergrund steckt. Wie ein Kind vorwärtsgeht, wie es sich rührt, im tiefsten Grunde wird es immer eine seelische Bewegung sein, die wir verstehen wollen. Wenn ein Kind die Lösung seiner Aufgaben in der Überzeugung beginnt, dass es diese gut lösen können wird, wird der optimistische Einschlag sehr deutlich zutage treten und in allen Beziehungen des Lebens sich immer wieder sichtbar machen. Wir sehen hier Aktivität, schöpferische Kraft, Zutrauen, Glauben an die eigenen Leistungen, die sich äußern, die zum Ausdruck kommen, die in den Ausdrucksbewegungen sich spiegeln. Wir werden

---

101 [Es handelt sich dabei um die ersten beiden Fragen, die der »Individualpsychologische Fragebogen zum Verständnis und zur Behandlung schwer erziehbarer Kinder« aufweist (vgl. Fußnote 111 auf S. 182 f. sowie S. 252 in diesem Band).]

auch verstehen, wenn ein anderes Kind zögert, seinen Schritt verlangsamt, unsicher herumblickt, in einen Zweifel gerät, vielleicht auch stecken bleibt oder ratlos wird. Es wird nicht das richtige Zutrauen zu sich haben. Wir werden das besser begreifen, wenn wir nicht nur an einer einzigen Stelle prüfen, wir müssen an verschiedenen Stellen nachforschen. Wir werden eine horizontale Untersuchung vornehmen, wie diese Selbsteinschätzung an anderen Stellen zum Ausdruck kommt, zur Bewegung wird; ob das Kind ein Gefühl der Sicherheit oder der Unsicherheit gleichzeitig in mehreren Dingen hat, ob es sich vollwertig verhält oder ob es sich minderwertig fühlt. Wir werden auch eine vertikale Untersuchung einleiten: Erscheinungen der Gegenwart mit den Besonderheiten der Vergangenheit des Kindes vergleichen. Dann haben wir eine Linie, die den genetischen Aufbau des Lebensstils des Kindes zeigt. Wir haben eine Möglichkeit zu forschen, zu vergleichen, festzustellen, und wir können uns darauf verlassen, dass alle Punkte, alle Ausdrucksbewegungen aus Gegenwart und Vergangenheit übereinstimmen, wegen der Einheitlichkeit des Aufbaus des menschlichen Seelenlebens, sofern wir richtig verstanden haben. Wir können nach alten Erinnerungen fragen, und wenn wir diese alten Erinnerungen verstehen, wenn wir eine gewisse Erfahrung besitzen, in alten Erinnerungen zu lesen, dann wird es uns sehr leicht sein, wieder einen Stützpunkt zu finden, der uns das System des Kindes entschleiert und uns gleichzeitig einen Maßstab in die Hand gibt, an dem wir die Selbsteinschätzung eines Kindes ermessen können. Diese Selbst*[21]*einschätzung ist mechanisiert. Über das Mechanisieren möchte ich noch ein Wort sagen. Alle die ersten Situationen, in denen sich ein Kind befindet, wirken auf das Kind ein und drängen es, zu diesen Situationen eine Stellung zu nehmen, in der es die Möglichkeit hat, ein Ziel der Überlegenheit im Auge zu behalten und zu verfolgen. Dieses ständige Streben nach Erhöhung des Persönlichkeitsgefühls wird sich immer anders darstellen. Vom Beginn des Lebens eines Kindes kommt ein Training zustande, sodass dieses Kind ein Rollenbewusstsein oder Rollenunbewusstsein in sich wachsen lässt. Nach einiger Zeit tritt eine Mechanisierung ein, sodass es entsprechend seinen mechanisierten Bewegungen und Ausdrucksformen seinen Weg findet. Es ist beinahe so, wie wenn ein Kind ein Gedicht auswendig gelernt hat: Es muss nicht Worte suchen, alles ist mechanisiert, es ist nicht in seinem Bewusstsein, es läuft von selbst ab, es ist schon sozusagen auf seiner Zunge. Ein Klaviervirtuose, der ein Stück einstudiert hat und dann auswendig spielt, braucht nicht an die Noten zu denken, es läuft von selbst ab.

Wenn Sie die gegenwärtige psychologische Literatur durchsuchen, werden Sie oft auf einen Punkt stoßen, auf die Lehre des Unbewussten, wie sie Eduard Hartmann dargestellt hat.[102] Von den Psychoanalytikern und von anderen psychologischen Schulen wird teilweise oder ganz angenommen, dass in die-

---

102 [Hartmann 1869]

sem Unbewussten immer die Ausprägung von Trieben (sexuellen Trieben) zu finden ist und immer in einer Art, die wir vom Kulturstandpunkt aus als böse bezeichnen müssen. Dieses Unbewusste wird als das Böse aufgefasst, dem durch einen Kontrollapparat zum Zwecke eines besseren Lebens eine Kulturschicht überbaut ist, die die Moral, das Streben nach Zusammenschluss begründen soll. Wir stellen dagegen fest, dass die Entwicklung des Menschen kraft seiner ungeeigneten Körperlichkeit unter dem mildernden Einfluss der Gemeinschaft als der wichtigsten Kompensation steht und alle seine ungerichteten Triebe – nachdem er zum Guten gewonnen ist – dadurch in die Richtung des Allgemein-Nützlichen gelenkt werden.

Der Lebensstil eines Kindes sowie seine Selbsteinschätzung bleiben so lange konstant, solange die Selbsterkenntnis nicht auftritt. Was wir von der Erziehung verlangen, ist die Erweckung der Selbsterkenntnis. Ich möchte hinzufügen, dass mit der Feststellung der Tatsache noch nichts geholfen ist, sondern dass diese Selbsterkenntnis lebendig gemacht werden muss, und zwar so, dass der Zusammen[22]hang klar vor uns und vor dem Kinde stehen muss. Erinnerungen gewisser Art beweisen, was dieses Kind geahnt, gefühlt hat, später ist es in der Lage zu verstehen. Ich habe noch nie ein Kind gesehen, das eine Darstellung seines Lebensstils nicht verstanden hätte.

Ich will Ihnen ein Beispiel zeigen, wie schon ganz kleine Kinder den Lebensstil so deutlich sehen, dass sie selbst einwirken können. Ein zweijähriges Mädchen tanzt auf dem Tisch herum, zum größten Entsetzen seiner Mutter. Die Mutter schreit erschrocken: »Steige herunter, du wirst fallen!« Das Mädchen tanzt ruhig weiter. Der dreijährige Bruder, der auch zuschaute, schrie: »Bleibe oben!« Da stieg die Kleine sofort herunter. Der Junge hat den Lebensstil seiner Schwester verstanden. Es ist keine Frage, dass man einem Kinde beibringen kann, darin seine Größe zu fühlen, wenn es das Gegenteil dessen tut, was einer ihm rät.

Uns interessieren die Fehlschläge und wir wollen beobachten, in welcher Entfernung ein Kind sich seinen Aufgaben gegenüber aufstellt, ob es uns statt der Tat nur den Willen gibt, womit wir nichts anfangen können. Es ist ein Aberglauben im menschlichen Leben, den wir auch in den psychologischen Lehrbüchern finden, dass der Wille der Beweis für den Beginn einer Handlung wäre. Es liegt hier eine allgemeine Täuschung vor, es besteht ein großer Gegensatz zwischen Wille und Tat. Wir können mit Sicherheit sagen, dass, wenn wir den Willen beobachten, es ganz sicher ist, dass in dieser Phase gar nichts geschieht. Sie kennen diese Kinder, die immer wieder den guten Willen als Preis ihrer Befreiung anbieten. Eine Änderung kann bei ihnen nicht eintreten, ihr Lebensstil ist mechanisiert und der Wille so eingeordnet, dass er zu dem Ganzen passen soll.

Ich möchte Ihnen einen Fall berichten, den ich als einen Schulfall betrachte, da alles so deutlich zusammenstimmt. Ich möchte bemerken, dass, um dieser

Mechanisierung auf die Spur zu kommen, wir eine Anzahl von Befunden besitzen müssen, von Tatsachen, die zu dieser Mechanisierung geführt haben, was alles wir aus dem frühesten Leben eines Kindes erfahren können.

Die Berichte sind manchmal nicht ganz glaubwürdig; aber wenn wir ein Kind oder einen Erwachsenen bitten, er möge zurückblicken in seine früheste Kindheit und uns irgendetwas mitteilen, woran er sich erinnern kann, dann bekommen wir ein Fragment seines Lebensstils in die Hand, weil er, wenn er zurückblickt, immer etwas aus[23]wählen wird, was für ihn von größter Bedeutung gewesen ist, aber gegenwärtig für ihn größtenteils unverständlich ist. Diese unsere Stützpunkte sind die Eintragungen im mechanisierten Lebensstil. Hier handelt es sich um eine Maschine, die aktiv und schöpferisch ist, die nur einen, ihren eigenen Weg vor sich hat, auf dem sie sich bewegen kann.

Es handelt sich um einen 13-jährigen Jungen, der verschiedene Mängel aufwies, die so weit führten, dass er aus der fünften Volksschulklasse ausgeschlossen werden musste. Er war der schlechteste Schüler; man konnte ihm Diebstähle nachweisen. Er verschwand öfters von Schule und Haus auf einige Tage, bis er ganz verwahrlost allein oder durch die Polizei nach Hause fand. Er zeigte das Bild eines verwahrlosten Jungen, und jeder in seiner Umgebung war der Überzeugung, dass hier Hopfen und Malz verloren ist. Man brachte ihn in eine Erziehungsanstalt, wo er einer Besserung zugeführt werden sollte. In dieser Anstalt befand sich ein Lehrer, der mit mir gearbeitet hatte und aus einer Mechanisierung seiner Anschauung heraus sich nicht begnügte, den Jungen zu strafen und ihn als unverbesserlich erscheinen zu lassen. Bevor er etwas begann, wollte er erst den Lebensstil, die Selbsteinschätzung des Jungen kennenlernen. Er ging den Weg, den wir für berechtigt halten. Er sagte: Wo immer ich mit meiner Nachforschung beginne, muss ich zu dem Ganzen gelangen. Es gibt keine Teile seiner Ausdrucksbewegungen, die nicht zu dem Ganzen passen müssten. Er begann mit der Durchsicht seiner Schulzeugnisse. Es stellte sich heraus, dass der Junge in den ersten drei Klassen gut war und erst in der vierten Klasse ein schlechtes Zeugnis hatte, in der fünften Klasse ebenfalls.

Der Lehrer war nun vor die Frage gestellt: Seit wann haben sich die Fehlschläge so deutlich gezeigt, dass er eine schlechte Testprüfung abgelegt hat. Er konnte daraus schließen, dass der Junge in der vierten Klasse einen anderen Lehrer bekommen hat. In den ersten drei Jahren hatte er denselben Lehrer, in der vierten Klasse tritt ein Lehrerwechsel ein. Er wusste, dass derartige Fehlschläge nur vorkommen können, wenn der erste Lehrer freundlich und der zweite Lehrer unfreundlich, streng gewesen ist. Der Junge bestätigte seine Vermutungen, er sagte: »Der Lehrer in der vierten Klasse konnte mich nicht leiden.« Er hatte also das Gefühl, dass der Lehrer schuld sei. Das genügt, um manches zu verstehen. – Es muss nicht einmal wahr sein, die Empfindung wirkt [24] gerade so, als wenn es wahr wäre. Es ist ganz gleich, ob ich glaube, dass ein Tiger vor der Tür liegt oder ob er wirklich draußen liegt. Die Tatsachen sind nicht wichtig, sondern wie wir sie ansehen. Er konnte daraus schließen, dass dieser Junge nur vorwärtsgeht, wenn man ihn ermutigt, wenn man ihn leiden kann, dass er verzärtelt sein will, dass er offenbar ein verzärteltes Kind ist, dass er in einer armen, aber verzärtelnden Familie aufgewachsen ist und die Mutter ihn nicht selbstständig werden ließ, sodass er bei jeder Aufgabe die Bedingung stellte: »Zuerst muss ich freundlich behandelt werden!« Wir können hier seine Selbsteinschätzung sehen. Wenn jemand sagt: Ich gehe nur bedingungsweise mit, so heißt das: Er hat nicht genug Mut. Wir wissen, dass verzärtelte Kinder immer ihre Mutlosigkeit zeigen, was in günstigeren Situationen nicht immer zum Ausdruck kommt.

Der Lehrer fragte weiter: »Was hast du mit den gestohlenen Dingen getan?« Er erhielt die Antwort: »Weil ich so ein schlechter Schüler war, habe ich gedacht, wenn ich meine Kameraden beschenke, werden sie mit mir freundlicher sein.« Das ist ein sehr häufiges Motiv für Kinderdiebstähle. Wenn der Junge das alles getan hat, um freundlicher behandelt zu werden, dann haben wir wieder dieselbe Bewegungsform, dieselbe Stellungnahme zum Leben, er will freundlich behandelt sein und hat keinen anderen Weg als zu stehlen. Wir kommen zu der traurigen Tatsache, zu verstehen, als ob der Junge recht hätte, dass er gar nichts anderes hätte tun können. Es ist ein unlösbares Problem: Freunde gewinnen zu wollen und nichts zu haben, was dazu gehört.

Eine andere Frage: »Warum bist du davongelaufen?« Es kommt eine Antwort, die wir erwarten: »Wenn wir eine Schularbeit hatten, wusste ich, wie diese Arbeit ausfallen wird. Ich habe immer die schlechteste Note bekommen.« Viele Schüler wollen nicht in die Schule gehen, weil sie immer bestraft werden, eine schlechte Note bekommen, dann werden die Eltern verständigt, der Vater kommt und setzt die Bestrafung zu Hause fort. So sagt auch unser Junge: »Und mein Vater erfuhr, was ich angestellt habe, dass ich schon wieder aus der Schule ausgeblieben war, er pflegte mich zu prügeln. Meine Mutter, die mich sehr gerne hatte, war sehr traurig, weinte und war sehr zärtlich mit mir.« Mit einem Wort: Er wollte Wärme haben, gut gelitten sein und weicht folgerichtig allen Situationen aus, in denen es ihm unmöglich erscheint, sein Ziel zu erreichen. Wir [25] lernen hier etwas über jene Fehler des Kindes, die wir als Schulstürzen oder Davonlaufen vom Haus bezeichnen. Wenn es einem irgendwo gefällt, da ist noch niemand davongelaufen. Sie werden fragen: Wo liegt da eigentlich das Streben nach Geltung bei diesem Kind? Das wusste der Junge ganz genau. Er wusste, dass, wenn er nach Hause kam, die Mutter ihn, voller Sorge um ihn, küssend und umarmend empfangen werde – er hat erreicht, dass er verzärtelt wird, dass man ihn gerne hat. Jede Bewegung richtet sich nach demselben Ziel, um geliebt zu werden. Wenn er nach Hause kam, stellte sich heraus, dass er es war, der Holz sammelte und es des Nachts vor die Türe seiner Mutter stellte. Wir sehen auch hier dieselbe Linie wie damals, als er gestohlen und andere bestochen hatte, obzwar es ganz anders aussieht, es ist doch immer die Ausprägung desselben mechanisierten Lebensstiles und alles immer nach einem Ziel gelenkt: etwas gelten, mehr zu sein, als er derzeit ist.

Wir wollen neben dieser horizontalen Betrachtung auch die vertikale vornehmen und fragen, wie dieser Junge zum Stehlen gekommen ist und wie er immer durchaus an die Mutter angeschlossen war. Zwei alte Erinnerungen kommen uns zu Hilfe. Er erzählt, dass er einmal zusah, wie ein Reh, das in der überflutenden Donau ertrank, von einem fremden Mann herausgenommen und nach Hause getragen wurde. Eine andere Erinnerung: Er war einmal Zeuge, wie ein Waggon am Bahnhof in Brand geriet und Leute sich bemühten, die Bälle, die den Inhalt dieses Waggons bildeten, zu retten, aufzuheben und dieselben mit sich nach Hause zu nehmen. Wir sehen hier zwei Stützpunkte, zwischen denen sich offenbar vieles zugetragen haben muss, die zeigen: Hier führt eine Linie im ganzen Lebensstil des Kindes dazu, die Möglichkeit des Stehlens des fremden Eigentums auszugestalten.

Zu dem anderen Gesichtspunkt, wie er von frühester Kindheit an sich an seine Mutter angeschlossen hat, erzählt er: »Als ich vier Jahre alt gewesen bin, da schickte mich mein Vater eine Zeitung kaufen, aber ...« – und das wäre für einen Individualpsychologen genug, denn wenn er mit dem Vater beginnt und mit einem »aber« abbricht, dann erkennen wir die ausschaltende Bewegung – »ich ging zu meinem Onkel, und er begleitete mich zur Mutter.« Mit einem Worte: Er landet bei seiner Mutter.

Er wird immer danach streben, in eine angenehme Situation zu gelangen. Wir werden auch feststellen müssen, dass bei diesem Lebens[26]stil eine mindere Selbsteinschätzung sich ganz automatisch ergibt. Das ist ein Kind, das sich nichts zutraut, das immer eine Stütze sucht, das allein nicht stehen kann. Die Mutter hat ja wohl die erste Funktion in ausgezeichneter Weise ausgeübt: Sie hat dem Jungen den Eindruck eines Mitmenschen vermittelt. Das ist aber zu wenig. Sie hätte diesen Jungen anderen gegenüber anschlussfähig machen müssen, in erster Linie dem Vater gegenüber. Wir sehen, dass es der Mutter nicht gelungen ist, eine freundschaftliche Beziehung zwischen dem Kind und dem Vater herzustellen, weil sie ihn nicht hergeben wollte, weil sie ihm das Leben in jeder Hinsicht immer erleichtern wollte, weil sie ihm immer eine Stütze gewesen ist. Er hat jetzt Probleme vor sich, die er nicht lösen kann. Wir wissen, was wir zu tun haben: Wir haben diese zweite Funktion der Mutter auszuführen, unsere Aufgabe ist, sein Gemeinschaftsgefühl zu erweitern. Wir sehen ja die Linie seines Gemeinschaftsgefühles. Er kann stehlen, davonlaufen, schulstürzen, wo er immer das Interesse der anderen verletzt. Sehen Sie den Mangel an Mut in seinem Verhalten? Er gibt das Ringen auf, weil er einen Tadel bekommen hat, eine schlechte Note in Aussicht hat. Sein Streben, zu persönlicher Geltung zu gelangen, wird sich immer wieder zeigen. Sie können sehen, dass er für die gemeinschaftliche Form unseres Lebens nicht vorbereitet ist.

Die zweite Funktion der Mutter können wir nur so ausüben, wenn wir auch die erste ausüben. Alle unsere Behandlung, alle erzieherische, heilpädagogische Behandlung beruht darauf, die zwei Funktionen der Mutter auszuüben – es gibt keinen anderen Weg.

Wir müssen seine Fehler aufdecken, ihm zeigen, dass er Dinge vom Leben verlangt, die man vielleicht am Ende einer Leistung erwarten kann, aber nicht gleich am Anfang, dass er vergeblich von vornherein geschätzt, gelitten, geehrt zu werden trachtet. Er wird die Zusammenhänge verstehen, wenn Sie sie an Beispielen zeigen. Wir können immer darauf hinweisen, dass er in der Falle seines mechanisierten Lebensstils ist und seine Entmutigung durchaus mit dieser falschen Mechanisierung in Verbindung steht. Sie werden in jedem anderen Fall sehen, dass die Selbsteinschätzung eines Kindes aus seinen Bewegungen herausguckt und, wenn wir es mit anderen Ausdrucksformen verbinden, wir ein ziemlich klares Bild bekommen werden. Sie werden auch sehr oft in eine unangenehme Lage versetzt werden, wenn Sie diese Stützpunkte nicht in genügender Weise herausbekom[27]men; aber Sie werden sehen, je mehr Erfahrung man hat, je mehr man sich vertieft, desto leichter wird diese Aufgabe für Sie sein. Ich habe im Anhang einen Fragebogen angeschlossen, mithilfe dessen der Lebensstil, der Grad der Selbsteinschätzung dieser Kinder mit Sicherheit festzustellen ist.

Kapitel 4 [Schicksalsschläge]

Wir sind schon so weit, dass ich Sie selbst zur Mitarbeit einladen darf, das heißt, dass Sie Berichte bringen, die wir dann gemeinsam besprechen werden. Wir werden uns gemeinsam in der Kunst üben, die Berichte über ein schwer erziehbares Schulkind zu lesen und zu verstehen. Wir wollen auch gemeinsam ausfindig machen, wie man einen mechanisierten Lebensstil ändern kann. Ich glaube, dass ich Ihnen in einer solchen Darstellung die wesentlichsten Punkte vor Augen führen kann.

Die zwei wichtigsten Fragen sind: Seit wann bestehen Klagen? Welches ist die Situation, vor der ein Kind ein auffälliges Benehmen zeigt? Wir haben festgestellt, dass dies immer soziale Aufgaben sind, die ein Verständnis, ein trainiertes Können erfordern, sich zu den anderen, zu den Aufgaben und Schwierigkeiten des Lebens richtig zu stellen, sich richtig zu verhalten, diese in nützlicher, für die Allgemeinheit annehmbarer Art zu lösen. Wir kennen auch die Prüfungen, denen ein Kind ausgesetzt ist, soweit sie für die Schule in Betracht kommen. In erster Linie die Schule als Experiment: Wie weit ist dieses Kind für die Erfordernisse, für die Gesetzmäßigkeiten der Schule vorbereitet? Ich darf nicht vergessen zu erwähnen, dass es auch auf die Einrichtung der Schule ankommt. So kann es Schuleinrichtungen geben, bei denen mehr Kinder, als wir erwarten, ihre mangelhafte Vorbereitung erweisen. Dies ist besonders der Fall in Schulen, in welchen wenig Interesse für die Eigenart der Kinder besteht, wo das Autoritätsprinzip zu scharf in den Vordergrund tritt. Wir wissen, wie viele Kinder innerhalb der Familie nicht trainiert werden auf blinden Gehorsam, da aus unserem sozialen Leben gewisse Forderungen in die Familie dringen, ein Kind selbstständig und nicht blind gehorchend zu machen. Eine solche Schule wäre eine allzu schwere Prüfung für das Kind, und da würden sich mehr Mängel zeigen als unter anderen Umständen. Innerhalb und auswärts ergeben [28] sich vom Eintritt in die Schule an auch gewisse neue Situationen, zum Beispiel Lehrerwechsel, ein Schulwechsel, vielleicht eine Veränderung in der Stellung des Kindes innerhalb seiner Klasse, irgendwelche Einflüsse, die durch andere Kinder hinzukommen. Einflüsse außerhalb der Schule sind imstande, die Haltung des Kindes in der Schule wesentlich zu verändern. Die Ermutigung des Kindes innerhalb der Familie ist außerordentlich wichtig. Ich will Ihnen ein Beispiel bringen, wie bedeutsam das sein kann.

Ich erinnere mich eines Mädchens von zehn Jahren, das mit seiner Mutter zu mir kam, beide weinend und schluchzend. Die Mutter erzählte, sie hätte das Kind erst vor einigen Monaten zu sich genommen, es wuchs bei Kosteltern auf, weil sie sich kurz nach der Geburt des Kindes scheiden ließ. Das Kind hatte sich dort ganz gut entwickelt, machte in der Schule gute Fortschritte und sollte jetzt in die vierte Volksschulklasse kommen.

Ich sprach später mit der Mutter allein. Sie erzählte, dass ihr Mann ein Trunkenbold gewesen sei; sie könnte mit ihm nicht leben, sie fürchtete immer, das Kind könnte etwas von dem fehlerhaften Geist ihres Mannes abbekommen haben. Sie hatte sich vorgenommen, das Kind musterhaft zu erziehen. Mir war nicht ganz klar, was diese Frau unter musterhafter Erziehung versteht. Das Kind kam in die vierte Klasse, aber da sie für diese Klasse nicht reif genug zu sein schien, wurde sie in die dritte Klasse zurückversetzt. Das Kind konnte auch hier nicht mitkommen, hatte lauter Misserfolge, und die Lehrerin sagte, dass sie auch für die dritte Klasse nicht geeignet sei, und sie sie, wenn es so weitergehen würde, in die zweite Klasse zurückversetzen müsse.

Das Mädchen scheint durchaus normal zu sein. Ich sagte mir, wenn ein Kind auf dem Lande bis zu der vierten Klasse mit gutem Erfolg gekommen ist, kann es unmöglich als Idiot angesehen werden. Aus Mitteilungen der Mutter, dass ihr Kind geistig nicht zurückgeblieben wäre, zog ich den Schluss, dass es sich hier um andere Dinge handeln müsse. Ich habe mich in das Schicksal des Kindes vertieft. Ich wusste, dass es bei Kosteltern aufgewachsen ist, seit einiger Zeit wieder bei der Mutter ist. Weitere Fragen hatten ergeben, dass das Kind, wenn es ein Buch vornimmt oder arbeitet, nicht bei der Sache ist, vor sich hin träumt und traurig ist. Die Mutter sagte: »Ich kann mir das nicht erklären, ich bin sehr streng mit ihr, um eine Entgleisung, wie ich sie bei meinem

Mann gesehen habe, *[29]* nicht befürchten zu müssen, und trotzdem kommt das Kind nicht vorwärts.«

In Vertiefung in die Situation des Kindes tauchte mir die Idee auf, dass dieses Kind sich bei den Kosteltern ganz gut befunden hatte. Ich brauchte sie nur zu fragen, wie die Kosteltern zu ihr waren, ob sie noch Beziehungen zu ihnen hat, ob sie Briefe wechseln usw. Wenn sie neun Jahre bei den Kosteltern gelebt hat, dann ist es wahrscheinlich, dass hier noch ein Band besteht. Wie es sich später herausstellte, hatte es das Kind bei den Kosteltern tatsächlich sehr gut. Es tauchte mir der Gedanke auf, wie ich mich verhalten würde, wenn ich von meinen Kosteltern, die sehr gut mit mir gewesen sind, zu meiner Mutter kommen möchte, die mich streng behandelt. Dieses Kind traf zu Hause eine brave Frau, die eine Idee der musterhaften Erziehung in sich trug, welche sie an diesem Kinde ausüben wollte. Ich habe den Eindruck gewonnen, dass dieses Kind sich an die köstliche Zeit erinnerte, wo sie bei ihren Kosteltern gewesen ist und jetzt hoffnungslos geworden ist. Von den Kosteltern zur Mutter zu gelangen, da gibt es einen Weg, aber von der Mutter wegzukommen, da gibt es keinen Weg. Es könnte sein, dass es sich manchmal sagt: »Wenn ich vollständig versage, dann wirft mich die Mutter hinaus, und ich komme wieder zu den Kosteltern.« Das Kind fühlt sich wie in einer Falle, aus welcher es nicht herauskommen kann.

Die diesbezüglichen Fragen ergaben das von mir vermutete Resultat. Ich konnte verstehen, dass dieses Kind bei dieser Erziehung sein Leben absolut verwüstet sah. Das Kind erzählte weiter, wie wohl es sich bei den Kosteltern gefühlt habe, dass es in die Schule auch sehr gerne gegangen sei und dass es sehr gut vorwärtsging. Ich musste wieder mit der Mutter sprechen. Ich sagte ihr, ich wüsste schon, was man da machen muss, aber ich glaube nicht, dass sie dies zu tun imstande wäre. Die Mutter bat mich, ihr einen Rat zu geben, worauf ich ihr sagte: »Ich würde mit dem Kinde in freundlichster Weise sprechen, ihr sagen, dass ich glaube, ihr gegenüber einen Fehler gemacht zu haben, jetzt geht mir ein Licht auf, dass es viel besser und schöner wäre, wenn wir wie zwei gute Freundinnen leben möchten.« Die Mutter antwortete: »Ich werde das tun.« Ich schlug ihr vor, das neue Verfahren recht fleißig zu üben und ihrer Tochter den Eindruck zu vermitteln, dass ihre Lage nicht hoffnungslos sei und nur *[30]* auf ihren Irrtum zurückzuführen ist. Ich machte ihr den Vorschlag, mich in 14 Tagen wieder zu besuchen.

Nach 14 Tagen kamen Mutter und Tochter lächelnd, tänzelnd, voller Freude zu mir. Die Mutter brachte mir einen schönen Gruß von der Lehrerin, die sich sehr freute, weil das Kind, das vor 14 Tagen die Schlechteste gewesen ist, jetzt ganz gut mitkommen kann. In diesem Falle geht der Einfluss nicht von der Schule aus. Ebenso wie in anderen Fällen, wo wir schlechte Situationen, schlimme Erscheinungen wahrnehmen können, die dazu beitragen, dass ein Kind seinen Mut verliert, zum Beispiel infolge von Armut, Verelendung innerhalb der Familie, wo Mädchen und Knaben zu anderen Arbeitsleistungen angehalten werden, sodass sie für Schulleistungen nichts mehr übrig haben. Das ganze Leben dieser Kinder verläuft düster, freudlos. Wir sind immer genötigt, sobald wir später Schwierigkeiten bei diesen Kindern beobachten können, daran zu denken, was da vorgegangen ist.

In den höheren Klassen gibt es Umstände, die weder innerhalb der Schule noch innerhalb der Familie gelegen sein müssen. Sie betreffen das Seelenleben des Kindes. Epileptische Kinder versagen zum Beispiel später meistens vollständig. In den Klassen der Mittelschule findet man auch, dass Kinder um das 15.–16. Lebensjahr herum, oft erst im 16.–17. Lebensjahr, die Anfänge des jugendlichen Irreseins zeigen. Solche Kinder werden in der Schule und im Hause ganz ungerechtfertigt kritisiert und misshandelt, da die Ursache ihrer Misserfolge, ihres Versagens ganz anderswo liegt als in ihrem bösen Willen.

Überhaupt, der böse Wille ist niemals der Beginn, immer die Folge einer Entmutigung. Wir haben keinen Anlass, diesem bösen Willen zu zürnen; es ist ein letztes Aufraffen, wenigstens auf der schlechten, unnützlichen Seite des Lebens sich irgendwie hervorzutun, sich unangenehm bemerkbar zu machen. Sie sollen niemals mit Kindern kämpfen, nur untersuchen und nachdenken und die Fehler im Aufbau des Lebensstils aufdecken.

Dieses Kind, von dem ich früher sprach, war verzärtelt, auf einmal kommt es in eine Situation, für die es durchaus nicht vorbereitet ist. Es könnte sein, dass ein besser vorbereitetes Kind selbst dort standgehalten hätte, wo dieses Mädchen schon versagte. Man findet oft als spätere Ursache des Versagens eines Kindes irgendwelche Krankheiten. Wir sehen, zum Beispiel in Fällen von Grippe, dass Kinder, die schwere Schädigungen des Gehirns dabei erleiden, später nicht mehr *[31]* über jene Mittel verfügen, über die sie früher verfügt haben. Dies gilt für Kinder, die an Kopfgrippe[103] gelitten haben. In Fällen, wo das Gehör geschädigt wird, bemüht sich vielleicht das Kind, in der ersten Zeit mit dem schlechten Gehörorgan genau so zu arbeiten wie früher; man muss also auf das schlechte Hören Rücksicht nehmen, bis dieses Kind sich wieder so einlebt, dass dieses schlechte Ohr ihm keine Schwierigkeiten macht.

Kinder, die im Laufe der Schulzeit an Chlorose[104] erkranken, können durch die damit verbundene Müdigkeit auch nicht dasselbe leisten wie früher einmal. Wir können auch verstehen, dass eine Anzahl von Kindern, die an schleichenden Krankheiten (Tuberkulose) leiden und Fieber haben, ohne dass jemand es bemerkt, in ihren Leistungen zurückbleibt.

Wir wollen auch verstehen, warum manche Kinder nach einer schweren Krankheit einen Rückgang zu verzeichnen haben. Im Verlauf einer länger

---

103 [Eine Form der Gehirnentzündung (Encephalitis epidemica oder Encepahlitis lethargica, auch Europäische Schlafkrankheit genannt).]

104 [Chlorose: eine Form der Eisenmangelanämie]

dauernden Krankheit verliert ein Kind oft vieles an technischer Übung, weist größere Lücken auf, sodass ein Nachhilfeunterricht einsetzen muss.

Ein anderer Punkt, auf den ich noch hinweisen möchte, ist von besonderer Wichtigkeit – wird aber meistens übersehen. Im Laufe der Erkrankungen des Kindes setzt oft eine ungeheure Verzärtelung ein, deren Verlust das Kind nach der Krankheit nicht leicht verträgt, sodass sich vieles in seinem Verhalten ändert. Es ist erfüllt von der Sehnsucht, weiter so warm gehalten zu werden. Viele der Unarten, die nach derartigen Krankheiten auftauchen und die von manchen Ärzten oft mit Unrecht auf irgendwelche Schädigung der Drüsen mit innerer Sekretion zurückgeführt werden, sind die Folge dieser Verzärtelung während der Krankheiten (z. B.: Scharlach, Keuchhusten usw.). Sie werden oft in der Beschreibung von schwer erziehbaren Kindern hören, dass sie während eines Scharlachs diese Unarten erworben haben. Wir verstehen, dass die Eltern bei einer schweren Krankheit des Kindes eine solche Haltung einnehmen, dass das Kind sich seines ungeheuren Wertes vollkommen bewusst wird. Es sehnt sich, wieder krank zu sein. Es kommt auch vor, dass Kinder eine leichte Krankheit als schwer darstellen, sie tischen es den Eltern als ein schweres Leiden auf. Sie wollen Krankheiten so weit als möglich in die Länge ziehen. Es gibt wieder andere, für die die Krankheit direkt eine Wonne ist. Die Hypochonder setzen ihre Schmerzen, ihre Qualen *[32]* immer ins grellste Licht, weil es ihnen dadurch gelingt, eine leichtere Situation zu finden: dass man weniger von ihnen verlangt, sie anerkennt, sich mit ihnen beschäftigt. Sie stehen im Mittelpunkt der Aufmerksamkeit.[105]

Kapitel 9 [Übersicht; das Gemeinschaftsgefühl]

Ich möchte in dieser Vorlesung das bisher Besprochene rekapitulieren und eine Geschichte eines schwer erziehbaren Kindes interpretieren. Sie werden es im Laufe des Weiteren immer sehen können, dass es die beste Methode ist, sich in ein Kind einzufühlen, sich mit ihm zu identifizieren, um es dadurch besser verstehen zu können. Wenn Sie einmal den Versuch machen, ein Bild an einem Nagel zu befestigen, werden Sie ein sonderbares Gefühl wahrnehmen können, bis es Ihnen gelingt, es aufzuhängen. Sie werden vielleicht das Gefühl haben, als wenn Sie »im Bilde« wären. Wenn Sie vor einem Haus vorübergehen und sehen, dass oben im dritten Stock eine Hausgehilfin die Fenster putzt und sich so bewegt, als wenn sie nicht auf einem schmalen Fensterbrett stehen würde, werden Sie ein Gefühl der Spannung haben, das sich nur so er-

---

105 [In der Originalfassung des 4. Kapitels folgen an dieser Stelle weitere Textpassagen, deren Inhalt auch in anderen Texten dieser Studienausgabe Behandlung finden. Deshalb wurde von einem Abdruck des verbleibenden Kapitelteils Abstand genommen.]

klären lässt, als hätten Sie das Gefühl, selbst dort oben zu stehen. Das gleiche Gefühl werden Sie auch haben, wenn Sie einen Seiltänzer beobachten. Wenn ein Redner vor einem großen Publikum mitten in der Rede plötzlich nicht weiter kann, stecken bleibt, werden Sie es so empfinden, als ob Sie selbst diese Schande erlebt hätten. Verstehen ist eigentlich ein Akt der Identifizierung. Diese Identifizierung spielt vom Anfang des Lebens an eine ungeheure Rolle und begleitet uns in jeder Stunde unseres Daseins (zum Beispiel im Theater fühlen wir uns in die Rolle des Schauspielers ein, wenn wir ein Buch lesen, in die des Helden oder der Heldin). Es gibt tausend Beispiele dafür, wie man den Akt des Verstehens mit der Einfühlung in eine Person verbindet. Diese Einfühlung müssen wir üben, wie es auch beim Lesen eines Romans geschieht, wo man oft *[75]* denkt, es ist gerade so wie bei mir, und nicht bemerkt, dass man sich eigentlich in das Schicksal der geschilderten Person eingefühlt hat. Wenn Sie es also richtig verstanden haben, die Beschreibung eines schwer erziehbaren Kindes zu lesen, werden Sie das Gefühl haben: Wenn ich in seiner Lage wäre, an seiner Stelle stünde, würde ich geradeso handeln, in derselben Umgebung die gleichen Fehler begehen, dasselbe Ziel setzen, wie er es tut. Wenn ich mich mit ihm eins fühlen kann, dann verstehe ich ihn. Wenn man das nicht kann, dann sind alle Bemühungen vergeblich und unbrauchbar, man kann nichts anfangen, man sieht nicht die Fehler, die im Aufbau seines Lebensstiles entstanden sind. Wir sind mit den besten Waffen ausgerüstet und mithilfe des Netzwerkes der Individualpsychologie in der Lage, auf den Punkt zu stoßen, wo der Fehler geschehen ist.

Sie kennen alle die wichtigste Frage, die wir stellen müssen, um zur Erkennung des Fehlers zu gelangen: Seit wann bestehen Klagen? Diese Klagen entstehen meistens zu einer Zeit, in der sich ergibt, dass ein Kind, aus seiner Vergangenheit heraus, für die Gegenwart, in der es steht, nicht richtig vorbereitet ist. Wir haben einige neue Situationen kennen gelernt, die wir als Testprüfungen ansehen können, aus deren Beantwortung oder Nichtbeantwortung wir feststellen können, ob ein Kind richtig oder unrichtig vorbereitet ist. Die Fragen, die einem Menschen vorgelegt werden, sind immer sozialer Natur. Diese Fragen beziehen sich darauf, wie ein Kind zum Leben, zu anderen, zu seinen Aufgaben Stellung nimmt. Es gibt im Leben nur soziale Fragen, deren Beantwortung einen gewissen Grad von Gemeinschaftsgefühl verlangt. Wir sind zur reifen Erkenntnis gekommen, dass das Kind unschuldig ist, wenn es nicht leisten kann, was von ihm verlangt worden ist, weil es das ja nicht gelernt hat, nicht vorbereitet ist. Dadurch rückt das Prinzip der Strafe auch in ein anderes Licht. Es erwächst uns die Aufgabe, nachzuforschen, warum das Kind nicht richtig vorbereitet ist, um diesen Fehler korrigieren zu können, und ihm diese richtige Vorbereitung zu verschaffen. Wir haben die verschiedenen Situationen, die im Aufbau des Lebensstils eines Kindes eine Rolle spielen, Revue passieren lassen. Dieser Aufbau beginnt mit der Beziehung zur Mutter, und wir werden aus seinem späteren Verhalten ersehen können, ob es geglückt ist, diese Beziehung richtig auszugestalten. Alle seine Organfunktionen werden darauf hinauslaufen, es wird so zusehen, so *[76]* zuhören, so handeln, wie es der Mutter gelungen ist, sein Interesse für sich zu gewinnen, auf die anderen auszubreiten. Eine weitere neue Situation ist die Geburt eines Geschwisters. Es ist ein Prüfstein, ob dieses Kind genug Interesse, Gemeinschaftsgefühl hat oder ob es nur an der eigenen Person interessiert ist. Dann kommen wieder andere Situationen: Kindergarten oder der Umstand, dass einer der beiden Elternteile, mit denen das Kind stark verbunden war, auf längere Zeit krank wird und sich mit ihm nicht beschäftigen kann; wenn das Kind schwer erkrankt, in eine wärmere Situation gebracht wird, aus welcher es nach seiner Genesung zu seinem Schrecken erwacht und nicht mehr das findet, was es bisher gehabt hat. Weitere schwierige Situationen sind, wenn zum Beispiel ein verzärteltes Kind einen Stiefvater oder eine Stiefmutter bekommt oder gänzlich verwaist; wenn ein Kind in den frühesten Jahren unter guten Verhältnissen aufgewachsen ist und wenn später die Eltern verarmen und ihm nichts mehr bieten können. Auch der Umschwung macht viel aus, wenn ein Kind von gütigen Kosteltern, von freundlichen Großeltern zu unfreundlichen Stiefeltern, eventuell zu Eltern kommt, die es schlechter behandeln. Wir werden nur dann leichter sehen, wie ein Kind vorbereitet ist, wenn es in eine schwierige Situation kommt. Die Schule, ein Lehrerwechsel bedeuten auch sehr viel im Leben eines Kindes. Es macht sich bei einem Kinde oft bemerkbar, wenn der eine Lehrer freundlich, der andere zu streng gewesen ist, wenn es keine Schulerfolge aufzuweisen hat und sich nicht besonders auszeichnen kann. Bei Problemen der Freundschaft, Kameradschaft, an dem Interesse für die Menschheit überhaupt kann man die Größe des Gemeinschaftsgefühles erkennen.

Später im Leben sind die Fragen der Beschäftigung, der Liebe, der Ehe die, aus denen wir auf den Grad des Gemeinschaftsgefühles schließen können. In jedem Fall ist das Bild ein anderes. Es bewegt uns die Frage: Warum hat dieses Kind kein Interesse für die anderen, kein Gemeinschaftsgefühl? Ich möchte hervorheben, dass das, was ich hier schildere, die Klaviatur, das Netzwerk ist; es genügt nicht das nur zu wissen, es muss jemand dabei sein, der darauf spielen kann, der dieses Netzwerk versteht.

Wir haben auch die drei Typen der mangelhaft vorbereiteten Kinder kennen gelernt, die meist kein oder nur wenig Gemeinschaftsgefühl haben: *[77]*
1. Kinder mit minderwertigen Organen,
2. verzärtelte Kinder und
3. gehasste Kinder.

Diese Kinder sind viel mehr an der eigenen Person als an anderen interessiert, weil sie wie im Feindeslande aufwachsen. Zur Erkennung des Lebensstils, der schon in den ersten vier bis fünf Lebensjahren mechanisiert ist, haben wir verschiedene Behelfe, die uns die Linie verraten können, der ein Kind folgt.

Aus seinem Blick, aus seiner körperlichen Haltung, aus allen seinen Bewegungen können wir Schlüsse ziehen. Sogar aus der Haltung, die ein Kind in seinem Schlaf einnimmt, können wir auf sein Verhalten im Leben schließen. Wenn einer zum Beispiel wie ein Igel zusammengerollt liegt, wissen wir, dass er wahrscheinlich nicht viel Energie und Mut hat. Von einem anderen, der in Habtachtstellung liegt, können wir vermuten, dass er immer groß erscheinen möchte. Wenn jemand auf dem Bauch liegt, dem anderen den Rücken zeigt, ist es meistens ein trotziges Kind, zeigt es die Gebärde des Trotzes. Das sind auch Teile des Lebensstils, wie auch die Angst, die darauf schließen lässt, dass diese Kinder sich schwach fühlen, also fast immer verzärtelte Kinder sind. Wir haben auch feststellen können, wie weit das Festhalten ältester Kindheitserinnerungen zu veranschlagen ist. Wenn wir diese Hieroglyphen verstehen können, werden wir vieles aus der ursprünglichen Lebensform eines Kindes erraten können. Die Position eines Kindes innerhalb der Familie entwickelt die Kinder eigenartig, geradezu typisch. Die Berufswahl, Fantasie, Tagträume und das Traumleben eines Kindes bieten uns auch Anhaltspunkte, um uns in seinen Lebensstil einfühlen und es besser verstehen zu können. Es ist uns immer als souveränes Mittel der Erziehung das »Erkenne-dich-selbst« gegeben, wodurch wir dem Kinde das vollständige Verständnis seiner Fehler verschaffen und ihm helfen wollen, zur Beseitigung seiner Fehler zu gelangen. Wenn ein Kind diese Zusammenhänge versteht, dann hat es um eine Determination mehr in seinem Leben, dann ist es nicht mehr dasselbe Kind wie früher. Dann beginnt es, sich zu kontrollieren und seine Fehler Schritt für Schritt abzubauen. Das ist der Erfolg des »Erkenne-dich-selbst«, welchen Erfolg wir durch Strafe, Tadel bei einem Kind nie erreichen können.

Wo beginnt der ganze Prozess der Gemeinschaftsentwicklung? In der Seele eines jeden Kindes sind die Möglichkeiten zur Ent[78]wicklung des Gemeinschaftsgefühles gegeben. Dieses Gemeinschaftsgefühl entwickelt sich an der Mutter, weil die Mutter die erste Person ist, mit der das Kind verbunden ist, sie ist das erste »Du«, zu dem das Kind in soziale Stellung gerät, sie muss dem Kinde das Beispiel eines vertrauenswürdigen Mitmenschen sein. Das ist ihre erste wichtigste Funktion. Ihre zweite Funktion ist, wie ich schon früher erwähnt habe, das Kind für die Aufgaben des Lebens vorzubereiten, sein Interesse auf die anderen, auf das ganze irdische Leben auszubreiten. Sie muss dieses Interesse des Kindes auch für den Vater zu erwecken verstehen, für die Geschwister usw. Sie werden schon bei einem Kinde von vier bis fünf Jahren erkennen können, ob es ein richtiger Mitmensch sein wird oder nicht. Dadurch können Sie auch vielen Fehlern vorbeugen, der Schwererziehbarkeit zuvorkommen, Neurosen verhüten, die Fehlschläge, die zum Verbrechen führen, aufhalten, die Entwicklung zum Selbstmörder, zur Prostitution, zum sexuellen Verbrechen usw., lauter Fehlschläge von Menschen, die wenig oder gar kein Gemeinschaftsgefühl haben, mit den anderen nicht richtig verbunden sind.

Wenn man diese Zusammenhänge richtig erfasst, wird man erst sehen, wie wenig die Menschheit zur Verhütung dieser Fehlschläge getan hat und wie viel ihr noch zu tun übrig bleibt.

Es ist keine leichte Aufgabe, denjenigen, der Fehler begeht, zur Einsicht seiner Fehler zu bringen. Der ganze Lebensstil eines schwer erziehbaren Kindes zum Beispiel wehrt sich dagegen, geändert zu werden. Pestalozzi bemerkt: »Wenn du einmal ein verwahrlostes Kind zu bessern trachtest, wird es in allem und jedem gegen dich sein, es wird dir immer Schwierigkeiten machen wollen.«[106] Das ist die Gegenwehr des mechanisierten Lebensstiles, der sich nicht ändern lassen möchte und in seiner Art, wie eine Maschine, weitergehen will. Wenn wir ein schwer erziehbares Kind behandeln wollen, brauchen wir zu diesem Werk viel Geduld, Freundschaft und Nächstenliebe. Ein Kind braucht einen Mitmenschen, der Interesse für andere hat, es fühlt das, wenn es dieses Interesse auch nicht versteht; ebenso wie es einen Menschen, der die Charakterzüge eines Egoisten an sich trägt, der sich immer mit sich beschäftigt, unsympathisch finden wird. Wenn wir in jemandem das Gemeinschaftsgefühl entzünden wollen, sind uns in den zwei Funktionen der Mutter Direktiven gegeben: Wir haben die Aufgabe, das Kind zu gewinnen und sein Interesse auf die anderen weiterzuleiten. Wir dürfen nicht die Fehler der [79] Mutter wiederholen, sein Interesse nur für uns zu gewinnen oder dieses Interesse nicht entzünden zu können. Wir haben keine anderen Wege, da es uns vor allem darauf ankommt, dieses Gemeinschaftsgefühl zu erwecken. Das Gemeinschaftsgefühl ist mit der Entwicklung eines Menschen innig verbunden. Ein Kind, das Gemeinschaftsgefühl hat, hört und sieht besser, hat ein besseres Gedächtnis, kann bessere Leistungen aufweisen, hat die Fähigkeit, sich Freunde, Kameraden zu gewinnen, ist ein guter Mitspieler, Mitarbeiter und hat wohl auch mehr Verstand als die anderen, weil es durch sein Gemeinschaftsgefühl in die Lage versetzt ist, mit seinen Augen richtig sehen, mit seinen Ohren hören, mit seinem Herzen fühlen zu können. Sie werden beobachten können, dass diejenigen, die genügend Gemeinschaftsgefühl besitzen, in ihren Leistungen einen größeren Schwung aufbringen, ihre Schwierigkeiten überwinden und besser trainiert sein werden. Wir können auch sehen, dass in den prominenten Stellungen, in der Schule, im Freundeskreis, im Beruf diejenigen sein und ihre Lebensaufgaben richtig lösen werden, die ein größeres Gemeinschaftsgefühl haben. Was geschieht aber mit den anderen? Dass sie auf der nützlichen Seite nicht im Vordergrund stehen werden, ist sicher. Wenn der günstige Zufall sie auch in den Vordergrund stellt, wird das nicht lange dauern. Sie werden nicht beliebt sein, sie werden in der Lösung der drei Lebensfragen (Gesellschafts-, Beschäftigungs- und Liebesfrage) versagen, weil sie kein Interesse für andere

---

106 [Das Zitat ist nicht verifizierbar.]

haben, weil sie kein genügendes Training hatten. Zur Lösung all dieser Fragen gibt es keinen anderen Weg als den zur Gemeinschaft.

Ich möchte Ihnen noch die Beschreibung einiger schwer erziehbarer Kinder vorlegen und Ihnen zeigen, wie wir Individualpsychologen mithilfe unseres Netzwerkes die Charakterzüge, den Lebensstil eines Kindes verstehen können.

Beispiele

1. »Es handelt sich um ein elfjähriges Mädchen der zweiten Hauptschulklasse. Die Klagen der Mutter beziehen sich darauf, dass dieses sonst sehr brave Kind gelegentlich recht schlimm sein kann.«

Wir gehen von der Voraussetzung aus, dass es im Seelenleben eines Kindes keine Wunder gibt und unsere Frage ist berechtigt: Was sind das für Situationen, in welchen sich dieses Kind schlimmer benimmt? *[80]*

»Es stellte sich heraus, dass dieses Kind sich dann sehr schlecht benimmt, wenn die ältere Schwester (sie ist 16 Monate älter) sich ihren Bademantel ausleihen will und aus dem Kasten nimmt. Dann fängt sie zu schreien, zu toben an, beschimpft die Schwester und begründet ihr Vorgehen damit, dass die Schwester diesen Mantel schmutzig machen könnte.«

Derartige Fälle kommen im häuslichen Kreis häufig vor. Wir müssen fragen, was geschieht bei dieser Gelegenheit, dass dieses sonst brave Mädchen zu toben anfängt, in Geschrei ausbricht? Unsere Antwort darauf ist, dass sie natürlich der Schwester gegenüber als die Stärkere auftritt und auftreten will. Hier sehen wir einen Zug, der älteren Schwester über den Kopf wachsen zu wollen. Wir haben schon darauf hingewiesen, dass zwei Geschwister in einem kombinierten Bezugssystem aufwachsen, in welchem die Jüngere bestrebt ist, der Älteren gleich zu werden oder sie zu überflügeln. Die Ältere dagegen ist bestrebt, ihre Position zu behalten oder zu verstärken.

»Das ältere Mädchen zeigt einen Hang, der Jüngeren Schwierigkeiten zu bereiten und will sie in Situationen bringen, in denen sich die jüngere Schwester als weniger wertvoll entpuppt.«

Sie macht eine Testprüfung.

»Nimmt den Mantel und lässt ihn zur Erde fallen.«

Hier ist die Situation, aus welcher wir ersehen können, ob sie richtige soziale Vorbereitung hat. Hier zeigt sich, dass sie viel Interesse für ihre eigene Person hat. Wir können annehmen, dass die Jüngere glaubt, wirklich schwächer zu sein und nur mithilfe eines mörderischen Geschreies sich behaupten zu können. Sie hat ein starkes Minderwertigkeitsgefühl, das sie nicht zur Ruhe kommen lässt, sodass sie bei gewissen Anlässen losschlägt.

»Es gibt noch eine andere Gelegenheit, bei der sich dieselbe Szene abspielt.

Es ist dann, wenn die Schwester durch das Zimmer gehen will, wenn sie sich ankleidet.«

Sie scheint sehr schamhaft zu sein, schamhafter, als man das im Durchschnitt findet. Die Mutter leitet das von einer Schamhaftigkeit ab, die auch sie beherrscht, und nimmt an, dass sie deshalb schreit und tobt. Wir sind anderer Meinung und möchten behaupten, dass dieses Kind deshalb diese Schamhaftigkeit zeigt, weil sie ein Minderwertigkeitsgefühl hat. Da taucht die Frage auf, wie verhalten sich diese zwei Geschwister körperlich zueinander? Die Mutter erzählt, dass die Ältere ein auffallend schönes Mädchen ist, die Jüngere dagegen stämmig, bockig, gedrungen, sodass es *[81]* schwer zu vermeiden ist, dass die Ältere immer gelobt und hervorgehoben wird, wenn Fremde ins Haus kommen. Die Jüngere fühlt sich verkürzt und glaubt von Natur aus benachteiligt zu sein, sie fürchtet in eine Situation zu kommen, wo ihr Nachteil ersichtlich sein könnte.

Ich gab der Mutter zu verstehen, dass man dem Kinde beibringen muss, dass die Schönheit im Leben nicht eine so große Rolle spielt, dass es vielleicht mehr Wert hat, wenn jemand gesund ist usw. …

Sie zeigt auch ihre Abneigung gegen die Schule, indem sie gern von dort ausbleibt, sie ist von der Schule nicht besonders entzückt. Wie die Mutter mir berichtete, hat sich neulich Folgendes abgespielt: Die Jüngere wollte um 7 Uhr morgens nicht aufstehen, um in die Schule zu gehen und sagte es der Älteren, worauf diese ihr antwortete: »Nun, dann stehe überhaupt nicht auf, bleibe den ganzen Tag zu Hause!« Sie ging tatsächlich nicht in die Schule und blieb bis 10 Uhr im Bett. Als man von ihr eine Erklärung verlangte, sagte sie, sie sei deshalb zu Hause geblieben, weil die Ältere ihr das nahegelegt habe.

Wie wir sehen, der Kampf wütet unausgesetzt, und die Jüngere benutzt jede Gelegenheit, um die Ältere in ein schlechtes Licht zu setzen. Sie hat sich das Ziel gesetzt, der Älteren gleichzukommen, aber wie soll sie das machen? In der Schule gelingt ihr das nicht. In der Zuneigung der Eltern ist, nach Aussage der Mutter, kein Unterschied; aber ich glaube, man betrachtet die Ältere mit mehr Stolz, weil sie schöner ist; und die Jüngere fühlt sich dadurch zurückgesetzt. Sie ist auch im Nachteil als die Jüngere, sie kann die Ältere nicht schlagen; sie sieht keinen Weg, wo sie ihrer Schwester überlegen sein könnte. Man sollte ihr ihren Fehler nachweisen und ihr zu verstehen geben, dass nur der schreit, der sich gedrückt, schwach fühlt, aber durch dieses Geschrei einen anderen unterdrücken will.

Wir sehen den Lebensstil dieses Kindes und sehen auch, wo der Fehler gemacht wurde. Der Mutter ist es nicht gelungen, das Interesse dieses Mädchens auf die Ältere zu erstrecken. Es ist ihr nicht einmal das gelungen, dass dieses Kind in ihr einen Halt findet. Sie sagt: »Das Kind ist dem Vater mehr zugetan, weil ich etwas schroff bin.« Das ist nicht die geeignete Methode, um das Interesse dieses Kindes zu gewinnen. Wo soll dieses Kind im Vordergrund stehen?

Wenn diese Kinder Knaben wären, dann möchte die Frage der Schönheit nicht so bedeutend sein, da sie aber Mädchen sind und in einer [82] Familie aufwachsen, die zu den wohlhabenden gerechnet wird, wo es sich weniger um eine Leistung handelt als darum, schön auszusehen, wo man das traditionelle Ideal der Schönheit überwertet, ist es selbstverständlich, dass die Kinder darunter leiden müssen.

Die Jüngere – wie die Mutter weiter berichtete – hat keine Freundinnen, weil sie sehr ungeschickt ist, was ja wohl auch mit ihrer körperlichen Plumpheit zusammenhängen mag. Sie befreundet sich nicht, weil die Kinder sie auslachen und sie – wie ein Wettläufer – selbstverständlich sehr empfindlich ist. Auch hier kann sich ihr Gemeinschaftsgefühl nicht entwickeln. Auch dem Lehrer gegenüber gelingt es ihr nicht, weil sie schlechte Noten bekommt, wenn sie etwas nicht leisten kann. Dieses Mädchen hat wirklich nur wenig Möglichkeiten; doch halte ich ihren Weg in der Schule nicht für ungangbar. Es ist ein gangbarer und dankbarer Weg.

Sie kann nicht folgen. Wenn die Mutter ihr etwas anschafft, erklärt sie ganz einfach: »Wenn du mir etwas schaffst, kann ich es nicht machen.«

Sie möchte sich auch dadurch auszeichnen, dass sie alles aus eigener Kraft macht und nicht das tut, was man ihr befiehlt.

Wir wundern uns auch nicht, wenn wir hören, dass sie des Abends nicht schlafen gehen will. Die Eltern haben es so eingerichtet, dass sie die Jüngere früher schlafen schicken. Die Jüngere findet das ungerecht und sagt, sie gehe nicht zu Bett, wenn die Ältere aufbleiben darf. Die Ältere dagegen besteht darauf, dass die Jüngere früher schlafen gehen müsse. Wenn sie sich endlich mit großer Mühe entschlossen haben, sich niederzulegen, geht der Wettlauf im Bett weiter. Die Kinder lesen, bei jedem Bett brennt ein Licht. Da kommt die Mutter ins Zimmer herein, macht die Kinder aufmerksam, dass es schon spät sei, und dreht das Licht beim Bett der Jüngeren ab, mit der Bemerkung, dass die Ältere weiterlesen kann, aber: »Du nicht!«. Hier hat sie wieder das Gefühl der Verkürztheit.

Sie findet immer jene wunden Punkte heraus, wo sie der Mutter als stark gegenübertreten kann. Sie macht beim Essen große Schwierigkeiten. Die Mutter muss sich ihr wenigstens beim Essen mehr widmen als der anderen.

Ich erkundigte mich bei der Mutter, wie es mit ihrem Mut stehe. Eltern verstehen diese Frage meistens nicht richtig. Sie erzählte mir, dass sie ständig überwacht sei und immer mit der älteren Schwester [83] zusammen. Außerdem hat sie auch das Stubenmädchen zur Seite, wenn die Mutter das Haus verlässt. Auf die Frage, ob sie gern allein bleibe oder sich fürchtet, antwortet sie: »Sie will immer jemanden bei sich haben.«

Dieses Kind wird sich immer in Spannung befinden. Sie wird zum Beispiel auch beim Schwimmenlernen Schwierigkeiten haben, sie wird zum Schwimmlehrer kein Vertrauen haben, da sie sich auch dort wie in Feindesland fühlen

Individualpsychologie in der Schule

wird. Wenn solche Kinder allein schwimmen lernen, können sie sich in einer Situation fühlen, die ihnen ungefährlich erscheint.

Bezüglich einer Behandlung dieses Kindes können wir Folgendes sagen. Dieses Kind ist in Gefahr, ein Gegenmensch und kein Mitmensch zu werden. Sie sieht das Leben als einen Kampf an, in dem es sich darum handelt, »oben«, »Hammer oder Amboss« zu sein. Ist man nicht der Hammer, ist man der Amboss. Sie möchte nicht der Amboss sein. Man sollte ihr klarmachen, dass im Leben viel mehr durch das Gemeinschaftsgefühl wächst und gedeiht als durch den Kampf, den die Menschen gegeneinander führen. Man muss ihr auch zeigen, woher alle ihre Fehler gekommen sind, und ihr den Irrtum aufklären, in dem sie sich befindet, wenn sie annimmt, dass sie der Schwester nicht nachkommen kann und sich deshalb der Mittel bedient, mittels deren sie ihrer Schwester, ihrem Vordermann, eins zu versetzen versucht. Sie ist in diesem Wettlauf stets in Spannung und deshalb kann sie auch in der Schule keine guten Erfolge haben, keine Freundinnen gewinnen. Unsere Aufgabe wird es sein, die Funktion der Mutter auszuüben, das Kind zuerst für uns zu gewinnen und zu trachten, ihr Interesse auf andere auszubreiten. Wir müssen ihr helfen, dass sie Freundschaft schließen kann. Sehr wichtig wäre es, wenn man ihr dazu verhelfen könnte, dass sie in der Schule im Vordergrund stehen kann, dadurch, dass sie eine gute Schülerin ist, sich in der Schule auszeichnet.

Auf die Frage, was sie einmal werden will, antwortet sie: »Ich will einmal im Geschäft meines Vaters arbeiten.« Sie will so etwas sein wie der Vater. In dieser Äußerung erblicken wir eine gewisse Neigung, sich nicht ganz weiblich zu entwickeln. Der Vater hat nämlich ein Geschäft für elektrotechnische Artikel. Auf meine Frage, was die Ältere werden will, antwortet die Mutter: »Oh, die kümmert sich um so etwas nicht!« Sie will wahrscheinlich heiraten, Hausfrau [84] werden und glaubt, das geschehe von selbst, man brauche sich keine Ziele zu stecken. Auch hier finden wir große Unterschiede. Es ist kein bewusster Denkvorgang, entsteht von selbst, durch Ausschaltung von Schwierigkeiten. Die Jüngere dagegen hat die Empfindung, dass sie niemandem gefällt, daher will sie diesen Beruf ergreifen.

Der Weg, der mir als der richtige erscheint, ist, dass man diesem Kinde in der Schule einen Fortschritt ermöglicht, und das wird bestimmt gelingen, wenn man die Kunst aufbringt, sie mehr in Schwung zu bringen, sie mutig zu machen, ihr Aktivität und Optimismus zu verleihen. Man muss aus diesem Kinde einen Gemeinschaftsmenschen machen, der sich nicht immer bedrückt, in Spannung, sondern wohlfühlt, der alles als zu sich gehörig betrachtet, sich heimisch fühlt und nicht wie im Feindeslande aufwächst.

2. »Ich habe zwei Knaben, im Alter von sieben und neun Jahren. Was das Lernen des jüngeren anbelangt, kann ich noch kein richtiges Urteil fällen, weil er erst die erste Klasse besucht.«

Wir sehen hier zwei Jungen, einen älteren und einen jüngeren. Alle Kinder einer Familie wachsen in verschiedenen Situationen auf. Man kann nicht annehmen, dass sie in derselben Situation aufwachsen. Der Ältere ist zwei Jahre allein, offenbar wie bei Kindern, die die ersten sind, der Mittelpunkt der Aufmerksamkeit und verzärtelt. Das ganze Haus steht ihm zur Verfügung. Auf einmal kommt ein zweites Kind, seine Situation ist vollkommen verändert. Er hat eine Übung, ein Training durchgemacht, über alles verfügen zu können. Wie ein Herrscher. Auf einmal richtet sich die Aufmerksamkeit der Mutter auf dieses nächste Kind. Sie hat nicht mehr so viel Zeit für das erste Kind wie bisher, und da es nicht so leicht ist, ein solches Kind auf die Ankunft eines zweiten Kindes vorzubereiten, so werden wir sehen, dass es tatsächlich meist nicht richtig vorbereitet ist. Es steht vor einer schwierigen Testprüfung. Viele können sich vor Eifersucht nicht fassen, beginnen einen wütenden Kampf, um die Eltern an sich heranzuziehen, um die günstigere Situation wiederherzustellen. Das zweite Kind hat wieder eine andere Situation vor sich, es ist nie allein. Es hat einen Vordermann, dem es nachlaufen kann, nachlaufen will, den es erreichen will. Ein Kind sagte einmal: »Ich bin so traurig, dass ich niemals so alt sein kann wie mein älterer Bruder« (Esau und Jakob)[107]. *[85]*

Der ältere Junge erlebt mit der Geburt eines jüngeren eine Tragödie. Wenn wir nun hören sollten, dass dieser Junge sich immer fürchtet, dass ihm der Zweite nachkommt, ihm über den Kopf wächst, wenn wir hören, dass er die Hoffnung verliert, dann werden wir begreifen, dass es die Folge seiner unsozialen Mechanisierung ist, einer Inschrift, die in seiner Seele besteht und dahin lautet: »Auf einmal kommt ein anderer und schnappt einem alles weg.« Die Haltung der Kinder wird verschieden sein; es hängt davon ab, 1. wie weit der Lebensstil eines solchen Kindes fertiggestellt ist, ob es schwer oder leicht zu besiegen sein wird, 2. wie sich das zweite Kind verhält, 3. wie sich die Eltern verhalten und 4. wie sie das ältere Kind vorbereitet haben, wie sie sein Gemeinschaftsgefühl auf andere ausgebreitet haben. Das sind bedeutungsvolle Tatsachen, die wir ins Auge fassen müssen.

Wir werden nun hören, wie sich dieser Junge entwickelt:
»Hingegen der Ältere ist nach meiner Meinung *lernfaul*.«
Das ist die zögernde Bewegung, wir können daraus deduzieren, dass er nicht glaubt weitergehen zu können; er hat den Mut verloren. Er meint: Auf der nützlichen Seite wird es nicht mehr gehen. Er wird sein Streben nach Geltung auf der unnützlichen Seite geltend machen. Faulheit bedeutet für den Erzieher: »Er gibt mir zu schaffen, mit dem muss ich mich beschäftigen.« Das Kind hat auf eine sonderbare Art erreicht, wonach es gestrebt hat: mehr Aufmerksamkeit auf sich zu lenken, die anderen mehr mit sich

---

107 [Genesis 25,1–27,46]

zu beschäftigen. Lernfaulheit ist eine Distanz zur Lösung der Aufgaben, eine zögernde Bewegung. Wenn Sie einmal den mechanisierten Lebensstil von faulen Kindern betrachten, werden Sie sehen, das ist nicht das Verhalten eines Kindes, das sich etwas zutraut. Sie sagen oft: »Ich halte mich nicht für dümmer als die anderen, aber es interessiert mich nicht.« Wenn er einen Erfolg erwartete, wäre er nicht faul. Faulheit ist die Form einer niedrigen Selbsteinschätzung. Aber auch in dieser Faulheit ist das Streben, zur Geltung zu kommen. Faule Kinder stehen meistens im Mittelpunkt des Interesses. Sie geben andern eine Fleißaufgabe: dass man sich mit ihnen viel mehr beschäftigen muss. Wir würden uns nicht wundern, wenn so ein fauler Junge, wenn man ihn fragt, warum er so faul ist, uns antworten würde: »Sehen Sie, ich bin der faulste Junge in der Klasse, aber Sie sind immer mit mir beschäftigt und sind immer gut und lieb mit mir. Mein Nachbar ist sehr fleißig, und um den kümmern Sie sich gar *[86]* nicht.« Er *genießt* den Vorteil seiner Faulheit. Ein Reicher denkt auch nicht immer daran, wie viel Geld er hat, es genügt ihm, dass er es hat.

Wenn er eine kleine Leistung vollbringt, wird er gleich gelobt, wenn er etwas nicht leisten kann, dann hört er: »Wenn du nicht faul wärest, dann könntest du der Beste sein.« Es ist wunderbar zu beobachten, wie so ein faules Kind zufrieden sein kann mit dem Gefühl, dass er der Beste sein *könnte*. Er will nicht die Probe machen. Hier zeigt sich wieder sein Streben nach Überlegenheit auf der unnützlichen Seite.

»Alle Ermahnungen, gütiger oder strenger Natur, fruchteten bis jetzt nichts.« Der Junge weiß nicht, was in ihm vorgeht, er handelt ja nach seinem Lebensstil. Er ist wie in einer Falle. Dass er sich ermahnen lässt, das sind nur Zeichen, dass er wirklich im Mittelpunkt stehen will. Manche Kinder wollen sogar gern geschlagen werden, sie erleben dadurch einen Triumph, dass sie den Vater geärgert haben. Manche Kinder finden im Geschlagenwerden einen Genuss, eine Freude, die manchmal einen sexuellen Inhalt hat (Rousseau).[108]

»Er verspricht nur immer, fleißiger zu werden, ... «

Da sehen Sie: »Ich will!«

» ... trifft aber keine Anstalten dazu. Beim Aufgabenschreiben lässt er sich von jedermann und durch alles ablenken.«

---

108 [Adler bezieht sich hier auf eine Stelle aus dem ersten Teil von Jean-Jacques Rousseaus »Les Confessions« (dt. »Die Bekenntnisse«) aus dem Jahr 1782 (Rousseau 1782/1996, S. 18ff.). Rousseau erzählt in einer längeren Passage davon, dass er im Alter von acht Jahren, neben Schmerz und Scham, ein wollüstig sinnliches Gefühl empfand, als ihn Fräulein Lambercier, die 30-jährige Schwester seines Lehrherrn, zur Strafe schlug. Er sah darin den Ausgangspunkt für seine masochistischen Fantasien, die sein Sexualleben bis ins Mannesalter bestimmten (ebd. S. 20).]

Er glaubt ja nicht, durch seine Aufgaben zur Geltung kommen zu können. Er hat einen anderen Weg.

»Alles andere interessiert ihn, nur seine Aufgabe nicht. Um ihm das Lernen zu erleichtern, habe ich ihm befohlen, mir alle Abende zu berichten, was er tagsüber in der Schule gelernt hat.«

Wir sehen: Er ist wieder im Vordergrund. Er spricht jeden Abend mit dem Vater, mit dem höheren Wesen!

»Wenn ich abends nach Hause komme, meldet er sich nicht, um sein Versprechen einzuhalten.«

Der Vater muss ihn selber daran erinnern.

»Erst nachdem ich ihn direkt gefragt habe, antwortet er. Wenn ich ihn frage: ›Warum willst Du nichts lernen?‹, antwortet er: ›Ich weiß es nicht.‹«

Wir wissen: Er glaubt, dort wird er nicht zur Geltung kommen. Wir müssen ihn ermutigen und ihm die Möglichkeit zeigen, dass er [87] auch bei seinen Aufgaben in den Vordergrund kommen kann, wenn er die richtige Methode findet.

»Unterrichtssprache und Rechnen sowie auch Schreiben sind die Gegenstände, die ihm am schwersten fallen und die er auch am meisten hasst.«

Vielleicht ist ein weiterer Baustein zu seinem schweren Minderwertigkeitsgefühl, dass er ein Linkshänder[109] ist. Das wäre wichtig zu erfahren. Ich möchte Sie darauf aufmerksam machen, dass man unter schlechten Rechnern meistens solche Kinder findet, die verzärtelt worden sind, die eine Stütze suchen. Bei allen Gegenständen gibt es eine Erleichterung, beim Rechnen gibt es nichts, dort muss einer selbstständig arbeiten, selbstständig überlegen. Verzärtelte Kinder zeigen sich meistens im Rechnen mangelhaft vorbereitet.

»Dass ihm diese Gegenstände verhasst sind, beweist er mir durch die Unlust, mit welcher er sich zur Arbeit setzt. Für Naturgeschichte dürfte er mehr Interesse haben. Auch zeichnen möchte er gern können, bringt aber nur schreckliche Karikaturen hervor, weil ihm offenbar das Talent fehlt.«

Wahrscheinlich ist er ein Linkshänder!

»Er kann oft stundenlang sitzen oder liegen und ins Leere starren.«

Der größte Feind solcher Kinder, die eine niedrige Selbsteinschätzung haben, ist die Zeit. Der Junge hat einen Weg gefunden, er starrt ins Leere, damit geht die Zeit vorbei.

»Trotzdem er sehr viele Bücher zu lesen hat und schon mehrere angefangen hat, hat er kaum eines ausgelesen.«

Keine Geduld, keine Standhaftigkeit! Niemand kümmert sich beim Lesen um ihn; er kann nichts von anderen erwarten.

»Er sucht sich Spielsachen, die er nach einiger Zeit unbefriedigt liegen lässt.«

---

109 Schwierigkeit im Schreiben!

Die soziale Seite dieses Kindes oder richtiger beider Kinder ist keine glänzende, obgleich sie nicht nötig haben Hunger zu leiden.
»Das Traurigste in dem Leben dieser Kinder dürfte wohl sein, dass sie tagsüber in einer Kinderheimstätte sind.«

Das ist eine gewagte Behauptung. Wir wünschen, dass hier der richtige Gesichtspunkt herausgegriffen und der Junge ermutigt werde. *[88]*
»Die Leiterin dieser Heimstätte hat einen persönlichen Hass auf meinen ›großen‹ Jungen, weil sie klerikal ist und wir konfessionslos. Sie sagt mir, dass er lügt, hinterlistig und feige ist und nur deswegen so ist, weil er konfessionslos erzogen wird.«

Wir zweifeln nicht daran, dass diese Eigenschaften durch seine Hoffnungslosigkeit hervortreten. Ich muss gestehen, dass dieser konfessionslose Junge in einer klerikalen Heimstätte nur so gebessert werden kann, wenn er dort ermutigt wird. Wenn die Leiterin sagt, dass er nur deswegen so ist, weil er konfessionslos erzogen wird, dann wird sie kaum das richtige Verständnis dafür haben, den wunden Punkt aufzusuchen.

Der Vater sagt: »Offen gestanden, habe ich alle diese hässlichen Eigenschaften an ihm bemerkt. *Während* der Kleine all diese schlechten Eigenschaften nicht hat und ihm überall nur alles Liebe und Gute nachgesagt wird, sagt man vom Großen alles Schlechte.«

»Während« zeigt, was jetzt nun folgt: Der Junge ist durch den Jüngeren in den Hintergrund gedrängt.

Ist das ein Zufall, dass der Ältere sich zum Schlechten und der Jüngere sich zum Guten wendet? Durchaus nicht. Der Ältere glaubt, durch den Jüngeren aus seiner früheren angenehmen Situation verdrängt zu sein, und je mehr er an Freundschaft und Liebe verliert, umso mehr verliert er an Mut. Das zweite Kind, das jetzt der Sieger ist, fühlt sich in einer angenehmen Situation und hat es nicht notwendig, sich unangenehm bemerkbar zu machen.

Anhang [Schema]

Die *Individualpsychologie*, wohl die folgerichtigste Lehre von der Stellungnahme des Individuums zu den Fragen des Gemeinschaftslebens, im selben Sinne deshalb Sozialpsychologie, ist heute bereits allen denkenden und geistig schaffenden Menschen Gemeingut geworden. Die Lehre vom Minderwertigkeitsgefühl (Inferiority- und Superiority-Komplex) hat sich bei allen Psychologen, Psychotherapeuten und Pädagogen als unentbehrlicher und unverlierbarer Schlüssel zum Verständnis von Schwererziehbaren, Nervösen, Verbrechern, Selbstmördern, Trinkern, sexuell Perversen erwiesen. Auch wer sich dagegen wandte oder nichts davon zu erkennen gab, forschte entlang der Spuren des

Geltungsstrebens und des Gemeinschaftsgefühls. In den Fragen der Erziehung wird der Weg, den die Individualpsychologie gebahnt hat, ausgebaut, aber kaum mehr verlassen werden.

Nebenstehendes Schema soll das »eiserne Netzwerk« individualpsychologischer Untersuchungsmethode allen an die Hand geben. Es wird bei aller Unvollkommenheit in seiner flächenhaften Darstellung ein guter Wegweiser sein; die Klaviatur, auf der der psychologische Künstler gestaltend aufbaut. In ihm spiegelt sich das mehr als 20-jährige Werk der Individualpsychologie.

Immer wird zu berücksichtigen sein: Verstärktes Minderwertigkeitsgefühl in den ersten fünf Jahren der Kindheit, innig damit verbunden mangelndes Gemeinschaftsgefühl und Mut, das Suchen nach stärksten Beweisen der Überlegenheit, das schreckende neue Problem, die Distanz des Patienten zu demselben, die Ausschaltungstendenz des Patienten, sein Suchen nach einer scheinbaren Erleichterung auf der unnützlichen Seite, das ist nach dem Schein der Überlegenheit und nicht nach Überwindung der Schwierigkeiten. Eine grafische Darstellung ergibt ungefähr das nebenstehende Bild[110], das dem Verstehenden nicht weiter interpretiert werden muss, obgleich von vornherein der Versuch zum Scheitern verurteilt ist, die seelische Bewegung in einem ruhenden Bild einzufangen. Nur zwei Bemerkungen sollen hinzugefügt sein, um oberflächliche und überflüssige Kontroversen zu vermeiden. Erstens: Zum Glück braucht die Entwicklung der Menschheit nicht so lange zu warten, bis jedes Wickelkind erforscht hat, was nützlich und was unnützlich *[110]* ist. Diese Feststellung liegt außerhalb der menschlichen Beurteilung und kann dem schärferen menschlichen Verstande besser einleuchten als dem stumpferen. Nach allen menschlichen Erfahrungen aber wirkt sich dieser Unterschied aus sowohl für den Einzelnen wie für die Masse. Zweitens: Der Weg der Neurose usw. und der Schwererziehbarkeit läuft in verschiedenem Maße ausgeprägt auf beiden Seiten des Lebens. (Aus: Alfred Adler, »Individualpsychologie und Wissenschaft«, im VI. Jahrgang der »Internationalen Zeitschrift für Individualpsychologie«, Verlag S. Hirzel, Leipzig.)[111]

---

110 [Diese Skizze kann als Weiterführung jener Grafik gelesen werden, die Adler (1912a/2008a, S. 93) in seinem Buch »Über den nervösen Charakter« publiziert hat. In der 1912 veröffentlichten Grafik findet sich die Unterscheidung zwischen der »Allgemein nützliche[n] Seite« und der »Allgemein unnützliche[n] Seite« des menschlichen Strebens, welche nahezu das gesamte Bild in zwei scharf voneinander abgegrenzte Bereiche teilt, noch nicht. Dies entspricht dem Umstand, dass Adler vor 1918 mit Wertungen zurückhaltender war.]

111 [Adler 1927j, S. 408 – Im Originaltext findet sich im Anschluss an die Kommentierung der »Skizze« der »Entwurf eines individualpsychologischen Fragebogens zum Verständnis und zur Behandlung schwer erziehbarer Kinder, verfasst und erläutert vom Internationalen Verein für Individualpsychologie« (Adler 1929b, S. 110ff.). Dieser Entwurf ist hier nicht abgedruckt, da er in einer etwas ausführlicheren Form in »Kinder-

Alfred Adler: Individualpsychologische Skizze der Norm und der Fehlschläge.

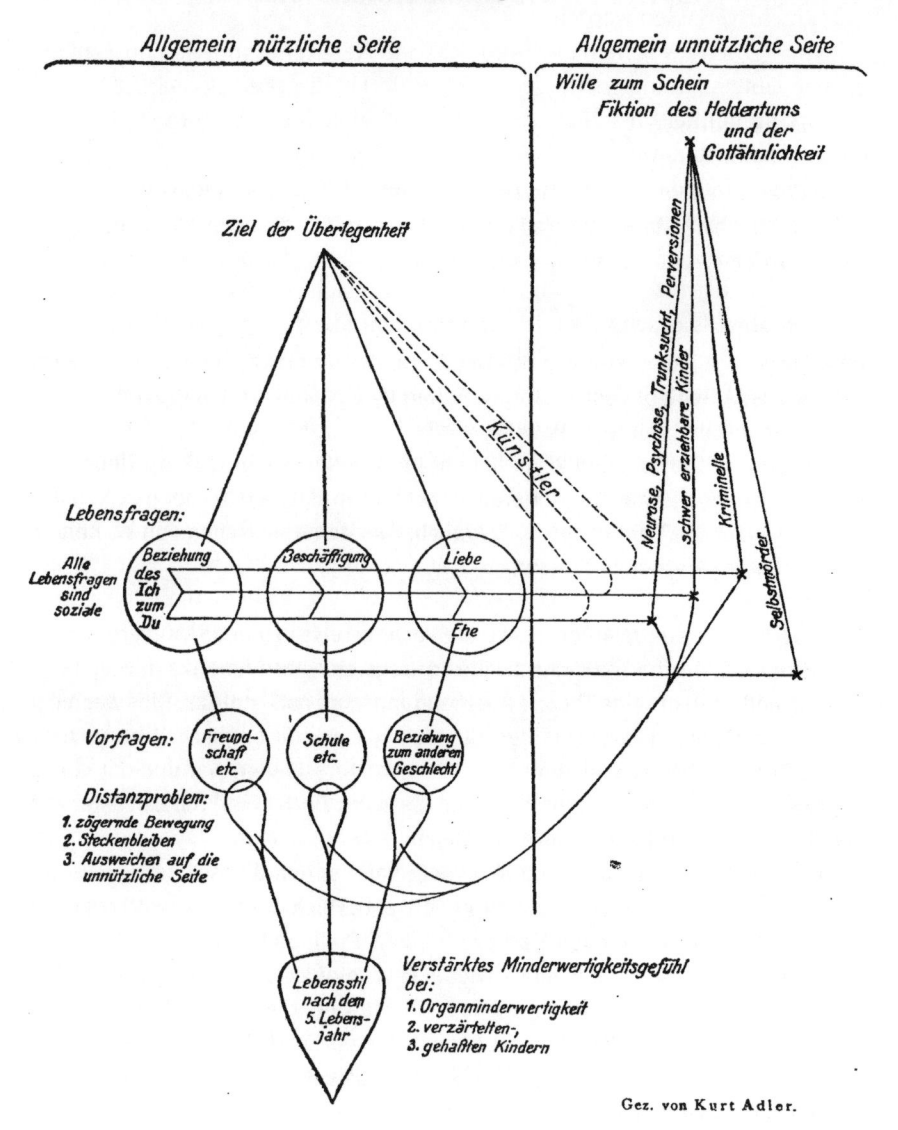

Allgemein nützliche Seite — *Allgemein unnützliche Seite*

Wille zum Schein
Fiktion des Heldentums
und der
Gottähnlichkeit

Ziel der Überlegenheit

Neurose, Psychose, Trunksucht, Perversionen
schwer erziehbare Kinder
Kriminelle
Künstler
Selbstmörder

Lebensfragen:

Alle Lebensfragen sind soziale

Beziehung des Ich zum Du — Beschäftigung — Liebe
Ehe

Vorfragen: Freundschaft etc. — Schule etc. — Beziehung zum anderen Geschlecht

Distanzproblem:
1. zögernde Bewegung
2. Steckenbleiben
3. Ausweichen auf die unnützliche Seite

Lebensstil nach dem 5. Lebensjahr

Verstärktes Minderwertigkeitsgefühl bei:
1. Organminderwertigkeit
2. verzärtelten-,
3. gehaßten Kindern

Gez. von Kurt Adler.

---

erziehung« nachgelesen werden kann (Adler 1930a/1976a, S. 252ff. in diesem Band). Eine andere Fassung ist überdies in »Der Sinn des Lebens« (Adler 1933b/2008b, S. 172ff.) enthalten.]

13. Neurosen. Zur Diagnose und Behandlung (1929)
Kapitel 7: [Die Familienkonstellation]

Editorische Hinweise
Erstveröffentlichung:
1929: Chapter VII. In: A. Adler (1929c): Problems of Neurosis: A Book of Case Histories. Edited by P. Mairet. With a Prefatory Essay by F. G. Crookshank. Kegan Paul, Trench, Trubner & Co.: London, S. 96–120

Neuauflagen:
1964 Chapter 7: The Position in the Family. In: A. Adler (1929c/1964d): Problems of Neurosis: A Book of Case Histories. Edited by P. Mairet. With a Prefatory Essay by H. L. Ansbacher. Harper & Row: New York
1981 Kapitel 7: Die Familienkonstellation. In: A. Adler (1929c/1981a): Neurosen. Zur Diagnose und Behandlung. Herausgegeben von H. L. Ansbacher und R. F. Antoch. Mit einer Einführung von R. F. Antoch. Aus dem Englischen von W. Köhler. Frankfurt a. M.: Fischer, S. 110–133

Bereits 1926/1927 hatte Adler seine erste Vortragsreise in den USA mit großem Erfolg absolviert. Als ihn 1928 eine zweite Vortragsreise nach Amerika führte, nahm das Ausmaß, in dem seine Theorie Anerkennung fand, nochmals zu. Dies war nicht zuletzt dem Umstand zuzuschreiben, dass knapp zuvor die englische Übersetzung seines Buches »Menschenkenntnis« in New York erschienen war und mit einem so großen Interesse aufgenommen wurde, dass das Buch innerhalb kürzester Zeit bereits in fünfter Auflage gedruckt werden musste.

Als Adler im Herbst 1928 die USA verließ, hatte er den Wunsch, unter Verwendung der verschiedenen Vortragsnotizen, die er bei sich führte, ein weiteres Buch in englischer Sprache auf den Markt zu bringen. Philippe Mairet, ein Gründungsmitglied der »London Society for Individual Psychology«, übernahm die mühsame Arbeit, Adlers Unterlagen sowie Vortragsmitschriften, die von Zuhörern verfasst worden waren, zu sichten und so zu bearbeiten, dass letztlich ein Buchmanuskript entstand, das unter dem Titel »Problems of Neurosis: A Book of Case Histories« in London verlegt werden konnte (Adler 1929c).

Der Inhalt des Buches ist in zwölf Kapitel gegliedert. Als es 1964 zu einer Neuauflage kam, fügte Heinz L. Ansbacher den einzelnen Kapiteln des Buches sowie den darin enthaltenen Falldarstellungen Überschriften hinzu. Diese wurden von Heinz L. Ansbacher und Robert F. Antoch übernommen, als beide 1981 die deutsche Übersetzung des Buches herausgaben und mit einer Einführung von Robert F. Antoch versahen (Adler 1929c/1981a). Das Inhaltsverzeichnis der deutschsprachigen Fassung des Buches weist demnach folgende Struktur auf:

Einführung. – Liste der Fälle. – 1. Unnützliche Überlegenheitsziele – 2. Unfähigkeit, die Lebensprobleme zu lösen – 3. Mangel an Gemeinschaftsgefühl und männlicher Protest – 4. Liebes- und Eheprobleme – 5. Neurotischer Lebensstil und Psychotherapie – 6. Neurotischer Gebrauch von Emotionen – 7. Die Familienkonstellation – 8. Frühe Kindheitserinnerungen – 9. Weitere unnützliche Überlegenheitsziele – 10. Berufswahl und Schlafstellung – 11. Organdialekt und Träume – Namen- und Sachregister

Die einzelnen Kapitel dienen der Darstellung der Theorie, die Adler gegen Ende der 1920er und zu Beginn der 1930er Jahre vertrat und die auch in anderen Schriften – etwa in den Büchern »Menschenkenntnis« (1927a) und »Der Sinn des Lebens« (1933b) – nachgelesen werden kann. Auch unterscheiden sich die Falldarstellungen in ihrer Grundstruktur nicht von jenen, die Adler in anderen Schriften publizierte und die über weite Strecken auch in den vorliegenden Band aufgenommen wurden.

Etwas anders verhält es sich allerdings mit dem 7. Kapitel (Adler 1929c/2009a): Adler hatte sich zwar schon in vielen früheren Texten zur Bedeutung der Position des Kindes in der Geschwisterreihe geäußert (siehe dazu etwa S. 81 ff. in diesem Band). Im 7. Kapitel von »Problems of Neurosis« wendet sich Adler dieser Thematik, die in seiner Theorie einen besonders prominenten Platz einnimmt, allerdings besonders ausführlich zu:

1. Er stellt in knapper Form den Grundgedanken vor, der seine Beschäftigung mit der Position des Kindes in der Familie bestimmt.
2. Er behandelt in typisierender Weise die spezielle Situation des erst- und zweitgeborenen sowie des jüngsten und des einzigen Kindes.
3. Er geht auf die Situation des Jungen, der unter Mädchen, und des Mädchens, das unter Jungen aufwächst, ein.

Mit Fallbeispielen illustriert und stützt er seine allgemein gehaltenen Ausführungen. Um die Übersichtlichkeit der Ausgabe von 1981 zu wahren, wurde an der Einfügung der Zwischenüberschriften festgehalten, mit denen Ansbacher einzelne Fallberichte in der englischsprachigen Ausgabe von 1964 betitelt hatte. Die Zwischenüberschriften werden in der folgenden Textversion in eckige Klammern gesetzt.

Kapitel 7. [Die Familienkonstellation][112]

Die Psychologie der Stellung in der Familie. – Das erste Kind. – Seine Entthronung. – Ein zweites Kind und die Unfähigkeit, das erste zu übertreffen. – Das Älteste als Konservativer. – Die Neurose eines zweiten Kindes. – Das zweite Kind als Revolutionär. – Das jüngste Kind. – Das jüngste Kind als Eroberer in Legende und Märchen. – Ein verwöhntes jüngstes Kind mit eingebildetem Krebs. – Das Einzelkind. – Sein Erziehungsproblem. – Entwicklung von Homosexualität. – Selbstpervertierung. – Verhängnisvolle Fälle. – Einflüsse anderer Faktoren in der häuslichen Umgebung. – Auswirkung von Aberglauben und fanatischen Ideen.

Es ist ein verbreiteter Irrtum, anzunehmen, dass Kinder aus derselben Familie auch im selben Milieu aufwachsen. Natürlich ist vieles gleich für alle, die unter demselben Dach leben, aber die seelische Lage eines jeden Kindes ist individuell und unterscheidet sich aufgrund der Stellung in der Geschwisterreihe von der Lage der anderen.

Hinsichtlich meiner Gewohnheit, Menschen nach ihrer Stellung in der Familie zu klassifizieren, gibt es einige Missverständnisse. Selbstverständlich ist es nicht die Nummer in der Reihenfolge der aufeinanderfolgenden Geburten, die seinen Charakter beeinflusst, sondern die Situation, in die das Kind hineingeboren wird. Wenn etwa das Erstgeborene schwachsinnig oder gehemmt ist, nimmt das zweite Kind womöglich einen Lebensstil an, der dem eines ältesten Kindes entspricht; und wenn in einer großen Familie zwei Kinder wesentlich später zur Welt kommen als die übrigen und getrennt von den älteren Kindern miteinander aufwachsen, entwickelt sich das ältere der beiden womöglich wie ein Erstgeborenes. Das ist auch manchmal bei Zwillingen der Fall.

Das erste Kind ist in der einzigartigen Lage, zu Anfang *[97]* allein gewesen zu sein. Weil es zunächst im Mittelpunkt des Interesses steht, ist es meist verwöhnt. In dieser Hinsicht gleicht es dem Einzelkind, und beide werden nahezu unausweichlich verwöhnt. Das erste Kind erleidet jedoch eine entscheidende Änderung der Lage, sobald es durch die Ankunft des zweiten Babys entthront wird. Das Kind ist in der Regel auf diese Veränderung völlig unvorbereitet und glaubt, es habe seine Stellung im Mittelpunkt der Liebe und Aufmerksamkeit eingebüßt. In seinem Innenleben entstehen dann starke Spannungen, und es strengt sich an, die verlorene Gunst wiederzugewinnen. Dazu benutzt es alle Mittel, durch die es bisher Aufmerksamkeit erregen konnte. Natürlich würde es gern den besten Weg einschlagen und dafür geliebt werden, dass es brav ist: Aber das fällt meist nicht weiter auf, weil alle mit dem Neuankömmling beschäftigt sind; daraufhin wird das Erstgeborene wahrscheinlich seine Taktik

---

112 [Übersetzung aus dem Englischen von Sonja Schuhmacher]

ändern und auf alte Aktivitäten zurückgreifen, die negative Aufmerksamkeit erregen und diese mehr und mehr steigern. Wenn das Kind intelligent ist, handelt es intelligent, aber nicht unbedingt in Einklang mit den Forderungen der Familie. Widerspenstigkeit, Ungehorsam, Angriffe gegen das Baby oder sogar der Versuch, die Rolle des Babys zu übernehmen, zwingen die Eltern, die Existenz des ersten Kindes wieder zur Kenntnis zu nehmen. Es muss im Rampenlicht stehen und nimmt dafür sogar in Kauf, Schwäche zu zeigen oder einen Rückfall in die Säuglingszeit zu imitieren. Hypnotisiert durch die Vergangenheit, erreicht es sein Ziel in der Gegenwart durch unpassende Mittel: Plötzlich zeigt es sich unfähig, allein zurechtzukommen, braucht Hilfe beim Essen und bei der Ausscheidung, muss ständig beaufsichtigt werden oder erzwingt Besorgnis, indem es sich in Gefahr bringt und die Eltern ängstigt. Das Auftreten solcher Eigentümlichkeiten wie etwa Eifersucht, Neid oder Egoismus steht offensichtlich in Beziehung zu den Umständen, aber das Kind kann auch in Krankheiten wie Asthma und Keuchhusten flüchten – oder sie künstlich in die Länge ziehen. Die Anspannung führt bei bestimmten Typen mitunter zu Kopfschmerzen, Migräne, Magenbeschwerden, Petit-mal-Anfällen[113] und Chorea minor[114]. Leichtere Symptome zeigen sich *[98]* in Form von Müdigkeit und einer allgemeinen Verhaltensentwicklung zum Schlechteren, durch die das Kind seinen Eltern imponiert. Selbstverständlich sind die Verhaltensänderungen des ersten Kindes umso intelligenter und verständlicher, je später der Rivale geboren wird. Wird der Erstgeborene sehr früh entthront, haben seine Anstrengungen einen eher instinktiven Charakter. Der Stil seines Strebens ist in jedem Fall von der Reaktion anderer in der Umgebung und der Art, wie das Kind sie einschätzt, abhängig. Wenn das entthronte Kind zum Beispiel feststellt, dass es diesen Kampf gewinnen kann, wird es zu einer Kämpfernatur; wenn sich der Kampf nicht auszahlt, verliert es womöglich die Hoffnung, wird deprimiert und kann Erfolge verbuchen, indem es die Eltern ängstigt und beunruhigt, woraufhin es mit wachsendem Geschick Gebrauch vom Unglück macht, um sein Ziel zu erreichen.

Wie die Aktivität eines solchen Prototyps im späteren Leben aussehen kann, zeigt sich am Fall eines Mannes, der aus Angst vor dem Ersticken nicht zu schlucken wagte. Warum wählte er dieses Symptom anstelle eines anderen? Der Patient hatte akute Schwierigkeiten mit dem Verhalten eines engen Freun-

---

113 [Petit mal: Sogenannte »kleine epileptische Anfälle«, die mit Bewusstseinstörungen, leichten Zuckungen, Schwindelanfällen oder kurzen Ohnmachtsanfällen einhergehen können. Innerpsychische Spannungszustände können die Auslösung von epileptischen Anfällen begünstigen. Mitunter sind auch bestimmte hysterische Symptombildungen nur sehr schwer von den Symptomen zu unterscheiden, die bei epileptischen Anfällen gezeigt werden.]
114 [Chorea minor: infektiös-toxische Nervenerkrankung]

des, der ihn heftig angriff. Der Patient und seine Frau waren sich einig, dass er sich das nicht länger gefallen lassen dürfe; aber der Mann fühlte sich nicht stark genug, um sich der Auseinandersetzung zu stellen. Nach seiner Kindheit befragt, zeigte sich, dass der Mann schon früher solche Schluckbeschwerden gehabt hatte. Er war das älteste Kind und war von seinem jüngeren Bruder ausgestochen worden; daraufhin hatte er durch seine Essschwierigkeiten seinen Vater und seine Mutter veranlasst, mehr auf ihn zu achten. Angesichts einer persönlichen Niederlage im späteren Leben, der er sich nicht gewachsen fühlte, fiel er auf seine alte Verteidigungslinie zurück, als könnte er damit herbeiführen, dass ihn jemand behütete und ihm half.

Die Entthronung des ersten Kindes durch ein zweites kann dazu führen, dass es sich von der Mutter ab- und dem Vater zuwendet, [99] was auf Dauer eine ausgesprochen kritische Haltung gegenüber der Mutter zur Folge hat. Ein Mensch dieses Typs befürchtet stets, im Leben benachteiligt zu werden; und es fällt auf, dass er in allen seinen Angelegenheiten gern einen Schritt vor und einen zurück macht, sodass nichts Entscheidendes geschehen kann. Er fühlt sich immer zu der Sorge berechtigt, dass sich eine günstige Situation verschlechtern werde. Gegenüber allen drei Lebensfragen nimmt er eine zögerliche Haltung ein, mit der gewisse problematische und neurotische Neigungen einhergehen. Letztere empfindet er als Stütze und Sicherheit. Zum Beispiel wird er der Gesellschaft mit einer feindseligen Haltung begegnen; im Hinblick auf seinen Beruf wird er wenig Beständigkeit zeigen; und in seinem Liebesleben wird er unter Funktionsstörungen leiden und polygame Tendenzen zeigen – kaum verliebt er sich in einen Menschen, verliebt er sich schon in den nächsten. Von Zweifeln geplagt und entscheidungsunwillig entwickelt er sich zu einem großen Zauderer. Ich hatte einmal ein Musterbild dieses Typs, und seine früheste Erinnerung war folgende: »Mit drei Jahren bekam ich Scharlach. Meine Mutter gab mir versehentlich Karbolsäure zum Gurgeln, und ich wäre beinahe gestorben.« Er hatte eine jüngere Schwester, die der Liebling der Mutter war. Im späteren Leben entwickelte dieser Patient eine merkwürdige Fantasie über ein junges Mädchen, das eine ältere Frau beherrschte und drangsalierte. Gelegentlich stellte er sich vor, dass es auf der alten Frau ritt wie auf einem Pferd.

[Grausamkeit bei einem zweitgeborenen Kind]

Unter Umständen steht jedoch das älteste Kind so fest in der Gunst seiner Eltern, dass es nicht zu verdrängen ist. Das kann es seiner guten Veranlagung und Entwicklung zu verdanken haben oder der Unterlegenheit des zweiten Kindes, falls Letzteres hässlich ist, an Organminderwertigkeit leidet oder schlecht erzogen ist. Wenn das zutrifft, wird das zweite Kind zum Problem, und das älteste kann eine höchst befriedigende Entwicklung durchlaufen wie in folgendem Fall:

Der älteste von zwei Brüdern mit vier Jahren Altersunterschied hing *[100]* sehr an der Mutter. Als der jüngere zur Welt kam, war der Vater bereits seit einiger Zeit krank, was die Zeit und Aufmerksamkeit der Mutter stark beanspruchte. Der ältere Junge, in Freundschaft und Gehorsam ihr gegenüber geübt, versuchte ihr zu helfen und sie zu entlasten, während der jüngere Bruder in die Obhut eines Kindermädchens gegeben wurde, das ihn verwöhnte. Diese Situation dauerte einige Jahre an, sodass das jüngere Kind keine Aussicht hatte, mit dem älteren um die Liebe der Mutter zu konkurrieren; bald wandte sich der Junge von der nützlichen Seite des Lebens ab und wurde ungestüm und ungehorsam. Als vier Jahre später eine kleine Schwester geboren wurde, der sich die Mutter nach dem Tod des Vaters ganz widmen konnte, verschlimmerte sich sein Verhalten noch. Der Aufmerksamkeit der Mutter zweifach beraubt und durch das Kindermädchen verwöhnt, verwundert es kaum, dass dieses zweite Kind der schlechteste Schüler der Klasse war, während sein älterer Bruder immer Klassenbester war. Im Wettbewerb mit seinem Bruder hoffnungslos benachteiligt, zu Hause ungeliebt und in der Schule (von der er schließlich verwiesen wurde) getadelt, konnte sich dieser zweite Sohn kein anderes Ziel im Leben setzen, als seine Mutter zu beunruhigen. Da er seinem Bruder und seiner Schwester körperlich überlegen war, gewöhnte er sich an, sie zu tyrannisieren. Er vertat seine Zeit, und in der Pubertät begann er, Geld zu verschwenden und Schulden zu machen. Seine ehrlichen wohlmeinenden Eltern besorgten ihm einen äußerst strengen Privatlehrer, der die Situation natürlich nicht erfasste und oberflächlich durch Strafen damit fertig zu werden versuchte. So wuchs der Junge zu einem Mann heran, der danach strebte, schnell und ohne Anstrengung reich zu werden. Er war eine leichte Beute für skrupellose Ratgeber, stürzte sich in erfolglose Unternehmungen und verlor nicht nur sein Geld, sondern zog auch noch seine Eltern in seine ehrlosen Schulden mit hinein.

Die Tatsachen dieses Falles erweisen klar, dass der ganze Mut, den dieser Mann je hatte, durch seinen unbefriedigten Eroberungswunsch *[101]* diktiert wurde. Das zeigte sich am deutlichsten in einem seltsamen Spiel, das er von Zeit zu Zeit trieb, und zwar vor allem wenn ihm etwas schief ging. Sein Kindermädchen war inzwischen eine alte Frau, die immer noch bei der Familie lebte und den Haushalt führte; nach wie vor betete sie den zweiten Sohn an und setzte sich immer für ihn ein, wenn er wieder einmal Ärger machte. Der merkwürdige Schabernack, den er trieb, bestand darin, sich mit ihr in einem Zimmer einzuschließen, wo sie mit ihm Soldat spielen musste, dann befahl er ihr, zu marschieren, sich fallen zu lassen und wieder aufzuspringen; und gelegentlich half er ihr auf die Sprünge, indem er sie mit einem Stock schlug. Sie schrie zwar und schimpfte, gehorchte aber immer.

Dieser eigentümliche Zeitvertreib enthüllte, was er wirklich wollte – die vollkommenste Herrschaft auf dem leichtesten Wege. Manche Autoren würden das als sadistisches Verhalten beschreiben, aber ich zögere, ein Wort zu verwenden, das ein sexuelles Interesse andeutet, denn ich konnte darin nichts dergleichen entdecken. In sexueller Hinsicht war der Mann praktisch normal, nur dass er sehr unbeständig war und sich immer unterlegene Partnerinnen aussuchte. Echter Sadismus ist eine Tendenz zur Herrschsucht, die sich des Sexualtriebs bedient, um Ausdruck zu finden, was auf die Entmutigung des Betreffenden in anderen Sphären zurückzuführen ist.

Am Ende brachte sich dieser Mann in eine schlimme Lage, während der ältere Bruder großen Erfolg hatte und hohes Ansehen genoss.

Weil das älteste Kind häufig in die Situation gerät, als Stellvertreter der elterlichen Autorität zu handeln, glaubt es normalerweise fest an die Macht und die Gesetze. Die intuitive Wahrnehmung dieser Tatsache zeigt sich im uralten und hartnäckigen Festhalten am Erstgeburtsrecht. Häufig ist es auch im literarischen Leben zu beobachten. So beschrieb Theodor Fontane[115] seine Verwirrung angesichts der Freude seines Vaters über die Nachricht, dass zehntausend Polen zwanzigtausend Russen besiegt hätten. Sein Vater war aus Frankreich [102] emigriert und hielt zu den Polen; für den Schriftsteller aber war es unvorstellbar, dass der Stärkere besiegt werden sollte; er fand, Übermacht müsse und solle sich durchsetzen. Das lag daran, dass Theodor Fontane der Erstgeborene war. In jedem Fall ist das älteste Kind eher als die anderen bereit, Macht anzuerkennen, und neigt dazu, sie zu unterstützen. Das erweist sich am Leben von Wissenschaftlern, Politikern und Künstlern, aber auch von einfacheren Leuten. Selbst wenn der Betreffende Revolutionär ist, finden wir eine konservative Tendenz wie etwa bei Robespierre.

Das zweite Kind ist in einer ganz anderen Lage, weil es nie die Erfahrung gemacht hat, das einzige Kind zu sein. Zwar wird es zunächst verhätschelt, es steht aber nie allein im Mittelpunkt der Aufmerksamkeit. Von Anfang an erscheint ihm das Leben mehr oder weniger als Wettrennen; das erste Kind gibt das Tempo vor, und das zweite versucht, es zu überholen. Was aus dem Wettbewerb zwischen den beiden Kindern resultiert, hängt von ihrem Mut und Selbstvertrauen ab. Wird das ältere entmutigt, so gerät es in eine ernste Lage, vor allem wenn das jüngere tatsächlich stark ist und es überflügelt.

Wenn hingegen das zweite Kind die Hoffnung verliert, es dem älteren gleich zu tun, wird es sich mehr auf den Schein als auf das Sein verlegen. Das heißt, wenn das ältere Kind sich als zu stark erweist, neigt das jüngere dazu, auf die nutzlose Seite des Lebens zu fliehen, und in unseren Problemfällen ebnen Faulheit, Lügen oder Stehlen den Weg in die Neurose, ins Verbrechen und die Selbstzerstörung.

---

115 [Fontane (1893/2003)]

In der Regel ist jedoch das zweite Kind in einer besseren Stellung als das erste. Sein Schrittmacher regt es zur Anstrengung an. Außerdem kommt es häufig vor, dass das erste Kind die eigene Entthronung beschleunigt, indem es mit Neid, Eifersucht und Trotz gegen das jüngere kämpft, sodass es selbst in der Gunst der Eltern sinkt. *[103]* Wenn aber das erste Kind hervorragend ist, gerät das zweite in die schlimmste Lage.

[Sauberer zu sein als irgendjemand sonst]

Aber nicht immer ist es das älteste Kind, das am meisten leidet, und zwar nicht einmal wenn es entthront wird. Das sah ich am Fall eines Mädchens, das im Mittelpunkt der Aufmerksamkeit stand und extrem verwöhnt wurde, bis es im Alter von drei Jahren ein Schwesterchen bekam. Nach der Geburt der Kleinen wurde sie sehr eifersüchtig und entwickelte sich zum Problemkind. Die jüngere Schwester legte ein entzückendes, bezauberndes Verhalten an den Tag und wurde sehr viel mehr geliebt als die ältere. Als aber die jüngere Schwester in die Schule kam, behagte ihr die Situation nicht: Sie wurde nicht länger verwöhnt, und weil sie nicht darauf vorbereitet war, mit Schwierigkeiten umzugehen, hatte sie Angst und zog sich zurück. Um die Niederlage faktisch und dem Anschein nach zu vermeiden, griff sie auf ein Mittel zurück, das unter Entmutigten sehr verbreitet ist – sie brachte nie etwas zu Ende, was sie angefangen hatte, sodass kein endgültiges Urteil darüber gefällt werden konnte, und sie verplemperte so viel Zeit wie nur möglich. Wir stellen fest, dass die Zeit der größte Feind solcher Menschen ist, denn im Gemeinschaftsleben haben sie das Gefühl, als würde die Zeit sie unaufhörlich mit der Frage verfolgen: »Wie willst du mich nutzen?« Daher ihre merkwürdigen Anstrengungen, die Zeit mit albernen Betätigungen »totzuschlagen«. Dieses Mädchen kam stets zu spät und verschob alles auf irgendwann. Sie legte sich mit niemandem an, nicht einmal wenn man sie ermahnte, sondern bewahrte sich ihren Charme und ihre Freundlichkeit, was sie aber nicht davon abhielt, eine größere Sorge und Belastung darzustellen als ihre kampflustige Schwester.

Als sich die ältere Schwester verlobte, war die jüngere tiefunglücklich. Zwar hatte sie die erste Etappe des Rennens gegen ihre Rivalin mit Sanftmut und Gehorsam gewonnen, aber in den späteren Etappen, in der Schule und im gesellschaftlichen Leben hatte sie die Waffen gestreckt. Die Hochzeit ihrer Schwester empfand sie als Niederlage, und sie meinte, nur wieder an Boden gewinnen zu können, wenn sie selbst heiratete. *[104]* Allerdings hatte sie nicht den Mut, einen passenden Partner zu wählen, und suchte sich instinktiv einen zweitklassigen Mann. Zunächst verliebte sie sich in einen Mann, der an schwerer Tuberkulose litt. Können wir dies als Fortschritt ansehen? Steht das im Widerspruch zu der bisherigen Angewohnheit, keine Aufgabe zu Ende zu bringen? Keineswegs: Der schlechte Gesundheitszustand ihres Geliebten und der verständliche Widerstand ihrer Eltern gegen die Verbindung sorgten zuverlässig für Verzögerung und Frustration. Bei der Partnerwahl brachte sie gern ein Element der Unmöglichkeit ins Spiel. Im späteren Leben stellte sich in Gestalt eines Mannes, der dreißig Jahre älter war als sie und bereits Anzeichen von Senilität zeigte, ein denkbar ungeeigneter Partner ein. Er starb jedoch nicht, und die Hochzeit fand statt: Für die jüngere Schwester war die Ehe jedoch kein großer Erfolg, denn die Haltung der Hoffnungslosigkeit, die sie eingeübt hatte, ließ keine sinnvolle Betätigung zu. Auch wurde sie dadurch in ihrem Sexualleben gehemmt, das sie als ekelerregend empfand und durch das sie sich gedemütigt und beschmutzt fühlte. Mithilfe ihrer gewohnten Methoden wich sie der Liebe aus, und wenn der geeignete Zeitpunkt gekommen war, schob sie Beziehungen hinaus. Allerdings gelang ihr dies nicht ganz, denn sie wurde schwanger, was sie wiederum für ein hoffnungsloses Ereignis hielt; und von da an wies sie nicht nur Zärtlichkeit zurück, sondern klagte, sie fühle sich beschmutzt, und fing an, den lieben langen Tag lang zu putzen und sich zu waschen. Sie wusch nicht nur sich, sondern reinigte alles, was von ihrem Mann, dem Dienstmädchen oder Besuchern berührt worden war, darunter auch Möbel, Wäsche und Schuhe. Bald durfte niemand mehr irgendwelche Gegenstände in ihrem Zimmer anfassen, und sie lebte in einer Neurose des Waschzwangs. So drückte sie sich davor, ihre Probleme zu lösen und erreichte ein hochfliegendes Ziel der Überlegenheit – sie wurde im Hinblick auf Sauberkeit höheren Ansprüchen gerecht als jeder andere.

Das übertriebene Streben nach dem hochgesteckten Ziel, sich ganz besonders von anderen zu unterscheiden, kommt in der Neurose des »Waschzwangs« gut zum Ausdruck. Nach allem, was ich bisher feststellen konnte, wird diese [105] Krankheit stets dazu benutzt, sexuelle Beziehungen zu vermeiden, und gewährt ausnahmslos die fantastische Kompensation, sich sauberer als alle anderen zu fühlen.

Weil das zweite Kind meint, das Leben sei ein Wettrennen, trainiert es härter, und wenn es Mut beweist, hat es gute Chancen, das älteste auf seinem eigenen Gebiet zu schlagen. Mit etwas geringerem Mut wird es beschließen, das älteste auf einem anderen Gebiet zu übertreffen, und wenn es noch weniger Mut aufbringt, entwickelt es eine kritischere, feindseligere Haltung als üblich, und zwar nicht in objektiver Hinsicht, sondern in einer persönlichen Manier. Während der Kindheit zeigt sich diese Haltung in Kleinigkeiten: Der jüngere Bruder will das Fenster geschlossen haben, wenn der ältere es öffnet; er will das Licht anmachen, wenn der ältere es löschen will, und er zeigt großen Widerspruchsgeist.

Diese Lage ist in der biblischen Geschichte von Esau und Jakob gut geschildert, wo es Jakob gelingt, die Vorrechte des Ältesten an sich zu reißen.[116]

---

116 [Genesis 25, 27–34]

Der Zustand des zweiten Kindes ist mit dem einer Maschine vergleichbar, die ständig unter Volldampf steht. Das wurde durch einen kleinen vierjährigen Jungen treffend ausgedrückt, der weinend schrie: »Ich bin so unglücklich, weil ich nie so alt sein kann wie mein Bruder.«

Die Tatsache, dass Kinder das seelische Verhalten älterer Geschwister wiederholen, wird von einigen Autoren als Imitationsinstinkt bezeichnet oder als »Identifikation« des Selbst mit dem Anderen: Aber es ist besser erklärt als Methode, eine Gleichheit durchzusetzen, die aus anderen Gründen versagt wird. Seelische Ähnlichkeiten mit dem Betragen von Vorfahren oder sogar von Wilden bedeuten nicht, dass das Muster der seelischen Reaktion erblich ist, sondern dass viele Individuen in ähnlichen Situationen dieselben Mittel des Angriffs und der Verteidigung benutzen. Wenn wir so zahlreiche Ähnlichkeiten zwischen allen Erstgeborenen entdecken sowie zwischen allen zweiten und allen jüngsten Kindern, dann stellt sich die Frage, welche Rolle *[106]* die Vererbung eigentlich noch spielen soll. Deshalb können wir als Psychologen auch nichts mit der Theorie anfangen, dass die seelische Entwicklung des Einzelnen die Entwicklung der Menschheit in aufeinanderfolgenden Stadien nachvollziehen sollte.

In der weiteren Entwicklung ist das zweite Kind selten in der Lage, die strenge Führung durch andere zu ertragen oder die Idee von »ewigen Gesetzen« zu akzeptieren. Ob zu Recht oder zu Unrecht, neigt es eher dazu, anzunehmen, dass es keine Macht auf Erden gibt, die nicht gestürzt werden könnte. Man hüte sich vor seinen revolutionären Raffinessen! Ich kenne einige Fälle, in denen ein Zweitkind sich der seltsamsten Mittel bedient, um die Macht von Herrschern oder Traditionen zu untergraben. Nicht jeder, und gewiss nicht diese Rebellen selbst, würden meiner Sicht ihres Verhaltens ohne Weiteres zustimmen. Denn es ist zwar möglich, eine herrschende Macht durch Verleumdung zu gefährden, es gibt aber auch noch heimtückischere Vorgehensweisen – zum Beispiel durch übermäßiges Lob: Man kann einen Mann oder eine Methode idealisieren und glorifizieren, bis die Wirklichkeit dem nicht mehr standhalten kann. Beide Methoden werden in Mark Antons Rede in »Julius Cäsar« angewandt,[117] und ich habe an anderer Stelle[118] gezeigt, wie Fjodor Dostojewski letzteres Mittel meisterhaft, vielleicht unbewusst, einsetzt, um die Säulen des alten Russland zu untergraben. Wer sich an seine Darstellung des Starez Sosima in »Die Brüder Karamasoff«[119] erinnert und die Tatsache in Betracht zieht, dass Dostojewski ein zweiter Sohn war, wird einräumen, dass mein Hinweis stichhaltig ist.

Es bedarf kaum der Erwähnung, dass der Stil eines zweiten Kindes, ebenso

---

117 [Adler bezieht sich auf Shakespeares Drama »Julius Caesar«, 3. Aufzug, 2. Szene, Vers 1420ff.]
118 [Adler 1918c/1920a, S. 196ff.]
119 [Dostojewski 1779/1996]

wie der des ersten, auch bei einem anderen Kind auftreten kann, wenn die Situation ein ähnliches Muster aufweist.

Das jüngste Kind ist ebenfalls ein ausgeprägter Typ mit gewissen Eigenheiten des Stils, die wir unweigerlich entdecken. *[107]* Es war stets das Baby der Familie und hat nie die Tragödie erlebt, von einem jüngeren enteignet zu werden, ein Schicksal, das fast allen anderen Kindern blüht. In dieser Hinsicht ist es in einer günstigen Lage, und seine Ausbildung ist häufig im Verhältnis besser, weil die wirtschaftliche Situation der Familie in späteren Jahren meist sicherer ist. Die großen Kinder verwöhnen das jüngste nicht selten ebenso wie die Eltern, sodass die Tendenz besteht, ihm mit zu großer Nachsicht zu begegnen. Andererseits kann es sein, dass das Jüngste von den Älteren zu stark angestachelt wird – beide Fehler sind unseren Pädagogen wohlbekannt. Im ersten Fall (der zu großen Nachsicht) wird das Kind sein Leben lang danach streben, von anderen unterstützt zu werden. Im letzten Fall gleicht das Kind eher einem zweiten Kind, das im Wettbewerb voranschreitet, danach strebt, alle zu überholen, die ihm das Tempo vorgeben, und in den meisten Fällen scheitert. Deshalb sucht es häufig nach einem Betätigungsfeld fernab von dem der übrigen Familienmitglieder – was, wie ich meine, auf eine verborgene Feigheit hinweist. Wenn es sich um eine Kaufmannsfamilie handelt, hat der jüngste Sohn zum Beispiel einen Hang zur Dichtkunst; stammt er aus einer Wissenschaftlerfamilie, möchte er Kaufmann werden. An anderer Stelle habe ich festgestellt, dass unter den erfolgreichsten Männern unserer Zeit viele jüngste Kinder sind, und ich bin überzeugt, dass dies auch für alle anderen Epochen gilt. In der biblischen Geschichte finden wir unter den Hauptpersonen eine erstaunliche Anzahl jüngster Kinder wie etwa David, Saul und Josef. Die Geschichte des Josef ist ein besonders gutes Beispiel.[120] Sie illustriert zahlreiche Ansichten, die wir vorgebracht haben. Sein Bruder Benjamin war siebzehn Jahre jünger als er, und als er die Höhe seiner Macht erreichte, wusste Josef nichts von der Existenz dieses jüngeren Bruders. Seine psychologische Stellung war daher die eines jüngsten Kindes. *[108]*

Interessant ist auch, wie gut Josefs Brüder seine Träume deuteten. Um es genauer auszudrücken: Sie verstanden die Gefühle und Emotionen des Träumenden, ein Punkt, auf den ich später zurückkommen werde.[121] Der Zweck eines Traumes besteht nicht darin, verstanden zu werden, sondern eine Stimmung und eine Anspannung des Gefühls zu schaffen.

In den Märchen aller Epochen und Völker spielt das jüngste Kind die Rolle des Eroberers. Ich folgere daraus, dass es in früheren Zeiten, als sowohl die Umstände einfacher waren als auch der Begriff, den sich die Menschen

---

120 [Genesis 37,1–50,26]
121 [Die hier von Adler angekündigte Textpassage wurde in die vorliegende Ausgabe nicht aufgenommen.]

davon machten, leichter war, Erfahrungen zu sammeln und den zusammenhängenden Lebensfluss des Letztgeborenen zu verstehen. Diese traditionelle Auffassung von einem Charakter lebt in volkstümlichen Legenden fort, auch wenn die tatsächlichen Erfahrungen in Vergessenheit geraten sind.

[Der Arzt unter der Obhut seiner älteren Schwestern]

Einen merkwürdigen Fall eines verwöhnten jüngsten Kindes, und zwar den eines Mannes mit einem »bettelnden« Lebensstil, habe ich bereits geschildert.[122] Auf einen weiteren bin ich bei einem Arzt gestoßen, der zwanzig Jahre lang nicht normal hatte schlucken können und nur flüssige Nahrung zu sich nahm. Unlängst hatte er sich eine Zahnprothese anfertigen lassen, die er unaufhörlich mit der Zunge hinauf- und hinunterschob, eine Angewohnheit, die Schmerzen und ein Wundsein der Zunge auslöste, sodass er fürchtete, Krebs zu bekommen.

Er war das jüngste von drei Kindern gewesen und hatte zwei ältere Schwestern; in der Kindheit war er schwächlich gewesen und sehr verhätschelt worden. Als er vierzig Jahre war, konnte er nur allein oder mit seinen Schwestern essen. Das ist ein klarer Hinweis darauf, dass er sich nur in seiner Lieblingslage wohlfühlte – verwöhnt von seinen Schwestern. Jede Annäherung an die Gesellschaft erwies sich als schwierig, und er hatte keine Freunde, nur ein paar Bekannte, die er einmal die Woche in einem Restaurant traf. Da seine Haltung zu den drei Lebensfragen von Angst und Bangen geprägt war, verstehen wir, dass [109] es ihm seine Anspannung in Gesellschaft anderer Menschen unmöglich machte, Nahrung hinunterzuschlucken. Er lebte in einer Art Lampenfieber und fürchtete stets, dass er keinen hinreichend guten Eindruck machte.

Dieser Mann beantwortete die zweite Lebensfrage (nach der Beschäftigung) einigermaßen tüchtig; denn er stammte aus ärmlichen Verhältnissen und musste sich seinen Lebensunterhalt verdienen; aber er litt unmäßig in seinem Beruf und erlitt beinahe einen Schwächeanfall, als er seine Prüfungen ablegen musste. Als praktischer Arzt war es sein Ehrgeiz, eine Anstellung mit einem festen Gehalt und Pensionsanspruch zu bekommen. Die Affinität zum öffentlichen Dienst ist ein Zeichen von Unsicherheit; Menschen mit einem tief verwurzelten Gefühl der Unzulänglichkeit bemühen sich in der Regel um einen »sicheren Arbeitsplatz«. Jahrelang fand sich der Mann mit seinen Symptomen ab. Als er im Alter einige Zähne verlor, entschied er sich für eine Zahnprothese, die zum Anlass seiner jüngsten Symptome wurde.

Als er mich aufsuchte, war der Patient sechzig Jahre alt und lebte immer noch in der Obhut seiner beiden Schwestern. Beide litten an diversen Be-

---

122 [Adler 1929c/1981a, S. 103ff.]

schwerden, und mir war klar, dass dieser alternde Mann, verwöhnt von zwei unverheirateten und erheblich älteren Frauen, einer Änderung seiner Lebenslage gegenüberstand. Er hatte große Angst, dass seine Schwestern sterben könnten. Was sollte er in dem Fall tun – er, der unaufhörlich beachtet und behütet werden musste? Verliebt hatte er sich nie, denn er hatte nie eine Frau gefunden, der er sein zerbrechliches Glück anvertrauen konnte! Wie konnte er annehmen, dass ihn irgendjemand ebenso verwöhnen würde, wie es seine Mutter und seine älteren Schwestern getan hatten? Wie seine Sexualität aussah, ist leicht zu erraten – Masturbation und ein paar Zärtlichkeiten mit Mädchen; aber unlängst hatte eine ältere Frau ihn heiraten wollen; und er hatte den Wunsch, in seinem Auftreten angenehmer und attraktiver zu wirken. Schon schien er entsprechende Anstrengungen unternehmen zu wollen, da kam ihm seine neue Zahnprothese zu Hilfe. *[110]* Gerade noch rechtzeitig stellte sich die Angst ein, an Zungenkrebs zu erkranken.

Als Arzt hegte er selbst erhebliche Zweifel daran, ob er wirklich an Krebs litt. Die vielen Chirurgen und Ärzte, die er aufsuchte, versuchten alle, ihm seinen Glauben auszureden, aber er hielt an seiner Unsicherheit fest und drückte weiterhin die Zunge an die Prothese, bis sie wehtat, um dann einen weiteren Arzt zu konsultieren.

Derartige beherrschende Gedanken – »überwertige Ideen«, wie Wernicke [1900] sie nennt – werden im Arrangement einer Neurose sorgsam gepflegt. Der Patient schreckt vor dem richtigen Ziel zurück, indem er seinen Blick immer entschiedener auf einen Punkt abseits des Weges lenkt. Er tut dies, um von der Richtung abzuweichen, die sich aus logischer Notwendigkeit allmählich abzeichnet. Die logische Lösung seines Problems würde seinem Lebensstil zuwiderlaufen, und weil der Lebensstil regieren muss, muss [der Patient] Emotionen und Gefühle aufbauen, die seine Flucht ermöglichen.

Ungeachtet der Tatsache, dass dieser Mann sechzig Jahre alt war, lag die einzig logische Lösung seines Problems darin, vor dem Hinscheiden seiner verwöhnenden Schwestern einen vertrauenswürdigen Ersatz für sie zu finden. Seine misstrauische Psyche konnte sich nicht zu der Hoffnung aufschwingen, dass dies möglich sei; auch ließen sich seine Zweifel nicht durch Logik zerstreuen, weil der Mann sein ganzes Leben mit einem entschiedenen Widerstand gegen die Ehe aufgebaut hatte. Die Zahnprothese, die für eine Eheschließung hätte hilfreich sein sollen, wurde zu einem unüberwindlichen Ehehindernis.

Bei der Behandlung dieses Falles war es sinnlos, den Glauben an den Krebs anzugreifen. Als der Patient die Kohärenz seines Verhaltens erkannte, milderten sich seine Symptome deutlich. Am folgenden Tag erzählte er mir von einem Traum: »Ich saß im Haus einer dritten Schwester bei der Geburtstagsfeier ihres dreizehnjährigen Sohnes. Ich war vollkommen gesund, hatte keine Schmerzen *[111]* und konnte alles schlucken.« Aber dieser Traum bezog sich auf eine Episode in seinem Leben, die fünfzehn Jahre zuvor stattgefunden hatte. Seine Bedeutung lag auf der Hand: »Wenn ich doch nur fünfzehn Jahre jünger wäre.« So wird der Stil beibehalten.

Das einzige Kind hat ebenfalls seine typischen Schwierigkeiten. Da es ohne Mühe im Rampenlicht steht und in der Regel verwöhnt wird, baut es meist einen Lebensstil auf, der vorsieht, dass es von anderen unterstützt wird und sie gleichzeitig beherrscht. Sehr häufig wächst es in traulicher Umgebung auf. Vielleicht haben die Eltern Angst, noch mehr Kinder zu bekommen, und manchmal fühlt sich die Mutter, neurotisch schon vor seiner Ankunft, der Aufgabe, noch weitere Kinder großzuziehen, nicht gewachsen und entwickelt ein Verhalten, bei dem jeder sagen muss: »Ein Segen, dass diese Frau nicht noch mehr Kinder hat.« Unter Umständen fordert die Verhütung in dieser Familie sehr viel Aufmerksamkeit, und in diesem Fall können wir von Anspannung ausgehen, wobei die beiden Eltern einträchtig ein Leben in Angst führen. Die Sorge, die dann dem einzigen Kind gilt, beschäftigt die Eltern rund um die Uhr und vermittelt dem Kind oft die Überzeugung, es schwebe geradezu in Lebensgefahr, wenn es nicht bewacht und behütet wird. Solche Kinder wachsen oft zu vorsichtigen Menschen heran; aber früher oder später sind sie häufig erfolgreich und gewinnen die Wertschätzung und Aufmerksamkeit, die sie sich wünschen. Wenn sie aber in völlig veränderte Lebensumstände geraten, kommen sie damit oft gar nicht zurecht.

Einzelkinder sind meist gutmütig und liebevoll, und im späteren Leben können sie Charme entwickeln, um auf andere Eindruck zu machen – eine Fähigkeit, die sie von klein auf eingeübt haben. In der Regel stehen sie dem nachsichtigeren Elternteil näher, also meist der Mutter; und in einigen Fällen entwickeln sie eine feindselige Haltung gegenüber dem anderen Elternteil.
[112]
Ein Einzelkind zu erziehen ist nicht leicht, aber man kann durchaus das besondere Problem verstehen und es korrekt lösen. Wir halten die Lage des Einzelkindes zwar nicht für gefährlich, aber wenn nicht die besten Erziehungsmethoden angewandt werden, ist festzustellen, dass es zu bösen Folgen kommt, die wohl hätten vermieden werden können, wenn Geschwister da gewesen wären.

[Das einzige Kind der Damenschneiderin, ein Sohn]

Ich werde die Entwicklung eines Einzelkindes am Fall eines Jungen schildern, dessen Zuneigung ausschließlich der Mutter galt. Der Vater war in der Familie nicht von Bedeutung; er verdiente den Unterhalt, aber für das Kind war er offensichtlich nicht von Interesse. Die Mutter arbeitete als Schneiderin zu Hause, und der kleine Junge verbrachte seine ganze Zeit damit, neben ihr zu sitzen und zu spielen. Er spielte nähen, ahmte die Tätigkeit seiner Mutter nach und wurde schließlich sehr tüchtig darin, beteiligte sich aber nie an den Spielen der Jungen. Die Mutter verließ jeden Tag um fünf Uhr das Haus, um ihre Arbeit auszuliefern, und kam um Punkt sechs zurück; während dieser Zeit blieb der Junge allein oder in der Obhut einer älteren Nichte und spielte mit den Nähmaterialien. Er interessierte sich für Uhren, weil er immer auf die Rückkehr seiner Mutter wartete. Schon mit drei Jahren konnte er die Zeit ablesen.

Bei den Spielen mit der älteren Nichte übernahm sie die Rolle des Bräutigams und er war die Braut, und es ist bemerkenswert, dass er mehr Ähnlichkeit mit einem Mädchen hatte als sie. Als er zur Schule kam, war er nicht darauf vorbereitet, sich mit Jungen zusammenzutun, war aber dennoch beliebt, weil die anderen seine freundliche, höfliche Art mochten. Das Ziel der Überlegenheit steuerte er nun an, indem er sich bemühte, vor allem gegenüber Jungen und Männern attraktiv zu wirken. Mit vierzehn Jahren spielte er in einer Schultheateraufführung die Rolle eines Mädchens. Das Publikum zweifelte nicht im Geringsten daran, dass er ein Mädchen sei, ein junger Kerl *[113]* begann mit ihm zu flirten, und der Junge freute sich sehr über die Bewunderung, die ihm zuteilwurde.

Er erklärte, über den Unterschied zwischen den Geschlechtern habe er damals erst seit kurzer Zeit Bescheid gewusst. Vier Jahre lang hatte er Mädchenkleider getragen, und bis zum Alter von zehn hatte er nicht gewusst, ob er ein Junge oder ein Mädchen war. Als man ihm seine Geschlechtszugehörigkeit erklärte, begann er zu masturbieren, und in seiner Fantasie brachte er das sexuelle Verlangen bald mit den Gefühlen in Verbindung, die sich einstellten, wenn Jungen ihn berührten oder küssten. Bewundert und umworben zu werden war das Ziel im Leben, auf das er alle seine Eigenschaften abstimmte, damit er von Jungen bewundert würde. Seine ältere Nichte war das einzige Mädchen, das er je gekannt hatte, und sie war zwar nett und freundlich, aber in den gemeinsamen Spielen übernahm sie die Männerrolle, und im Übrigen machte sie ihm Vorschriften wie seine Mutter. Ein starkes Minderwertigkeitsgefühl war das Erbe der allzu nachsichtigen und übertriebenen Fürsorge seiner Mutter. Sie hatte mit achtunddreißig Jahren, also spät geheiratet, und sie wünschte sich mit dem Mann, den sie nicht mochte, keine weiteren Kinder. Ihre Ängstlichkeit war also zweifellos früheren Ursprungs, und ihre späte Ehe deutet auf eine zögerliche Lebenseinstellung. Sehr streng in sexuellen Dingen, wollte sie, dass ihr Kind in Unkenntnis über die Sexualität aufwuchs.

Mit sechzehn Jahren hatte dieser Patient das Aussehen und den Gang eines koketten Mädchens, und bald geriet er in die Fallstricke der Homosexualität. Um diese Entwicklung zu begreifen, dürfen wir nicht vergessen, dass er im psychologischen Sinne die Erziehung eines Mädchens genossen hatte und dass ihm zu spät in seiner Entwicklung der Unterschied zwischen den Geschlechtern klar wurde. Überdies erlebte er seine Triumphe in der weiblichen Rolle, während ungewiss war, ob er, indem er den Mann spielte, ebenso viel zu gewinnen hatte. In der Nachahmung mädchenhaften Verhaltens musste er einen mühelosen Weg zu seinem Ziel der Überlegenheit sehen.

Nach meiner Erfahrung haben Jungen, die eine derartige Erziehung *[114]* genossen haben, immer Ähnlichkeit mit Mädchen. Das Wachstum der Organe und wahrscheinlich auch der Drüsen wird teilweise von der Umgebung gesteuert und passt sich ihr an; wenn also auf eine solche frühe Neigung zur Weiblichkeit ein persönliches Ziel mit derselben Tendenz folgt, wird der Wunsch, ein beliebtes Mädchen zu sein, nicht nur den Geist beeinflussen, sondern auch die Haltung und sogar den Körper.

Dieser Fall illustriert sehr deutlich, wie ein Perverser geistig seine abnorme Haltung zur Sexualität einübt. Es besteht keine Notwendigkeit, eine angeborene oder erbliche Konstitution zu postulieren. Dass dieser Patient alle normalen sexuellen Aktivitäten, seien sie geistig oder körperlich, zugunsten von Masturbation und Homosexualität ausschloss, könnte den Verdacht wecken, dass eine ererbte Komponente im Spiel war, wenn wir ihn nicht beim Akt der Selbstpervertierung ertappt hätten. In den homosexuellen Kreisen verschiedener Orte gibt es unterschiedliche Traditionen, und dieser Junge musste seinen Geschmack den üblichen Gepflogenheiten seiner homosexuellen Partner anpassen. In seiner Stadt praktizierten fast alle Fellatio. Anfangs lehnte er das ab, aber eines Nachts wachte er mit einem seltsamen Geschmack im Mund auf. Auf dem Tisch neben seinem Bett entdeckte er ein Glas, halb voll mit Urin, und er wusste nicht recht, wie es dorthin gekommen war. Wahrscheinlich während er schlief, aber es bestand kein Zweifel daran, was geschehen war. Von da an passte er sich den Gewohnheiten seiner Freunde an: Er hatte seinen Widerstand überwunden.

Als er zu mir kam, hatte er ein Verhältnis mit einem Jungen, der das vernachlässigte zweite Kind einer sehr dominierenden Mutter war: Das Bestreben dieses Jungen war es, Männer durch seinen persönlichen Charme für sich zu gewinnen, was ihm in seiner Beziehung zu einem schwachen Vater tatsächlich gelang. Als er das Alter erreichte, in dem sich die Sexualität entwickelt, war er bestürzt. Seine Vorstellung von Frauen beruhte auf der Erfahrung mit seiner dominierenden Mutter, die ihn vernachlässigte; also wurde er homosexuell. Man bedenke *[115]* die hoffnungslose Lage meines Patienten! Er wollte mit weiblichen Mitteln erobern – indem er den Charme eines Mädchens spielen ließ –, aber sein Freund hatte es darauf abgesehen, Männer zu erobern.

Ich konnte meinem Patienten die Einsicht vermitteln, dass, ganz gleich, was er selbst in dieser Liaison dachte oder empfand, sein Freund sich als Charmeur fühlte, der Männer eroberte. Deshalb konnte mein Patient nicht sicher sein, dass er eine echte Eroberung gemacht hatte, und seine Homosexualität wurde demgemäß unter Kontrolle gebracht. Auf diese Weise gelang es mir, dieser Beziehung ein Ende zu setzen; denn der Patient sah ein, dass es dumm war, in einen so unergiebigen Wettbewerb einzutreten. Außerdem wurde es ihm so auch leichter, zu begreifen, dass seine Abnormalität auf mangelndes Interesse an anderen zurückzuführen war und dass sein Gefühl der Unzulänglichkeit als verwöhntes Kind ihn bewogen hatte, alles am Maßstab des persönlichen Triumphes zu messen. Dann verließ er mich für ein paar Monate, und als er mich wieder aufsuchte, hatte er eine sexuelle Beziehung zu einem Mädchen aufgenommen, hatte aber versucht, ihr gegenüber eine masochistische Rolle zu übernehmen. Offensichtlich wünschte er sich, mit ihr dieselbe Minderwertigkeit zu erleben, die er mit seiner Mutter und der Nichte empfand. Diese masochistische Haltung zeigte sich in der Tatsache, dass sein Ziel der Überlegenheit erforderte, das Mädchen solle mit ihm machen, was er befahl, und er wünschte, den Akt an diesem Punkt zu beenden, ohne zum Geschlechtsverkehr zu gelangen, sodass das Normale nach wie vor ausgeschlossen war.

Einen Homosexuellen zu ändern ist nicht nur deshalb so schwierig, weil er sozial kaum angepasst ist, sondern weil unweigerlich von früher Kindheit das Sozialverhalten nicht richtig eingeübt wurde. Die Haltung zum anderen Geschlecht ist beinahe von Beginn des Lebens an in eine falsche Richtung forciert worden. Um diese Tatsache zu erkennen, muss man jeden Fall im Hinblick auf Intelligenz, Verhalten und Erwartungen genauer betrachten. Man vergleiche normale Menschen, die die Straße entlang gehen oder *[116]* am gesellschaftlichen Leben teilnehmen, mit einem Homosexuellen in derselben Lage! Normale Menschen interessieren sich vor allem für das andere Geschlecht, der Homosexuelle nur für das eigene. Letzterer weicht einer normalen Sexualität nicht nur im Verhalten, sondern sogar in den Träumen aus. Der Patient, den ich gerade geschildert habe, träumte häufig, er besteige einen Berg, und zwar auf einer Serpentinenstraße. Der Traum bringt seine entmutigte und umschweifende Herangehensweise an das Leben zum Ausdruck. Er bewegte sich mehr wie eine Schlange und neigte bei jedem Schritt Kopf und Schultern.

Abschließend möchte ich die katastrophalsten Fälle in Erinnerung rufen, die ich bei der Entwicklung von Einzelkindern kennengelernt habe. Eine Frau bat mich, ihr und ihrem Mann im Falle ihres einzigen Sohnes zu helfen, der seine Eltern schrecklich tyrannisierte. Er war sechzehn, tat sich als ausgezeichneter Schüler hervor, benahm sich aber streitsüchtig und unverschämt. Insbesondere beschimpfte er den Vater, der strenger zu ihm gewesen war als die Mutter. Unaufhörlich kämpfte er gegen beide Eltern an, und wenn er seinen Kopf nicht durchsetzen konnte, wurde er unverhohlen beleidigend, rang zuweilen mit seinem Vater, spuckte ihn an und gebrauchte ordinäre Ausdrücke. Eine solche Entwicklung ist bei einem verhätschelten Einzelkind möglich, das gelernt hat, hohe Erwartungen zu stellen, die auch erfüllt werden, bis der Zeitpunkt kommt, an dem es so nicht mehr weitergehen kann. In solchen Fällen ist es schwierig, den Patienten in seiner gewohnten Umgebung zu behandeln, weil dort zu viele alte Erinnerungen geweckt werden, die die Harmonie in der Familie stören.

Noch ein anderer Fall wurde mir vorgestellt, ein Junge von achtzehn Jahren, der des Mordes an seinem Vater angeklagt wurde. Er war ein verwöhntes Einzelkind, hatte seine Ausbildung abgebrochen und alles Geld, das er seinen Eltern abnötigen konnte, in schlechter Gesellschaft vertan. Als sich sein Vater eines Tages weigerte, ihm Geld zu geben, tötete ihn der Junge durch einen Hammerschlag auf den Kopf. [117] Keiner außer seinem Strafverteidiger wusste, dass er mehrere Monate zuvor noch einen weiteren Menschen getötet hatte. Es lag auf der Hand, dass er vollkommen überzeugt war, auch jetzt beim zweiten Mal ungestraft davonzukommen.

In einem anderen Fall, der eine kriminelle Entwicklung nahm, wurde ein Junge von einer äußerst gebildeten Frau aufgezogen, die ein Genie aus ihm machen wollte. Nach ihrem Tod übernahm eine andere erfahrene Frau die Aufgabe, ihn in derselben Weise zu fördern, bis sie seine tyrannischen Neigungen bemerkte. Sie glaubte, sein Verhalten sei auf sexuelle Unterdrückung zurückzuführen, und unterzog ihn einer Psychoanalyse. An seiner tyrannischen Haltung änderte sich jedoch nichts, sodass sie ihn schließlich loswerden wollte. Er aber brach eines Nachts in ihr Haus ein, um sie auszurauben, und erdrosselte sie.[123]

Alle Merkmale, die ich als typisch für gewisse Stellungen in der Familie geschildert habe, sind durch andere Umstände Modifikationen unterworfen. Doch so vielfältig die Spielarten sein mögen, man wird feststellen, dass die Konturen dieser Verhaltensmuster im Wesentlichen richtig sind. Neben anderen Möglichkeiten ist die Stellung eines Jungen zu erwähnen, der mit mehreren Mädchen aufwächst. Wenn er älter ist als seine Schwestern, entwickelt er sich weitgehend wie ein großer Bruder, auf den in geringem Abstand eine jüngere Schwester folgt. Der Altersabstand, die unterschiedliche Zuneigung der Eltern, eine je andere Vorbereitung aufs Leben spiegeln sich im individuellen Verhaltensmuster.

Wenn eine weibliche Mehrheit die gesamte Umgebung dominiert, setzt sich ein Junge wahrscheinlich die Überlegenheit und einen Lebensstil zum Ziel, der auf das Weibliche ausgerichtet ist. Das kann in unterschiedlichen Abstufungen erfolgen: durch demütige Hingabe an und Verehrung von Frauen, durch eine nachahmende Haltung mit Neigung zur Homosexualität oder durch eine tyrannische Haltung gegenüber Frauen. Eltern vermeiden es meist, Jungen in einer allzu [118] weiblichen Umgebung großzuziehen, und die Erfahrung lehrt, dass sich solche Kinder in zwei Extremrichtungen entwickeln – entweder zeigen sie übertriebene Eitelkeit oder Wagemut. In der Geschichte des Achilles weist vieles darauf hin, dass dieser Zusammenhang in der Antike verstanden wurde.

---

123 [Adler spielt offenkundig auf den Fall »Hermine Hug-Hellmuth« an. Siehe editorische Vorbemerkung zu Adler (1925c) im vorliegenden Band auf S. 113 f.]

Ebenso widersprüchliche Möglichkeiten sehen wir bei Mädchen, die unter Jungen oder in einer durch und durch maskulin geprägten Umgebung aufwachsen. Unter diesen Umständen kann es natürlich sein, dass ein Mädchen durch ein Übermaß an Zuneigung verwöhnt wird, aber sie kann auch die Haltung der Jungen übernehmen und es vermeiden wollen, wie ein Mädchen auszusehen. Was geschieht, ist in jedem Fall weitgehend davon abhängig, wie Männer und Frauen in der Umgebung geschätzt werden. Im Hinblick auf diese Frage gibt es immer eine vorherrschende Geisteshaltung, von der es weitgehend abhängt, ob das Kind die Rolle eines Mannes oder einer Frau annehmen möchte.

Auch andere Einstellungen zum Leben, die in der Familie vorherrschen, können das Verhaltensmuster des Kindes beeinflussen oder es in Schwierigkeiten bringen, wie zum Beispiel der Aberglaube im Hinblick auf ererbte Eigenschaften und der Glaube an ausgefallene Erziehungsmethoden. Jede übertriebene Erziehungsmethode kann dem Kind schaden, eine Tatsache, die wir oft bei den Kindern von Lehrern, Psychologen, Ärzten und Leuten beobachten können, die beruflich mit Gesetzen zu tun haben – Polizisten, Juristen, Beamte und Geistliche. Eine solche überzogene Erziehung kommt oft bei der Anamnese von Problemkindern, Straffälligen und Neurotikern ans Licht. Der Einfluss beider Faktoren – des Vererbungsaberglaubens und einer fanatischen Erziehungsmethode – zeigt sich in folgendem Fall.[124]

---

124 [An dieser Stelle folgt ein Fallbericht, der 1964 mit der Überschrift [Eine Mutter gesteht ihrer Tochter Fehler ein] versehen wurde (Adler 1929c/1964d, S. 118; Adler 1929c/1981a, S. 131). Dieser Fallbericht findet sich im Buch »Individualpsychologie in der Schule« (S. 166 ff. in diesem Band) ausführlicher dargestellt und wird hier nicht wiedergegeben.]

14. Kindererziehung (1930)

Editorische Hinweise
Erstveröffentlichung:
1930a: The Education of Children. Translated by Eleonore and Friedrich Jensen. New York: Greenberg (deutsches Original verloren)
Neuauflage:
1976a: Kindererziehung [Rückübersetzung aus A. Adler (1930a): The Education of Children, besorgt von W. Köhler]. Mit einer Einführung von W. Metzger. Frankfurt a. M.: Fischer

Adler, der sich von 1926 an besonders intensiv um die Etablierung der Individualpsychologie in Amerika bemühte, war daran interessiert, in Ergänzung zu seiner regen Lehr- und Vortragstätigkeit in dichter Folge Bücher in englischer Sprache zu publizieren. Nachdem er zwischen 1927 und 1929 vier Titel auf den Markt gebracht hatte, publizierte er im Jahr 1930 gleich drei Bände, die zunächst in Englisch erschienen (Adler 1930a, 1930c, 1930u). Eines dieser Bücher trug den Titel: »The Education of Children« (Adler 1930a).

Die Tatsache, dass das Buch als eine – vom österreichischen Ehepaar Jensen vorgenommene – Übersetzung aus dem Deutschen ausgewiesen ist, deutet darauf hin, dass dem Buchmanuskript Unterlagen und Mitschriften von Vorlesungen oder Vorträgen zugrunde lagen, die Adler in deutscher Sprache gehalten hatte. Diese Schriftstücke dürften vom Ehepaar Jensen gründlich bearbeitet und anschließend ins Englische übersetzt worden sein (Hoffman 1997, S. 304).

In Anlehnung an Metzger kann festgehalten werden, dass der Kapitelabfolge eine Gliederung in vier Abschnitten zugrunde liegt. Der *erste Abschnitt* umfasst die ersten sieben Kapitel, in denen die – insbesondere anthropologischen – Grundannahmen der individualpsychologischen Theorie vorgestellt wurden, die Adler um 1930 vertrat. Folgt man der deutschsprachigen Ausgabe (Adler 1930a/1976a), so künden die Überschriften dieser Kapitel von der Auseinandersetzung mit folgenden Inhalten:

1. Einführung – 2. Die Einheit der Persönlichkeit – 3. Das Streben nach Überlegenheit und seine erzieherische Bedeutung – 4. Die Steuerung des Überlegenheitsstrebens – 5. Der Minderwertigkeitskomplex – 6. Die Entwicklung des Kindes; Verhütung des Minderwertigkeitskomplexes – 7. Das Gemeinschaftsgefühl und Hindernisse bei seiner Entwicklung; die Position des Kindes in seiner Familie

Dem *zweiten Abschnitt* sind die Kapitel 8 bis 13 zuzurechnen, in denen stärker als in den Kapiteln zuvor auf die »Bedeutung äußerer Umstände für die Persönlichkeitsentwicklung« von Kindern und Jugendlichen eingegangen wird:

> *8. Die Psychologie der Situation und Abhilfe – 9. Die neue Situation als Vorbereitungstest – 10. Das Kind in der Schule – 11. Äußere Einflüsse – 12. Adoleszenz und Sexualerziehung – 13. Erziehungsfehler*

Der *dritte Abschnitt* wird vom 14. Kapitel gebildet, das grundsätzlichen Überlegungen zur Arbeit mit Eltern gewidmet ist, die – aus Adlers Sicht – insbesondere Lehrer zu leisten haben:

> *14. Elternerziehung*

Zwei Anhänge stellen den *vierten Abschnitt* des Buches dar. Dieser enthält eine etwas ausgeweitete Version des individualpsychologischen »Fragebogens zum Verständnis und zur Behandlung von Sorgenkindern« aus dem Jahr 1929, sowie fünf Fallgeschichten, denen Metzger – in eckige Klammern gesetzte – Titel gegeben hat:

> *Anhang 1: Ein individualpsychologischer Fragebogen – Anhang 2: Fünf Fallgeschichten mit Erläuterungen: 1. [Ein 15-Jähriger verweigert den Gehorsam]; 2. [Ein 10-jähriger Schulversager]; 3. [Ein 13-Jähriger fällt zurück]; 4. [Ein Fall von Verzärtelung]; 5. [Eine 10-Jährige mit Lernschwierigkeiten]*

Über weite Strecken weichen die Ausführungen, die in den einzelnen Kapiteln nachzulesen sind, zwar in ihrer Fokussierung, nicht aber in ihren Kernaussagen von jenen Darlegungen ab, die Adler nur kurze Zeit früher etwa in seinen Büchern über »Menschenkenntnis«, (Adler 1927a/2007b), »Problems of Neurosis« (Adler 1929c; siehe auch Adler 1929c/1981a; Adler 1929c/2009a) oder »Individualpsychologie in der Schule« (Adler 1929b/1973b; Adler 1929b/2009a) veröffentlicht hat. Dennoch heben sich einige Kapitel vom Rest des Buches ab:

1. Im 1. Kapitel gibt Adler in einer komprimierten und überdies gut lesbaren Form Grundzüge seines Theorieverständnisses wieder, das er um 1930 vertrat.
2. Das 3. Kapitel enthält bezüglich der Frage, ob das Streben nach Überlegenheit angeboren sei, Ausführungen, die den Übergang zwischen jener Position markiert, die Adler vor 1930 vertrat, und jener Auffassung, die Adler von 1933 an publizierte.
3. Im 10. Kapitel führt Adler in besonders klarer Weise die These aus, dass der Schulbeginn eines Kindes eine Testsituation darstellt, die dem kundigen Pädagogen bedeutsame Einsichten eröffnet.
4. Das 12. Kapitel stellt einen der wenigen Texte dar, in denen sich Adler ausschließlich dem Thema Sexualität und Jugendalter widmet.

5. Und im 14. Kapitel äußert sich Adler zu methodischen Fragen der Erziehungsberatung und der Arbeit, die Lehrer mit Eltern zu leisten haben, wie man es in konzentrierter Weise in anderen Texten nicht nachlesen kann.

Aus diesen Gründen werden die eben angeführten Kapitel in den vorliegenden Band (Adler 1930a/2009a) aufgenommen. Dazu kommt die Wiedergabe des individualpsychologischen »Fragebogens zum Verständnis und zur Behandlung von Sorgenkindern« (Anhang 1), der zuvor in Adlers »Individualpsychologie in der Schule« bloß in einer verkürzten Form publiziert worden war (siehe dazu S. 140 in diesem Band), sowie jene vier der fünf Falldarstellungen (aus Anhang 2), die sich durch eine besondere Kompaktheit in der Darstellung auszeichnen.

Kindererziehung (1930)

Kapitel 1: Einführung	205
Kapitel 3: Das Streben nach Überlegenheit und seine erzieherische Bedeutung	214
Kapitel 10: Das Kind in der Schule	227
Kapitel 12: Jugend und Sexualerziehung	238
Kapitel 14: Elternerziehung	246
Anhang 1: Ein individualpsychologischer Fragebogen	252
Anhang 2: Vier Fallgeschichten mit Erläuterungen	256

Kapitel 1: Einführung[125]

Vom psychologischen Standpunkt reduziert sich das Problem der Erziehung auf das Problem der Selbsterkenntnis und der vernunftmäßigen Selbstbestimmung. Bei Kindern kann man die Erziehung in derselben Weise angehen, aber es besteht ein Unterschied: Wegen der Unreife der Kinder erhält die Frage der Führung – die auch bei Erwachsenen nie ganz wegfällt – eine überragende Bedeutung. Wir könnten, wenn wir wollten, Kindern erlauben, sich selbstständig zu entwickeln, und wenn sie etwa zwanzigtausend Jahre Zeit und eine günstige Umgebung hätten, dann würden sie am Ende den Maßstäben der Erwachsenenzivilisation gerecht werden. Diese Methode kommt natürlich nicht in Frage, und der Erwachsene muss sich zwangsläufig dafür interessieren, das Kind in seiner Entwicklung zu führen.

Die Unwissenheit stellt hier eine große Schwierigkeit dar. Dem Erwachsenen fällt es schwer genug, sich selbst zu kennen, die Ursache seiner Emotionen,

---

125 [Übersetzung: Sonja Schumacher]

seiner Vorlieben und Abneigungen *[4]* zu sehen – kurz, seine eigene Psychologie zu begreifen. Doppelt schwierig ist es, Kinder zu verstehen und sie auf der Grundlage echten Wissens zu leiten.

Die Individualpsychologie beschäftigt sich ganz besonders mit der Psychologie von Kindern, und zwar sowohl in eigenem Recht als auch wegen des Lichts, das sie auf die Charakterzüge und das Verhalten von Erwachsenen wirft. Und anders als andere psychologische Ansätze lässt sie nicht zu, dass sich eine Kluft zwischen Theorie und Praxis auftut. Sie richtet sich auf die Einheit der Persönlichkeit und untersucht ihren dynamischen Kampf um Entwicklung und Ausdruck. Von einem solchen Standpunkt aus gesehen, ist wissenschaftliche Erkenntnis bereits Lebensklugheit, denn das so gewonnene Wissen ist ein Wissen um Fehler, und wer immer dieses Wissen besitzt – ob es der Psychologe ist, die Eltern, der Freund oder das Individuum selbst – erkennt sofort seine praktische Anwendung in der Führung der betroffenen Persönlichkeit.

Aufgrund der Methode der Individualpsychologie bildet ihre Lehre ein organisches Ganzes. Weil nach ihrer Auffassung das Verhalten von Individuen durch die Einheit der Persönlichkeit motiviert und gelenkt wird, spiegelt das, was die Individualpsychologie über menschliches Verhalten zu sagen hat, eben jene Wechselbeziehung, die sich in den Aktivitäten der Psyche manifestiert. In diesem Einführungskapitel wird daher der Versuch unternommen, den Standpunkt der *[5]* Individualpsychologie als Ganzes darzustellen, während in den späteren Kapiteln die hier angeschnittenen, in Wechselbeziehung stehenden Probleme ausführlicher dargestellt werden.

Die Grundtatsache in der menschlichen Entwicklung ist das dynamische und zielbewusste Streben der Psyche. Ein Kind steht von frühester Kindheit an in einem unaufhörlichen Kampf, der der Entwicklung dient, und dieser Kampf steht im Einklang mit einem unbewusst gesetzten, aber stets gegenwärtigen Ziel – einer Vision von Größe, Vollkommenheit und Überlegenheit. Dieser Kampf, diese zielbildende Aktivität, spiegelt natürlich die dem Menschen eigentümliche Fähigkeit des Denkens und der Vorstellung wider, und er dominiert unser Leben lang alle unsere wesentlichen Handlungen. Er dominiert sogar unsere Gedanken; denn wir denken nicht objektiv, sondern in Übereinstimmung mit dem Ziel und dem Lebensstil, den wir uns geschaffen haben.

Die Einheit der Persönlichkeit ist in der Existenz eines jeden Menschen stillschweigend inbegriffen. Jeder Mensch stellt sowohl eine Einheit der Persönlichkeit dar als auch die individuelle Gestaltung dieser Einheit. Das Individuum ist sowohl das Bild als auch der Künstler. Es ist der Künstler seiner eigenen Persönlichkeit, aber als Künstler ist er weder in der Ausführung unfehlbar noch besitzt er ein umfassendes Verständnis von Seele und Körper – er ist ein ziemlich schwacher, äußerst fehlbarer und unvollkommener Mensch. *[6]*

Wenn wir den Aufbau einer Persönlichkeit betrachten, so besteht ihr Hauptmangel darin, dass ihre Einheit, ihr besonderer Stil und ihr Ziel nicht auf der objektiven Wirklichkeit aufgebaut sind, sondern auf der subjektiven Sicht, die das Individuum von den Tatsachen des Lebens hat. Eine Auffassung, eine Ansicht über eine Tatsache ist aber nie die Tatsache selbst, und aus diesem Grund gestalten sich Menschen, die allesamt in derselben Tatsachenwelt leben, unterschiedlich. Jeder gestaltet sich in Übereinstimmung mit seiner persönlichen Sicht der Dinge, und manche Ansichten sind vernünftig, andere weniger vernünftig. Mit diesen individuellen Irrtümern und Fehlschlägen in der Entwicklung eines Menschen müssen wir stets rechnen. Vor allem müssen wir auf die Fehlinterpretationen gefasst sein, die in der frühen Kindheit erfolgen, denn diese beherrschen den weiteren Verlauf unserer Existenz.

Ein konkretes Beispiel dafür ist an diesem klinischen Fall zu sehen. Eine Frau, zweiundfünfzig Jahre alt, setzte stets Frauen herab, die älter waren als sie. Sie berichtete die Tatsache, dass sie sich als kleines Kind immer gedemütigt und unterschätzt fühlte, weil eine ältere Schwester die ganze Aufmerksamkeit erhielt. Wenn wir diesen Fall sozusagen aus der »vertikalen« Perspektive der Individualpsychologie betrachten, sehen wir denselben Mechanismus, dieselbe psychologische Dynamik [7] am Anfang ihres Lebens wie in der Gegenwart – das heißt, gegen Ende der Existenz. Es besteht immer die Angst, unterschätzt zu werden, und die Wut und der Ärger darüber, dass andere begünstigt oder bevorzugt werden. Selbst wenn wir über das Leben dieser Frau oder ihre besondere Einheit der Persönlichkeit sonst nichts wüssten, könnten wir unsere Wissenslücken auf der Basis der beiden genannten Tatsachen nahezu füllen. Der Psychologe handelt hier wie ein Romancier, der einen Menschen mit einer bestimmten Handlungsweise, einem Lebensstil oder Verhaltensmuster entwerfen muss, und er muss ihn so entwerfen, dass der Eindruck einer einheitlichen Persönlichkeit nicht gestört ist. Ein guter Psychologe wäre in der Lage, das Betragen dieser Frau in gewissen Situationen vorauszusagen und ganz klar die Charakterzüge zu beschreiben, die mit dieser besonderen »Lebenslinie« ihrer Persönlichkeit einhergehen.

Das Streben oder die zielbildende Aktivität, die für die Konstruktion der individuellen Persönlichkeit verantwortlich ist, setzt eine andere wichtige psychologische Tatsache voraus, nämlich das Minderwertigkeitsgefühl. Alle Kinder haben ein angeborenes Minderwertigkeitsgefühl,[126] das die Vorstellungskraft stimuliert und den Versuch anregt, das psychologische Minderwertigkeitsgefühl durch eine Verbesserung der Situation aufzulösen. Eine Verbesserung der eigenen Lage hat ein Nachlassen des [8] Minderwertigkeitsgefühls zur Folge. Vom psychologischen Standpunkt kann dies als Kompensation angesehen werden.

---

126 [Siehe dazu die Fußnote 129 auf S. 215 f. in diesem Band.]

Das Entscheidende am Minderwertigkeitsgefühl und dem Mechanismus der psychologischen Kompensation ist, dass dadurch in großem Umfang Fehler möglich werden. Das Minderwertigkeitsgefühl kann objektive Leistungen anregen; es kann auch zu einer rein psychologischen Anpassung führen, die die Kluft zwischen dem Individuum und der objektiven Wirklichkeit vertieft. Oder aber das Minderwertigkeitsgefühl erscheint so tragisch, dass es nur durch die Entwicklung psychologisch kompensatorischer Charakterzüge überwunden werden kann, die letztlich die Situation keineswegs bewältigen, die aber dennoch psychologisch notwendig und unumgänglich sind.

Es gibt zum Beispiel drei Gruppen von Kindern, an denen sich die Entwicklung kompensatorischer Charakterzüge sehr deutlich zeigt. Das sind die Kinder, die mit schwachen oder unvollkommenen Organen zur Welt kommen; die Kinder, die mit Strenge und ohne Zuneigung behandelt werden; und schließlich die Kinder, die allzu sehr verwöhnt werden.

Anhand dieser drei Gruppen können wir drei Grundsituationen veranschaulichen, durch die die Entwicklung normaler Kinder untersucht und verstanden werden kann. Nicht viele [9] Kinder werden als Krüppel geboren, aber es überrascht, wie viele Kinder in stärkerem oder schwächerem Ausmaß psychologische Merkmale an den Tag legen, die auf körperlichen Schwierigkeiten oder einem schwachen Organ beruhen – psychologische Merkmale, deren Archetyp am Extremfall eines verkrüppelten Kindes untersucht werden kann. Was die Klassifizierung von verwöhnten und gehassten Kindern betrifft, gehören praktisch alle Kinder in mehr oder minder starkem Maße in eine von beiden oder sogar in beide Gruppen.

Jede dieser drei Primärsituationen erzeugt ein Gefühl der Unzulänglichkeit und Minderwertigkeit und – im Zuge der Reaktion – einen Ehrgeiz, der über das Menschenmögliche hinausreicht. Das Minderwertigkeitsgefühl und das Streben nach Überlegenheit sind stets zwei Phasen derselben Grundtatsache des menschlichen Lebens und sind daher untrennbar verbunden. In pathologischen Situationen ist es schwer zu sagen, ob sich das übersteigerte Minderwertigkeitsgefühl oder das verschärfte Streben nach Überlegenheit schädlicher auswirkt. Beide sind in mehr oder weniger rhythmischen Wellen aufeinander abgestimmt. Bei Kindern finden wir einen unmäßigen Ehrgeiz, der durch ein übertriebenes [10] Minderwertigkeitsgefühl hervorgerufen wird und wie Gift auf die Seele wirkt, weil das Kind stets unzufrieden ist. Eine solche Unzufriedenheit führt aber nicht zu sinnvoller Tätigkeit. Sie bleibt fruchtlos, weil sie durch einen unverhältnismäßigen Ehrgeiz genährt wird. Dieser Ehrgeiz flicht sich sozusagen in die Charakterzüge und persönlichen Eigenheiten. Er wirkt wie eine ständige Reizung, die den Menschen hypersensibel und vorsichtig macht, damit er nicht etwa verletzt und getreten wird.

Solche Typen – und die Annalen der Individualpsychologie sind voll von ihnen – entwickeln sich zu Menschen, deren Fähigkeiten schlummern, die, wie wir sagen, »nervös« oder exzentrisch werden. Menschen dieses Typs können, wenn sie zu weit getrieben werden, in der Welt der Verantwortungslosigkeit und Kriminalität landen, weil sie nur an sich und nicht an andere denken. Ihr Egoismus, in moralischer und psychologischer Hinsicht, wird absolut. Wir stellen fest, dass einige von ihnen der Wirklichkeit und den objektiven Tatsachen ausweichen und sich eine eigene Welt schaffen. Durch Tagträume, indem sie an bunten Fantasien festhalten, als würden diese die Wirklichkeit darstellen, gelingt es ihnen schließlich, sich ihren psychologischen Frieden zu schaffen. Sie haben die Wirklichkeit und den Verstand versöhnt, indem sie im Abbild des Geistes eine Wirklichkeit aufbauen.

Bei all diesen Entwicklungen ist das verräterische Kriterium, auf das der Psychologe und *[11]* die Eltern achten müssen, das Ausmaß an Gemeinschaftsgefühl, das das Kind zeigt. Das Gemeinschaftsgefühl ist der ausschlaggebende, der entscheidende Faktor in der normalen Entwicklung. Jede Störung, die zu einer Verminderung des Gemeinschaftsgefühls führt, hat eine enorm schädliche Wirkung auf die geistige Entwicklung des Kindes. Das Gemeinschaftsgefühl ist der Barometer für die Normalität des Kindes.

Das Gemeinschaftsgefühl steht im Mittelpunkt der pädagogischen Technik, die von der Individualpsychologie entwickelt wurde. Eltern oder Erziehungsberechtigte dürfen einem Kind nicht erlauben, sich an nur einen Menschen zu binden. Wenn das gestattet wird, dann wird das Kind schlecht oder unzureichend auf das spätere Leben vorbereitet.

Um herauszufinden, wie weit das Gemeinschaftsgefühl des Kindes entwickelt ist, sollte man es bei der Einschulung beobachten. Beim Eintritt in die Schule wird das Kind seinen frühesten und schwersten Prüfungen ausgesetzt. Die Schule stellt für das Kind eine neue Situation dar: Deshalb wird sich zeigen, wie gut das Kind darauf vorbereitet ist, mit neuen Situationen umzugehen, und insbesondere, wie gut es dafür gewappnet ist, neue Menschen kennenzulernen.

Eltern wissen zu wenig darüber, wie man ein Kind auf die Schule vorbereitet, und das erklärt, warum so viele Erwachsene auf ihre Schulzeit wie auf einen Albtraum zurückblicken. Natürlich kann die Schule, wenn sie richtig geführt wird, die Fehler bei der Früherziehung *[12]* oft ausgleichen. Die ideale Schule sollte als Vermittler zwischen dem Elternhaus und der weiten Welt der Wirklichkeit stehen, und sie sollte nicht nur Bücherwissen vermitteln, sondern ein Ort sein, an dem Lebensklugheit und Lebenskunst gelehrt werden. Aber während wir darauf warten, dass die ideale Schule entsteht, die dann die Erziehungsdefizite der Eltern behebt, können wir einstweilen auch auf die Fehler der Eltern hinweisen.

Um die Fehler der familiären Erziehung zu analysieren, kann die Schule gerade deshalb als Indikator dienen, weil sie noch kein ideales Umfeld darstellt. Kinder, denen man noch nicht beigebracht, wie man Kontakt zu anderen aufbaut, fühlen sich beim Schuleintritt einsam. Folglich werden sie als eigenartig angesehen, und diese anfängliche Tendenz verstärkt sich im Lauf der Zeit immer mehr. So verzögert sich die Entwicklung dieser Kinder, und sie zeigen Verhaltensprobleme. Die Leute geben in diesem Fall der Schule die Schuld, obwohl die Schule hier nur die latenten Schwächen der häuslichen Erziehung ans Licht gebracht hat.

Für die Individualpsychologie war es immer eine offene Frage, ob Kinder mit Verhaltensproblemen überhaupt schulische Fortschritte machen können. Wir konnten stets zeigen, dass es sich um ein Gefahrensignal handelt, wenn ein Kind zum Schulversager wird. Dabei geht es weniger *[13]* um die Leistungen, es handelt sich vielmehr um ein psychologisches Versagen. Das heißt, das Kind hat allmählich den Glauben an sich selbst verloren. Entmutigung stellt sich ein, und das Kind beginnt, sinnvollen Wegen und normalen Aufgaben auszuweichen, sucht unaufhörlich nach einem anderen Ventil, einer Straße zur Freiheit und zum leichten Erfolg. Statt den Weg zu beschreiten, den die Gesellschaft vorgezeichnet hat, entscheidet es sich für einen Privatweg, wo es durch Erlangung eines Überlegenheitsgefühls eine Kompensation für seine Minderwertigkeit aufbauen kann. Es entscheidet sich für den Weg, der den Entmutigten immer verlockend erscheint – den Weg des schnellsten psychologischen Erfolgs. Es ist leichter, sich hervorzutun und sich als Eroberer zu fühlen, wenn man die soziale moralische Verantwortung abschüttelt und das Gesetz bricht, als wenn man den etablierten gesellschaftlichen Bahnen folgt. Aber diese mühelose Straße zur Überlegenheit verweist immer auf eine zugrunde liegende Feigheit und Schwäche, ganz gleich wie viel Wagemut und Tapferkeit sich in den äußeren Handlungen manifestiert. Ein solcher Mensch versucht immer, alles so anzupacken, dass der Erfolg garantiert ist und er mit seiner Überlegenheit prahlen kann.

Wir können also beobachten, dass Verbrecher, ungeachtet ihres scheinbaren Draufgängertums und ihres Muts, im Grunde feige sind, und ebenso ist zu erkennen, wie Kinder in weniger gefährlichen Lagen ihr Gefühl der Schwäche durch allerhand kleine Anzeichen preisgeben. So sehen wir meist Kinder *[14]* (und übrigens auch Erwachsene), die es nicht fertigbringen, aufrecht zu stehen und sich immer irgendwo anlehnen müssen. Nach den alten Methoden der Kindererziehung und dem alten Verständnis solcher Anzeichen wurde das Symptom behandelt, nicht aber die zugrunde liegende Situation. Zu einem solchen Kind pflegte man zu sagen: »Lehn dich nicht dauernd irgendwo an.« Worauf es hier aber wirklich ankommt, ist nicht, dass sich das Kind anlehnt, sondern dass es glaubt, Unterstützung zu brauchen. Man kann das Kind, sei es durch Strafe oder Belohnung, leicht dazu bringen, dieses Zeichen der Schwäche aufzugeben, aber sein enormes Bedürfnis nach Stütze ist damit nicht behoben. Die Krankheit dauert an. Ein guter Pädagoge kann jedoch die

Zeichen deuten und die zugrunde liegende Krankheit durch Mitgefühl und Verständnis beseitigen.

Aus einem einzigen Anzeichen kann man oft Rückschlüsse auf das Vorhandensein zahlreicher Eigenschaften oder Charakterzüge ziehen. Im Fall des Kindes, das ein so ausgeprägtes Anlehnungsbedürfnis zeigt, sehen wir sofort, dass Charakterzüge wie Ängstlichkeit und Abhängigkeit vorliegen müssen. Durch den Vergleich mit ähnlichen Menschen, deren Fälle wir gründlich kennen, können wir seine Persönlichkeit rekonstruieren, und wir erkennen, kurz gesagt, dass wir es mit einem verwöhnten Kind zu tun haben.

Nun wenden wir uns den Charakterzügen einer weiteren Gruppe zu – der Kinder, die keine Liebe erfahren haben. [15] Die Merkmale dieser Gruppe sind, in ihrer ausgeprägtesten Form, in den Lebensläufen der großen Feinde der Menschheit zu beobachten. In der Lebensgeschichte dieser Männer sticht vor allem die Tatsache heraus, dass sie als Kinder übel behandelt wurden. Auf diese Weise entwickelten sie einen harten, von Neid und Hass geprägten Charakter. Sie konnten es nicht ertragen, andere glücklich zu sehen. Neidische Menschen dieses Typs finden sich aber nicht nur unter den offenkundigen Schurken, sondern auch unter angeblich normalen Menschen. Wenn solche Individuen für Kinder zu sorgen haben, meinen sie, die Kinder sollten nicht glücklicher sein, als sie selbst es waren. Auf solche Ansichten stößt man bei Eltern, aber auch bei anderen, die mit der Erziehung von Kindern betraut sind.

Solche Meinungen und Gedanken entspringen aber nicht bösen Absichten. Sie reflektieren einfach die Mentalität jener, die selbst brutal erzogen wurden. Solche Menschen können unzählige gute Gründe und Grundsätze vorbringen, zum Beispiel: »Wer mit der Rute spart, verzieht das Kind.« Und sie liefern uns endlose Beweise und Beispiele, die uns nicht ganz überzeugen, weil die Sinnlosigkeit einer strengen, autoritären Erziehung schon allein durch die schlichte Tatsache bewiesen wird, dass sie das Kind dem Erziehenden entfremdet. [16]

Durch Erforschung verschiedener Symptome und ihrer Wechselbeziehung kann der Psychologe mit einiger Übung ein System entwickeln, mit dessen Hilfe die verborgenen psychologischen Prozesse eines Individuums ans Licht kommen. Zwar reflektiert jeder Punkt, den wir dank dieses Systems untersuchen, etwas von der Gesamtpersönlichkeit des zu untersuchenden Individuums, wir dürfen aber erst dann zufrieden sein, wenn wir an jedem Punkt unserer Untersuchung dieselben Hinweise erhalten. Die Individualpsychologie ist daher nicht nur eine Kunst, sondern auch eine Wissenschaft, und es kann nicht genug betont werden, dass der spekulative Entwurf, das System der Konzepte nicht in hölzerner und mechanischer Weise auf das zu untersuchende Individuum angewendet werden darf. Bei allen Untersuchungen kommt es in erster Linie darauf an, sich mit dem Individuum zu beschäftigen; wir dürfen nie aus einigen wenigen Ausdrucksformen weitreichende Schlüsse ziehen, sondern müssen nach allen möglichen Gesichtspunkten suchen, die unsere Meinung stützen. Erst wenn es gelingt, unsere vorläufige Hypothese zu erhärten, erst wenn wir zum Beispiel dieselbe Halsstarrigkeit oder Entmutigung auch in anderen Aspekten seines Verhaltens entdecken, können wir mit Sicherheit sagen, dass diese Halsstarrigkeit oder Entmutigung die gesamte Persönlichkeit durchdringt.

In diesem Zusammenhang darf man nicht vergessen, dass die zu untersuchende Person [17] ihre eigenen Ausdrucksformen nicht versteht und daher nicht imstande ist, ihr wahres Selbst zu verbergen. Wir sehen ihre Persönlichkeit in Aktion, und ihre Persönlichkeit enthüllt sich nicht durch das, was sie über sich sagt und denkt, sonder durch ihre im Zusammenhang interpretierten Handlungen. Nicht dass der Patient uns bewusst belügen möchte, aber wir haben uns klargemacht, dass zwischen den bewussten Gedanken eines Menschen und seinen unbewussten Motivationen eine tiefe Kluft besteht – eine Kluft, die am besten durch einen unbeteiligten, aber mitfühlenden Außenstehenden überbrückt werden kann. Der Außenstehende – sei er Psychologe, Mutter, Vater oder Lehrer – sollte lernen, eine Persönlichkeit auf der Grundlage objektiver Fakten zu interpretieren, die als Ausdruck des zielgerichteten, aber mehr oder weniger unbewussten Strebens des Individuums zu sehen sind.

Daher enthüllt die Haltung des Individuums im Hinblick auf die drei Grundfragen des individuellen und gemeinschaftlichen Lebens sein wahres Selbst, wie nichts anderes es vermag. Die erste dieser Fragen ist die nach den Beziehungen zu anderen, die wir bereits im Kontext des Gegensatzes zwischen der privaten und der objektiven Sicht der Wirklichkeit erörtert haben. Aber die Beziehung zu anderen manifestiert sich auch als besondere Aufgabe – nämlich die Aufgabe, sich mit anderen Menschen anzufreunden und mit ihnen auszukommen. Wie begegnet das Individuum diesem Problem? Wie lautet seine Antwort darauf? Wenn ein Mensch glaubt, er könne der Frage [18] durch die Behauptung ausweichen, dass das Thema Freunde, das Thema soziale Beziehungen ihm vollkommen gleichgültig sei, dann ist seine Antwort Gleichgültigkeit. Von dieser Gleichgültigkeit können wir natürlich Rückschlüsse auf die Ausrichtung und Organisation seiner Persönlichkeit ziehen. Überdies ist anzumerken, dass die Beziehung zu anderen sich nicht nur auf die physische Begegnung mit Menschen und das Schließen von Freundschaften beschränkt: Alle abstrakten Qualitäten wie Freundschaft, Kameradschaft, Ehrlichkeit und Loyalität scharen sich um diese Beziehung, und wie diese Frage beantwortet wird, verweist auf die Antwort des Individuums auf alle diese Punkte.

Bei der zweiten großen Frage geht es darum, was das Individuum aus seinem Leben machen will – welche Rolle es im großen Bereich der Arbeit übernehmen möchte. Während die soziale Frage durch die Existenz von mehr als einem Ich bestimmt ist, durch die Beziehung Ich–Du, so kann man sagen, dass diese [zweite] Frage durch die grundlegende Beziehung Mensch–Erde bestimmt ist. Wenn man die gesamte Menschheit auf eine Person reduzieren könnte, dann würde eine Beziehung auf Gegenseitigkeit zwischen beiden bestehen. Was will sie von der Erde? So wie bei der ersten Frage kann das Problem der Beschäftigung nicht einseitig oder privat gelöst werden, sondern ist eine Angelegenheit zwischen Mensch und Erde. Es ist eine gegenseitige Beziehung, bei der der Mensch nicht immer seinen Willen durchsetzen kann. [19] Der Erfolg wird nicht durch unseren persönlichen Willen bestimmt, sondern in Beziehung zu den objektiven Gegebenheiten. Aus diesem Grund wirft die Antwort, die ein Individuum auf die Frage der Beschäftigung gibt, und die Weise, wie es sie gibt, ein klares Licht auf seine Persönlichkeit und seine Lebenseinstellung.

Die dritte Grundfrage entspringt der Tatsache, dass die Menschheit aus zwei Geschlechtern besteht. Die Lösung dieses Problems ist ebenfalls keine subjektive Privatangelegenheit, sondern muss gemäß der inhärenten objektiven Logik der Beziehung gelöst werden. Welche Haltung habe ich zum anderen Geschlecht? Die typische private Vorstellung ist wiederum irrig. Zu einer korrekten Lösung kann man nur durch ein sorgfältiges Erwägen aller Fragen gelangen, die sich um die Geschlechterbeziehung scharen. Und es leuchtet ein, dass jedes Abweichen von einer korrekten Lösung des Problems der Liebe und Ehe auf einen Fehler, eine Abweichung in der Persönlichkeit hinweist. Außerdem müssen viele schädliche Folgen, die sich aus einer falschen Lösung dieses Problems ergeben, im Lichte des zugrunde liegenden Persönlichkeitsfehlers interpretiert werden.

Wir sehen also, dass wir den allgemeinen Lebensstil und das spezifische Ziel eines Individuums aus der Art und Weise ableiten können, wie es diese drei Fragen [20] beantwortet. Das Ziel ist allmächtig. Es entscheidet über den Lebensstil eines Menschen und spiegelt sich in jeder seiner Handlungen. Wenn also das Streben darauf zielt, ein Mitmensch zu sein, wenn sich das Ziel auf die nützliche Seite des Lebens richtet, wird dieses Ziel allen Lösungen, die der Mensch für seine Probleme findet, seinen Stempel aufdrücken. Alle Lösungen werden konstruktive Nützlichkeit reflektieren, und das Individuum wird ein Gefühl des Glücks, des eigenen Werts und der Macht erleben, das mit konstruktiver und nützlicher Tätigkeit einhergeht. Wenn das Ziel in eine andere Richtung geht, wenn es auf die private und nutzlose Seite des Lebens gelenkt wird, sieht sich das Individuum außerstande, grundlegende Probleme zu lösen, und es erlebt auch nicht die Freude, die aus der angemessenen Lösung entspringt.

All diese grundlegenden Probleme stehen in enger Verbindung miteinander, und das umso mehr, weil im Laufe unseres Gemeinschaftslebens besondere Aufgaben aus diesen grundlegenden Problemen erwachsen, die nur in der Gesellschaft oder Gemeinschaft oder, mit anderen Worten, auf der Grundlage des Gemeinschaftsgefühls richtig ausgeführt werden können. Diese Aufgaben stellen sich bereits in frühester Kindheit, wenn sich unsere Sinnesorgane im Einklang mit den Reizen des Gemeinschaftslebens, im Schauen, Sprechen, Hören entwickeln – in unseren Beziehungen zu unseren Geschwistern, Eltern, Verwandten, *[21]* Bekannten, Kameraden, Freunden und Lehrern. Diese Aufgaben begleiten uns durchs Leben, sodass einer, der den Kontakt zu seinen Mitmenschen verliert, nicht mehr weiter weiß.

So steht die Individualpsychologie auf festem Boden, wenn sie das, was für die Gemeinschaft nützlich ist, als »richtig« erachtet. Sie erkennt, dass jedes Abweichen von der gesellschaftlichen Norm einen Verstoß gegen das Richtige darstellt und einen Konflikt mit den objektiven Gesetzen und Erfordernissen der Realität mit sich bringt. Dieser Konflikt mit der Objektivität wird zuallererst im Minderwertigkeitsgefühl des normverletzenden Individuums spürbar, und er zeigt sich auch – mit noch größerer Wucht – in der Vergeltung derer, die sich geschädigt sehen. Abschließend kann man sagen, dass das Abweichen von der gesellschaftlichen Norm ein immanentes gemeinschaftliches Ideal verletzt, das jeder von uns, bewusst oder unbewusst, in sich trägt.

Mit ihrer rigorosen Betonung des Gemeinschaftsgefühls als Test für die Entwicklung fällt es der Individualpsychologie nicht schwer, den Lebensstil eines jeden Kindes zu verstehen und einzuschätzen. Sobald das Kind mit einem Lebensproblem konfrontiert ist, zeigt sich, als würde es einer Prüfung unterzogen, ob es »richtig« vorbereitet wurde oder nicht. Das Kind zeigt, mit anderen Worten, ob es Gemeinschaftsgefühl, ob es Mut, Verständnis *[22]* und ganz allgemein ein nützliches Ziel besitzt. Was wir dann herausfinden wollen, ist die Form und der Rhythmus seines Aufwärtsstrebens, den Grad seines Minderwertigkeitsgefühls, die Intensität seines Gemeinschaftsbewusstseins. All diese Dinge sind eng miteinander verbunden und durchdringen einander, sodass eine organische und unauflösliche Einheit entsteht – eine Einheit, die so lange unauflöslich ist, bis der Konstruktionsfehler entdeckt und ein Neuaufbau erfolgt ist.

Kapitel 3: Das Streben nach Überlegenheit und seine erzieherische Bedeutung[127]

Neben der Einheit der Persönlichkeit ist das Streben nach Überlegenheit und Erfolg die wichtigste psychologische Tatsache, die die menschliche Natur prägt. Dieses Streben hängt natürlich direkt mit dem Minderwertigkeitsgefühl

---

127 [Übersetzung: Sonja Schumacher]

zusammen, denn wenn wir uns nicht minderwertig fühlen würden, dürften wir kein Verlangen haben, die unmittelbare Situation hinter uns zu lassen. Die beiden Probleme – das Streben nach Überlegenheit und das Minderwertigkeitsgefühl – sind in Wirklichkeit zwei Aspekte desselben psychologischen Phänomens;[128] aber zum Zwecke der Darstellung ist es günstiger, sie mehr oder weniger getrennt zu behandeln. In diesem Kapitel versuchen wir, uns auf das Überlegenheitsstreben und seine erzieherischen Konsequenzen zu beschränken.

Die erste Frage, die das Überlegenheitsstreben aufwirft, ist, ob es ebenso wie unsere biologischen Instinkte angeboren ist. Darauf müssen wir antworten, dass diese Hypothese höchst unwahrscheinlich ist. Wir können das Überlegenheitsstreben nicht als *[37]* eindeutig angeboren bezeichnen. Dennoch müssen wir einräumen, dass ein Substrat existieren muss – es muss da einen embryonischen Kern mit Entwicklungsmöglichkeiten geben. Vielleicht können wir es am besten folgendermaßen formulieren: Die menschliche Natur ist mit der Entwicklung des Überlegenheitsstrebens eng verknüpft.[129]

---

128 [Im Sinne der wenige Zeilen später gemachten Bemerkung, dass Gefühle der Degradierung, Minderwertigkeit, Unsicherheit und Unterlegenheit den Wunsch wecken, »nach einem höheren Niveau zu streben«, eröffnet Adler das 5. Kapitel in »Kindererziehung« mit den Sätzen: »Bei jedem Menschen gehen Überlegenheitsstreben und Minderwertigkeitsgefühl Hand in Hand. Wir streben und strengen uns an, weil wir uns minderwertig fühlen, und wir überwinden dieses Minderwertigkeitsgefühl durch erfolgreiches Streben« (Adler 1930a/1976a, S. 47, nicht in diesem Band).]

129 [Adler bezeichnet das »Streben nach Überlegenheit« und das »Minderwertigkeitsgefühl« wenige Zeilen früher als »zwei Aspekte desselben psychologischen Phänomens«, kommt dann aber im obigen Absatz zu widersprüchlichen Aussagen: Während Adler im 1. Kapitel von »Kindererziehung« die Annahme zum Ausdruck bringt, dass alle Kinder ein »angeborenes Minderwertigkeitsgefühl« hätten (S. 207 in diesem Band), hält er nun fest, dass das »Überlegenheitsstreben«, also der zweite Aspekt »desselben psychologischen Phänomens«, keineswegs als »eindeutig angeboren« bezeichnet werden kann. Dies ist in zweifacher Weise zu kommentieren:

(1.) In »Menschenkenntnis« (Adler 1927a/2007b) geht Adler davon aus, dass das Kind wegen seiner Kleinheit und Abhängigkeit zu Beginn seines Lebens in unvermeidbarer Weise Minderwertigkeitsgefühle ausbildet und in Verbindung damit das Verlangen verspürt, sich vom Gewahrwerden der damit verbundenen Gefühle der Kleinheit, Schwäche etc. zu befreien. Das Verfolgen dieses Verlangens als »Überlegenheitsstreben«, das die »treibende Kraft« von Entwicklung abgibt, ist demnach reaktiv (und nicht angeboren), da es eine Folge des Erlebens von Minderwertigkeitsgefühlen darstellt. Deren Ausbildung kann allerdings nicht gänzlich vermieden werden. So gesehen ist die Behauptung, dass das Verspüren von Minderwertigkeitsgefühlen ein Merkmal der »conditio humana« darstellt, eine Annahme, die Adler veranlassen kann, von einem angeborenen Minderwertigkeitsgefühl zu sprechen sowie vom oben angesprochenen »embryonischen Kern«, der aktiviert wird, sobald das Verlangen nach der

Natürlich wissen wir, dass der menschlichen Tätigkeit gewisse Grenzen gesetzt sind und dass es Fähigkeiten gibt, die wir nie entwickeln können. Zum Beispiel können wir nie das Riechvermögen eines Hundes erlangen; ebenso unmöglich ist es, mit unseren Augen die ultravioletten Strahlen des Spektrums wahrzunehmen. Aber es gibt gewisse praktische Fähigkeiten, die weiterentwickelt werden können, und in dieser Möglichkeit der Weiterentwicklung sehen wir die biologische Wurzel des Überlegenheitsstrebens und insgesamt die Quelle der psychologischen Entfaltung der Persönlichkeit.

Soweit wir sehen, ist dieser dynamische Drang, sich unter allen Umständen zu behaupten, sowohl Kindern als auch Erwachsenen eigen. Ihn zu vernichten ist unmöglich. Die menschliche Natur findet sich mit permanenter Unterwerfung nicht ab; die Menschheit hat sogar ihre Götter gestürzt. Das Gefühl der Degradierung und Minderwertigkeit, die Stimmung der Unsicherheit und Unterlegenheit wecken stets den Wunsch, nach einem höheren Niveau zu streben, um Kompensation und Ganzheit zu erlangen.

Wir können zeigen, dass gewisse Eigenheiten von Kindern *[38]* das Wirken der Umweltkräfte verraten, die Gefühle der Minderwertigkeit, Schwäche und Unsicherheit in ihnen auslösen, welche wiederum einen stimulierenden Einfluss auf ihr gesamtes Geistesleben ausüben. Die Kinder wollen sich aus diesem Zustand befreien, um ein höheres Niveau zu erreichen und sich gleichwertig zu fühlen. Je stürmischer diese Aufstiegssehnsüchte sind, desto höher steckt das Kind auf der Suche nach Beweisen für seine Stärke, seine Ziele – nach Beweisen, die oft die Grenzen der menschlichen Kräfte überschreiten. Wegen der Unterstützung, die es gelegentlich von verschiedenen Seiten erhält, ist das Kind imstande, das Bild einer Gottgleichheit in die Zukunft zu projizieren. Auf die eine oder andere Weise verrät die Vorstellung der Kinder oft, dass sie

---

Überwindung von verspürten Minderwertigkeitsgefühlen erwacht.
(2.) Die Rede vom »angeborenen Minderwertigkeitsgefühl« und Adlers unscharfe Formulierung, dass das Überlegenheitsstreben nicht »als eindeutig angeboren« bezeichnet werden kann, deutet zugleich darauf hin, dass Adler dabei ist, einen neuen theoretischen Ansatz zu entwickeln, den er von 1933 an vertritt: Von da an schreibt er dem Wesen des Menschen ein – von Lebensbeginn an existierendes – Streben nach Vervollkommnung zu. Das – ebenso von Lebensbeginn an existierende – Verspüren von »Minderwertigkeitsgefühlen« wird in diesem Zusammenhang zumindest als Gewahrwerden des Umstandes begriffen, dass sich der Mensch noch nicht als vollkommen erlebt, aus diesem Grund immer wieder Mangelzustände verspürt und deshalb beständig danach trachtet, »von einer Minussituation in eine Plussituation zu gelangen« (Adler 1933b/2008b, S. 68). In diesem Sinn behauptet Adler dann, dass »das Streben nach Vollkommenheit angeboren ist« (S. 22), aber auch »das Gefühl der Unvollendung, der Unsicherheit, der Minderwertigkeit« von Lebensbeginn an existiert (Adler 1931l, S. 35; Adler 1933i–a, S. 22).]

von der Idee der Gottähnlichkeit besessen sind. Das gilt meist gerade für die Kinder, die sich am schwächsten fühlen.

Das war bei einem vierzehnjährigen Jungen der Fall, der sich mental in einer sehr schlimmen Lage befand. Wenn man ihn nach Kindheitserinnerungen fragte, fiel ihm ein, wie schmerzlich es für ihn im Alter von sechs Jahren gewesen war, dass er nicht pfeifen konnte. Eines Tages gelang es ihm jedoch zu pfeifen, als er aus dem Haus ging. Er war so erstaunt, dass er glaubte, es sei Gott, der in ihm pfiff. Das zeigt deutlich, dass es eine enge und innige Verbindung zwischen *[39]* dem Gefühl der Schwäche auf der einen und der Gottnähe auf der anderen Seite gibt.

Dieses Verlangen nach Überlegenheit ist mit auffälligen Charakterzügen verbunden. Wenn wir diese Tendenz beobachten, erkennen wir den ganzen Ehrgeiz eines solchen Kindes. Falls sein Wunsch nach Selbstbehauptung außerordentlich stark wird, ist daran auch immer der Neid als Komponente beteiligt. Kinder dieses Typs entwickeln die Angewohnheit, ihren Konkurrenten allerhand Böses zu wünschen; und es bleibt nicht nur beim Wünschen – was oft in die Neurose führt –, sondern sie richten auch Unfug an, machen Ärger und legen ab und zu sogar regelrecht kriminelle Züge an den Tag. Es kommt vor, dass ein solches Kind andere verleumdet, häusliche Geheimnisse verrät und andere herabsetzt, um das Gefühl zu haben, sein eigener Wert sei gestiegen, und zwar vor allem wenn es von anderen beobachtet wird. Niemand soll es übertreffen, deshalb spielt es seiner Ansicht nach keine Rolle, ob es selbst im Wert steigt oder ein anderer sinkt. Wenn der Machtwunsch sehr stark wird, drückt er sich in Boshaftigkeit und Rachsucht aus. Diese Kinder legen immer eine kämpferische, trotzige Haltung an den Tag, die sich schon in ihrer äußeren Erscheinung zeigt – in den funkelnden Augen, den jähen Zornausbrüchen, in der Bereitschaft, gegen imaginäre Feinde zu kämpfen. Eine Prüfung abzulegen ist für Kinder, die nach Überlegenheit streben, *[40]* eine extrem schmerzliche Situation, denn dabei könnte ihre Wertlosigkeit leicht ans Licht kommen.

Diese Tatsache zeigt, dass man Prüfungen auf die Besonderheiten des Kindes abstimmen sollte. Eine Prüfung bedeutet nicht für jedes Kind das Gleiche. Oft begegnen uns Kinder, für die eine Prüfung ein höchst belastendes Ereignis ist, die abwechselnd erbleichen und erröten, anfangen zu stottern und zu zittern und vor Scham und Angst so gelähmt sind, dass ihnen gar nichts mehr einfällt. Manche können nur gemeinsam mit anderen antworten, sonst bleiben sie stumm, weil sie vermuten, beobachtet zu werden. Dieses Verlangen nach Überlegenheit manifestiert sich auch beim Spielen. Ein intensiver Überlegenheitswunsch erlaubt dem Kind nicht, die Rolle eines Pferdes zu übernehmen, während andere den Kutscher spielen. Es will immer selbst der Kutscher sein und versucht, zu führen und zu lenken. Wenn es aber durch frühere Erfahrungen daran gehindert wird, eine Führungsrolle zu übernehmen, begnügt es sich damit, das Spiel der anderen zu stören. Und sobald es durch zahlreiche

Niederlagen noch stärker entmutigt wurde, wird sein Ehrgeiz vereitelt und jede neue Situation führt zu einem Rückschlag, statt das Kind zu Fortschritten anzuspornen.

Ehrgeizige Kinder, die noch nicht entmutigt wurden, haben Gefallen an Wettkampfspielen *[41]* aller Art, und falls sie unterliegen, zeigen sie sich bestürzt. Der Grad und die Richtung des Verlangens nach Selbstbestätigung lässt sich oft aus den Spielen, Geschichten, Personen und historischen Gestalten ableiten, die das Kind besonders mag. Erwachsene verehren häufig Napoleon, der sich hervorragend als Vorbild für Ehrgeizige eignet. Größenwahn in Tagträumen ist immer ein Zeichen für ein ausgeprägtes Minderwertigkeitsgefühl, das die Enttäuschten stimuliert, in Gefühlen außerhalb der Realität nach Befriedigung und Rauschzuständen zu suchen. Ähnliches findet oft auch in Träumen statt.

Beobachtet man die verschiedenen Richtungen, die Kinder in ihrem Überlegenheitsstreben einschlagen, zeichnen sich Variationen ab, die sich verschiedenen Typen zuordnen lassen. Diese Typeinteilung kann jedoch nicht präzise sein, weil es unzählige Varianten gibt, die vor allem durch das Selbstvertrauen des Kindes determiniert werden. Kinder, deren Entwicklung nicht direkt behindert wurde, lenken dieses Überlegenheitsstreben in Kanäle nützlicher Leistungen; sie versuchen, ihren Lehrern zu gefallen, ordentlich zu sein und sich zu normalen Schulkindern zu entwickeln. Aus Erfahrung wissen wir jedoch, dass sie nicht die Mehrheit darstellen.

Es gibt auch Kinder, die andere übertreffen *[42]* wollen und die im Wettkampf eine verdächtige Hartnäckigkeit an den Tag legen. Häufig zeichnen sich diese Bestrebungen durch ein Element von übertriebenem Ehrgeiz aus, das leicht übersehen wird, weil wir Ehrgeiz gewohnheitsmäßig als Tugend ansehen und das Kind zu weiteren Bemühungen anspornen. Meist ist das ein Fehler, weil die Entwicklung eines Kindes durch zu großen Ehrgeiz leidet. Ein aufgeblähter Ehrgeiz führt zu einem Spannungszustand, den das Kind eine Weile ertragen kann, aber es stellen sich unweigerlich Anzeichen dafür ein, dass die Anspannung zu groß wird. Vielleicht verbringt das Kind dann zu viel Zeit zu Hause über seinen Büchern, und seine anderen Aktivitäten leiden darunter. Solche Kinder weichen anderen Problemen oft nur deshalb aus, weil sie sich so eifrig bemühen, in der Schule die anderen auszustechen. Mit einer solchen Entwicklung können wir nicht ganz zufrieden sein, weil ein Kind unter diesen Umständen geistig und körperlich nicht gedeihen kann.

Ein solches Kind arrangiert sein Leben mit dem Ziel, alle anderen zu übertreffen, und das ist einem normalen Wachstum nicht zuträglich. Es kommt ein Zeitpunkt, da muss man ihm sagen, dass es nicht so viel lernen, sondern hinaus an die frische Luft gehen, mit seinen Freunden spielen und sich mit anderen Dingen beschäftigen soll. Solche Kinder stellen ebenfalls nicht die Mehrheit, aber man begegnet ihnen oft genug. *[43]*

Überdies kommt es häufig vor, dass zwischen zwei Schülern einer Klasse eine stillschweigende Rivalität herrscht. Wer die Lage genauer beobachtet, wird feststellen, dass die beiden konkurrierenden Kinder Züge entwickeln, die nicht gerade angenehm sind. Sie werden neidisch und eifersüchtig – Eigenschaften, die nicht zu einer selbstständigen, harmonischen Persönlichkeit gehören. Sie ärgern sich über den Erfolg anderer Kinder, entwickeln Spannungskopfschmerzen, Magenschmerzen und so weiter, sobald ein anderer sich vorankämpft. Wenn ein anderes Kind gelobt wird, schleichen sie bedrückt herum, und selbstverständlich kommen sie nie auf die Idee, selbst einen anderen zu loben. Solche Anzeichen von Neid werfen kein gutes Licht auf den übertriebenen Ehrgeiz.

Diese Kinder kommen mit ihren Kameraden nicht gut aus. Sie möchten stets die Führungsrolle übernehmen und sind nicht bereit, sich der allgemeinen Organisation eines Spiels zu unterwerfen. Die Folge ist, dass sie sich nicht gern mit ihren Klassenkameraden abgeben und sich hochmütig benehmen. Jeder Kontakt mit ihren Schulkameraden ist ihnen unangenehm; Je ausgeprägter dieses Verhalten ist, umso unsicherer wird in ihren Augen ihre Position. Solche Kinder sind sich ihres Erfolgs nie gewiss, und sie geraten leicht aus dem Konzept, wenn sie einer [44] Atmosphäre der Unsicherheit ausgesetzt sind. Durch die Erwartungen, die andere – und sie selbst – in sie setzen, sind sie überlastet.

Kinder wissen ganz genau, was ihre Familie von ihnen erwartet. Jede Aufgabe, die ihnen gestellt wird, nehmen sie voller Aufregung und Nervosität in Angriff, weil sie stets die Vision vor Augen haben, alle anderen zu übertreffen und eine »Leuchte« zu werden. Sie spüren das Gewicht der Hoffnungen, die auf ihnen ruhen, und tragen diese Last, solange die Umstände günstig sind.

Wenn Menschen mit der Einsicht in die absolute Wahrheit gesegnet wären und eine perfekte Methode finden könnten, ihrem Nachwuchs solche Schwierigkeiten zu ersparen, würden wir wahrscheinlich keine Kinder mit Verhaltensproblemen kennen. Weil wir aber über eine solche Methode nicht verfügen und weil die Bedingungen, unter denen Kinder lernen müssen, nicht ideal arrangiert werden können, liegt es auf der Hand, dass sich besorgte Erwartungen, die man in die Kinder setzt, als außerordentlich gefährlich erweisen. Die Schwierigkeiten, vor denen diese Kinder stehen, lösen vollkommen andere Gefühle aus, als Kinder sie kennen, die nicht mit einem so ungesunden Ehrgeiz belastet sind. Mit Schwierigkeiten meinen wir solche, die unvermeidlich sind. Kinder vor Schwierigkeiten zu bewahren ist unmöglich, und daran wird sich wahrscheinlich auch nie etwas ändern. Das [45] liegt teilweise an unseren Methoden, die wir noch weiterentwickeln müssen, die nicht jedem Kind gerecht werden und die wir ständig zu verbessern suchen. Es ist aber auch auf die Tatsache zurückzuführen, dass das Selbstvertrauen von Kindern durch übertriebenen Ehrgeiz untergraben wird. Die Schwierigkeiten werden dann nicht mit dem Mut angepackt, den man braucht, um sie zu überwinden.

Übertrieben ehrgeizige Kinder interessieren sich nur für das Endergebnis, nämlich die Anerkennung für ihren Erfolg. Ohne Anerkennung ist der Erfolg an sich nicht befriedigend. In vielen Fällen ist es für ein Kind weitaus wichtiger, angesichts von Schwierigkeiten sein geistiges Gleichgewicht zu wahren, als den Versuch zu unternehmen, die Probleme sofort zu überwinden. Ein Kind, dem ein solcher Ehrgeiz aufgezwungen wurde, weiß das aber nicht und findet es unmöglich, ohne die Bewunderung anderer zu leben. Das Ergebnis kann man allenthalben bei den vielen Menschen beobachten, die von der Meinung anderer abhängig sind.

Wie wichtig es ist, in der Frage des Selbstwerts nicht aus dem Gleichgewicht zu geraten, zeigt sich am Beispiel der Kinder, die mit minderwertigen Organen zur Welt kommen. Solche Fälle sind natürlich sehr verbreitet. Bei vielen Kindern ist die linke Seite besser entwickelt als die rechte; diese Tatsache ist zumeist unbekannt. Ein linkshändiges Kind hat in unserer auf Rechtshänder ausgerichteten Zivilisation zahlreiche Schwierigkeiten. [46] Mit bestimmten Methoden lässt sich allerdings feststellen, ob ein Kind Links- oder Rechtshänder ist. Fast ohne Ausnahme finden wir Linkshändige unter den Kindern, die beim Schreiben, Lesen und Zeichnen außerordentliche Schwierigkeiten haben und die allgemein manuell ungeschickt sind. Eine einfache, aber nicht vollkommen beweiskräftige Methode, um herauszufinden, ob ein Kind von Geburt an rechts- oder linkshändig ist, besteht darin, das Kind zu bitten, die Hände zu falten. Linkshänder falten die Hände meist so, dass der linke Daumen über dem rechte liegt. Es ist erstaunlich zu beobachten, wie viele Menschen als Linkshänder geboren wurden und es nicht wissen.

Wenn wir die Geschichte sehr vieler linkshändiger Kinder betrachten, stellen wir folgende Tatsachen fest: Erstens gelten solche Kinder meist als unbeholfen und ungeschickt (was kein Wunder ist in unserer für Rechtshänder angeordneten Welt). Um die Lage zu begreifen, brauchen wir uns nur vorzustellen, wie verwirrend es ist, in einer Stadt mit Linksverkehr (zum Beispiel in England oder Argentinien) die Straße zu überqueren, wenn man an Rechtsverkehr gewohnt ist. Ein linkshändiges Kind ist in einer noch schlimmeren Situation, wenn die übrigen Familienmitglieder Rechtshänder sind. Seine Linkshändigkeit stört das Kind ebenso wie die Familie. [47] Beim Schreibenlernen in der Schule liegt es oft unter dem Durchschnitt. Weil niemand den Grund kennt, wird es gescholten, bekommt schlechte Noten und wird häufig bestraft. Das Kind kann seine Lage nicht anders interpretieren als durch die Annahme, dass es in irgendeiner Weise weniger geschickt ist als die anderen. In ihm wächst das Gefühl, eingeschränkt, irgendwie minderwertig oder nicht imstande zu sein, mit den anderen mitzuhalten. Weil es auch zu Hause für seine Ungeschicklichkeit getadelt wird, sieht es auch darin eine Bestätigung für seine Minderwertigkeit.

Natürlich muss das Kind dies nicht als endgültige Niederlage hinnehmen; aber es gibt viele Kinder, die unter so entmutigenden Bedingungen die Waffen strecken. Weil sie den wahren Sachverhalt nicht begreifen und ihnen niemand erklärt, wie sie ihre Schwierigkeiten überwinden können, fällt es ihnen schwer weiterzukämpfen. Aus diesem Grund haben viele Menschen eine unleserliche Handschrift, denn sie haben ihre rechte Hand nie genügend geübt. Dass dieses Hindernis überwindbar ist, erweist sich durch die Tatsache, dass es unter den besten Künstlern und Malern ebenso wie unter Schriftgraveuren Linkshänder gibt. Diese Menschen haben die Fähigkeit, ihre rechte Hand zu gebrauchen, trotz der angeborenen Linkshändigkeit durch intensives Üben entwickelt.

Ein Aberglaube besagt, dass alle Linkshänder, [48] die den Gebrauch der rechten Hand üben, Stotterer werden. Dieser Irrglaube erklärt sich durch die Tatsache, dass die Schwierigkeiten, die man diesen Kindern in den Weg legt, oft so groß sind, dass sie unter Umständen auch beim Sprechen den Mut verlieren. Aus diesem Grund gibt es auch so eine ungewöhnlich große Zahl von Linkshändern, bei denen auch andere Formen der Entmutigung zutage treten (Neurotiker, Selbstmörder, Kriminelle, Perverse und so weiter). Andererseits stellt man häufig fest, dass Menschen, die das Problem ihrer Linkshändigkeit überwunden haben, eine hohe Stellung im Leben erreichen, und zwar häufig im künstlerischen Bereich.

Ganz gleich wie unbedeutend der Charakterzug der Linkshändigkeit für sich genommen erscheinen mag, er lehrt uns etwas überaus Wichtiges: nämlich dass wir über die Fähigkeiten eines Kindes nichts Abschließendes sagen können, bis wir seinen Mut und seine Ausdauer bis zu einem bestimmten Punkt gefördert haben. Wenn wir den Kindern Angst machen, ihnen die Hoffnung auf eine bessere Zukunft nehmen, mag es uns zwar den Anschein haben, dass sie noch imstande sind weiterzumachen. Aber wenn wir ihren Mut stärken, würden solche Kinder weitaus mehr erreichen.

Von unmäßigem Ehrgeiz getriebene Kinder sind in einer schlimmen Lage, weil wir es gewohnt sind, sie nach ihrem Erfolg zu beurteilen und nicht nach ihrer Bereitschaft, [49] sich Schwierigkeiten zu stellen und sie zu bekämpfen. Auch ist es in unserer heutigen Form der Zivilisation üblich, sich viel mehr um den sichtbaren Erfolg zu sorgen als um eine solide Bildung. Wir wissen, wie unbeständig der Erfolg ist, der uns mit geringer Anstrengung zufliegt. Deshalb kann es kein Vorteil sein, ein Kind zum Ehrgeiz zu erziehen. Viel wichtiger ist es, seinen Mut, seine Ausdauer und sein Selbstvertrauen auszubilden und das Kind zu der Einsicht zu führen, dass ein Misserfolg nie entmutigen darf, sondern als neues Problem angepackt werden sollte. Gewiss wäre es viel leichter, wenn der Lehrer erkennen könnte, an welchem Punkt die Anstrengungen eines Kindes vergeblich erscheinen und auch ob das Kind sich von vornherein genügend bemüht hat.

Wir sehen also, dass sich Überlegenheitsstreben in einem Charakterzug wie

Ehrgeiz ausdrücken kann. Es gibt Kinder, deren Überlegenheitsstreben ursprünglich als Ehrgeiz auftrat, die aber ihre Ambitionen als unerreichbar aufgaben, weil ein anderes Kind bereits sehr viel weiter voraus war. Viele Lehrer behandeln Kinder, die sich nicht genügend bemühen, sehr streng und geben ihnen schlechte Noten, um ihren schlummernden Ehrgeiz zu wecken. Wenn das Kind den Mut nicht ganz verloren hat, kann das gelegentlich Erfolg zeigen. Allerdings ist diese Methode für den Allgemeingebrauch nicht zu empfehlen. [50] Kinder, die sich beim Lernen bereits im Gefahrenbereich bewegen, kommen durch eine solche Behandlung völlig durcheinander und erwecken mit einem Mal den Anschein, sie wären dumm.

Andererseits sind wir oft erstaunt über die unvermutete Intelligenz und die Fähigkeiten, die Kinder beweisen, wenn man ihnen mit Freundlichkeit, Umsicht und Verständnis begegnet. Es stimmt, dass Kinder, die sich in diese Richtung ändern, oft größeren Ehrgeiz an den Tag legen. Das liegt einfach daran, weil sie fürchten, in ihren alten Zustand zurückzufallen. Ihre alte Lebensweise und die früheren Leistungsmängel bleiben ihnen als Warnsignale vor Augen und treiben sie unaufhörlich an. Im späteren Leben benehmen sich viele, als seien sie von einem Dämon besessen; sie beschäftigen sich Tag und Nacht, leiden ständig an Überarbeitung und glauben, nie genug zu tun.

All dies wird erheblich klarer, wenn wir die Zentralidee der Individualpsychologie nicht aus den Augen verlieren, dass die Persönlichkeit eines jeden Individuums (ob Kind oder Erwachsener) ein einheitliches Ganzes darstellt und dass sie sich immer im Einklang mit dem Verhaltensmuster ausdrückt, das sie sich nach und nach aufgebaut hat. Eine Handlung losgelöst von der Persönlichkeit des Handelnden zu beurteilen wäre falsch, weil eine spezifische, einzelne Handlung auf vielerlei Weise interpretiert [51] werden kann. Die Unsicherheit in der Beurteilung verschwindet sofort, sobald wir die jeweilige Handlung oder Geste – zum Beispiel Zuspätkommen – als unausweichliche Antwort des Kindes auf die ihm gestellten Aufgaben begreifen. Das heißt einfach, der Schüler möchte lieber nichts mit der Schule zu tun haben, und folglich gibt er sich keine Mühe, die Vorschriften der Schule einzuhalten. Er tut sogar, was er kann, um sich ihnen nicht zu fügen.

Von diesem Standpunkt sehen wir das Gesamtbild des »schlechten« Schülers. Wir sehen die Tragödie, die sich ereignet, sobald sich das Streben nach Überlegenheit nicht im Akzeptieren, sondern in der Ablehnung der Schule ausdrückt. Eine Reihe typischer Verhaltenssymptome tritt auf, und allmählich gehen diese Symptome in Richtung Unverbesserlichkeit und Rückwärtsentwicklung. Das Kind entwickelt sich dann vielleicht zum Klassenclown. Unaufhörlich heckt es Streiche aus, um die anderen zum Lachen zu bringen, und bringt sonst wenig zustande. Oder es quält seine Kameraden. Oder aber es schwänzt die Schule und gerät in schlechte Gesellschaft.

Wir sehen also, dass nicht nur das Schicksal des Schulkinds in unseren

Händen liegt, sondern auch die spätere Entwicklung des Individuums. Die
[52] Schule steht zwischen der Familie und dem Leben in der Gesellschaft. Sie
hat die Möglichkeit, den fehlerhaften Lebensstil zu korrigieren, der sich in der
familiären Erziehung gebildet hat, und sie trägt die Verantwortung, das Kind
auf die Anpassung an das Gemeinschaftsleben vorzubereiten und darauf zu
achten, dass das Kind seine individuelle Rolle im Orchester der Gesellschaft
harmonisch spielt.

Wenn wir die Rolle der Schule historisch betrachten, sehen wir, dass sie von
jeher versucht hat, Individuen entsprechend dem gesellschaftlichen Ideal der
Zeit zu produzieren. Sie war der Reihe nach eine aristokratische, religiöse, bürgerliche und demokratische Schule, die stets Kinder gemäß den Forderungen
der Zeit und der Herrschenden ausbildete. Heute muss sich auch die Schule
in Übereinstimmung mit dem sich erneuernden gesellschaftlichen Ideal verändern. Wenn also in der heutigen Zeit der ideale Erwachsene, ob Mann oder
Frau, durch den unabhängigen, selbstbeherrschten und mutigen Menschen
verkörpert wird, muss die Schule ihre Anstrengungen darauf richten, Individuen hervorzubringen, die diesem Ideal nahekommen.

Mit anderen Worten, die Schule darf sich nicht als Selbstzweck sehen, sondern muss im Auge behalten, dass das Individuum für die Gesellschaft und
nicht für die Schule ausgebildet wird. Daher darf sie die Kinder nicht vernachlässigen, die dem Ideal eines Musterschülers abgeschworen haben. Das
Überlegenheitsstreben dieser Kinder ist nicht unbedingt geringer. *[53]* Nicht
selten wenden sie ihre Aufmerksamkeit anderen Dingen zu, bei denen sie sich
nicht anstrengen müssen und wo sie, ob zu Recht oder zu Unrecht, glauben,
der Erfolg sei leichter zu erringen. Das kann auf die Tatsache zurückzuführen
sein, dass sie in früheren Jahren unbewusst andere Tätigkeiten eingeübt haben.
Zum Beispiel werden sie keine glänzenden Mathematiker, tun sich aber dafür
im Sport hervor. Der Erzieher sollte solche hervorragenden Leistungen niemals
abtun, sondern sie als Ausgangspunkt nutzen, um das Kind zu ermutigen, sich
auch in anderen Bereichen zu verbessern. Die Aufgabe des Erziehers ist viel
einfacher, wenn er mit einer einzigen ermutigenden Leistung anfängt und sie
benutzt, um das Kind davon zu überzeugen, dass es bei anderen Betätigungen
ebenso erfolgreich sein kann. Es geht darum, das Kind sozusagen von einer ergiebigen Weide auf die nächste zu locken. Und weil alle Kinder, abgesehen von
den schwachsinnigen, in der Lage sind, die Schule erfolgreich zu durchlaufen,
muss lediglich eine künstlich errichtete Barriere überwunden werden. Diese
Barriere entsteht, wenn man die abstrakte schulische Leistung als Grundlage
der Beurteilung verwendet und nicht das ultimative erzieherische und soziale Ziel. Auf der Seite des Kindes zeigt sich die Barriere in einem Mangel an
Selbstvertrauen mit dem Ergebnis, dass das Kind *[54]* sinnvolle Betätigungen
abbricht, weil sein Überlegenheitsstreben darin keinen angemessenen Ausdruck findet.

Was tut das Kind in einer solchen Lage? Es überlegt sich einen Fluchtweg. Oft entwickelt es irgendwelche Eigenarten, die nicht unbedingt ein Lob des Lehrers einbringen, aber seine Aufmerksamkeit fesseln oder auch nur die Bewunderung anderer Kinder erregen, die über offen gezeigte Frechheit oder Dickköpfigkeit staunen. Ein solches Kind hält sich aufgrund der Störung, für die es sorgt, nicht selten für einen Helden oder einen kleinen Riesen.

Solche psychologischen Manifestationen und Abweichungen vom richtigen Verhalten treten im Laufe des Schulexperiments auf. Ihr Entstehen ist nicht allein der Schule zuzuschreiben, aber dort kommen sie zum Vorschein. Im passiven Sinne verstanden, das heißt: Abgesehen von ihrem aktiven pädagogischen und erzieherischen Auftrag, ist die Schule eine Versuchsanstalt, wo die Mängel der frühen familiären Erziehung ans Licht kommen.

Ein guter, aufmerksamer Lehrer sieht schon am ersten Tag, an dem das Kind die Schule besucht, eine ganze Menge. Denn viele Schüler zeigen sofort alle Anzeichen eines verwöhnten Kindes, dem die neue Situation (die Schule) höchst unangenehm und widerwärtig ist. Ein solches Kind versteht sich nicht darauf, *[55]* mit anderen Kontakt aufzunehmen, es ist aber unverzichtbar, dass es Freunde findet. Viel besser ist es, wenn ein Kind schon weiß, wie man Bekanntschaft mit anderen schließt, ehe es in die Schule kommt. Es darf nicht von einer Person abhängig sein und alle anderen ausschließen. Die Fehler der familiären Erziehung müssen in der Schule korrigiert werden, aber es ist natürlich besser, wenn das Kind mehr oder weniger unbelastet durch solche Fehler in die Schule eintritt.

Von einem Kind, das zu Hause verwöhnt wurde, darf man nicht erwarten, dass es sich mit einem Mal auf die schulische Arbeit konzentrieren kann. Ein solches Kind ist nicht aufmerksam. Es äußert den Wunsch, daheimzubleiben statt in die Schule zu gehen – es besitzt eigentlich keinen »Sinn für die Schule«. Die Anzeichen der Schulaversion sind nicht schwer zu erkennen. Zum Beispiel müssen die Eltern dem Kind morgens gut zureden, damit es aufsteht; sie müssen es unaufhörlich drängen, dies oder das zu tun; es bummelt beim Frühstück und so weiter. Es scheint, als hätte das Kind eine unüberwindliche Barriere aufgebaut, um den eigenen Fortschritt zu behindern.

Die Kur, das Heilmittel für diese Lage ist dieselbe wie beim Linkshänder: Wir müssen den Kindern Zeit zum Lernen lassen, und wir dürfen sie nicht bestrafen, wenn sie zu spät zur Schule kommen, weil das nur dazu führt, dass sie sich dort noch unglücklicher fühlen. Eine solche *[56]* Strafe wird von dem Kind als Bestätigung aufgefasst, dass es nicht in die Schule gehört. Wenn Eltern ein Kind schlagen, um es zum Schulbesuch zu zwingen, wird das Kind nicht nur nicht zur Schule gehen wollen, sondern auch nach Wegen suchen, um seine Lage erträglicher zu machen. Bei diesen Wegen handelt es sich natürlich um Fluchtwege, und nicht um geeignete Mittel, sich den Schwierigkeiten zu stellen. Die Abneigung des Kindes gegen die Schule, seine Unfähigkeit, mit dem Schulproblem zurechtzukommen, zeigt sich in jeder Geste und in jeder Bewegung. Nie hat es seine Bücher beisammen, stets vergisst es oder verliert es sie. Wenn ein Kind es sich zur Gewohnheit macht, Bücher zu vergessen und zu verlieren, können wir sicher sein, dass es mit der Schule auf Kriegsfuß steht.

Untersucht man solche Kinder, stellt man beinahe ausnahmslos fest, dass sie die Hoffnung aufgegeben haben, in der Schule auch nur das Geringste zu erreichen. An dieser Selbsteinschätzung tragen sie selbst nicht die Hauptschuld. Die Umgebung hat sie zu dieser irrigen Meinung gedrängt. Zu Hause hat jemand dem Kind aus Wut eine düstere Zukunft prophezeit oder es dumm und nutzlos genannt. Den Kindern, die in der Schule eine Bestätigung für solche Vorwürfe zu finden glauben, fehlt das Urteilsvermögen, der kritische Blick (den auch die Erwachsenen häufig vermissen lassen), um ihre Fehlinterpretation zu korrigieren. Deshalb geben sie die Schlacht verloren, [57] versuchen gar nicht erst zu kämpfen und betrachten die Niederlage, die sie selbst herbeiführen, als unüberwindliches Hindernis und als Bestätigung für ihre Unfähigkeit oder Minderwertigkeit.

Meist sehen die Umstände so aus, dass, sobald ein Fehler gemacht ist, kaum noch die Möglichkeit besteht, ihn zu korrigieren; und weil diese Kinder, obwohl sie sich scheinbar alle Mühe geben voranzukommen, in der Regel hinterherhinken, strengen sie sich bald gar nicht mehr an und konzentrieren sich darauf, Entschuldigungen für das Fernbleiben von der Schule zu finden. Das Fehlen, das heißt das Schuleschwänzen ist eines der gefährlichsten Symptome. Es gilt als eine der schlimmsten Sünden und wird meist drastisch bestraft. Daraufhin sehen sich die Kinder gezwungen, mit List vorzugehen und die Tatsachen zu verdrehen. Es stehen ihnen ja noch Wege offen, die zu weiteren Missetaten führen. Sie können Entschuldigungen der Eltern ebenso wie Zeugnisse fälschen. Zu Hause spinnen sie ein Lügengewebe, erzählen den Eltern, wie gut sie in der Schule seien, obwohl sie das Schulgebäude schon einige Zeit nicht mehr von innen gesehen haben. Auch brauchen sie während der Unterrichtszeit ein Versteck. Es versteht sich von selbst, dass sie an solchen Zufluchtsorten Schicksalsgenossen treffen, die denselben Weg eingeschlagen haben. So bleibt das Überlegenheitsstreben der Kinder unbefriedigt, und nachdem sie zunächst nur geschwänzt haben, [58] drängt es sie zu weiteren Taten, das heißt zum Verstoß gegen Recht und Gesetz. In dieser Richtung gehen sie immer weiter und enden schließlich in der Kriminalität. Sie bilden Banden, stehlen, werden mit sexuellen Perversionen vertraut und fühlen sich ganz erwachsen.

Nachdem der große Schritt getan ist, suchen sie jetzt nach neuer Nahrung für ihren Ehrgeiz. Sofern sie bis dahin unentdeckt geblieben sind, glauben sie, das gerissenste Verbrechen begehen zu können. Das erklärt, warum so viele Kinder die Verbrecherlaufbahn nicht aufgeben wollen. Sie wollen in ihrer Entwicklung diesen Weg weiterverfolgen, weil sie meinen, in einer anderen

Richtung niemals Erfolge verbuchen zu können. Alles, was sie zu nützlicher Tätigkeit anregen könnte, haben sie ausgeblendet. Durch ihren Ehrgeiz, unentwegt stimuliert durch die Taten ihrer Kameraden, werden sie zu immer neuen asozialen oder antisozialen Handlungen getrieben. Nie findet man ein Kind mit kriminellen Neigungen, das nicht zugleich extrem eingebildet ist. Diese Selbstgefälligkeit hat denselben Ursprung wie der Ehrgeiz, und er zwingt das Kind, sich unaufhörlich auf die eine oder andere Weise hervorzutun. Und wenn es sich auf der nützlichen Seite des Lebens keinen Platz einrichten kann, dann wendet es sich der nutzlosen Seite zu.

Da ist zum Beispiel der Fall eines Jungen, der seine Lehrerin tötete. Wenn wir diesen Fall betrachten, entdecken wir bei dem Jungen alle typischen Charakterzüge. [59] Der Junge wurde von einer Gouvernante, die glaubte, alles über die Entwicklung und Funktion des Geisteslebens zu wissen, sehr sorgfältig, aber allzu nervös erzogen. Der Junge verlor das Selbstvertrauen, weil sein Ehrgeiz von übertriebenen Höhen ins Nichts abstürzte – das heißt in die schiere Entmutigung. Das Leben und die Schule erfüllten seine Erwartungen nicht, und so wurde er zum Rechtsbrecher. Durch seine Gesetzesverstöße entzog er sich der Kontrolle der Erzieherin, der pädagogischen Expertin, denn die Gesellschaft hat noch keine Vorkehrungen geschaffen, um Verbrecher, und insbesondere jugendliche Gesetzesbrecher, als Erziehungsproblem zu behandeln – bei dem es um die Korrektur psychologischer Fehler geht.

Jedem, der sich schon einmal näher mit Pädagogik beschäftigt hat, ist die merkwürdige Tatsache vertraut, wie häufig in den Familien von Lehrern, Geistlichen, Ärzten und Juristen ungeratene Kinder anzutreffen sind. Das trifft nicht nur auf Erziehende zu, die in ihrem Beruf kein großes Ansehen genießen, sondern auch auf jene, deren Meinung wir für wichtig halten. Trotz ihrer beruflichen Autorität sind sie anscheinend nicht in der Lage, in der eigenen Familie für Frieden und Ordnung zu sorgen. Die Erklärung ist, dass in all diesen Familien bestimmte entscheidende Gesichtspunkte entweder [60] völlig übersehen oder nicht verstanden wurden. Die Schwierigkeiten entstehen teilweise deshalb, weil der pädagogisch versierte Elternteil aufgrund seiner angeblichen Autorität seiner Familie strikte Regeln und Vorschriften aufzuzwingen sucht. Er unterdrückt seine Kinder völlig unbarmherzig. Er bedroht ihre Unabhängigkeit und nimmt sie ihnen oft ganz. Es scheint, als würde er die Kinder in eine Stimmung versetzen, die sie zwingt, sich für die Unterdrückung zu rächen, und sie ist durch die Rute, mit der sie geschlagen wurden, tief in ihrem Gedächtnis verwurzelt. Auch darf man nicht vergessen, dass wohlüberlegte Pädagogik zu einer außerordentlich geschärften Wahrnehmung führt. Meistenteils ist das ein großer Vorteil, aber wenn die eigenen Kinder betroffen sind, ist die Folge oft, dass die Kinder unaufhörlich im Mittelpunkt der Aufmerksamkeit stehen wollen. Sie fühlen sich wie Versuchskaninchen und meinen, die anderen seien zuständig und träfen alle Entscheidungen. Diese anderen müssen alle Schwierigkeiten aus dem Weg räumen, und die Kinder glauben, selbst keine Verantwortung zu tragen.

Kapitel 10: Das Kind in der Schule[130]

Wenn ein Kind in die Schule kommt, gerät es in eine ihm völlig neue Lage. Wie alle neuen Situationen kann der Schuleintritt als Test für die vorherige Vorbereitung gesehen werden. Falls das Kind richtig erzogen wurde, besteht es den Test auf normale Weise; falls nicht, treten die Mängel in der Vorbereitung deutlich zutage.

Wir halten nur selten fest, ob ein Kind psychologisch vorbereitet ist, wenn es in den Kindergarten oder in die Grundschule kommt, aber wenn es solche Aufzeichnungen gäbe, würden sie Licht auf das Verhalten des Betreffenden im späteren Leben als Erwachsener werfen. Solche »Tests für neue Situationen« wären sehr viel aufschlussreicher als die üblichen Prüfungen der schulischen Leistungen.

Was wird von einem Kind verlangt, wenn es in die Schule kommt? Die schulische Arbeit ist eine Aufgabe, die Zusammenarbeit mit dem Lehrer und mit den Klassenkameraden verlangt, aber auch Interesse an den Schulfächern voraussetzt. [167] Durch die Reaktionen des Kindes auf diese neue Lage können wir ermessen, wie weit seine Kooperationsfähigkeit und seine Interessensphäre entwickelt sind. Wir stellen fest, für welche Fächer sich das Kind interessiert; wir sehen, ob es darauf achtgibt, was ein anderer sagt; wir erkennen, ob es sich überhaupt für irgendetwas interessiert. All diese Fakten können wir nachprüfen, indem wir die Haltung des Kindes studieren, seine Körperhaltung und seinen Blick, wie es zuhört, ob es freundlich auf den Lehrer zugeht oder sich von ihm fernhält und so weiter.

Wie diese Einzelheiten die psychologische Entwicklung beeinflussen können, lässt sich am Fall eines Mannes erläutern, der wegen beruflicher Schwierigkeiten einen Psychologen aufsuchte. Im Rückblick auf die Kindheit stellte der Psychologe fest, dass der Mann als einziger Junge unter Schwestern aufgewachsen war; die Eltern waren kurz nach seiner Geburt gestorben. Als er in die Schule kam, wusste er nicht, ob er sich in einer Mädchen- oder in einer Jungenschule einschreiben sollte. Seine Schwestern überredeten ihn, die Mädchenschule zu besuchen, aus der er nach kurzer Zeit wieder entlassen wurde. Welchen Eindruck das im Gemüt des Kindes hinterlassen hat, kann man sich leicht vorstellen.

Die Konzentration auf die Schulfächer ist weitgehend vom Interesse des

---

130 [Übersetzung: Sonja Schumacher]

Kindes an seinem Lehrer abhängig. *[168]* Die Kunst eines Lehrers besteht unter anderem darin, die Aufmerksamkeit eines Kindes zu fesseln und herauszufinden, ob ein Kind nicht aufpasst oder sich nicht konzentrieren kann. Viele Kinder, die in die Schule kommen, können sich überhaupt nicht konzentrieren. In der Regel handelt es sich um die verwöhnten Kinder, die durch die vielen fremden Menschen wie betäubt sind. Sollte der Lehrer ein wenig streng sein, hat es den Anschein, als könnten sich diese Kinder rein gar nichts merken. Aber dieser Gedächtnisschwund ist keine so schlichte Tatsache, wie man häufig annimmt. Ein Kind, das vom Lehrer getadelt wird, weil es sich nichts merken kann, hat in anderer Hinsicht ein gutes Gedächtnis. Es kann sich sogar konzentrieren, aber nur in der Situation, in der es zu Hause verwöhnt wurde. Seine Aufmerksamkeit richtet sich auf seinen Wunsch, verwöhnt zu werden, aber nicht auf die schulische Arbeit.

Wenn ein solches Kind in der Schule nicht vorankommt, wenn es schlechte Zeugnisse nach Hause bringt und seine Prüfungen nicht besteht, hat es keinen Sinn, es zu kritisieren oder zu tadeln. Kritik und Tadel ändern nichts an seinem Lebensstil. Im Gegenteil, das Kind gelangt dadurch zu der Überzeugung, es sei für die Schule nicht geeignet, und entwickelt eine pessimistische Einstellung.

Es ist bezeichnend, dass verwöhnte Kinder, sobald der Lehrer sie für sich gewinnt, häufig *[169]* sehr gute Schüler sind. Sofern sie sehr bevorzugt behandelt werden, sind sie durchaus in der Lage zu arbeiten; leider können wir jedoch nicht garantieren, dass sie in der Schule stets verwöhnt werden. Bei einem Schul- oder einem Lehrerwechsel oder auch nur, wenn das Kind in einem bestimmten Fach keine Fortschritte macht (Arithmetik ist immer ein gefährliches Fach für das verwöhnte Kind), geht plötzlich nichts mehr voran. Das Kind kommt nicht weiter, weil es gewohnt ist, dass ihm alles leicht gemacht wird. Es hat nie kämpfen gelernt und weiß nicht, wie man kämpft. Es bringt keine Geduld dafür auf, sich mit Schwierigkeiten auseinanderzusetzen und sich durch bewusste Anstrengung voranzukämpfen.

Wir sehen also, was mit einer vernünftigen Vorbereitung auf die Schule gemeint ist. Bei der schlechten Vorbereitung erkennen wir immer den Einfluss der Mutter. Es ist leicht nachzuvollziehen, dass sie zu allererst das Interesse des Kindes geweckt und daher die maßgebliche Verantwortung dafür getragen hat, dieses Interesse in gesunde Kanäle zu lenken. Wenn sie ihrer Verantwortung nicht gerecht wurde, was häufig der Fall ist, dann zeigt sich das Ergebnis im Verhalten des Kindes in der Schule. Neben dem Einfluss der Mutter existiert der gesamte Komplex der familiären Einflüsse – die Rolle des Vaters, die Rivalität zwischen Geschwistern, die wir in anderen Kapiteln analysiert haben. Dann gibt es noch *[170]* die äußeren Einflüsse, die schlimmen Umstände und Vorurteile, über die wir in einem der folgenden Kapitel noch ausführlicher sprechen werden.

Kurz gesagt, angesichts all der Umstände, die für die schlechte Vorbereitung des Kindes verantwortlich sind, ist es Unsinn, ein Kind auf der Grundlage seiner schulischen Leistungen zu beurteilen. Vielmehr sollten wir die Schulzeugnisse lediglich als Hinweis auf die gegenwärtige psychologische Verfassung des Kindes auffassen. Es geht nicht um die Noten, die das Kind bekommt, sondern darum, was sie über seine Intelligenz, seine Interessen, seine Konzentrationsfähigkeit und so weiter aussagen. Schulische Prüfungen sollten nicht anders interpretiert werden als wissenschaftliche Tests wie zum Beispiel Intelligenztests, obwohl sie anders aufgebaut sind. In beiden Fällen sollte die Betonung darauf liegen, was sie über das Denken des Kindes aussagen, und nicht auf der Menge der Fakten, die niedergeschrieben werden.

In den vergangenen Jahren wurden die sogenannten Intelligenztests erheblich weiterentwickelt. Für Lehrer haben sie großes Gewicht, und manchmal sind sie durchaus lohnend, weil sie Dinge enthüllen, die bei gewöhnlichen Prüfungen nicht ans Licht kommen. Gelegentlich erweisen sie sich auch als Rettung; zum Beispiel wenn ein Junge schlechte Zeugnisse nach Hause bringt und der Lehrer ihn eine Klasse wiederholen lassen will, kann das Kind wegen seiner Intelligenz zu einer höheren Einstufung kommen. Statt zu wiederholen, [171] darf der Schüler eine Klasse überspringen. Wegen des Erfolgserlebnisses verhält er sich daraufhin anders.

Wir wollen die Funktion des Intelligenztests und des IQ nicht unterbewerten, aber wir müssen sagen, dass, sofern ein Test eingesetzt wird, weder das Kind noch die Eltern den Intelligenzquotienten erfahren sollten. Weder Eltern noch Kind kennen den wahren Wert des Intelligenztests. Sie stellen sich vor, dass er einen endgültigen und vollständigen Standpunkt darstellt, dass er das Schicksal des Kindes bestimmt, das von nun ab dadurch festgelegt ist. In Wirklichkeit sind die Resultate des Intelligenztests durchaus anfechtbar, sofern sie als absolute Ergebnisse behandelt werden. Ein gutes Abschneiden im Intelligenztest ist keine Garantie für das spätere Leben, und andererseits gibt es Erwachsene, die niedrige Werte erreichen, im Übrigen aber erfolgreich sind.

Individualpsychologen haben überdies die Erfahrung gemacht, dass sich bei Kindern, die im Test eine geringe Intelligenz aufweisen, die Ergebnisse verbessern lassen, wenn wir die richtigen Methoden anwenden. Eine dieser Methoden besteht darin, das Kind mit einem bestimmten Intelligenztest herumspielen zu lassen, bis es den richtigen Dreh und auch die richtige Vorbereitung für diese Prüfung herausgefunden hat. So macht das Kind Fortschritte und gewinnt an Erfahrung. Bei anschließenden Tests schneidet es dann besser ab. [172]

Die Frage, inwieweit Kinder durch den Schulalltag beeinflusst werden und ob der umfangreiche Lehrplan sie nicht niederdrückt, wird viel diskutiert. Wir wollen die Fächer des Lehrplans nicht unterbewerten, und wir glauben auch nicht, dass die Zahl der Unterrichtsfächer reduziert werden sollte. Natürlich ist es wichtig, die Fächer im Zusammenhang zu unterrichten, sodass die Kinder den Zweck und den praktischen Wert ihres Fachs sehen und es nicht für rein abstrakt und theoretisch halten. Zurzeit wird rege über die Frage diskutiert, ob wir die Kinder anhalten sollen, Fächer und Fakten zu lernen, oder ob es um die Ausbildung der kindlichen Persönlichkeit geht. Wir in der Individualpsychologie glauben, dass beides verknüpft werden kann.

Wie gesagt, sollten die Unterrichtsfächer interessant und praktisch ausgerichtet sein. Mathematik – Arithmetik und Geometrie – sollte in Verbindung mit dem Stil und der Bauweise eines Hauses gelehrt werden, der Zahl der Menschen, die darin leben, und so weiter. Manche Fächer können zusammenhängend unterrichtet werden. In einigen fortschrittlicheren Schulen gibt es Experten, die wissen, wie man im Unterricht den Zusammenhang zwischen den Fächern herstellt. Diese Lehrer unternehmen einen Spaziergang mit den Kindern und entdecken, dass sie sich für bestimmte Themen stärker interessieren als für andere. Sie stellen Zusammenhänge her, *[173]* zum Beispiel verknüpfen sie den Unterricht über eine Pflanze mit der Geschichte der Pflanze, dem Klima des Landes und so weiter. Auf dieses Weise wecken sie nicht nur das Interesse an einem Fach, das dem Kind andernfalls langweilig wäre, sondern zeigen ihm auch eine koordinierte und synthetische Herangehensweise an Themen, die letztlich das Ziel jeder Erziehung ist.

Einen Punkt dürfen Erzieher auf keinen Fall übersehen, und zwar dass Kinder in der Schule das Gefühl haben, in einem persönlichen Wettbewerb zu stehen. Es ist leicht einzusehen, warum dieser Punkt wichtig ist. Die ideale Schulklasse sollte eine Einheit darstellen, in der sich jedes Kind als Teil des Ganzen fühlt. Der Lehrer sollte darauf achten, dass sich die Rivalitäten und persönlichen Ambitionen in Grenzen halten. Kinder mögen es nicht, dass andere sich vorankämpfen, und setzen entweder alles daran, ihre Konkurrenten zu übertreffen, oder erleiden einen Rückfall in die Enttäuschung und die subjektive Sicht der Dinge. Aus diesem Grund sind der Rat und die Anleitung des Lehrers so entscheidend – ein rechtes Wort von ihm leitet die Energien des Kindes weg von der Konkurrenz und hin zum kooperativen Denken.

In diesem Zusammenhang ist die Einrichtung jeweils angepasster Selbstverwaltungsprojekte in den Klassen sinnvoll.[131] Wir müssen nicht abwarten, bis die Kinder *[174]* schon ganz so weit sind, mit der Selbstverwaltung umzugehen, ehe wir solche Projekte einführen. Wir können den Kindern zunächst erlauben zu beobachten, was vor sich geht, oder in beratender Funktion zu handeln. Wenn Kindern ohne jede Vorbereitung die Selbstverwaltung zugestanden wird, werden wir feststellen, dass sie härtere und strengere Strafen

---

131 [Solche Projekte wurden im Rahmen der Glöckel'schen Schulreform in Wien durchgeführt und stellten ein Hauptmerkmal der individualpsychologischen Versuchsschule dar, die zwischen 1924 und 1934 existierte. Vgl. dazu Oskar Spiel (1947/2005); Wittenberg (2002) sowie S. 19 in diesem Band.]

erteilen als die Lehrer oder dass sie gar ihre politischen Ämter benutzen, um sich Vorteile zu verschaffen oder um sich überlegen aufzuspielen.

Im Hinblick auf die Fortschritte der Kinder durch die Schule müssen wir sowohl den Standpunkt des Lehrers als auch den Standpunkt der Kinder in Betracht ziehen. Es ist interessant, dass die Kinder in dieser Hinsicht ein ausgezeichnetes Urteilsvermögen besitzen. Sie wissen, wer am besten in Rechtschreibung, im Zeichnen, im Sport ist. Sie können einander ziemlich gut einschätzen. Manchmal sind sie den anderen gegenüber nicht ganz gerecht, aber das sehen sie selbst und versuchen, fair zu sein. Die große Schwierigkeit besteht darin, dass sie sich selbst gering schätzen; sie glauben: »Da kann ich nie mithalten.« Das ist aber nicht wahr – sie können mithalten. Man muss sie auf ihr Fehlurteil hinweisen, sonst wird es ein Leben lang zur idée fixe. Ein Kind, das an einer solchen Idee festhält, macht keine Fortschritte, sondern bleibt immer, wo es ist.

Die große Mehrheit der Schulkinder bleibt fast *[175]* durchwegs auf derselben Ebene: Sie sind die Besten, die Schlechtesten oder Durchschnitt, und dabei bleibt es. Dieser Zustand spiegelt nicht so sehr die Entwicklung des Gehirns als die Trägheit der psychologischen Haltung. Er ist ein Zeichen dafür, dass Kinder sich selbst Grenzen setzen und nach den ersten paar Versuchen ihren Optimismus aufgeben. Aber die Tatsache, dass hin und wieder die relative Position verändert wird, ist wichtig: Sie zeigt, dass der intellektuelle Status eines Kindes nicht vom Schicksal regiert wird. Kinder sollten das wissen und zu der Einsicht geführt werden, dass dies auch für sie selbst gilt.

Lehrer ebenso wie Kinder sollten den Aberglauben ablegen, dass die von normal intelligenten Kindern erzielten Ergebnisse mit ererbten Eigenschaften zusammenhängen. Das ist vielleicht der größte Fehler, den man in der Kindererziehung überhaupt begehen kann – der Glaube an die Vererbbarkeit von Fähigkeiten. Als die Individualpsychologie zuerst darauf hinwies, meinten die Leute, das sei einfach eine optimistische Hypothese unsererseits, und keine auf wissenschaftlichen Erkenntnissen basierende Generalisierung. Aber inzwischen schließen sich immer mehr Psychologen und Psychiater diesem Standpunkt an. Der Vererbung wird allzu leicht zum Sündenbock für Eltern, Lehrer und Kinder. Sobald Schwierigkeiten auftreten, die etwas Mühe verursachen, *[176]* berufen sie sich auf die Vererbung, um sich der Verantwortung zu entziehen und nichts unternehmen zu müssen. Aber wir haben kein Recht, unserer Verantwortung auszuweichen, und wir sollten allen Meinungen, die zur Folge haben, uns aus der Verantwortung zu entlassen, mit Misstrauen begegnen.

Kein Erzieher, der an den erzieherischen Wert seiner Arbeit glaubt, der von der Erziehung als Ausbildung des Charakters überzeugt ist, kann der Vererbungslehre konsequent zustimmen. Es geht hier nicht um die physische Vererbung. Wir wissen, dass Organdefekte, sogar Unterschiede in der organischen

Geschicklichkeit ererbt sind. Aber wo ist die Brücke zwischen der Funktionstüchtigkeit der Organe und den geistigen Fähigkeiten? In der Individualpsychologie haben wir beharrlich darauf hingewiesen, dass der Verstand erfährt, inwieweit die Organe funktionstüchtig sind, und sich darauf einstellt. Manchmal aber stellt sich der Geist zu sehr darauf ein – das heißt, er lässt sich durch eine Organminderwertigkeit einschüchtern, und diese Angst hält noch lange an, auch nachdem die organische Ursache bereits beseitigt ist.

Die Menschen führen immer gern alles auf seine Ursprünge zurück und suchen den Keim, aus dem sich die Phänomene entwickelt haben. Aber dieser Standpunkt, den wir stets einnehmen, wenn wir die Leistungen eines Menschen einschätzen, ist völlig irreführend. Der übliche Fehler bei dieser Vorgehensweise besteht darin, dass ein Großteil der *[177]* Vorfahren außer Acht gelassen wird, weil man vergisst, dass im Familienstammbaum in jeder Generation jeweils zwei Eltern zu berücksichtigen sind. Wenn wir fünf Generationen zurückgehen, haben wir 64 Vorfahren, und unter diesen 64 Ahnen gibt es auf jeden Fall einen klugen Menschen, dem wir die Fähigkeiten seines Nachkommen zuschreiben können. Wenn wir zehn Generationen zurückgehen, sind es bereits 4096 Vorfahren, und dann besteht gar kein Zweifel, dass wir mindestens eine ganz besonders begabte Person in diesem Kreis finden. Auch darf man nicht vergessen, dass die Tradition, die der Familie durch einen besonders befähigten Menschen gegeben wird, einen ganz ähnlichen Einfluss hat wie die Vererbung. Deshalb ist leicht zu begreifen, dass manche Familien mehr begabte Sprösslinge hervorbringen als andere. Das hat nichts mit Vererbung zu tun, es ist eine offenkundige, schlichte Tatsache. Man bedenke nur, wie das in Europa funktioniert hat, als Söhne den Beruf des Vaters weiterführen mussten. Wenn wir die gesellschaftlichen Institutionen außer Acht lassen, wirkt die Statistik der Vererbung durchaus beeindruckend.

Das Problem, das neben der Idee der Vererbung dem Kind die größten Schwierigkeiten macht, ist die Bestrafung für schlechte Zeugnisse. Ein Kind, das ein schlechtes Zeugnis bekommt, wird außerdem feststellen, dass es beim Lehrer nicht sonderlich beliebt ist. Folglich leidet es in der Schule, und dann kommt es nach Hause, erlebt neuerliche Szenen *[178]* und wird von den Eltern getadelt. Mutter und Vater schimpfen das Kind, und häufig wird es auch noch geschlagen.

Die Lehrkräfte sollten sich die Folgen schlechter Zeugnisse vor Augen halten. Lehrer glauben zuweilen, das Kind werde sich mehr anstrengen, wenn es zu Hause ein schlechtes Zeugnis vorzeigen muss. Sie berücksichtigen aber die jeweiligen häuslichen Umstände nicht. In manchen Familien werden Kinder ziemlich brutal erzogen, und in diesem Fall überlegt es sich das Kind zweimal, ehe es mit einem schlechten Zeugnis nach Hause geht. Die Folge ist, dass es womöglich gar nicht heimgeht oder in solche Verzweiflung verfällt, dass es aus Angst vor seinen Eltern Selbstmord begeht.

Die Lehrer sind für das Schulsystem nicht verantwortlich, aber es wäre gut, wenn sie, wo immer möglich, die unpersönlichen Härten des Systems mit einer persönlichen Note von Mitgefühl und Verständnis abmildern. Der Lehrer könnte also mit einem bestimmten Schüler aufgrund von dessen häuslicher Situation milder verfahren und durch diese Milde das Kind ermutigen, statt es in die Verzweiflung zu treiben. Ein Kind, das ständig schlechte Zeugnisse bekommt und dem man unaufhörlich sagt, es sei der schlechteste Schüler der Schule, bis es selbst daran glaubt, trägt eine schwere seelische Last. Wenn wir uns in ein solches Kind hineinversetzen, *[179]* begreifen wir leicht, warum es die Schule nicht mag. Das ist nur menschlich. Jeder, der unaufhörlich kritisiert wird, schlechte Zeugnisse bekommt und die Hoffnung verliert, je mit den anderen mithalten zu können, würde den Ort, wo ihm das widerfährt, nicht mögen und versuchen, ihm zu entrinnen. Wir sollten uns also nicht aufregen, wenn wir sehen, dass diese Kinder der Schule fern bleiben.

Aber auch wenn wir uns nicht gleich beunruhigen müssen, wenn so etwas vorkommt, sollten wir uns doch klarmachen, dass damit ein schlechter Anfang gemacht ist, vor allem wenn Jugendliche betroffen sind. Die Kinder sind nun schlau genug, sich zu schützen, indem sie Zeugnisse fälschen, Schule schwänzen und so weiter. Wenn es so weit ist, treffen sie Gleichgesinnte, bilden Banden und schlagen einen Weg ein, der letztlich ins Verbrechen führt.

All das lässt sich vermeiden, wenn wir den Standpunkt der Individualpsychologie einnehmen, dass man kein Kind als hoffnungslosen Fall ansehen darf. Wir müssen überzeugt sein, dass immer eine Methode gefunden werden kann, um einem Kind zu helfen. Selbst unter den schlimmsten Umständen gibt es stets eine besondere Herangehensweise – aber die muss natürlich erst gefunden werden.

Von den bösen Folgen, die sich ergeben, wenn man Kinder eine Klasse wiederholen lässt, braucht man fast nicht zu reden. Jeder Lehrer wird zustimmen, dass Kinder, die eine Klasse wiederholen, für die Schule ebenso wie für die Familie ein Problem darstellen. Das mag nicht in jedem Fall zutreffen, aber Ausnahmen von der Regel sind eher selten. Die meisten, die eine Klasse wiederholen, *[180]* sind chronische Sitzenbleiber – sie hinken immer hinterher und stellen ein Problem dar, dem stets ausgewichen und das nie gelöst wurde.

Die Frage, wann man ein Kind wiederholen lassen sollte, ist schwer zu beantworten. Es gibt Lehrer, die dem Problem erfolgreich aus dem Weg gehen. Sie nutzen die Ferien, um mit dem Kind zu üben, die Fehler in seinem Lebensstil zu suchen und sie zu korrigieren, und dann können sie das Kind in die nächste Klasse vorrücken lassen. Diese Methode könnte breitere Anwendung finden, wenn wir eigens dafür Förderlehrer an den Schulen hätten. Wir haben Sozialarbeiter und Besuchslehrer (visiting teachers), aber keine Förderlehrer.

Besuchslehrer gibt es in Deutschland nicht, und es hat den Anschein, als wäre eine solche Einrichtung nicht unbedingt notwendig. Der Klassenlehrer in der Volksschule kann sich am besten ein Bild von dem Kind machen. Wenn er richtig hinschaut, weiß er besser als jeder andere, was los ist. Manche wenden ein, der Klassenlehrer könne die einzelnen Schüler nicht kennen, weil die Klassen überfüllt sind. Aber wenn man beobachtet, wie ein Kind in die Schule eintritt, erkennt man schon bald seinen Lebensstil und kann viele Schwierigkeiten vermeiden. *[181]* Das ist selbst bei einer großen Klasse möglich. Man kann eine große Kinderschar besser erziehen, wenn man sie versteht, als wenn man sie nicht versteht. Überfüllte Klassen sind zwar wirklich kein Segen und sollten geteilt werden, aber sie stellen kein unüberwindliches Hindernis dar.

Vom psychologischen Standpunkt ist es besser, wenn der Lehrer nicht jedes Jahr wechselt – oder alle sechs Monate, wie es in manchen Schulen üblich ist –, sondern bei der Klasse bleibt. Wenn der Lehrer seine Schüler für zwei, drei oder vier Jahre begleiten könnte, wäre das insgesamt ein enormer Vorteil. Dann hätte der Lehrer Gelegenheit, alle Kinder genau kennenzulernen. Er könnte die Fehler im Lebensstil eines jeden Einzelnen erkennen und korrigieren.

Häufig überspringen Kinder eine Klasse. Ob das irgendeinen Nutzen bringt, ist fraglich. Nicht selten befriedigen sie die hohen Erwartungen nicht, die durch das Überspringen bei ihnen geweckt wurden. Eine Klasse zu überspringen kann bei einem Schüler in Betracht gezogen werden, der für seine Klasse zu alt ist. Man sollte es auch im Fall eines Kindes erwägen, das zuvor nicht mitgekommen ist und sich seither entwickelt und gebessert hat. Das Überspringen sollte aber nicht als Belohnung in Aussicht gestellt werden, weil das Kind bessere Noten erzielt oder mehr weiß als die anderen. *[182]* Einem gescheiten Kind nützt es mehr, wenn es seine Zeit mit außerschulischen Beschäftigungen wie Malen, Musik und so weiter füllt. Was das intelligente Kind auf diese Weise dazulernt, ist für die ganze Klasse von Vorteil, weil die anderen angespornt werden. Es ist nicht gut, die besseren Schüler aus einer Klasse herauszunehmen. Manche Leute behaupten, wir sollten immer die herausragenden und intelligenten Kinder fördern. Daran glauben wir nicht. Wir meinen vielmehr, dass es die klugen Kinder sind, die die ganze Klasse voranbringen und ihr stärkere Entwicklungsimpulse geben.

Es ist interessant, sich mit den beiden Klassentypen zu beschäftigen, die wir in der Schule haben – die fortgeschrittenen und die Hilfsklassen. Erstaunlicherweise stellt man fest, dass es in den fortgeschrittenen Klassen ein paar Kinder gibt, die schwachsinnig sind, während die Hilfsklassen, nicht etwa mit Schwachsinnigen, wie die meisten Leute glauben, sondern mit Kindern aus armen Familien bevölkert sind. Kinder aus armen Familien haben den Ruf weg, sie seien zurückgeblieben. Das liegt daran, dass sie nicht so gut vorbereitet sind. Und das ist leicht zu begreifen. Die Eltern haben zu viel zu tun; es bleibt ihnen keine Zeit für ihre Kinder, oder vielleicht fehlt es für diesen Zweck auch an der entsprechenden Bildung. Diese Kinder, die psychologisch nicht ausreichend vorbereitet sind, sollte man nicht in Hilfsklassen stecken. In dieser Klasse zu sein ist ein [183] Stigma für das Kind, und es wird deshalb von seinen Schulkameraden gehänselt.

Solche Kinder wären durch die bereits erwähnten Förderlehrer erheblich besser versorgt. Neben den Förderlehrern sollte es Klubs gegen, in denen die Kinder Zusatzunterricht erhalten. Dort könnten sie ihre Hausaufgaben machen, spielen, Bücher lesen und so weiter. So würde ihr Mut gefördert, statt die Entmutigung einzuüben, wie es in den Hilfsklassen für Schwachbefähigte geschieht. Solche Klubs und zusätzliche Spielplätze, von denen es bisher zu wenige gibt, würden die Kinder von der Straße und von bösen Einflüssen fernhalten.

Die Frage der Koedukation wird in allen Diskussionen um die Erziehungspraxis angeschnitten. Im Hinblick auf die Koedukation könnte man sagen, dass wir sie prinzipiell fördern sollten. Auf diese Weise können Mädchen und Jungen einander besser kennenlernen. Aber, wenn man Koedukation sagt und erwartet, dass die Sache von selbst läuft, ist das ein schwerer Irrtum. Koedukation bringt besondere Probleme mit sich, die berücksichtigt werden müssen, sonst überwiegen die Nachteile gegenüber den Vorteilen. Zum Beispiel wird in der Regel die Tatsache übersehen, dass sich Mädchen bis zum sechzehnten Lebensjahr schneller entwickeln als Jungen. Wenn die Jungen [184] das nicht wissen und sehen, dass die Mädchen ihnen voraus sind, kommen sie aus dem Gleichgewicht und treten in ein sinnloses Wettrennen mit den Mädchen. Solche Tatsachen müssen von der Verwaltung oder von den unterrichtenden Lehrern in Betracht gezogen werden.

Die Koedukation kann von Lehrern, die die Sache befürworten und die damit verbundenen Probleme verstehen, zum Erfolg geführt werden. Ein Lehrer hingegen, der die Koedukation ablehnt, fühlt sich durch das System belastet, und in seiner Klasse wird sich das Projekt als Fehlschlag erweisen.

Wenn das Koedukationssystem nicht richtig verwaltet wird und die Kinder nicht entsprechend angeleitet und betreut werden, dann kommt es natürlich zu sexuellen Problemen. Diese Fragen werden wir in einem der folgenden Kapitel noch ausführlicher erörtern. Hier soll nur erwähnt werden, dass die Sexualerziehung in der Schule ein kompliziertes Problem darstellt. Die Schule ist im Grunde nicht der geeignete Ort, um über Sexualprobleme aufzuklären, weil der Lehrer nicht beurteilen kann, wie die Kinder seine Worte aufnehmen, wenn er vor der gesamten Klasse spricht. Anders sieht die Sache aus, wenn die Kinder dem Lehrer persönlich eine Frage stellen. Wenn ein Mädchen den Lehrer oder die Lehrerin nach den Tatsachen fragt, sollten sie korrekt antworten.

Kehren wir nun nach diesem Exkurs zu den mehr oder weniger administrativen Aspekten der Erziehung, also zum [185] Kern des Problems zurück. Im Grunde können wir immer herausfinden, wie Kinder zu erziehen sind, wenn wir ihre Interessen berücksichtigen und feststellen, in welchen Fächern sie Erfolge erzielen können. Ein Erfolg zieht den anderen nach sich. Das gilt für die Erziehung ebenso wie für die anderen Aspekte des menschlichen Lebens. Und das heißt, wenn ein Kind sich für ein Fach interessiert und darin erfolgreich ist, wird es angeregt, sich auch mit anderen Dingen zu beschäftigen. Dem Lehrer obliegt es, die Erfolge der Schüler als Trittsteine hin zu größerem Wissen zu nutzen. Der Schüler allein weiß nicht, wie er das anstellen soll – sich sozusagen am eigenen Schopf aus dem Sumpf herauszuziehen, wie wir alle es tun müssen, wenn wir von der Unwissenheit zum Wissen aufsteigen. Aber der Lehrer vermag es, und wenn er es tut, wird er feststellen, dass der Schüler versteht, worauf es ankommt, und mitarbeitet.

Was wir über die interessanten Fächer gesagt haben, gilt auch für die Sinnesorgane der Kinder. Wir müssen herausfinden, welches Sinnesorgan am stärksten eingesetzt wird, und welche Sinneseindrücke das Kind am meisten faszinieren. Viele Kinder sind im Sehen und Schauen mehr geübt, andere mehr im Hören, wieder andere in der Bewegung und so weiter. Seit einigen Jahren erfreuen sich die sogenannten »Manual Schools« großer Beliebtheit; sie greifen auf das vernünftige Prinzip zurück, die Lehrfächer mit der Übung von Augen, Ohren und Händen zu verbinden. *[186]* Der Erfolg dieser Schulen zeigt, wie wichtig es ist, die körperlichen Fähigkeiten des Kindes nutzbar zu machen.

Wenn ein Lehrer ein Kind vor sich hat, das ein visueller Typ ist, sollte er sich klarmachen, dass dem Schüler Fächer, bei denen man die Augen gebraucht – zum Beispiel Geografie –, leichterfallen. Das Kind ist besser dran, wenn es schauen kann, statt nur zuzuhören. Das ist ein Beispiel für den Einblick in die Probleme eines jeden Kindes, den der Lehrer haben sollte. Schon beim ersten Blick auf ein Kind kann der Lehrer viele derartige Einblicke gewinnen.

Kurz gesagt, der ideale Lehrer hat eine heilige und faszinierende Aufgabe. Er formt den Geist der Kinder und hält die Zukunft der Menschheit in seinen Händen.

Aber wie kommen wir vom Ideal zur Wirklichkeit? Es reicht nicht, sich erzieherische Ideale vor Augen zu halten. Wir müssen eine Methode finden, wie wir sie nach und nach verwirklichen können. Vor langer Zeit in Wien hat der Verfasser begonnen, nach einer solchen Methode zu suchen, und das Ergebnis war die Einrichtung von Beratungsstellen in den Schulen.[132] *[187]*

Sinn und Zweck dieser Beratungsstellen ist es, die Erkenntnisse der modernen Psychologie in den Dienst des Erziehungssystems zu stellen. Ein kompetenter Psychologe, der nicht nur von Psychologie eine Ahnung hat, sondern auch etwas über das Leben der Lehrer und Eltern weiß, arbeitet mit den Leh-

---

132 Siehe Adler, Alfred, Guiding the child. On the principles of individual psychology, translated from the German by Benjamin Ginzburg (New York: Greenberg Publisher, 1930). [Adler 1930u]

rern zusammen und hält an einem bestimmten Tag seine Beratungsstunde. An diesem Tag haben die Lehrer eine Besprechung, und jeder stellt die Fälle seiner Problemkinder vor. Dabei geht es um faule Kinder, Kinder, die den Unterricht stören, andere, die stehlen, und so weiter. Der Lehrer schildert den jeweiligen Fall, und dann steuert der Psychologe etwas von seinen Erfahrungen bei. Anschließend fängt die Diskussion an. Worin liegen die Ursachen? Wann ist die Situation entstanden? Was ist zu tun? Das Familienleben des Kindes und seine gesamte psychologische Entwicklung werden analysiert. Auf der Grundlage des Wissens, das jeder beisteuern kann, kommt die Gruppe zu einer Entscheidung, was mit einem bestimmten Kind geschehen soll.

Bei der nächsten Sitzung sind das Kind und die Mutter anwesend. Die Mutter wird zuerst hereingerufen, nachdem die Richtung, in der man sie beeinflussen will, festgelegt wurde. Die Mutter hört sich die Erklärung dafür an, warum das Kind versagt hat. Dann berichtet die Mutter ihren Teil der Geschichte, und es kommt eine Diskussion zwischen der Mutter und dem Psychologen zustande. In der Regel ist die Mutter *[188]* froh, dass so großes Interesse am Fall ihres Kindes besteht, und arbeitet gerne mit. Wenn sich die Mutter unfreundlich und feindselig zeigt, dann erzählen der Lehrer und der Psychologe von ähnlichen Fallen und anderen Müttern, bis sich ihr Widerstand legt.

Wenn man sich schließlich auf die Methode geeinigt hat, durch die das Kind beeinflusst werden soll, betritt das Kind den Raum. Es sieht den Lehrer und den Psychologen, und der Psychologe beginnt mit ihm zu sprechen, aber nicht über seine Fehler. Der Psychologe hält sozusagen einen Vortrag, er analysiert objektiv – aber in einer Weise, die das Kind begreifen kann – die Probleme, die Ursachen und Ideen, die für die gescheiterte Entwicklung verantwortlich sind. Dem Kind wird aufgezeigt, warum es sich zurückgesetzt fühlt und glaubt, andere Kinder würden bevorzugt, warum es sich nichts mehr zutraut, und so weiter.

Diese Methode wird seit fast fünfzehn Jahren angewandt, und die Lehrer, die damit Erfahrung haben, sind vollkommen zufrieden und kämen nicht auf die Idee, die Arbeit einzustellen, die sie nun seit vier, sechs oder acht Jahren praktizieren.

Den Kindern aber hat diese Arbeit doppelt genützt: Die ursprünglichen Problemkinder wurden geheilt – sie haben Kooperationsgeist und Mut entwickelt. *[189]* Auch die anderen, die nicht in die Beratung kamen, haben profitiert. Wenn es im Unterricht zu einer Situation kommt, die zu einem Problem zu werden droht, schlägt der Lehrer vor, dass die Kinder die Sache besprechen. Selbstverständlich leitet der Lehrer die Diskussion, aber die Kinder nehmen teil und können ungehindert ihre Meinung beisteuern. Zunächst analysieren sie die Ursachen eines Problems – zum Beispiel die Arbeitsunlust in der Klasse. Am Ende kommen sie zu einem Schluss, und das faule Kind, das nicht weiß, dass es gemeint ist, wird trotzdem eine Menge aus der Diskussion lernen.

Diese zusammenfassende Darstellung deutet an, welche Möglichkeiten die Verbindung von Psychologie und Erziehung bietet. Psychologie und Erziehung sind zwei Aspekte derselben Wirklichkeit und desselben Problems. Um die geistige Entwicklung zu lenken, müssen wir über ihre Arbeitsweise Bescheid wissen, und wer den Geist und seine Arbeitsweise kennt, muss zwangsläufig sein Wissen dafür einsetzen, den Geist auf höhere und allgemeinere Ziele zu lenken.

Kapitel 12: Jugend und Sexualerziehung[133]

Mit Büchern über die Jugend könnte man ganze Bibliotheken füllen. Das Thema ist tatsächlich wichtig, aber nicht in der Weise, wie die Leute es sich vorstellen. Jugendliche sind nicht alle gleich: In dieser Gruppe finden wir alle Spielarten – strebsame Kinder, unbeholfene Kinder, Kinder, die hübsch angezogen sind, andere, die ziemlich schmutzig herumlaufen, und so weiter. Außerdem gibt es Erwachsene und sogar alte Menschen, die wie Jugendliche aussehen und sich auch so verhalten. Vom Standpunkt der Individualpsychologie überrascht das nicht, es bedeutet einfach, dass diese Erwachsenen in einem gewissen Stadium ihrer Entwicklung stehen geblieben sind. Für die Individualpsychologie ist die Jugend einfach eine Entwicklungsstufe, die alle Individuen durchlaufen müssen. Wir glauben nicht, dass irgendein Entwicklungsstadium oder eine Situation einen Menschen ändern können. Aber das Stadium fungiert als Test – als eine *neue Situation,* durch die in der Vergangenheit entwickelte Charakterzüge zum Vorschein kommen. [210]

Man nehme zum Beispiel eine Kindheit, in der das Kind streng behütet und beobachtet wurde, eine Kindheit, in der das Kind nicht viel Macht genossen hat und seine Wünsche nicht ausdrücken konnte. Im Stadium der Pubertät, in dem eine rapide biologische und psychologische Entwicklung stattfindet, wird sich das Kind verhalten, als hätte es seine Ketten abgeschüttelt. Es wird rasch voranschreiten und eine gesunde Persönlichkeitsentwicklung durchmachen. Andererseits gibt es Kinder, die verweilen und zurückblicken, und durch die Blickrichtung in die Vergangenheit verfehlen sie den rechten Weg in die Gegenwart. Sie interessieren sich nicht fürs Leben und werden sehr zurückhaltend. In ihrem Fall deutet das nicht auf Energien, die in der Kindheit im Zaum gehalten wurden und in der Jugend freigesetzt werden, sondern eher auf Verwöhnung während der Kindheit, durch die man schlecht aufs Leben vorbereitet wurde.

In der Jugend können wir den Lebensstil eines Menschen besser erkennen als je zuvor. Das liegt natürlich daran, dass sie näher an der Front des Lebens

---

133 [Übersetzung: Sonja Schumacher]

liegt als die Kindheit. Wir sehen jetzt besser, wie sich der Jugendliche gegenüber der Wissenschaft verhält. Wir erkennen, ob er leicht Freundschaften schließt, ob er zum Mitmenschen wird, der sich in sozialer Hinsicht für andere interessiert. *[211]*

Zuweilen fehlt dieses soziale Interesse keineswegs, ja es nimmt übertriebene Formen an, und wir begegnen Jugendlichen, die aus dem Gleichgewicht geraten sind und nur noch ihr Leben für andere aufopfern wollen. Sie sind sozial überangepasst, und auch das kann sich als Hindernis für ihre Entwicklung erweisen. Wir wissen, dass ein Mensch, der sich wirklich für andere interessieren und für eine gemeinsame Sache arbeiten möchte, sich zuerst einmal um sich selber kümmern muss. Er muss etwas von sich zu geben haben, wenn das Geben Bedeutung haben soll.

Andererseits sehen wir viele Jugendliche zwischen vierzehn und zwanzig, die sozial völlig in der Luft hängen. Mit vierzehn haben sie die Schule abgeschlossen und daher den Kontakt mit ihren alten Klassenkameraden verloren; und sie brauchen lange, um neue Beziehungen zu knüpfen. Bis das geschieht, fühlen sie sich völlig isoliert.

Dann stellt sich die Frage der Beschäftigung. Auch in dieser Hinsicht ist die Jugend aufschlussreich, denn nun enthüllt sich die im Lebensstil gebildete Einstellung. Manche Jugendliche werden ausgesprochen selbstständig und arbeiten großartig. Sie zeigen, dass sie auf dem richtigen Weg sind und sich entwickeln. Andere kommen jedoch in diesem Zeitraum zum Stillstand. Sie finden nicht den richtigen Beruf; unaufhörlich *[212]* wechseln sie das Metier oder die Schule und so weiter. Oder aber sie sind faul und wollen gar nicht arbeiten.

Keines dieser Symptome wird während der Jugend geschaffen, sie kommen nur in diesem Zeitraum deutlicher an die Oberfläche – aber vorbereitet wurden sie schon vorher. Und wenn ein Mensch ein bestimmtes Kind wirklich kennt, kann er vorhersagen, wie es sich während der Jugendjahre verhält, wenn es Gelegenheit erhält, sich unabhängiger auszudrücken als zu der Zeit, als es behütet und beschützt wurde und in engen Grenzen lebte.

Wir wenden uns dem dritten Grundproblem des Lebens zu – der Liebe und Ehe. Was verrät die Antwort des Jugendlichen auf diese Frage über seine Persönlichkeit? Wieder gibt es keinen Bruch gegenüber der Präadoleszenz, nur eine erhöhte psychologische Aktivität, die die Antwort eindeutiger ausfallen lässt. Manche Jugendliche sind sich vollkommen sicher, wie sie sich verhalten müssen. Entweder sehen sie das Problem der Liebe romantisch, oder sie stellen sich ihm sehr mutig. Auf jeden Fall finden sie die richtigen Verhaltensnormen gegenüber dem anderen Geschlecht.

Am anderen Extrem steht eine Gruppe, die an die Frage der Sexualität schrecklich schüchtern herangeht. Da sie jetzt sozusagen viel näher an der Front sind, erweist sich, dass sie schlecht vorbereitet sind. Die Anzeichen *[213]* der Persönlichkeit, die wir während der Jugend erkennen, ermöglichen ein zuverlässiges Urteil über die Entwicklung des Verhaltens im späteren Leben. Wir wissen, was getan werden muss, wenn wir Einfluss auf die Zukunft nehmen wollen.

Wenn ein Jugendlicher im Hinblick auf das andere Geschlecht sehr negativistisch eingestellt ist, werden wir, wenn wir sein Leben zurückverfolgen, wahrscheinlich feststellen, dass er ein kämpferisches Kind war. Vielleicht fühlte er sich bedrückt, weil ein anderes Kind bevorzugt wurde. Als Folge davon glaubt er jetzt, dass er sich vehement durchsetzen, dass er arrogant auftreten und alle Gefühlsregungen leugnen muss. Seine Einstellung zur Sexualität ist ein Reflex auf seine Kindheitserfahrungen.

Während der Jugend wird häufig der Wunsch wach, von Zuhause auszuziehen. Das kann auf die Tatsache zurückzuführen sein, dass das Kind mit den Bedingungen daheim nie zufrieden war und sich jetzt nach der ersten Gelegenheit sehnt, aus den häuslichen Banden auszubrechen. Der Jugendliche will nicht mehr unterstützt werden, obwohl es eigentlich im besten Interesse von Kind und Eltern wäre, dass die Unterstützung fortgesetzt wird. Andernfalls dient, falls dem Kind etwas misslingt, die mangelnde Hilfe der Eltern als Alibi für sein Scheitern.

Dieselbe Tendenz findet sich in geringerem Maße bei Kindern, die zwar zu Hause bleiben, *[214]* aber jede sich bietende Gelegenheit nutzen, um abends auszugehen. Natürlich ist es viel verlockender, wegzugehen und sich zu amüsieren, als still daheimzusitzen. Auch das ist ein stillschweigender Vorwurf gegen das Elternhaus, ein Zeichen, dass sich das Kind nicht frei fühlt, sondern ständig beschützt und beobachtet wird. So hat es nie Gelegenheit, sich auszudrücken und aus eigenen Fehlern klug zu werden. Allerdings ist es gefährlich, erst in der Jugend in dieser Richtung einen Anfang zu machen.

Für viele Kinder ist auch ein plötzlicher Verlust an Anerkennung während der Jugend schmerzlicher, als er es zuvor gewesen wäre. Vielleicht waren sie gut in der Schule und wurden von ihren Lehrern sehr geschätzt; dann wurden sie plötzlich in eine andere Schule, ein neues soziales Umfeld versetzt oder mit einer neuen Beschäftigung konfrontiert. Und überdies wissen wir, dass gerade oft die besten Schüler während der Pubertät in ihren Leistungen nachlassen. Sie scheinen sich zu verändern, aber in Wirklichkeit ändern sie sich nicht, es ist nur so, dass die alte Situation den Charakter der Kinder nicht so umfassend zur Geltung gebracht hat wie die neue.

Aus all dem folgt, dass Problemen während der Jugendjahre am besten durch die Kultivierung von Freundschaften vorgebeugt werden kann. Kinder sollten einander gute Freunde und Kameraden sein. Und das gilt für *[215]* die Familienangehörigen ebenso wie für Leute, die nicht zur Familie gehören. Die Familie sollte eine Einheit darstellen, in der jeder dem anderen vertraut. Das Kind sollte seinen Eltern und seinen Lehrern vertrauen. Während der Jugendzeit können nur die Eltern und Lehrer weiterhin eine Führungsrolle für das Kind übernehmen, die sich auch bisher schon für ihre Schutzbefohlenen als Kameraden und einfühlsame Mitmenschen erwiesen haben. Gegen Mütter, Väter und Lehrer, für die das nicht gilt, verschließen sich Jugendliche während dieser Zeit sofort; die jungen Menschen setzen kein Vertrauen in sie und betrachten sie als außenstehend, wenn nicht sogar als Feinde.

Bei Mädchen ist gerade in dieser Zeit festzustellen, dass sie ihr Missfallen an der weiblichen Rolle zeigen und Jungen imitieren möchten. Natürlich ist es viel leichter, es den Jungen bei den jugendlichen Lastern gleichzutun – also beim Rauchen, Trinken und Bandenbilden – als bei den Tugenden der harten Arbeit. Auch halten die Mädchen die Ausrede bereit, wenn sie diese Übungen nicht mitmachten, würden sich die Jungen nicht für sie interessieren.

Wenn wir diesen männlichen Protest bei jungen Mädchen analysieren, stellen wir fest, dass das fragliche Mädchen von frühester Kindheit kein Gefallen an der weiblichen Rolle gefunden hat. Bisher war ihre Abneigung jedoch verdeckt, und sie kommt erst in der Jugend klar zutage. Aus diesem Grund ist es so wichtig, das Verhalten der Mädchen *[216]* während dieser Zeit zu beobachten, weil wir so herausfinden können, wie sie in Zukunft zu ihrer Geschlechterrolle stehen wird.

Jungen übernehmen in diesem Alter oft die Rolle eines Mannes, der sehr klug, ausgesprochen mutig und selbstbewusst ist. Andere haben hingegen Angst vor ihren Problemen und trauen sich nicht zu, wirklich und wahrhaftig Männer zu sein. Wenn in ihrer Erziehung zur männlichen Rolle ein Fehler begangen wurde, kommt er jetzt ans Licht. Sie geben sich verweichlicht, benehmen sich gern wie Mädchen und imitieren sogar weibliche Unarten wie Koketterie, Posieren und so weiter.

Parallel zu diesem femininen Extrem finden wir auch Jungen, die sich mit typisch jungenhaften Charakterzügen hervortun, die bis ins extrem Lasterhafte ausgelebt werden. Sie überbieten sich beim Trinken und durch sexuelle Ausschweifungen. Nur aus dem Wunsch heraus, ihre Männlichkeit zu beweisen, begehen sie gelegentlich sogar Verbrechen. Solche Unarten finden sich bei Jungen, die nach Überlegenheit streben, die Anführer sein und ihre Kameraden verblüffen wollen.

Bei diesem Typ spielt jedoch trotz ihrer Prahlerei und ihres Ehrgeizes ein geheimer Wesenszug der Feigheit mit hinein. In jüngster Zeit haben wir in Amerika einige berüchtigte Beispiele dafür erlebt – Typen wie Hickman, Leopold und Loeb.[134] Wenn wir uns mit ihrer Laufbahn beschäftigen, stellen wir fest, *[217]* dass sie auf ein leichtes Leben vorbereitet wurden und stets nach

---

134 [Adler bezieht sich auf zwei Verbrechen, die in den Vereinigten Staaten verübt wurden und durch die Medienberichterstattung auch international großes Aufsehen erregten. Siehe dazu die Einträge zu Hickman, Leopold und Loeb im Personenregister.]

dem mühelosen Erfolg gesucht haben. Solche Typen sind aktiv, aber nicht mutig – genau die richtige Kombination für das Verbrechen.

Häufig stellen wir fest, dass Jugendliche zum ersten Mal ihre Eltern schlagen. Wenn wir nicht nach der Einheit suchen, die hinter ihren Handlungen steht, bilden wir uns ein, diese Kinder hätten sich unvermittelt verändert. Wenn wir aber untersuchen, was zuvor passiert ist, erkennen wir, dass das Individuum immer noch derselbe Charakter ist, nur dass es nun mehr Macht und mehr Handlungsspielraum hat.

Ein weiterer erwähnenswerter Punkt ist, dass alle Jugendlichen das Gefühl haben, sie müssten einen Test bestehen – sie meinen, beweisen zu müssen, dass sie keine Kinder mehr sind. Das ist natürlich ein äußerst trügerisches Gefühl, denn immer, wenn wir meinen, etwas beweisen zu müssen, neigen wir dazu, es zu weit zu treiben. Und auch das Kind treibt es leicht zu weit.

Das ist sogar das bezeichnendste Symptom der Adoleszenz. Wir können ihm entgegenwirken, indem wir dem Jugendlichen erklären, dass er uns nicht zu überzeugen braucht, dass er kein Kind mehr ist; wir brauchen den Beweis nicht. Wenn wir ihm das sagen, können wir die erwähnten Übertreibungen vermeiden.

Bei Mädchen findet sich oft der Typ, der dazu neigt, *[218]* sexuelle Beziehungen zu übertreiben, und »verrückt nach Jungen« ist. Diese Mädchen streiten ständig mit ihrer Mutter und meinen immer, sie würden unterdrückt (und vielleicht werden sie ja tatsächlich unterdrückt); sie gehen mit jedem Mann, den sie kennenlernen, Beziehungen ein, um ihre Mutter zu ärgern. Zu wissen, dass es der Mutter wehtut, wenn sie es herausfindet, bereitet dem Mädchen Freude. Viele junge Mädchen haben die erste Sexualbeziehung mit einem Mann, nachdem sie wegen eines Streits mit der Mutter aus dem Haus gerannt sind oder weil der Vater zu streng war.

Es entbehrt nicht einer gewissen Ironie, wenn man sich vorstellt, dass Töchter von ihren Eltern unterdrückt werden, damit sie brave Mädchen werden, und sie sich dann als missraten erweisen, weil es den Eltern an psychologischer Einsicht mangelt. Der Fehler liegt in diesem Fall nicht bei den Mädchen, sondern bei den Eltern, weil sie die Kinder auf die Situationen, denen sie sich stellen müssen, nicht richtig vorbereitet haben. Sie haben die Mädchen während der Kindheit zu sehr behütet, und die Folge ist, dass sie weder das Urteilsvermögen noch das Selbstvertrauen entwickelt haben, das man braucht, um mit den Fallen der Jugendzeit fertigzuwerden.

Manchmal treten die Schwierigkeiten nicht in den Jugendjahren, sondern anschließend in der Ehe auf. Das Prinzip ist jedoch dasselbe, nur dass die Mädchen das Glück hatten, während sie heranwuchsen, nicht in eine schwierige Lage zu geraten. *[219]* Aber früher oder später stellt sich die schwierige Lage doch ein, und dann muss man dafür gewappnet sein.

Eine Fallgeschichte kann das Problem des heranwachsenden Mädchens konkret illustrieren. Das fragliche Mädchen war fünfzehn Jahre alt und stammte aus einer sehr armen Familie. Leider hatte sie einen älteren Bruder, der ständig krank war und von der Mutter gepflegt werden musste. Von frühester Kindheit an bemerkte das Mädchen, dass es weniger beachtet wurde. Noch komplizierter wurde die Sache durch die Tatsache, dass zur Zeit ihrer Geburt auch der Vater krank war und die Mutter sich nicht nur um den Bruder, sondern auch um ihren Mann kümmern musste. Die Tochter hatte also zweifach vor Augen, was es heißt, umhegt zu werden und Aufmerksamkeit zu bekommen, und so wurde sie von leidenschaftlicher Sehnsucht ergriffen, umsorgt zu werden und Anerkennung zu erfahren. Diese Anerkennung fand sie im Familienkreis nicht, zumal noch eine jüngere Schwester geboren wurde und die geringe Aufmerksamkeit, die zuvor dem Mädchen gegolten hatte, auf sich zog. Das Schicksal wollte es, dass der Vater wieder gesund wurde, als die jüngere Schwester zur Welt kam, sodass das Baby besser versorgt wurde als die ältere Schwester während ihrer Säuglingszeit. Kindern entgeht so etwas nicht.

Das Mädchen kompensierte die mangelnde Aufmerksamkeit, die ihr zu Hause zuteilwurde, durch großen schulischen Eifer. Sie wurde Klassenbeste, *[220]* und weil sie sich so hervortat, regten die Lehrer an, sie solle eine höhere Schule besuchen. Als sie aber in die höhere Schule eintrat, veränderte sich etwas. Sie lernte nicht mehr so gut, und der Grund war, dass ihr neuer Lehrer sie nicht kannte und nicht schätzte. Sie war aber ihrerseits auf Anerkennung aus, die sie nun weder daheim noch in der Schule erhielt. Sie musste sich die Anerkennung also anderswo holen. Nun suchte sie nach einem Mann, bei dem sie Anerkennung fand. Sie lebte vierzehn Tage mit ihm zusammen. Dann wurde der Mann ihrer überdrüssig. Wir hätten vorhersehen können, was dann geschah: Sie sah nämlich ein, dass dies nicht die Anerkennung war, die sie sich wünschte. Unterdessen machte sich ihre Familie Sorgen und begann nach ihr zu suchen. Da kam plötzlich ein Brief von ihr, in dem es hieß: »Ich habe Gift genommen. Macht euch keine Sorgen – ich bin glücklich.« Offensichtlich dachte sie als Nächstes an Selbstmord, nachdem sie auf ihrer Suche nach Glück und Anerkennung gescheitert war. Dennoch nahm sie sich nicht das Leben; sie benutzte den Selbstmord, um ihre Eltern zu ängstigen und sie so zu bewegen, ihr zu verzeihen. Sie trieb sich weiter auf der Straße herum, bis ihre Mutter sie fand und nach Hause brachte.

Wenn das Mädchen, so wie wir es tun, gewusst hätte, dass ihr ganzes Leben durch das Streben nach Anerkennung *[221]* beherrscht wurde, dann wären all diese Dinge nicht geschehen. Und wenn der Lehrer an der höheren Schule erkannt hätte, dass seine Schülerin bisher immer gute Leistungen gebracht hatte und sie nur ein gewisses Maß an Anerkennung brauchte, auch dann wäre die Tragödie ausgeblieben. An jedem Punkt in der Verkettung der Umstände hätte verhindert werden können, dass das Mädchen sich ruiniert, wenn man sie richtig behandelt hätte.

Das führt zur Frage der Sexualerziehung. In jüngster Zeit hat man es mit dem Thema Sexualerziehung schrecklich übertrieben. Es gibt viele Menschen, die, wenn man das so sagen darf, auf das Thema der Sexualerziehung verrückt sind. Sie möchten Sexualerziehung für alle Altersstufen, und sie spielen die Gefahren der Unwissenheit herauf. Wenn wir aber überlegen, wie es uns und anderen früher ergangen ist, sehen wir weder so große Schwierigkeiten noch so große Gefahren, wie diese Leute es sich vorstellen.

Die Erfahrungen der Individualpsychologie lehren, dass ein Kind mit zwei Jahren erfahren sollte, dass es ein Junge oder ein Mädchen ist. Auch sollte man dem Kind zu dieser Zeit erklären, dass sich sein Geschlecht niemals ändern kann und dass aus Jungen Männer und aus Mädchen Frauen werden. Wenn das getan ist, dann ist der Mangel an sonstigem Wissen nicht so gefährlich. Sobald Kindern klar ist, dass ein Mädchen nicht wie ein Junge erzogen wird und ein Junge nicht wie ein Mädchen, dann wird die Geschlechtsrolle *[222]* in ihrem Denken verankert und man kann davon ausgehen, dass sie sich ganz normal entwickeln und auf ihre Rolle vorbereiten. Wenn das Kind jedoch glaubt, durch einen bestimmten Trick sein Geschlecht ändern zu können, dann stellen sich Probleme ein. Ärger kann es auch geben, wenn die Eltern unaufhörlich den Wunsch äußern, das Geschlecht des Kindes ändern zu wollen. Der Roman Quell der Einsamkeit[135] bietet eine hervorragende literarische Darstellung dieser Situation. Nur allzu oft gefällt es Eltern, ein Mädchen wie einen Jungen zu erziehen oder umgekehrt. Sie fotografieren ihre Kinder in Kleidern des anderen Geschlechts. Manchmal kommt es auch vor, dass ein Mädchen wie ein Junge aussieht, und dann bezeichnen die Menschen aus seinem Umkreis das Kind mit dem falschen Geschlecht. Das kann für große Verwirrung sorgen, die man ohne Weiteres vermeiden könnte.

Auch sollte man jede Diskussion über die Geschlechter unterlassen, bei der die Tendenz besteht, das weibliche Geschlecht unter zu bewerten und Jungen als überlegen hinzustellen. Kinder sollten zu der Einsicht geführt werden, dass beide Geschlechter gleich viel wert sind. Dabei geht es nicht nur darum, aufseiten des unterschätzten Geschlechts Minderwertigkeitsgefühle zu verhüten, sondern auch darum, böse Auswirkungen für die Jungen zu vermeiden. Wenn man ihnen nicht einreden würde, sie seien das überlegene Geschlecht, dann würden sie die Mädchen nicht nur als Objekt der Begierde betrachten. Und wenn sie ihre künftigen Aufgaben kennen würden, dann würden sie überdies die Beziehungen *[223]* der Geschlechter nicht in einem so hässlichen Licht sehen.

Mit anderen Worten, das eigentliche Problem der Sexualerziehung besteht nicht einfach darin, den Kindern die Physiologie der sexuellen Beziehungen zu erklären – es geht vielmehr um die richtige Vorbereitung, die sich auf ihre

---

135 [Radclyffe Hall 1991]

gesamte Einstellung zu Liebe und Ehe auswirkt. Sie steht in enger Beziehung zur Frage der sozialen Anpassung. Wenn ein Mensch sozial nicht angepasst ist, fasst er die Frage der Sexualität als Witz auf und betrachtet die Dinge ausschließlich vom Standpunkt der Zügellosigkeit. Das geschieht natürlich nur allzu oft und ist ein Reflex auf die Mängel unserer Kultur. Frauen müssen leiden, weil es unter unserer Kultur für den Mann viel leichter ist, die Führungsrolle zu spielen. Aber auch der Mann leidet, weil er aufgrund dieser fiktiven Überlegenheit den Kontakt mit den zugrunde liegenden Werten verliert.

Was den körperlichen Aspekt der Sexualerziehung betrifft, ist es nicht nötig, dass Kinder damit sehr früh im Leben konfrontiert werden. Man kann damit abwarten, bis das Kind neugierig wird, bis es bestimmte Dinge herausfinden will. Mütter und Väter, die sich für ihr Kind interessieren, werden auch den richtigen Zeitpunkt erkennen, um die Sache selbst in die Hand zu nehmen, wenn das Kind zu schüchtern ist, um Fragen zu stellen. Wenn es das Gefühl hat, dass die Mutter und der Vater *[224]* seine Freunde sind, wird es Fragen stellen, und dann sollten die Antworten altersgemäß abgestimmt sein. Jedenfalls sollten Antworten vermieden werden, die den Sexualtrieb stimulieren.

In diesem Zusammenhang sollte gesagt werden, dass scheinbar frühreife Manifestationen des Sexualinstinkts nicht immer Grund zur Sorge geben. Die sexuelle Entwicklung beginnt sehr früh, eigentlich bereits in den ersten Lebenswochen. Es steht zweifelsfrei fest, dass ein Säugling erogene Lust erlebt und dass er gelegentlich versucht, seine erogenen Zonen künstlich zu stimulieren. Wenn wir die Anfänge gewisser Unarten beobachten, muss uns das nicht beunruhigen, aber wir sollten diesen Praktiken Einhalt gebieten, ohne den Anschein zu erwecken, dass wir ihnen allzu große Bedeutung beimessen. Wenn ein Kind bemerkt, dass wir uns wegen dieser Sache Sorgen machen, hält es oft vorsätzlich an seinen Gewohnheiten fest, um Aufmerksamkeit zu bekommen. Solche Handlungen veranlassen uns zu glauben, das Kind sei ein Opfer des Sexualtriebs, während es in Wirklichkeit eine Gewohnheit benutzt, um anzugeben. Kleine Kinder, die mit ihren Genitalien spielen, versuchen meist Aufmerksamkeit zu erregen, weil sie wissen, dass sie ihren Eltern damit einen Schreck einjagen können. Dieselbe Psychologie ist im Spiel, wenn sich Kinder krank stellen, weil sie wissen, dass sie dann verhätschelt werden und mehr Anerkennung bekommen. *[225]*

Kinder sollten nicht durch zu viel Küssen und Zärtlichkeit körperlich stimuliert werden. Für das Kind ist das vor allem während der Pubertät eine Qual. Auch sollte man Kinder nicht geistig mit sexuellen Themen stimulieren. Es kommt häufig vor, dass ein Kind in der Bibliothek des Vaters frivole Bilder entdeckt. In der psychologischen Praxis hören wir ständig von solchen Fällen, Kinder sollten Bücher, die auf einer nicht altersgemäßen Ebene mit sexuellen Fragen umgehen, nicht in die Hand bekommen. Auch sollten sie keine Kinofilme sehen, bei denen das Thema Sex vermarktet wird.

Eltern, die all diese Formen der vorzeitigen Stimulation vermeiden, haben nichts zu befürchten. Man braucht nur zur rechten Zeit ein paar schlichte Worte zu sagen; man sollte das Kind niemals reizen und stets aufrichtige und schlichte Antworten geben. Vor allem darf man ein Kind nie anlügen, wenn man sich sein Vertrauen erhalten will. Kinder, die ihren Eltern vertrauen, nehmen die Erklärungen, die sie von Schulfreunden hören – neunzig Prozent der Menschen erhalten ihr sexuelles Wissen von den Kameraden –, nicht für voll und glauben lieber den Eltern. Solche Kooperation, solche Freundschaft ist viel hilfreicher als die verschiedenen Ausflüchte, auf die zurückgegriffen wird, weil sie angeblich der Situation angemessen sind. *[226]*

Kinder, die zu viele oder zu frühe sexuelle Erfahrungen machen, schrecken in der Regel später vor der Sexualität zurück. Deshalb ist es besser, wenn Kinder es nicht mitbekommen, dass die Eltern miteinander schlafen. Wenn möglich sollten sie nicht mit Mutter und Vater im selben Zimmer schlafen – und ganz bestimmt nicht im selben Bett. Auch die Geschwister sollten kein Zimmer teilen. Die Eltern müssen die Augen offen halten, um zu sehen, ob sich ihre Kinder richtig verhalten, und sie sollten auch auf Einflüsse von außen achtgeben.

Mit diesen Bemerkungen sind die wichtigsten Punkte zur Frage der Sexualerziehung zusammengefasst. Wir sehen hier, wie bei allen anderen Aspekten der Erziehung die überragende Bedeutung der Kooperation und Freundlichkeit in der Familie. Wenn eine solche Kooperation herrscht, wenn das Kind von klein auf seine Geschlechtsrolle kennt und sich der Gleichheit von Mann und Frau bewusst ist, dann ist es gegen alle Gefahren, die ihm begegnen könnten, gut gewappnet. Und vor allem ist es darauf vorbereitet, seine Aufgaben mit gesunder Arbeitsbereitschaft anzupacken.

Kapitel 14: Elternerziehung[136]

[239] Wir haben bereits mehrfach darauf hingewiesen, dass sich dieses Buch an Eltern und Lehrer wendet, damit beide gleichermaßen von den neuen psychologischen Einsichten in das Seelenleben des Kindes profitieren können. Letztendlich ist es unerheblich, ob für die Erziehung und Entwicklung

---

136 [Übersetzung: Wilfried Datler. – In der Fassung von 1930 lautet die Überschrift des 14. Kapitels: »Educating the Parent« (Adler 1930a, S. 239). Willi Köhler übersetzte diese Kapitelüberschrift mit dem Begriff »Elternerziehung« (Adler 1930a/1976, S. 135). Dies entspricht der von Adler verwendeten Terminologie und wird daher auch in diese Textfassung unbeschadet des Umstandes übernommen, dass eine Betitelung des 14. Kapitels mit dem Begriff »Elternarbeit« dem heute gängigen Begriffsgebrauch eher entspräche.]

des Kindes vornehmlich die Eltern oder vornehmlich Lehrer verantwortlich sind, solange dafür Sorge getragen wird, dass das Kind die richtige Erziehung erhält. Wir sprechen hier natürlich von jener Erziehung, die nicht durch Lehrpläne geregelt ist – also nicht vom Vermitteln von Unterrichtsstoff, sondern von der Persönlichkeitsbildung, die den wichtigsten Teil der Erziehung ausmacht. Obgleich sowohl Eltern als auch Lehrer auf ihre Weise zum Gelingen der Erziehungsarbeit betragen können – Eltern korrigieren die Mängel der Schule, Lehrer korrigieren die Mängel der häuslichen Erziehung –, ist festzuhalten, dass die Lehrer in unseren großen Städten und unter den modernen sozialen und wirtschaftlichen Bedingungen den größeren Teil *[240]* der Verantwortung zu tragen haben. Im Großen und Ganzen sind Eltern neuen Ideen gegenüber weniger aufgeschlossen als Lehrer, die ein berufliches Interesse an der Erziehung der Kinder haben. Die Hoffnung der Individualpsychologie, die sich auf die Vorbereitung der Kinder von morgen bezieht, beruht in erster Linie auf der Veränderung der Schulen und der Lehrer – wenngleich die Mitwirkung von Eltern natürlich niemals zurückgewiesen wird.

Nehmen Lehrer ihre Erziehungsaufgabe wahr, so geraten sie heute in einen unvermeidlichen Konflikt mit Eltern. Dieser Konflikt kann umso weniger vermieden werden, als die Korrekturarbeit der Lehrer bis zu einem gewissen Maße Elternfehler voraussetzt. Diese Arbeit stellt gewissermaßen eine Anklage gegen die Eltern dar, und die Eltern fassen dies häufig auch so auf. Wie sollen sich Lehrer in solch einer Situation den Eltern gegenüber verhalten?

Die folgenden Bemerkungen sind diesem Problem gewidmet. Sie sind natürlich aus der Perspektive des Lehrers geschrieben, der in der Elternarbeit ein psychologisches Problem zu bewältigen hat. Wenn Eltern dies lesen, brauchen sie sich daran nicht zu stoßen, denn die folgenden Ausführungen sind ausschließlich auf jene wenig verständigen Eltern bezogen, die unter all den Eltern, mit denen sich der Lehrer auseinanderzusetzen hat, den Löwenanteil bilden.

Manch ein Lehrer hat angemerkt, dass es oft schwieriger ist, an die Eltern eines Sorgenkindes heranzutreten *[241]* als an das Kind selbst. Dies zeigt, dass der Lehrer immer mit einem gewissen Maß an Taktgefühl vorzugehen hat. Er muss stets davon ausgehen, dass Eltern für die schlechten Seiten, die ihr Kind zeigt, nicht verantwortlich sind. Eltern sind letztlich keine Pädagogen mit besonderen Fähigkeiten und können sich zumeist nur an dem orientieren, was an sie weitergegeben wurde. Werden sie wegen ihrer Kinder in die Schule gerufen, dann erleben sie dies so, als wären sie wegen eines Verbrechens angeklagt. Solch eine Stimmung, die sich ähnlich wie ein inneres Schuldbewusstsein äußert, verlangt vom Lehrer ein Vorgehen mit höchstem Feingefühl. Es ist deshalb höchst wünschenswert, dass er in solchen Fällen versucht, die Eltern in eine freundliche und offene Stimmung zu versetzen, und sich darum bemüht, von ihnen als jemand wahrgenommen zu werden, der hilft und auf der Seite ihrer guten Absichten steht.

Den Eltern sollten niemals Vorwürfe gemacht werden, auch wenn es dafür gute Gründe gäbe. Wir können viel mehr erreichen, wenn wir mit Erfolg versuchen, mit den Eltern eine bestimmte Art von Pakt zu schließen, und wenn wir die Eltern dafür gewinnen können, ihre Haltung zu ändern und im Sinne unserer Grundsätze mit uns zusammenzuarbeiten. Es bringt nichts, wenn wir darauf hinweisen, welche Fehler sie bislang im Umgang mit ihren Kindern gemacht haben. Wir müssen vielmehr versuchen, sie dafür zu gewinnen, eine neue Art des Vorgehens anzunehmen. Ihnen darzulegen, was sie alles falsch gemacht haben, [242] kränkt sie lediglich und verhindert das Aufkommen des Wunsches, mit uns zusammenzuarbeiten. In der Regel fällt eine Verschlechterung der kindlichen Entwicklung nicht vom blauen Himmel; sie hat immer eine Vorgeschichte. Die Eltern kommen mit der Überzeugung zur Schule, sie hätten irgendetwas übersehen. Wir sollten ihnen nie einen Grund für die Annahme geben, dass auch wir so denken; wir sollten mit ihnen nie zu kategorisch oder zu dogmatisch reden. Empfehlungen sollten den Eltern gegenüber nie in einer autoritativen Weise geäußert werden. Unsere Sätze sollten immer ein »Vielleicht«, ein »Möglicherweise«, ein »Wahrscheinlich« und ein »Sie könnten es auf diese Weise versuchen« aufweisen. Selbst wenn wir genau wissen, wo der Fehler liegt und wie er zu beheben ist, sollten wir darauf verzichten, die Eltern offen darauf hinzuweisen und unter Druck zu setzen. Selbstverständlich verfügt nicht jeder Lehrer zu jedem Zeitpunkt über so viel Takt, und es ist auch unmöglich, sich diesen innerhalb kürzester Zeit anzueignen. Interessanterweise hat Benjamin Franklin in seiner Autobiografie die gleichen Gedanken zum Ausdruck gebracht. Er schreibt dort:

»Ein befreundeter Quäker hat mich auf freundliche Weise darauf hingewiesen, dass ich ganz allgemein für stolz gehalten werde, dass sich mein Stolz häufig im Gespräch zeige, dass ich in der Diskussion eines jeden Themas mich nicht damit zufriedengäbe, recht zu haben, sondern überheblich und ziemlich anmaßend sei, wovon er mich durch die Erwähnung verschiedener Belege überzeugte, da beschloss ich, mich darum zu bemühen, [243] mich von diesem Laster oder dieser Torheit unter vielen selbst zu heilen, und ich fügte meiner Liste[137] Demut hinzu, wobei ich diesem Wort eine umfassende Bedeutung gab.

Ich kann mich nicht rühmen, bei der tatsächlichen Aneignung dieser Tugend viel Erfolg zu haben, aber ich war sehr darum bemüht, am äußeren Erscheinungsbild zu arbeiten. Ich machte es mir zur Regel, darauf zu verzichten, den Meinungen anderer zu widersprechen und der eigenen Meinung Nachdruck zu verleihen. In Übereinstimmung mit den alten Gesetzen unseres Kreises verbat ich mir sogar Worte oder Ausdrücke wie sicherlich, unzweifelhaft etc., die

---

137 [Gemeint ist die Liste von ursprünglich 12 Tugenden, der Franklin Demut als 13. Tugend hinzufügte (Franklin 1791/2003, S. 112ff.).]

den Eindruck einer fest gefügten Überzeugung erwecken, und nahm in meinen Wortschatz stattdessen Formulierungen wie ›ich vermute‹, ›ich befürchte‹ oder ›ich stelle mir vor, etwas könnte so oder so sein‹ oder ›so kommt es mir im Moment vor‹. Wenn jemand anderer etwas behauptete, was ich für einen Irrtum hielt, versagte ich mir das Vergnügen, ihm brüsk zu widersprechen und ihn unverzüglich auf die Absurdität seiner Aussage hinzuweisen; und wenn ich antwortete, begann ich mit der Anmerkung, dass in manchen Fällen oder unter bestimmten Umständen seine Auffassung richtig wäre, aber im augenblicklich gegebenen Fall käme es mir so vor, als wäre die Sachlage anders etc. Bald bemerkte ich den Vorteil, den die Veränderung meines Verhaltens mit sich brachte; die Unterhaltungen, in die ich mich einbrachte, verliefen erfreulicher. Die bescheidene Art, in der ich meine Meinungen zum Ausdruck brachte, führte dazu, dass sie bereitwilliger aufgenommen und dass ihnen weniger widersprochen wurde; es war für mich weniger *[244]* demütigend, wenn deutlich wurde, dass ich unrecht habe, und es war einfacher für mich, andere dazu zu bringen, ihre Fehler aufzugeben und sich mir anzuschließen, wenn die Situation eintrat, dass ich recht hatte.

Und dieses Vorgehen, das ich zunächst gegen meine natürliche Neigung geradezu gewaltsam an den Tag legte, fiel mir allmählich so leicht und wurde mir so zur Gewohnheit, dass seit vielleicht fünfzig Jahren niemand eine dogmatisch vorgebrachte Äußerung aus meinem Mund vernommen hat. Und zu dieser Haltung, so glaube ich, gehört (neben meinem integren Charakter) der Umstand, dass meine Meinung bei meinen Mitbürgern viel zählte, wenn ich vorschlug, neue Institutionen einzurichten oder alte umzubauen, und dass ich recht viel Einfluss hatte, als ich ein Mitglied öffentlicher Ratsversammlungen wurde; ich war nämlich ein schlechter Redner, nie wortgewandt, zögernd in meiner Wortwahl, oftmals sprachlich ungewandt, und dennoch konnte ich meine Anliegen oftmals durchbringen.

In Wahrheit dürfte keine unserer natürlichen Leidenschaften so schwer unter Kontrolle zu bringen sein wie Stolz. Verberge ihn, kämpfe mit ihm, ringe ihn nieder, ersticke ihn, töte ihn ab, soviel du willst – er wird immer noch am Leben sein und immer wieder durchblicken und sich zeigen; denn wie der Geschichte immer wieder zu entnehmen ist: Selbst wenn ich denken könnte, dass ich den Stolz überwunden hätte, wäre ich wahrscheinlich stolz auf meine Demut« [Franklin 1791/2003, S. 112ff.]. *[245]*

Es stimmt, dass diese Worte nicht für jede Situation im Leben gelten. Dies kann weder erwartet noch verlangt werden. Zugegeben, diese Worte sind nicht für jede Lebenssituation gültig. Das kann man weder erwarten noch fordern. Nichtsdestoweniger zeigt uns Franklins Haltung, wie ungeeignet und erfolglos aggressiver Widerspruch sein kann. Es gibt kein grundlegendes Gesetz im Leben, das auf jede Situation zuträfe. Jede Regel hat nur eine begrenzte Reichweite und kann dann plötzlich nicht mehr angewandt werden. Sicherlich gibt es Situationen, in denen ein starkes Wort das einzig Richtige ist. Wenn wir uns jedoch die Situation zwischen dem Lehrer auf der einen und den besorgten Eltern auf der anderen Seite vor Augen führen, die bereits ihre Erfahrungen mit Demütigung gemacht haben und darauf eingestellt sind, in Zusammenhang mit ihren Kindern weiter gedemütigt zu werden, und wenn wir bedenken, dass wir ohne Zusammenarbeit mit den Eltern nichts erreichen, ist es offensichtlich, dass Franklins Methode die einzig angemessene ist, die es in der Absicht, dem Kind zu helfen, zu übernehmen gilt.

Unter solchen Umständen, in denen es nicht von Bedeutung ist, ob man nachweisen kann, dass man recht hat, und in denen es auch nicht wichtig ist, seine Überlegenheit zu zeigen, sondern in denen es notwendig ist, den Weg zu ebnen, der es uns erlaubt, dem Kind zu helfen, gibt es natürlich viele Schwierigkeiten. Viele Eltern wollen keinerlei Vorschläge hören. Sie sind erstaunt oder entrüstet, ungeduldig und feindselig, weil der Lehrer sie und ihr Kind in solch eine unangenehme Situation gebracht hat. Für gewöhnlich versuchen solche Eltern, *[246]* einige Zeit lang ihre Augen vor den Fehlern ihrer Kinder zu verschließen und die Realität auszublenden. Dann werden ihnen plötzlich mit Gewalt die Augen geöffnet. All dies ist ihnen höchst unangenehm, und es ist nachvollziehbar, dass ein Lehrer, der solchen Eltern brüsk oder zu energisch entgegentritt, all seine Möglichkeiten verspielt, die Eltern für sich zu gewinnen. Viele Eltern gehen sogar weiter. Sie begegnen dem Lehrer mit einem Wortschwall der Entrüstung und können nicht weiter erreicht werden. In solchen Fällen ist es besser, den Eltern zu zeigen, dass er auf ihre Unterstützung angewiesen ist; es ist besser, sie zu beruhigen und sie dazu zu bringen, in einer freundlichen Weise mit dem Lehrer zu sprechen. Es darf nicht vergessen werden, dass Eltern in die Maschen von überkommenen und veralteten Methoden so sehr verstrickt sind, dass sie sich daraus innerhalb kurzer Zeit gar nicht befreien können.

Wenn ein Vater zum Beispiel sein Kind mit harschen Worten und finsterer Mimik in schlimmer Weise entmutigt hat, ist es natürlich schwer für ihn, nach zehn Jahren plötzlich einen freundlichen Ausdruck anzunehmen und liebevoll mit dem Kind zu sprechen. Dabei ist überdies zu beachten, dass ein Kind, dessen Vater plötzlich sein gesamtes Auftreten dem Kind gegenüber ändert, zunächst gar nicht glauben wird, dass diese Veränderung aufrichtig gemeint ist. Es wird dies für einen Trick halten und dem veränderten elterlichen Verhalten *[247]* erst langsam Vertrauen schenken. Hochintelligente Menschen stellen keine Ausnahme dar. Ich denke da an den Fall des Direktors einer Highschool, der seinen Sohn mit seinem beständigen Kritisieren und Genörgel an den Rand des Zusammenbruchs gebracht hatte. Dies wurde ihm in einem Gespräch mit uns klar; dann ging er nach Hause und konfrontierte seinen Sohn mit einer Fülle von Vorwürfen. Er hatte seine Beherrschung verloren, weil sein Sohn träge war. Immer, wenn sein Sohn etwas tat, was ihm nicht gefiel, geriet er aus der Fassung und redete in unbarmherziger Weise auf ihn ein. Wenn dies bei einem Mann möglich ist, der sich selbst als Pädagoge begreift, können wir uns vorstellen, wie es um jene Eltern bestellt ist, die mit der festen Überzeugung aufgewachsen sind, dass jedes Kind für seine Fehler mit Schlägen bestraft werden muss.

In Gesprächen mit Eltern muss der Lehrer auf jedes Hilfsmittel, das von der Kunst der Diplomatie her bekannt ist, sowie auf jede taktvolle Äußerung, die ihm in den Sinn kommt, zurückgreifen.

Man darf auch nicht vergessen, dass der Brauch, Kinder mithilfe von Schlägen zu erziehen, in ärmeren Klassen weit verbreitet ist. Es kommt vor, dass Kinder aus diesen Schichten nach einem Gespräch mit dem Lehrer, in dem es um Besserung ging, nach Hause kommen, wo Eltern bereits darauf warten, dem Kind eine Tracht Prügel zu verabreichen. Wir sind in der traurigen Lage, uns immer wieder daran erinnern zu müssen, dass unsere pädagogischen Bemühungen *[248]* durch unkluges elterliches Verhalten zunichtegemacht werden. In solchen Fällen werden Kinder für denselben Fehler zweimal bestraft, obgleich unserer Auffassung nach schon eine einmalige Bestrafung zu viel ist.

Wir kennen die furchtbaren Ergebnisse, die solche doppelten Bestrafungen manchmal nach sich ziehen. Nehmen wir den Fall eines Kindes, das ein schlechtes Zeugnis nach Hause bringen muss. Aus Angst, geschlagen zu werden, verheimlicht es das Zeugnis vor seinen Eltern und schwänzt anschließend die Schule, weil es dann Angst davor hat, von seinem Lehrer bestraft zu werden; oder es fälscht auf dem Zeugnis die Unterschrift seiner Eltern. Wir dürfen diese Tatsachen nicht übersehen und wir dürfen sie auch nicht auf die leichte Schulter nehmen; wir müssen das Kind stets in seiner Beziehung zu den unterschiedlichen Aspekten seiner Umgebung sehen. Wir müssen uns fragen: Was geschieht nun, wenn ich weitermache? Wie wird dies auf das Kind wirken? Welche Gewissheit habe ich, dass ich einen hilfreichen Einfluss auf das Kind ausüben werde? Ist das Kind so weit gekommen, dass es Belastungen erträgt, und wird es in der Lage sein, daraus etwas Konstruktives zu lernen?

Wir wissen, wie unterschiedlich Kinder und Erwachsene auf Schwierigkeiten reagieren. Wenn wir Umerziehung anstreben, müssen wir besonders sorgfältig sein und müssen uns aus guten Gründen sicher sein, welche Erfolge wir haben werden, wenn wir daran gehen, das Lebensmuster eines Kindes umzuformen. Wer in der Erziehung und Umerziehung von Kindern stets mit Bedachtsamkeit *[249]* und sachlichem Urteil herangegangen ist, wird mit größerer Gewissheit in der Lage sein, die Folgen seiner Bemühungen abzuschätzen. Übung und Mut sind in der pädagogischen Arbeit ebenso wesentlich wie der unerschütterliche Glaube, dass es unbeschadet der aktuell gegebenen Umstände stets einen Weg gibt, das Kind vor einem Zusammenbruch zu bewahren. Vor allem gilt die alte und wohlbekannte Regel, dass es nie zu früh ist, einen Anfang zu setzen. Wer gewohnt ist, den Menschen als eine Einheit zu sehen und Symptome als zu dieser Einheit gehörend, wird viel besser in der Lage sein, ein Kind zu verstehen und ihm zu helfen, als derjenige, der üblicherweise auf Symptome fixiert ist und diese nach einem starren Schema behandelt – wie im Falle, sagen wir, eines Lehrers, der unverzüglich eine Mitteilung an die Eltern eines Kindes schreibt, wenn das Kind es unterlassen hat, seine Hausübung zu machen.

Wir treten in eine Periode ein, die, bezogen auf Kindererziehung, neue Ideen, neue Methoden und ein neues Grundverständnis mit sich bringt. Wissenschaft beseitigt alte und überlebte Gebräuche und Traditionen. Das Wissen, das wir gewinnen, verlagert mehr Verantwortung auf den Lehrer, gleicht dies aber dadurch aus, dass sie ihm eine weit bessere Einsicht in die Probleme von Kindern eröffnet und damit erheblich bessere Möglichkeiten, den Kindern zu helfen, die durch seine Hände gehen.

Es ist wichtig, sich immer wieder vor Augen zu halten, dass die Bedeutung einer einzelnen Verhaltensweise nicht erschlossen werden kann, wenn sie unabhängig von der Gesamtpersönlichkeit eines Menschen betrachtet wird, und dass wir Verhalten nur dann verstehen können, wenn wir es im Zusammenhang mit all den anderen Seiten eines Menschen begreifen.

Anhang 1:

Ein individualpsychologischer Fragebogen
zum Verständnis und zur Behandlung von Sorgenkindern,
zusammengestellt von der
Internationalen Gesellschaft der Individualpsychologen[138]

1. Seit wann besteht Grund zur Beanstandung? In welcher Art von Situation (psychischer oder sonstiger) befand sich das Kind, als sein Fehlverhalten zum ersten Mal bemerkt wurde?

Die folgenden Situationen sind wichtig: Wechsel der Umwelt, Schulanfang, Geburten in der Familie, jüngere oder ältere Brüder und Schwestern, Schulversagen, Lehrer- oder Schulwechsel, neue Freundschaften, Krankheiten des Kindes, Scheidung, neue Eheschließung, Tod der Eltern.

---

138 [Übersetzung: Antonia Funder]

2. Waren in irgendeinem früheren Lebensalter des Kindes irgendwelche Eigentümlichkeiten bemerkbar, Eigentümlichkeiten in psychischer oder körperlicher Hinsicht, Ängstlichkeit, Unachtsamkeit, Zurückhaltung, Unbeholfenheit, Neid, Eifersucht, Abhängigkeit von anderen beim Essen, Ankleiden, Waschen oder Zubettgehen? Hatte das Kind Furcht vor [252] dem Alleinsein oder vor der Dunkelheit? Versteht es seine Geschlechtsrolle? Irgendwelche primäre, sekundäre oder tertiäre Geschlechtsmerkmale? Welche Einstellung hat es zum anderen Geschlecht? Wie weit ist es über seine Geschlechtsrolle aufgeklärt? Ist es ein Stiefkind? Unehelich? Ein Pflegekind? Waise? Wie haben seine Pflegeeltern es behandelt? Besteht noch ein Kontakt? Hat es zur rechten Zeit sprechen und gehen gelernt? Ohne Schwierigkeiten? Verlief das Zahnen normal? Auffällige Schwierigkeiten beim Lesen-, Schreiben-, Zeichnen-, Singen-, Schwimmenlernen? Klammert es sich besonders stark an den Vater, die Mutter, seine Großeltern oder sein Kindermädchen?

> Es ist unumgänglich, herauszufinden, ob es gegenüber seiner Umwelt Feindseligkeit an den Tag legt, und den Ursprung seines Minderwertigkeitsgefühls in Erfahrung zu bringen; ferner, ob bei ihm eine Tendenz zu beobachten ist, Schwierigkeiten zu meiden, und ob es Züge von Egoismus und Empfindlichkeit erkennen lässt.

3. Verursacht das Kind viel Kummer und Ärger? Was und wen fürchtet es am meisten? Schreit es in der Nacht auf? Leidet es unter Enuresis, unter Bettnässen? Tritt es gegenüber schwächeren Kindern oder auch gegenüber stärkeren herrschsüchtig auf? Zeigt es ein starkes Verlangen, im elterlichen Bett zu schlafen? War es ungeschickt, unbeholfen? Hat es Rachitis gehabt? Wie steht es mit seiner Intelligenz? Ist es viel gehänselt und verspottet worden? Gibt es Eitelkeit hinsichtlich seines Haares, seiner Kleidung, seiner Schuhe usw. zu erkennen? Frönt es dem [253] Nägelbeißen oder dem Nasebohren? Legt es beim Essen Gier an den Tag?

> Es wäre aufschlussreich, wenn man herausfinden könnte, ob es mehr oder weniger mutig nach einer Vorrangstellung strebt; ferner, ob Eigensinn es davon abhält, seinen Handlungsimpulsen zu folgen.

4. Gewinnt es leicht Freunde? Zeigt es gegenüber Menschen oder Tieren Rücksicht oder belästigt und quält es sie? Hat es eine Sucht zu sammeln oder aufzubewahren? Wie steht es mit Geiz und Habsucht? Führt es andere? Neigt es dazu, sich zu isolieren?

> Diese Fragen beziehen sich auf die Fähigkeit des Kindes zur »Fühlungnahme« und auf das Maß seiner Entmutigung.

5. Welches ist unter Berücksichtigung der oben angeführten Fragen die gegenwärtige Stellung des Kindes? Wie ist sein Betragen in der Schule? Geht es gern

zur Schule? Ist es pünktlich? Ist es vor dem Schulgang aufgeregt? Ist es hastig? Verliert es seine Bücher, seinen Schulranzen, seine Übungshefte? Gerät es vor Klassenarbeiten und vor Prüfungen in Aufregung? Vergisst es, seine Hausarbeiten zu machen, oder weigert es sich, sie zu erledigen? Vertrödelt es seine Zeit? Ist es faul? Fehlt es ihm an Konzentration? Stört es in der Klasse? Wie steht es zu dem Lehrer? Ist es gegenüber dem Lehrer kritisch, arrogant, gleichgültig? *[254]* Bittet es andere, ihm bei den Aufgaben zu helfen, oder wartet es, bis ihm Hilfe angeboten wird? Zeigt es Ehrgeiz bei Turnen und Sport? Hält es sich für vergleichsweise oder völlig unbegabt? Liest es viel? Welche Art von Literatur bevorzugt es?

Fragen, die uns dabei helfen herauszufinden, inwieweit das Kind richtig vorbereitet ist auf die Schule, die uns das Ergebnis des »Experiments Schule« sowie seine Einstellung zu Schwierigkeiten erkennen lassen.

6. Zutreffende Auskünfte über die häuslichen Umstände, Krankheiten in der Familie, Alkoholismus, kriminelle Tendenzen, Neurosen, Debilität, Lues, Epilepsie, über den Lebensstandard, Todesfälle in der Familie sowie Alter des Kindes bei diesem Ereignis? Ist es eine Waise? Wer ist die beherrschende Gestalt in der Familie? Ist die häusliche Erziehung streng, geprägt von Nörgelei oder Besserwisserei, oder ist sie milde, nachsichtig? Sind die häuslichen Einflüsse geeignet, dem Kind Lebensangst einzuflößen? Wie ist es um die Beaufsichtigung bestellt?

Aufgrund seiner Stellung und Haltung im Familienkreis vermögen wir die Eindrücke, die das Kind gewinnt, zu beurteilen und abzuschätzen.

7. Welche Stellung nimmt das Kind in der Familienkonstellation ein? Ist es das älteste, das jüngste, das einzige Kind, der einzige Junge, das einzige *[255]* Mädchen? Finden wir Rivalität, häufiges Geschrei, boshaftes Lachen, eine Tendenz, andere herabzusetzen?

Das Obige ist wichtig für die Untersuchung des Charakters; es erhellt die Einstellung des Kindes zu anderen.

8. Hat sich das Kind irgendwelche Gedanken über die Wahl eines Berufs gemacht? Wie denkt es über die Ehe? Welchem Beruf gehen die anderen Familienmitglieder nach? Wie ist es um das Eheleben der Eltern bestellt?

Daraus lässt sich schlussfolgern, ob das Kind Mut und Vertrauen in die Zukunft hat.

9. Welches sind seine Lieblingsspiele, -geschichten, -gestalten in Geschichte und Dichtung? Neigt es dazu, anderen Kindern die Spiele zu verderben? Verliert es sich in Fantasien? Ist es ein kühl denkender Kopf? Überlässt es sich Tagträumen?

Diese Fragen beziehen sich auf eine mögliche Tendenz des Kindes, im Leben den Helden zu spielen. Einen Widerspruch im Verhalten des Kindes kann man als Zeichen von Entmutigung werten.

10. Früheste Erinnerungen? Eindrucksvolle oder wiederholt auftretende Träume über Fliegen, Fallen, Ohnmacht, Zuspätkommen auf Bahnhöfen, Angstträume?

In diesem Zusammenhang bemerken wir häufig eine Tendenz zur Isolierung, Mahnungen zur Vorsicht, ehrgeizige Charakterzüge und eine Vorliebe für bestimmte Personen, für das Landleben usw. *[256]*

11. In welcher Hinsicht ist das Kind entmutigt? Hält es sich für vernachlässigt? Reagiert es angemessen auf Zuwendung und Lob? Hängt es abergläubischen Gedanken nach? Meidet es Schwierigkeiten? Fängt es die verschiedensten Dinge an, nur um sie schnell wieder aufzugeben? Ist es im Ungewissen über seine Zukunft? Glaubt es an die nachteiligen Auswirkungen der Anlage, der Vererbung? Haben die Menschen seiner Umwelt es systematisch entmutigt? Schaut es mit Pessimismus in die Zukunft?

Antworten auf diese Fragen ermöglichen uns zu erkennen, ob das Kind sein Vertrauen in sich selbst verloren hat und sich nun auf dem falschen Weg befindet.

12. Fallen uns andere Unarten und schlechte Gewohnheiten auf, zum Beispiel Grimassen ziehen, sich einfältig, kindisch, komisch geben?

In solchen Fällen dient der schwach zum Vorschein kommende Mut dem Ziel, Aufmerksamkeit zu erregen.

13. Hat es Sprachstörungen? Ein hässliches Aussehen? Ist es klumpfüßig? X- oder O-beinig? Verwachsen? Abnorm dick oder groß? Körperlich unproportioniert? Hat es konstitutionelle Augen- oder Ohren-Fehler? Ist es geistig zurückgeblieben? Linkshändig? Schnarcht es in der Nacht? Sieht es ungewöhnlich gut aus?

Dies sind Nachteile, die das Kind in der Regel überbewertet und durch die es ständig entmutigt werden kann. Eine fehlerhafte Entwicklung *[257]* finden wir oft bei hübschen Kindern, die von dem Gedanken beherrscht werden, sie müssten alles bekommen, was sie sich wünschen, ohne sich dafür anzustrengen. Solchen Kindern mangelt es an ausreichenden Gelegenheiten zur Vorbereitung auf das Leben.

14. Spricht es häufig über seine Unfähigkeit, seine mangelnde Begabung für die Schule, für die Arbeit, für das Leben? Hegt es Selbstmordgedanken? Besteht ein zeitlicher Zusammenhang zwischen seinen Fehlern und seinen Schwierig-

keiten? Überschätzt es äußerlichen Erfolg? Ist es unterwürfig, bigott, aufrührerisch?

Hier haben wir Äußerungen äußerster Entmutigung vor uns, die meistens dann in Erscheinung treten, wenn das Kind vergebliche Anstrengungen unternommen hat, sich seiner Schwierigkeiten zu entledigen. Für sein Scheitern ist teils die Unzweckmäßigkeit seiner Anstrengungen, teils der Mangel an Verständnis seitens der Personen, die mit ihm in Berührung kommen, verantwortlich. Doch seine Neigungen müssen irgendwie und irgendwo befriedigt werden, und so hält es nach einem anderen, einem angenehmeren Handlungsort, nach einem »Nebenkriegsschauplatz« Ausschau.

15. Suchen Sie Tätigkeiten, bei denen das Kind erfolgreich ist.

Solche »positiven Leistungen« sind für uns wertvolle Hinweise, denn es ist durchaus möglich, dass die Interessen, die Neigungen und Vorbereitungen des Kindes in eine andere Richtung zielen als in jene, die es bislang befolgt hat.

Aus den Antworten auf die obigen Fragen (die *[258]* man niemals in fester Reihenfolge oder routinemäßig stellen sollte, sondern in konstruktiver Weise und im Verlauf eines Gesprächs) ergibt sich eine richtige Vorstellung von der jeweiligen Individualität. Es wird sich herausstellen, dass die Fehler des Kindes, obgleich nicht zu rechtfertigen, dennoch begreifbar und verständlich sind. Man sollte die aufgedeckten Irrtümer stets in geduldiger, gelassen freundlicher Weise und ohne irgendwelche Drohungen aufklären.

Anhang 2:

Vier Fallgeschichten mit Kommentaren[139]

2. [Ein 10-jähriger Schulversager][140]

Hierbei handelt es sich um den Fall eines zehnjährigen Knaben.
»Die Schule beklagt sich darüber, dass er nur schwache Leistungen erbringt und um drei Klassen zurückliegt.«

---

139 [Übersetzung: Antonia Funder. – Adler publizierte im »Anhang 2« fünf Fallgeschichten. Im Folgenden werden die Fallgeschichten 2 bis 5 wiedergegeben.]

140 [Die in eckige Klammern gesetzte Überschrift fügte Metzger 1976 hinzu (siehe Adler 1930a/1976, S. V).]

Zehn Jahre alt und drei Klassen zurück – da könnte man durchaus den Verdacht haben, dass der Junge schwachsinnig ist. *[278]*
»Er ist nun in der Klasse 3b. Sein Intelligenzquotient beträgt 101.«
Infolgedessen kann er nicht schwachsinnig sein. Was mag der Grund für seinen Rückstand sein? Warum stört er die Klasse? Bei ihm lässt sich ein gewisses Streben, eine gewisse Funktionslust erkennen, doch es gilt alles der unnützlichen Seite des Lebens. Er möchte schöpferisch sein, aktiv, der Mittelpunkt der Aufmerksamkeit, allerdings in der falschen Weise. Wir erkennen auch, dass er die Schule bekämpft. Er ist ein Kämpfer, ein Feind der Schule, und von daher ist auch verständlich, warum er zurück ist; der Schulalltag mit seinem Trott ist für einen solchen Kämpfer nur schwer erträglich.
»Befehlen gehorcht er nur widerwillig.«
Das ist ganz offenkundig. Er geht intelligent vor, das heißt, in seinem Wahnsinn liegt Methode. Wenn er ein Kämpfer ist, dann muss er sich Befehlen widersetzen.
»Er kämpft mit anderen Jungen; er bringt Spielzeug mit in die Schule.«
Er möchte seine eigene Schule aufmachen.
»Er ist schlecht im mündlichen Rechnen.«
Das bedeutet, dass es ihm an Sozialgesinnung und der damit einhergehenden sozialen Logik fehlt (siehe Kapitel 7).
»Er hat einen Sprachfehler und geht einmal die Woche zu einer Sprachschule.« *[279]*
Der Sprachfehler beruht nicht auf einer organischen Schwäche. Er ist vielmehr ein Symptom für einen Mangel an sozialer Bindung, der sich in gehemmter Sprechweise äußert. Sprache ist eine Haltung des Miteinanderseins – das Individuum muss mit anderen Personen Verbindungen herstellen. Wie die Dinge liegen, setzt der Junge seinen Sprachfehler als Waffe ein, als Gerät seiner Kampfbereitschaft. Wir dürfen uns nicht wundern, dass er nicht darauf erpicht ist, seinem Sprachfehler abzuhelfen, denn Heilung bedeutet für ihn, dass er auf eine Waffe verzichten muss, mir der er Aufmerksamkeit erregt.
»Wenn sein Lehrer mit ihm spricht, dann bewegt er seinen Körper von einer Seite zur anderen.«
Das erweckt den Eindruck, als bereite er sich auf einen Angriff vor. Er empfindet keinerlei Freude daran, wenn der Lehrer mit ihm spricht, da er nicht im Mittelpunkt der Aufmerksamkeit steht. Der Lehrer ist der Eroberer, wenn er spricht und er zuzuhören hat.
»Die Mutter (um genau zu sein, die Stiefmutter, denn seine Mutter starb, als er noch ein Kleinkind war) beklagt sich lediglich darüber, dass er nervös sei.«
Hinter diesem mysteriösen Gedanken der Nervosität verbirgt sich eine Vielfalt von Verstößen.

»Er wurde von zwei Großmüttern aufgezogen.«

Eine Großmutter ist schon schlimm genug, denn wir wissen, dass Großmütter die Kinder für gewöhnlich in erschreckendem *[280]* Maße verzärteln. Es verlohnt sich, darüber nachzudenken, warum sie das tun. Verantwortlich dafür ist ein Missstand unserer Kultur, in der ältere Menschen keinen Platz haben. Sie lehnen sich gegen diese Behandlung auf und möchten, dass man sich ihnen gegenüber richtig verhält – womit sie vollkommen recht haben. Die Großmutter möchte die Wichtigkeit ihrer Existenz unter Beweis stellen, und sie tut dies, indem sie die Kinder verzärtelt und sie dazu bringt, sich an sie zu klammern. Auf diese Weise macht sie ihr Recht geltend, als Persönlichkeit anerkannt zu werden.

Wenn man davon hört, dass sich zwei Großmütter um ein Kind kümmern, dann kann man sich gut vorstellen, welch schrecklichen Konkurrenzkampf sie ausfechten. Die eine möchte beweisen, dass die Kinder sie mehr mögen als die andere. Natürlich befindet sich das Kind bei einem derartigen Wettstreit um seine Gunst in einer Art Paradies, in dem es alles bekommt, was sein Herz begehrt. Es braucht nur zu erklären: »Die andere Großmutter hat mir dies gegeben«, und schon wird die Angesprochene sich bemühen, ihre Rivalin auszustechen. Zu Hause ist ein solches Kind der Mittelpunkt der Aufmerksamkeit, und wir können verfolgen, wie es diese Aufmerksamkeit zu seinem Ziel erwählt. In unserem Fall geht das Kind bereits zur Schule, und dort gibt es keine zwei Großmütter, sondern nur einen Lehrer und viele Kinder. Nur durch kämpferischen Einsatz kann es hier in den Mittelpunkt der Aufmerksamkeit vorrücken.

»Während des Zusammenlebens mit den Großmüttern bekam er in der Schule keine guten Noten.« *[281]*

Die Schule war für ihn nicht der rechte Ort. Er war darauf nicht vorbereitet. Die Schule war für ihn ein Test seiner Fähigkeit zur Mitarbeit, ein Test, auf den er nicht trainiert worden war. Eine Mutter kann diese Fähigkeit zur Mitarbeit am besten fördern.

»Der Vater ging vor anderthalb Jahren eine neue Ehe ein, und das Kind lebt nun mit Vater und Stiefmutter zusammen.«

Wie sich von selbst versteht, haben wir es hier mit einer schwierigen Lage zu tun. Wenn eine Stiefmutter oder ein Stiefvater die Szene betritt, dann fangen Unannehmlichkeiten an oder die bereits vorhandenen verschlimmern sich noch. Das Problem der Stiefeltern hat eine lange Tradition, und bislang ist es noch nicht gelöst worden; besonders die Kinder leiden darunter. Stiefmütter, selbst die besten, haben im Allgemeinen Mühe und Ärger. Überflüssig zu sagen, dass das Problem der Stiefeltern nicht zu beseitigen, letztlich unlösbar ist, sondern nur in einer bestimmten Weise gemildert werden kann. Stiefmütter und Stiefväter sollten Anerkennung nicht wie ein ihnen zustehendes Recht erwarten, sondern sie sollten vielmehr versuchen, ihr Bestes zu tun, um Anerkennung und Wertschätzung zu gewinnen. Mit zwei Großmüttern, die zur Verwicklung der Situation beitragen, hat die Stiefmutter mit dem Kind noch mehr Schwierigkeiten.

»Als die Stiefmutter ins Haus kam, bemühte sie sich, liebevoll und zärtlich zu sein. Sie tat alles, was in ihren Kräften stand, um den Jungen für sich zu gewinnen. Auch ein älterer Bruder stellt eine Schwierigkeit dar.« [282]

Also ein weiterer Kämpfer in der Familie. Man bedenke die schreckliche Rivalität zwischen den beiden Brüdern, welche die allgemeine Streitsucht nur verstärken muss.

»Der Junge hat Angst vor dem Vater und gehorcht ihm, doch gegenüber seiner Mutter lässt er es an Gehorsam fehlen: Daher berichtet sie dem Vater über ihn.«

Das ist nun wirklich ein Eingeständnis der Mutter, dass sie das Kind nicht erziehen kann, und so überlässt sie dem Vater die Erziehung. Wenn die Mutter dem Vater ständig erzählt, was die Kinder getan oder nicht getan haben, wenn sie ihnen mit den Worten droht: »Das werde ich eurem Vater erzählen«, dann wissen die Kinder, dass sie nicht in der Lage ist, mit ihnen umzugehen, und dass sie ihrer Erziehungsaufgabe nicht mehr nachkommt. So suchen sie nach Gelegenheit, sie herumzukommandieren. Eine Mutter, die so spricht und handelt, bringt damit ihren Minderwertigkeitskomplex zum Ausdruck.

»Mutter nimmt ihn mit in Läden und kauft ihm etwas, wenn er verspricht, sich brav zu verhalten.«

Die Mutter befindet sich in einer schwierigen Lage. Warum? Weil sie im Schatten der Großmutter steht, denn die Kinder halten die Großmutter für wichtiger.

»Die Großmutter sieht ihn nur gelegentlich.«

Für jemand, der nur für [283] wenige Stunden vorbeischaut, um mit den Kindern zu spielen und der Mutter all die Aufregung und den Ärger zu überlassen, ist es eine Kleinigkeit, auf die Kinder Eindruck zu machen.

»In der Familie scheint es niemanden zu geben, der das Kind wirklich liebt.«

Es sieht so aus, als wenn sie ihn nicht mehr mögen. Selbst die Großmutter kann ihn nicht mehr leiden, nachdem sie ihn durch Verzärteln verwöhnt hat.

»Der Vater schlägt ihn.«

Die Schläge ändern freilich nichts. Das Kind mag Lob, und wenn es gelobt wird, dann ist es stets völlig zufrieden. Doch es weiß nicht, dass es nur Lob bekommen kann, wenn es sich richtig verhält. Der Junge zieht es vor, von seinem Lehrer Lob zu fordern, ohne es verdient zu haben.

»Er arbeitet besser, wenn er gelobt wird.«

Das ist natürlich der Fall bei allen Kindern, die im Mittelpunkt der Aufmerksamkeit stehen wollen.

»Die Lehrer mögen ihn nicht, weil er mürrisch und träge ist.«
   Das ist das beste Mittel, das er einsetzen kann, denn er ist schließlich ein Kämpfer.
»Das Kind leidet unter Bettnässen.«
   Auch das ist ein Ausdruck seines Hanges, *[284]* im Mittelpunkt der Aufmerksamkeit zu stehen. Er kämpft nicht geradezu, sondern auf Umwegen. Wie kann sich solch ein Kind mit seiner Mutter auf indirekte Weise auseinandersetzen? Indem es sich im Bett einnässt und die Mutter dazu zwingt, mitten in der Nacht aufzustehen; durch nächtliches Weinen und Schreien; indem es im Bett liest, statt sich schlafen zu legen; durch widerwilliges Aufstehen am Morgen; durch schlechte Essgewohnheiten. Kurz, er hat stets einige Mittel an der Hand, um seine Mutter dazu zu bringen, sich mit ihm zu beschäftigen, und zwar sowohl tagsüber wie in der Nacht. Bettnässen und Sprachfehler – mit diesen beiden Waffen bekämpft er seine Umwelt.
»Die Mutter hat versucht, ihn von seinem gewohnheitsmäßigen Bettnässen abzubringen, indem sie ihn mehrere Male in der Nacht aufweckte.«
   Die Mutter war also mehrmals in der Nacht bei ihm. Folglich erreicht er auch auf diese Weise sein Ziel.
»Kinder sind nicht sonderlich angetan von dem Jungen, weil er sie herumkommandieren möchte. Einige schwächere Kinder versuchen es ihm nachzutun.«
   Er ist ein schwacher, entmutigter Junge, der gar nicht den Wunsch verspürt, auf mutige Weise voranzukommen. Die schwachen Kinder in der Schule ahmen ihn gern nach, weil dies genau der richtige Weg für schwache Kinder ist, Aufmerksamkeit auf sich zu lenken. *[285]*
»Auf der anderen Seite ist er nicht wirklich unbeliebt, und ›die anderen Kinder sind froh bei dem Gedanken, dass er sich gebessert haben könnte, falls seine Arbeit wieder einmal als die beste ausgewählt wurde‹.«
   Die Kinder sind froh, wenn er sich bessert. Das ist auch ein sehr guter Hinweis auf die Tätigkeit des Lehrers, der es wirklich versteht, in den Kindern den Geist der Zusammenarbeit zum Leben zu erwecken.
»Der Junge spielt mit anderen Kindern auf den Straßen gerne Ball.«
   Er hat Beziehungen zu anderen, wenn er sicher sein kann, Erfolg zu haben und zu gewinnen.

Der Fall wurde mit der Mutter erörtert, und wir haben ihr erklärt, dass sie sich mit dem Kind und den beiden Großmüttern in einer äußerst schwierigen Lage befindet. Auch wurde ihr erklärt, dass der Junge eifersüchtig sei und ständig Angst davor habe, im Stich gelassen zu werden. Während des Gesprächs sprach der Junge kein einziges Wort, obwohl wir ihm gesagt hatten, dass wir alle in der Beratungsstelle seine Freunde seien. Sprechen bedeutet für diesen Jungen Zusammenarbeit. Er möchte aber kämpfen, sich im Kampf behaupten, und so enthält er sich des Sprechens. Dabei handelt es sich um den gleichen Mangel an Gemeinschaftsgefühl, der sich, wie wir sahen, in seiner Weigerung äußert, etwas gegen seinen Sprachfehler zu tun.

Es mag erstaunlich sein, doch es ist eine Tatsache, *[286]* dass wir sehr häufig auf Erwachsene treffen, die sich im Sozialleben auf diese Weise verhalten – die einen Kampf austragen, indem sie nicht sprechen. Es gab einmal ein Ehepaar, das in einem heftigen Streit miteinander lag. Der Ehemann schrie sehr laut und meinte dann zu seiner Frau: »Siehst du, nun bist du still!« Sie antwortete: »Ich bin nicht still, sondern ich spreche nur nicht!«

Auch der Junge in unserem Fall »spricht nur nicht«. Nach Beendigung der Aussprache wurde ihm gesagt, er könne nun gehen, doch er schien nicht zu wollen. Er war aufgebracht. Wir sagten ihm, das Gespräch sei zu Ende, doch er ging nicht fort. Er solle in der nächsten Woche mit seinem Vater wiederkommen, wurde ihm gesagt.

Unterdessen erklärten wir ihm: »Du hast ganz recht getan, nicht zu sprechen, denn du möchtest ja immer das Gegenteil tun. Wenn dir gesagt wird, du sollst sprechen, dann bist du still, doch wenn du in der Schule still sein sollst, dann störst du den Unterricht durch Reden. Du glaubst, auf diese Art und Weise seist du ein Held. Wenn wir dir sagten: ›Rede überhaupt nicht!‹, dann würdest du sprechen. Wir brauchten dich nur anzuführen und das Gegenteil fordern von dem, was wir möchten.«

Offensichtlich kann das Kind zum Sprechen bewegt werden, da es darauf angewiesen ist, dass man ihm Fragen beantwortet. Auf diese Art und Weise käme es zur Zusammenarbeit durch Sprechen und Sprache. Späterhin könnte man ihm die Situation erklären und ihn von seinen Fehlern überzeugen, *[287]* und auf diese Weise würde er sich schrittweise bessern.

In diesem Zusammenhang sollte man sich vergegenwärtigen, dass ein solches Kind keinerlei Ansporn verspürt, sich zu ändern, solange es sich in seiner altgewohnten Lage befindet. Die Mutter, der Vater, die Großmütter, die Lehrer, seine Spielkameraden, sie alle passen zu seinem gewohnten Lebensstil. In Bezug zu ihnen waren seine Haltungen festgelegt. Doch als er in die Beratungsstelle kam, fand er eine völlig neue Lage vor, mit der er sich auseinandersetzen musste. Wir mussten sogar versuchen, diese Situation so neu wie möglich zu machen, zu einer in der Tat völlig neuen Umwelt. So dürfte er die Charakterzüge, die zu der alten Situation gehören, auf die er eintrainiert ist, wesentlich deutlicher offenbaren. In einem solchen Fall ist es von Vorteil, ihm zu erklären: »Du brauchst überhaupt nicht zu sprechen!« Darauf wird er sagen: »Ich will aber sprechen!« Auf diese Weise tritt niemand unmittelbar in ein Gespräch mit ihm ein, und seine Hemmungen werden gleichsam überlistet.

In der Beratungsstelle stehen die Kinder im Allgemeinen vor einer großen Zuhörerschaft,[141] und dieser Umstand übt einen starken Eindruck auf sie aus.

---

141 [Bezüglich der Tatsache, dass Erziehungsberatungen öffentlich durchgeführt wurden, siehe S. 275 f. und 295 ff. sowie S. 18 f. und 23 f. in der Einführung zu diesem Band.]

Es ist eine neue Situation, die ihnen den Eindruck vermittelt, dass sie keineswegs nur ihrer eigenen kleinen Umwelt verhaftet sind, sondern dass auch andere für sie Interesse aufbringen und dass sie mithin Teil eines größeren Ganzen sind. All das erweckt in ihnen den Wunsch, mehr als zuvor ein Teil des Ganzen zu sein, sonderlich wenn sie aufgefordert werden wiederzukommen. Sie wissen, was geschehen wird *[288]* – man wird sie fragen, wie sie vorankommen, usw. Manche kommen einmal die Woche, andere jeden Tag, je nach Art ihres Falles. Sie werden in ihrem Verhalten gegenüber dem Lehrer trainiert. Sie wissen, dass sie nicht beschuldigt, getadelt oder kritisiert werden, sondern dass alles unbefangen, gleichsam ohne Scheuklappen, beurteilt wird. Dies macht stets Eindruck auf Menschen. Wenn ein Paar im Streit liegt und jemand ein Fenster öffnet – so wie wir –, dann hört der Streit auf, und es entsteht eine gänzlich neue Situation. Wenn ein Fenster offensteht und man sie hören kann, dann haben Menschen eine Scheu davor, ihre fehlerhaften Charakterzüge zum Ausdruck zu bringen. Das ist schon ein Schritt nach vorn, und das geschieht auch, wenn Kinder in die Beratungsstelle kommen.

3. [Ein 13-Jähriger fällt zurück]

»Dies ist der Fall eines ältesten Kindes im Alter von dreizehneinhalb Jahren. Mit elf Jahren hatte der Junge einen Intelligenzquotienten von 140.«

Folglich kann man ihn als ein aufgewecktes Kind bezeichnen.

»Seit seinem Eintritt in die zweite Klasse der höheren Schule hat er nur wenig Fortschritte gemacht.«

Wir wissen aus Erfahrung, dass ein Kind, *[289]* sofern es von sich glaubt, es sei gescheit, nur allzu häufig erwartet, dass ihm alles ohne jegliche eigene Mühe zufällt; die Folge ist, dass bei solchen Kindern sehr oft ein Stillstand eintritt. Wir entdecken zum Beispiel, dass solche Kinder in der Adoleszenszeit das Gefühl haben, sie seien erheblich erwachsener, als sie in Wirklichkeit sind. Sie möchten beweisen, dass sie keine Kinder mehr sind. Je mehr sie versuchen, sich zum Ausdruck zu bringen, umso mehr begegnen ihnen die Schwierigkeiten des tatsächlichen Lebens. Dann beginnen sie daran zu zweifeln, ob sie wirklich so schlau sind, wie sie bislang von sich geglaubt haben. Es ist nicht ratsam, Kindern zu sagen, dass sie gescheit sind oder dass sie einen Intelligenzquotienten von 140 haben. Kinder sollten niemals ihren Intelligenzquotienten kennen, die Eltern genauso wenig. All dies ist eine Erklärung dafür, warum solch ein gescheites, aufgewecktes Kind später versagt. Die Situation ist voller Gefahren. Ein sehr ehrgeiziges Kind, das sich nicht sicher ist, auf dem rechten Wege Erfolg zu haben, wird nach einem falschen Weg ausschauen, um auf ihm zum Erfolg zu gelangen. Hier einige dieser falschen Wege: neurotisch werden, Selbstmord begehen, Verbrechen auf sich laden, faul und träge werden und seine Zeit vergeuden.

Es gibt hundert verschiedene Alibis, deren sich Kinder bedienen, um auf einem unnützlichen Wege erfolgreich zu sein.

»Sein Lieblingsthema ist die Wissenschaft. Er hält sich an Jungen, die jünger sind als er.« *[290]*

Wie wir wissen, tun sich Kinder mit jüngeren Kindern zusammen, um sich Erleichterungen zu verschaffen, um überlegen, um Führer zu sein. Es ist ein verdächtiges Zeichen, wenn Kinder sich gern mit jüngeren Kindern zusammentun, wenn dies auch nicht immer der Fall zu sein braucht – bisweilen handelt es sich um die Rolle eines Vaters. Aber damit ist stets eine gewisse Schwäche verbunden, denn der Ausdruck einer väterlichen Triebregung bedeutet gleichzeitig die Absage an das Spielen mit älteren Kindern. Diese Absage ist ein bewusster Akt.

»Er mag Fußball und Baseball.«

Wir können daher annehmen, dass er in diesen Spielen gute Leistungen zeigt. Wahrscheinlich werden wir erfahren, dass er in bestimmten Richtungen ganz gut ist, aber für andere Dinge kein Interesse aufbringt. Das heißt, dass er überall dort, wo er sicher ist, Erfolg zu haben, aktiv sein wird; wo er des Erfolges jedoch nicht sicher ist, lehnt er die Teilnahme ab. Natürlich ist dies nicht der richtige Weg zu handeln.

»Er spielt Karten.«

Das heißt, dass er Zeit vergeudet.

»Infolgedessen scheint er der üblichen Gepflogenheit, früh zu Bett zu gehen und seine Schularbeiten rechtzeitig zu erledigen, nicht die gebührende Beachtung zu widmen.« *[291]*

Damit kommen wir zu den wirklichen Beschwerden, die alle um denselben Punkt kreisen. Er kommt beim Lernen nicht voran, und das heißt, er vertrödelt schlicht seine Zeit.

»Als Säugling entwickelte er sich nur langsam. Doch nach zwei Jahren begann er sich zügig zu entwickeln.«

Den Grund für die langsame Entwicklung in den beiden ersten Jahren kennen wir nicht. Wahrscheinlich wurde er verzärtelt, und nun haben wir das Ergebnis einer verzärtelten Kindheit vor uns. Mag sein, dass die langsame Entwicklung auf die Verzärtelung zurückzuführen ist. Wir sehen verzärtelte Kinder, die weder sprechen noch sich bewegen oder eine Tätigkeit ausüben wollen, weil sie sich gern auf Unterstützung verlassen, und somit erhalten sie keinen Anreiz zur Entwicklung. Für seine rasche Entwicklung lässt sich nur die eine Erklärung finden, dass in dieser Zeit ein zusätzlicher Anreiz zur Entwicklung vorhanden gewesen sein muss. Wahrscheinlich ist er infolge eines starken Anreizes zu einem aufgeweckten und intelligenten Kind geworden.

»Seine hervortretenden Eigenschaften sind Ehrlichkeit und Starrsinn.«

Uns genügt es nicht, dass er ehrlich ist. Das ist zwar durchaus erfreulich und gereicht ihm wirklich zur Ehre; doch wir wissen nicht, ob er seine Ehrlichkeit nicht dazu verwendet, andere herabzusetzen. Sie kann für ihn sehr wohl eine Möglichkeit *[292]* zur Prahlerei darstellen. Wir wissen, dass er ein Mensch ist, der gern die Führung übernimmt und andere herumkommandiert, und folglich kann seine Ehrlichkeit auch ein Ausdruck seines Überlegenheitsstrebens sein. Wir sind nicht sicher, ob der Junge, befände er sich in einer ungünstigen Lage, weiterhin ehrlich wäre. Was seinen Starrsinn angeht, so stellen wir fest, dass er wirklich seinen eigenen Weg sucht, sich von anderen unterscheiden und nicht von anderen geführt sein möchte.

»Er drangsaliert und schikaniert seinen jüngeren Bruder.«

Mit dieser Äußerung bestätigt sich unser Urteil. Er möchte Führer sein, und weil sein jüngerer Bruder ihm nicht gehorcht, schikaniert er ihn. Das ist sicherlich nicht sonderlich ehrenhaft und ehrlich, und wenn man ihn wirklich kennt, wird man bemerken, dass er etwas von einem Lügner an sich hat. Er ist ein Angeber, ein Prahlhans, sein Überlegenheitsstreben ist offenkundig. Was sich bei ihm äußert, ist nun tatsächlich ein Überlegenheitskomplex, der freilich deutlich erkennen lässt, dass er im Grunde unter einem Minderwertigkeitsgefühl leidet. Er wertet sich ab, weil er von anderen überbewertet wird, und weil er sich entwertet, sucht er einen Ausgleich in Prahlerei. Es zeugt nicht von Klugheit, ein Kind allzu viel zu loben, denn dann bildet sich in ihm der Gedanke, dass von ihm zu viel erwartet wird. Wenn es feststellt, dass es nicht leicht ist, den Erwartungen zu genügen, dann fängt es an, innerlich zu beben und sich zu ängstigen, und die Folge ist, dass es sein Leben so organisiert, *[293]* dass seine Schwäche nicht entdeckt wird. Darum schikaniert er auch seinen Bruder. Das ist sein Lebensstil. Er fühlt sich nicht stark und nicht zuversichtlich genug, die Lebensprobleme unabhängig und richtig zu lösen. Von daher seine Leidenschaft fürs Kartenspielen. Sobald er Karten spielt, kann niemand seine Minderwertigkeit herausfinden, selbst wenn er schlechte Schulnoten hat. Seine Eltern werden sagen, seine schlechten Noten seien auf die Tatsache zurückzuführen, dass er immer Karten spiele, und auf diese Weise kann er sich seinen Stolz und seine Eitelkeit bewahren. Allmählich erfüllt ihn der Gedanke: »Ja, das stimmt, weil ich gern Karten spiele, bin ich ein schlechter Schüler. Wenn ich das Kartenspielen sein ließe, wäre ich der beste Schüler. Doch ich spiele nun einmal Karten.« Damit gibt er sich zufrieden und hat dabei noch das angenehme Gefühl, dass er der Beste sein *könnte.* Solange der Junge die Logik seiner eigenen Psychologie nicht begreift, kann er sich etwas vorjammern und sein Minderwertigkeitsgefühl sowohl vor sich selbst wie vor anderen verbergen. Und solange ihm dies möglich ist, wird er sich nicht ändern. Folglich müssen wir ihm in freundschaftlicher Art und Weise die Ursprünge seines Charakters offenlegen und ihm zeigen,

dass er in Wirklichkeit wie eine Person handelt, die sich nicht stark genug
fühlt, die ihr aufgegebene Arbeit zu bewältigen. Er fühlt sich nur stark
genug, sein Schwächegefühl, sein Minderwertigkeitsgefühl zu verbergen.
Unsere Erklärungen sollten, wie bereits gesagt, in freundschaftlicher Weise
abgegeben werden und von ständiger Ermutigung *[294]* begleitet sein.
Keinesfalls sollten wir ihn fortwährend loben und ihm mit seinem hohen
Intelligenzquotienten winken. Wahrscheinlich hat ihn der ständige Hinweis mit der ängstlichen Besorgnis erfüllt, er werde nicht immer Erfolg
haben. Wir wissen sehr wohl, dass im späteren Leben der Intelligenzquotient nicht mehr sehr wichtig ist; jeder erfahrene Experimentalpsychologe
wird uns zustimmen, wenn wir behaupten, dass ein Intelligenzquotient
lediglich eine gegenwärtige Situation aufzeigt, und zwar so, wie sie sich in
dem Test darstellt, und dass das Leben viel zu kompliziert ist, als dass es aus
einem Test abgelesen werden könnte. Ein hoher Intelligenzquotient ist kein
Beweis dafür, dass ein Kind wirklich in der Lage ist, mit all den Lebensproblemen fertig zu werden.
Die wirkliche Schwierigkeit des Jungen bilden sein Mangel an Gemeinschaftsgefühl und sein Minderwertigkeitsgefühl. Und diese Schwierigkeit
muss man ihm erklären.

4. [Ein Fall von Verzärtelung]

Hier geht es um den Fall eines achteinhalb Jahre alten Jungen. Der Fall veranschaulicht, wie Kinder verzärtelt werden. Kriminelle und neurotische Typen
kommen zur Hauptsache aus der Gruppe der verzärtelten Kinder. Die große
dringende Aufgabe unserer Zeit besteht darin, mit dem Verzärteln der Kinder
aufzuhören. Das bedeutet nicht, dass wir aufhören sollten, sie zu mögen und
zu lieben, sondern dass wir damit aufhören müssen, sie in allem gewähren zu
lassen. Wir sollten sie vielmehr wie Freunde und Gleichberechtigte behandeln.
Der Fall, den wir jetzt schildern möchten, ist geeignet, ein Licht auf die Merkmale und Eigenschaften des verzärtelten Kindes zu werfen. *[295]*

»Augenblickliche Schwierigkeit: Er hat jede Schulklasse wiederholt und ist
zurzeit erst in der Klasse 2a.«
  Bei einem Kind, das in den ersten Schuljahren Klassen wiederholen muss,
  kann man durchaus Schwachsinn vermuten. Bei unserer Analyse dürfen
  wir diese Möglichkeit nicht außer Betracht lassen. Auf der anderen Seite
  können wir bei einem Kind, das mit guten Anfangsleistungen aufwartet
  und dann plötzlich versagt, Schwachsinn ausschließen.
»Er spricht wie ein Baby.«
  Er möchte verzärtelt werden, und daher spricht er wie ein Baby. Das heißt,
  dass er eine Absicht und ein Ziel im Sinn haben muss, wenn er es als vorteil-

haft ansieht, sich wie ein Säugling zu verhalten. Das Vorhandensein eines wohlüberlegten bewussten Plans in diesem Fall schließt Schwachsinn aus. Schularbeiten mag er nicht, weil er auf die Schule nicht vorbereitet worden ist. So äußert er sein Streben, indem er seine Umwelt gegen sich aufbringt und sie bekämpft, statt sich sozialen Linien entlang zu entwickeln. Der Preis für diese Einstellung auf Streit und Auseinandersetzung ist natürlich sein Zurückbleiben in jeder Schulklasse.

»Gehorcht seinem älteren Bruder nicht und hat schwere Auseinandersetzungen mit ihm.«

Daran erkennen wir, dass der ältere Bruder für ihn ein Hindernis darstellt. Aufgrund dieses Umstandes dürfen wir vermuten, dass der ältere Bruder ein guter Schüler ist. *[296]* Er kann mit seinem älteren Bruder nur durch Schlechtsein in Konkurrenz treten. Auch in seinem Traumleben stellt er sich vor, er werde seinen Bruder überholen, wenn er wieder Baby ist.

»Er konnte erst im Alter von zweiundzwanzig Monaten gehen.«

Wahrscheinlich hat er eine Rachitis durchgemacht. Wenn er bis zum zweiundzwanzigsten Lebensmonat nicht gehen konnte, dann besteht auch die Wahrscheinlichkeit, dass er ständig unter Beaufsichtigung stand und dass seine Mutter während dieser zweiundzwanzig Monate ständig um ihn herum war. Wir dürfen annehmen, dass die organische Schwäche für die Mutter ein Anlass war, noch mehr auf ihn zu achten und ihn zu verzärteln.

»Er hat bereits früh gesprochen.«

Damit sind wir sicher, dass er nicht schwachsinnig ist. Schwachsinn äußert sich unverkennbar in Schwierigkeiten beim Sprechenlernen.

»Er spricht immer noch eine Art Babysprache. Der Vater ist sehr liebevoll und zärtlich.«

Auch der Vater verzärtelt ihn.

»Er zieht die Mutter vor. In der Familie sind zwei Jungen. Die Mutter erklärt, der ältere Junge sei gescheit. Zwischen den beiden Jungen kommt es häufig zu Streit und Raufereien.«

Hier handelt es sich um einen Fall von Rivalität zwischen Kindern in der Familie. *[297]* Sie findet sich in den meisten Familien, vor allem zwischen den beiden ersten Kindern, doch diese Rivalität entsteht häufig auch zwischen zwei anderen Kindern, die zusammen aufwachsen. Die Psychologie dieser Situation beruht auf der Tatsache, dass das erstgeborene Kind entthront wird, sobald ein weiteres Kind auftaucht; wie wir gesehen haben (Kapitel 8), lässt sich eine derartige Situation nur vermeiden, wenn die Kinder richtig auf das Zusammenleben vorbereitet werden.

»Seine Leistungen im Rechnen lassen zu wünschen übrig.«

Rechnen bereitet dem verzärtelten Kind für gewöhnlich die größte Schwierigkeit in der Schule, denn dieses Fach erfordert eine bestimmte soziale Logik, die verzärtelten Kindern abgeht.

»Mit seinem Kopf muss irgendetwas nicht in Ordnung sein.«
Dafür haben wir keinen Beweis. Er verhält sich ziemlich intelligent.
»Mutter und Lehrer glauben, er masturbiere.«
Es ist schon möglich, dass er es tut. Die meisten Kinder masturbieren.
»Die Mutter erklärt, er habe schwarze Ringe unter den Augen.«
Aufgrund des Vorhandenseins von Ringen unter den Augen können wir keineswegs auf die Praxis [298] des Masturbierens schließen, auch wenn die Leute im Allgemeinen diesen Verdacht hegen.
»Er ist sehr pedantisch beim Essen.«
Daran erkennen wir, dass er seine Mutter ständig beschäftigen möchte, selbst beim Essen.
»Er fürchtet sich vor der Dunkelheit.«
Furcht vor Dunkelheit ist gleichfalls ein Zeichen für verzärtelte Kindheit.
»Er interessiert sich für Musik.«
Es ist aufschlussreich, den sichtbaren Teil der Ohren eines musikalischen Menschen in Augenschein zu nehmen. Man wird feststellen, dass die Ohren musikalischer Menschen besser ausgebildete Kurven zeigen. Als wir diesen Jungen zu Gesicht bekamen, waren wir sicher, dass er ein feines, empfindsames Gehör hat. Diese Empfindsamkeit kann sich in einer Vorliebe für Harmonie äußern, und die Person, die diese Empfindsamkeit besitzt, mag eine ausgeprägtere Fähigkeit zum musikalischen Training haben als andere.
»Er singt gern, doch er hat Ohrenbeschwerden.«
Solche Menschen können unser lärmerfülltes Leben nicht gut ertragen. Unter ihnen besteht eine stärkere Tendenz zu Ohrinfektionen [299] als unter anderen Menschen. Die Ausbildung des Gehörorgans wird vererbt, und aus diesem Grund werden sowohl musikalisches Talent und Ohrenbeschwerden von einer Generation zur nächsten weitergegeben. Unser Junge leidet unter Ohrenbeschwerden, und in seiner Familie finden sich einige hochmusikalische Personen.

Die für den Jungen richtige Behandlung sollte sich auf den Versuch gründen, ihm zu mehr Unabhängigkeit und Selbstvertrauen zu verhelfen. Zurzeit hat er kein Selbstvertrauen, sondern glaubt vielmehr, es sei unumgänglich, dass seine Mutter sich stets mit ihm beschäftigt und ihn niemals allein lässt. Er möchte stets von seiner Mutter unterstützt werden, und Mütter sind natürlich nur allzu gern bereit, diese Unterstützung zu gewähren. Er muss jetzt die Freiheit erhalten zu tun, was er möchte – die Freiheit, Fehler zu begehen. Denn nur auf diese Weise kann er Selbstvertrauen gewinnen. Er muss lernen, auf einen Wettstreit mit seinem Bruder um die Gunst seiner Mutter zu verzichten. Zurzeit hat jeder der beiden Brüder das Gefühl, der andere werde vorgezogen, und daher ist jeder unnötigerweise eifersüchtig auf den anderen.

Ergibt sich vor allem die Notwendigkeit, dem Jungen ausreichenden Mut zu vermitteln, um die Probleme des Schullebens meistern zu können. Stellen wir uns nur vor, was geschehen wird, wenn er in der Schule nicht mehr mitkommt! Im Augenblick seines Bruchs mit der Schule wird er zur unnützlichen Seite des Lebens abgeglitten sein. Eines Tages wird er die Schule schwänzen, *[300]* dann wird er überhaupt nicht mehr zur Schule gehen, von zu Hause fortlaufen und sich einer Bande anschließen. Ein Gramm Vorbeugung wiegt ein Pfund Heilung auf; es ist besser, ihn jetzt in das Schulleben einzugewöhnen, als sich später um einen jugendlichen Delinquenten kümmern zu müssen. Die Schule ist jetzt der entscheidende Test. Zurzeit ist er nicht darauf vorbereitet, Probleme auf soziale Art und Weise zu lösen, und infolge dessen hat er Schwierigkeiten in der Schule. Doch es ist Aufgabe der Schule, ihm neuen Mut zu geben. Natürlich hat die Schule ihre eigenen Probleme: Vielleicht sind die Klassen überfüllt, und vielleicht sind die Lehrer, auf die er trifft, auf die Aufgabe der psychologischen Ermutigung nicht sonderlich gut vorbereitet. Hierin liegt die Tragödie der Umstände. Doch wenn der Junge nur einen einzigen Lehrer findet, der ihn richtig zu ermutigen und aufzumuntern weiß, dann wird er vor weiterem Schaden bewahrt.

5. [Eine 10-Jährige mit Lernschwierigkeiten]

Hier handelt es sich um die Fallgeschichte eines zehn Jahre alten Mädchens.

»Die Schule hat das Mädchen aufgrund von Rechen- und Rechtschreibeschwierigkeiten an die Beratungsstelle überwiesen.«

Für ein verzärteltes Kind ist Rechnen gewöhnlich ein schwieriges Unterrichtsfach. Es gibt keine Regel dafür, dass verzärtelte Kinder im Rechnen schlechte Schüler sein müssen, doch wir haben häufig die Erfahrung gemacht, dass dies zutrifft. *[301]* Wie wir wissen, haben linkshändige Kinder häufig Schwierigkeiten im Rechtschreiben, denn sie sind darauf trainiert, von der rechten zur linken Seite zu schauen, und auch wenn sie lesen, dann lesen sie von rechts nach links. Sie lesen und buchstabieren korrekt, allerdings in umgekehrter Richtung. Für gewöhnlich versteht niemand, dass sie, wenn auch in umgekehrter Richtung, durchaus korrekt lesen. Man sagt lediglich, linkshändige Kinder könnten nicht lesen, behauptet schlichtweg, sie könnten weder richtig lesen noch schreiben und buchstabieren. So haben wir den Verdacht, dass das Mädchen linkshändig ist. Vielleicht gibt es auch noch einen anderen Grund dafür, dass es Schwierigkeiten beim Rechtschreiben hat. In New York, wo das Mädchen lebt, müssen wir noch die Möglichkeit berücksichtigen, dass es aus einem anderen Land stammt und daher die englische Sprache nicht richtig versteht. In Europa brauchten wir daran nicht zu denken.

»Aus der Vergangenheit ist wichtig zu vermerken, dass die Familie in Deutschland den größten Teil ihres Vermögens verloren hat.«

Wir wissen nicht, wann sie aus Deutschland ausgewandert sind. Das Mädchen hat wahrscheinlich einstmals gute Zeiten erlebt, die ganz plötzlich vorüber waren. Das ist stets eine neue, testähnliche Situation. In dieser neuen Situation zeigt sich, ob sie richtig in Zusammenarbeit eingeübt, ob sie sozial angepasst und mutig ist. Es zeigt sich auch, ob sie in der Lage ist, die Last *[302]* der Armut zu tragen oder nicht, das heißt mit anderen Worten, ob sie mit anderen zusammenhalten kann. Es scheint, dass sie dies nicht recht kann.

»In Deutschland war sie eine gute Schülerin; sie war acht Jahre alt, als sie Deutschland verließ.«

Das war vor zwei Jahren.

»Hier ist sie in der Schule nicht sonderlich gut mitgekommen, weil für sie die Rechtschreibung schwierig ist und Rechnen nicht in der gleichen Weise wie in Deutschland unterrichtet wird.«

Der Lehrer zieht diesen Umstand nicht immer in Betracht.

»Sie ist von der Mutter verzärtelt worden und hängt sehr an ihr. Sie hat beide Eltern gleich lieb.«

Wenn man Kindern die Frage stellt: »Wen magst du mehr, deine Mutter oder deinen Vater?« dann geben sie im Allgemeinen die Antwort: »Ich habe sie beide gleich lieb.« Ihnen ist beigebracht worden, auf diese Frage eine solche Antwort zu geben. Es gibt viele Möglichkeiten, zu prüfen, ob diese Antwort der Wahrheit entspricht. Als gute Möglichkeit hat sich erwiesen, das Kind zwischen die beiden Eltern zu stellen, denn wenn wir zu den Eltern sprechen, dann wird sich das Kind in Richtung des Elternteils bewegen, an dem es am meisten hängt. Den gleichen Vorgang erleben wir, wenn die Eltern sich in einem Raum befinden und das Kind eintritt. *[303]* Auch in diesem Fall wird es zu dem Elternteil gehen, zu dem es die engste Bindung hat.

»Sie hat einige Freundinnen in ihrem Alter, allerdings nicht sehr viele. Ihre frühesten Erinnerungen: Mit acht Jahren lebte sie mit ihren Eltern auf dem Lande und spielte häufig mit einem Hund auf dem Rasen. Zu jener Zeit hatten sie auch eine Kutsche.«

Sie erinnert sich an den Reichtum der Familie, an den Rasen, an den Hund, an die Kutsche. Das ist das Gleiche wie bei einem Mann, der vormals reich war und ständig an die Tage zurückdenkt, da er einen Wagen besaß, Pferde, ein prächtiges Haus, Diener hielt usw. Wir können verstehen, dass das Mädchen sich unzufrieden fühlt.

»Sie träumt von Weihnachten und von den Geschenken, die der Nikolaus ihr bringen wird.«

In ihrem Traumleben kommt die gleiche Anschauung zum Ausdruck wie in ihrem Wachleben. Sie möchte immer mehr haben, weil sie das Gefühl hat, beraubt worden zu sein, und wiederhaben möchte, was sie in der Vergangenheit besaß.

»Sie lehnt sich an die Mutter an.«

Das ist ein Zeichen für ihre Entmutigung und für ihre Schulschwierigkeiten. Es wurde ihr erklärt, dass sie vor größeren Härten stehe als andere Kinder und dass sie durch verstärkten Fleiß und durch Mut Lernerfolge haben könne. [304]

»Sie kam noch einmal ohne die Mutter zur Beratungsstelle. Sie kommt in der Schule ein wenig besser voran und hat zu Hause alles allein getan.«

Sie hatte den Rat erhalten, sich um Unabhängigkeit zu bemühen, sich nicht völlig auf die Mutter zu verlassen und alles für sich allein zu tun.

»Sie bereitete dem Vater das Frühstück.«

Das ist ein Zeichen dafür, dass sie allmählich einen Sinn für Zusammenarbeit bekommt.

»Sie glaubt, dass sie jetzt mutiger ist, und sie schien sich in dieser Besprechung viel wohler zu fühlen.«

Sie soll wiederkommen und die Mutter mitbringen.

»Sie kommt mit der Mutter wieder. Die Mutter ist zum ersten Mal in der Beratungsstelle. Sie hatte viel zu tun gehabt und konnte sich vorher nicht freimachen. Sie berichtet, das Mädchen sei ein Pflegekind und im Alter von zwei Jahren adoptiert worden, wisse aber selbst nichts davon. In den beiden ersten Lebensjahren sei es an sechs verschiedenen Pflegestellen gewesen.«

Das ist wahrlich keine feine Vergangenheit. Es scheint, dass das Kind in den beiden ersten Lebensjahren sehr viel gelitten hat. Wir haben es folglich mit einem Kind zu tun, das einst gehasst und vernachlässigt worden ist, bis es der liebevollen Fürsorge dieser Frau anvertraut wurde. Das Kind möchte sich aufgrund des [305] unbewussten Eindrucks, den die schlimmen Erfahrungen seiner frühen Kindheit in seiner Seele hinterlassen haben, an die derzeitige angenehme Situation anklammern. In zwei Jahren kann ein Kind viele Eindrücke sammeln.

»Als die Mutter das Kind zu sich nahm, wurde ihr erklärt, sie müsse mit ihm sehr streng sein, denn es stamme aus keiner guten Familie.«

Die Person, die diesen Rat erteilte, war durchdrungen von dem Vererbungsgedanken. Würde die Mutter Strenge an den Tag legen und das Kind sich zu einem Sorgenkind entwickeln, dann würde die betreffende Person erklären: »Sehen Sie, ich habe recht!« Sie, die sich zum Richter aufspielt, wüsste nicht, dass sie die eigentlich Schuldige ist.

»Die natürliche Mutter des Kindes war schlecht, und die Pflegemutter fühlt sich für das Mädchen umso verantwortlicher, als es nicht ihr eigenes Kind ist. Bisweilen schlägt sie das Kind.«

Die Situation ist für das Mädchen nicht mehr so angenehm wie zuvor.

Bisweilen legt die Mutter ihre verzärtelnde Haltung ab und bestraft das Kind.

»Der Vater verzärtelt das Kind und gibt ihm alles, was sein Herz begehrt. Wenn das Mädchen etwas haben möchte, dann sagt es nicht ›Bitte‹ oder ›Dankeschön‹, sondern es erklärt: ›Du bist nicht meine Mutter.‹«

Das Kind weiß entweder über die Tatsachen Bescheid, oder es verwendet zufällig einen Satz, der ins Schwarze trifft. Wir kennen einen Jungen im Alter von zwanzig Jahren, der nicht glaubt, dass seine Mutter seine wirkliche *[306]* Mutter ist, und die Eltern schwören dennoch, dass das Kind es nicht wissen könne. Augenscheinlich hat er solch ein Gefühl. Kinder ziehen aus Winzigkeiten ihre Schlüsse. »Das Kind weiß nicht, dass es adoptiert wurde«, heißt es, doch bisweilen fühlen sie es.

»Sie sagt dies zwar der Mutter, doch nicht dem Vater.«

Der Vater gibt dem Mädchen keine Gelegenheit, ihn in dieser Weise zu attackieren, weil er ihr alles gewährt.

»Die Mutter kann die Änderung nicht verstehen, die sich bei dem Mädchen in der neuen Schule einstellte. Sie hat ein schlechtes Zeugnis erhalten, und die Mutter hat sie daraufhin geschlagen.«

Das arme Kind hat ein schlechtes Zeugnis erhalten, es ist gedemütigt worden und fühlt sich minderwertig, und dann verabreicht die Mutter ihr auch noch Schläge – das ist zu viel. Schon eins von beiden Dingen ist zu viel – Schläge zu beziehen oder ein schlechtes Zeugnis zu erhalten. Dies sollten Lehrer bedenken und sich klarmachen, dass immer dann, wenn sie Kindern schlechte Zeugnisse schreiben, sie damit häuslichen Ärger in Gang setzen. Ein kluger Lehrer würde sich hüten, schlechte Zeugnisse zu verteilen, wenn er wüsste, dass er damit der Mutter Gelegenheit gibt, dem Kind Schläge zu verabreichen.

»Das Mädchen erklärt, dass es sich bisweilen vergisst und einen Wutanfall bekommt. In der Schule ist es aufgeregt *[307]* und stört den Unterricht. Sie glaubt, sie müsse immer die Erste sein.«

Bei einem Einzelkind, das vom Vater darauf trainiert worden ist, alles zu bekommen, was es sich wünscht, ist uns dieser Wunsch durchaus verständlich. Wir verstehen auch, dass das Mädchen in allen Dingen an der Spitze stehen möchte. Wie wir wissen, lebte es früher auf dem Lande und so weiter und hat das Gefühl, sie sei ihrer früheren Vorteile beraubt worden. Nun ist ihr Überlegenheitsstreben weit stärker, doch da sie über keinerlei Möglichkeiten verfügt, um ihm Ausdruck zu verleihen, vergisst sie sich und stiftet Unruhe.

Wir haben ihr erklärt, sie müsse lernen, mit anderen zu kooperieren, und wir gaben ihr zu verstehen, dass sie in Aufregung gerate, weil sie im Mittelpunkt der Aufmerksamkeit stehen möchte, und dass ihre Wutausbrüche lediglich eine Art Ausflucht seien, um auf diese Weise jedermann zu veranlassen, sich nach ihr umzuschauen. In der Schule arbeitet sie nicht mit, weil die Mutter wütend wegen ihrer Zeugnisse ist, und sie nimmt gegenüber der Mutter eine kämpferische Haltung ein.

»Sie träumt, dass Nikolaus ihr viele Geschenke mitbringt. Dann wacht sie auf, ohne dass sie irgendetwas entdeckt.«

Auch hier wiederum wird deutlich, dass sie sich immer in Gefühle und Emotionen versetzen möchte, als hätte sie alles und jedes, was sie sich wünscht, und dann »wacht sie auf, ohne dass sie irgendetwas entdeckt«. Wir dürfen die verborgene Gefahr nicht übersehen. Wenn wir im Traum derartige Gefühle und Emotionen in uns wecken und dann aufwachen und nichts entdecken, dann empfinden wir natürlich ein Gefühl *[307]* der Enttäuschung. Freilich ruft der Traum nur die Gefühle hervor, die in Einklang mit der Haltung nach dem Aufwachen stehen. Mit anderen Worten, das emotionale Ziel der Träume besteht nicht darin, das wunderbare Gefühl wachzurufen, alles zu besitzen, sondern besteht vielmehr genau darin, enttäuscht zu werden. Nur zu diesem Zweck werden die Träume gebildet, bis das Ziel erreicht ist und Enttäuschung sich breitmacht. Melancholische Menschen haben wunderbare Träume, doch dann wachen sie auf und entdecken, dass alles ganz anders aussieht. Wir können sehr wohl verstehen, warum dieses Mädchen enttäuscht werden möchte. Sie möchte die Mutter anklagen, weil ihr gegenwärtiges Leben ihr in sehr düsteren Farben erscheinen muss. Sie hat das Gefühl, nichts zu besitzen, hat das Gefühl, dass die Mutter ihr nichts gibt. »Sie verprügelt mich, nur Vater gibt mir etwas.«

Wenn wir den Fall zusammenfassen, dann erkennen wir, dass das Mädchen ständig Enttäuschungen erleben möchte, um die Mutter anklagen zu können. Sie liegt im Kampf mit der Mutter, und wenn wir diesen Kampf beenden wollen, dann muss es uns gelingen, das Mädchen davon zu überzeugen, dass ihr Verhalten daheim, ihre Träume und ihr Verhalten in der Schule alle dem gleichen fehlerhaften Muster folgen. Ihr fehlerhafter Lebensstil geht weitgehend aus der Tatsache hervor, dass sie erst seit kurzer Zeit in Amerika lebt und in der englischen Sprache noch nicht sehr geübt ist. Wir müssen sie daher davon überzeugen, *[308]* dass sich diese Schwierigkeiten leicht beheben lassen, dass sie diese Schwierigkeiten jedoch vorsätzlich als Waffe verwendet, um damit die Mutter zu treffen. Wir müssen auch die Mutter dahin gehend beeinflussen, dass sie damit aufhört, das Mädchen zu schlagen, damit es keine weitere Ausrede hat, den Kampf trotz allem fortzusetzen. Das Mädchen muss dazu gebracht werden, sich klarzumachen, dass »ich unaufmerksam bin und mich vergesse, dass ich Wutanfälle habe, weil ich Streit mit meiner Mutter haben möchte«. Wenn es dies einsieht, dann vermag es sein schlechtes Betragen auch abzulegen. Ehe sie die Bedeutung all der Erfahrungen und Eindrücke zu

Hause, im Schulleben und in ihren Träumen nicht kennt, ist natürlich an eine Charakteränderung gar nicht zu denken.

Und so erkennen wir auch, was Psychologie eigentlich ist, nämlich zu verstehen, welchen Gebrauch eine Person von ihren Eindrücken und Erfahrungen macht. Oder mit anderen Worten, Psychologie heißt, das Apperzeptionsschema zu verstehen, nach dem das Kind handelt und nach dem es auf Reize reagiert, zu verstehen, was es von bestimmten Reizen hält, wie es auf sie reagiert und wie es diese Reize für seine eigenen Absichten einsetzt.

15. Das Leben gestalten (1930)
Vom Umgang mit Sorgenkindern

Editorische Hinweise
Erstveröffentlichung:
1930c: The Pattern of Life. New York: Cosmopolitan Books.
Neuauflagen:
1931v: The pattern of life. Edited by W. Beran Wolfe. London: Kegan Paul, Trench, Trubner & Co.
1979a: Das Leben gestalten. Vom Umgang mit Sorgenkindern. Mit einer Einführung von W. Metzger. Aus dem Amerikanischen von E. und W. Schmidbauer. Frankfurt a. M.: Fischer

Im Frühjahr der Jahre 1928 und 1929 unterrichtete Adler an der »New School for Social Research«, einer New Yorker Universität, die 1919 vornehmlich von pazifistisch orientierten Lehrenden der Columbia University gegründet worden war und Lehrveranstaltungen anbot, die sich primär an Studierende wandten, die bereits einen Collegeabschluss vorweisen konnten (NSSR 2008). Die Lehrveranstaltungen boten Adler erstmals die Gelegenheit, vor einer amerikanischen Zuhörerschaft zu demonstrieren, in welcher Weise er zu einem individualpsychologischen Verstehen der Schwierigkeiten von Sorgenkindern kam und wie er in diesem Zusammenhang mit Eltern und Kindern zu sprechen pflegte.

Zwölf dieser Fallbesprechungen, die im Frühjahr 1926 stattfanden, wurden von Studierenden protokolliert. Walter Beran Wolfe unterzog sie einer – vermutlich gründlichen – Bearbeitung, schrieb eine Einführung und brachte all dies in eine Textfassung, die 1930 in den USA sowie 1931 in London unter dem Titel »The Pattern of Life« in Buchform erschien. Zur Erläuterung der Titelwahl brachte Wolfe gleich im ersten Satz des Bandes zum Ausdruck, dass Adler mit seinem imposanten Beitrag zur modernen Psychologie einen Schlüssel zum Verstehen der dynamischen Muster des menschlichen Verhaltens (»the dynamic patterns of human conduct«) entwickelt habe, das dazu beiträgt, das Wesen des Menschen zu begreifen.

Den amerikanischen Leserinnen und Lesern, denen 1930 erst wenige individualpsychologische Arbeiten in englischer Sprache vorlagen, mag das neu erschienene Buch – nicht zuletzt aufgrund der kompetenten Einführung von Wolfe – tatsächlich hilfreiche Zugänge zu Adlers Vorstellung vom »Wesen des Menschen« erschlossen haben. Für jene, die mit Adlers Schriften bereits eingehender vertraut sind, dürfte Adlers Buch allerdings in anderer Hinsicht von Bedeutung sein. Vier Punkte sind in diesem Zusammenhang von Belang:

1. Das Buch »The Pattern of Life« erscheint im selben Jahr wie der Band »Die Technik der Individualpsychologie 2« (siehe dazu S. 295 ff. in diesem Band). Adler gibt in diesen Schriften nahezu zeitgleich in englischer und deutscher Sprache detaillierter, als es bisherigen Veröffentlichungen zu entnehmen war, Auskunft über die Struktur jener Beratungsgespräche, die er in Anwesenheit von Fachpublikum zu führen pflegte (siehe dazu S. 21 f. in der Einführung zu diesem Band). Demnach kann davon ausgegangen werden, dass jene Lehrer, Ärzte, Psychologen oder Sozialarbeiter, die bereit waren, »Fälle« vorzustellen, zwei Schritte der Vorbereitung zu setzen hatten: Zum einen mussten sie sicherstellen, dass das Kind und zumindest ein Elternteil bereit waren, in Adlers Seminar zu kommen und ihm die Möglichkeit zu geben, mit ihnen in Anwesenheit aller Seminarteilnehmer zu sprechen. Und zum anderen galt es im Vorfeld der Besprechung einen Bericht über das jeweilige Kind zu schreiben, der in seiner Gliederung am Aufbau des »Individualpsychologischen Fragebogens zum Verständnis und zur Behandlung von Sorgenkindern« orientiert war (Wolfe in Adler 1931v, S. 7ff., siehe dazu S. 252 ff. in diesem Band). Die Sitzungen selbst waren dann in vier Phasen gegliedert:
    a. In einer *ersten Phase* wurde der schriftlich vorbereitete Bericht an Adler übergeben. Adler begann, den Bericht Satz für Satz vorzulesen. Mitunter war Adler mit dem Fallmaterial bereits vertraut. Manche Fallbesprechungen – und diejenigen, die in »The Pattern of Life« veröffentlicht wurden, zählten dazu – zeichneten sich allerdings dadurch aus, dass die vorgestellten Fälle für Adler gänzlich unbekannt waren (ebd., S. 8). In jedem Fall aber hielt Adler während des Lesens immer wieder inne, um das Material zu kommentieren, und gab so den anwesenden Seminarteilnehmern die Möglichkeit, Schritt für Schritt mitzuvollziehen, wie er seine Gedanken zum Fall entwickelte.
    b. Es folgte eine kurze *zweite Phase,* in der Adler die bislang entwickelten Überlegungen zum Fallverständnis zusammenfasste, gelegentlich Fragen von Studierenden beantwortete, etwaige ergänzende Informationen miteinbezog und Überlegungen darüber anstellte, wie mit dem Kind und den Eltern weitergearbeitet werden sollte.
    c. Die *dritte Phase* setzte damit ein, dass die Eltern und die Kinder, die bislang außerhalb des Seminarraums gewartet hatten, in den Raum gebeten wurden. In den – meist kurzen – Gesprächen mit ihnen versuchte Adler, weitere Auskünfte einzuholen, den Eltern und Kindern sein Verständnis der geschilderten Probleme nahezubringen und sie dafür zu gewinnen, im Sinne des bis dahin entwickelten individualpsychologischen Problemverständnisses Schritte der Veränderung zu setzen. Mitunter sprach Adler in dieser dritten Phase mit den Eltern und dem Kind getrennt, manchmal kamen aber auch beide gemeinsam in den Raum. Am Ende dieser Phase verließen die Eltern und das Kind wiederum die Besprechung.

d. Eine abschließende, wiederum kurz gehaltene *vierte Phase* bot Adler die Gelegenheit, Gedanken über den Gesprächsverlauf, über die Fallproblematik oder die weitere Vorgehensweise zu äußern und mit den anwesenden Studierenden zu besprechen.

2. In welcher Weise Adler *schriftlich dargelegtes Fallmaterial* Schritt für Schritt zu kommentieren pflegte, konnte 1930 bereits in anderen Veröffentlichungen ausführlich nachgelesen werden. Zu denken ist dabei insbesondere an den Band 1 der »Technik der Individualpsychologie« (Adler 1928a), aber auch an die Fallbeispiele, die in den Büchern »Individualpsychologie in der Schule« und »Education of Children« publiziert wurden (siehe dazu insbesondere die S. 174ff. und 256ff. in diesem Band). In weit geringerem Umfang waren bis dahin allerdings *Protokolle der Beratungsgespräche* veröffentlicht worden, die Adler mit den vorgestellten Kindern und deren Eltern führte (Adler 1929g). Es war daher eine Novität, dass in den Bänden »The Pattern of Life« und »Die Technik der Individualpsychologie 2« insgesamt achtzehn Kapitel enthalten waren, in denen solche Gespräche auf der Basis detailgetreuer Mitschriften wiedergegeben wurden.

3. Den Fallkommentaren Adlers ist ebenso wie der Einführung von Wolfe die Auffassung zu entnehmen, dass diese kurzen Beratungsgespräche – auch aus Adlers Sicht – keineswegs ausreichen, um die Veränderungen, die Adler für notwendig erachtete, aufseiten der Kinder herbeizuführen. Zwar drängte Adler mitunter Eltern und insbesondere Kinder, ihm geradewegs zu versprechen, bestimm-te Verhaltensveränderungen schon innerhalb der allernächsten Tage vorzunehmen (vgl. S. 293 in diesem Band). Dessen ungeachtet war Adler der Überzeugung, dass diese Kinder über längere Zeit hinweg neue Beziehungserfahrungen machen müssen, um ihren Lebensstil ändern zu können. In Übereinstimmung damit berichtet Wolfe (in Adler 1931v, S. 8), dass die Lehrer, Sozialarbeiter oder Ärzte, die den jeweiligen Fall vorstellten, mit der weiteren Fallarbeit betraut wurden, die es im Sinne der Ergebnisse der Fallbesprechung zu leisten galt. Dass diese Arbeit nicht immer erfolgreich verlief, bringt Wolfe (ebd., S. 9) ebenfalls zum Ausdruck: Trotz intensivem Einsatz waren es mitunter die neurotischen Strukturen der Eltern, schwierige finanzielle Verhältnisse der Familien, Erkrankungen, unvorteilhafte Lehrerwechsel und ähnliche Gegebenheiten, die dazu beitrugen, dass sich Veränderungen nicht oder nur äußerst langsam einstellten.

4. Die Problemkonstellationen, die Adler in seinen amerikanischen Falldarstellungen herausarbeitete, unterscheiden sich nicht grundlegend von jenen, die in seinen Fallberichten aus Österreich vorzufinden sind. Allerdings kommen in den amerikanischen Fallgeschichten einzelne Besonderheiten vor, die sich in anderen Fallveröffentlichungen nicht finden lassen. Zu denken ist etwa daran, dass manche Kinder kriminell agierenden Jugendbanden angehörten oder dass es für manche der vorgestellten Kinder naheliegend war, während des Sommers Jugendcamps zu besuchen (Metzger 1979, S. 10).

Die amerikanische Originalfassung enthält zwölf Fallberichte, denen jeweils ein Kapitel gewidmet ist, sowie die bereits erwähnte Einführung Wolfes. Als das Buch 1979 unter dem Titel »Das Leben gestalten. Vom Umgang mit Sorgenkindern« in deutscher Sprache erschien, wurde Wolfes Bandeinleitung durch eine Einführung ersetzt, die Wolfgang Metzger verfasste. Folgt man dieser deutschsprachigen Ausgabe (Adler 1930c/1979a), so weisen die zwölf übersetzten Kapitel folgende Überschriften auf:

Wie der ganze Körper spricht – Die gebieterische Mutter – Auf der Straße zum Verbrechen – Er will Führer sein – Er will nicht erwachsen werden – Ein rebellischer »böser« Bube – Der Hungerstreik – Dem Führer folgen – Das allzu fügsame Kind – Der Grundstein zu einer Neurose – Angeborene Geistesschwäche – Die Tyrannei der Krankheit

In dieser Ausgabe (Adler 1930c/2009a) werden in neuer Übersetzung zwei Fallberichte wiedergegeben: Unter dem Titel »Der Weg ins Verbrechen« wird ein Fallbericht vorgestellt, in dem sich Adler unter anderem darum bemüht, die Beziehung zwischen einem achtjährigen Buben und dessen Stiefvater zu verbessern. Weiters wird der Fallbericht »Dem Führer folgen« abgedruckt, in dem es um die Mitwirkung eines Zwölfjährigen bei Diebstählen geht, die von einer Jugendbande begangen wurden.

Das Leben gestalten (1930)
Vom Umgang mit Sorgenkindern

Der Weg ins Verbrechen	277
Dem Führer folgen	287

Der Weg ins Verbrechen[142]

Wir besprechen heute Abend den Fall eines achtjährigen Jungen. Die ersten Angaben zur Fallgeschichte sind Folgende:

»Carl T., Alter acht Jahre und zwei Monate, Klasse 2b, IQ 98. Sein aktuelles Problem besteht darin, dass er seine Familie, seine Lehrerin und andere Jungen belügt. Er hat einige Diebstähle begangen, er lügt und stiehlt schon seit dem Alter von fünf Jahren. Davor gab es kein Problem.«

---

142 [Übersetzung: Elfriede Witte]

Da Carls durchschnittlicher Intelligenzquotient 98 ist, können wir auf jeden Fall davon ausgehen, dass er kein schwachsinniges Kind ist. Lügen ist ein Zeichen von Unsicherheit und Schwäche des Kindes. Wenn wir von einem Kind hören, das lügt, ist es ratsam, zu allererst in Erfahrung zu bringen, ob es in prahlerischer Weise lügt oder ob es jemanden in seiner Umgebung gibt, vor dem es sich fürchtet. Vielleicht möchte das Kind Bestrafung, Beschimpfung und Demütigung ausweichen.

In der Fallgeschichte ist vermerkt, dass er seit seinem fünften Lebensjahr lügt und stiehlt, davor jedoch kein Problemkind war. Wenn diese Beobachtung richtig ist, können wir annehmen, dass es eine Krise gegeben hat, als der Junge fünf Jahre alt war. Es ist wahrscheinlich, dass er einen Minderwertigkeitskomplex hat, und dass er mehr an sich selber interessiert ist als an sonst jemandem. Er stiehlt, was bedeutet, dass er sich gedemütigt fühlt und versucht, sein Selbstwertgefühl auf unzweckmäßige Weise zu erhöhen. [91]

»Die Mutter teilte der Lehrerin im Vertrauen mit, dass sie mit dem Vater des Kindes niemals verheiratet war. Ihre Mutter starb, als sie noch sehr jung war und im Alter von sechzehn Jahren wurde sie von einem Freund ihres Vaters verführt, den sie danach nie mehr gesehen hat und der nie erfuhr, dass sie ein Kind bekommen hatte.«

Gewöhnlich ist es für ein uneheliches Kind sehr schwer, Gemeinschaftsgefühl zu entwickeln. In der herrschenden Zivilisation wird Unehelichkeit in der Regel als Schande angesehen, und ein Kind mit diesem Hintergrund wird in die Defensive gedrängt. Carl ist in einer schwierigen Lage aufgewachsen. Ein großer Prozentsatz von unehelichen Kindern entwickelt sich zu Kriminellen, Trinkern, sexuell Pervertierten usw., weil sie schwer belastet sind und von unerlaubten Verhaltensweisen angezogen werden, die einen abgekürzten Weg zum Glück zu verheißen scheinen. In diesem Fall war der Vater abwesend, und dem Jungen fehlte eine andere normale Möglichkeit, Gemeinschaftsgefühl zu entwickeln.

»Als er fünf Jahre alt war, heiratete seine Mutter. Der Stiefvater hat ein eigenes Kind, ein Mädchen, zwei Jahre älter als Carl.«

Carls Schwierigkeiten begannen in seinem fünften Lebensjahr, als seine Mutter heiratete. Wahrscheinlich hatte er das Gefühl, dass die einzige Person, zu der er einen angemessenen sozialen Kontakt hatte, ihm vom Ehemann seiner Mutter weggenommen wurde. Wir können vermuten, dass er zu dem Schluss kam: [92] »Niemand interessiert sich für mich.« Die Aufnahme einer Schwester in die Familie bot einen weiteren erschwerenden Faktor, denn seine Mutter musste sich wahrscheinlich auch um dieses Kind kümmern. Vielleicht war dieses Mädchen gut entwickelt, von seinem Vater sehr geliebt und ein wohlerzogenes Kind, was für Carl die Schwierigkeit noch größer machte. Er war schließlich erst fünf, und seine bisherige Erfahrung war nicht so gewesen, dass er genügend Mut und Kraft hätte entwickeln können, um sich dieser neuen Situation zu stellen. So wurde er zum Problemkind.

»Es gibt jetzt zwei weitere Kinder, eine zweieinhalbjährige Schwester und einen eineinhalbjährigen Bruder.«

Diese zwei weiteren Kinder engen seine Stellung noch mehr ein. Mit aller Wahrscheinlichkeit hat sich sein Lebensmuster so gestaltet, dass er wirklich glaubt, die anderen würden von seinen Eltern vorgezogen.

»Bis zu seinem zweiten Lebensjahr lebte er mit seiner Mutter. Dann begann die Mutter in einer Kinderkrippe zu arbeiten, und er war für drei Monate in einem Kinderheim in Connecticut. Er fühlte sich in dem Heim unglücklich und kam so verängstigt nach Hause, dass er vor jedermann weglief.«

Wahrend der zwei Jahre, als Carl mit seiner Mutter zusammen war, interessierte er sich vermutlich nur für sie. Offensichtlich war seine Erfahrung in dem Heim nicht förderlich für die Entwicklung seines schwachen Gemeinschaftsgefühls. *[93]*

»Er blieb sechs Monate bei seiner Mutter, bis diese eine Stelle bei einem Arzt annahm, um dessen Kinder zu versorgen. Carl wurde in einem nahe gelegenen Heim untergebracht, und seine Mutter sah ihn täglich. Dort war er sehr glücklich, und er blieb in dem Heim, bis seine Mutter heiratete, als er fünf war. Beide Eltern sind Mitglieder der Heilsarmee, und der Vater spielt in der Heilsarmee-Kapelle.«

Carl war nur glücklich, wenn er in der Nähe seiner Mutter war. Die Beschäftigung der Eltern weist darauf hin, dass sie wahrscheinlich ziemlich arm sind.

»Die Mutter weinte beim ersten Mal, als sie von der Lehrerin befragt wurde und sagte: ›Ich weiß nicht, was ich mit Carl machen soll.‹«

Wir wissen, dass es für das Kind sehr schlecht ist, wenn seine Eltern seinetwegen entmutigt sind. Dann verliert das Kind selbst mit Recht jede Hoffnung, und wenn ein Kind ohne Hoffnung ist, gehen die letzten Reste von Gemeinschaftsgefühl verloren.

»Der Vater schlägt ihn mit einem Riemen, wenn er böse ist. Er geht regelmäßig zur Sonntagsschule, und letzte Woche besuchte er eine neue. Er bekam 15 Cents, zehn Cents für das Fahrgeld und fünf für die Kollekte. Als er gegangen war, fragte sich die Mutter, ob er die richtige Tram genommen hatte, und ging zur Straßenecke, um nach ihm zu schauen. *[94]* Sie sah ihn aus einem Süßwarenladen kommen, wo er zehn Cents für Süßigkeiten ausgegeben hatte.«

Das sind wichtige Fakten, denn wir haben die strenge Person, die wir in der Umgebung vermuteten, gefunden. Der Süßwarenladen ist die einfache Kompensation für ein Kind, das sich benachteiligt fühlt. Ein solches Kind hat nicht viele Kompensationsmöglichkeiten, und der Süßwarenladen gehört zu den häufigsten.

»Er kam neulich zu spät in die Schule und brachte der Lehrerin eine Schachtel Süßigkeiten mit.«

Aus der Tatsache, dass er seine Lehrerin zu bestechen versucht, damit sie ihn liebt, können wir schließen, dass er früher ein verwöhntes Kind war und sich daran erinnern kann, wie schön es ist, wenn man verwöhnt wird.

»Er hatte viereinhalb Dollar, die, wie er sagte, seiner Mutter gehörten. Es war das Wechselgeld, das er im Süßwarenladen bekommen hatte. Die Lehrerin steckte das Geld in einen Umschlag und hob es für ihn auf, bis die Schule zu Ende war. Dann gab sie es ihm zurück und schärfte ihm ein, dass er das Geld seiner Mutter zurückgeben müsse. Als Carl um ein Uhr in die Schule zurückkam und gefragt wurde, ob er das Geld zurückgegeben hätte, antwortete er ja.«

Kein Kind in einer derartigen Situation würde mit Nein antworten. Wir können von einem Kind nicht erwarten, dass es zugibt, dass es stiehlt. [95]

»Kurz danach fiel der Lehrerin auf, dass viele seiner Klassenkameraden neue Spielsachen hatten, und ein paar hatten Geld von Carl bekommen.«

Er möchte seine Schulkameraden ebenso bestechen wie seine Lehrerin, und wir müssen den Schluss ziehen, dass er einen Mangel an Zuneigung und Wertschätzung empfindet. Es überrascht nicht, dass er sich schlecht benimmt, dass er ein Problemkind ist und dass er wie ein Ausgestoßener behandelt wird, aber wir müssen uns klarmachen, dass für Carl alles eine Bestätigung für die zentrale These seines Lebens ist: »Die anderen werden vorgezogen.«

»Die Lehrerin sagte ihm, dass seine Mutter geholt würde, und nach langem Herumlügen, woher er das Geld bekommen hätte, gab er schließlich zu, dass er es einer Tante weggenommen hatte, die bei ihnen zu Besuch war.«

In Fällen wie diesem muss die Lehrerin bei ihren Nachforschungen sehr taktvoll sein. Es war angebracht, zuerst mit der Mutter zu sprechen und die anderen Kinder nichts von dem Diebstahl wissen zu lassen.

»Bis zu seinem zweiten Lebensjahr war Carl ein normales, gesundes Kind, seither aber ist er ziemlich schwächlich. Er muss sehr oft austreten. Die Mutter hat ihn von einem Arzt untersuchen lassen, aber es wurden keine Nierenprobleme festgestellt. Er masturbiert häufig in der Schule.«

Diese Tatsachen bestätigen ebenfalls, dass Carl die Aufmerksamkeit seiner Lehrerin im Klassenzimmer auf sich ziehen möchte. Wenn [96] er es mit seinen Bestechungsgeschenken bei seinen Lehrern und seinen Klassenkameraden nicht schafft, dann versucht er es mit Masturbieren.

»Er nässt jede Nacht ins Bett.«

Wenn das stimmt, dann können wir sicher sein, dass die Mutter die Aufgabe, ihn zur Sauberkeit zu erziehen, nicht richtig erfüllt hat.

»Er bekam keine Nachspeise, aber das hatte keine Wirkung auf sein Bettnässen. Er ging sechs Monate lang ohne Nachtisch zu Bett. Es wurden ihm 25

Cents versprochen, wenn er eine Woche lang damit aufhören würde, aber er tat es nicht einmal für eine Nacht.«

Wenn sein Lebensmuster verlangt, die Aufmerksamkeit der Mutter zu bekommen, wird ihn keine dieser Maßnahmen dazu bewegen, eine so wichtige Waffe wie das Bettnässen im Kampf mit der Mutter preiszugeben. Wie könnte dieser Junge damit aufhören? Sein Ziel ist ein nutzloses Überlegenheitsstreben: im Mittelpunkt der Aufmerksamkeit stehen. Er muss diesem Schema folgen, und wenn man ihn in einer Richtung stoppt, dann wird er umso stärker auf andere Weise nach Beachtung streben. Wenn man diesem Kind den Nachtisch entzieht, wird man nur seine Gier nach Süßigkeiten verstärken. Die Methode seiner Mutter, ihm unter Zwang das Bettnässen auszutreiben, hat Carls Gefühl der Erniedrigung vertieft. Er hat die Hoffnung verloren, jemals eine angemessene Wertschätzung von seiner Familie zu gewinnen, aber er weiß sehr gut, wie er das Zentrum der Aufmerksamkeit sein kann.

»Er hatte Mumps und eine schwere Form von Keuchhusten. Vor zwei Jahren hatte er Magenbeschwerden *[97]* und musste ein Jahr lang eine strenge Diät einhalten, seitdem jedoch hatte er keine weiteren Beschwerden.«

Es ist ungewöhnlich, dass ein Kind Magenbeschwerden hat und ein ganzes Jahr lang eine strenge Diät einhalten muss; die Diät war zudem noch strenger dadurch, dass er keinen Nachtisch bekommen durfte; das alles gibt für uns ein interessantes Bild seiner Umgebung ab.

»Seine früheste Erinnerung ist die, dass er im Alter von zwei Jahren die Frisiergarnitur seiner Mutter aus dem Fenster warf und dass Jungen sie von der Straße in das Haus zurückbrachten. ›Ich wurde nicht bestraft, denn ich war zu klein‹.«

Es kommt oft vor, dass falsch erzogene Kinder Sachen aus dem Fenster werfen, wenn sie das Gefühl haben, nicht genügend Zuwendung zu bekommen. Ich kenne einen anderen Fall, wo das Kind, das eine um einige Jahre jüngere Schwester hatte, alles, was es in die Finger bekommen konnte, aus dem Fenster warf; es wurde für seine Ungezogenheit bestraft und bekam schließlich eine Angstneurose. Der Kern dieser Angstneurose war die Furcht davor, es könnte etwas aus dem Fenster werfen, und so weinte der Junge den ganzen Tag. Mit seinem übertriebenen Entsetzen davor, wieder ungezogen zu sein, hatte er einen anderen Weg gefunden, die Aufmerksamkeit auf sich zu lenken.

Wenn man ein solches Kind bestraft, dann verschlimmert man lediglich seine Lage, denn es kann die Verhältnisse nicht wirklich verstehen. Wenn Sie das Kind fragen würden, ob es sich in der Familie vernachlässigt oder benachteiligt fühlt, wird es gewöhnlich mit Nein antworten, aber Sie *[98]* werden sehen, dass es immer wieder Dinge tut, die zu bedeuten scheinen: »Pass besser auf mich auf!« Lügen, Masturbieren, Stehlen und Bettnässen sind alles Mittel, die das Kind unbewusst benutzt, weil es beachtet werden möchte und Angst hat, übersehen zu werden.

Es ist interessant zu hören, dass Carls früheste Kindheitserinnerung mit der Vorstellung von Bestrafung verbunden ist. Er scheint zu sagen, dass es eine Zeit gab, wo er nicht bestraft wurde, aber dass er bestraft würde, wenn er diese Dinge heute tun würde. Wir wissen, dass es Kinder gibt, denen es wirklich nichts ausmacht, wenn sie geschlagen werden. Wenn man sie schlägt, sagen sie einfach zu sich selbst: ›Ich muss schlauer sein und darf nicht erwischt werden.‹ Dies ist ein hervorragendes Training für die Verbrecherlaufbahn, und das ist genau das, was wir in diesem Fall befürchten.

»Er möchte gern Arzt werden. Seine älteste Schwester wird Krankenschwester, und er möchte im gleichen Krankenhaus sein.«

Sein wahres Bestreben ist es, mit der geringsten Anstrengung alle zu übertreffen und in dem Wunsch, Arzt zu werden, drückt sich sein Ehrgeiz konkret aus. Da er krank war und es ihm ziemlich schlecht ging und da seine Mutter in einem Krankenhaus arbeitet, können wir uns vorstellen, dass für Carl Arztsein gleichbedeutend ist mit Gottähnlich-Sein. Überdies möchte er mindestens auf gleicher Ebene mit seiner älteren Schwester sein, und er weiß bereits, dass ein *[99]* Arzt im Krankenhaus eine höhere Position hat als eine Krankenschwester. Es ist das typische Streben des zweiten Kindes das ältere Kind zu übertreffen. Es ist eine einfache und alltägliche Geschichte, aber Carls Vorbereitung war besonders ungünstig. Offensichtlich ist der Junge in der Defensive, und unsere Behandlung muss in die Richtung zielen, ihm das Gefühl zu geben, dass er mit seinem Bruder und seinen Schwestern gleichgestellt ist und von der Familie nicht unterbewertet wird. Wir können das erreichen, indem wir ihm erklären, dass er durch gutes Betragen mehr Beachtung gewinnen kann als durch schlechtes.

Der Vater muss darüber belehrt werden, dass es zweckmäßiger ist, mit dem Kind in ein gutes Verhältnis zu kommen, als es mit einem Riemen zu schlagen. Ich bin sicher, dass dieser Vater, der bei der Heilsarmee arbeitet, auf einen solchen Rat hören würde, und ich glaube, dass auch die Mutter in die richtige Richtung gelenkt werden könnte. Sicherlich, die Schwierigkeiten sind groß, und wenn es sich als unmöglich herausstellt, Carls Zuhause für ihn glücklicher zu machen, als es jetzt ist, mit einer verzweifelnden Mutter und einem strengen Vater und mit seinem Bruder und den Schwestern, die ihm vorgezogen werden, mag es sich als notwendig erweisen, den Jungen in eine günstigere Umgebung zu bringen.

Wir müssen der Mutter die Umstände erklären, die dazu führen, dass Carl sich vernachlässigt fühlt. Kinder machen oft Fehler, weil sie ihre Situation nicht verstehen. Innerhalb der Familie muss vor allem die Mutter entsprechend beeinflusst werden, denn für sie wird es leichter möglich sein, ihm das Gefühl der Anerkennung zu vermitteln. Carl muss lernen, Freunde zu finden, und wir können ihm nahelegen, dass es nicht notwendig ist, Leute zu bestechen, wenn er sich für sie interessiert und ehrlich zu ihnen ist. Dieser Fall vermittelt *[100]* ein sehr gutes Bild vom Ursprung der Kriminalität in der Familiensituation. Es ist völlig sinnlos, den Jungen erst dann als Kriminellen zu betrachten, wenn er jemanden überfallen hat. Jetzt ist der Punkt, an dem wir ansetzen sollten.

Beratungsgespräch:

Student: Glauben Sie, dass die religiöse Einstellung und Praxis des Vaters das Kind dazu gebracht haben, in die entgegengesetzte Richtung zu gehen? Die Anhänger der Heilsarmee sind sehr streng und lassen ihre Kinder jeden Abend Buße tun für die Fehler, die sie während des Tages begangen haben.

Dr. Adler: Ich bezweifle, dass es außer den Gründen, die ich angeführt habe, noch weitere für das Verhalten des Jungen gibt. Sie müssen sich davor hüten, etwas in die Fallgeschichte hineinzuinterpretieren, was letztlich nicht da ist. Wenn ich gehört hätte, dass er unter dem Druck einer bestimmenden religiösen Vorstellung leidet, dann könnte ich Ihren Punkt erwägen, ein solcher Druck wurde jedoch nicht erwähnt. Trotzdem kann Ihre Interpretation wertvoll sein, aber unter einem anderen Gesichtspunkt. Wenn dieser Junge ganz rebellisch würde, könnte er seine Eltern in dem Punkt angreifen, wo sie am empfindlichsten sind: Mit anderen Worten: Er könnte ihre Religion angreifen. Kürzlich wurden einige interessante Statistiken von einem sehr tüchtigen deutschen Soziologen veröffentlicht, der herausfand, dass auffallend viele Kriminelle aus Familien kommen, die mit *[101]* dem Vollzug von Gesetzen zu tun haben. Niemand konnte bis jetzt erklären, warum Kinder von Richtern, Rechtsanwälten und Lehrern so oft kriminell werden. Mir scheint, dass die einzige Erklärung in dem Punkt zu suchen ist, den ich gerade erwähnt habe – dass aggressive Kinder ihre Eltern an deren empfindlichster Stelle angreifen. Vielleicht finden wir deshalb so viele Krankheiten in Familien von Ärzten.

Carls Mutter wird gerufen, aber sie zögert, hereinzukommen.

Dr. Adler: Die zögernde Attitüde dieser Mutter zeigt ihren Mangel an Mut. Vielleicht schämt sie sich auch, öffentlich über die Vergehen ihres Jungen zu sprechen. Vielleicht kommt sie nicht, weil sie gerade weint. Wir werden unser Möglichstes tun, um sie zu trösten und zu ermutigen. Manche unter Ihnen wundern sich vielleicht, warum ich nicht zu ihr hinausgehe. Ich weiß, dass sie dies von mir erwartet, aber ich werde hier warten, weil ich mir gut vorstellen kann, dass sie meint, dass wir über den Fall ihres Sohnes sehr

empört sind. Ich möchte mit ihr in Ruhe über sein Fehlverhalten sprechen, so als ob dergleichen oft vorkäme und leicht korrigiert werden könnte.
Die Mutter betritt den Raum.
Dr. Adler: Ich meine, dass Carls Fehler nichts Ungewöhnliches sind, obwohl ich weiß, dass viele Familien und Lehrer sie als Tragödien betrachten. Kinder können sich nicht immer auf die richtige Weise entwickeln. Einmal ging ich in ein Klassenzimmer und fragte: »Wer von euch hier hat noch nie etwas gestohlen?«, und ich fand heraus, dass jedes Kind schon einmal irgendetwas gestohlen hatte. Auch der Lehrer gab zu, *[102]* dass er schon Dinge gestohlen hatte. Deshalb ist es nicht angebracht, dass wir Stehlen als etwas sehr Schreckliches ansehen, besonders, da ein Kind sehr entmutigt wird, wenn es merkt, dass seine Mutter seinetwegen jede Hoffnung aufgegeben hat. Es wäre besser, wenn Sie versuchen würden, Carls Vertrauen zu gewinnen und ihn so zu ermutigen, dass er es glauben kann, dass Sie viel Hoffnung für seine Zukunft haben. Wie verhält er sich gegenüber seinen Geschwistern?
Mutter: Er scheint sie sehr gern zu haben.
Dr. Adler: Ist er manchmal eifersüchtig?
Mutter: Er hat eine Stiefschwester und ich glaube, zwischen ihnen gibt es etwas Eifersucht.
Dr. Adler: Ist die Stiefschwester gut entwickelt, sehr aufgeweckt und sehr beliebt?
Mutter: Ja.
Dr. Adler: Ich habe oft erlebt, dass dann, wenn eines der Kinder in der Familie große Fortschritte macht, die Geschwister meinen, nicht Schritt halten zu können. Es ist schwer, diese Situation zu vermeiden, und ich denke daher, dass es gut wäre, wenn Sie zwischen diesen beiden Kindern eine Harmonie herstellen könnten. Ich glaube, dass Ihr Sohn denkt, dass er nicht geliebt wird. Er lügt und begeht andere schlechte Taten, weil er in einer unglücklichen Lage ist. Geben Sie ihm das Gefühl, dass man ihm verzeiht und dass Sie verstehen, warum er eifersüchtig ist und sich minderwertig fühlt. Durch Ermutigung wird er ein besserer Schüler werden und ein in jeder Hinsicht gutes Kind, wenn er mit seiner Stiefschwester ausgesöhnt werden kann. Hängt das Kind sehr an Ihnen?
Mutter: Ja.
Dr. Adler: Hängt er genauso sehr an seinem Vater? *[103]*
Mutter: Er hält viel von seinem Vater, aber er steht ihm wohl nicht so nahe.
Dr. Adler: Halten Sie es für möglich, dass der Vater Carl eine Chance gibt? Sehen Sie zu, dass die beiden ab und zu zusammen spazieren gehen und über Gott und die Welt reden. Hat der Vater dafür Zeit?
Mutter: Ja, ich denke schon.
Dr. Adler: Da ich sehr viel Erfahrung mit dieser Art von Kindern habe, glaube

ich, dass sich sein Verhalten sehr bessern wird, sobald er fühlt, dass er genauso geliebt wird wie die anderen Kinder. Sein gegenwärtiges Verhalten zeigt, dass er es sich nicht zutraut, genauso gut zu werden wie seine Stiefschwester, aber diese irrige Meinung kann korrigiert werden, indem Sie ihm zeigen, wie er Ihre Anerkennung gewinnen kann. Dann, wenn er einen Fehler macht, würde ich ihn nicht so bestrafen, wie Sie das früher getan haben. Ich finde, Sie müssten jetzt davon überzeugt sein, dass es nichts bringt, wenn Sie ihn schlagen oder ihm seinen Nachtisch entziehen. Falls er wieder lügen oder stehlen sollte, sagen Sie zu ihm, »Hast du das Gefühl, dass du wieder unfair behandelt wirst? Sage mir, was du möchtest.« So eine Art von Gespräch würde auf Carl einen großen Eindruck machen. Ich glaube auch, dass Sie ihm in derselben Weise helfen könnten, nachts sauber zu bleiben. Es ist meine Erfahrung, dass Kinder einnässen, weil sie sich wünschen, dass sich jemand ihrer annimmt. Sehen Sie, wenn Sie nachts aufstehen müssen, um ihm zu helfen, hat er das Gefühl, dass Sie sich so um ihn kümmern wie zu der Zeit, als er ein Baby war. Fürchtet er sich vor dem Dunkel?

Mutter: Nichts scheint ihn sehr zu beeindrucken. *[104]*

Dr. Adler: Wir nehmen wahrscheinlich zu Recht an, dass er seine Missetaten begangen hat, weil er jede Hoffnung verloren hatte, jemals die gleiche Zuneigung der Eltern bekommen zu können wie seine Schwester. Möchten Sie, dass ich versuche, Carl zu ermutigen?

Mutter: Ja.

Die Mutter verlässt den Raum.

Dr. Adler: Sie sehen, wir haben den richtigen Schlüssel gefunden: Eifersucht gegenüber der Stiefschwester. Ich glaube, wir können ihn aus dieser unangenehmen Situation befreien.

Der Junge kommt herein.

Dr. Adler: Wie ich sehe, bist du ein guter Schüler. Wenn du aufmerksam bist und fest mitarbeitest, werden dich deine Freunde und deine Lehrer gern haben. Wenn du dich wirklich anstrengst, wirst du genauso gut in der Schule sein wie deine Schwester, dessen bin ich mir sicher. Möchtest du das?

Carl: Ja.

Dr. Adler: Man erzählt mir, dass du Arzt werden möchtest. Das ist ein sehr schöner Beruf. Ich bin auch Arzt. Um ein guter Arzt zu sein, muss man sich mehr für die anderen Menschen interessieren als für sich selbst, damit man verstehen kann, was sie brauchen, wenn sie krank sind. Du musst versuchen, ein guter Freund zu sein, und nicht zu viel über dich selbst nachdenken. Es ist keine richtige Freundschaft, wenn ich jemandem deshalb etwas schenke, damit er nett zu mir ist; aber wenn ich ihn gern habe und ihn nicht belüge, dann wird er ein echter Freund sein. Ich bin sicher, dass du das kannst. Und ich werde dich ab und zu fragen, ob du das getan hast.

Ich weiß, dass deine Schwester älter ist als du und daher ein bisschen mehr weiß als du, aber das spielt keine Rolle. Wenn du *[105]* dich so benimmst, dass du nicht gescholten oder bestraft wirst, dann würdest du sie rasch einholen und genau so beliebt sein wie sie. Würde dir das gefallen?

Carl: Ja.

Dr. Adler: Du musst auch ein guter Freund für deine Schwester sein und dich für sie interessieren. Hat sie dich gern?

Carl: Ja.

Dr. Adler: Dann ist es sehr leicht. Du musst sie nur nicht stören, wenn sie arbeitet und ihr helfen, wo du kannst. Vielleicht findest du heraus, wie sie arbeitet, und mach es dann genau so, sodass du gleichziehst mit ihr. Du bist überhaupt nicht besser dran, wenn du ihr oder deiner Mutter etwas wegnimmst. Du musst warten und deine Arbeit machen und zeigen, wie gut du bist. Manchmal werden wir ungerecht behandelt, aber wir müssen stark genug sein, um nicht gegen uns selber unfair zu sein. Sich für andere zu interessieren und sie nicht zu betrügen, ist ein guter Weg, um die Liebe der Menschen zu gewinnen.

Der Junge verlässt den Raum.

Dr. Adler: Ich habe zu dem Jungen in dieser Weise gesprochen, weil ich mir sicher bin, dass er sich selbst nicht darüber klar ist, warum er lügt und stiehlt. Er ist vollkommen entmutigt, und in seiner Ratlosigkeit versucht er verzweifelt, seine Position zu sichern. Die Eltern sollten nun dem Jungen sein ihm zustehendes Maß an Liebe und Zuneigung zukommen lassen.

Lehrer: Der Vater sagt, dass er seine Tochter lieber mag.

Dr. Adler: Wir werden dem Vater klarmachen müssen, dass er seine Vorliebe nicht zeigen darf, und deshalb schlage ich *[106]* als einfaches Mittel vor, mit dem Jungen spazieren zu gehen und mit ihm zu reden, sodass sich Carl geehrt und geschätzt fühlt und irgendwie spürt, dass sich sein Vater für ihn interessiert.

Student: Was sollte die Mutter tun, wenn er wieder lügt und stiehlt?

Dr. Adler: Die Mutter sollte zu ihm sagen: »Hast du wieder die Hoffnung aufgegeben, dass du mit deiner Schwester gleichziehen kannst? Ich bin mir sicher, dass du das fertigbringst, aber nicht durch Lügen und Stehlen.« Vor allem sollte die Mutter nicht verzweifeln. Es kommt oft vor, dass solche Kinder in ihrem späteren Leben Selbstmord begehen, und wir müssen uns darum bemühen, dass es nicht dazu kommt.

Dem Führer folgen[143]

Heute Abend schauen wir uns die Fallgeschichte von Michael an, einem Jungen von zwölf Jahren und acht Monaten, der bei einer Reihe von Diebstählen erwischt worden ist. Er ist Mitglied einer lose organisierten Bande, die von einem Vierzehnjährigen angeführt wird, der den Jüngeren zum Stehlen anleitet.

Unser erster Eindruck ist, dass Michael mit den Bedingungen seiner Umgebung ernsthaft unzufrieden ist. Dass der Anführer der Bande ihn dazu bringt zu stehlen, zeigt, dass er unter diesen Jungen mehr Bedeutung genießt als in der Schule oder im Elternhaus. In den Notizen steht:
»Er hatte schon eine ganze Weile gestohlen, bis ›Baldy‹, so heißt der Anführer, in ein Heim eingewiesen wurde. Das was vor ungefähr zwei Jahren. Jetzt ist Baldy zurück und wieder im Viertel, und die Jungen sind mehrfach bei Diebstählen erwischt worden.«

Ein wichtiger Umstand ist der, dass der Junge nicht von sich aus stiehlt. Er wird von der Bande gebraucht und missbraucht. Vielleicht schmeichelt der Anführer Michaels Geltungsbedürfnis oder vielleicht gehört Michael zu jenen schwachsinnigen oder fast schwachsinnigen Kindern, die dem einmal von ihnen anerkannten Anführer blindlings gehorchen. Jeder, der Kriminalfälle studiert, weiß, dass derartige Typen in jeder Bande anzutreffen sind. Sie sind die Werkzeuge, die die Tat eigentlich ausführen. Wahrscheinlich ist dieses Kind nicht schwachsinnig, aber es ist sicherlich in höchstem Maße von anderen abhängig. *[193]* Es möchte sich unterordnen und kommt so zu einem verzerrten Überlegenheitsgefühl, wenn es den Befehlen seines Führers blindlings gehorcht.

»Michael kam vor das Jugendgericht und hat jetzt Bewährungsfrist.«

Eine Diskussion darüber, ob eine gerichtliche Bewährungsfrist für Kinder gut ist oder nicht, steht hier wohl kaum an. Aber für ein Kind, das erst zwölf ist, bedeutet es eine schwere Belastung, wenn es von einem Gericht Bewährungsfrist bekommt, eine Belastung, die sein Gefühl der Erniedrigung und Demütigung wohl vertieft.

»Vater und Mutter stammen aus der Ukraine, die Mutter spricht sehr wenig Englisch. Der Vater spricht ziemlich gut Englisch. Sie leben seit ungefähr drei Jahren in New York. Der Vater arbeitet von acht bis siebzehn Uhr in einer Fabrik, die Mutter putzt von fünf bis neun Uhr abends Büroräume. Beide Eltern sind inzwischen amerikanische Staatsbürger, und die Kinder wurden alle in Amerika geboren.«

Die schlechten Sprachkenntnisse der Mutter sind natürlich ein zusätzliches Hindernis. Derlei kleine Dinge können leicht die soziale Entwicklung eines

---

143 [Übersetzung: Elfriede Witte]

Kindes beeinträchtigen. Hinzu kommt noch, dass die Eltern so gut wie nie zusammen da sind, wenn die Kinder zu Hause sind.

»Es sind drei Kinder da, Leon, vierzehneinhalb Jahre, Michael, zwölf Jahre [194] und acht Monate, und Mary, sechs Jahre. Sie leben in einer Vierzimmerwohnung, wie man sie in alten Mietskasernen findet. Es gibt keine Aufzüge, kein Bad, keine Heizung, und die Toilette ist im Treppenhaus. Es gibt zwei Schlafzimmer, Michael und Leon schlafen zusammen in einem Zimmer. Die Familie ist katholisch.«

Wahrscheinlich hat Michaels älterer Bruder die Eigenschaften eines Anführers entwickelt, und Michael hat sich ihm unterworfen, um sich als sein Kamerad und Partner gleichwertig zu fühlen. Dadurch, dass er sich bereitwillig führen lässt, gewinnt er die Aufmerksamkeit und Anerkennung des Anführers. Sein Bruder ist zwei Jahre älter, und seine Schwester ist sechs Jahre jünger; wahrscheinlich beeinflusst der ältere Bruder also sein Verhaltensmuster mehr als die jüngere Schwester. Die Beschreibung der Wohnung zeigt, dass sie sehr arm sind, und die wirtschaftliche Situation der Familie wohl schlecht ist.

»Michael hatte eine normale Geburt und eine normale Entwicklung. Er lief mit einem Jahr und sprach bald danach. Wie es scheint, ist er zu jedermann herzlich und freundlich, auch zur eigenen Familie. In der Schule ist er beliebt und kommt gut mit den anderen Kindern aus.«

Die Geschichte bestätigt unsere Annahmen über die Psychologie dieses Kindes. Es ist freundlich und gehorsam und daher wohl kaum jemals der Anführer bei irgendeiner Art von Fehlverhalten.

»Michael sagt, dass er einige Lehrer hatte, die er nicht mochte, aber den jetzigen Lehrer hat er gern.« [195]

Offensichtlich möchte er freundlich behandelt werden, und sein Verhalten ist eine Art Pakt mit der Autorität: »Sei gut zu mir und ich bin gut zu dir.« Gerade weil er sich so unterordnet, kann er zu einem Verbrechen verführt werden. Genauso leicht könnte er zu guten Taten verführt werden, aber das würde so nicht reichen. Zusätzlich muss er lernen, unabhängig und selbstbewusst zu sein. Es genügt nicht, ihn zu ermahnen und ihm Predigten zu halten. Er muss ein Gefühl für seine Eigenverantwortung bekommen.

»Er spielt viel auf der Straße. Er spielt Fangen, er spielt Ball und er würfelt, im Allgemeinen ist er bei anderen Kindern beliebt, und er lässt sich von größeren Jungen leicht anführen.«

Unsere anfänglichen Annahmen werden immer wieder von der Fallgeschichte bestätigt. Michael wird alles tun, um anerkannt zu werden.

»Michael sagt, dass er ein Mädchen kennt, das er manchmal mit ins Kino nimmt und das er manchmal zu Hause besucht. Er und sein Bruder wechseln sich beim Schuheputzen ab. Sie haben eine Schuhputzausrüstung und gehen damit nach der Schule und an Samstagen aus.«

»Er und sein Bruder.« Wieder die Bestätigung der Tatsache, dass der Bruder der Führer sein muss. Dass Michael mit Mädchen ausgeht, ist offensichtlich eine Geste, mit der er ältere Jungen nachahmt.

»Michaels Mutter sagt: ›Mike ein guter Junge. Er immer glücklich zu Hause. Spielt gern mit seiner [196] kleinen Schwester, neckt sie manchmal. Ich weiß nicht, ob er mit Baldy geht. Baldy sehr schlimmer Junge. Mike früher nie Probleme, bis er sich treffen mit Baldy. Er blieb zweimal von der Schule weg, einmal, als er nach Coney Island ging, und einmal, als ich wollte, dass er mit mir zum Krankenhaus kommt. Ich nicht so gut sprechen. Mike jetzt immer mit schlechten Jungen. Ich denke, wir versuchen umzuziehen, dann Mike gehen mit besseren Jungen.‹«

»Die Mutter sagt, dass der Vater sich um Michael kümmert, wenn sie um fünf Uhr zur Arbeit geht, und dass er ihn dann nicht auf die Straße lässt. Sie möchte, dass er jeden Nachmittag in das Gemeindezentrum geht, damit er nicht draußen auf der Straße herumläuft. Michael verdient oft ein oder zwei Dollar, die er seiner Mutter nach Hause bringt, und sie gibt ihm fünf oder zehn Cent.«

Obwohl es für einen Jungen gut ist, wenn er mit seinem Verdienst zum Familienunterhalt beisteuert, ist es in diesem Fall vielleicht ein weiteres Zeichen von Selbsterniedrigung. Die Mutter hat recht, dass man in eine andere Umgebung ziehen sollte. Ein solches Kind sollte besser weg von dort, wo es ständig in Versuchung kommt, statt es weiter der schädlichen Situation auszusetzen. Zwar lässt sich Michael von seinem Vater leiten, aber da der Vater nicht immer zu Hause sein kann, gerät Michael unter den Einfluss älterer Jungen. Das einzige, was ihm wirklich hilft, ist, ihn unabhängiger zu machen.

»Der Vater sagt: ›Mike ist nicht schlecht. Zu Hause entwendet er niemals Geld, obwohl er es aus meiner Brieftasche nehmen könnte. Leon nimmt die typische [197] Haltung des älteren Bruders gegenüber Mike an. Er kämpft für ihn und mit ihm. Der ältere Bruder erzählt eifrig, wie er einen anderen Jungen zusammengeschlagen hat, um seinen Bruder zu verteidigen. Er fühlt sich Michael gegenüber sehr überlegen. Er ist in der Schule viel weiter und bekommt bessere Noten. Er stiehlt nicht und spielt auch nicht mit Würfeln.‹«

Die Fallgeschichte bestätigt weiterhin unsere früheren Vermutungen. Der ältere Bruder kämpft mit Michael und unterdrückt ihn, um sein eigenes angeborenes Minderwertigkeitsgefühl zu überwinden, während Michael seinen Bruder als Helden verehrt.

»Michael sagt: ›Mein Vater und meine Mutter mögen Leon am liebsten.‹ Leon bestätigt das eifrig und fügt hinzu, dass ihn seine kleine Schwester auch am liebsten mag. Michael hat seine Mutter und seine kleine Schwester sehr lieb, und er zeigt keinerlei Ärger über die Missbilligung der Familie, obwohl ich weiß, dass er sie zu spüren kriegt.«

Dass Michael sich nicht ärgert, bedeutet wahrscheinlich, dass er seine untergeordnete Stellung deswegen toleriert, weil er daraus gewisse Vorteile ziehen kann. Es ist wichtig herauszufinden, ob die geistigen Fähigkeiten des Kindes wirklich so gering sind, und dafür müssen wir das Schulzeugnis befragen.

»Michael wurde in einer Industriestadt in New York geboren, und beide Eltern arbeiteten den ganzen Tag in der Fabrik. Die Kinder wurden um acht Uhr morgens in eine Kinderkrippe gebracht und *[198]* um fünf oder sechs Uhr abends wieder abgeholt. Das dauerte drei Jahre. Dann wurden die Kinder in eine katholische Schule geschickt. Als Michael acht Jahre alt war, zog die Familie nach Michigan, kehrte aber noch im selben Jahr nach New York zurück. Dieser Ortswechsel kostete Michael ein Schuljahr. Obwohl er schon über acht war, steckte man ihn in die erste Klasse. Er ist jetzt in der vierten Klasse. Seine besten Noten hat er im Rechnen, seine schlechtesten im Lesen und Rechtschreiben.«

Wahrscheinlich erlebte er diesen Verlust eines Jahres als Demütigung, weil er dadurch in eine Klasse von Jungen kam, die jünger waren als er. Er ist wohl Linkshänder, denn sein Spitzname ist Lefty.

»Der Lehrer sagt: ›Ich mag Michael, und die Kinder mögen ihn auch. Er streitet nicht. Der Intelligenztest zeigt einen IQ von 70. Ein motorisch-mechanischer Test ergab, dass er gut mit seinen Händen arbeiten kann, die Punktzahl entsprach seinem Altersdurchschnitt. Ein Emotionstest zeigte, dass er sich wegen seiner Stehlereien und der Anklage vor dem Jugendgericht große Sorgen macht. Er scheint sich vor den älteren Jungen in der Bande zu fürchten.‹«

Der niedrige IQ würde viele Leute vermuten lassen, dass dieses Kind schwachsinnig ist, aber es muss in Erinnerung gebracht werden, dass sein Lebensmuster von Entmutigung und Angst geprägt ist. Ich bin sehr dafür, dass er in eine günstigere Umgebung kommt. *[199]*

»Im vergangenen Sommer war Michael zwei Monate lang in einem Camp. Seine besten Ergebnisse erbrachte er im Schwimmen, gute in Leichtathletik und in Musik. Er verhielt sich kooperativ und hilfsbereit. Der Lagerleiter bemerkte: ›Mike war einer der Glanzpunkte der Saison. Er hat das fröhlichste Lachen, das ich kenne, und er hat es immer gezeigt. Er ist wirklich so eine Art Hans-im-Glück. Ob er seine alltägliche Arbeit tat oder spielte, alles geschah immer in dieser fröhlichen Stimmung.‹«

Michael wäre durchaus bereit, sich selbst zu vernichten, wenn jemand das von ihm verlangen würde, als eine Art von Gefälligkeit. Der Lagerleiter, der ständig mit problematischen Jungen zu tun hat, schätzt natürlich ein Kind, das ein guter Sportler ist und zudem noch immer fröhlich. Dieses Kind lächelt immerzu, weil es alle Verantwortung für das, was es tut, anderen Leuten zuschiebt. Dieses Kind würde in einer günstigen Umgebung niemals ein Problem sein.

»Über mehrere Monate hinweg hatte der Junge eine Reihe von kleineren Diebstählen begangen, die dann am 30. März 1929 in einem ausgewachsenen Diebstahl von mehreren Brieftaschen gipfelten mit einem Gesamtwert von ca. 60 Dollar. Das Diebesgut wurde in einen offenen Raum gebracht, in dem gerade Unterricht stattfand. Der Diebstahl wurde der Bande nachgewiesen, deren Anführer Baldy, deren Gehirn ein anderer Junge und deren Werkzeug Michael war.«

Es ist vollkommen klar, dass Michael weder der Anstifter noch der Anführer einer derartigen Tat sein würde. *[200]*

»In Michaels Geständnis heißt es, dass er in die Eingangshalle kam und den Fahrstuhlführer, der zugleich der Hausmeister ist, dazu brachte, ihn zu verfolgen. Er sagte, dass der Fahrstuhlführer damit drohte, ihm den Hals umzudrehen, wenn er ihn erwischen würde. Während er verfolgt wurde, kletterten die anderen Jungen in das Gebäude und stahlen Brieftaschen und Uhren, und teilten das Geld unter sich.«

Von einem Fahrstuhlführer verfolgt zu werden, ist nicht gerade die Rolle eines Helden.

»Michael sagte, dass er bei dem Diebstahl in Brooklyn nichts genommen habe. Es sei seine Aufgabe gewesen, ›auf die Bullen aufzupassen‹. Als er einen kommen sah, rief er ›Chicki‹ und die anderen Jungen rannten davon. Dummerweise nicht schnell genug, denn sie wurden alle erwischt und vor Gericht gebracht.«

Wieder spielt er eine untergeordnete Rolle.

»Diese Bande spielt auch am Sonntag vor Michaels Haus Würfel. Michael fürchtet sich vor Baldy. ›Baldy beißt, wenn er rauft.‹«

Seine Unterwürfigkeit beruht in diesem Fall wahrscheinlich ausschließlich auf Furcht.

»Seine früheste Kindheitserinnerung ist: ›Ich erinnere mich, dass wir oft Wassermelonen gestohlen haben, als wir in Little Falls wohnten.‹«

Es ist interessant, dass er nicht sagt: »Ich habe oft gestohlen.« Michael handelt nie als Einzelner. Ich bezweifle, ob er *[201]* versteht, dass Stehlen etwas Unrechtes ist. Er ist mehr oder weniger vom Bandengeist hypnotisiert; denn in der Bande verliert er seine persönliche Identität und seine Verantwortlichkeit.

»›Ich erinnere mich, als ich klein war, war im Fußboden ein Rattenloch, und ich steckte Streichhölzer hinein, und ein Streichholz fiel auf das Bett und dieses fing Feuer. Mein Bruder rannte die Treppe hinunter und holte meinen Vater.‹«

Diese Erinnerung zeigt, dass Michael davon überzeugt ist, dass, wenn er etwas allein unternimmt, es in Missgeschick und Unheil mündet. Er ist sich auch sicher, dass immer jemand da sein wird, der ihm hilft. Er ist ein Kind, das niemals sein ursprüngliches Minderwertigkeitsgefühl überwunden hat und das sich verzweifelt davor fürchtet, irgendetwas eigenverantwortlich zu riskieren. Sein Leben ist eine Abfolge von Auftritten, in denen er von seinem Bruder, seinem Lehrer, von Baldy und von seinen Kameraden in der Bande vollständig beherrscht wird.

»›Ich träumte, dass ich in einem Palast war, in einer Burg mit großen Zimmern, die sehr schön waren.‹«

Vielleicht ist das ein Hinweis dafür, dass sich Michael nach einer bedeutenderen Stellung im Leben sehnt.

»Ein anderer Traum: ›Als ich eines Nachts schlief, kam ein Mann herein und raubte meine Mutter und erschoss meinen Bruder. Ich stieg auf ein Pferd und verfolgte ihn und schoss ihm zweimal ins Herz und warf ihn von seinem Pferd.‹« *[202]*

»›Ich träumte, dass meine Mutter starb, und ich weinte, und ich wollte den Kerl kriegen, der meine Mutter getötet hatte, und ich kriegte ihn und tötete ihn. Er war ein großer Gangster.‹«

In diesem Traum spielt er die Rolle des Helden. Der Traum zeigt auch seine Furcht, jemanden aus der Familie zu verlieren. Gefühlsmäßig sagt der Traum: »Ich bin froh, dass ich meine Mutter und meinen Bruder habe, denn ich selber bin so schwach.« Er kann sich kein größeres Unglück vorstellen, als keinen Führer zu haben.

»Auf die Frage ›Was möchtest du gern sein, wenn du erwachsen bist?‹ antwortet Michael sofort ›Polizeikommissar.‹«

Michael möchte ein Polizeikommissar sein, denn sein Ideal ist die Vorstellung des Befehlshabers, des stärksten Mannes. Es ist eine Kompensation für seine eigene Schwäche.

Der Lehrer interpretiert den Fall folgendermaßen:

»Michael hatte bisher wirklich keine echte Chance, weil seine Mutter die meiste Zeit arbeiten musste. Sein Bruder Leon gibt sowohl zu Hause als auch in der Schule ein viel besseres Bild ab. Die jüngere Schwester übernahm Michaels Platz, als er sechs Jahre alt war, und jetzt, obwohl er sie sehr gern hat, mag sie Leon lieber als ihn. Michaels Schulzeit ist ein weiterer Grund für seine Entmutigung. Als er eine Gelegenheit fand, sich der Bande anzuschließen, die ihn zweifellos *[203]* gern aufnahm, tat er es. Als Behandlung ist anzuraten, ihn wieder für das Camp vorzuschlagen, in dem er vergangenen Sommer war. Auf diese Weise ist er für zwei Monate in einer guten Umgebung, und er bekommt Gelegenheit, Dinge zu tun, in denen er sehr gut ist, wie etwa Schwimmen. Wir raten, dass Michael und Leon verschiedenen Lagerführern zugeteilt werden, sodass Michael Stärke und Mut aus sich selber gewinnen kann. Wir möchten auch erreichen, dass Michael von der Familie Besuch bekommt, nicht um ihn zu diskreditieren, sondern im Sinne einer Vergünstigung.«

Das ist ein guter Anfang, aber es ist nur ein Anfang. Michael muss verstehen, warum er immer eine untergeordnete Rolle spielen will. Er sollte zu dem Glauben ermutigt werden, dass er sein eigener Herr sein kann. Wenn man mit Michael redet, wird es besser sein, nicht von den Diebstählen zu sprechen. Wir brauchen uns nur mit seiner mangelnden Selbstachtung zu beschäftigen. Wir müssen herausfinden, ob er wirklich ein Linkshänder ist, und ob er einen speziellen Unterricht im Lesen und Rechtschreiben braucht.

Beratungsgespräch:
Der Vater kommt herein.
Dr. Adler: Wir möchten gern mit Ihnen über Ihren Sohn Michael sprechen, der unserer Meinung nach ein vielversprechender Junge ist. Sein größter Fehler ist, dass er sich zu gern führen lässt. Seine ganze Persönlichkeit baut sich auf diesem Fehler auf, und aus diesem Grund ist er nicht sehr mutig *[204]* und möchte, dass immer ein anderer die Verantwortung für seine Handlungen übernimmt. Haben Sie beobachtet, dass er nicht mutig ist, dass er sich im Dunkeln fürchtet, dass er nicht gern allein gelassen werden will?
Vater: Ja, ich weiß, dass er nicht gern allein gelassen werden will.
Dr. Adler: Sie können sehr viel tun, um ihm zu helfen. Er sollte nicht bestraft werden. Er ist nicht wirklich schuldig. Man muss ihn ermutigen und davon überzeugen, dass er stark genug ist, alles selber zu bewältigen ohne die Hilfe seines Bruders oder seiner Bande. Ich glaube, dass er ein guter Junge ist, und dass es nur notwendig ist, ihm zu zeigen, wo er seine Fehler macht. Tadeln oder bestrafen Sie ihn nicht, sondern ermutigen Sie ihn, stärker zu sein, und er wird verantwortungsbewusster werden.

Der Junge kommt herein.
Dr. Adler: Wirklich, du bist ein großer, starker Junge! Ich dachte, du wärst klein und schwach, und das ist überhaupt nicht der Fall. Warum glaubst du, dass andere Jungen mehr wissen und mehr verstehen als du, und warum musst du auf das hören, was sie sagen, und tun, was sie von dir wollen? Würdest du diese Wand hinaufklettern, wenn es jemand von dir verlangen würde?
Michael: Ja.
Dr. Adler: Du bist ein kluger Junge und brauchst keinen Führer. Du bist groß genug, um unabhängig und mutig und selbst ein Führer zu sein. Du kannst die Vorstellung wirklich aufgeben, dass andere Leute alles besser können als du. Meinst du, dass du immer ein Sklave für andere Jungen sein musst und tun musst, was sie dir befehlen? *[205]* Wie lange würdest du brauchen, damit aufzuhören, alles zu tun, was sie dir sagen? Glaubst du, dass du es in vier Tagen schaffen könntest?
Michael: Vielleicht.
Dr. Adler: Acht Tage?
Michael: Ja, in acht Tagen kann ich es schaffen.

Michael geht hinaus.

Dr. Adler: Wir haben keine Regeln, aber unsere Aufgabe in diesem Fall ist es offensichtlich, Michael auf die nützliche Seite des Lebens zu bringen, indem wir sein Lebensmuster dahin gehend zu einem mutigerem umzuformen suchen. Es war zu schwer für ihn, sein ehrgeiziges Ziel zu erreichen, und so begnügt er sich mit dem, was er leichter bekommen kann.

Kursteilnehmer: Ist sein ständiges Lächeln ein Zeichen dafür, dass er andere dazu bringen will, sich um ihn zu kümmern?

Dr. Adler: Ja, sehr wahrscheinlich ist das einer der Gründe dafür.

Teilnehmer: Wie kann man ihm das Gefühl vermitteln, dass es sich lohnt, mutig zu sein?

Dr. Adler: Mut kann man nicht löffelweise wie eine Medizin eingeben. Was wir tun müssen, besteht darin, ihm zu zeigen, dass er glücklicher ist, wenn er sich nicht selbst unterbewertet, und er wird die Vorteile des Mutes entdecken, sobald wir ihn dazu bringen können, sich den Befehlen der Bande zu widersetzen. Ich versuchte ihm zu zeigen, dass es ein Fehler ist, sich immer führen zu lassen. Wenn wir sein Selbstwertgefühl steigern, wird der Mut von selbst kommen. Solange er sich minderwertig fühlt, wird er keine Verantwortung übernehmen. Die Einübung in das Verantwortungsbewusstsein und die Einübung in den Mut gehören zusammen.

Teilnehmer: Waren Sie nicht zu diesem Jungen etwas strenger als zu den anderen? *[206]*

Dr. Adler: Ich muss gestehen, dass es, wenn es wirklich so gewesen sein sollte, nicht absichtlich geschah, aber ich hoffe, dass ich so geschickt wie möglich mit ihm sprach. Die Kunst, mit einem Kind zu sprechen, muss erlernt werden, und es ist gut möglich, dass auch ich, genauso wie andere, dabei Fehler mache. Keine zwei Menschen gehen in derselben Art und Weise auf ein Kind zu. Ich persönlich mag es ziemlich dramatisch, weil das dem Kind hilft, sich als einen wichtigen Partner im Gespräch zu erleben. Ich habe versucht, zu dem Kind sehr freundlich zu sein, und ich wäre nicht überrascht, wenn es mich mag und bereit wäre wiederzukommen. Vielleicht wird uns der Lehrer über seinen weiteren Fortschritt Bericht erstatten.

16. Die Technik der Individualpsychologie (1930)
Zweiter Teil: Die Seele des schwer erziehbaren Schulkindes

Editorische Hinweise
Erstveröffentlichung:
1930e: Die Technik der Individualpsychologie. Zweiter Teil: Die Seele des schwer erziehbaren Schulkindes. München: Bergmann

Drei Kapitel erschienen knapp vor oder nahezu zeitgleich mit dem Erscheinen des Buches als Artikel in der Internationalen Zeitschrift für Individualpsychologie:
1929g: Eine Beratung. In: Internationale Zeitschrift für Individualpsychologie 7, S. 207–214 [Wiederabgedruckt in 1930e als 19. Kapitel: Enuresis als Bindemittel]
1929h: Übertreibung der eigenen Wichtigkeit. In: Internationale Zeitschrift für Individualpsychologie 7, S. 245–252 [Wiederabgedruckt in 1930e als 1. Kapitel: Übertreibung der eigenen Wichtigkeit]
1930k: Ein Fall von Enuresis diurna: Stenografische Aufnahme einer Erziehungsberatung. In: Internationale Zeitschrift für Individualpsychologie 8, S. 471–478 [Wiederabgedruckt in 1930e als 18. Kapitel: Bettnässer]

Neuauflage:
1974c: Die Technik der Individualpsychologie. Zweiter Teil: Die Seele des schwer erziehbaren Schulkindes. Mit einer Einführung von W. Metzger. Frankfurt a. M.: Fischer

1928 hatte Adler berichtet, dass er wiederholt aufgefordert worden war, »die Grundzüge der Technik individualpsychologischer Behandlung, wie ich sie seit mehr als 20 Jahren übe, den weitesten psychiatrischen und pädagogischen Kreisen auseinanderzusetzen« (Adler 1928a/1974b, S. 13). So nachvollziehbar dieses Ansinnen für Adler war, so schwierig war es für ihn, eine »Theorie der individualpsychologischen Behandlungstechnik« zu verfassen, der zu entnehmen war, wie im Detail psychotherapeutische Prozesse oder Erziehungsberatungsgespräche zu gestalten waren. Dies hing mit zweierlei zusammen:

Zum einen begriff Adler das individualpsychologische Arbeiten als das Ausüben einer Art Kunst, die zwar wissenschaftlich fundiert ist, dem praktizierenden Individualpsychologen aber stets abverlangt, in kreativer Weise der Besonderheit des Einzelfalls Rechnung zu tragen. Das Ausüben von individualpsychologischer Praxis bedarf daher aus Adlers Sicht einer Kunstfertigkeit, die man sich nur dann anzueignen vermag, wenn man über das Rezipieren von Theorie hinaus die Gelegenheit erhält, von geschulten Individualpsychologen zu lernen, denen man bei der Arbeit über die Schulter sehen und mit denen man über Einzelfälle sprechen kann.

Zum andern hatte Adler zur Technik des Beratens und psychotherapeutischen Behandelns bislang nur in geringem Ausmaß publiziert und ging auch davon aus, dass es unmöglich sei, »das immer einmalige Gestalten, das jedem Einzelfall gerecht zu werden versucht, in Formeln oder Regeln einzufangen« (Adler 1928a/1974b, S. 13). Wenn sich Adler bislang zu seiner Arbeitsmethode geäußert hatte, referierte er nur in Ausnahmefällen längere Therapie- oder Beratungssequenzen und diskutierte dann auch kaum, was in den dargestellten Situationen für oder gegen das Setzen bestimmter Interventionen spricht. Stattdessen bevorzugte es Adler, sich in seinen Veröffentlichungen auf bereits vorliegendes Material – also etwa auf Äußerungen von Patienten oder auf Berichte von Eltern – zu beziehen und zu zeigen, welchen grundlegenden Gesichtspunkten er in welcher Weise folgt, um aus individualpsychologischer Sicht bestimmte Lebensgeschichten, Problemlagen oder Symptombildungen zu verstehen. In diesem Zusammenhang hatte Adler gegen Ende der 1920er Jahre eine gewisse Virtuosität entwickelt, schriftlich abgefasste Fallberichte, die am Aufbau des »Individualpsychologischen Fragebogens zum Verständnis und zur Behandlung von Sorgenkindern« orientiert waren, vor Publikum zu lesen und – zum Teil auch ohne vorhergehende Vorbereitung – zu kommentieren (siehe dazu S. 275 f. sowie die editorischen Vorbemerkungen auf S. 23 f. in diesem Band).

Als Zuhörer begannen, Mitschriften von solchen Fallbesprechungen anzufertigen, erkannte Adler, dass er mit der Veröffentlichung solcher Mitschriften zumindest in einer partiellen – und mit seinen Präferenzen durchaus kompatiblen – Weise dem Wunsch nachkommen konnte, einem größeren Kreis von Interessierten Grundzüge seiner Arbeitstechnik darzulegen. Denn mit der Publikation solcher Mitschriften war es ihm möglich, in ein äußerst bedeutsames Segment seiner Arbeit Einblick zu geben und dabei zu zeigen, in welcher Weise die Orientierung an bestimmten individualpsychologischen Gesichtspunkten hilft, die Besonderheit des jeweiligen Einzelfalles in geradezu kunstvoller Art verstehend zu erfassen. Stieß dies auf Akzeptanz und Anerkennung, konnte sich Adler zugleich vom Druck befreit fühlen, sich in seinen Veröffentlichungen ähnlich detailliert zu technischen Fragen des weiteren Arbeitens in Therapie und Beratung äußern zu müssen.

Veröffentlichte Mitschriften von solchen Falldiskussionen finden sich verstreut in mehreren Artikeln und Büchern, die Adler von den späten 1920er Jahren an in knapper Folge publizierte (siehe dazu etwa S. 174 ff. und 256 ff. in diesem Band). Darüber hinaus plante Adler ein mehrbändiges Werk, das den Titel »Die Technik der Individualpsychologie« tragen und vornehmlich aus der – etwas bearbeiteten – Wiedergabe solcher Mitschriften bestehen sollte.

Der erste Band erschien 1928 mit dem Untertitel: »Die Kunst, eine Lebens- und Krankengeschichte zu lesen« (Adler 1928a). Er enthält nebst einem Vorwort die Dokumentation »von etwa acht Vorlesungen«, in denen Adler vor der Wiener Sektion des Internationalen Vereins für Individualpsychologie die Lebensbeschreibung einer jungen Frau »Stück für Stück vorgelesen« und in Kommentaren das Werden ihrer Persönlichkeit – und somit auch das Werden ihres Lebensstils und ihrer psychischen Beschwerden – nachgezeichnet hatte (Adler 1928a/1974b, S.14). Weiters kündigte Adler an, »diesem Band einen weiteren folgen zu lassen, der in ähnlicher Weise den Lebensstil schwer erziehbarer Kinder bloßlegt« (ebd.).

Der angekündigte zweite Band erschien mit dem Untertitel »Die Seele des schwer erziehbaren Schulkindes« zwei Jahre später (Adler 1930e). Am Ende des Vorwortes zu diesem zweiten Band stellt Adler einen dritten Band in Aussicht, in dem »die allgemeine und spezielle Diagnostik der Individualpsychologie« sowie »die Technik und die Stellung des Beraters« behandelt werden sollten (S. 301f. in diesem Band). Einen solchen dritten Band publizierte Adler allerdings nie.

Der Band »Die Technik der Individualpsychologie. Zweiter Teil: Die Seele des schwer erziehbaren Schulkindes« enthält eine Kapitelabfolge, die in drei Abschnitte gegliedert werden kann. Dem *ersten Abschnitt* sind »Vorwort und Einführung« zuzurechnen. Dem *zweiten, mit Abstand umfangreichsten Abschnitt* gehören 20 Kapitel an. Verzichtet man auf die Wiedergabe von untergeordneten Überschriften, so findet man diese Kapitel im Inhaltsverzeichnis des Buches folgendermaßen angekündigt:

1. Kapitel: Übertreibung der eigenen Wichtigkeit – 2. Kapitel: Ein Repetent – 3. Kapitel: Ein Vater verhindert die Entwicklung des Gemeinschaftsgefühles. Die Jüngste im Kampf. Kampf des Ältesten um seine angeborenen Rechte – 4. Kapitel: Verzärteltes jüngstes Kind – 5. Kapitel: Angebliche Pubertätskrise – 6. Kapitel: Einziges Kind – 7. Kapitel: Entmutigter Jüngster – 8. Kapitel: Schwachsinnig oder schwer erziehbar? – 9. Kapitel: Irregeleiteter Ehrgeiz – 10. Kapitel: Gehasstes Kind – 11. Kapitel: Einziges Kind, das eine Rolle spielen will – 12. Kapitel: Ältestes enttrohntes Kind – 13. Kapitel: Lügen als Mittel zur Erhöhung des Persönlichkeitsgefühls – 14. Kapitel: »Heldenrolle in der Fantasie«. Ersatz für nützliche Leistung in der Wirklichkeit – 15. Kapitel: Störenfriede – 16. Kapitel: Kampf um sein verlorenes Paradies – 17. Kapitel: Diebstahl wegen verlorener Liebe – 18. Kapitel: Bettnässer – 19. Kapitel: Enuresis als Bindemittel – 20. Kapitel: Neben prominenten Geschwistern

In jedem Kapitel wird zumindest auf einen Fall Bezug genommen, wobei die Kapitel 2 bis 20 ausschließlich überarbeitete Fassungen von Mitschriften von Fallvorstellungen enthalten, die Adler vor einer Zuhörerschaft gegeben hatte. Da im 3. Kapitel drei und im 4. Kapitel zwei Fälle behandelt werden, beläuft sich die Zahl aller publizierten Falldarstellungen auf 23.

Nur im 5. Kapitel beschränkt sich Adler darauf, in eigenen Worten von einem Kind zu erzählen. In allen anderen Kapiteln nimmt Adler auf vorliegende Berichte Bezug, die er passagenweise referiert und kommentiert, um abgestützte Gedanken zur Genese und Besonderheit des Lebensstils des jeweils vorgestellten Kindes zu entwickeln und vor dem Hintergrund des individualpsychologischen Verständnisses der vorgetragenen Problematik knapp gefasste Überlegungen darüber anzustellen, welche Schwerpunkte in der weiteren Arbeit mit diesem Kind und dessen Umfeld verfolgt werden sollen.

Sechs Kapiteln – nämlich den Kapiteln 4, 6, 11, 15, 18 und 19 – ist zu entnehmen, dass die Präsentation der vorliegenden Berichte und deren Kommentierung durch Adler in Arbeitseinheiten eingebunden waren, die sich durch die Abfolge mehrerer Phasen auszeichneten (siehe dazu S. 275 f. in diesem Band). Demnach war es vorgesehen, dass in derselben Sitzung, in welcher der Fallbericht besprochen wurde, auch ein kurzes Gespräch mit dem jeweiligen Kind und zumindest einem seiner Elternteile stattfand. Obgleich das Design einer solchen Kombination von Falldiskussion und Beratungsgespräch bereits für die Durchführung von »Lehrberatungen« entstanden war, die vermutlich ab 1920 in Wien in den sogenannten »Lehrberatungsstellen« angeboten wurden (siehe dazu S. 23 in der Einführung zu diesem Band), begann Adler erst 1929, Protokolle von solchen Arbeitssitzungen zu veröffentlichen. In größerer Zahl wurden verschiedene Protokolle nahezu zeitgleich im zweiten Band der »Technik der Individualpsychologie« sowie in »The Patterns of Life« publiziert (siehe dazu S. 276 ff. in diesem Band).

Den *dritten Abschnitt* des Buches bilden schließlich die letzten beiden Kapitel, in denen kein kasuistisches Material vorgestellt und diskutiert wird:

> 21. Kapitel: Wie spreche ich mit den Eltern? – 22. Kapitel: Das Werk des Kindergartens

In den vorliegenden Band (Adler 1930e/2009a) wurden neben dem Vorwort sechs Kapitel aufgenommen:

Im 1. *Kapitel* schildert Adler sein Vorgehen, wenn er Berichte über Kinder vorgelegt bekommt und diese Schritt für Schritt erläutert. Weiters enthält dieses Kapitel eine der wenigen Textpassagen, in denen Adler konkretere Annahmen darüber äußert, welche Veränderungen in der inneren Welt der Kinder angestoßen werden, wenn er sich in seinen kurzen Beratungsgesprächen an sie wendet. Schließlich endet das Kapitel mit einer Textpassage, auf die sich Autoren immer wieder beziehen, wenn sie darauf hinweisen, dass Adler in der »Geschichte der modernen Psychotherapie« als Erster das Verfahren der »paradoxen Intervention« beschrieben hat (Titze 1995a, S. 31).

Drei aufgenommene Kapitel – nämlich *das 4., 6. und 9. Kapitel* – geben Vorlesungseinheiten wieder, in denen auch mit den Kindern und Eltern gesprochen wurde. Dem 4. Kapitel ist zu entnehmen, dass die Gespräche mit den Eltern nicht immer glatt und erfolgreich verliefen. Darüber hinaus stellen die Fallberichte des 4. und des 19. Kapitels zwei Beispiele für Adlers Einschätzung dar, dass es für die weitere Entwicklung mancher Kinder hilfreich oder gar nötig wäre, spezielle außerschulische Hilfsmaßnahmen einzuleiten (in den besprochenen Fällen handelt es sich dabei um den Besuch eines Heimes oder den Besuch eines Hortes; vgl. dazu S. 320 und S. 342 in diesem Band). Dem 6. Kapitel ist weiters zu entnehmen, mit welcher Selbstverständlichkeit zu Adlers Zeiten davon ausgegangen wurde, dass linkshändige Kinder in jedem Fall lernen müssen, mit der rechten Hand zu schreiben, und welche Bedeutung dieser Aspekt auch in so manchen Falldarstellungen Adlers hat (vgl. dazu auch Adlers Ausführungen auf den S. 157 ff. und 220 ff. in diesem Band sowie Metzger 1973b, S. 19).

Da die meisten Falldarstellungen und Falldiskussionen Adlers von »Sorgenkindern« handeln, die sich im Schulalter befinden, wurde in den vorliegenden Band das *10. Kapitel* aufgenommen, in dessen Zentrum ein fünfjähriges Kind steht. Überdies ist die Falldiskussion des 10. Kapitels aus theoriegeschichtlicher Perspektive interessant, da Adler auch in diesem Text davon berichtet, dass das Kind bereits mehrfach den Wechsel von frühen Bezugspersonen hat erfahren müssen, auf diesen Aspekt im Weiteren aber nicht näher eingeht (siehe dazu S. 279 und 330 f. in diesem Band). Metzger (1979, S. 11) führt dies darauf zurück, dass intensive Forschungen zur Bedeutung des Verlustes früher Bezugspersonen für Kleinkinder erst gegen Mitte des 20. Jahrhunderts eingesetzt haben und Adler deshalb diesem Aspekt weniger Beachtung schenkt, als man es aus heutiger Sicht erwarten würde.

Das kurze *21. Kapitel* handelt von der Frage: »Wie spreche ich mit den Eltern?«, und stellt eine Art Kurzfassung des 14. Kapitels dar, das Adler in »The Education of Children« publizierte (S. 246 ff. in diesem Band). Für die Aufnahme in den vorliegenden Band sprach insbesondere der Umstand, dass Adler in diesem Kapitel nochmals eine realitätsnahe Einschätzung der Wirkung der kurzen Beratungsgespräche gibt, die er im Rahmen der öffentlichen Falldiskussionen führte.

Obgleich sich Adler zur Aufgabe des Kindergartens kaum ausführlich geäußert hat und das 22. Kapitel den Titel »Das Werk des Kindergartens« trägt, wurde es in den vorliegenden Band nicht aufgenommen: Adler beschränkt sich in diesem Text darauf, Ausführungen, die er andernorts zur Aufgabe der Schule veröffentlicht hat, neu zusammenzufassen und auf die Institution des Kindergartens zu beziehen, ohne dabei auf die Besonderheit der Institution Kindergarten näher einzugehen.

Die Technik der Individualpsychologie
Zweiter Teil: Die Seele des schwer erziehbaren Kindes

Vorwort	300
Kapitel 1: Übertreibung der eigenen Wichtigkeit	302
Kapitel 4: Verzärteltes jüngstes Kind	309
Kapitel 6: Einziges Kind	323
Kapitel 10: Gehasstes Kind	329
Kapitel 19: Enuresis als Bindemittel	335
Kapitel 21: Wie spreche ich mit den Eltern?	344

Vorwort

»Das Kind ist der Vater des Mannes.«

In der Individualpsychologie wird dieser Ausspruch lebendig. Die ersten vier bis fünf Jahre genügen wohl dem Kinde, sein eigentliches willkürliches Training gegenüber seinen Eindrücken zu vervollständigen. Diese Eindrücke fließen ihm aus seiner körperlichen Wertigkeit, auch aus den von außen stammenden Erregungen zu. Nach dieser Zeit beginnt die Assimilierung und Verwertung der Erlebnisse nicht mehr nach reiner Willkür, geschweige denn nach irgendwelchen sagenhaften Gesetzen der Kausalität, sondern zugunsten des fertiggestellten Lebensstils und nach dessen Gesetzen. Das Individuum ist demnach durch seinen Lebensstil determiniert. Diesen Gesetzen gehorchen nunmehr durch das ganze Leben hindurch das Interesse, das Fühlen, die Affekte, das Denken und das Handeln. Die schöpferische Tätigkeit des Lebensstils beginnt ihr Werk. Um diese zu erleichtern, werden Regeln, Prinzipien, Charakterzüge und Weltanschauung gefertigt. Ein ganz bestimmtes Schema der Apperzeption setzt sich durch, Schlussfolgerungen und Aktionen werden in voller Übereinstimmung mit der idealen Endform, die erstrebt wird, eingeleitet. Was sich im Bewusstsein als störungslos und gleichlaufend erweist, wird dort festgehalten. Anderes wird vergessen, entkräftet oder wirkt als unbewusste Schablone, mehr als sonst der Kritik sowie dem Verständnis entzogen. Seine Endwirkung, ob es bewusste Kraftlinien verstärkt, sie verhindert oder durch Gegenwirkung lähmt, zu hemmenden Konflikten führt, ist immer durch den Lebensstil vorherbestimmt.

Die Schablonen des Lebensstils, zum Beispiel die Leitlinien der Charakterzüge, bauen sich immer nach längerem Training auf, für das sich im Bewusstsein wie im Unbewussten meist unverstandene Erinnerungsspuren auffinden lassen. Aber nicht die Erinnerung und Erlebnisse geben die treibenden Faktoren ab, sondern der Lebensstil, der sie gestaltet, gerichtet und in seinem Sinne verwendet hat. Ein zureichendes Verständnis ergibt den vollen Einklang der Kraftwirkung des Bewussten und Unbewussten. Und das Verständnis für beide reicht nur so weit, als die Aktion, der Aktionskreis des Lebensstils nicht gestört wird. *[VI]*

Man darf wohl mit einer aus großer Erfahrung gewonnenen Wahrscheinlichkeit rechnen, wenn man erst einige Teile des Seelenlebens in der Hand hat, mit einer Wahrscheinlichkeit, die wohl Schlüsse ziehen lässt. Letztere aber müssen immer streng überprüft werden, ob sie auch dem ganzen Gefüge eines individuellen Seelenlebens entsprechen. Man kann auch meist gar nicht anders vorgehen. Dies ist ein Verfahren, das den Forderungen medizinischer Diagnostik vollkommen entspricht, in der wir auch gezwungen sind, aus einem Teilsymptom Schlüsse zu ziehen, den Kreis der vermutenden Krankheiten so weit einzuschränken, bis uns ein zweites, drittes Symptom zu einer speziellen Diagnose verhilft.

In diesem Buche versuchte ich mit der Fortsetzung einer Beschreibung der »Technik der Individualpsychologie« von einem anderen Standpunkt als bisher den Lebensstil schwer erziehbarer Kinder zu entwickeln.

Eine solche Aufgabe erfordert wohl die genaueste Kenntnis der Technik der Individualpsychologie und ihrer erprobten Hilfsmittel, zeigt sie wohl auch genau in der Kunst der Interpretation. Was dabei nicht entbehrt werden kann, ganz wie in der medizinischen Diagnostik, das ist die Fähigkeit des Erratens. Dieses kann sich nur rechtfertigen durch den Beweis, wie alle Teilerscheinungen mit dem Ganzen in klarem Zusammenhang stehen und die gleichen Bewegungen erkennen lassen.

Von diesen gleichen Strebungen sind wohl die wichtigsten:

der Grad der Kooperation (des Gemeinschaftsgefühls und sozialen Interesses),

die charakteristische Art, wie das Individuum nach Überlegenheit (Sicherheit, Macht, Vollkommenheit, Entwertung des anderen) strebt.

Diese sich gleichbleibenden Ausdrucksformen können in den Mitteln, aber nicht in dem Finale (Finalismus der Individualpsychologie) verschieden sein. Der Grad des Mutes, des aufgewendeten Common Sense, die individuelle Parole der Weltanschauung, die Nützlichkeit oder Schädlichkeit für die Allgemeinheit widerspiegeln den Grad der Kontaktfähigkeit. Die Distanz zur zeitgemäßen Erfüllung der drei Hauptprobleme des Lebens oder ihrer Vorbereitung (Gemeinschaft, Beruf, Liebe) deckt den allfälligen Inferiority-Komplex und seine misslungene Kompensation, den Superiority-Komplex, auf.

Wer die Tatsache des einheitlichen Lebensstils nicht anerkennt oder nicht verstanden hat, wird selbst mit dem ehernen Netzwerk *[VII]* der Individualpsychologie nicht zum Verständnis der fehlerhaften Gestaltung der Symptome durchdringen. Wer ihn aber erfasst hat, wird wissen, dass er den Lebensstil und nicht die Symptomatik zu ändern imstande ist.

Über die allgemeine und spezielle Diagnostik der Individualpsychologie,

über die Technik und die Stellung des Beraters soll in einem dritten Band gesprochen werden.
Wien, im Juli 1930
Dr. med. Alfred Adler
Dozent am Pädagogischen Institut der Stadt Wien[144]
Ehrendoktor des Wittenberg College, Ohio[145]
Visiting Teacher der Columbia University, New York[146]

Kapitel 1: Übertreibung der eigenen Wichtigkeit

In Fortsetzung der Bemühungen, die Geheimnisse eines Individualpsychologen zu entschleiern, möchte ich daran gehen, Ihnen in einigen Vorlesungen zu zeigen, wie ich ungefähr vorgehe, wenn ich die Geschichte eines schwer erziehbaren Kindes, eines Nervösen, eines Kriminellen vor mir habe, um die Grundlagen zu finden und die wirklichen Ursachen der Verfehlungen feststellen zu können, aus denen wir ersehen können, dass alles, was geschehen ist, nicht geschehen musste, aber geschehen konnte, dass wir so weit kommen können, mitzufühlen, mitzudenken, mitzuhandeln, dass wir uns einfühlen können in die Rolle, die das Kind gespielt hat, und uns sagen können: Unter den gleichen Verhältnissen, mit dem gleichen irrtümlichen Ziel einer persönlichen Überlegenheit würden wir fast genauso gehandelt haben. Dadurch verschwindet viel vom Straffälligen, was kein Schaden ist; es gewinnt unser Verständnis, unsere Erkenntnis mehr Raum, und das Wichtigste ist, dass wir den Zusammenhang aller Erscheinungen mit dem innersten Wesen feststellen können, mit dem Lebensstil eines solchen Kindes oder Erwachsenen.

Um Ihnen den richtigen Begriff zu geben, wie wir zu Werke gehen, liebe ich es, die Beschreibung eines Falles vorzunehmen und hier zu diskutieren, den ich nicht kenne oder der meinem Gedächtnis entschwunden ist. Ich habe keine Ahnung von den Geschehnissen, die hier beschrieben sind; ich will versuchen, den Weg zu gehen, den ich auch sonst in meiner praktischen Tätigkeit gehe. Es kann geschehen, dass ich einen Fehlgriff mache, der sich später als solcher erweist. Das würde mir den Mut nicht nehmen. Ich bin mir bewusst, in derselben Rolle zu sein wie der Maler oder der Bildhauer, der im Beginne irgendwie vorgehen muss nach seiner Erfahrung, seiner Fähigkeit, um nachher zu kontrollieren, die Züge zu verschärfen, zu mildern, zu ändern, um das richtige

---

144 [Vgl. dazu S. 139 in diesem Band.]
145 [Im Mai 1928 war Adler von der juridischen Fakultät des Wittenberg College ein Ehrendoktorat verliehen worden (Hoffman 1997, S. 254).]
146 [Adler lehrte vom Herbst 1929 bis zum Februar 1931 an der Columbia University in New York (Hoffman 1997, S. 282ff.).]

Bild herauszubekommen. An diesem Punkte können Sie sehen, dass wir ganz anders vorgehen als andere Psychologen, die mit fast mathematischen Größen rechnen wollen, und wenn die Rechnung nicht aufgeht, Ursachen in der Erblichkeit zu finden trachten, ein dunkles Gebiet, in das man alles hineinstecken kann. Oder die körperlichen Vorgänge, auch ein dunk*[12]*les Gebiet, und ähnliche, kaum kontrollierbare Prozesse anschuldigen, die man nicht fassen kann, wo dann zu ihrer nicht geringen Genugtuung die Psychologie ihr Ende findet. Wir entschlagen uns dessen. Wir würden Fehler eingestehen, anstatt derartige Auskunftsmittel anzuwenden. Dafür kennen wir besser den Zusammenhang von einzelnen Zügen mit dem Ganzen, wir sind besser ausgerüstet. Wir schließen aus einzelnen Kleinigkeiten. Es ist uns möglich geworden, wie etwa in der Naturgeschichte aus einem Beinchen auf das Ganze Schlüsse zu ziehen oder etwa aus einem kleinen Winkel eines Fensters nur die Architektonik eines Gebäudes zu folgern. Wir sind jedoch viel vorsichtiger als andere, die das Lebensbild gemäß ihrem Vorurteil beschreiben und verstehen wollen – immer kritisch wartend, erwartend und korrigierend.

Wenn ich nun darangehe, eine mir vollständig unbekannte Lebensgeschichte zu entwickeln, so bin ich mir bewusst, dass ich vielleicht 14 Tage später gewisse Züge schärfer herausgreifen würde. Ich bin mir aber dessen bewusst, dass ich, wie alle Geschulten in unserem Kreise, zu demselben Schlusse kommen würde. Das ist bedeutsam, dass wir diese Sicherheit haben, obgleich wir mit anderen Worten sprechen, andere Bilder wählen, vielleicht sogar den Akzent auf anderes verschieben. Aber die Betrachtung der Einheit ist immer das schärfste Hilfsmittel. Wir wissen, dass jedes Kind mit einem Minderwertigkeitsgefühl beginnt und es zu kompensieren trachtet, dass es dem Ziel der Überlegenheit, der Totalität zustrebt, dass es an die Entfaltung seiner Kräfte schreitet, damit es sich allen Schwierigkeiten gewachsen fühlt. Wir unterscheiden, ob es auf der nützlichen oder auf der unnützlichen Seite strebt. Die nützliche Seite ist die allgemein nützliche, entsprechend dem höchsten Niveau des Common Sense, auf der sich Entwicklung und Fortschritt als für die Allgemeinheit wertvoll erweisen. Wir trachten festzustellen, was im Wege gewesen ist, was die Abweichung verursacht hat, wir trachten das Problem zu erfassen, das zu große Schwierigkeiten geboten hat. Wir werden in der Haltung des Erwachsenen diese Schwierigkeiten nachzittern fühlen, wir werden sagen können: Hier hat der Lebensweg eine Störung erfahren, hier hat sich eine Stimmung entwickelt, als ob der Betreffende den Schwierigkeiten nicht gewachsen wäre. Unser Augenmerk richtet sich auf jene Probleme, denen der Betreffende ausgewichen ist. Dass wir ihm nicht zu viel Mut zugestehen können, ist klar. Die zweite Frage ist: Wie ist es denn gekommen, dass das Individuum sich auf einmal den Lebensproblemen gegenüber nicht gewachsen gefühlt *[13]* hat? Wie ist es denn gekommen, dass es sich im bestimmten Moment nicht vorbereitet erweist? Unsere Erfahrung hat gezeigt, dass es sich immer um diejenigen

Kinder handelt, die ein zu geringes Maß von Gemeinschaftsgefühl entwickelt haben, sodass sie sich nicht heimisch gefühlt haben, dass sie nicht durch das Gemeinschaftsgefühl gebunden waren, sodass es ihnen leichter geworden ist, zu zögern, haltzumachen, zu entweichen, sich mit der unnützlichen Lösung des gegenwärtigen Problems zu begnügen, die in sich schon den Schaden der anderen enthält.

Ich will versuchen, in der Interpretation eines solchen Falles unsere Kunst zu üben und zu zeigen. Was den vorliegenden Fall anbelangt, so weiß ich, dass er zehn bis zwölf Jahre zurückliegen mag. Ich habe dieses Kind gesehen, man hat mir die folgende Beschreibung eingeliefert. Die Mitteilung, die ich in Händen habe, besagt:

»Ich erlaube mir, nachstehenden Fall vorzubringen, mit der Frage, ob hier durch Erziehung abgeholfen werden kann: Es handelt sich um ein elfjähriges Kind (Mädchen), gut entwickelt, zu Hause wie auch in der Schule sehr brav, derzeit Schülerin der ersten Realgymnasiumklasse.«

Bei einer solchen Bemerkung fällt einem das Problem ein: Was kann die Erziehung tun, wenn es sich um Fehlschläge handelt? In welcher Weise hat sich die Erziehung Fehlschlägen gegenüber zu verhalten? Es ist selbstverständlich, dass man redet, Beispiele gibt, von Strafen absieht, wie wir es immer tun, denn es hat keinen Zweck zu strafen, der Lebensstil ist nach dem vierten oder fünften Lebensjahre fest gefügt und wird nur geändert durch Selbsterkenntnis der Fehler und Irrtümer. Was kann durch das Sprechen geändert werden? Nur Irrtümer. Wenn es sich in folgendem Falle um eine irrtümliche Gestaltung des Lebensstiles handelt und wir in der Lage sind, diesen Irrtum zu verstehen, dann sind wir vielleicht auch in der Lage, kraft unserer Fähigkeit das betreffende Kind zur Überzeugung zu bringen, dass es an diesem Punkt einen Fehler begeht, der zum Schaden ausschlagen muss. Es ist nicht möglich, einen Fehler zu begehen, ohne dass es sich später – wir wollen nicht sagen rächen – aber herausstellen muss. Es muss nicht erkannt werden, dass sich da in dieser schlimmen Gestaltung eines Lebensprozesses ein Irrtum rächt, aber erlebt wird es. Wir wollen die Erkennenden sein, wir wollen den Zusammenhang feststellen und ihn dem Betreffenden übergeben und versuchen, ihn so weit zu überzeugen, dass er ohne diese Überzeugung keinen Schritt weiter machen kann. Es wird oft der Einwand laut: Was machen Sie aber, wenn einer schon den Irrtum einsieht [14] und nicht korrigiert? Wenn er wirklich seinen Irrtum einsieht, den Zusammenhang versteht und trotz des Schadens weiter verharrt, dann hat er nicht alles erfasst. Ich habe solche Fälle noch nicht gesehen. Einen Irrtum wirklich erkennen und ihn nicht ändern, das ist gegen die menschliche Natur. Das ist gegen das Prinzip der Lebenserhaltung. Was wir zu hören bekommen, bezieht sich auf eine Scheinerkenntnis von Irrtümern, das ist keine grundlegende, keine, die den Zusammenhang sich auswirken lässt.

Wenn es sich hier um Irrtümer handelt, dann können wir durch Erziehung abhelfen. Es ist ein elfjähriges Mädchen, gut entwickelt, das zu Hause und in der Schule brav ist, sie ist Schülerin einer Mittelschule. Die Zeit stimmt ungefähr mit dem Platz, an dem sie sich befindet, überein. Wir können folgern, soweit es sich um die Lösung der zweiten Lebensfrage, des Arbeitsproblems, handelt, finden wir das Mädchen am richtigen Platz. Wir werden bezüglich der Beschäftigungsfrage keinen ernsten Einwand erheben können, wir werden behaupten können, dass dieses Kind nicht zu den Schwachsinnigen gehört, von denen allzu viel die Rede ist, als ob es von schwachsinnigen Kindern wimmeln würde.

»Wenn dieses Kind Schule hat, ist es morgens von derartiger Nervosität, dass sämtliche Hausgenossen darunter zu leiden haben.«

Das sehen wir häufig. Das Schulproblem wird als zu bedeutsam empfunden. Wir können den Zusammenhang sehen, aus dem hervorgeht, dass sie einerseits eine gute Schülerin ist, andererseits in Anschauung des Problems in außerordentlicher Spannung ist. Wir könnten uns denken, dass dieses Mädchen von Spannung ergriffen wird, ohne dass die Hausgenossen darunter leiden. Wir werden den Schluss daraus ziehen, dass hier das Leid der Hausgenossen zu wenig beachtet wird. Die Spannung ist nicht nur aus der Anschauung des Mädchens zu erklären, sondern auch aus der Absicht, den anderen die Bedeutung des schreckhaften Problems deutlich vor Augen zu führen. Sie sehen die Lust daran, zu zeigen, welche schwierigen Aufgaben sie bewältigen kann. Trotz der ungeheuren Schwierigkeiten, die ihr gegenüberstehen, ist sie doch ganz voran. Sie überwindet die Schwierigkeiten doch. Wir wollen weiter sehen, ob wir für diesen Typus mit besonderer Expansionskraft weitere Bestätigungen finden.

»Schon beim Erwachen heult die Kleine, man habe sie zu spät aufgeweckt.«

Auch beim Aufstehen sind die anderen mitbeteiligt. [15]

»Sie könne nicht fertig werden. Anstatt sich anzukleiden, sitzt sie und weint.«

Das überrascht uns eigentlich. Wir hätten von diesem Mädchen erwartet, dass es mit Müh und Not zur rechten Zeit die Schule erreicht. Vielleicht ist das gar nicht richtig dargestellt. Wir hörten, dass es eine brave Schülerin ist. Es ist anzunehmen, dass diese Bemerkung hingeworfen ist, um die Bedeutung des Falles krasser darzustellen. Ich möchte an dieser Stelle ein Fragezeichen machen, nicht etwa aus Autoreneitelkeit. Aber ich will diesen Zweifel weitertragen, ich will danach forschen, ob dieses Mädchen wirklich häufig zu spät kommt. Wenn dies der Fall ist, wird sich das später deutlich herausstellen. In unserer Kultur ist das nicht leicht möglich, dass ein Kind ins Gymnasium geht, häufig zu spät kommt und doch eine brave Schülerin ist.

»Speziell die Frisur gibt ihr zu großen Klagen Anlass, und keine Frisur, auch die ihr sonst die liebste, ist ihr recht.«

Das kann man kaum anders verstehen, als dass sie die Spannung mithilfe der Frisur außerordentlich verstärken will. Sie will ihre Umgebung recht kräftig erschüttern und findet ein gutes Hilfsmittel in Aufrollung des Problems der Frisur. Es regt sich die Frage, wieso dieses Mädchen mit solcher List auf etwas kommt, das hilfreich ist in ihrer Absicht, die Umgebung zu erschüttern. Wenn einer da sagen wollte »Haarfetischist«, so ist das eine Psychologie, die auf Stelzen geht, Regeln aufstellt und nach Regeln vorgeht, nach einem sexuellen Schema einfach Fremdworte einführt, die nicht mehr besagen, als wir schon wissen, aber heimlich einen sexuellen Unterton einschleichen lassen. Unsere Psychologie ist lebenswarm, sie will keine Regeln haben, sie ist eine schöpferische Leistung, die Nachschöpfung eines lebendigen Wesens. Wir werden uns jeder weiteren Auffassung entschlagen, nur anerkennen, dass dieses Mädchen mit großer Schlauheit einen bedeutsamen Punkt ausfindig gemacht hat, der Schwierigkeiten schafft.

»Die Stunden verstreichen, das Kind läuft schließlich ohne Frühstück unter Weinen und Klagen weg.«

Auch dieser Fall ist nicht selten, wir erleben ihn häufig. Wenn ich früher einen kleinen Zweifel bezüglich des Zuspätkommens geäußert habe, gemeint habe, dass es vielleicht eine Übertreibung sei, um die Pein der Umgebung herauszustreichen, so findet sich hier die Bestätigung: »Die Stunden verstreichen«. Man kann es sich kaum vorstellen, dass diese Zeit mehrere Stunden misst. Man muss um acht Uhr *[16]* in der Schule sein, man kann nicht annehmen, dass dieses Kind um fünf Uhr beginnt, wahrscheinlich um sieben Uhr.

»Wir haben versucht, dem letzteren Übel (der Frisur) dadurch abzuhelfen, dass wir ihr das Haar schneiden ließen.«

Wenn wir recht haben, kann es nichts nützen. Es ist ihr nicht um die Frisur zu tun, sondern die Umgebung in Spannung zu versetzen. Die Frisur ist nur eines der vielen Mittel. So wollen wir sehen, was sie machen wird, wenn sie keine Frisur hat. Würden wir zweifeln, ob dieses Mädchen intelligent ist, würde sich das jetzt erweisen. Das ist die individualpsychologische Prüfung in Bezug auf Intelligenz und Schwachsinn, wie ich sie empfohlen habe.

Ist sie intelligent, so muss sich in der erschwerten Situation zeigen, ob sie diesen Stil hat, den wir bei intelligenten Kindern voraussetzen, das heißt, dass sie ein anderes Mittel findet, um zu dem gleichen Ziel zu gelangen.

»Es nützt aber nicht viel, da auf einmal eine Maschenfrage aufgetaucht ist. Und es wiederholen sich dieselben Klagen bei Anbringung der Masche.«

Sie ist also intelligent. – Wir sind beruhigt.

»Der Umstand, dass das Kind ohne Frühstück in die Schule läuft, muss sich doch auch in der Schule fühlbar machen, da ich nicht annehmen kann, dass ein

Kind bis zum Gabelfrühstück, also bis elf Uhr, nüchtern in der Schule sitzen kann mit der für den Unterricht notwendigen Aufmerksamkeit.«

Zuletzt wird der Zweifel ausgesprochen, ob ein Kind ohne Frühstück es bis elf Uhr aushält. Hätte es das Ziel, satt zu sein, dann wäre es richtig, anzunehmen, dass sie nicht bis elf Uhr warten kann. Dieses Kind hat ein anderes Ziel, es will seine Umgebung mit Schulangelegenheiten belästigen. Ich weiß nicht, ob man weitere Schlüsse ziehen soll. Wir können sagen: Dieses Kind ist von Ehrgeiz beseelt, dieses Kind wünscht, im Mittelpunkt der Aufmerksamkeit zu sein, in der Schule und zu Hause, sie wandelt dabei auf allgemein nützlichen Wegen. Wir hören, dass sie auch im Hause sehr brav ist, sie hat nur einen Fehler, sie möchte, dass man sich mit ihr unausgesetzt beschäftigt. Sie sucht Anerkennung auf dem unrichtigen Platz. Am Morgen, wenn sie zur Schule gehen will, ist ihr Hauptgedanke: Wie sag ich's meinen Eltern, welche ungeheure Schwierigkeit vor mir liegt? Sie können diesen Typus mit dem Worte »*Prahlerei*« bezeichnen.

Wenn wir darangehen wollen, den Mut dieses Kindes festzustellen, so werden wir sagen müssen: Sie sucht die Lösung ihres Problems *[17]* als eine Heldentat hinzustellen. Das zeigt nicht allzu viel Mut, weil dabei auf der anderen Seite, ohne dass irgendwer was dazu tut, ohne dass einer es zu verstehen braucht, gleichzeitig eine Sicherung für sie herauswächst. Wenn sie einmal keine gute Schülerin ist, sind die Eltern schuld. Das ist ein Prozess im menschlichen Leben, der viel intensiver erkannt werden muss. Es ist wertlos, diesen Prozess mit dem Namen »unbewusst« zu bezeichnen. Es liegt der Ablauf dieses Prozesses, den wir versuchen, gedanklich zu erfassen, im Zusammenhang des Lebens. Wir erleben ihn alle mit, wir bezeichnen ihn nur nicht mit Worten. Wir können ihn erst durchschauen, wenn wir den Zusammenhang feststellen. So können wir sagen: Dieses Mädchen hat nicht viel Mut. Wir können auch etwas über die Ausbildung des Gemeinschaftsgefühles sagen. Es wird niemand darüber zweifeln, dass diesem Mädchen die Pein, die sie der Familie auferlegt, nicht sehr zu Herzen geht. Wir können feststellen, dass es ihr einzig und allein darum zu tun ist, die Märtyrerkrone zu haben. Alle Schwierigkeiten, die sie findet, auch dass sie bis elf Uhr nichts isst, sollen das Bild viel schmerzlicher gestalten. Sie ist außerordentlich stark auf Ruhm bedacht, aber nicht allzu sehr auf andere. Vielleicht könnten wir noch weitere Schlüsse ziehen. Ich bin besorgt, dass wir sie nicht bestätigen könnten, weil wir kein weiteres Material haben. Wir könnten fragen: Aus welcher Situation ist der Stil dieses Mädchens entstanden? Welches waren die ersten Inschriften, welche Umstände haben dazu beigetragen, diesen Lebensstil zu formen? Sie ist ein ehrgeiziges Mädchen, das an der Spitze stehen will. Wenn ich *müsste*, würde ich den Schluss ziehen: Sie ist ein einziges Kind. Wenn wir in Betracht ziehen, welche Bedeutung die Mutter dem Essen beilegt, möchte ich das verallgemeinern und behaupten, dass in dieser Familie das Essen eine größere Rolle spielt als beim Durchschnitt. So weit können wir gehen oder zum Beispiel die Frage anschneiden, dass wir uns dieses Kind als zart vorstellen, als blass. Wenn dieses Kind ein dicker Blasengel wäre, wäre die Mutter nicht so besorgt. Aber alle diese Schlüsse tragen nicht sehr viel dazu bei, uns mit der Gestalt dieses Kindes näher vertraut zu machen, weil wir sie nur der Übung wegen machen, ohne sie bestätigen zu können.

Ein paar Worte bezüglich der Behandlung eines solchen Kindes. Dieses Kind ist im Genusse seiner Herrschaft über die Familie. Sie weiß nichts davon. Sie erlebt nur die Pein, die Spannung der anderen. Das soll uns nicht beirren. Glauben Sie, dass ein Multimillionär immer daran denkt, wie viel Geld er hat? Sie werden nur [18] finden, wie oft der Mann sich ärgert, wenn nicht alles nach seinem Wunsch geht. Dieses Mädchen ist in keiner anderen Verfassung. Sie ist im Besitze der Herrschaft, deshalb braucht sie nicht ununterbrochen mit der Zunge zu schnalzen. Es genügt, dass sie im Besitze der Herrschaft ist. So können wir verstehen, warum dieses Mädchen diesen Weg geht, ohne auf das Ziel zu achten, sondern nur auf die Schwierigkeiten schaut. Wenn dieses Mädchen das alles wüsste, wenn man ihr klarmachen könnte, dass sie dieses gewöhnliche Problem des Schulganges so maßlos überschätzt, um zu prahlen, so wäre das ein großer Fortschritt. Es könnte sein, dass sie sich dabei noch nicht ändert. Vielleicht müsste man weitergehen, ihr zeigen, wer prahlt. Man könnte ihr die Überzeugung beibringen, dass nur der prahlt, der glaubt, nicht selbst genug zu sein. Nur der wird andere zu erschüttern trachten, der glaubt, dass er durch seine Leistungen nicht genügend Beweise für seine Bedeutung liefern kann. Wenn man sich dem Mädchen gegenüber auf den Standpunkt stellt: »Wenn ich recht habe, dann machst du ja alles ganz richtig. Vielleicht solltest du noch mehr tun. Aber das alles zeigt nur, dass du ein sehr gescheites Mädchen bist, welches den richtigen Weg findet, die Umgebung zu erschüttern.« Wenn es mir gelingen würde, das Mädchen zu überzeugen, dann müsste ich es ihr aus anderen Geschehnissen und Erinnerungen klarmachen. Wenn ich so weit kommen könnte, ihr zu zeigen, dass aus ihrer Stellung eines einzigen Kindes alle Neigungen entstanden sind, die als zwangsläufige Fehler erwachsen, wenn ich sagen würde: »Das sind bekannte Dinge, die passieren oft bei einzigen Kindern«, so würde sie wissen, was sie früher nicht gewusst hat. Dieses neue Wissen allein würde den Komplex ihrer Gedankenabläufe beeinflussen. Die Handlungen würden ihrem Gemeinschaftsgefühl offen widersprechen. Sie würde sich kontrollieren, und es würde wahrscheinlich Folgendes in Erscheinung treten: In den ersten Tagen würde sie sich, nachdem sie die Familie in Ekstase versetzt hat, sagen: »Dr. Adler würde sagen, ich tue das nur, um mich berühmt zu machen.« Das würde vielleicht eine Zeit lang fortgehen. Sollte das nicht der Fall sein, könnte ich nachhelfen. Dann würde eine Zeit eintreten, wo sie schon mitten im Getöse sich erinnern würde, wie das für mich ausschaut, und schon jetzt würde vieles davon wegfallen. Dann kommt eine Zeit, wo sie sich dessen beim Erwachen schon vielleicht innewerden würde. »Jetzt will ich die Umgebung in Aufregung versetzen.« Das wäre der simple Ablauf einer solchen Behandlung. Andere Wege wären auch möglich. *[19]*

Ich selbst liebe es, ganz andere Wege zu gehen. Wenn ich herauszufühlen glaube, dass man so sprechen könnte, sage ich: »Die Schule ist das Wichtigste im Leben eines Menschen, du solltest noch mehr Wesens daraus machen.« Durch Übertreibung würde ich ihr die Neigung zu diesen Maßnahmen verderben. »Du musst unausgesetzt einen Radau machen, um deine Leistungen und die Wichtigkeit deiner Person hervorzuheben. Denn es wäre für dich scheinbar zu schwer, dich allein nur auf nützliche Weise in den Mittelpunkt zu versetzen.« – Es gibt hundert Methoden, die dazu geeignet sind, wie Kaus sagt, »das gute Gewissen zu verderben«.[147] »Schreibe mit großen Buchstaben auf einen Zettel und hänge ihn über dein Bett: An jedem Morgen muss ich meine Familie in größte Spannung versetzen.« Sie würde bewusst, aber mit schlechtem Gewissen das machen, was sie früher unverstanden, aber mit gutem Gewissen gemacht hat. Ich habe noch nie gesehen, dass einer meiner Patienten den letzteren Rat befolgt hätte.[148]

Kapitel 4: Verzärteltes jüngstes Kind

»Das Mädchen ist elf Jahre alt, der Vater ist Eisenbahnbediensteter in Rente, die Mutter ist im Haushalt. Die Mutter soll 14 Kinder geboren haben, am Leben sind sieben. Petronella ist die Jüngste.«

Bezüglich der Jüngsten haben wir unsere eigene Meinung. Sie kennen auch gewiss alle die Geschichte von Josef aus der Bibel[149], der gerne haben möchte, dass Sonne, Mond und Sterne sich vor ihm beugen, der seine Träume erzählt, deren Sinn von seinen Brüdern sehr gut verstanden wird. Sie steckten ihn in einen Sack und verkauften ihn. In dieser Legende ist vieles zu sehen. Josef wird später der Halt der ganzen Familie, der Halt des ganzen Landes, er rettete die ganze Bevölkerung. Der Jüngste! Das werden Sie oft finden, dass das jüngste

---

147 [Es dürfte sich dabei um einen Ausspruch des Individualpsychologen Otto Kaus handeln.]

148 [Auf diese Textstelle verweist beispielsweise (Titze 1995a, S. 31), wenn er ausführt, dass Adler der erste Psychotherapeut war, der »in der Geschichte der modernen Psychotherapie« eine Verfahrensweise beschrieben hat, »die wir heute als ›paradoxe Intervention‹ bezeichnen würden«. Nach Titze (ebd.) findet sich eine entsprechende Empfehlung erstmals in Adlers Schrift »Nervöse Schlaflosigkeit« (Adler 1914p/1974a, S. 69, Studienausgabe Bd. 3).]

149 [Genesis 37,1–50,26]

Kind eine prominente Person wird in irgendeiner Weise, entweder gut oder schlecht, oft wertvoll und stark. Über die Geschlechtsverhältnisse der 14 Kinder wissen wir nichts Näheres. Wir können feststellen, dass das jüngste Kind meistens besonders verzärtelt wird, weil die Eltern besonders erfreut sind, dass sie noch ein Kind haben können (oder aber sie sind darüber verdrossen). Ein jüngstes Kind wächst in einer anderen Situation auf als die anderen, weil es das einzige ist, das keine Nachfolger hat. Dadurch ist seine Situation verhältnismäßig günstig. Die anderen erleben die Tragödie, dass hinter ihnen noch jemand kommt. Dies erlebt das jüngste Kind nicht, und dieser Umstand prägt sich auch in seiner Haltung aus. Das letzte Kind ist »rückenfrei«.

Aus dem Schulbeschreibungsbogen haben wir folgende Daten: »Lernt zeitweise sehr gerne, dann lässt der Eifer wieder nach.«

Wenn Sie einen derartigen Wechsel in der Tätigkeit eines Schulkindes finden, dann können Sie mit einiger Sicherheit damit rechnen, *[51]* dass es ein verzärteltes Kind ist. Ein solches geht nur bedingungsweise vorwärts, und zwar, wenn es in einer angenehmen Situation ist: wenn es keine Mühe anwenden muss, um etwas zu leisten, wenn ihm gleich etwas gelingt. Wenn die warme, angenehme Atmosphäre verschwindet, dann lässt es gleich nach. Aus Schulzeugnissen können wir auch die Diagnose stellen, ob ein Kind ein verzärteltes Kind ist. Wir sind in derselben Lage, wie ein guter medizinischer Diagnostiker, wenn wir imstande sind, diesen Typus des verzärtelten Kindes zu erfassen.

»Vorliebe für Schreiben, Zeichnen, Handfertigkeiten.«

Dieses Kind ist manuell geschickt. Das kann den Ursprung darin haben, dass es ein gewisses Training hinter sich hat, dass es irgendwie aus eigener Neigung von frühester Kindheit sich manuell beschäftigt hat. Wir könnten daraus auch schließen, dass es vielleicht ein Linkshänder ist, der die Schwierigkeiten überwunden und seine rechte Hand außerordentlich trainiert hat. Dies ist aber mit einiger Vorsicht zu betrachten, es ist leicht zu bestätigen oder zu widerlegen.

»Mutter verteidigt die Ungezogenheiten des Kindes.«

Wir sehen hier eine Mutter, die sich des Kindes annimmt, auch dann, wenn der Tadel berechtigt ist. Wir bekommen die Bestätigung, dass dieses Kind verzärtelt ist.

»Leicht erregbare Aufmerksamkeit.«

Das sagt uns, dass dieses Kind sich überall umsieht und für alles Ohr und Auge hat, dass es ein reges Interesse fürs Leben hat. Das muss ein Kind sein, das den Mut nicht verloren hat, das sich nicht zurückzieht, das nicht verschlossen ist, sondern das Verbindungen mit der Außenwelt sucht. Wir werden hier eine soziale Aktivität finden, die sich vielleicht auf einem speziellen Gebiet mit nichtigen Dingen bewegt, aber das Material ist da.

»Sucht durch Störung abzulenken.«
Wir können das so auffassen, dass dieses Kind immer bestrebt ist, im Unterricht Störungen hervorzurufen. Es überrascht uns nicht, weil wir wissen, dass so ein verzärteltes Kind, das eine gewisse Aktivität besitzt, seine Neigung, im Mittelpunkt zu stehen, mit Vorliebe auf der unnützlichen Seite betätigen wird. Sie wird auch auf dieser Seite außerordentlich weit gehen, denn sie hat ja eine Stütze in der Mutter.
»Verständiges Merken vorherrschend.«
Jeder Zweifel an dem Interesse dieses Kindes verschwindet da*[52]*durch. Ich wäre nicht erstaunt, wenn bei Vornahme einer Intelligenzprüfung das Intelligenzniveau über dem Durchschnitt wäre.
»Selbstständige, gute Beobachtung des täglichen Lebens.«
Es ist wieder bestätigt, dass dieses Kind eine Aktivität besitzt, die es immer drängt, sich mit allen Dingen zu beschäftigen und irgendwie in vernünftiger Weise dazu Stellung zu nehmen.
»Klare Vorstellungen, kritische Begabung.«
Wir wollen nicht sagen, dass diese Begabung immer fehlgeht. Wenn sie gelegentlich auch recht hat, wird es uns nicht abhalten, festzustellen, dass dieses Kind eine Neigung hat, sich über andere zu erheben.
»Mutiges Anfassen der neuen Arbeit.«
Wir schließen daraus, dass es beim Anfang einer neuen Arbeit entschlossen vorwärtsgeht. Hier sehen wir wieder seine Aktivität. Der Lebensstil dieses Kindes beginnt sich zu bewegen, wir haben das Bild eines sich regsam bewegenden Kindes, das Sinn für die Außenwelt hat, ein genügendes Interesse und sicherlich danach strebt, sich über die anderen zu erheben. Wie wird es das machen, sich über den Lehrer zu erheben, wenn es im sozialen Milieu der Schule ist?
»Bei der Arbeit mitunter launenhaft.«
Es ist eine Wiederholung dessen, was wir schon früher gesagt haben.
»Anerkennung gelungener Arbeit spornt das Kind an.«
Es hat große Sehnsucht nach Anerkennung, es möchte eine große Rolle spielen.
»Es ist heiter.«
Das zeigt uns wieder eine Seite seines Mutes, seiner Entschlossenheit und wohl auch, dass es in seiner Häuslichkeit nicht gerade trübe Tage erlebt hat. Wir wissen, die Mutter deckt es ja.
»Hält gern an den eigenen Entschlüssen fest.«
Wie jeder, der sich stark fühlt.
»Lenkt durch Störung die Aufmerksamkeit der anderen Kinder vom Unterricht ab.«
Wenn man hört, dass ein solches Kind die Aufmerksamkeit der anderen vom Unterricht ablenkt, dann will es ihr Ziel, im Mittelpunkt zu stehen,

damit erreichen. Dies gelingt ihm eben nur auf die Weise, dass es den Unterricht stört.

»Hat das Streben, zu führen, ...«

Die Jüngste – der kleine Josef.[150]

»doch geringe Begabung dazu.« *[53]*

Warum geht ihr diese Begabung ab? Die anderen Kinder leisten ihr Widerstand, sie wollen sich nicht immer von diesem Fratzen führen, kommandieren lassen. Sie hat es noch nicht heraus, wie die anderen zu führen sind. Sie wird diese Begabung zur Führung schon irgendwie erwerben.

»Guter Sprachausdruck, sprechfreudig.«

Die Sprache ist auch ein Mittel, die Aufmerksamkeit auf sich zu lenken. Sie finden oft bei schwer erziehbaren Kindern, bei Neurotikern, Psychotikern, dass bei diesen die Sprachfreudigkeit stark im Vordergrund steht und dass diese ununterbrochen sprechen.

Die bisherigen Bemerkungen stammen aus dem Volksschulleben des Kindes, jetzt folgen die Bemerkungen aus der Hauptschule: »Erste Zeit kaum besonders aufgefallen. Am ersten Schulausflug (Lehrwanderung) klagen Mitschülerinnen über Glossen und Belästigungen vonseiten des Kindes.«

Es macht sich hier schon geltend, es will sich Platz machen. Warum ist es nicht gleich aufgefallen? Das spricht nur für das gute Training des Kindes. Es muss darauf kommen, wie man das macht.

»Seit ungefähr zwei bis drei Wochen legt es unglaubliches Benehmen an den Tag. Es schreit während des Unterrichtes laut drein, läuft ohne Erlaubnis vom Platz, stößt die anderen und sucht sie zu stören.«

Sein Benehmen heißt offenbar, dass es weiter geht in seinem Streben, den anderen über den Kopf zu wachsen. Wir verstehen, was es damit will, es will seine Kraft zeigen, es will zur Beherrschung der Kinder gelangen.

»Bei der Schularbeit: Es arbeitet nicht mit, wird ermahnt, aus Trotz nimmt es das Tintenfass, schüttet sich die Tinte auf Hände, wischt sich buchstäblich die Hände damit, beschmiert die Bank.«

Das Kind exzediert, benimmt sich wie eine tolle Siegerin, die unbedingt zeigen will, dass sie die Stärkere ist. Da wir es hier mit einem intelligenten Kinde zu tun haben, können wir folgern, dass sich dieses Kind in der Schule nicht gut fühlt und dass da irgendetwas noch geschehen muss. Es hat durch sein Verhalten gezeigt, dass es die Hoffnung verloren hat, in dieser Schule eine Rolle zu spielen.

»Die Mutter wird gerufen, diese lässt sich im Zorn so weit hinreißen, dass sie das Kind an den Haaren zieht, es sinnlos ins Gesicht schlägt, die Hände zu biegen versucht.«

Auch die Mutter hat die Fassung verloren. Wir dürfen einschalten, dass das

---

150 [Siehe Fußnote 149 zu diesem Text.]

nicht die richtige Methode ist, die letzte Bewegung, den letzten Ausläufer zu bestrafen. Es wird dem Kinde nichts ausmachen, *[54]* wenn sie es so weit bringt, die Mutter, den Lehrer zu ärgern. Ich habe neulich eine Stelle in Roseggers Biografie[151] gelesen, wo er erzählt, dass er eine riesige Freude hatte, wenn er als Kind seinen Vater so sehr ärgern konnte, dass dieser ihn schlug. Später, als er gesehen hatte, dass der Vater ihn liebe, hat er sein Benehmen geändert. Das Kind will die Garantie haben, dass man es liebt, dass man von ihm etwas hält. Wenn es diese nicht hat, bemüht es sich, bis es ihm gelingt, jemanden zum Zerplatzen zu ärgern. Das spornt seine Kraft an.

»Die Direktorin hat Mühe, die Frau zu bändigen, und muss das Kind rasch in die Klasse schicken. Das Kind hat nicht geweint, nicht geschrien, es ist fest geblieben.«

Sie sehen, dass es der Mutter zeigt: »Du bist für mich zu schwach, ich bin stärker als du!«

»Kaum war die Mutter weg, schickt man das Kind wieder in die Kanzlei, weil es in der Klasse den Unterricht unmöglich macht.«

Hier zeigt es auch, dass es ihm gar nichts macht, ihm kann »keiner«. Man muss dieses Kind in einer Beziehung bewundern – es ist riesig stark. Wenn man diese Riesenkraft richtig lenken könnte, dann könnte etwas daraus werden.

»Die Direktorin redet ihm in Güte zu, das Kind verspricht brav zu sein, hat aber beim Versprechen gar nicht die Absicht, dieses zu halten.«

Es sieht, dass die Frau Direktorin sich seiner warm annimmt. Es möchte schon der Frau Direktorin den Gefallen tun, brav zu sein, aber in der Klasse

---

151 [Adler bezieht sich auf folgende Passage in Peter Roseggers Schrift »Als ich noch ein Waldbauernbub war«, die sich im Kapitel »Ums Vaterwort« findet: »Ich hatte mich beim Ausbruch der Erregung allemal vor den Vater hingestellt, war mit niederhängenden Armen wie versteinert vor ihm stehen geblieben und hatte ihm während des heftigen Verweises unverwandt in sein zorniges Angesicht geschaut. Ich bereute in meinem Innern den Fehler stets, ich hatte das deutliche Gefühl der Schuld, aber ich erinnere mich auch an eine andere Empfindung, die mich bei solchen Strafpredigten überkam: Es war ein eigenartiges Zittern in mir, ein Reiz- und Lustgefühl, wenn das Donnerwetter so recht auf mich niederging. Es kamen mir die Tränen in die Augen, sie rieselten mir über die Wangen, aber ich stand wie ein Bäumlein, schaute den Vater an und hatte ein unerklärliches Wohlgefühl, das in dem Maße wuchs, je länger und je ausdrucksvoller mein Vater vor mir wetterte. Wenn hierauf Wochen vorbeigingen, ohne dass ich etwas heraufbeschwor, und mein Vater gütig und still an mir vorüberschritt, begann in mir allmählich wieder der Drang zu erwachen und zu reifen, etwas anzustellen, was den Vater in Wut bringe. Das geschah nicht, um ihn zu ärgern, denn ich hatte ihn überaus lieb; es geschah gewiss nicht aus Bosheit, sondern aus einem anderen Grunde, dessen ich mir damals nicht bewusst war« (Rosegger 1900, S. 31f.).]

beginnt diese Mechanisation seines Lebensstils zu wirken. Viele würden glauben, dass es sich hier um eine Ambivalenz handelt, dass das Kind auf der einen Seite zutunlich, auf der anderen Seite widersetzlich sein kann. So maschinell darf man sich die menschliche Psyche nicht vorstellen. Dieser mechanisierte Lebensstil antwortet natürlich dem Stile gemäß, aber je nach der Situation. Bei der Frau Direktorin hat es den Eindruck, die habe ich gewonnen, die gehört mir – diesen Eindruck hat es in der Schule durchaus nicht.

»Die Direktorin gibt ihm ein Ehrenamt, Kalender täglich zu richten.«

Das ist ein Mittel, ein Kind in der Schule zur Ruhe zu bringen. Das ist tiefer basiert; es wirkt schon auf solche Kinder, deren Streben nach Überlegenheit durch ein Ehrenamt beruhigt werden kann. Aber es will mehr als dieses Amt, es möchte mehr als die anderen Kinder, *[55]* und wir glauben nicht, dass es sich hier beruhigen wird oder mehr als im Anfang.

»Die Lehrerin kommt in die Klasse: ›Die Fräuln[152] hat aber schöne Schneckerl[153], wo kriegt man denn die z' kaufen?‹«

Nun, das ist offene Feindschaft. Es ist nicht zu verkennen, dass dieses Kind in offener Feindschaft mit dieser Lehrerin steht. So spricht nur ein offener Feind.

»Die Kinder dieser Klasse, zehn bis elf Jahre alt, sind natürlich zu jung, um sich über derlei Bemerkungen mit Ignoranz hinwegzusetzen. Störung hält an. Anfangs sah es aus, als suchte es gerade diese Lehrkraft zu ärgern, bald aber kamen die anderen auch dran.«

Es ist vielleicht eine Unmöglichkeit für die anderen wie auch für diese Lehrkraft gewesen, dem Kinde das zu bieten, was es verlangt, es sofort an die Spitze zu stellen. Andererseits sehen wir, wir werden mit diesem Kinde kaum etwas anfangen können, wenn wir nicht gleich garantieren können, wonach es sich sehnt. Es wird uns in denselben Kampf verwickeln, in welchen es die anderen verwickelt hat. Es ist ein Fehler, ihm seine Sünden vorzuhalten. Das Gespräch mit ihm muss man mit seinen Vorzügen beginnen. Wie, das bleibt einem jeden vorbehalten.

»In zwei Naturgeschichtsstunden musste die Direktorin in der Klasse bleiben, um den Unterricht zu ermöglichen.«

So weit reicht seine Kraft noch nicht, um sich auch mit der Frau Direktorin in Kampf zu setzen. Es scheint mit ihr in einem besseren Verhältnis zu sein. Das kann auch Respekt sein, aber auch das, dass sie es vor dem Angriff der Mutter beschützt hatte.

»Die Lehrerin übertrug dem Kinde ebenfalls einige Ämter: Abstauben im

---

152 [Umgangssprachlich: das Fräulein]
153 [Umgangssprachlich: Locken]

Lehrmittelkabinett, Wasserholen, doch fängt es auch da bald an, Unsinn zu treiben.«

Das muss uns auffallen. Wenn ihm die Frau Direktorin eine Aufgabe gibt, soweit wir es sehen, macht es diese ganz gut. Wenn eine andere Lehrkraft ihm einen Auftrag gibt, dann macht es ihn schlecht. Wir können auch daraus etwas entnehmen: wie man dem Kinde näherkommt. Soweit ich sehe, geht jetzt die moderne Erziehung darauf aus, das Kind in eine angenehme Situation zu bringen; und man kann auch beobachten, dass es sich dann wesentlich besser verhält. Wir trachten aber, dass ein Kind auch in einer unangenehmen Situation das Gleichgewicht nicht verliert. Wenn wir uns an die Entstehung des mechanisierten Lebensstiles zurückerinnern, dann sehen wir, dass dieser so aufgebaut ist, dass die Mutter dem Kinde eine ange[56]nehme Situation bereiten muss, um es für sich zu gewinnen, dann muss sie das Kind zu einem sozialen Partner eines Gemeinschaftslebens machen. Wir können diese Funktion der Mutter nicht unausgeübt lassen, wir müssen wieder damit anfangen, es zu gewinnen, und es dann der Gemeinschaft anzugliedern suchen. Ohne es zu gewinnen, wird es uns nicht gelingen.

»Im Turnen stört die Schülerin, rennt aus der Reihe; sie wird in die Garderobe gesteckt – sie wirft ganz kleine Papierstückchen auf den Boden, die Kleider der Mitschülerinnen dazu und ist nicht zu bewegen, Ordnung zu machen.«

Wieder derselbe Kampf.

»Selbst die Direktorin muss ihr da lange zureden, bis sie die Papierstücke wegräumt.«

Hier gelingt es wieder der Direktorin, sie gerade zur Abbitte, Demütigung zu bringen.

»Ein andermal vertauscht sie die Schuhe und Strümpfe der Mitschülerinnen (Garderobenraum). Ein Kind findet die Strümpfe nicht, es fällt der Verdacht natürlich auf die H. Dass das Kind die Strümpfe sich aneignete, wurde von der Lehrkraft wie von der Direktorin nicht einen Augenblick angenommen, da das Kind sehr nett und rein gehalten ist. Es leidet bestimmt an nichts Not, weder an Essen, noch an Kleidern. Am nächsten Tag sprachen die Direktorin, die eigene Mutter wie die Mutter des betroffenen Kindes auf die Schülerin ein, doch zu sagen, wo die Strümpfe versteckt wären, allein das Kind gesteht nicht. Nach langem Suchen findet der Schulwart die Strümpfe in der Ventilation oberhalb des Fußbodens. Bis heute schwört das Kind darauf, das Gesuchte nicht versteckt zu haben.«

Ich muss sagen, dass dieses Kind keine große Neigung zum Lügen hat. Wo wir Lügenhaftigkeit finden, dort finden wir nicht diese Aktivität, denn Lügenhaftigkeit ist ein Zeichen von Feigheit. Man sollte bei solchen Anlässen vorsichtig sein, denn es kann möglich sein, dass ein anderes Kind die Sachen versteckt hat. Wir können uns vorstellen, wie erhaben sich dieses

Kind fühlt, wenn sie auch nur ein einziges Mal mit Unrecht beschuldigt wird. Ich habe zum Beispiel Fälle erlebt, wo Menschen Diebstähle in großer Zahl ausgeführt haben; einmal haben sie es nicht getan, und es war köstlich zu beobachten, wie sie sich benommen haben, als sie beschuldigt wurden. Sie ließen die Untersuchung verlaufen, dass sie in Verdacht bleiben konnten, und sie haben es genossen, wie man ihnen Unrecht tat. *[57]*

»Da die Turnlehrerin jede Verantwortung für die Sicherheit des Kindes und der anderen Kinder ablehnt, sitzt die Direktorin in der folgenden Turnstunde im Saal und muss gestehen, dass sich das Kind sowohl im Benehmen wie in der Ausführung der Übungen tadellos aufführt. Die kommenden Stunden wird das Kind gelobt, schon aber fängt es wieder an, durch Faxen zu glänzen. Sie beklagt sich: ›Der Fuß tut mir weh.‹«

Diese Art des Kampfes ist eine viel mildere, als wir vorher gehört haben.

»Die Lehrerin meint, wenn es absichtlich so schlecht turne, müsse es ›4‹ bekommen. Nach Aussage der Mutter hätte das Kind daheim geweint. Die Mutter tröstet: ›Aber mach dir nichts daraus!‹«

Hier können wir beinahe von einer versäumten Gelegenheit sprechen. Es ist sehr schwer, bei einem Kinde die richtige Gelegenheit herauszufinden, um sie der Besserung zuzuführen. Es ist nicht ausgeschlossen, dass dem Kinde tatsächlich der Fuß wehgetan hat und sie vielleicht schon auf dem Wege der Besserung ist – da bekommt sie auf ihre Klage die Antwort: »Du bekommst eine Vier.«

»Im Schreiben tut sie mit, wenngleich sie auch da einmal in die Kanzlei gebracht wurde, weil sie die anderen zu sehr störte.«

Schreiben ist eine Leistung, die ihr zu liegen scheint. Wir glauben bisher, dass sie manuell geschickt ist, sie tut hier mit, um vielleicht die anderen zu übertreffen. Wir werden sehen: Wo sie dies nicht erreichen kann, wird sie wieder stören.

»Die Lehrerin der Geografie, Geschichte, Deutsch, Gesang lobte die Ausdrucksweise und machte gleich in den ersten Wochen des Unterrichtes die Bemerkung, das Kind könne ganz gut im Zug Eins mitkommen.«

Wir hören, sie ist nicht im Zug Eins. Das ist eine der brennendsten Fragen in der Schulreform der ganzen Welt. Die meisten Länder haben sich entschlossen, zwei Schulzüge aufzustellen. Im ersten Zug sind die Kinder, die man als normal entwickelt ansieht, im zweiten Zug solche, von denen man den Eindruck hat, dass sie langsamer vorwärtsgehen. Der Unterricht im zweiten Zug ist auch dementsprechend. Da sind Erleichterungen für Kinder, die nicht richtig vorbereitet sind, denen man eine leichtere Situation bietet. Wir dürfen aber die Schattenseiten dieser Reform nicht übersehen. Ich glaube, dass diese Kinder, die im zweiten Zug sind, immer das Gefühl haben, unter dem Durchschnitt zu sein. Es ist auch nicht selten, dass sie Schimpfworte hören, wie »Trottelklasse« usw. Manche Kinder *[58]* genießen nur die Vorteile, bei anderen aber fallen die Nachteile außerordentlich schwer ins Gewicht. Sehr bemerkenswert sind die Untersuchungen, bei denen ich feststellen und erfahren konnte, dass im zweiten Zug sich überwiegend Kinder armer Leute befinden. Das sagt, dass diese Kinder schlechter für die Schule vorbereitet sind. Es ist, glaube ich, eine noch nicht ganz gelöste Frage. Die Nachteile dieser Einrichtung sind noch nicht ganz überwunden. Der Gedanke ist hier am Platz, wie dieses Kind zu dem zweiten Schulzug steht. Die Lehrerin sagt ihr, dass sie auch im ersten Zug mitkommen könne. Wenn wir den Lebensstil dieses Kindes richtig erfasst haben, dann könnten wir annehmen, dass es sich dadurch bedrückt fühlt, dass es im zweiten Schulzug steckt. Es kommt auf die Leistung an. Der Nachteil muss uns zu denken geben in diesem Fall.

»Handarbeiten.«

Ist auch eine Leistung, wo sie sich ganz richtig benimmt.

»Die Handarbeitslehrerin erzählt, dass sie in einer der Handarbeitsstunden vor der Lehrerin einer Schülerin, die die Arbeit des Kindes auf dessen Platz legen muss, dieser zuschreit: ›Du Luder, du Mistvieh, du Kalb!‹, noch mehr nicht wiederzugebende Ausdrücke. Die Zeichenlehrerin: Eine Arbeit wird von der Lehrerin kritisiert ...«

Nun, das ist natürlich für uns das Stichwort, jetzt muss irgendetwas geschehen!

»Das Kind fährt aus Bosheit mit Farbe über die ganze Zeichnung und verdirbt sie. Die Lehrerin macht Vorstellungen. – Erfolg: ›Mein Vater wird schon kommen und wird Ihnen den Magen ›ausrama‹[154], dann werden Sie's nimmer tun!‹«

»Der Religionslehrer: Das Kind ist zwar katholisch, besucht aber keinen Religionsunterricht. Es bleibt aber in der Religionsstunde sitzen, und der Religionslehrer rief es auch mehrmals auf. Einmal war sie die einzige Schülerin, die auf eine Frage die richtige Antwort wusste. Das erzählte sie voll Freuden der Mutter. Die nächste Stunde darauf schickte sie der Religionslehrer in die Kanzlei, weil sie auch höchst ungezogen war.«

Wir wissen nicht, was dazwischen liegt, aber hier wäre auch eine Gelegenheit gewesen, sie festzuhalten.

»Die Wahrnehmungen der Direktorin: Wenn das Kind in die Kanzlei kam, tat es sehr nett. Die Schülerin musste rechnen oder schreiben, anfangs ging es ganz gut, gegen Ende der Stunde zeichnete *[59]* sie ›Manderln‹[155]. Auf die Frage, warum sie nicht rechne: ›Ich kann es nicht!‹«

---

154 [Umgangssprachlich: grobes Auftreten in Verbindung mit dem Vorbringen heftiger Vorwürfe (wörtlich in Schriftsprache übersetzt: jemandem den Magen ausräumen)]
155 [Umgangssprachlich für stilisierte Darstellungen von Menschen; etwa in Gestalt von Strichmännchen]

Das ist natürlich eine böse Sache. Wenn sie etwas nicht kann, dann fühlt sie ein derartiges Gefühl der Minderwertigkeit, dass sie es irgendwo kompensieren muss.

»Zu dem bereits genannten Ehrenamt (Kalenderrichten) kam noch: Abstempeln verschiedener Drucksorten, Nachrichtendienst von Klasse zu Klasse – dabei scheint sie das zahmste Kind, und ein paar Minuten darauf, trotz des Versprechens, brav sein zu wollen, schickt man sie wieder aus der Klasse.«

Dieses Kind hat da nun einen Anziehungspunkt gefunden, das ist die Kanzlei der Frau Direktorin. Wenn man sie von dort entfernt und woanders hinschickt, dann strebt sie zurückzugelangen. Die Bewegung vollzieht sich dorthin, nach der Seite, weil sie sich dort in einer angenehmen Situation fühlt. Es ist möglich, dass es die Lehrerin noch besser mit ihr meint als die Frau Direktorin, aber es kommt darauf an, wie es das Kind auffasst.

»Das Kind erzählt: ›Meine Mutter mag die Großen nicht, sie mag nur mich.‹«

Diese Empfindung entspringt der Verzärtelung durch die Mutter.

»Sie bringt mir oft etwas, aber keine Näscherei – nur Wurst oder Kaiserfleisch oder Schinken.«

»Ich will Erzieherin werden.«

Das überrascht uns nicht, weil sie im Bild einer Erzieherin so etwas wie eine Herrscherin sieht.

»Wenn ich auch so ein schlimmes Kind hätte, möchte ich es immer prügeln.«

»Ich komme in die Ballettschule. Die Schwester hat gesagt, da kann ich mich dann austoben. Die Mutter gibt mich nicht her, sie sagt, sie kann sich ihr Kind selbst erziehen, sie braucht keine Leute. Ich gehöre gar nicht in die Gl.-Gasse, ich war auf dem Schulbogen für die Ga.-Gasse. (Das stimmt nicht.) Ich möchte in die Ga.-Gasse gehen.«[156]

Für sie ist der Boden in der Gl.-Gasse bereits auskartoffelt[157]. Sie hat schon alles geleistet, was sie leisten konnte. Sie hat den Eindruck, in der Ga.-Gasse kann ich mehr glänzen. Dies sind Lügen zum Zweck der Prahlerei, des Sichgrößermachens, des Eindruckmachens.

»Das Kind wird in die Kanzlei geschickt, und die Direktorin fragt: ›Was hast du denn angestellt?‹ Es antwortet nicht gleich. Nach *[60]* mehrmaligem Fragen und Zureden spricht es, aber es erzählt die Wahrheit. Einmal hat sie die Direktorin angelogen. Die Turnlehrerin meldete, das Kind behauptet, sie hätte das Kind so an dem Ohr gezogen, dass es den ganzen Sonntag eingebunden war. Die Direktorin fragt das Kind, es bleibt dabei. Die Direktorin erklärt dem

---

156 [Im alltäglichen Sprachgebrauch werden Schulen in Österreich häufig nicht bei ihrer offiziellen Bezeichnung, sondern mit dem Namen der Straße oder Gasse, in der sie sich befinden, genannt. Offensichtlich um Anonymisierung bemüht, hat Adler die Gassennamen der betreffenden Schulen abgekürzt.]

157 [Auskartoffelt: umgangssprachlich für abgeerntet bzw. ressourcenmäßig erschöpft]

Kind, dass die Eltern das glauben würden, Frau Lehrerin zur Rede stellen würden (das Kind kündigte nämlich den Besuch des Vaters in drohender Form an), Frau Lehrerin würde klagen, und die Eltern würden für die Beleidigung gestraft werden. Das Kind gab dann zu, die Schwester hätte mit ihm gestritten und es auf das Ohr geschlagen, dass es ein Tuch umnahm.«

Diese Lüge ist eine Kampflüge. Sie will die Lehrerin »hereinlegen« damit. Hier können wir nicht von einer Lügenhaftigkeit aus Feigheit sprechen. Es ist eine Verleumdung, keine Lüge.

»Und noch einmal log das Kind: Die Mutter bat, ihre Tochter in die letzte Bank allein zu setzen, damit sie die anderen nicht störe. Wir taten es. Am nächsten Tag kommt das Kind mit Brillen und schreit, sie sähe rückwärts nichts, sie müsse vorne sitzen. Zufällig ist die Schulärztin im Haus, das Kind wird ihr vorgeführt, sie sagt, von der Sachlage unterrichtet, es wäre nur Nervosität, sie könne ganz gut ohne Gläser arbeiten. Die Direktorin fragt nun das Kind näher aus, und es gibt nach einigem Herumreden zu, die Brillen wären von der Mutter. Die Mutter sprach über die Brillensache anders.«

»Die Eltern machen den Eindruck, dass sie einsehen, dass das Kind schlimm ist, geben selbst zu, sie wüssten sich nicht zu helfen. Der Vater behauptet, die Mutter halte dem Kinde die Stange, diese wieder sagt, dass die großen Kinder das Mädchen fort aus dem Wege schieben und dass die Mutter die einzige Seele wäre, die das Kind hätte.«

Wiederholung des Josef-Problems[158]. Es ist fast derselbe Ausdruck, der da wiederkehrt.

Zum Schluss noch einige Nachträge zur Ergänzung der Beschreibung:

»Mitteilungen der Klassenvorsteherin (1928): Das Kind verhält sich manche Stunden ganz tadellos, dann beginnt sie wieder zu stören. Sie hat ihre Hefte meistens nicht in Ordnung, bringt jedoch ihre Aufgaben und Übungen ordnungsgemäß; sie will immer aufgerufen werden.«

»In der Singstunde vermag sie sich nicht einzuordnen, sie singt absichtlich langsamer oder schneller und freut sich sichtlich, wenn sie uns ärgern kann.«
[61]
»Besonders scharf hervortreten: ihre Lieblosigkeit, ja geradezu Freude, mit der sie ihre Mitschülerinnen quält, und das Immer-die-erste-Geige-spielen-Wollen.«

Das ist deutlich genug.

»Trotz, Frechheit, Anmaßung, Bosheit und Lüge. Im Allgemeinen macht sie jetzt wieder einen etwas ruhigeren Eindruck, Bosheit etwas abgeflaut.«

Es scheint in letzter Zeit eine Besserung eingetreten zu sein.

»Von der Handarbeitsstunde wurde gemeldet: Sie sitzt allein und fährt auf dem Sessel durch den ganzen Saal; auf die Drohung der Frau Fachlehrerin, sie

---

158 [Siehe Fußnote 149 zu diesem Text.]

werde ihre Eltern verständigen, antwortet sie: ›Die machen sich nichts draus, ich fürchte mich nicht, nicht einmal wenn Bürgermeister S. kommt!‹«
»Nächste Handarbeitsstunde hat sie Vogelstimmen nachgeahmt und absichtlich die Fachlehrerin darauf aufmerksam gemacht.«
»Sie arbeitet an ihrer Rechenschularbeit, allerdings, nicht ohne die Hilfe der Lehrerin dabei ständig in Anspruch zu nehmen.«
Sie will immer jemanden haben, das ist der Zug des verzärtelten Kindes.
»Einmal lärmte sie von Beginn der Stunde an derartig, dass ein Unterricht nicht möglich war, sie lief in der Klasse umher, schlug die Kinder und beschimpfte sie. Sie rief auch einmal laut: ›Ich renn' dir ein Messer eini!‹ Sie arbeitete später auch nicht mit, sondern sagte: ›Das kann ich nicht!‹«
Es ist gleichbedeutend: Folglich muss ich die anderen stören. Wenn ich nicht die erste Rolle spielen kann, dann kann ich auch keine andere spielen.
Ergebnisse der Intelligenzprüfung:
»Im Allgemeinen über dem Durchschnitt, etwas über sein Alter vorgeschritten. Anschauung sehr gut. Definitionen etwas mangelhaft. In den sachlichen Kenntnissen etwas zurück, in praktischen Dingen gut, scheint im Haushalt beschäftigt zu sein. Gedächtnis etwas unter dem Durchschnitt.«
Es wäre für so ein Kind sehr wichtig, was ich als eine notwendige Ergänzung unserer Beratungsstelle ansehe und fordere, es in einem Heim unterzubringen, das man als ein Erholungsheim darstellen könnte. Dieses Heim müsste von zielsicheren Pädagogen und Psychologen geleitet werden. Das Ziel müsste sein, den falschen Lebensstil des Kindes zu ändern, mithilfe der Eltern, mithilfe [62] der Lehrer. In zehn Minuten kann man ein Kind nicht ändern. Es wäre außerordentlich günstig, dass man dieses Kind nicht so allein mit der Mutter lässt, dass da irgendjemand eingreift, dass sich irgendjemand dieses Kindes annimmt, um ihm Möglichkeiten zu zeigen, sich in einer nützlichen Weise hervorzutun.

Dr. Adler (zu der Mutter): Wir möchten Ihnen und der Lehrerin gerne helfen. Wissen Sie, das Kind gefällt uns eigentlich, sie ist sehr resolut, sie ist vielleicht nicht gerne in der Schule?
Mutter: Sie wollte in die Ga.-Gasse.
Dr. Adler: Warum möchte sie lieber hingehen?
Mutter: Sie glaubt, dass sie nur deshalb nicht hingekommen ist, weil sie die Schlechteste ist.
Dr. Adler: Wie ist sie denn zu Hause?
Mutter: Sie ist die Kleinste, die Großen sekkieren sie. Ich habe 14 Kinder gehabt ...
Dr. Adler: Gratuliere!
Mutter: Auf einen Esser kommt es ja nicht mehr an. Die Großen sind eifersüchtig auf sie, sie haben sie nicht gerne.

Die Technik der Individualpsychologie 321

Dr. Adler: Hat sie Freundinnen?
Mutter: Oh ja!
Dr. Adler: Wir halten von dem Kinde was, wir glauben, dass es ein tüchtiges Mädchen ist. Sie will immer die erste Rolle spielen?
Mutter: Sie hat sich oft beklagt, dass die Lehrerin sie nicht aufruft. Zu Hause ist sie lieb und hilft mir oft.
Dr. Adler: Wie war die Erziehung, waren Sie streng?
Mutter: Man muss ja mit allen streng sein.
Dr. Adler: Ich glaube, wenn man diesem Kinde etwas erklärt, geht es auch.
Mutter: Es geht nicht ohne Strafe.
Dr. Adler: Ich habe mir gedacht, wenn man hier jemanden findet, der das Kind versteht, mit ihr spazieren geht, sie auf andere Gedanken bringt, wenn es ein wenig Gesellschaft hätte, es wäre gut für das Mädchen. Ich möchte eine von meinen Schülerinnen gerne zu ihr schicken, wenn Sie es wollen.
Mutter: Sie ist ja schon zu den »Kinderfreunden«[159] gegangen.
Dr. Adler: Ich möchte lieber haben, wenn sie unter dem guten Einfluss dieses Fräuleins stehen möchte, außerhalb der Schule. Sie möchte etwas Gutes von ihr lernen.
Mutter: Ich glaube, dass ich die anderen auch ordentlich aufgezogen habe, dieses Mädchen werde ich auch erziehen können. *[63]*
Dr. Adler: Diese Kleine möchte gerne die Größte sein. Erinnern Sie sich noch an die Geschichte von Josef?[160]
Wenn das Kind jetzt in der Schule solche Schwierigkeiten macht, ist mit dem Schlagen nichts zu machen. Nur freundlich! Wenn Sie wollen, sagen Sie es mir und dann kommt dieses Fräulein zu Ihnen.
Mutter: Sie meint diese Sachen in der Schule nur aus Spaß, dort sind auch feinere Kinder, und die sind halt empfindlich.
Dr. Adler (nachdem sich die Mutter entfernt hat): Da sehen Sie die Abneigung, andere dreinreden zu lassen. Wir müssen jetzt auf kurze Zeit zurückweichen.
Dr. Adler (zu dem Kinde): Großes Mädchen! Ich habe geglaubt, dass es viel kleiner ist. Du möchtest dich noch immer größer machen, du möchtest dich gerne auf die Zehen stellen, dass dich ein jeder sehen soll. Das kommt

---

159 [Die 1908 in Graz entstandenen »Kinderfreunde«, die sich zunächst als nichtpolitischer Freizeit- und Fürsorgeverein für Kinder, insbesondere Arbeiter- und Straßenkinder, verstanden, wurden 1917 zu einem politischen Erziehungsverband, der sich in einem Naheverhältnis zur österreichischen Sozialdemokratie sah. Insbesondere nach 1918 verstanden sich die »Kinderfreunde« als ein Verein, der die »sozialistische Erziehung«, die Erziehung des »neuen Menschen« vorantreiben wollte. Die Angebote des Vereins umfassten die Ausbildung von Erziehern ebenso wie fürsorgerische Maßnahmen für Kinder und deren Eltern (Bindel 1983; Kinderfreunde 2008; Tesarek 1958).]
160 [Siehe S. 309 in diesem Text.]

bei jüngsten Kindern oft vor, sie wollen sich immer bemerkbar machen. Du bist ja eine gute, tüchtige Schülerin, und ich habe auch gehört, dass du ein gescheites Kind bist. Glaubst du nicht, dass du beim Lernen glänzen könntest? Vielleicht ginge das, dann ginge auch das gleich, was du eigentlich willst. Sie möchten dich dann achten, gerne haben – möchtest du das nicht probieren? Wir möchten dir alle helfen, damit du mehr zivilisiert wirst, dem Lehrer eine Freude machst, dann hätte ein jeder Respekt vor dir. Glaubst du, dass du das zusammenbringen kannst?

Kind (*gibt während der ganzen Zeit keine einzige Antwort*)

Dr. Adler: Du könntest eine der besten Schülerinnen sein, was sagst du dazu, wäre das nicht fein? Der Kampf, den du führst, müsste hier aufhören, das wäre doch schöner. Du musst immer denken: Ich muss ja nicht immer gleich im Vordergrund stehen, ich muss nicht immer die Aufmerksamkeit auf mich lenken, es ist schöner, wenn ich schön arbeite, am Schluss schätzt man und liebt man mich, es muss ja nicht gleich am Anfang sein.

Wie viele Schülerinnen sind in der Klasse?

Kind: Zweiunddreißig.

Dr. Adler: Die Lehrerin kann ja nicht mit allen tun, was sie mit dir tut. Willst es probieren, ihr ein wenig zu helfen? Ich sage dir, es ist nicht leicht, aber ich glaube, du wirst es zusammenbringen. Komme in einem Monat wieder her, ich werde mich erkundigen, ob du in dieser Zeit schon etwas zusammenbringst oder noch immer im Mittelpunkt stehen willst!

Kind (*keine Antwort*) [64]

Dr. Adler (*nachdem er sich von dem Kinde verabschiedet hat*): Im Grunde ein weiches Gemüt, man hätte sie leicht zum Weinen bringen können. Natürlich muss man jetzt abwarten, was geschehen wird. Ich muss Sie auf etwas aufmerksam machen. Ich habe den Eindruck bekommen, dass das Erscheinen eines Kindes vor einer größeren Versammlung sehr gut wirkt. Es bedeutet für das Kind so viel, dass seine Sache keine private Angelegenheit ist, da sie auch Fernstehende interessiert. Sein sozialer Geist wird vielleicht mehr geweckt. Ich verweise immer darauf: »Ich werde mich erkundigen, wie es dir geht.« Das ist keine Drohung, es ist eine Sicherheit des Erwartens, was ich dem Kinde zu verstehen geben will. In unserer Methode liegt irgendetwas Künstlerisches, was man wissenschaftlich nicht erfassen kann. Wenn ich auf den richtigen Punkt komme, dann versteht mich natürlich das Kind. Dieses Hineingestelltsein in eine Gemeinschaft ist auch ein wesentlicher Bestandteil. Hier gibt es ja auch Einwände, zum Beispiel, dass das ein Kind hochmütig machen könnte, wenn es bemerkt, sieht, dass man sich mit ihm beschäftigt oder dass es auf das Kind einen schrecklichen Eindruck machen kann. Das kann man abwehren in der Art, wie man mit diesem Kinde spricht. Es ist in dem Geist unserer Zeit gelegen, Einwände zu machen und nichts zu tun.

Kapitel 6: Einziges Kind

Lehrerin: »Das Kind geht in die vierte Klasse. Ich unterrichte es in einem gemischten Klassenzug. Ich habe das Kind das zweite Jahr. Im ersten und zweiten Schuljahr hatte es auch den Lehrer gewechselt. Es ist das einzige Kind. Vater und Mutter gehen in die Arbeit, das Kind ist bei der Großmutter, der es aber nicht folgt. Es tut, was es will. Das Kind ist etwas schwerhörig, hat ein gutes Zahlengedächtnis, zeigt auch kritische Begabung, seine Schrift ist aber entsetzlich.

Im Vorjahr war der Bub sehr schwatzhaft, zeigte keinerlei Ordnungsliebe und gab den Mädchen und Buben keine Ruhe. Gütige Ermahnungen und Strafen ließen ihn gleichgültig. Bei gutem Zureden weinte er, versprach Besserung, im nächsten Augenblick war er wieder der Alte.

Heuer ging es wieder so an. Sein Tintenglas benützt er als Spucknapf, alle Tintendeckel ruiniert er. Ich habe es mit Güte und Strenge versucht, habe ihn übersehen, seine Streiche nicht beachtet. Es half nichts. Er suchte sich immer in irgendeiner Weise bemerkbar zu machen. Die Kinder sparen in der Schule für einen gemeinsamen, größeren Ausflug. Das Kind brachte nur zwei Schilling. In der Pause erzählten mir die Kinder, dass der Kurt 16 Schilling habe. Ich ließ mir das Geld geben und fragte ihn, woher es sei. Seine Antwort war: »Das ist aus meiner Sparkasse.« Ich sagte dem Kinde, dass die Mutter das Geld in der Kanzlei holen solle, denn bei seiner bekannten Ordnungsliebe würde er es sicher auf dem Heimwege verlieren. Die Mutter kam nicht. Ich wusste gleich, dass das Kind daheim nichts gesagt hat, denn seine Eltern sind sehr nette und anständige Leute und kommen auch öfters in die Schule nachfragen. Ich lud mir die Mutter dann amtlich vor. Es stellte sich nun heraus, dass das Kind die zwanzig Schilling der Mutter aus dem Kasten entwendet hatte. Die Mutter war darüber entsetzt und erinnerte sich jetzt, dass ihr schon öfters kleinere Beträge fehlten. Sie erzählte auch, dass das Kind daheim sehr viel lügt. Dies habe ich öfters in der Schule bemerkt. Wenn man ihn der Lüge überführt, [69] schaut er einen oft mit einem so leeren Blick an, sodass man das Gefühl hat, das Kind hat einen geistigen Defekt.

Das Kind sah die Mutter in der Kanzlei weinen, es wurde ihm gut zugeredet. Dann ging er in die Klasse, machte dort Dummheiten und brachte die Klasse zum Lachen. Die Mutter war sehr entsetzt und meinte: Der Mann erschlägt das Kind. Wir redeten ihr zu, dem Manne vorläufig nichts zu sagen. Am nächsten Tag kam der Vater, die Mutter hat ihm alles erzählt, er hat das Kind nicht geschlagen.

Das Kind redete sich auf einen großen Buben aus, der ihn zum Stehlen verleitet hätte. Dieser Bub geht aber in keine Schule. Angeblich sollte er in die Bürgerschule D. gehen.«

Dr. Adler: Wir hören einzelne Teile deutlich heraus und aus allem die gleiche Melodie. Der Junge ist unordentlich, wahrscheinlich ist immer eine Person dahinter, die Ordnung macht. In der Schule arbeitet er langsam. Sein Stil ist der eines verzärtelten Kindes. Andere Züge laufen auf dasselbe heraus. Er möchte immer eine Person haben, die sich mit ihm beschäftigt. In der Schule möchte er die Aufmerksamkeit auf sich lenken. Es wäre wichtig, zu wissen, wann er die Fehler (Stehlen) meist gezeigt hat. Wir müssen selbst konstruieren.

Seit zwei Jahren ist die Mutter nicht zu Hause. Das Kind ist bei der Großmutter und ist mit ihr scheinbar unzufrieden. Das Kind fühlt sich beraubt, vieles geht ihm ab, was es bei der Mutter hatte. Wir sehen bei ihm den Zug, sich zu bereichern. Das Stehlen ist eine Kompensation, um das Verlorene wieder zu ersetzen. Dass der Junge davon spricht, ein älterer Junge habe ihn verleitet, muss auch in Betracht gezogen werden. Es gibt gar keinen Delinquenten oder Kriminellen, der sich nicht entschuldigen will, der sich nicht eine Rechtfertigung sucht, um seine Tat im milderen Lichte erscheinen zu lassen. Es zeigt uns, dass der Junge sehr wohl weiß, dass er hier vom Wege der Gemeinschaft, des Gemeinschaftsgefühles abgewichen ist. Er hat gestohlen, weil er mehr sein wollte, hat aber keinen anderen Weg gefunden. Er war an die Mutter gewöhnt und gerät in eine schlechtere Situation. Die Großmutter steht ihm nicht so gegenüber wie die Mutter. Sie ist härter als die Mutter. Er kämpft mit der alten Frau. Es entwickelt sich zwischen den beiden eine Spannung. Ein solches Kind, das sich immer auf einen anderen stützen will, fühlt sich dann wie in einer Falle. Sein Lebensstil ist bereits fixiert, es will immer jemanden, der sich mit ihm beschäftigt. Das hat es zu Hause nicht mehr. Ich glaube, es hat seit dieser Zeit mit dem Stehlen begonnen. Was hätte den Jungen vor diesem Diebstahl [70] bewahren können? Wenn er in der Schule eine geachtete Stellung eingenommen hätte. Das ist bei verzärtelten Kindern außerordentlich schwierig. Wenn so ein Kind sich vornimmt, ich muss alles haben wie bei meiner Mutter, hat es ganz intelligent gehandelt, und es ist nicht schwachsinnig.

Es ist vor dem Lehrer bloßgestellt. Es ist gewöhnt, mit einer verzärtelten Hand behandelt zu werden. Es ist gelungen, den Vater zu beschwichtigen, und der Junge glaubte, dass dadurch schon alles in Ordnung ist. Jede Entbehrung, jede Beraubung wird von ihm so beantwortet, sich wieder zu bereichern. Ich glaube nicht, dass der Junge nur seit zwei Jahren die Diebstähle begonnen hat. Es greift zurück in die Vergangenheit. Was hat er mit den rätselhaften zwei Schilling begonnen. Ich glaube, er hat irgendwelche Naschereien gekauft. (Lehrerin: Er hat sich eine Wurst gekauft.) Wie kommt er auf die Idee, dass ein anderer die Triebfeder gegeben hat? Wie sollte er wissen, dass ein älterer Junge jemanden verführen kann? Man sollte die Mutter fragen, ob sie nicht gemahnt hat: »Lass dich mit dem nicht ein, der könnte dich verführen.« Oder vielleicht war da ein älterer Junge, der ihn zu gewinnen verstanden hat. Wenn er das Geld schon seit längerer Zeit bei sich hatte, dann muss ein anderer Zweck vorhanden sein. Vielleicht wollte er sich eine Stütze, einen Fond verschaffen. Wir müssen über diese Sache mit der Mutter sprechen. Wir müssen auch andere Erscheinungen kennen, Erscheinungen, die wir meistens bei verzärtelten Kindern bemerken können. Er ist vielleicht furchtsam, will nicht allein sein, so können wir verstehen, dass er sich einem Älteren angeschlossen hat. Es muss nicht unbedingt so sein, aber darauf können wir schließen. Vielleicht schreit er des Nachts auch auf. Die Mutter könnte das bestätigen oder leugnen, ob der Junge schon früher eine Neigung gehabt hat, sich etwas zu nehmen. Wir werden auch feststellen müssen, dass er kein großes Interesse für andere hat und dass seine Art, mit anderen umzugehen, nicht die richtige ist. Er kann sich nicht befreunden; wenn er mit den anderen spielt, will er immer die erste Rolle spielen – er hat die Neigung, mit jüngeren oder mit älteren Kindern sich abzugeben. Bei einzigen Kindern findet man nicht so selten, dass sie Vorliebe für ältere haben, weil sie immer in der Umgebung von älteren Personen waren. Wir müssen uns einigen, wie wir die Mutter beeinflussen können. Den Jungen müssen wir in der Schule auch vorwärtsbringen, seinen Mut heben. Er muss die Hoffnung haben, dort eine Rolle zu spielen, beachtet zu werden. Ich empfehle Ihnen, Ihr Augenmerk [71] zu schärfen für das, was ich den Aktionsradius nenne. Bei schwer erziehbaren Kindern ist dieser Aktionskreis immer eingeengt. So ein Kind hat nicht viel Bewegungsraum. Man muss diesen Bewegungsraum zu erweitern versuchen; es ist nur möglich, wenn er mehr Courage hat, wenn er glaubt, dass er auch etwas leisten kann. Dann wäre die Möglichkeit gegeben, seinen Aktionsradius total zu verändern. In dem engen Aktionskreis bleibt ihm nichts anderes übrig, als sich heimlich zu bereichern und durch Lügen zu verhindern, dass er in seinem Ansehen und in seiner Haltung sinkt.

Lehrerin: Er ist nur im Schreiben und Rechtschreiben schlecht, sonst ist er in der Schule beliebt, die Kinder haben ihn lieb, zurückgesetzt ist er nicht. Dass er unbeliebt ist in der Klasse, das ist nicht der Fall. Durchgefallen ist er noch nie. Er ist ein langsamer Schüler. Sonst lernt er ganz gut.

Dr. Adler: Wir suchen nach Gründen, warum der Junge in der Schule nicht zufrieden ist. Natürlich spielt es eine große Rolle, dass er immer im Mittelpunkt stehen will. Solche Kinder wollen das so machen, dass sie einen Clown spielen oder die anderen mit Freundlichkeit behandeln. Es kommt ihnen immer auf ihre eigene Person an. Unser Junge sucht auf eine listige Art alles zu erreichen, was er will. Nicht so wie die, die den »wilden Mann« spielen, um etwas zu bekommen. Er will auf liebe Weise alles haben, was ihm begehrenswert erscheint, er wurde darauf trainiert durch die Verzärtelung der Mutter.

Ein Lehrer: Ich habe einen Schüler gehabt, der auch gestohlen hat. Ich habe ihn erwischt, wie er von einem Schüler 50 Groschen gestohlen hat. Er sagte, andere Kinder haben alles, sein Vater gibt ihm nichts, weil er kein Geld hat. Er möchte auch alles so haben wie die anderen Kinder. Ich habe ihm 20–30 Groschen gegeben, damit er sich auch etwas kaufen kann. Das habe ich öfters getan, und seit dieser Zeit habe ich nie gehört, dass er etwas gestohlen hat.

Dr. Adler: Wir haben keine Regeln, wie wir ein Kind bessern sollen. Unsere Maßnahmen wirken auf jedes Kind anders. Jedes Mittel ist nicht immer wieder anwendbar. Außer den 20–30 Groschen bekommt so ein Kind ein Gefühl der Zugehörigkeit, und dadurch wird es viel mehr gestärkt. Ich möchte mich nicht wundern, wenn mir jemand erzählen würde, ich habe ihn geprügelt, dann hat er nicht mehr gestohlen. Alle diese Dinge sind kompliziert, sodass man nicht auf einmal darüber urteilen kann. Wir wollen erst verstehen. Unser Kind lebt in der Idee, dass es Recht hat auf alles, und zwar ohne [72] zu warten, ohne zu streben. Das ist ein Irrtum, und wir wollen es dem Kinde klarmachen und beheben.

Lehrerin: Das Kind ist gut situiert.

Dr. Adler: Finden Sie auch in Ihrer Schule, dass in den langsamen Klassenzügen die armen Kinder sind und in den schnelleren die besser situierten?

Lehrerin (bejaht diese Frage)

Dr. Adler: Wenn Sie so scharf zuschauen, so werden Sie nicht einmal einen Menschen finden, der nicht etwas im Leben gestohlen hat. Obst, Kleinigkeiten, Näschereien usw. Bei meinen Untersuchungen habe ich das fast regelmäßig gefunden.

Dr. Adler (zu den Eltern): Ich möchte mit dem Buben sprechen. Man kann seine Fehler beheben. Er scheint in mancher Hinsicht ein eigenartiges Kind zu sein. Haben Sie nicht gefunden, dass er sich nach Zärtlichkeit sehnt? Er gibt Ihnen immer was auf, damit er mit Ihnen zusammen sein kann. Er wartet immer, dass jemand anderes etwas für ihn macht. Macht er beim Essen Schwierigkeiten?

Die Mutter erzählt, dass er früher beim Essen Schwierigkeiten gemacht hat, aber seit vorigem Jahr isst er ordentlich.

Dr. Adler: War er krank? Hat er das Bett genässt?

Mutter: Er hat immer schlecht ausgeschaut, er hat immer mit dem Magen etwas gehabt.

Dr. Adler: Hat er sich gefürchtet? Wollte er nicht allein bleiben? Ist er in den Kindergarten gegangen? Was für eine Rolle spielt er? *Hat er Freunde?*

Vater: Wir wissen nichts davon. Gefürchtet hat er sich nicht. Aber er stellt oft sehr dumme Fragen. Er fragt: »Mutter, was ist das oder das?« Er weiß ganz genau, was das ist, er will nur die Mutter ärgern.

Dr. Adler: Wie ist es mit seinen Aufgaben? Macht er die allein, oder muss jemand hinter ihm stehen?

Vater: Wenn jemand hinter ihm steht, dann geht es großartig. Er schreibt nicht gerne die Kurrentschrift, er schreibt lieber Latein. Er ist mehr mit den Großen, sie sind freundlicher mit ihm.

Dr. Adler: Kann er schwimmen? Hat er keine Angstträume? Ist er nicht abergläubisch? Turnt er?

Vater: Er hat einen Riesenrespekt vor dem Schwimmen. Einmal ist er sehr erschrocken, und seitdem will er nicht mehr schwimmen. Turnen geht er ganz gerne, voriges Jahr hat er alles mitgemacht. *[73]* Er hat keine Angstträume, ängstlich ist er auch nicht. Vor mir fürchtet er sich ein wenig, weil ich sehr nervös bin.

Dr. Adler: Sind Sie ein bisschen freundlich mit ihm, gehen Sie aus mit ihm ohne die Frau, damit er sich mit Ihnen befreunden kann und damit er aus Liebe und Freundschaft tut, was sie wollen, nicht aus Angst? Er hat nur im Schreiben und Rechtschreiben Schwierigkeiten? Haben Sie ihn untersucht, ob er nicht Linkshänder ist? Vielleicht ist er als Linkshänder geboren.

Die Eltern wissen nicht, ob das Kind Linkshänder ist. Die Linkshändigkeit der Mutter wird festgestellt. Die Mutter beklagt sich noch, dass der Junge nicht verraten will, wer ihn zum Stehlen verleitet hat und einen falschen Namen gesagt habe.

Dr. Adler: Er selbst besucht keine anderen Kinder? Wie ist es mit dem Anziehen, Waschen, Kämmen?

Vater: Er hat einen Freund gehabt, den er früher besucht hat, der ist aber gestorben.

Mutter: Beim Anziehen muss ich hundertmal reden, bis er fertig wird.

Dr. Adler: Man braucht ihm nicht zureden, man muss ihn schön langsam, freundlich, selbstständig machen. Wenn es Ihnen recht ist, möchte ich auf ihn einwirken. Geht er gerne in die Schule? Sagt er, was er werden will? Ist er eitel? Wie liegt er? Beißt er die Nägel? Nasenbohren?

Die Eltern erzählen, dass er sehr eitel ist, Tischler werden will, früher hat er die Nägel gebissen, sonst haben sie nichts Besonderes bei ihm bemerkt. In die Schule geht er ganz gerne.

Dr. Adler: Machen Sie ihn mehr selbstständig, dass er für die Schule noch mehr Interesse bekommt und sich dort eine Position verschafft. Das wird ihn ablenken von solchen Sachen. Drohen Sie ihm nicht und sprechen Sie überhaupt nicht mit ihm über diese Sache. Es ist sehr interessant, dass der Bursch, der so viel am Magen gelitten hat, sich solche Sachen kauft wie Wurst. Machen Sie ihm keine Vorwürfe und probieren Sie, ihn selbstständig zu machen.

Dr. Adler: Wir haben nicht das reine Bild eines verzärtelten Kindes, die Reinheit ist dadurch verwischt, dass der Junge auf Freiheit dressiert ist. Es ist ein großer Unterschied zwischen einem Kind, das überwacht ist, und einem, das gewöhnt ist, allein zu sein. *[74]*

Der Knabe ist inzwischen eingetreten, und Herr Dr. Adler wendet sich an ihn.
Dr. Adler: Was willst du werden?
Kind: Tischler.
Dr. Adler: Was willst du machen, wenn du Tischler bist?
Kind: Hobeln.
Dr. Adler: Wie viele Freunde hast du denn?
Kind: Drei.
Dr. Adler: Was machen die?
Kind: *Stehlen.*
Dr. Adler: Ich würde ihnen sagen: »Was wird aus euch werden, wenn ihr das macht!« Folgst du gerne?
Kind: Nein.
Dr. Adler: Warum folgst du denn den Buben? Ich glaube, du hast geglaubt, es wird niemand bemerken und du kannst etwas dafür kaufen. Fürchtest du dich? Du bist couragiert, du musst auch in der Schule Mut haben. Du bist schon ein großer Junge, musst schon alles selbst machen, du kannst dich schon selber anziehen, waschen, tust du es auch? Oder muss dir die Mutter helfen? – Du willst ihr eine Aufgabe geben. Du kannst schon alles selbst machen, warte nicht, bis die Mutter hilft. Wie geht es mit dem Schreiben? Mache eine Fleißaufgabe, dann wird es besser gehen.
Das Kind ist auch ein Linkshänder.
Dr. Adler: Denke nicht an solche Dummheiten, dass man dich verleitet hat. Man darf sich nicht verleiten lassen. Komm in einem Monat wieder und erzähle mir dann, ob du alles selbst machst, ob du dich im Schreiben übst und ob du dich verleiten lässt.
Verabschiedet sich von dem Kind.

Dr. Adler: Die linkshändigen Kinder bekommen den Eindruck, als ob sie den Aufgaben nicht so gewachsen wären wie die anderen. Sie bemühen sich, mit der rechten Hand zu arbeiten, wenn sie dann sehen, es geht nicht, dann glauben sie: Bei mir wird es immer schief gehen: Man kann die Linkshändigkeit an vielen Zeichen feststellen. Wenn ein Kind Schwierigkeiten im Lesen, Schreiben usw. hat, dann muss man denken, dass es vielleicht ein Linkshänder ist. Meistens ist die linke Gesichtshälfte auch besser entwickelt als die rechte. Eine Anzahl von Linkshändern hat Schwierigkeiten, und eine große Zahl von ihnen hört auf, vorwärtszustreben, die haben im ganzen Leben eine schlechte Schrift. Eine Anzahl dagegen bemüht sich sehr, hat eine sehr schöne Schrift wie die Rechtshänder. Das sind die, die die Linkshändigkeit überwunden haben, die in

Überwindung eine *[75]* große Fähigkeit erworben haben, sie werden Künstler usw. – Wenn Sie eine sehr schöne Schrift sehen, die einer mit der rechten Hand geschrieben hat, dann müssen Sie auch daran denken, dass er vielleicht ein Linkshänder ist. In Wien sind vielleicht 35–50 Prozent Linkshänder. Sie wissen es nicht, aber erleben es. Sie werden unter den besten und den schlechtesten, unter allen problematischen Menschen – angefangen vom Künstler bis zum schwer erziehbaren Kinde – eine große Anzahl von Linkshändern finden.

In unserem Falle ist der Junge kränklich, ein einziges Kind, von der Mutter verzärtelt, von dem Vater streng behandelt, sodass er noch mehr zu der Mutter flüchtet. Der Vater muss sich mit der Mutter bezüglich einer einheitlichen Erziehung einigen. Jetzt kommt eine neue Situation, er ist nicht vorbereitet. Er kommt zu der Großmutter, mit der kann er sich nicht vertragen. Sie will ihre Ruhe haben. In der Schule kommt er gut vorwärts, aber er bricht aus. Er geht dort vorwärts, weil er vorwärtskommt. Er sucht einen Ersatz: stört den Unterricht, bringt die Kinder zum Lachen. Er gibt sich damit nicht zufrieden, er bekommt den Wunsch, zu stehlen. Nehmen wir an, dass er sich hat verleiten lassen. Es hat ihm in den Kram gepasst. Zum Rechtschreibenüben hat er sich nicht verleiten lassen. Er hat das Gefühl, dass man ihn nicht mehr so warm behandelt, wie er von früher her gewohnt war. Vielleicht ist er jetzt in einer günstigeren Situation, aber nicht im Besitz seiner Courage. Vielleicht ist er früher nicht so freundlich in der Schule aufgenommen worden wie heute. Man müsste überlegen, ob man ihm nicht mehr Mut machen muss. Man soll dem Jungen Zeit lassen, man soll warten, ihm eine Schonzeit geben. Man soll ihm vielleicht sagen: »Ich sehe, es wird ganz gut gehen! Ich sehe, du kommst unter die Besten.« Er hat immer den Wunsch, dass die Lehrerin sich mit ihm beschäftigen soll. Ich möchte in diesem Falle eine humorvolle Wendung suchen. Wenn er sich wieder auffällig benimmt, möcht ich ihm sagen: »Es ist nicht einmal notwendig, wir beschäftigen uns alle nur mit dir.« Vielleicht macht so eine Äußerung auf ihn Eindruck. Wie man so etwas macht, hängt von der Individualität ab. Ich möchte es vielleicht so »leicht frotzelnd« machen.

Kapitel 10: Gehasstes Kind

»Hans ist ein Achtmonatskind, unehelich.«

Mit der ersten Behauptung muss man vorsichtig sein. Ein Achtmonatskind ist von einem Neunmonatskind nicht ganz leicht zu unterscheiden, und es ist nicht immer sicher, ob diese Diagnose zutrifft. Ich möchte vermeiden, dass das Kind etwas davon erfährt. In Wirklichkeit macht es gar nichts aus.

»Mit neun Monaten ist er schon gelaufen, und mit einem Jahr begann er zu plappern. Die ersten Zähne kamen mit zwölf Monaten.«

Die sollten schon im sechsten Monat kommen.

»Die folgenden regelrecht. Bisher hatte er Masern. Sonst kann die Mutter keine Auskunft geben, denn er war in Pflege. Der Kindesvater war damals Kellner, lebt jetzt außerhalb Wiens und zahlt den Pflegeeltern Alimente. Näheres über seine Verhältnisse weiß die Mutter nicht. Der Vater war grob und roh, Alkoholiker. Die Kindesmutter hat Lungenspitzenkatarrh, sonst ist, laut Aussage der Mutter, keine erbliche Krankheit in der Familie.«

Wir wissen, dass die Hereditätsverhältnisse bezüglich geistiger Eigenschaften nicht ernst zu nehmen sind.

»Die Kindesmutter ist mit einem Hilfsarbeiter verheiratet. Sie führen angeblich ein gutes Eheleben. Aus dieser Ehe stammen zwei Kinder, von denen eines einjährig gestorben ist, das andere, ein dreijähriger Junge, lebt. Hans kam zu Pflegeeltern nach K. Der Pflegevater ist Installateur der Gaswerke, Alkoholiker und roh bis zum Exzess. Die Pflegeeltern haben einen jetzt 17-jährigen Sohn und ein zweijähriges Mäderl. Ersterer lebte mit Hans nicht gut, neckte, reizte, höhnte, puffte und prügelte ihn bei jeder Gelegenheit. Der Kleine hat das schlechteste Beispiel, besonders wenn der Pflegevater betrunken ist, geht es wüst zu. Er verprügelt Frau und Kinder – den Kleinen soll er wie einen Ball herumgeworfen haben.«

Sie wissen, was es heißt, »gehasstes Kind« zu sein.

»Dass diese Eindrücke beim Kind tief eingeprägt sind, konnte ich mich gelegentlich selbst überzeugen. Ich ermahnte einen [anderen] Jungen in der Sandkiste: Gib auf deine Hose acht, sonst schimpft deine Mutter. Antwortet der Hans: ›Der Pflegevater hat auch immer die [96] Pflegemutter und mich geschimpft, geschlagen hat er uns auch, manchmal mit dem Riemen und dann hat die Mutter geweint.‹«

»In Trunkenheit spielen sich auch alle Intimitäten des Ehelebens vor Hans ab. Im Zusammenhang damit steht die Aussage der Mutter, dass der Kleine mit seinem Glied spielt.«

Das sind Erscheinungen, die bei Kindern außerordentlich häufig vorkommen.

»Die Mutter schilderte mir eine Szene, wie sie ihn mit dem dreijährigen Bruder im Bett findet, mit seinem und des Bruders Glied spielend, Hans keuchend und in größter Erregung. Auch seine Ausdrücke in dieser Richtung sind erschreckend. Ich habe beobachtet, dass Hans zur Tierquälerei neigt: Er sucht auf den Fenstern eifrig nach Fliegen und Käfern, um sie zu zerdrücken. Einmal finde ich Hans, wie er ruhig sitzt und sich etwas eifrig um den Finger wickelt. Bei näherem Zusehen merke ich, dass es ein Regenwurm ist, den er schon übel zugerichtet hat und gar nicht hergeben will.«

Die Tierquälerei ist bei ihm eine feindliche Stellungnahme zu schwachen Lebewesen. Er sieht die Welt als eine feindliche.

»Seit April laufenden Jahres ist der Kleine bei der Kindesmutter, hat aber un-

Die Technik der Individualpsychologie 331

terdessen seine Umgebung geändert. Während die Mutter vier Wochen im Spital war, befand sich Hans in der Übernahmestelle[161] in G. und zwei Tage in Privatpflege. Am 25. September tritt er in den Kindergarten ein. Er ist körperlich verwahrlost, ist sehr schmächtig, zeigt sonst keine körperlichen Abnormitäten, sein Körper war mit Ausschlag bedeckt, der Kopf voll Ungeziefer. Der Kleine wird vom Kindergarten aus auf die Klinik geführt, der Mutter eine Behandlungsmethode vorgeschrieben, die sie nicht genau einhält; daher macht die Heilung geringe Fortschritte. Die Mutter macht kein Hehl daraus, dass sie den Kleinen nicht gern hat.«

Ein gehasstes Kind: illegitim.

»Bei meiner ersten Aussprache mit ihr sagte sie: ›Seien Sie nur streng mit ihm, ich strafe und schlage ihn auch, und scharf muss man ihn anschreien, sonst folgt er gar nicht; er ist das gewöhnt, so hat man es bis jetzt mit ihm gemacht, und dann ist er ja unehelich, ich hatte ihn bis jetzt außer Haus.‹«

Es klingt so, als ob er daran schuld wäre, dass er illegitim ist.

»›Vor mir hat er Respekt, meinen Mann hat er viel lieber als mich. Wenn ich in die Nähe komme, fängt er gleich zu weinen an. Das Kind macht mir fast ununterbrochen zu schaffen, er ist unstet und unruhig und stört den ganzen Betrieb. Die Stille beim Arbeiten [97] oder Essen wirkt auf Hans besonders aufreizend. Er stößt kurze Schreie aus, klopft mit den Füßen, schiebt den Sessel lärmend herum oder haut auf den Tisch, um die Aufmerksamkeit auf sich zu lenken.‹«

Das ist beinahe unwahrscheinlich. Es wäre nur in einem Fall denkbar, wenn er bei dem Geschlagenwerden oder wenn er Angst hat, sexuelle Erregungen hat. Solche Kinder lenken absichtlich Schläge auf sich. Wir wissen, dass der Junge sexuell irritiert ist, so könnte es der Fall sein, dass er zu solch einem Typus gehört.

»Wenn ich ihn zur Ruhe mahne, lacht er mich an und macht weiter Lärm.

---

161 [Im Jahre 1925 wurde in Wien als zentraler Bestandteil der öffentlichen Kinder- und Jugendfürsorge die Kinderübernahmestelle (KÜST) im 9. Wiener Gemeindebezirk eröffnet. Seit 1910 hatte es bereits eine Vorläufereinrichtung im 5. Wiener Gemeindebezirk gegeben, wo Kinder nach ihrer Überstellung durch Armeninstitute, Pflegeparteien, Eltern und Polizei datenmäßig und medizinisch erfasst wurden und anschließend an das städtische Kinderheim »Am Tivoli« zur weiteren physischen und psychischen Untersuchung weitergeleitet wurden. In der großen und zentralen Einrichtung der KÜST wurden diese Aufgaben fortgeführt, ausgeweitet und gebündelt, da die medizinischen Untersuchungen in dem örtlich benachbarten Karolinen-Kinderspital durchgeführt werden konnten. Außerdem sollte die KÜST systematisch alle Kinder in Wien erfassen, die der öffentlichen Wohlfahrt bedurften. Dabei fungierte die KÜST als Drehscheibe, die über die Abnahme der Kinder aus der elterlichen Obhut und der Auffindung einer neuen Pflegefamilie bzw. eines Platzes in einer Erziehungsanstalt entschied (Wolfgruber 1997, S. 138ff.).]

Wenn ich ihm keine Beachtung schenke, so stachelt es ihn an, den Unfug umso
ärger zu treiben. Er wirft sich ohne Anlass zu Boden und weint manchmal
ohne Grund.«

Es scheint so, wie wenn er provozieren wollte; er weiß doch ganz gut, was
er bekommt.

»Seine Widersetzlichkeit gibt in der Gruppe ein schlechtes Beispiel. Zum Beispiel: Ich gebe an alle Kinder einen Befehl, der selbstverständlich ist, da schreit Hans laut: ›Nein‹, oder ›I tu's nicht.‹«

Das ist die kämpferische Stellung, er weiß nicht, dass es auch Menschen
gibt, die freundlich zu ihm stehen.

»Ich behandle sein Revoltieren anders als bei andern, aber es sind Elemente darunter, die sich das zunutze machen und glauben, dasselbe tun zu können.«

So ein Benehmen wirkt manchmal ansteckend. Besonders wenn es Kinder
sind, die ein starkes Minderwertigkeitsgefühl haben und nach Geltung streben. Die Kinder streben nach Gleichheit. Sie haben wahrscheinlich schon
beobachtet, dass, wenn in einer Schule ein Kind ohnmächtig geworden ist,
dann auch drei andere ohnmächtig werden.

»Gemeinschaftsgefühl ist nicht vorhanden. Er reizt die anderen Kinder, nimmt ihnen Spiel- und Beschäftigungsmaterial weg, obwohl er das gleiche hat. Er stößt, kratzt, schlägt die anderen ohne Anlass.«

Er benimmt sich wie ein Feind.

»Die Begriffe Dein und Mein sind dem Kinde ganz unklar.«

Diese Begriffe können nur klar sein, wenn man Interesse für die anderen
hat.

»Ein Beispiel: Hans nimmt dem Rudi ein Pfeifchen weg; Rudi kommt klagen.
Ich lenke ein und rede ihm gut zu, dem Hans das Pfeifchen ein wenig zu leihen. Schließlich besteht der Rudi doch auf seinem Recht. Ich winke den Hans zu mir, aber er läuft in den äußer[98]sten Winkel des Gartens. Wie er dann doch in meine Nähe kommt, wirft er sich auf den Boden; ich sage ihm ruhig: ›Steh auf und gib das Pfeifchen zurück, jetzt will der Rudi auch ein bisschen pfeifen, später wird er es dir leihen.‹ Meine Worte bewirken, dass er zu schreien und zu strampeln beginnt und nach mir schlagen will. Da sich das Ganze im Garten abspielt, hat sich eine Menge Kinder auch von anderen Gruppen angesammelt. Da mein Zureden nichts hilft, hebe ich ihn auf und trage ihn hinein. Nach einiger Zeit beruhigt er sich, und ich bemühe mich, ihm klarzumachen, dass es ihm auch nicht recht wäre, wenn ihm etwas weggenommen würde. Die Reaktion der Szene war ganz unerwartet: Seine Zähne klapperten wie im Schüttelfrost, er wich mir die restliche Zeit des Betriebes nicht mehr von der Seite, nahm mich zutraulich bei der Hand, die er mir einige Male küsste. Nachträglich erfuhr ich gesprächsweise von der Mutter, dass die Pflegeeltern dem Kind jedes Geschenk weggenommen haben und er nichts zurückbekommen hat.«

Diese Szene ist sehr auffällig, dass er sich hier so untertänig, so dankbar benimmt. Das Pfeifchen wurde ihm doch weggenommen, es ist nicht einzusehen, wofür der Junge dankbar sein sollte. Vielleicht war er auch in dieser Szene sexuell erregt. Oder vielleicht war er dankbar, dass er nicht geschlagen wurde.

»Eine der größten Schwierigkeiten, worunter auch die kleinen Kameraden sehr leiden, ist die Ruhestunde. In der Stille wird er ganz unmotiviert aufschreien, aufspringen, mit dem Bettchen klopfen und laute Selbstgespräche führen. Dadurch werden Kinder, die im Begriff sind, einzuschlafen oder schon schlummern, wieder geweckt.«

Er benimmt sich wie der böse Feind.

»Die Mutter gibt darüber folgende Auskunft: Bettgenässt hat der Hans nie, schnarchen tut er selten. Er schläft mit dem Vater und liegt gern bei ihm.«

Das würde die Vermutung bestätigen, dass er sexuelle Irritation hat.

»Um acht Uhr kommt Hans ins Bett. Er schläft unruhig, keucht und atmet zeitweise schwer. Um ein Uhr erwacht er regelmäßig und will nicht mehr schlafen. Die Eltern wenden alles Mögliche, meist Schläge, an, um ihn wieder zum Schlafen zu bringen. Wenn er mittags zu Hause ist, liegt er mit dem Bruder, jeder nach einer anderen Stelle, im Bett, und nach ein paar Hieben schläft er ein. Das ist wieder ein Beweis, wie verprügelt das Kind ist und auf keine Weise zu[99]gänglich. Ich habe versucht, das Kind durch Lob seiner kleinsten guten Leistung günstig zu beeinflussen. Er reagiert momentan darauf, aber es spornt ihn nicht an, seine Leistungen zu verbessern.

In den ersten Tagen seiner Anwesenheit im Kindergarten habe ich beobachtet, dass er, trotzdem er in einiger Entfernung gestanden ist, sein Spiel unterbrochen hat, als ich ein anderes Kind liebkost habe.«

Wir müssen nicht vergessen, dass er in einer Situation ist, die er schon öfters erlebt hat, mit seinem jüngeren Bruder, der besser behandelt wird als er.

»Er ist wie erstarrt gestanden und hat kein Auge von mir gewandt. Am nächsten Tage habe ich in seiner Nähe dasselbe absichtlich wiederholt; wieder steht Hans wie gelähmt und starrt uns an, und ich sehe, welch tiefen Eindruck das auf ihn macht. Meine Bemühungen, seine Liebe zu erringen, haben wenig Erfolg. Dies hängt vielleicht mit seiner Konzentrationsunfähigkeit zusammen. Der Mangel an Konzentration zeigt sich in seinem ganzen Handeln.«

Sie sehen wieder, dass seine Funktionen mangelhaft entwickelt sind, weil er die Verbindung nicht sucht.

»Er ist sprunghaft und zerfahren in seinem Reden; er kehrt aus, nach einigen Besenstrichen dreht er sich um und beginnt die Puppen aus dem Puppentheater herauszuschlagen; selbst beim Essen machte sich dies anfangs sehr bemerkbar, eine regelrechte Mahlzeit, sitzend und in Ruhe eingenommen, ist ihm ungewohnt. Beim An- und Auskleiden ist er unselbstständig. In den letzten Tagen bemerke ich, dass er zwischen Recht und Unrecht unterscheiden lernt, denn er kommt diejenigen Kinder verklagen, die sich in irgendeiner Weise verfehlen.«

Er sucht den Zugang zu der Lehrerin.

»Ich bin mir nicht ganz klar darüber, ob dem Vertratschen die Absicht nicht zugrunde liegt, das Kind bestraft zu sehen.

Hans geht gern in den Kindergarten. Die Mutter sagt, dass er an Sonntagen immer in den Kindergarten verlangt. Eine besondere Aufregung vorher zeigt sich nicht. In den ersten Tagen wollte er nicht nach Hause gehen.«

Ein Zeichen, dass er sich im Kindergarten besser fühlt. Ich zweifle nicht, dass er auf diesem Wege Fortschritte erreicht.

»Er weinte laut und warf sich in der Garderobe nieder, und nur durch gütiges Zureden und die Aussicht, dass er morgen wiederkommt, konnte ich ihn bewegen, aufzustehen und mit einem Mädchen aus der Nachbarschaft, deren Bruder auch im Kindergarten ist, nach [100] Hause zu gehen. Die Angst vor Zuhause äußert sich jetzt nicht mehr so krass, aber wenn die Zeit des Abholens kommt, ist er unruhig und sieht verstört aus.«

»Hans macht den Eindruck eines aufgeweckten Jungen. Er fasst in seiner Art gut auf, und der Wille zur Betätigung ist vorhanden. Er ist freigiebig, zum Beispiel: Er gibt mir von seinem Gabelfrühstück eine Pflaume, bald darauf kommt er, er gibt mir eine zweite und sagt: Da hast noch eine, damit du zwei hast. Auch sonst möchte er von dem, was er hat, gerne geben.«

Das sind Zeichen, dass er anfängt, Gemeinschaftsgefühl zu bekommen. Es dauert eine Zeit lang, bis so ein Kind warm wird, es geht nicht sofort, man muss Geduld haben, und dann kann man weitere Schwierigkeiten überwinden. Ich möchte die Mutter fragen, ob er die Prügel nicht provoziert. Ich darf das selbstverständlich ihr nicht suggerieren. Ich werde versuchen, ihr freundlich nahezulegen, dass sie dem Kind ein Gefühl der Gleichwertigkeit beizubringen hat.

Kapitel 19: Enuresis als Bindemittel[162]

»Fritz, zwölf Jahre alt, kommt in die Ambulanz wegen Enuresis, ...«
Das ist ein kämpfendes Kind, wahrscheinlich früher verzärtelt, durch irgendein Ereignis aus der Bahn der Verzärtelung geworfen, fühlt sich jetzt nicht wohl und beginnt, die Mutter so zu attackieren, dass sie sich mit ihm auch in der Nacht beschäftigen soll. Sie müssen hier nach den Zeichen der Verzärtelung suchen: Schlampert[163] in der Regel, wahrscheinlich eifersüchtig gegen ein jüngeres Geschwister, hat Schwierigkeiten beim Essen, will immer im Mittelpunkt stehen, andere an sich heranziehen usw.
»häufig bei Tag, ...«
Wenn Sie das hören, dass ein Kind sich bei Tag nass macht, ist das ein Zeichen, dass es schon ein heftigerer Kampf ist; es genügt ihm nicht, bei Nacht andere zu molestieren, er tut es bei Tag. Wir müssen auch feststellen, ob nicht ein geistiger Defekt vorliegt. Organische Erkrankung ist sehr selten.
»selten in der Nacht.«
Ein starker Kampf tagsüber, des Nachts ist er wahrscheinlich in einer besseren Situation und beruhigt sich. Wir möchten uns nicht wundern, wenn wir hören, dass er den Kampf bewusst führt und als seine Charaktereigenschaft Trotz stark hervorspringt. Trotz ist ein etwas bewussterer Kampf.
»Wenn die Mutter mit ihm ist oder in der Schule macht er sich nie nass.«
Das ist ein Zeichen, dass hier psychische Beweggründe vorliegen. Wenn die Mutter bei ihm ist, braucht er sie nicht heranzuziehen. [158] In der Schule fühlt er sich wahrscheinlich auch nicht schlecht. Vielleicht ist er kein schlechter Schüler, oder aber er hat nicht die Neigung, von der Schule hinausgeworfen zu werden.
»Die Mutter ist geschieden, ...«
Ehezerwürfnisse wirken auch schlecht auf Kinder. Streitende Eheleute kümmern sich meistens wenig um die Kinder und geben ihrem Ärger ihnen gegenüber oft Ausdruck. Es ist auffallend, dass man unter schwer erziehbaren Kindern, Verbrechern, Neurotikern, sexuell Perversen, Trinkern usw. sehr häufig Kinder aus schlechten, unglücklichen Ehen findet.

---

162 [Als der Text des 19. Kapitels vorweg in der Internationalen Zeitschrift für Individualpsychologie erschien, wurde ihm folgende Passage vorangestellt: »Fritz B., 12 Jahre alt, wurde in Begleitung seiner Mutter in unserer Erziehungsberatungsstelle von Dr. med. Marianne Langer vorgestellt, die, in Abwesenheit des Kindes und der Mutter, einen einleitenden Bericht erstattete. Der Bericht (in Kleindruck), die Bemerkungen und Erläuterungen des Beraters dazu sowie die Beratung selbst folgen hier nach dem Wortlaut der stenografischen Aufnahme« (Adler 1929g, S. 207).]
163 [Schlampert: Österr. für schlampig]

Wir trachten herauszufinden, ob so ein Kind nicht überbürdet war; Überbürdung ist immer ein Erschwerungsgrund.

»wohnt bei den Großeltern.«

Man muss hier daran denken, dass Großeltern meistens verzärtelnd Kindern gegenüberstehen. Nicht immer: Verzärtelt die Mutter, dann macht die Großmutter ihr Vorwürfe – verzärtelt die Mutter nicht, dann verzärtelt die Großmutter.

»Das Kind hat früher im Schlafzimmer der Eltern geschlafen, …«

Das ist ein Zeichen, dass dieses Kind – sei es, dass es durch seine eigenen Anstrengungen der Mutter nähergekommen ist, sei es, dass die Eltern es immer bei sich haben wollten – einmal verzärtelt worden ist.

»jetzt schläft es allein.«

Dieser Umstand ist nicht gleichgültig für uns und spielt bei der Enuresis mit. Wenn das Kind in dem Bett der Mutter schlafen würde, möchte es sich nicht nass machen.

»Das Kind hängt riesig an der Mutter.«

Es ist eine Bestätigung, dass dieses Kind sehr innig mit der Mutter verbunden ist. Es versucht, die Mutter für sich zu gewinnen, als Stütze zu benützen.

»Wird speziell von den Großeltern enorm verwöhnt.«

Wie wir sehen, sind wir mit unseren Vermutungen nicht sehr fehlgegangen.

»Vor vier Jahren lag er mit Osteomyelitis[164] der Hüfte und des Oberschenkels sieben Monate im Spital.«

Das ist ein Leiden, bei dem die Verzärtelung außerordentlich anwächst. Das ist eine der gewöhnlichen Begebenheiten, nach welchen die Kinder die Verzärtelung viel stärker entbehren. So verzärtelt kann ein Kind nie mehr werden, wie wenn es mit Osteomyelitis im Spital liegt. [159]

»Damals wurde eine Amputation in Erwägung gezogen, das Bein ist jetzt mit Ankylose[165] geheilt.«

Er hat also auch einen körperlichen Defekt. Dieser Umstand trägt sehr dazu bei, dass diese Kinder ein schweres Minderwertigkeitsgefühl mit sich herumtragen. Verzärtelte Kinder haben schon an und für sich ein Minderwertigkeitsgefühl; sie trauen sich allein nichts zu. Dadurch, dass er eine Ankylose hat, wird sein Minderwertigkeitsgefühl verstärkt, und er versucht, sich noch mehr auf die anderen zu stützen.

---

164 [Osteomyelitis: eine durch bakterielle Infizierung hervorgerufene Entzündung des Knochens, die mit Abszessbildung einhergeht und zumeist operative Eingriffe nötig macht.]

165 [Ankylose: Gelenksteife]

»Wegen dieser Erkrankung hat er vom siebten bis zehnten Jahr keine Schule besucht.«

Selbstverständlich ist er immer mit der Mutter zusammen gewesen.

»Mit zehn Jahren ist er dann in die dritte Hilfsschulklasse eingesprungen und geht jetzt in die vierte Hilfsschulklasse.«

Hilfsschulklasse bedeutet wieder eine Verschärfung des Minderwertigkeitsgefühls, wenn dieses Kind nicht imbezil, Idiot oder debil ist. Dann spürt er es nicht, wenn er unter lauter Kindern ist, die zurückgeblieben sind. In Wien ist es zum Beispiel ganz gewöhnlich, dass man von »Trottelklassen« spricht. Ein normales Kind empfindet eine Herabsetzung, wenn es unglücklicherweise in eine Hilfsschulklasse kommt. Dieses Kind hat viele Gründe, sich als minderwertig, als zurückgesetzt zu fühlen.

»Kommt in der Schule gut vorwärts.«

Es wundert uns nicht, wenn er normal ist, dass er gut vorwärtskommt. Das ist kein Vorteil, unter den Blinden der Einäugige zu sein, das ist kein Triumph.

»Beim Rechnen hat er einige Schwierigkeiten.«

Wenn er einmal dahinterkommt, wie man es macht, dann wird er sicherlich ebenso gut rechnen können, wie die anderen.

»Er schreit immer drein, wenn in der Schule andere gefragt werden.«

Daraus können wir entnehmen, dass es ein intelligentes Kind ist. Dieses verzärtelte Kind möchte im Vordergrund stehen. Sein Bettnässen ist auch ein Mittel dazu. In der Schule spielt er eine ziemlich gute Rolle, er muss nicht ganz unzufrieden sein, aber er möchte in der Schule auch voraus sein, deshalb spricht er überall drein.

»Auch beim Spielen muss er immer die erste Rolle spielen.«

Er hat seinen Stil, was Sie bei Schwachsinnigen nicht finden. Wir können sagen, dass er nicht in die Hilfsschule gehört. Wir wissen, dass er durch seine Krankheit nicht gut für eine Normalklasse vorbe*[160]*reitet ist und ohne Vorbereitung dort nicht gut mitkommen könnte. Man müsste für solche Schulkinder eine besondere Vorbereitungsschule errichten.

»Er hat einen um viereinhalb Jahre älteren Bruder, der seinerzeit vom Vater sehr verzogen wurde.«

Wir können daraus entnehmen, dass er keine jüngeren Geschwister hat. Er lebt wahrscheinlich in der Idee, dass der ältere Bruder ihm voraus ist. Der ist vom Vater vorgezogen, ist nicht in der Hilfsschule.

»Der ältere Bruder ist sehr hübsch, musste einmal die erste Bürgerschule wiederholen, lernt aber jetzt sehr gut, ist sehr ernst und erwachsen.«

Wenn wir von zwei Brüdern hören, wo der ältere sich gut entwickelt und nicht zu schlagen ist, so ist dort meistens der jüngere ein Problem. Wenn der Jüngere gut vorwärtsgeht, dem Ersten nachkommt, diesen in seiner Stellung bedroht, wird der Ältere ein Problem. Diese Behauptung ist hier

wieder bestätigt. Der Ältere spart wahrscheinlich nicht, darauf hinzuweisen, dass der Jüngere in der Hilfsschule ist.
»Der Jüngere spielt besonders gern den Wurstel.«
Häufige Erscheinung bei Kindern, die ein starkes Minderwertigkeitsgefühl haben, nichts tun, sich in den Vordergrund stellen wollen.
Wir finden bei diesem Kinde drei koordinierte Erscheinungen, wie Enuresis, Dreinreden und den Wurstel spielen. Lauter Ausdrucksformen eines ehrgeizigen Schwächlings. Jemand, der sich etwas zutraut, wird nicht so auftreten.
»Er schreit auch oft in der Nacht auf.«
Er sucht hier wieder die Verbindung. Dass er aufschreit, den Wurstel spielt, sind Beweise, dass er intelligent ist; er macht alles richtig, er macht das so, wie wir – wenn ich es sagen darf – es auch machen würden, wenn wir in derselben Lage wären und diese Lage, die Courage verlangt, missverstehen würden.
»Beim Essen macht er keine Schwierigkeiten.«
Ein Zeichen, dass in dieser Familie in der Erziehung keine großen Fehler gemacht worden sind, dass man das Essen nicht überbetont hat. Er hat hier einen Fehler gemacht, eigentlich müsste er auch beim Essen Schwierigkeiten machen. Wir dürfen uns nicht wundern, wenn wir in der Gestaltung eines Lebensstils auch finden, dass wir Symptome nicht beobachten können, die wir kraft unserer größeren Erfahrung eigentlich erwarten möchten. *[161]*
»Er wäscht und zieht sich allein an.«
Hier ist man offenbar auch richtig vorgegangen.
»Die Eltern und Großeltern väterlicherseits sind Blutsverwandte.«
Das hätte eigentlich keine Bedeutung, da dieselbe Erscheinung auch bei anderen Kindern zu beobachten ist. Man kann es nicht auf Heredität zurückführen. Ich möchte bemerken, dass ich Blutsverwandtenehen immer unter entmutigten Leuten finde; diese suchen eine Art Sicherheit in der Auswahl ihrer Lebensgefährten, und die finden sie eher bei Personen, die sie seit ihrer Kindheit kennen. Das ist auch ein Beweis von geringem Gemeinschaftsgefühl, für sie bedeutet die Familie die ganze Gemeinschaft. Es soll nicht geleugnet werden, dass bei Blutsverwandtenehen die Kinder auch organische Minderwertigkeiten aufweisen können (Ohren-, Augendefekte), aber soweit ich bisher eruieren konnte, nur in Fällen, wo gleichlaufende Minderwertigkeiten bei beiden Partnern zusammentreffen. Wir sehen aber oft ganz gesunde Kinder dort, wo diese gleichlaufenden Organminderwertigkeiten nicht vorhanden sind. Wir sind nur deshalb gegen Verwandtenehen, weil das Gemeinschaftsgefühl eine Blutvermischung im weitesten Ausmaße verlangt. Menschen, die so einen großen Unterschied machen zwischen Personen der eigenen Familie und den anderen, haben nicht viel Gemeinschaftsgefühl.

»Das Kind hat Feuchtblattern, Keuchhusten gehabt.«

Die Eltern verzärteln bei diesen Krankheiten auch sehr. Sie werden beobachten können, dass es eine Anzahl von Kinderkrankheiten gibt, die die Verzärtelung geradezu mit Naturgewalt nach sich ziehen, wie zum Beispiel Scharlach, Keuchhusten usw., Encephalitis. Da finden wir nachträglich eine Anzahl von Schwierigkeiten, die auf diese Krankheiten zurückzuführen sind. Sie können auch manches Mal sehen, dass sich ein schwer erziehbares Kind nach einer schweren Krankheit bessert. Man wird keinen Mut haben, zu behaupten, dass Scharlach einen besonders günstigen Einfluss auf jemanden ausüben könnte.

»Er hat mit 16 Monaten laufen, …«

Wenn die Mutter hier recht hat, hat vielleicht eine Rachitis mitgespielt. Dass es viel mehr in der Obhut der Mutter gewesen war, als notwendig, ist offensichtlich.

»erst mit drei Jahren richtig sprechen gelernt.«

Das beweist, dass er das Sprechen nicht sehr notwendig gehabt hat, wenn er das notwendig gehabt hätte, so hätte er schon früher gesprochen. Man hat alle seine Wünsche erfüllt, alles für ihn getan, *[162]* ohne dass er hätte sprechen müssen. Das ist auch bei den Hörstummen der Fall. Solche Kinder sind meistens außerordentlich verzärtelt und haben das Sprechen nicht notwendig; die Mütter bemerken oft mit Stolz, dass sie immer wissen, was das Kind will. Solche Kinder wünschen immer, dass man sie ohne Sprechen versteht und sich immer mit ihnen beschäftigt. Wenn ein solches Kind nicht spricht und die verzärtelnde Person die Fleißaufgabe, die ihr von dem Kinde zugeteilt wird, immer ausführt, dann können wir schon verstehen, wie man zu einer Hörstummheit kommt. Wir wissen auch, dass Kinder alle ihre Funktionen entsprechend ihrer Umgebung formen, regulieren können.

Ich hörte einmal von einem Kind eines taubstummen Ehepaares, dieses Kind war ganz normal, konnte hören und sprechen. Wenn dieses Kind sich irgendwie verletzte, begann es zu weinen, aber ohne Laut. Die Tränen liefen ihm über die Wange, es machte ein trauriges Gesicht, aber weinte nicht laut; es wusste, dass es unnütz gewesen wäre. Entsprechend der Umgebung wachsen die Funktionen, sie können nicht anders wachsen. Sie können die sogenannte Triebpsychologie in diese Betrachtung einbeziehen, die Triebe entwickeln sich nur der Umgebung entsprechend. Diesem Jungen wurde das Sprechen erspart, sodass seine Sprache sich nicht rechtzeitig entwickeln konnte.

»Er spricht auch jetzt etwas nasal. Er wurde vor vier Jahren tonsillektomiert[166]

---

166 [Tonsillektomie: operative Entfernung der Mandeln]

und adenotomiert[167]. Es ist auch für die nächste Zeit wieder eine Adenotomie in Aussicht genommen. Er hat einen etwas mongoloiden Typus[168].«

Es macht uns etwas stutzig, zu hören, dass er ein »mongoloider Typus« ist. Der Verdacht besteht, dass er doch zu den debilen Kindern gehört. Doch möchte ich nicht mit unbedingter Sicherheit annehmen, dass er mongoloid ist. Man hat bisher nicht ein mongoloides Kind gesehen, das nicht schwachsinnig wäre. Man darf jedoch nicht vergessen, dass manche Menschen Mongolen ähnlich sehen, ohne schwachsinnig zu sein.

»Er hat eine breite Nasenwurzel, abstehende Ohren, vorspringende Unterlippe. Sonst interner Nervenbefund ohne Befund, Intelligenz normal. Das rechte Bein wird steif gehalten. Das Kind turnt besonders gern und hat es durchgesetzt, obwohl es ihm anfangs verboten war, die Turnübungen, soweit es mit seinem Bein möglich ist, mitzumachen.«

Ich habe oft gefunden, dass Kinder mit Defekt auf den Beinen oder Armen mit großem Eifer ans Turnen gehen und manches Mal ausge[163]zeichnete Turner werden. Hier bekommen wir wieder eine Bestätigung für die Grundanschauung der Individualpsychologie, dass die besten Leistungen durch ein besonderes Interesse zustande kommen, welches einem minderwertigen Organ anhaftet. Vor vielen Jahren hat sich zum Beispiel hier ein Tänzer produziert, der nur ein Bein hatte.

Sie können sich vorstellen, dass in der kurzen Zeit, die uns gegeben ist, wir nicht alles leisten können, was wir leisten könnten. Wenn jemand sich der Mutter und dem Kinde zur Verfügung stellen würde, dann wäre unsere Arbeit wirkungsvoller. Bei dem Jungen muss man trachten, ihn selbstständiger und mutiger zu machen und durch Nachhilfeunterricht ihn so weit zu bringen, dass er wieder in die Normalschule kommen kann. Man sollte ihm ein Ziel zeigen, wie er zu einer glänzenden Leistung auf der nützlichen Seite kommen könnte, und in dem Maße, als er zu einem Erfolg kommt, haben seine schlechten Eigenschaften keinen Wert mehr. Das ist die letzte Zuflucht, die er genommen hat, sich nass zu machen. Wir wollen ihm einen besseren Weg zeigen. Wir müssen auch die Mutter gewinnen, denn wenn wir dem Kinde einen solchen Vorschlag machen und die Mutter uns entgegenarbeitet, gerät das Kind in Schwierigkeiten. Ich will der Mutter den wahren Kern des Wesens des Kindes zeigen und sie beeinflussen.

Dr. Adler (zur Mutter): Wir wollen über ihren Fritz sprechen. Sagen Sie, er ist ja einer der besten Schüler in seiner Klasse?
Mutter: Das könnte ich grad nicht sagen.

---

167 [Adenotomie: operative Entfernung der Rachenmandeln]
168 [Mongolismus, Mongoloidismus: veraltete Bezeichnung für Trisomie 21]

Dr. Adler: Er ist einer der besten Schüler in der Hilfsschule?
Mutter: Es geht ganz gut, bis auf das Rechnen. Andere Kinder sind ihm voraus. Die Frau Lehrerin sagt, wenn er ruhig liest, geht es ganz gut, er hastet sehr ...
Dr. Adler: Was möchte er werden?
Mutter: Tischler.
Dr. Adler: Was ist der Vater?
Mutter (mit Stolz): Zahntechniker. Der Großvater hat ein Möbelgeschäft, mein Vater sagte, er möchte, dass Fritz das Fach auslernt, damit er dann die Möbel versteht.
Dr. Adler: Er versteht darunter Tischler. Hat er Freunde?
Mutter: Eben, lauter jüngere Kinder.
Dr. Adler: Hat er Neigung, mit anderen Kindern zusammen zu sein?
Mutter: Er will nur mit kleineren Kindern spielen.
Dr. Adler: Ist er in einem Hort? *[164]*
Mutter: Er war bei den »Kinderfreunden«[169]. Die Kinder haben einmal gestritten. Die Lehrerin hat sie bei den Ohren gerissen und an die Wand geschmissen.
Dr. Adler: Spricht er die Wahrheit?
Mutter: Es kommt manches Mal vor, dass er Geschichten erzählt, aber lügen tut er nicht.
Dr. Adler: Kann er mit Geld umgehen?
Mutter: Ja, er kann mit Geld umgehen.
Dr. Adler: Kann man sich auf ihn verlassen?
Mutter: Ja, er ist sehr verlässlich. Im Geschäft kann man ihn auch ganz gut brauchen, er weiß ganz gut, was er macht, geht zum Telefon, erledigt Sachen ganz gut. Er ist nur sehr kindisch.
Dr. Adler: Wie fühlt er sich in der Schule?
Mutter: Er fühlt sich ganz gut in der Schule. Früher ist er in eine Privatschule gegangen, wir dachten, dass es ihm dort leichter sein wird. Man hat sich aber dort nicht viel um ihn gekümmert und hat ihn sitzen lassen. Ein Nervenarzt, ein Bekannter von uns, hat das Kind normal gefunden und hat uns geraten, es in die Hilfsschule zu geben.
Dr. Adler: Wie sind die Kinder in der Hilfsschule?
Mutter: Die Kinder sind furchtbar, er macht sich aber nichts daraus, aber es sind dort schreckliche Kinder, die sehr zurückgeblieben sind. Wenn ich bestimmt wüsste, ob ich bei ihm auf ein Selbstfortbringen denken kann ...
Dr. Adler: Sie haben aber nie daran gezweifelt?
Mutter: Die Lehrer haben mich damit getröstet, dass er ein tüchtiger Kauf-

---

169 [Siehe dazu Fußnote 159 zu diesem Text.]

mann sein wird. Er hat für alles Interesse, spricht in verschiedene Sachen drein und macht einen ganz selbstständigen Eindruck. Nur das Kindische an ihm!

Dr. Adler: Macht er sich oft nass?

Mutter: Ja. Ich war auch bei der Lehrerin und fragte, wie es ihm dort geht. Sie beklagte sich nur, dass er ein etwas lautes Organ hat, das muss er sich abgewöhnen. In der Schule macht er sich auch nass. Sie sagt, es muss eine Schwäche sein. *In der letzten Zeit ist es wieder schlimmer geworden.*

Dr. Adler: Hat er sich in der Schule verschlimmert?

Mutter: Er kommt vorwärts. Früher hat er seine Aufgaben nicht allein gemacht, jetzt macht er sie ganz selbstständig.

Dr. Adler: Ist er nicht getadelt worden? Im Rechnen?

Mutter: Im Rechnen sind ihm andere Kinder voraus. *[165]*

Dr. Adler: Es wäre gut, wenn er auch im Rechnen vorwärtskommen möchte. Möchten Sie das Kind in meinen Hort schicken? III. Bezirk, Oberzellergasse 8.[170] Kann er allein hinfahren?

Mutter: Er fährt ganz allein, er fährt auch in die Schule allein.

Dr. Adler: Man wird ihm in diesem Hort beibringen, dass er alles erreichen kann und dass er in die Normalschule kommen kann.

Mutter: Bei den Kinderfreunden hat er auch schöne Sachen gemacht. Er hat einmal ein hübsches Theater hergestellt. Er hat etwas an sich, was kein Kind an sich hat, wie die Lehrerin behauptet, er ist sehr gewissenhaft.

Dr. Adler: Für den Buben wäre es günstiger, in die Normalschule zu kommen. Wie ist der andere Junge?

Mutter: Oh, der ist ein prachtvoller Junge.

Dr. Adler: Wie bezieht er sich zu dem Jüngeren?

Mutter: Sie haben sich sehr gern; jetzt ist es ein ganz anderes Verhältnis, ich bin bei meinen Eltern, der Große ist bei der anderen Großmutter, und die

---

170 [Im 6. Jahrgang der »Internationalen Zeitschrift für Individualpsychologie« ist nachzulesen: »Der Verein ›Die Bereitschaft‹ hat in Wien III., Oberzellergasse 8 einen Nachmittagshort für nervöse und schwer erziehbare Kinder errichtet. Die Kinder erhalten Schulnachhilfe und werden mit Handfertigkeitsarbeiten, Spielen, rhythmischen Übungen usw. beschäftigt. Individualpsychologische Beratung durch Dr. Leopold Stein. Anmeldung täglich (außer Samstag) von 2–6 Uhr nachmittags« (Chronik 1928, S. VI). – »Die Bereitschaft« war ein privater Fürsorgeverein, mit dem Individualpsychologen seit 1921 kooperierten. Bis 1924 dürften an vier Standorten der »Bereitschaft« individualpsychologische Erziehungsberatungsstellen existiert haben, von denen ab 1924 nur mehr eine weiterbestand. Diese Beratungsstellen innerhalb der »Bereitschaft« gehörten damit – nach jener im »Volksheim« (siehe dazu S. 87 ff. in diesem Band) – zu den ersten öffentlich zugänglichen individualpsychologischen Beratungsstellen. Ab 1927 kam dann noch das besagte, von Individualpsychologen geführte Nachmittagserziehungsheim in Wien III., Oberzellergasse 8, hinzu (Gstach 2003, S. 21).]

Die Technik der Individualpsychologie

Kinder sehen sich selten.
Dr. Adler: Neckt er den Kleineren?
Mutter: Er fühlt sehr mit ihm, er zittert für ihn.
Dr. Adler: Er benimmt sich wie ein Vater, das findet man bei den siegreichen Älteren sehr oft.
Mutter: Der Große war immer sehr gut entwickelt.
Dr. Adler: Der Große scheint sehr beliebt zu sein.
Mutter: Der Kleine noch mehr. Der Ältere hat einen stolzen Charakter.
Dr. Adler: Hat man ihn nicht wegen der Hilfsschule geneckt, verspottet?
Mutter: Man neckt ihn wegen der Schule nicht, aber die Kinder verspotten und necken ihn wegen seines Fußes, es ist schrecklich!
Dr. Adler: Das wird sich auch geben, das Nassmachen auch. Ich möchte Ihnen empfehlen, das Kind zu ermutigen, nicht zu kritisieren, nicht zu tadeln, ihn aufzumuntern, dass er alles allein macht.
Mutter: Meine Familie sekkiert, kritisiert und tadelt ihn sehr viel.
Dr. Adler: Sagen Sie, ich lass sie schön grüßen, man soll mit dem Tadeln, Kritisieren, Nörgeln ein wenig warten, wir wollen eine neue Methode einschlagen und ihn bessern.
Mutter (verabschiedet sich dankend).

Dr. Adler: *Das ist sehr wichtig, dass er zu Hause immer [166] attackiert wird.* Ich weiß nicht, ob Sie den Tapir in Schönbrunn schon gesehen haben? Dieser Tapir hat die Eigenschaft, wenn ihn jemand reizt, ärgert, dreht er sich um und uriniert, es ist sehr peinlich, manches Mal erwischt er einen Unschuldigen.

Dr. Adler (zum Kind): Wie geht es dir in der Schule?
Fritz: Gut.
Dr. Adler: Du bist ja ein ganz tüchtiger Bursch, du könntest ein ganz tüchtiger Schüler sein. Ich glaube, du bist feig, du traust dir nichts zu, du glaubst, du kannst diesen Schmarrn, das Rechnen nicht! Du wirst das leicht zusammenbringen, ich werde dir helfen, dass du ein guter Rechner bist! Dann könnten wir es auch machen, dass du in eine höhere Schule kommst, ich möchte auch hier helfen. Wir werden das geschickt anpacken, es wird dir eine Freude machen, auf einmal wird's heißen, es geht vorwärts. Ich möchte, dass du in meinen Hort kommst, dort wird gespielt, dort könntest du deine Aufgaben machen, dort ist's lustig. Ich war auch ein sehr schlechter Rechner, dann hat mir einer gezeigt, wie man das macht, dann war ich der beste Rechner. Was möchte die Lehrerin dazu sagen, wenn du der beste Rechner wärest?
Fritz: Sie möchte eine Freude haben!
Dr. Adler: Möchtest du ihr eine Freude machen?
Fritz: Ja!

Dr. Adler: Komm bald wieder und mach dir nichts draus, wenn ein Bub dir etwas Blödes sagt, die sagen ja diese Sachen aus Dummheit. Wenn man dich zu Hause kritisiert, musst du auch nicht gleich böse sein und dich nass machen. Du musst mir helfen! Kann ich mich auf dich verlassen?
Verabschiedet sich von dem Kind.

Kapitel 21: Wie spreche ich mit den Eltern

Es ist wichtig, mit den Eltern richtig zu sprechen. Wie man das machen soll, ist schwer in Worte zu fassen. Mit allen Beratern müsste von Zeit zu Zeit darüber gesprochen werden. Erst muss man die Eltern gewinnen, man darf sie nicht vor den Kopf stoßen. Wenn die Eltern zu uns kommen, um beraten zu werden, so tun sie das im Gefühl einer großen Unvollkommenheit. Sie erwarten, in ihrem Gefühle der Verantwortlichkeit dem Tadel zu verfallen. Man muss vor allem die Eltern entlasten. Ich stelle immer fest: »Wie ich sehe, sind Sie auf dem richtigen Wege«, auch wenn ich vom Gegenteil überzeugt bin. Wenn ich das Rechte will, muss ich die dazugehörige Methode wählen. Aus einer alten Biografie Benjamin Franklins ersah ich dieselbe Methode[171]. Er hat sich jedes dogmatischen Wortes enthalten. Wenn die Detailfragen in Betracht kommen, ist darauf hinzuweisen, dass die Mütter nicht zu viel gefragt werden sollen. In den Lehrerberatungen haben wir die Hilfe der Lehrer. Die Lehrer haben die Wichtigkeit solcher Beratungsstellen eingesehen. Wir sind in einer verhältnismäßig günstigen Situation, der Lehrer und die Mutter sind den übrigen Teil des Tages mit dem Kinde beisammen, sie tragen die größere Last. Das Wichtigste ist, den Kernpunkt zu erfassen, aber nicht gleich das, was man weiß, der Mutter an den Kopf zu werfen. Man muss es für sich behalten und nur gelegentlich darauf hinweisen. Man muss die Eignung besitzen, in dieser Weise vorzugehen. Tief eingewurzelt ist der kritische Sinn von Pädagogen und Psychologen. Es empfiehlt sich, Flickworte einzuwerfen, wie »Vielleicht« oder »Ich könnte mir vorstellen, dass das wirksam wäre«. Wir sind nicht in der Lage, die Eltern auch zu behandeln, wir können nur gelegentliche Hinweise geben. Man kann nicht mit ein paar Worten ein festgewurzeltes System ändern. Es ist nicht notwendig, wenn wir uns der Kinder versichern, wenn wir ihnen zeigen, dass Schwierigkeiten nicht so tragisch zu nehmen sind, dass es wichtiger ist, mutig zu sein. Es liegt in der Hand des Beraters, in einer halben Stunde ein Kind zu [179] ermutigen, das im Zusammenbrechen war, weil wir im Vorteil sind: Wir haben es mit Kindern zu tun, die getadelt worden sind: Sie kommen auf einmal in eine neue Atmosphäre, wo sie merken, dass sie nicht verloren

---

171 [Adler (1930a/1976a) erläutert dies ausführlich in seinem Buch »The Education of Children« (S. 248 f. in diesem Band).]

gegeben werden. Es wäre gut, wenn wir die Möglichkeit hätten, mehr mit den Kindern beisammen zu sein, wenn wir über die genügende Anzahl von Fürsorgern verfügen könnten. Eine Statistik können wir leider nicht herausgeben, aber die Lehrer berichten Aufmunterndes.

Die Eltern muss man im ersten Anlauf gewinnen. Jeder Berater kann die Methode bis zu einem hohen Punkte entwickeln. Wir sind von vornherein zur Milde geneigt und verpflichtet. Einige haben es in der Praxis der milden Behandlung zur Meisterschaft gebracht. Das ist notwendig, wenn Sie über Fehler sprechen, zum Beispiel über den Zorn. Wir werden aber nie vergessen, dass das nur etwas Äußerliches ist, den Kernpunkt müssen wir klarmachen, den Lebensstil müssen wir aufweisen. Das ist der größte Vorsprung, den wir vor den anderen voraushaben. Wir haben das mit Bewusstheit und Selbstverständlichkeit zu tun. Wir wollen den Kindern die Fehler nicht abschmeicheln, sondern auf den Kernpunkt hinzielen, auf seine Hoffnungslosigkeit, auf den Fehler, dass es sich selbst aufgibt. Das ist der Kernpunkt der Sache, das andere ist nur die Einleitung. Deswegen muss die Methode des Gewinnens vorangehen, aber derjenige irrt, der glaubt, dass er dadurch eine Heilung erzielen kann. Wenn Heilung eintritt, dann war es Zufall, keine Leistung. Es gibt Zufälle, wo das Kind begreift, was der Pädagoge noch nicht begriffen hat. Es genügt nicht, ein Menschenfreund zu sein, ein gütiger Berater, so gehen alle anderen vor. Sie bereiten den Kindern eine angenehme Zeit, lassen es an Lobsprüchen nicht fehlen, sie glauben, dass sie es durch den Zauber ihrer Persönlichkeit erreichen können. Über die Streitfrage, ob Milde oder Strenge, brauchen wir nicht zu sprechen. Man kann nur auf bescheidene Art den Zugang zu den Menschen finden. Es ist eine Kunst, jemanden zu gewinnen, es ist eine Kunst, ihn in die Stimmung zu bringen, zuzuhören und zu begreifen; ohne das können wir das Kind nicht entlassen. Wir haben gehört, in der Beratungsstelle ist das Kind oft brav, zu Hause ist es wie der Teufel. Wenn es begriffen hat, so ist dies der erste Schritt zur Verständigung. Man kann ein Kind nicht dauernd unter günstige Verhältnisse bringen; man kann dem Kinde nicht die Fehler abschmeicheln; man muss das Kind begreifen machen, was in ihm schlecht gewachsen ist; dazu haben wir das eiserne Netzwerk der Individualpsychologie. *[180]* In zehn Minuten kann der Berater vollkommen im Klaren sein. Die Kunst besteht darin, wie man jemandem etwas verständlich macht. Es gibt Menschen, die sehr viel wissen, die aber nicht begreiflich machen können. Diejenigen haben es leichter, die Kontakt zu Menschen haben, weil sie das im täglichen Verkehr gelernt haben. Das ist die wichtigste Aufgabe eines individualpsychologischen Beraters.

17. Verzärtelte Kinder (1930)

Manuskript des ursprünglich geplanten Vortrags zur Eröffnung des 5. Internationalen Kongresses für Individualpsychologie in Berlin, 26.–28. September 1930

Editorische Hinweise
Erstveröffentlichung:
1980: Zeitschrift für Individualpsychologie, 5. Jg., S. 177–181
Neuauflage:
1982c: A. Adler: Psychotherapie und Erziehung. Ausgewählte Aufsätze, 2. Bd.: 1930–1932. Ausgewählt und herausgegeben von H. L. Ansbacher und R. F. Antoch; mit einer Einführung von R. F. Antoch. Frankfurt a. M., Fischer, S. 56–62

Alfred Adler hatte geplant, mit dem folgenden Text den 5. Internationalen Kongress für Individualpsychologie zu eröffnen, der vom 26. bis 28. September 1930 in Berlin stattfand. Adler änderte aber sein Vorhaben und stellte den Vorträgen, die am ersten Kongresstag dem Generalthema »Individualpsychologie und Medizin« gewidmet waren, seine Ausführungen über »Struktur und Behandlung der Zwangsneurose« voran. Am Tag zuvor hatte er bereits einen öffentlichen Vortrag über den »Sinn des Lebens«[172] gehalten, der offensichtlich auf so großes Interesse gestoßen war, dass Adler den Vortrag »infolge des außerordentlichen Andrangs am gleichen Tag nochmals wiederholen musste« (Kronfeld u. Voigt 1930, S. 538 f.; siehe auch Adler 1931f; Adler 1931g/1982b).

Fünfzig Jahre später, 1980, wurde das Manuskript »Verzärtelte Kinder« im 4. Heft des 5. Jahrgangs der Zeitschrift für Individualpsychologie erstmals publiziert. In einer redaktionellen Vorbemerkung heißt es dazu:

»Nachstehender Artikel ist eine Erstveröffentlichung. Adler wollte ursprünglich mit diesen Ausführungen den Berliner Kongress für Individualpsychologie einleiten, hat hierfür dann aber ein anderes Thema gewählt. Er gab seinerzeit das handgeschriebene Manuskript an Emery Gondor. Dieser überreichte eine Kopie davon an Frau Dr. Helene Papanek, welche sie an Prof. Ansbacher weiterleitete.

Die Redaktion ist Herrn Ansbacher zu großem Dank dafür verpflichtet, dass er diese Kopie zur Verfügung stellte, und folgt gerne seinem Rat, mit der Veröffentlichung an das 50. Jubiläum des Berliner Kongresses zu erinnern.«

---

172 [Das Typoskript beider Vorträge findet sich in Adlers Nachlass in der Library of Congress, Washington (Kopie in der Geschäftsstelle der Deutschen Gesellschaft für Individualpsychologie, Gotha). Eine Veröffentlichung ist geplant.]

Adler widmet sich zu Beginn seiner Ausführungen der besonderen Bedeutung der frühen Beziehung zwischen Mutter und Kind. Er erinnert damit an jene Textpassagen aus seiner Schrift über »Schwer erziehbare Kinder« und aus dem ersten Kapitel seines Buchs über »Individualpsychologie in der Schule«, in denen er darstellt, welche primären Erziehungsaufgaben Mütter wahrzunehmen haben (Adler 1926l/2009a, S. 120 f. in diesem Band; Adler 1929b/2009a, S. 145 in diesem Band). Darüber hinaus kommt Adler darauf zu sprechen, was Eltern im Allgemeinen und Mütter im Besonderen veranlasst, eine ebenso fürsorgliche wie intensive Beziehung zu ihren Kindern einzugehen, und welche Motive immer wieder im Spiel sind, wenn sich vor allem Mütter gedrängt fühlen, ihre Kinder zu sehr an sich zu binden oder auf andere Weise der »Verzärtelung« ihrer Kinder Vorschub zu leisten. In diesem Zusammenhang verweist Adler auf die Bedeutung der transgenerationalen Weitergabe von frühen Beziehungs- und Erziehungserfahrungen, auf verschiedene Muster der Dreiecksdynamik zwischen Vater, Mutter und Kind sowie auf verschiedene Formen von Beiträgen, die Väter in diesen Kontexten zur Verzärtelung von Kindern leisten (S. 348 ff. in diesem Band).

Weiters betont Adler, dass die Gefahr der Verzärtelung auch dann in erhöhtem Ausmaß gegeben ist, wenn bestimmte Familienkonstellationen oder auch andere Situationen (wie Krankheit oder Schönheit) gegeben sind. Die Verzärtelung könne dabei die Entwicklung der seelischen Struktur des Kindes nachhaltig beeinträchtigen, da es von seiner Umwelt der Notwendigkeit enthoben wird, selbstständige Leistungen zu erbringen. Heranwachsende würden sich dann bis ins Erwachsenenalter hinein nur allzu oft veranlasst sehen, auftauchenden Anforderungen und Schwierigkeiten auszuweichen. Abschließend weist Adler darauf hin, dass Unordentlichkeit sowie Essensprobleme von Kindern als Hinweise auf Verzärtelung zu begreifen sind.

Verzärtelte Kinder

In unserer Kultur ist es sicherlich nicht leicht, ein Kind ohne Zärtlichkeit großzuziehen. Die Schwäche und Unsicherheit seiner ersten Jahre fordert geradezu eine ununterbrochene, warmherzige Hilfeleistung der Eltern heraus. Die fast ununterbrochene Nähe der Mutter führt fast immer zu einer Gewöhnung der Mutter auch über die nötige Zeit hinaus, dem Kinde in allem zur Seite zu stehen. Ihr begreiflicher Hang, an dem Kinde, ihrer Schöpfung, eine gedeihliche, mustergültige Leistung zu vollführen, hält sie bei Tag und Nacht in Spannung und knüpft ein unsichtbares, aber schwer zerreißliches Band zwischen ihr und dem Säugling. Die Gefahren, Krankheiten, Unfälle, die dem Kinde drohen, kennt sie zumeist und fühlt und übernimmt die volle Verantwortung, an der gewöhnlich der Vater mehr oder weniger teilnimmt, teils fördernd, teils hemmend, oft von kritischem Geiste erfüllt. Man kann wohl behaupten, dass der mütterliche Instinkt, besonders wenn er geschult und hygienisch sowie erzieherisch richtig beraten ist, bis auf den heutigen Tag durch keine andere Maßnahme ersetzt werden kann, sowie er ja auch für die Mutter eine Erfüllung ihres Lebens bringt, ihrem Dienst für die Erhaltung der Menschheit den höchsten Wert verleiht und ihr über ihren persönlichen Tod hinaus ein Fortleben in der Seele und im Körper ihres Kindes verspricht, eine Beitragsleistung, die nach Unsterblichkeit zielt. [178]

In ihre Sorgfalt für das Kind spielen unmerklich die traditionellen Erziehungsmaßnahmen ihrer Familie, die sie in frühester Jugend an sich selbst und an Geschwistern erfahren hat. Das richtige Maß zu treffen, um nicht völlig dem Dienste um das Kind zu verfallen, mag wohl eines der unerreichbaren Ideale der Menschheit sein. Glücklicherweise sind unerwünschte Resultate auch anfangs schon leicht zu erkennen und zu bessern. Vielleicht aber war das Vorbild eine Mutter, deren Ziel es gewesen ist, in blinder Liebe oder in Pedanterie, in aufgepeitschter Anmaßung und Hochmut oder in ewig nörgelnder Herrschsucht, in krankhaftem Ehrgeiz oder in sinnlosen Befehlen, die immer aus dem Urgrund des hoffnungslosen, aber aufstachelnden Minderwertigkeitsgefühls entspringen, das Kind zu einem Objekt ihrer Willkür zu erniedrigen. Vielleicht hat sie in ihrer Familie gelernt – oder in ihrer eigenen Ehe erlebt –, den Zusammenhang mit dem Gatten als nichtig, zwecklos zu empfinden, und klammert sich umso mehr an das Kind. Vielleicht war ihr die Ehe nur ein Weg, ein Kind zu haben, da sie zur Liebe unfähig war.

Sicherlich ist Liebe in allen tausend Varianten ein Gefühl der Zugehörigkeit und deshalb ein inhaltlich charakterisiertes Gemeinschaftsgefühl. Deshalb wird der Mann und die Frau am besten zur Liebe, Ehe und Elternschaft vorbereitet sein, die an Mitmenschlichkeit andere überragen. Aber so wie einer, der ohne Letztere zu besitzen, wenn er Interesse am anderen beweisen will, in Vielgeschäftigkeit ausartet, so kann es auch Müttern geschehen, wenn sie, ohne tief wurzelnde Kindesliebe zu besitzen, zu ihrem eigenen Glanz und um alle andern auszustechen, mit nie rastender Quälerei jeden Zug des Kindes überwachen und überall eine Bedrohung ihrer entflammten Eitelkeit wittern. Das Kind soll früher als alle andern lachen, sprechen, stehen und gehen, auch wohl Zähne bekommen, schöner sein, klüger sein als andere, soll alle andern überflügeln. Liebkosungen, Geschenke, Zornesausbrüche und Schläge dienen dann der Durchsetzung des eigensinnigen Ehrgeizes. Das Stehen und Gehen des Kindes, sein Sitzen und Essen an der Tafel geben ununterbrochen Anlass zu betonen, wie man es besser machen könne. Die Schule gar mit ihren Aufgaben und Prüfungen und Zeugnissen schaffen ein neues Martyrium. Die Fortschritte sind nie genügend, die schlechten Noten eine Katastrophe. Die höchsten Erwartungen werden den Schultern des Kindes aufgelastet und jede Verfehlung kleinster Art wird als der Zusammenbruch aller Hoffnungen empfunden und geschildert.

Die Rolle des Vaters kann dabei eine recht verschiedene sein. Oft findet man, dass er die obigen Züge aufweist, während die Mutter das Kind nach Möglichkeit zu schützen sucht. Oder er versucht den Ausgleich dahin zu treffen, dass er jeden Wunsch des Kindes unbesehen erfüllt, manchmal offen, in starrer Widersetzlichkeit zur Erziehungsmethode der Mutter, manchmal heimlich, um in beiden Fällen das Kind auf seine Seite zu bringen. Es ist eine von der Individualpsychologie festgestellte Tatsache, dass, anders als andere Schulen gemeint haben,[173] das Kind, unbekümmert um Geschlechtsunterschiede, sich immer auf die Seite des verzärtelnden Elternteiles schlägt. Da die erste Phase in der Gemeinschaftsbeziehung des Kindes immer durch die Anlehnung an die Mutter erfüllt wird,[174] ist eine Anlehnung an den Vater immer als zweite Phase zu verstehen und als ein Zeichen, dass die Mutter in der Liebeswerbung der Konkurrenz des Vaters unterlegen ist.[175]

Nicht selten auch entschlägt sich der Vater jeglichen erzieherischen Einflusses, bleibt dem Kinde fremd oder wird nur als Schreckmittel verwendet und zur Ausführung der Strafen angerufen – Situationen, die natürlich den bindenden Einfluss der Mutter befestigen. *[179]*

In unglücklichen Ehen oder solchen, die der Auflösung entgegengehen, nimmt oft einer der Elternteile die Gelegenheit wahr, zumeist die Mutter, das Kind ganz auf seine Seite zu ziehen und offen oder heimlich dem Kinde gegenüber den andern Teil mit der Schuld zu belasten. In allen Auswirkungen der oben beschriebenen Fälle finden wir die Bindung des Kindes verstärkt und seine Abhängigkeit in einem solchen Grade ausgeprägt, dass seine mutige, selbstständige Entwicklung infrage gestellt ist.

Es ist leicht zu verstehen, dass besonders einzige Kinder unter einem Über-

---

173 [Adler zieht mit dieser Bemerkung eine Grenze zwischen seiner Theorie und jenen Auslegungen der psychoanalytischen Theorie ödipaler Konflikte, denen zufolge die kindliche Wahrnehmung von Geschlechtsunterschieden einen wesentlichen Anteil an der Entstehung von ödipalen Wünschen und Ängsten hat. In den Schriften, die nach 1930 entstanden sind, nimmt Adler in der Stoßrichtung ähnliche, zugleich aber explizit gegen Freud gerichtete Abgrenzungen vor, etwa in seiner Schrift »Der Sinn des Lebens« sowie in seinem Buch über »Lebensprobleme« vor (Adler 1933b/2008b, S. 131; Adler 1937i/1994a, S. 58 f.).]

174 [Dies führt Adler in seinen Arbeiten über »Schwer erziehbare Kinder« (1926l) und »Individualpsychologie in der Schule« (Adler 1929b/2009a) näher aus; siehe dazu S. 120 f. und S. 145 in diesem Band.]

175 [Ist der »Kontakt«, den ein Kind zu seinem Vater hat, besser als jener zur Mutter, so begreift dies Adler (Adler 1933b/2008b, S. 131) in seiner Schrift über den »Sinn des Lebens« sogar als »Fehlschlag der Mutter«: In nahezu all solchen Fällen habe das Kind in einer ersten Lebensphase »an der Mutter – mit Recht oder Unrecht – eine Enttäuschung erlebt« und anschließend in einer zweiten Lebensphase einen intensiveren Kontakt zum Vater gefunden.]

maß von Sorge und Zärtlichkeit leiden können, besonders dann, wenn einer der Elternteile deutlich vorgezogen wird. Meist liegt es an dieser einseitigen Bevorzugung, dass der andere Teil mit stärkster Kritik, mit Abneigung sogar und Hass verfolgt wird. Dann kann es geschehen, dass alle kleinen Tatsachen und Ereignisse im Leben des Kindes scharfsinnig daraufhin geprüft werden, wie man dem abgelehnten Elternteil einen Fehler, eine Schuld, eine Lieblosigkeit zumuten könne.

Auch einzige Knaben unter Mädchen, einzige Mädchen unter Knaben, kränkliche Kinder oder solche, die man fälschlich für kränklich hält, geraten zuweilen in dieses verderbliche Netzwerk von Verzärtelung und Bevormundung. Ebenso geht es oft mit Kindern, die sich frühzeitig durch körperliche Schönheit oder, meist zufallsweise, durch geistige Leistungen hervorgetan haben und so die Erwartungen und Ansprüche selbstsüchtig ehrgeiziger Eltern gewaltig steigern. Ich glaube auch immer wieder zu finden, dass die ersten sowie die letzten Kinder diesem Übermaß von Verzärtelung mehr ausgesetzt sind als die andern und deshalb auch schwerer an den Folgen tragen, wie aus meiner Statistik schwer erziehbarer Kinder, Nervöser und Delinquenter hervorgeht.

Die Bindung an einen der Elternteile, zumeist an die Mutter, kann durch das ganze Leben andauern und eine solche Stärke annehmen, dass alle andern menschlichen Beziehungen außerhalb der Familie, Freundschaften, Geselligkeit, Beruf und Liebe dadurch infrage gestellt werden. Selbst wo dieser Zusammenhang erkannt und als drückend empfunden wird, hat das ehemals verzärtelte Kind oft nicht den Mut, trotz fortwährender Revolte und Streit, neue Beziehungen einzugehen oder auszugestalten – aus Furcht vor einer Niederlage.

Um die Bedeutung und den Ursprung dieser Furcht vor einer Niederlage richtig zu erkennen, ist eine unvoreingenommene Kenntnis der seelischen Struktur des verzärtelten Kindes notwendig. Dies umso mehr, als wir im Einklang mit viel älteren Psychologen feststellen konnten, dass der Mensch seinen Lebensstil wie nach einem heimlichen Plan bereits frühzeitig festgestellt hat, um nicht mehr davon abzuweichen, es sei denn, dass er aus eigener Kraft oder mit fremder Hilfe die fehlerhafte Anlage dieses Lebensplans erkannt hat. Freilich dürfen wir im Leben durchschnittlicher Größen nicht jene übermenschlichen Ziele erwarten, wie sie etwa dem jungen Alexander vorschwebten, als er klagte: »Schon 20 Jahre alt und noch nichts für die Unsterblichkeit getan!«[176], oder

---

176 [Alexander dem Großen konnte diese Aussage nicht zugeordnet werden. Allerdings findet sich dieses Zitat nur geringfügig modifiziert in Friedrich Schillers »Don Carlos«. Im zweiten Auftritt des zweiten Aktes lässt Schiller seinen Don Carlos sagen: »Heftig braust's in meine Adern – Dreiundzwanzig Jahre, und nichts für die Unsterblichkeit gethan!«]

Caesar in seinem »Aut Caesar aut nihil!«[177]. Oder wie wir in des jungen Kant Seele eingegraben finden: »Ich habe mir die Bahn schon vorgezeichnet, die ich halten will. Ich werde meinen Lauf antreten und nichts soll mich hindern, ihn fortzusetzen.«[178] Oder wie Kepler als seine Lebensparole herausschreit: »Ich bin mit der Bestimmung zur Welt gekommen, mich mit Dingen zu befassen, vor deren Schwierigkeit andere zurückschrecken.«[179] Oder wie Goethe, wenn er sagt: »Es war stets meine Absicht, die Pyramide meines Daseins so hoch als möglich in die Luft zu spitzen.«[180] Dem verzärtelten Kinde wird sein Lebensplan in ununterbrochenem Training aufgezwungen. Immer wird ihm alles leicht gemacht, und sein Wert auch ohne Leistung *[180]* steht ihm immer vor Augen. Mehr oder weniger enthebt man es von selbstständigen Leistungen, und die Mutter, gelegentlich die Großmutter oder Tante, springt immer ein, wo das Kind seine Funktionen, seine Organe entwickeln sollte. Sie denkt, wo das Kind denken sollte, handelt und spricht, ohne dem Kinde Handeln und Sprechen zu gestatten. Es scheint in der Natur des kindlichen Seelenlebens zu liegen, dass Kinder sich eine derart verzärtelnde Haltung gerne gefallen lassen, sich auch bald daran gewöhnen und das gleiche Verhalten anderer ihnen gegenüber immer erwarten, bis sie ihre Enttäuschungen erleben. Auch die Sorge und Sorgfalt der Mutter, die das Kind immer in den Mittelpunkt ihrer Aufmerksamkeit stellt, wird nun zur Forderung und Erwartung seines ganzen Lebens. Wer solche Kinder in ihrer Reinkultur beobachtet, wird bald dessen gewahr, dass ihr Lebensplan und ihre Erwartung stets darauf abzielt, unmittelbare Wertschätzung zu erfahren, bewundert zu werden und von jeder Kritik verschont zu sein. Ihr Lebensstil ist auf eine Welt gerichtet, die nicht die unsrige ist, in der stets andere für sie eintreten, um sie auf die Höhe des Daseins zu geleiten.

Das Leben, das sie bald aufnimmt, hat wenig Platz für diesen Lebensstil. Einige von ihnen entwickeln wohl die Kraft, trotz anfänglicher Widerwärtigkeiten ihr hochgespanntes Ziel zu erreichen. Die meisten aber brechen unter den Enttäuschungen, die ihnen das Leben bringt, zusammen und halten an

---

177 [Lat.: Entweder Kaiser oder nichts. Wahlspruch des italienischen Renaissanceherrschers Cesare Borgia (1475–1507)]
178 [Kant 1746/1968, S. 19]
179 [Adler spielt offenbar auf eine Stelle aus Keplers lateinischer »Selbstcharakteristik« an (Kepler 1982, S. 328). In der modernisierten Übersetzung von Schmidt (1970, S. 211) lautet die betreffende Passage: »Ich bin in ein Schicksal geboren, dass ich meistens die Zeit für schwierige Dinge aufwende, vor denen andere zurückschrecken.«]
180 [Adler bezieht sich hier auf einen Brief, den J. W. von Goethe an J. C. Lavater vermutlich am 20. September 1780 schrieb, in dem es heißt: »Diese Begierde, die Pyramide meines Daseyns, deren Basis mir angegeben und gegründet ist, so hoch als möglich in die Lufft zu spitzen, überwiegt alles andre und lässt kaum Augenblickliches Vergessen zu« (Goethe 1951, S. 532).]

ihrem Lebensstil fest, statt ihn den Forderungen des Gemeinschaftslebens anzupassen. Schon der römische Dichter Horaz beklagt diesen Typus, von dem er sagt: »Ah, das sind jene Menschen, die immer an Kopfschmerzen leiden, und nachts nicht schlafen können, jene Menschen, die immer darauf aus sind, dass die Welt sich ihnen, nicht sie sich der Welt anpassen sollen.«[181]

In der Tat, man findet beim Typus der verzärtelten Kinder, so sehr sich jedes einzelne vom andern unterscheidet, in allen den tausend Varianten als gemeinsamen Grundzug ein egoistisches Interesse, zu dem sie verkrüppelt wurden. Der Grad ihres Gemeinschaftsgefühls, ihr Interesse für die andern ist trotz gelegentlicher Übertünchung so gering, dass auch weniger scharfe Beobachter darauf gestoßen werden. Aus ihrem ganzen Verhalten springt deutlich oder in Floskeln gekleidet die verwunderte, ja entrüstete Frage hervor: »Ja, warum soll ich meinen Nächsten lieben?« Nicht einmal die Mutter bleibt von ihrer Lieblosigkeit verschont, sie wird zum dienenden, zum Lustobjekt und büßt oft hart für ihren egoistischen Starrsinn, in dem sie das Kind für sich, nicht für die Gemeinschaft erziehen wollte. Denn für jedes dieser Kinder kommt die Zeit, wo auch die zärtlichste Mutter nicht mehr allen Wünschen genügen kann. Dann bricht die Revolte des kindlichen Machthabers aus und gestaltet sich in mannigfachen Formen zur Tyrannei gegen den Schwächeren.

Schwieriger wird die Stellung solcher Kinder und der später herangewachsenen Personen gegenüber, die ihnen nicht wie die Mutter tributpflichtig geworden sind. Und je schwieriger es für sie wird, sich ohne wahres Interesse für die andern zu behaupten, desto sehnsüchtiger trachten sie nach Erleichterungen. Wie in der frühen Kindheit schalten sie Schwierigkeiten, neue Situationen, fremde Menschen aus und bewegen sich in einem allerengsten Kreis. Oder sie trachten nach botmäßigen Gesellschaftern, denen sie alle Pflichten aufhalsen. Sie bekommen bald eine feine Witterung für die leichtesten Wege im Leben und vergehen vor Angst, wenn sie sich bewähren sollen. Immer suchen sie ängstlich nach einer Stütze und verfälschen alle wahren Gefühle der Freundschaft und Liebe, indem sie darin ihrer Machtgier zu frönen trachten. Auf dem Wege nach Erleichterung, nicht ausgestattet mit wohltrainiertem Gemeinschaftsgefühl, nicht interessiert am Wohle ihres *[181]* Nächsten, dem sie wohl die gleiche Gefühlskälte zumuten, geraten sie oft, allzu oft, in die Verstrickung jenes Netzwerkes, das sich um jene schlingt, die den Forderungen der Gemeinschaft ausweichen wollen oder ihnen kalt gegenüberstehen. Man

---

181 [Die Quelle des Zitats ist in dieser Form nicht identifizierbar. Im »Sinn des Lebens« (Adler 1933b/2008b, S. 105, Anm. 40) schreibt Adler ähnlich: »Nur das zum Äußersten verwöhnte Kind wird erwarten und verlangen: ›res mihi subigere conor‹, wie Horaz tadelnd hervorhebt.« Vollständig heißt das Zitat: »et mihi res, non me rebus, subiungere conor« – »Ich versuche mir die Dinge, nicht mich den Dingen zu unterwerfen« (Horaz, Epistulae, 1. Buch, 1, 19).]

findet eine erschreckend große Zahl von ehemals verzärtelten Kindern unter den Schwererziehbaren, Delinquenten, Neurotikern, Selbstmördern, Süchtigen und Perversen.

Es ist oft nicht leicht, eine Mutter davon zu überzeugen, dass sie im Begriffe ist, ihr Kind zu verzärteln. Viel leichter ist es, ihr zu zeigen, dass sie das Kind zu sehr von sich abhängig macht. Wie wir gezeigt haben, bedeutet es ja nur einen graduellen Unterschied, und die selbstständige Entwicklung des Kindes ist ebenso wenig sichergestellt, wenn die fortwährende Beaufsichtigung und Bevormundung mit Klapsen und Nörgeleien ausgestattet wird. Es gibt aber, wie mich meine Erfahrung belehrt hat, eine Reihe von Anzeichen im Verhalten des Kindes, die den Schluss auf Verzärtelung mit großer Sicherheit zulassen.

So, wenn wir auf auffallende Unordentlichkeit des Kindes stoßen. Das heißt wohl, dass dieses Kind unter Umständen aufgewachsen ist – wie in seiner Säuglingszeit –, wo die Mutter für die nötige Ordnung gesorgt hat. Ebenso überzeugend wirkt es, wenn wir hören, dass ein sonst gesundes Kind Schwierigkeiten beim Essen macht, was wohl immer darauf hindeutet, dass das Kind es lieb gewonnen hat, die Mutter mit allen seinen Funktionen zu beunruhigen und zu beschäftigen. Mit bewundernswerter Sicherheit trifft ein solches Kind den wunden Punkt in der Familientradition, wo es der Mutter am meisten zu schaffen macht.

Wie solche Kinder sich in neuen Situationen, Kameraden gegenüber, im Kindergarten, in der Schule, im Beruf und in der Liebe verhalten, wie sie fast immer in schwierige Situationen geraten und schwierige Situationen schaffen, erfüllt einen ganz großen Teil der Psychopathologie und kommt in den Ausführungen des gegenwärtig in Berlin tagenden 5. Kongresses des Internationalen Vereines der Individualpsychologie in zahlreichen Schilderungen praktischer und theoretischer Natur zum Ausdruck.

18. Individualpsychologie und Erziehung (1932)

Editorische Hinweise
Erstveröffentlichung:
1931r: Das verzärtelte Kind in der Schule. In: Archiv Psychiatrischer Nervenkrankheiten, 93. Jg., S. 317–323

Neuauflagen:
1932k: Individualpsychologie und Erziehung. In: Vierteljahresschrift für Jugendkunde, 2. Jg., S. 1–6
1982c: Individualpsychologie und Erziehung. In: A. Adler: Psychotherapie und Erziehung. Ausgewählte Aufsätze, 2. Bd.: 1930–1932. Ausgewählt und herausgegeben von H. L. Ansbacher und R. F. Antoch; mit einer Einführung von R. F. Antoch. Frankfurt a. M., Fischer, S. 63–70

Nachdem Adler für die Eröffnung des 5. Internationalen Kongresses für Individualpsychologie einen Text über »Verzärtelte Kinder« verfasst hatte (Adler 1930r/1980, S. 346 ff. in diesem Band), veröffentlichte er 1931 im »Archiv Psychiatrischer Nervenkrankheiten« unter dem Titel »Das verzärtelte Kind« abermals über dieses Thema (Adler 1931r). Im Jahr darauf erscheint dieser Artikel unter dem Titel »Individualpsychologie und Erziehung« in der »Vierteljahresschrift für Jugendkunde« (Adler 1932k) in einer sprachlich verbesserten Fassung, die im Folgenden wiedergegeben wird.

Dass sich Adler in all diesen Veröffentlichungen vornehmlich mit der Situation verzärtelter Kinder befasst, bringt eine Akzentverschiebung in Adlers Denken zum Ausdruck: Hatte er in früheren Schriften wiederholt betont, dass drei Gruppen von Kindern für das Leben in der Gemeinschaft besonders schlecht vorbereitet wären – nämlich feindselig behandelte Kinder, Kinder mit Organminderwertigkeiten und verzärtelte Kinder –, so beginnt er nun den Aspekt der Verzärtelung besonders zu gewichten. Er folgt damit der Annahme, dass innerhalb der erwähnten Trias »Feindseligkeit, Organminderwertigkeit und Verzärtelung« dem Aspekt der Verzärtelung der größte Anteil am Zustandekommen von Erziehungsschwierigkeiten und Fehlentwicklungen zuzurechnen wäre. In den Vorlesungen, die 1937 posthum unter dem Titel »Lebensprobleme« veröffentlicht wurden, hält Adler denn auch fest, dass »der größte Teil der missratenen Menschen zu den verwöhnten Kindern zählt« (Adler 1937i/1994a, S. 59).

Im vorliegenden Text konzentriert sich Adler auf Verhaltensprobleme und Lernschwierigkeiten, die – aus Adlers Sicht – insbesondere dann in vielgestaltigen Varianten aufzutreten pflegen, wenn Kinder in ihren ersten Lebensjahren verzärtelt wurden und sich dann im Kontext von Schule vor Aufgaben gestellt sehen, denen sie sich nicht gewachsen fühlen. Von zentraler Bedeutung sind dabei die irrtümlichen Meinungen, die verzärtelte Kinder über ihren eigenen Wert, über ihre Fähigkeiten und über die Aufgaben des Lebens bereits in den ersten Jahren ihres Lebens ausgebildet haben und die in Verbindung mit weiteren irrtümlichen Einstellungen schließlich dazu führen, dass Kinder Schwierigkeiten in den Bereichen des Verhaltens, des Lernens und des Erbringens von Leistungen zeigen. Adler begreift dabei das kindliche Erleben und Verhalten noch konsequenter, als dies etwa in seiner Schrift über »Menschenkenntnis« (Adler 1927a) nachzulesen ist, als Ausdruck der Zweckgerichtetheit des kindlichen Strebens: Selbst Gefühle der Angst, so nimmt Adler an, würden vom Kind in zweckgerichteter Weise (durch das Evozieren von »schreckhaften Bildern«) in der Absicht geweckt, mithilfe dieser Gefühle die Mutter an sich zu binden und »ständig« festzuhalten (vgl. Adler 1927a/2007b, S. 216)

Adler schreibt der Institution Schule im Allgemeinen sowie einschlägig qualifizierten Lehrern im Besonderen die Aufgabe zu, in korrigierender Weise erzieherisch tätig zu werden: Zum einen gelte es dabei, mit dem Kind so zu arbeiten, dass dieses verstehen lernt, was es aus individualpsychologischer Sicht zu verstehen gibt; und zum andern müssten Lehrer versuchen, das Interesse des Kindes auf ihre Person zu lenken, damit auf diese Weise die enge Bindung des Kindes an seine Mutter in einem ersten Schritt geöffnet und auf andere Personen hin ausgeweitet wird (vgl. Adler 1929b/2009a, S. 6 und S. 26 in diesem Band).

Individualpsychologie und Erziehung

Einen ruhenden Punkt in den Kontroversen über die Individualpsychologie bildet die Erziehung. Es gibt nur sehr wenige Pädagogen, die den Fortschritt, den die Individualpsychologie für die Erziehung bedeutet, bezweifeln. Ich möchte noch einen Schritt weitergehen und feststellen: Vielleicht unterschätzt man den Wert der Individualpsychologie, wenn man ihn nicht zurückführt auf jenen Standpunkt, den ich beschreiben möchte. Es handelt sich um unsere Behauptung, dass die *Leistung eines Menschen abhängig ist von seiner Meinung über seinen eigenen Wert und über seine Fähigkeiten und von seiner Meinung über die Aufgaben des Lebens.* Wahrscheinlich wird dieser Standpunkt bald mehr einleuchtend sein, als er es heute ist. Hier sehen wir die optimistische Kraft der Individualpsychologie, die behauptet, dass jeder mehr leisten könnte, als er leistet, wenn er sich nicht selbst Grenzen setzen würde. Ich habe es wahrscheinlich gemacht, dass die Neurose sowie andere Fehlschläge auf die Selbstbegrenzung zurückzuführen sind und auf das individuelle Bewegungsgesetz innerhalb derselben, wie sie sich der Mensch auferlegt. Eigentlich müsste schon die Entwicklung des Menschengeschlechtes für diese Auffassung sprechen. Wir sollten schon längst verstehen, dass die Aufgaben, die uns gesetzt sind, vielleicht nicht in kurzer Zeit, vielleicht überhaupt nicht vollkommen lösbar sind, aber wir werden niemals die Grenzen unseres Könnens ermessen können, bevor wir nicht unsere ganze Kraft, unseren Mut einsetzen.

Es gibt eine Paralleluntersuchung, die manchen erschüttern wird, die viele kennen, ohne die Identität mit dem menschlichen Geschehen gesehen zu haben. Vor mehreren Jahren haben Katz und Schjelderup (Schjelderup-Ebbe 1922) eine Untersuchung bezüglich des Verhältnisses der Hennen im Hühnerhof angestellt. Sie haben gefunden, dass die Henne A die Henne B peckt, nicht aber die Henne B die Henne A, ebenso kann die Henne B die Henne C attackieren, aber nicht die Henne C die Henne B, wohl aber die Henne C die Henne A. Man kann daraus entnehmen, dass die Henne B einen Fehler macht, sich in einer irrtümlichen Meinung über ihre Fähigkeiten befindet. Ist es nicht erstaunlich, dass sich die Menschen ebenso vor ihren Problemen benehmen, an die sie mit einer in früher Kindheit vorgefassten Auffassung über ihr Können und über ihre Fähigkeiten herangehen? Wenn man das Schulproblem ins Auge fasst, so wird das noch viel deutlicher. In der [2] Schule hat jedes Kind eine eigene Meinung über sich selbst, verstärkt durch den Lehrer. Das spiegelt sich auch in der Meinung der Kameraden. Zum Beispiel wissen alle Schüler, wer der beste Mathematiker, wer der schlechteste Turner in der Klasse ist usw. In dieser vorgefassten Meinung in intellektualistischer, oft nicht begrifflicher Art, geht das Kind vorwärts, mit derselben Selbstbegrenzung geht es ins Leben hinein. Was zeigen diese Tatsachen? Es gibt Widersetzliche unter den Kindern, die diese scheinbaren »Gesetze«, die ihnen auferlegt werden, nicht annehmen. Oft freilich, wenn sie eine fest gefügte Meinung haben, die der unseren ähnelt, dass jeder mehr leisten könnte, als er selbst geglaubt hat, dann werden sie ihre Kraft ganz anders spielen lassen. Die Kinder werden einen optimistischen Ausblick gewinnen. In dieser scheinbar intellektualistischen Auffassung werden sie jene Gefühle erwecken, von denen wir gezeigt haben, dass sie sich dem Lebensziel einordnen. Diese Tendenz zur Selbstbegrenzung beginnt in früher Kindheit. Es gibt keine vernünftige Ursache, die dafür namhaft gemacht werden könnte, weder bei Hennen noch bei Menschen. Wenn man die Fähigkeiten eines Menschen mit allen technischen Hilfsmitteln prüft, so kann man in den Resultaten die Meinung des Kindes über sich selbst finden, seine Vorbereitung bis zur Gegenwart. Man kann also wenig oder gar nichts aussagen, wie viel ein Kind leisten könnte, wenn es sich von der Selbstbegrenzung befreit und in die Stimmungslage kommt: »Wie viel ich leisten kann, weiß ich nicht. Ich werde also annehmen, dass ich dasselbe kann wie die anderen.« Dadurch würde sich vieles ändern, es würde dies jene Auffassung sein, die wir von einer selbstständigen, von unrichtigen Auffassungen gereinigten Meinung erwarten.

Diese Selbstbegrenzung wirkt am verlockendsten in der Entwicklung des verzärtelten Kindes, das wir als Beispiel wählen, um daran den Wert der individual-psychologischen Erkenntnisse für die Erziehung darzulegen. Seine Entwicklung kann sich in tausend Varianten zeigen; man kann sie nicht in Regeln festhalten. Wir können nur das Grundprinzip erfassen: Ein verzärteltes Kind erwartet die Befriedigung seiner Ansprüche durch die anderen; es hat durchaus nicht jene Vorbereitung, die zur Lösung der Lebensfragen gehört, die immer Mitarbeit erfordern. Daraus geht hervor: Ein verzärteltes Kind wird, solange es in einer günstigen Situation ist, von einer fehlerhaften Entwicklung nichts zeigen. So kommt es auch, dass ein großer Teil dieser verzärtelten Kinder innerhalb der Familie durchaus keine Mängel zeigen, oft nicht zu den schwer erziehbaren gehören, auch in der Schule, wenn sie in einer günstigen Situation sind, sich als brauchbare und untadlige Schüler erweisen können. Diese günstige Situation ist eine tausendfältige; auch hier können wir nur das Grundprinzip festhalten, dass es die günstige Situation ist, dass es darauf ankommt, wie der Lehrer sich benimmt, dass es vielleicht viel mehr in die Waagschale fällt, ob das Kind im Beginn Erfolg hat. Das ist der Charakterzug so vieler verzärtelter Menschen, dass sie sich gut bewähren, wenn sie den Erfolg sofort haben. Erst wenn sie einer Prüfung unterzogen werden, in einer schwierigeren Situation, zeigt es sich, ob sie richtig vorbereitet sind oder nicht. [3]

Der Grundzug des verzärtelten Kindes ist, dass es immer eine angenehme Situation als zu sich gehörig ansieht und in Verwirrung gerät, wenn dieser Vorteil ihm durch andere nicht geboten wird. Wenn ein solches Kind einigermaßen vorbereitet zur Schule kommt, dann wird es in der Schule ein Geheimnis bleiben, ob dieses Kind richtig vorbereitet ist. Erst wenn es in eine schwierige Situation gerät, sehen wir den Grad der Vorbereitung für Schule und Leben, seine Neigung zur Kooperation. Der Grad seines Gemeinschaftsgefühles erscheint in dem Moment, in dem es auf seine Bereitwilligkeit zur Kooperation geprüft wird. Es ist dasselbe Verhältnis, als wenn wir wissen wollen, ob das Kind in Geografie vorbereitet ist. Dann erst sehen wir es, wenn wir es prüfen. Das Leben prüft uns immer auf unser Gemeinschaftsgefühl, sodass schließlich die Entscheidung einem Kenner dieser Zusammenhänge nicht schwierig fällt. Eines will ich hervorheben: Es erklärt sich daraus die interessante Tatsache, dass es eine Anzahl von Menschen gibt, die in der Schule keine Schwierigkeiten haben, vielleicht daher im Vordergrund stehen, aber im Leben gezeigt haben, wie schlecht sie vorbereitet waren. Das können wir nur so verstehen, dass sie in der Schule auf keinerlei Schwierigkeiten gestoßen sind. Die Gunst der Verhältnisse in der Schule hat ihnen die Entscheidung aus dem Weg geräumt. Eines kann man nicht übersehen, dass die richtig geführte Schule wie ein Experiment wirkt, wie ein Testprüfen anzusehen ist in der Richtung, dass wir verstehen, ob ein Kind fürs Leben richtig vorbereitet ist.

Was bedeutet die Schule im individual-psychologischen Sinne? Die Schule ist die verlängerte Hand der Familie. Wenn die Familie geeignet wäre, ein

Kind so vorzubereiten, dass es ins Leben hinaustreten könnte, wäre die Schule überflüssig. Auf der anderen Seite ist die Schule ein Schritt vorwärts zur Vorbereitung für das gesellschaftliche Leben. Da sehen wir schon, wohin sich unsere Schule entwickeln muss. Mehr als bisher müsste sie Erziehungs-, Charakterschule sein, nicht bloß Lernschule. Man müsste einsehen, dass es sogar leichter wäre, im Rahmen einer Erziehungsschule den Kindern den Lernstoff beizubringen, sie den Weg zur Bildung zu führen. Wir haben oft erfahren, dass Kinder, die zurückgeblieben waren, erst vorwärtskommen konnten, wenn sie sich besser angepasst hatten, wenn man ihr Interesse für die anderen wachgerufen hat, wenn man ihnen gezeigt hat, wie schädlich es für ihr Fortkommen ist, wenn sie sich nur für sich interessieren. Es wird mir unvergessen bleiben, dass in unseren Bestrebungen in Wien eines Tages die fortgeschrittensten Lehrer den Beschluss fassten, zu verlangen, dass man es ihnen ermögliche, nicht mehr Noten zu geben, weil keine Schüler in der Klasse waren, die schlechte Noten hätten. Und was ist denn der Witz des Notengebens, wenn man keine schlechten Noten geben kann? Leider ist das Prinzip nicht durchgedrungen, aber wir würden allen Lehrern und Psychiatern empfehlen, wenn sie durchschnittlich normale Kinder finden, welche nicht vorwärtskommen, darauf zu achten, ob das Interesse für die Allgemeinheit entwickelt ist.

Ich muss in Kürze, und nicht nach Regeln geschnitzt, eine Schilderung der Erscheinung eines verzärtelten Kindes innerhalb der Familie geben, um [4] zu zeigen, wie schlecht vorbereitet es für das weitere Leben ist. Die Schule fordert Interesse an der Arbeit, an den Kameraden, Lehrern, fremden Personen, Forderungen, die in dem Erziehungsplan und Lebensplan eines verzärtelten Kindes keinen Platz haben. Es hat nur an einer Person Interesse, um sie sich dienstbar zu machen, zumeist an der Mutter. Wir finden, dass solche Kinder in den ersten Jahren sich durch eine charakteristische Bewegung auszeichnen. Es ist eine abwehrende Bewegung mit dem Arm, wenn jemand anderer als die Mutter in ihren Gesichtskreis tritt. Eine solche Meinung von sich selbst, ein solches Bewusstsein, freilich nicht in Begriffe gefasst, die anderen und die Lebensumstände betreffend, ist untauglich für das gesellschaftliche Leben. Diese Beziehung zur Mutter erscheint in tausendfältiger Art, zum Beispiel dass das Kind die Mutter ganz für sich mit Beschlag belegen will und dadurch auch zum Vater in Gegensatz gerät. Das erklärt sich aus dem Umstande, dass das verzärtelte Kind den bequemsten Zustand aufrecht erhalten will. Wir billigen es nicht, aber wir verstehen es. Die menschliche Natur ist so geartet, sich immer in angenehmen Umständen zu wünschen. Wir können hier hervorheben: Ein zureichender Grund für eine dauernde Stellungnahme ist es nicht, wir wären nicht überrascht, wenn das Kind zu besserer Einsicht käme. Eine Kausalität liegt in dem Verhalten nicht, denn wenn dem so wäre, so wären wir in großer Verlegenheit, wie wir das ändern sollten. Es ist eine irrtümliche Einstellung gegenüber sich selbst und dem Leben. Bei einem solchen

Kinde werden wir Erscheinungen finden, wie, dass es unordentlich ist. Es ist gewöhnt, dass die Ordnung von jemandem andern besorgt wird. Der geschickte Untersucher wird wie bei einer medizinischen Diagnose daran denken, was jedes Symptom bedeuten könnte. Wir sind nicht in schwierigerer Lage als der Diagnostiker, wenn wir Schlussfolgerungen ziehen, weil wir sie durch andere Erscheinungen bestätigen können wie in der Medizin. In erster Linie müssen wir erraten – ein intuitiver Vorgang, der aus der Wissenschaft der Medizin und der Psychologie nicht ausgeschaltet werden kann. Wir müssen das so gewonnene Blickfeld beleuchten, um den speziellen Fall zu erfassen und sein individuelles Bewegungsgesetz und werden etwa weiter finden, dass das Kind Anstrengungen macht, nur mit der Mutter im Zusammenhang zu bleiben. Wenn wir das Grundprinzip der Verzärtelung erfasst haben, wissen wir ferner, dass das Kind nicht allein sein will. Wenn wir sehen, dass es unordentlich ist, erwarten wir seine Abneigung allein gelassen zu werden und selbstständig zu handeln, und da sind wir, falls wir Bestätigungen erhalten, schon mutiger in unseren Schlussfolgerungen: Das Kind wird alle seine Funktionen so gestalten, dass jemand helfen muss. Mit großer Sicherheit wird es nach einigen Vorproben jene Punkte herausfinden, bei denen es ihm wirklich gelingt, die Mutter in Kontribution zu ziehen, so zum Beispiel, wenn das Kind merkt, dass es sie mit Essschwierigkeiten festhalten kann. Wenn das Kind Essschwierigkeiten macht, dann hat die Mutter sicher eine große Schätzung dafür gezeigt, dass das Kind gehörig isst. Wenn die Mutter auf Reinlichkeit achtet, so wird das allein genügen, dass das verwöhnte Kind sich unrein verhält, um der Mutter neue Aufgaben zu geben. Wenn die Mutter zum Beispiel auf *[5]* den Stuhl Gewicht legt, so wird es sich zeigen, dass das Kind in dieser Richtung Schwierigkeiten aufweist. Daraus werden wir den interessanten Schluss ziehen, dass das verwöhnte Kind nie darauf gelenkt werden soll, worauf die Mutter Gewicht legt. Wenn die Mutter will, dass das Kind allein sein soll, so wird das Kind niemals allein bleiben wollen. Nun gibt es eine Erscheinung fast bei allen verwöhnten Kindern, die Angst, die das beste Hilfsmittel ist, die Mutter ständig festzuhalten. Deswegen werden wir bei verwöhnten Kindern in der Regel Angst finden. Woher sie sie nehmen, ist leicht zu sagen: Vielleicht ist jeder Mensch imstande, bei sich Angst zu erregen durch Vorspiegelung von schreckhaften Bildern von Einbrechern, Schlangen, wilden Tieren.

    Kinder verstehen sich auf Menschenkenntnis besser als viele Erwachsene. Eigentlich zeigt sich die Wirkung der Verzärtelung schon in den ersten Tagen. Beim Eintritt in den Kindergarten wehren sie sich, sitzen abseits, mit Sehnsucht den Moment erwartend, wo sie wieder zur Mutter kommen. Sie finden keinen Anschluss an die anderen, weil sie nicht vorbereitet sind; sie sind nur etwa vorbereitet, die anderen zu schlagen und zu kratzen. Es gibt wohl auch gewisse Typen, die alle anderen darin übertreffen, wie man Menschen gewinnen kann. Es gelingt ihnen, ihre Kameraden, den Lehrer dazu zu bewegen, sie zu verzärteln. Das sind gewöhnlich hübsche, nette Kinder, die sich gern in den Schutz der anderen begeben. Wir verstehen so auch, warum eine Anzahl von Kindern und welche Kinder leicht verleitet werden können. Es sind solche, denen es vor allem darum zu tun ist, geschätzt zu werden. Sie sind am leichtesten zu verführen. Gewisse Eigenheiten, die verzärtelte Kinder haben, will ich nur kurz erwähnen, zum Beispiel, dass sie häufig Schwierigkeiten in der Mathematik haben. Es hat einige Zeit gebraucht, bis ich mir das Verständnis dafür erwerben konnte. Wenn ein solches Kind vorher schon im Rechnen geübt ist und Erfolg hat, dann kann es auch ein außerordentlich guter Mathematiker werden. Wenn dies nicht der Fall ist, dann zeigt es sich, dass es schwieriger ist, einem Kinde über die Anfangsgründe des Rechnens hinwegzuhelfen als in den anderen Gegenständen. Im Schreiben hat es ein Vorbild, aber eine Regel zu finden, auf Grund deren man selbstständig etwas ausrechnen könnte, ist schwer und für ein abhängiges Kind zu schwierig.

Einer der wesentlichen Charakterzüge ist meist, dass sie sich nicht leicht konzentrieren können. Sie sind für selbstständiges Tun nicht vorbereitet, nehmen keinen Anteil, sehnen sich, in einer von anderen gestützten Situation zu sein. Man kann nicht darauf schließen, dass die Gedächtniskraft eine schwächere wäre, aber ihr Interesse zum Anschluss besteht nicht. Die erste Aufgabe ist, ihr Interesse zu wecken. Das geht nur, wenn man das einzige Interesse, das sie haben, das für ihre eigene Person, anfänglich befriedigt. Man muss ihnen Platz machen, ihr Gemeinschaftsgefühl erweitern, was in der Schule leichter ist als zu Hause. Dann andere Erscheinungen: dass sie den Platz im Mittelpunkt des Interesses entweder durch gute Leistungen zu erreichen trachten oder, was der menschlichen Natur leichter zu sein scheint, durch Schlimmheit und Störungsversuche. Man findet [6] unter den Verzärtelten solche, die es gern in den Kauf nehmen, Strafe zu ertragen, Schläge, wenn man sich nur mit ihnen beschäftigt. Auch im öffentlichen Leben finden wir dieselbe Erscheinung häufig, dass einer schreit, sich auffallend macht, sich vordrängt, dass er wie ein verzärteltes Kind unter allen Umständen mit billigen Mitteln das Interesse auf sich zu lenken trachtet oder indem er Schwächere zu beherrschen sucht. Wir dürfen nicht übersehen, dass hier große Gefahren vorliegen. Es ist durchaus kein Zufall, dass wir unter den Verbrechern eine ungeheure Anzahl von verzärtelten Kindern finden, unter den Neurotikern fast ausnahmslos, ebenso häufig unter Trinkern und Selbstmördern. Deshalb ist es notwendig, dass wir alle unseren Blick dafür schärfen für die tausend Varianten, in denen das verzärtelte Kind erscheint. Das wäre am ehesten in der Schule durchzuführen, indem wir dem Lehrer genügendes Erfahrungsmaterial an die Hand geben, wie es auch schon in vielen Städten geschieht. Der Lehrer ist aus eigener Kraft imstande, solche Fehler zu erkennen, er weiß den Weg, wie er das Kind vorwärtsbringen kann. Was uns dabei hilft, ist einzig, mit pädagogischem Takt das Kind aufzuklären. Es muss verstehen lernen, was wir verstanden haben. Wir müssen es überzeugen, müssen ihm den Weg leichter machen, sein Interesse auf andere zu erstrecken. Das kann der Lehrer erreichen, wenn er versteht, das Interesse vorerst auf sich zu lenken. Wenn das gelingt, dann ist es nicht mehr die Mutter allein, eine andere Person tritt in den Gesichtskreis des Kindes. Die Grenze, die die Entfaltung des Gemeinschaftsgefühls gehindert hat, ist gesprengt.

Anhang

Kurzbiografien der erwähnten Personen

Im Folgenden finden sich Informationen über Personen, die Alfred Adler in seinen Texten erwähnt oder die in den editorischen Vorbemerkungen oder Herausgeberanmerkungen im Textteil dieses Bandes genannt werden.

Adler, Max (1873–1937): Der Sohn einer jüdischen Familie aus Wien studierte nach seinem Abitur an der Universität Wien Rechtswissenschaft und promovierte 1896. Ab 1893 begann er sich mit theoretischen Fragen der Arbeiterbewegung auseinanderzusetzen. Schon während seines Studiums war er Mitglied von linken Studentenorganisationen. Nach seiner Promotion arbeitete er als Rechtsanwalt und entwickelte sich ab 1900 zu einem der geistigen Führer der Sozialdemokratie. Den Ersten Weltkrieg verbrachte er als deklarierter Kriegsgegner. 1919 habilitierte er an der Universität Wien und erhielt eine Privatdozentur für Gesellschaftslehre. Daneben war er in der Volksbildung und von 1919–1923 auf lokaler und kommunaler Ebene als Abgeordneter politisch tätig. In den späten 1920er Jahren zog er sich von allen politischen Tätigkeiten zurück und widmete sich soziologischen und philosophischen Studien. Dennoch wurde er 1934 nach den Februar-Aufständen in Österreich und der Etablierung eines katholisch-reaktionären Regimes vorübergehend inhaftiert. 1937 verstarb Max Adler.
Max Adlers Ausführungen zum »Sozialapriori«, die in der neukantianischen Tradition standen, gaben wiederholt Anlass zur Diskussion der philosophischen Fundierung von Alfred Adlers Begriff des »Gemeinschaftsgefühls«. Ein Vortrag Max Adlers mit anschließender Diskussion im Wiener Verein für Individualpsychologie ist im 3. Jahrgang der Internationalen Zeitschrift für Individualpsychologie dokumentiert, wo auch Alfred Adlers Diskussionsbemerkungen abgedruckt sind (Adler 1925g). In späteren Jahren griff vor allem → Oskar Spiel (vgl. 1948) diese Diskussion wieder auf (Pfabigan 1982; Müller 2007).

Aichhorn, August (1878–1949): 1878 in Wien geboren, legte Aichhorn im Jahre 1901 seine Reifeprüfung in Laibach ab und war bis 1908 Lehrer an Volksschulen. 1909 übernahm er die Stelle des Zentraldirektors der Wiener Städtischen Knabenhorte. 1912–1914 absolvierte er bei Erwin Lazar eine Ausbildung an der Heilpädagogischen Abteilung der Wiener Universitätsklinik. Während des Ersten Weltkriegs wurde Aichhorn für die Organisierung der Kriegsjugendfürsorge freigestellt. 1918 erhielt er den Auftrag, in Oberhollabrunn eine Fürsorge-Erziehungsanstalt aufzubauen, die er bis 1923 leitete. Hier arbeitete er auch mit delinquenten Jugendlichen, was ihn zur Abfassung seines Hauptwerks mit dem Titel »Verwahrloste Jugend« inspirierte, das 1925 veröffentlicht wurde (Aichhorn 1925/1977). In diese Zeit datiert auch Aichhorns Begegnung mit der Psychoanalyse. 1921 nahm er Kontakt zur Wiener Psychoanalytischen Vereinigung auf, deren Mitglied er 1922 wurde. Ab 1923 übernahm er den Aufbau von Erziehungsberatungsstellen in den Jugendämtern der Stadt Wien. Nach der Beendigung seiner Tätigkeit am Jugendamt wurde er 1932 mit der Leitung der Erziehungsberatungsstelle der Wiener Psychoanalytischen Vereinigung betraut. Nach dem »Anschluss« Österreichs an das »Deutsche Reich« im Jahre 1938 wurde Aichhorn gemeinsam mit einigen anderen sog. arischen Psychoanalytikern und Individualpsychologen aufgefordert, Mitglied des »Deutschen Instituts für Psychologische Forschung und Psychotherapie« zu werden, wobei er die Leitung der »Wiener Arbeitsgruppe« zu übernehmen hatte (Gstach 2006). Unabhängig davon intensivierten sich in diesen Jahren die Arbeitskontakte zwischen August Aichhorn, → Oskar Spiel und → Ferdinand Birnbaum, die zu den wenigen ausgebildeten Psychoanalytikern und Individualpsychologen zählten, die zwischen 1938 und 1945 in Wien leben konnten (Gstach 2006). Nach dem Krieg war Aichhorn maßgeblich an der Wiederbegründung der Wiener Psychoanalytischen Vereinigung beteiligt. 1949 starb er in Wien (Mühlleitner 1992, S. 20ff.; Göllner 2003; Nieder 2005, S. 7f.).

Alexander der Große (356–323 v. Chr.): Makedonischer König, der innerhalb von nur zehn Jahren durch seine Eroberungszüge aus dem ursprünglich unbedeutenden Kleinstaat Makedonien ein Weltreich machte, das sich über den gesamten Vorderen Orient und Teile Zentralasiens erstreckte (Wiemer 2005, S. 9ff.).

Ansbacher, Heinz L. (1904–2006) wurde 1904 als Sohn eines Bankiers in Frankfurt am Main geboren. Nach einem zweijährigen Studium an der Universität Frankfurt ging er 1924 nach York, wo er an der Börse arbeitete. 1930 besuchte er Alfred Adlers Vorträge an der Columbia University und sah sich veranlasst, Adler wegen beruflicher und privater Probleme auch persönlich aufzusuchen. Adler schlug ihm vor, Psychologie zu studieren. Ansbacher immatrikulierte an der Columbia University, wo er 1937 auch sein Doktorat erwarb. Adler machte ihn auch mit seiner späteren Frau, Rowena Ripin, bekannt, die 1929 bei → Charlotte Bühler dissertiert hatte. Nach verschiedenen Tätigkeiten wurde Ansbacher von 1946 bis 1954 Professor für Psychologie an der University of Vermont. Seine umfassende Publikationstätigkeit und die Beschäftigung mit Adlers Individualpsychologie trugen ihm von 1957 bis 1960 die Präsidentschaft der amerikanischen Gesellschaft für Individualpsychologie, die Herausgeberschaft des amerikanischen »Journal of Individual Psychology« und zahlreiche Ehrungen ein. Mit seinem Buch »Alfred Adlers Individualpsychologie. Eine systematische Darstellung seiner Lehre in Auszügen aus seinen Schriften«, das er gemeinsam mit seiner Frau verfasste, prägte er maßgeblich die Rezeption der Schriften Adlers im letzten Viertel des 20. Jahrhunderts (Ansbacher u. Ansbacher 1972). Überdies gab er gemeinsam mit → Robert F. Antoch drei Bände mit schwer greifbaren Texten Adlers heraus (Adler 1982a, 1982b, 1983; Rüedi 2005, S. 20f.; Noble 2006).

Antoch, Robert F. (geb. 1945), Psychologe und lange Jahre über Dozent und Lehranalytiker am Alfred-Adler-Institut in Düsseldorf, trug vor allem in der 1980er und 1990er Jahren maßgeblich zum wissenschaftlichen Diskurs um die Individualpsychologie und deren Fundierung bei (Antoch 1981, 1994). Gemeinsam mit → Heinz L. Ansbacher setzte er die von → Wolfgang Metzger begründete Neuherausgabe von Adler-Texten im Fischer-Verlag mit der Edierung und Kommentierung von ausgewählten Aufsätzen Adlers zur Psychotherapie und Erziehung in drei Bänden fort (Adler 1982a, 1982b, 1983).

Bernfeld, Siegfried (1892–1953): Bernfeld wurde 1892 in Lemberg, dem heutigen ukrainischen Lwiw, geboren. Die Volksschule besuchte er in Wien, 1911 legte er die Reifeprüfung ab. Danach studierte er an der Universität Wien Naturwissenschaften, Pädagogik und Psychologie, wo er 1915 mit seiner Dissertation »Über den Begriff der Jugend« promovierte. In dieser Zeit engagierte sich Bernfeld in der Wiener Jugendkulturbewegung und in der linken zionistischen Bewegung. 1915 wurde er als Gast in die Wiener Psychoanalytische Vereinigung aufgenommen. 1919 gründete er das Erziehungsprojekt »Kinderheim Baumgarten«, dessen Leitung er nur für wenige Monate innehatte. 1922 begann Bernfeld als Psychoanalytiker zu arbeiten. 1925 übersiedelte er nach Berlin, wo er – neben anderen Tätigkeiten – ebenfalls als Psychoanalytiker tätig war. 1932 kehrte er nach Wien zurück, das er jedoch 1934 wieder verließ, diesmal in Richtung Frankreich, wo er sich bis 1937 an der Côte d'Azur aufhielt. Nach einem kurzen Aufenthalt in London emigrierte er schließlich in die USA, wo er bis zu seinem Tod im Jahre 1953 in San Francisco lebte. Auf Grund seiner Lehr- und Publikationstätigkeit zählt er zu den Pionieren der Psychoanalytischen Pädagogik (Mühlleitner 1992, S. 36ff.; Mühlleitner 2005a, S. 42ff.; Hörster u. Müller 1992).

Balzac, Honoré de (1799–1850) zählt neben Molière und Victor Hugo zu den bedeutendsten französischen Schriftstellern. Er verfasste mehr als 100 Romane sowie zahlreiche Theaterstücke, Glossen und Essays. Sein Hauptwerk ist der rund 90 Titel umfassende, unvollendete Zyklus »La comédie humaine« (dt.: »Die menschliche Komödie«). In seinen Romanen und Erzählungen versuchte Balzac, ein Gesamtbild der französischen Gesellschaft seiner Zeit zu zeichnen. Obwohl zeitlich eigentlich der literarischen Moderne zuzuordnen, wird er deshalb häufig als Vertreter des französischen Realismus gehandelt. Balzacs Kindheit wird in Biografien (vgl. etwa Licht 2002) meist als »tragisch« bezeichnet, da er von seiner Mutter verstoßen wurde. Die daraus resultierende »starke Hassliebe« (Licht 2002, S. 20) zu ihr blieb für Balzac zeitlebens ein bestimmendes Lebensthema. Balzacs Erwachsenenleben wird häufig als »problematisch« oder »ausschweifend« beschrieben und war unter anderem von großen finanziellen Problemen überschattet. Dessen ungeachtet erlangte Balzac bereits zu Lebzeiten beachtlichen Ruhm und Ansehen. Seine Bücher wurden weit über die Grenzen Frankreichs hinaus gelesen und ließen ihm die Aufmerksamkeit zahlreicher zeitgenössischer Künstler zuteil werden, mit denen er in regem Austausch stand (Licht 2002).

Bleuler, Paul Eugen (1857–1939) studierte in Zürich Medizin, wo er 1881 promovierte. Nach seiner Tätigkeit an verschiedenen psychiatrischen Universitätskliniken und Studienaufenthalten in München und Paris war er von 1886 an Direktor der Psychiatrischen Klinik Rheinau und von 1898 an Vorstand der psychiatrischen Universitätsklinik »Burghölzli« in Zürich, wo → C. G. Jung später als Oberarzt tätig war. An der medizinischen Fakultät der Universität Zürich erhielt er eine Professur, die er bis 1927 innehatte. Bleuler verfolgte die Entwicklung der Psychoanalyse von den 1890er Jahren an und setzte sich mit dieser intensiv auseinander. In den ersten Jahren des 20. Jahrhunderts stand Bleuler in regem persönlichen Kontakt und Austausch zu → Sigmund Freud (Scharfstetter 2006). Zwischen 1909 und 1913 gab Bleuler gemeinsam mit Sigmund Freud und C. G. Jung das »Jahrbuch für psychoanalytische und psychopathologische Forschungen« heraus. Die Beziehung zu Freud begann sich aufgrund inhaltlicher Differenzen jedoch bereits ab etwa 1910 deutlich zu verschlechtern. Dessen ungeachtet blieb Bleuler bis zu seinem Lebensende ein interessierter – wenn auch zusehends kritischer – Beobachter und Kommentator der psychoanalytischen Theorieentwicklung. Trotz der persönlichen und inhaltlichen Differenzen schlug Bleuler Freud 1937 brieflich für den Nobelpreis vor (Hell 2001, S. 20ff.; Hell, Scharfstetter u. Möller 2001, S. 236ff.).

Birnbaum, Ferdinand (1892–1947): Nach dem Besuch der Staatslehrerbildungsanstalt in Wien erhielt Birnbaum 1911 eine Anstellung an einer Bürgerschule. 1920 immatrikulierte sich Birnbaum an der Universität Wien und arbeitete in einem psychoanalytischen Arbeitskreis von Otto Fenichel mit. Kurz darauf lernte er Alfred Adler kennen, dem er sich 1923 anschloss. Im Laufe der 1920er Jahre übernahm Birnbaum leitende Funktionen innerhalb der Sektion Wien des Internationalen Vereins für Individualpsychologie. Von 1929 bis 1934 übernahm Birnbaum von Adler die Aufgabe eines Dozenten am Pädagogischen Institut der Stadt Wien. Gemeinsam mit → Oskar Spiel und Franz Scharmer gestaltete Birnbaum von 1931 bis 1934 den individualpsychologischen Schulversuch in der öffentlichen Sprengelschule Staudingergasse im XX. Wiener Gemeindebezirk (Spiel 1947/2005; Wittenberg 2002). Die politischen Veränderungen im Österreich des Jahres 1934 führten dazu, dass Birnbaum seine Funktionen verlor und der individualpsychologische Schulversuch in der Staudingergasse beendet wurde. 1937 promoviert Birnbaum. Während des Zweiten Weltkriegs arbeitete Birnbaum von 1942 bis 1945 in einer von dem Psychoanalytiker → August Aichhorn geleiteten Arbeitsgruppe des »Deutschen Zentralinstituts für psychologische Forschung und Psychotherapie« (Gstach 2006). Nach Kriegsende rief er gemeinsam mit anderen Individualpsychologen den Verein für Individualpsychologie wieder ins Leben. Kurz danach, 1947, starb Birnbaum an einer Gehirnblutung (Gstach 2005a, S. 52f.).

Bühler, Charlotte (1893–1974) wurde als Tochter einer großbürgerlichen, jüdischen Familie 1893 in Berlin geboren und studierte Psychologie in Freiburg im Breisgau, Kiel und Berlin. 1915 wechselte sie an die Universität München und lernte dort → Karl Bühler kennen, den sie bereits ein Jahr später ehelichte. 1918 promovierte Bühler in München mit ihrer Dissertation »Über Denkprozesse« und übersiedelte im Anschluss gemeinsam mit ihrem Mann nach Dresden, der einem Ruf an die dort ansässige Technische Hochschule folgte. Auf Basis ihrer Habilitationsschrift »Entdeckung und Erfindung in Literatur und Kunst« wurde sie 1920 zur ersten Privatdozentin Sachsens ernannt. Nachdem → Karl Bühler 1922 den Lehrstuhl für Psychologie an der Universität Wien übernommen hatte, folgte sie 1923 ihrem Mann nach. Bald nach ihrer Ankunft begann sie am Pädagogischen Institut der Stadt Wien und an der Wiener Universität zu lehren (Benetka 1995). 1924/25 verbrachte sie einen zehnmonatigen Studienaufenthalt in den Vereinigten Staaten und begann dort ihre entwicklungspsychologischen Studien, welche sie nach ihrer Rückkehr in Wien mit Nachdruck weiter verfolgte. Neben ihrer Forschungs- und Lehrtätigkeit an der Universität Wien arbeitet sie in der »Wiener Kinderübernahmestelle« und unternahm mit renommierten Kollegen und Kolleginnen – wie etwa Hildegard Hetzer, Lotte Schenk-Danzinger oder Paul Lazarsfeld – zahlreiche Forschungsarbeiten, in denen mithilfe differenzierter »Beobachtungsstudien Entwicklungsstufen, Biografien und Lebensziele von Kindern und Jugendlichen« beleuchtet wurden (Reisel 2005, S. 77f.). Durch die Machtübernahme der Nationalsozialisten war Bühler 1938 zur Flucht gezwungen, die sie über Norwegen schließlich 1940 in die USA führte. In den folgenden fünf Jahren war Bühler an verschiedenen amerikanischen Universitäten tätig. 1945 übersiedelte sie nach Kalifornien, wo sie eine Anstellung als klinische Psychologin annahm und eine eigene psychologische Praxis gründete. Erst 1951 intensivierte sie ihre Forschungs- und Publikationstätigkeit wieder, welche durch die kriegsbedingte Emigration einen deutlichen Einbruch erlitten hatte. 1961 begründete sie das »Journal of Humanistic Psychology« mit, für welches sie als Mitherausgeberin fungierte. In den Jahren 1965 und 1966 war Bühler Präsidentin der »American Association for Humanistic Psychologie«. Laut Reisel (2005, S. 77f.) sind Charlotte Bühler zwei wesentliche wissenschaftliche bzw. theoretische Leistungen zuzurechen: Zum einen setzte sie in den 1920er und 1930er Jahren durch ihre Beobachtungsstudien »Meilenstein[e] für den entwicklungspsychologischen Forschungsbereich«. Zum anderen trug sie durch ihre kritische Auseinandersetzung mit der Freud'schen Psychoanalyse wesentlich zur Begründung der Humanistischen Psychologie als dritter psychologischer Kraft des 20. Jahrhunderts bei.

Bühler, Karl (1879–1963) wurde im deutschen Meckesheim geboren und nahm sein Medizinstudium 1899 in Freiburg im Breisgau auf. 1903 promovierte er mit einer Dissertationsschrift zur Farbwahrnehmung. Als Assistent begann er ein Zweitstudium der Psychologie, das er bereits 1904 mit seiner Dissertation über »Henry Home« an der Universität Straßburg abschloss. Nach Assistentenstellen in Freiburg und Würzburg habilitierte er sich 1907 mit einer Arbeit über »Tatsachen und Probleme zu einer Psychologie der Denkvorgänge«. Diese Schrift löste eine heftige Kontroverse mit Wilhelm Wundt aus (vgl. Massen u. Bredenkamp 2005) und wurde grundlegend für die sogenannte »Würzburger Schule«, welche einer ganzheitspsychologischen Orientierung folgte. 1909 wechselte Bühler wiederum als Assistent an die Universität Bonn. Von 1913 bis 1918 war er als außerordentlicher Professor in München tätig und lernte in dieser Zeit seine spätere Frau → Charlotte Bühler kennen, die er 1916 heiratete. Zwischen 1914 und 1918 engagierte sich Bühler als Arzt im Kriegsdienst. Nach dem Ersten Weltkrieg wurde er ordentlicher Professor an der Technischen Universität Dresden und folgte 1922 einem Ruf auf den Lehrstuhl für Psychologie in Wien (Benetka 1995). 1938 wurde Bühler vorübergehend von den Nationalsozialisten verhaftet und konnte – mit zweijähriger Zwischenstation in Oslo – schließlich in die USA emigrieren. 1940 bis 1945 war er als Professor am College von St. Scholastika Duluth (Minnesota) und von 1945 bis 1955 als Professor für Psychiatrie an der University of Southern California (Los Angeles) beschäftigt. Für seine bis heute grundlegenden Beiträge zur Sprach- und Denkpsychologie wurde Bühler 1959 von der Deutschen Gesellschaft für Psychologie mit der Wilhelm-Wundt-Medaille ausgezeichnet (Eschbach 1984; Schlieben-Lange 1997).

Charcot, Jean-Martin (1825–1893): Zunächst als Anatom und Neuropathologe tätig, übernahm Charcot 1862 die Salpêtrière, eine der größten Abteilungen am Pariser Krankenhaus, dazu 1870 auch noch die Frauen-Abteilung, wo er mit Epileptikerinnen und Hysterikerinnen in Kontakt kam und die Theorie entwickelte, dass hysterische Symptombildungen in pathogenen Vorstellungen gründen, die den Patienten nicht bewusst sind und auf die – unter anderem durch den Einsatz von Hypnose – therapeutisch Einfluss zu nehmen ist. Die Beschäftigung mit diesen Ansätzen veranlasste → Sigmund Freud zu jenen Studien, die zur Begründung der Psychoanalyse führten (Ellenberger 1985; Datler 2004; Mühlleitner 2005b, S. 85f.).

Crookshank, Francis Graham (1873–1933), englischer Arzt und Autor, war Mitbegründer und langjähriges Mitglied im Vorstand der – seit Ende 1926 existierenden – englischen »Medical Society of Individual Psychology«, die – im Unterschied zur »London Society for Individual Psychologie« – von 1931 an Adlers Unterstützung genoss (→ Mairet). Er verfasste unter anderem den Einführungsessay in Adlers (1929c) »Problems of Neurosis« sowie die Schrift »Individual Psychology, Medicine and the Bases of Science« (Crookshank 1932; Obituary 1933; Hoffman 1997, S. 190, 323ff.).

Einhard (ca. 770–840): Einhard entstammte einem ostfränkischen Geschlecht und wurde als Knabe im Kloster Fulda erzogen. Um 794 sandte der Abt des Klosters Fulda den jungen Einhard an den Hof von Kaiser Karl, wo er Schüler des Leiters der Hofschule, Alkuin, wurde. Schon zwei Jahre später war Einhard im engeren Hofkreis zu finden, wo er bald Tischgenosse des Herrschers wurde. Als Alkuin den Hof verließ, übernahm Einhard die Leitung der Hofschule und wurde zu einer sehr einflussreichen Persönlichkeit bei Hof, die Karls Vertrauen gewann. Bei seinen Zeitgenossen erwarb Einhard Anerkennung durch seine Kunstfertigkeit und seine Kenntnisse in der Baukunst. Karl beauftragte Einhard außerdem mit diplomatischen Missionen und administrativen Aufgaben. Auch bei Karls Nachfolger, Kaiser Ludwig I., konnte Einhard eine Vertrauensposition erwerben, was sich darin ausdrückte, dass Einhard mehrere bedeutende Abteien anvertraut wurden, die er als verheirateter Laienabt leitete. Um 820 zog sich Einhard enttäuscht von den Reichsgeschäften zurück und widmete sich unter anderem dem Bau mehrerer Basiliken. Auch schriftstellerisch war Einhard tätig, wobei sein bedeutendstes Werk die um 830 entstandene »Vita Karoli Magni«, die Biografie Karls des Großen, darstellt (Wurzel 1991, S. 9ff.; Milde 1991, S. 19ff.).

Fontane, Theodor (1819–1898) war ein deutscher Schriftsteller und Vertreter des poetischen Realismus. Als Sohn eines Apothekers ergriff Fontane nach dem Besuch des Gymnasiums und der Gewerbeschule selbst den Apothekerberuf. Diesen gab er jedoch 1849 auf, um bis 1859 mit einigen Unterbrechungen als freier Ministeriumsmitarbeiter tätig zu sein. Später arbeitete er als Berichterstatter, Redakteur und Theaterkritiker für verschiedene Zeitungen. Neben seinen bekannten Romanen und Novellen (z. B. »Effi Briest«) verfasste Fontane zahlreiche Gedichte, Dramen, Kriegsbücher und Biografien (Bemmann 1998).

Formanek, Emmy gründete 1914 ein Kriegskinderheim im Wiener Liebhartsthal. Dieses Heim nahm manche Kinder auf, deren schwierige Lebenssituation in individualpsychologischen Erziehungsberatungsstellen, aber auch in der von → August Aichhorn zwischen 1932 und 1938 geleiteten Erziehungs- und Jugendberatungsstelle der Wiener Psychoanalytischen Vereinigung besprochen wurden (Adler 1919d; Göllner 2003, S. 20).

Francke, Herbert war in den 1920er Jahren Amtsgerichtsrat am Jugendgericht in Berlin, Vorsitzender des Bundes für Jugendgerichtshilfe in Deutschland und unter anderem eine einflussreiche Persönlichkeit in der »Deutschen Vereinigung für Jugendgerichte und Jugendgerichtshilfe (DVJJ)« (Pieplow 1992). Francke war eine der führenden Persönlichkeiten, die sich in Deutschland für die Erneuerung des Jugendstrafvollzugs und die Ausbildung von Jugendrichtern einsetzten. Seine engen Kontakte zur Individualpsychologie (Kölch 2006, S. 262) äußerten sich nicht zuletzt darin, dass er in seinen fachwissenschaftlichen Schriften auf Individualpsychologie Bezug nahm (Francke 1922, 1926), in öffentlichen Diskussionen für Adlers Individualpsychologie eintrat (Bericht 1923/24a, S. 37) und über Individualpsychologie referierte (1925 etwa zum Thema »Die fürsorgliche Bedeutung der Individualpsychologie« im Rahmen einer Vortragsreihe über die »theoretische und praktische Bedeutung der Individualpsychologie« im Berliner »Zentralinstitut für Erziehung und Unterricht«) (Chronik 1925, S. 352). Im Jänner 1925 bestritt er einen der wöchentlichen Vortragsabende der »Ortsgruppe Berlin« des »Internationalen Vereins für Individualpsychologie« mit einem Referat über »Jugendgericht und Jugendgerichtshilfe« (Chronik 1925, S. 143). 1932 wurde Francke in das Handelsgericht Berlin versetzt, nachdem die NSDAP aus den Reichstagswahlen als stimmenstärkste Partei hervorgegangen war und der Bereich des Wohlfahrts- und Jugendgerichtswesens in weiterer Folge massive Einschnitte erfuhr (Pieplow 1992).

Franklin, Benjamin (1706–1790) war ein berühmter amerikanischer Politiker, Naturwissenschaftler, Schriftsteller und Verleger, der sich zeitlebens der Aufklärungsphilosophie verpflichtet sah. Als vielseitig interessierter Erfinder entwickelte er beispielsweise neue Verbrennungsöfen, Brandschutzmaßnahmen und Stadtbeleuchtungssysteme. In seinem wissenschaftlichen Spezialgebiet – der Luft- und Reibeelektrizität – erlangte er internationales Ansehen und beschrieb nicht zuletzt über die Erforschung von Gewittern das Prinzip des Blitzableiters. Darüber hinaus beschäftigte er sich unter anderem mit Reformen des Bildungswesens und verdingte sich zwischenzeitlich als stellvertretender Generalpostmeister für die englischen Kolonien, um schließlich in das Komitee zur Ausarbeitung und Unterzeichnung der amerikanischen Unabhängigkeitserklärung berufen zu werden. Als Politiker gestaltete Franklin maßgeblich den Friedensvertrag mit Großbritannien und die amerikanische Verfassung mit. In seinen letzten Lebensjahren widmete er sich erfolgreich der Abschaffung der Sklaverei (Overhoff 2006; Morgan 2006).

Freschl, Robert tritt zwischen 1912 und 1914 als Diskutant in den Sitzungen des »Vereins für freie psychoanalytische Forschung« sowie in den Sitzungen des »Wiener Vereins für Individualpsychologie« mehrmals in Erscheinung und publizierte in dieser Zeit über Nietzsche und eine Figur Strindbergs (Freschl 1913, 1914/1916a, 1914/1916b; Sitzungsberichte 1914; Kretschmer 1982). Obwohl er auch in späteren Jahren als Mitglied der »Sektion Wien« des »Internationalen Vereins für Individualpsychologie« geführt wird (Mitgliederliste 1925), sind aus der Zeit nach 1914 nur wenige Aktivitäten dokumentiert (z. B. Freschl 1936).

Freud, Anna (1895–1982): Die Tochter → Sigmund Freuds besuchte ab 1914 psychoanalytische Vorlesungen ihres Vaters. Ein Jahr später erwarb sie die Lehrbefähigung für Volksschulen und wurde Volksschullehrerin. Zwischen 1915 und 1918 durfte sie an Visiten an der psychiatrischen Abteilung des Wiener Allgemeinen Krankenhauses teilnehmen und absolvierte in den Jahren 1918 bis 1924 mit Unterbrechungen eine Analyse bei ihrem Vater. Bereits früh war sie in Tätigkeiten psychoanalytischer Einrichtungen involviert und wurde 1922 in die Wiener Psychoanalytische Vereinigung aufgenommen. 1923 eröffnete sie eine eigene psychoanalytische Praxis, wo sie ihre ersten Kinderanalysen durchführte. Zwischen 1933 und 1938 wurde sie Direktorin des Wiener Psychoanalytischen Lehrinstituts. 1938 wurde sie mit ihren Eltern nach dem Einmarsch der Nazis in Österreich zur Emigration nach London gezwungen, wo sie 1941 das Kriegskinderheim »Hampstead War Nurseries« eröffnete, welches 1945 wieder geschlossen wurde. 1947 gründete sie den »Hampstead Child Therapy Course«, eine Ausbildungsstätte für künftige KinderanalytikerInnen. 1952 wurde dieser Einrichtung die »Hampstead Clinic«, eine psychosomatisch orientierte Kinderklinik, angeschlossen (seit 1982: »Anna Freud Center«). Sie hatte leitende Funktionen innerhalb der Internationalen Psychoanalytischen Vereinigung inne und zählt zu den Pionieren der Kinderpsychoanalyse und der Psychoanalytischen Pädagogik (Mühlleitner 1992, S. 101ff.; Young-Brühl 1995).

Freud, Sigmund (1856–1939): Der Begründer der Psychoanalyse wurde in Freiberg, dem heute in Tschechien gelegenen Příbor, geboren. 1860 übersiedelte die Familie nach Wien, wo Freud 1873 die Reifeprüfung ablegte und das Studium der Medizin begann und 1881 promovierte. Nach einigen Jahren der wissenschaftlichen und praktischen Tätigkeit als Arzt unternahm Freud 1885/86 eine Studienreise zu → Jean-Martin Charcot nach Paris. 1886, zurück in Wien, eröffnete Freud eine neurologische Privatpraxis. 1889 arbeitete er mit Joseph Breuer zusammen, mit dem er die Kathartische Methode entwickelte. 1892 wendete Freud erstmals seine Methode der Freien Assoziation an. 1902 wurde Freud zum Außerordentlichen Professor der Universität Wien ernannt; im selben Jahr lud er unter anderen Alfred Adler zur Begründung der Psychologischen Mittwoch-Gesellschaft ein. 1938, nach dem »Anschluss« Österreichs an das nationalsozialistische Deutschland, emigrierte Freud mit seiner Familie nach London, wo er 1939 starb (Gay 1989; Handlbauer 1990).

Friedjung, Josef Karl (1871–1946) wurde 1871 in der Nähe von Brünn, dem heutigen tschechischen Brno, geboren. In Wien besuchte er das Gymnasium, wo er nach seiner Reifeprüfung im Jahre 1889 am Wiener Konservatorium mit dem Studium von Klavier und Komposition begann. Aufgrund der finanziellen Not, in die seine Familie nach dem Tod des Vaters geraten war, wechselte er zum Studium der Medizin und promovierte 1895. Nach einigen Zwischenstationen kam er 1904 an das I. Öffentliche Kinder-Krankeninstitut in Wien, dessen Leitung er schließlich im Jahre 1923 übernahm. Drei Jahre zuvor hatte er sich im Bereich der Kinderheilkunde habilitiert. Bereits 1909 war Friedjung zum ordentlichen Mitglied der Wiener Psychoanalytischen Vereinigung geworden, wobei er die Erkenntnisse der Psychoanalyse in der Kinderheilkunde anzuwenden versuchte. Obwohl Friedjung innerhalb der WPV der Gruppe um Alfred Adler angehörte, entschied er sich 1911 nach Adlers Bruch mit → Sigmund Freud in der WPV zu verbleiben. Friedjung war auch politisch als Sozialist aktiv und gehörte etwa von 1924 bis 1934 dem Wiener Landtag und Gemeinderat an. 1934, nach den Februaraufständen und der Ausrufung eines »autoritären Ständestaates« durch den vormaligen christlichsozialen Bundeskanzler Engelbert Dollfuß, wurde Friedjung festgenommen und aller Ämter enthoben. 1838 emigrierte er nach Palästina, wo er unter anderem eine psychoanalytische Praxis betrieb. Nach Kriegsende plante Friedjung die Rückkehr nach Österreich, die er aber nicht mehr realisieren konnte, da er 1946 in Palästina an einem Herzinfarkt verstarb (Mühlleitner 1992, S. 109ff.; Gröger 1992, S. 133ff.).

Furtmüller, Carl (1880–1951): Nach der Ablegung der Reifeprüfung mit Auszeichnung im Jahre 1898 begann Furtmüller an der Universität Wien das Studium der Germanistik, Philosophie und des Französischen, das er 1902 mit seiner Promotion beschloss. In den Folgejahren erwarb er überdies die Lehrbefähigung für seine Studienfächer. Von 1904 bis 1909 war er als Lehrer in Kaaden tätig, dem heute in Tschechien gelegenen Kadaň. Schon in dieser Zeit stand er in Kontakt mit Alfred Adler, der ihn über die Sitzungen der Freud'schen Mittwoch-Gesellschaft informierte. 1909 kehrte Furtmüller nach Wien zurück, wurde Lehrer an einer Realschule und Mitglied der Mittwoch-Gesellschaft, ehe er diese 1911 mit Alfred Adler verließ. Als erste Nummer der Schriften des »Vereins für freie psychoanalytische Forschung« publizierte Furtmüller 1912 seine Arbeit »Psychoanalyse und Ethik«. In der Folge wurde er zu einem der wichtigsten Mitarbeiter Adlers beim Aufbau der Individualpsychologie und gab mit Adler den Sammelband »Heilen und Bilden« heraus (Adler u. Furtmüller 1914a). Während des Ersten Weltkriegs war Furtmüller im Kriegsdienst, danach wurde er ein enger Mitarbeiter → Otto Glöckels, des sozialdemokratischen Unterstaatssekretärs im Unterrichtsministerium, und wurde im Rahmen der Reform der Mittelschule führend tätig. 1922 folgte er Glöckel in den Wiener Staatsschulrat. In der Folgezeit förderte er die Entfaltung der Individualpsychologie an den Wiener Schulen und ermöglichte Adler eine Dozentur am Pädagogischen Institut der Stadt Wien. In der Nachfolge der Februaraufstände des Jahres 1934 und der Etablierung des »autoritären Ständestaates« wurde Furtmüller seines Amtes enthoben. 1939 gelang ihm die Emigration nach Paris, dann die Flucht nach Spanien und schließlich in die USA. 1947 kehrte er nach Wien zurück und wurde Direktor des Pädagogischen Institutes der Stadt Wien. Am 1. Jänner 1951 starb Furtmüller bei einem Urlaubsaufenthalt in Salzburg (Mühlleitner 1992, S. 114ff.; Kenner 2007, S. 120ff., Mackenthun 2002a; Engelbrecht 1988; Furtmüller 1983).

Glöckel, Otto (1874–1935) war nach dem Abschluss der Lehrerbildungsanstalt im Jahre 1892 in Wien als Volksschullehrer tätig. 1894 trat er der Sozialdemokratischen Arbeiterpartei bei. Von 1907 bis 1918 war er Mitglied des Reichsrats. Nach dem Ende des Ersten Weltkriegs bekleidete er von 1918 bis 1920 zunächst das Amt des Unterstaatssekretärs für Unterricht und wurde anschließend von 1922 bis 1934 Geschäftsführender Präsident des Wiener Stadtschulrates. Zudem war er von 1920 bis 1934 Abgeordneter zum Nationalrat. Im Jahre 1934, nach der Etablierung des »autoritären Ständestaates« in Österreich unter Engelbert Dollfuß, geriet Glöckel einige Monate in Haft; nur kurz nach seiner Freilassung starb Glöckel in Wien (Pfeiffle 1986; Engelbrecht 1988; Mackenthun 2002a; Olechowski 1983).

Goethe, Johann Wolfgang (1749–1832) war als deutscher Schriftsteller, Naturwissenschaftler, Kunsttheoretiker und Politiker einer der zentralen Repräsentanten der Weimarer Klassik. Goethe wurde in eine streng lutherische Familie geboren und begann sich früh für Literatur und Theater zu interessieren. Auf Wunsch des Vaters absolvierte er dennoch in Leipzig ein Studium der Rechtswissenschaften und arbeite einige Zeit in Frankfurt als Rechtsanwalt. Er verfasste erste Theaterstücke wie »Götz von Berlichingen« oder »Egmont«. 1774 erschien sein Briefroman »Die Leiden des jungen Werther«. Ein Jahr später wurde Goethe von Herzog KarlAugust von Weimar als Minister an den Hof berufen. In dieser Zeit entstanden bekannte Balladen wie etwa »Der Erlkönig« oder »Der Fischer«. Ab 1786 leiteten Reisen durch Italien Goethes »klassische Phase« ein. Er betrieb naturwissenschaftliche Studien und veröffentlichte epochemachende Dramen (z. B. »Faust«) und Romane (z. B. »Wilhelm Meisters Lehrjahre«). Goethe verstarb 1832 im 83. Lebensjahr. Seine Schaffenskraft blieb bis zu seinem Tod nahezu ungebrochen und schlug sich in einem breiten und vielschichtigen Œuvre nieder (vgl. z. B. Boerner 2002; Seehafer 2000; Michel 1998; Hohoff 1989).

Gondor, Emery (1896–1977) kam nach 1920 während seines Studiums an der Wiener »Kunstgewerbeschule des österreichischen Museums für Kunst und Industrie«, einer Vorläufereinrichtung der heutigen Wiener »Universität für angewandte Kunst«, mit neueren Ansätzen der Kunsterziehung und Kunsttherapie sowie von 1925 an in Berlin mit Adlers Individualpsychologie in Kontakt. 1935 flüchtete er in die USA, wo er nach 1945 als Künstler, Illustrator, Kunsterzieher und Kunsttherapeut erfolgreich war (Hohmann 2008).

Hammerschlag, Trude (1899–1930), bis 1925 mit dem Psychoanalytiker Heinz Hartmann verheiratet, leitete das Ferienheim Oberhof und arbeitete 1919/1920 als Lehrerin im Wiener Kinderheim Baumgarten, einem Kinderheim für jüdische Kriegswaisen, das von → Siegfried Bernfeld und Willy Hoffer geführt wurde und zu den Pionierprojekten der Psychoanalytischen Pädagogik zählte. Sie dissertierte 1923 bei → Karl Bühler und engagierte sich in den 1920er Jahren als Kunstpädagogin (Horwitz 1919/2003; Bernfeld 1921/1996, S. 155; Mühlleitner 1992, S. 132; Zwiauer 2002).

Hartmann, Eduard (1842–1906) war ein bedeutender deutscher Philosoph. Er wurde 1842 als Sohn eines Generals in Berlin geboren. Aufgrund körperlicher Beschwerden musste er die eigene militärische Laufbahn abbrechen und nahm ein Philosophiestudium an der Universität Rostock auf, welches er 1867 mit Promotion abschloss. Bereits drei Jahre zuvor begann Hartmann als 22-Jähriger an seinem viel beachteten und viel diskutierten Hauptwerk »Philosophie des Unbewussten« zu schreiben, das 1869 erstmals in zwei Bänden veröffentlicht wurde. In dieser Schrift versuchte er in kritischer Auseinandersetzung die philosophischen Gedanken Schopenhauers, Leibniz', Hegels und Schellings zu einer Synthese zusammenzuführen. Hartmanns »Philosophie des Unbewussten« stieß auf derart großes Interesse, dass sie bereits 1882 in neunter Auflage erscheinen konnte. Besonders kritisch und polemisch setzte sich Nietzsche in seinem Werk »Vom Nutzen und Nachteil der Historie für das Leben« mit Hartmanns Theorien auseinander (Wolf 2006).

Hickman, William Edward (1908–1928) wurde 1928 in Kalifornien für die Entführung und Ermordung eines zwölfjährigen Mädchens namens Marion Parker zum Tode verurteilt und hingerichtet. Hickman entführte das Kind unter einem Vorwand aus dessen Schule und versuchte, seine wohlhabenden Eltern zu erpressen. Nach der Geldübergabe ließ Hickman den Eltern bzw. der Polizei die verstümmelte Leiche des entführten Kindes zukommen und wurde kurz darauf verhaftet. Aufgrund der Grausamkeit des Verbrechens fand der »Fall Hickman« in den zeitgenössischen amerikanischen Printmedien breite Behandlung. Auch heute noch finden sich zahlreiche Internet-Seiten, die sich mit diesem Verbrechen befassen.

Horaz, eigentlich **Quintus Horatius Flaccus** (65–8 v. Chr.), war einer der bedeutendsten Dichter des antiken Rom, der zahlreiche Satiren, Epoden, Episteln und Oden verfasste. Von den Humanisten stark rezipiert, avancierte Horaz neben Ovid und

Vergil »zum klassischen Schulautor«, der bis heute im Lateinunterricht häufige Verwendung findet (Kytzler 2000).

Horwitz, Else (vermutlich 1883–1941): Allem Anschein nach wurde Else Horwitz am 30.03.1883 als als jüngere Schwester des später als Schriftsteller in Erscheinung tretenden Hugo Theodor Horwitz als Kind jüdischer Eltern in Wien geboren. 1919 trat sie erstmals als Individualpsychologin in Erscheinung, als sie mit 20 kurzen Falldarstellungen die Arbeit der ersten individualpsychologischen Erziehungsberatungsstelle illustrierte, die Adler 1918/1919 in den Räumlichkeiten des Vereins »Volksheim« eingerichtet hatte (Adler 1919d; Horwitz 1919/2003). In den Sitzungsberichten des Vereins für Individualpsychologie ist erwähnt, dass Else Horwitz am 21. März und 18. April 1914 jeweils ein Referat zu den Veröffentlichungen eines »Herrn Smith« hielt. Die von ihr diskutierten Arbeiten trugen die Titel »Zur Psychologie der Tagträume« und »Über das Spielen mit Puppen«. Dem fünften Restitutionsbericht des Wiener Stadtrates für Kultur und Wissenschaft vom 22. November 2004 ist zu entnehmen, dass Hugo Theodor Horwitz' Schwester Else vom Februar 1941 an im psychiatrischen Krankenhaus Baumgartner Höhe »als Pflegling gemeldet [war], von wo sie am 06.03.1941 in eine ›nicht genannte Anstalt überführt‹ wurde. Als Todesort wird in der Holocaust-Datei des Dokumentationsarchivs [das Vernichtungslager] Hartheim bei Linz angegeben« (Restitutionsbericht 2004, S. 18).

Hug-Hellmuth, Hermine (geb. Hug von Hugenstein) (1871–1924) arbeitete zunächst als Volks- und Bürgerschullehrerin und promovierte 1909 als eine der ersten Frauen, an der Universität Wien im Fach Physik. 1910 legte sie den Lehrberuf zurück und widmete sich fortan der Schriftstellerei und der (Kinder-)Psychoanalyse. Von 1906 an absolvierte sie eine Analyse bei → Isidor Sadger. Ab 1911 veröffentlichte sie erste psychoanalytische Schriften (Mühlleitner 1992). »Bereits 1912 übernahm sie in der Zeitschrift Imago die Redaktion der Sparte ›Vom wahren Wesen des Kindes‹, in der sie regelmäßig ihre Arbeiten publizierte, außerdem wurde sie ständige Mitarbeiterin der Internationalen Zeitschrift für ärztliche Psychoanalyse« (Mühlleitner 1992, S. 163). 1913 erlangte sie die ordentliche Mitgliedschaft in der Wiener Psychoanalytischen Vereinigung (WPV). In reger Vortrags-, Lehr- und Publikationstätigkeit widmete sich Hug-Hellmuth vorwiegend kinderpsychologischen und pädagogischen Themen. 1923 wurde sie Leiterin der neu gegründeten Erziehungsberatungsstelle des psychoanalytischen Ambulatoriums der WPV (Mühlleitner 1992, S. 164). Im Herbst 1924 wurde sie von ihrem 18-jährigen Neffen Rolf ermordet. Der Umstand, dass Hug-Hellmuth ihren späteren Mörder zeitweise psychoanalytisch zu behandeln versuchte, intensivierte nach ihrer Ermordung die damalige Kontroverse um die Kinderanalyse (Graf-Nold 1988, S. 277ff.).

Janet, Pierre Marie Félix (1859–1947): Nach seiner Reifeprüfung war Janet zunächst als Lehrer für Philosophie tätig, unternahm in dieser Zeit aber schon Untersuchungen zu psychopathologischen Phänomenen. 1889 promovierte er in Paris in Philosophie. Anschließend studierte er bis 1893 Medizin und arbeitete bei

→ Charcot an der Salpêtrière. Nach seiner medizinischen Promotion im Jahre 1894 eröffnete er eine Privatpraxis. 1902 erheilt er einen Lehrstuhl für experimentelle Psychologie am Collège de France, den er bis 1935 innehatte (Ellenberger 1985; Reichmayr 2005, S. 231f.).

Jung, Carl Gustav (1875–1961) wurde 1875 in der Schweiz geboren. Jung ging in Basel zur Schule, wo er von 1895–1900 auch ein Medizinstudium absolvierte. 1902 war er als Gastarzt in der Pariser Salpêtrière bei → Pierre Marie Félix Janet tätig. 1907 lernte Jung → Sigmund Freud in Wien kennen. 1910 wurde er Präsident der Internationalen Psychoanalytischen Vereinigung. Ab 1912 kam es jedoch zu Auseinandersetzungen mit Freud, die schließlich zum Bruch führten. Jung begründete in der Folge die sogenannte Analytische Psychologie, für deren theoretische Ausformulierung er unter anderem Anregungen bei seinen Reisen empfing, die er von 1920 bis 1937 in die USA, nach Afrika und Indien unternahm. 1933 bis 1940 war Jung Vorsitzender der Allgemeinen Ärztlichen Gesellschaft für Psychotherapie. Von 1935–1942 hatte er eine Professur in Zürich, von 1943–1944 in Basel inne (Wehr 1969; Heydwolff 2005, S. 240ff.).

Katz, David (1884–1953) war ein deutscher Experimental-Psychologe. 1884 in Kassel geboren, inskribierte er 1902 an der Universität Göttingen zunächst ein Lehramtsstudium der mathematisch-naturwissenschaftlichen Fächer. Er wechselte bald darauf zur Psychologie und promovierte 1906 mit einer Arbeit zur Psychologie des Zeiterlebens. Ab 1907 war er Assistent an der Universität Göttingen, wo er sich 1911 mit einer Arbeit zur Farbwahrnehmung habilitierte. Nach dem Ersten Weltkrieg, an dem er als Freiwilliger teilnahm, wurde er in Göttingen zum »außerplanmäßigen Professor« ernannt und folgte 1919 einem Ruf an die Universität Rostock. 1923 erhielt er einen Ruf an die Handelsschule Mannheim und wurde von der Universität Rostock zum »ordentlichen Professor« ernannt. Mit Unterbrechung im Jahr 1929, das er als Gastprofessor in Maine (USA) verbrachte, forschte und lehrte er bis 1933 an der Rostocker Universität. Die Machtübernahme der Nationalsozialisten bedeutete zwischenzeitlich einen herben Einbruch für seine wissenschaftliche Karriere und zwang ihn zur Emigration nach England. 1937 erheilt Katz den Ruf auf die erste schwedische Professur für Psychologie an der Universität Stockholm. 1952 wurde er in die Bayrische Akademie der Wissenschaften aufgenommen und zum Honorarprofessur an der Universität Hamburg ernannt. Zurück in Stockholm, verstarb er ein Jahr später an einem Herzleiden. Katz' Forschungsschwerpunkte lagen vor allem in der Entwicklungspsychologie und Pädagogischen Psychologie. Darüber hinaus beschäftigte er sich intensiv mit (Tier-)Sozialpsychologie und unternahm Wahrnehmungsexperimente mit Hühnern und Hunden. In diesem Zusammenhang betreute er unter anderem die Dissertation des Norwegers → Thorleif Schjelderup-Ebbe, der später sein Mitarbeiter und Forschungspartner wurde. Neben seiner einschlägigen publizistischen Tätigkeit beschäftigte er sich unter anderem auch mit Fragen der Lehrerbildung und veröffentlichte gemeinsam mit seiner Frau Rosa einen Erziehungsratgeber (Perleth 2004; Katz 1952).

Kaus, Otto (1891 – ca. 1944): Kaus war ein früher Anhänger Adlers und avancierte in den 1920er Jahren als Marxist und zeitweiser Kommunist zu einem wichtigen Mitglied der – unter seiner Beteiligung gegen Mitte der 1920er Jahre gegründeten – Gruppe marxistischer Individualpsychologen. Schon 1912 findet sich sein Name mit dem Zusatz »stud. med« auf einer Liste, in welcher die in den Vorstand des »Vereins für freie psychoanalytische Forschung« gewählten Personen aufgeführt sind. Gegen 1910 lernte er in literarischen Zirkeln Gina Wiener, verehelichte Zirner, kennen, die er 1920 heiratete und mit der er zwei Söhne hatte. Zu dieser Zeit dürfte sich Otto Kaus selbst als Journalist und Schriftsteller bezeichnet haben. Er machte Gina Kaus (vgl. Kenner 2007, S. 135 ff.) mit Alfred Adler und dessen Individualpsychologie bekannt. Die finanzielle Situation von Kaus dürfte sich in der ersten Hälfte der 1920er Jahre rasch verschlechtert haben, weshalb er sich, offensichtlich gemeinsam mit Gina Kaus, zum Umzug nach Berlin entschloss. In Berlin wirkte Kaus Mitte der 1920er Jahre beim Aufbau der Berliner Sektion des Vereins für Individualpsychologie mit, die Fritz Künkel in Angriff genommen hatte. Die Ehe zwischen Otto und Gina Kaus wurde 1926 wieder geschieden. Noch 1932 und 1933 scheint Otto Kaus als Vortragender und Lehrender der Berliner Sektion für Individualpsychologie auf. Laut Gina Kaus arbeitete Otto ab 1933 im politischen Untergrund in Deutschland und kam bei einem Luftangriff um (Witte, Bruder-Bezzel u. Kühn 2008, S. 390; Schiferer 1995; Bruder-Bezzel 1999; Capovilla 2000).

Kelsen, Hans (1881–1973) zählt zu den maßgeblichsten Rechtswissenschaftlern des 20. Jahrhunderts. Als Kind einer deutschsprachigen jüdischen Familie wurde er 1881 in Prag geboren und übersiedelte aus wirtschaftlichen Gründen mit seinen Eltern nach Wien. An der Wiener Universität studierte Kelsen Rechtswissenschaften und habilitierte sich schließlich 1911 für das Gebiet »Staatsrecht und Rechtsphilosophie«. 1912 veröffentlichte er seine vielbeachtete »Staatslehre des Dante Allighieri«. In den Jahren des Ersten Weltkriegs arbeitete Kelsen als Mitarbeiter des kaiserlich-königlichen Kriegsministeriums an Plänen zur Umstrukturierung der Monarchie mit. Nach der Proklamation der »Ersten Österreichischen Republik« fungierte Kelsen für den damaligen Kanzler, Karl Renner, wiederholt als Berater und wurde 1919 mit der Ausarbeitung der Bundesverfassung beauftragt, für deren Ausgestaltung er maßgeblich verantwortlich war. In den folgenden Jahren war Kelsen als Verfassungsrichter tätig, wurde aber aufgrund seiner Nähe zur Sozialdemokratischen Partei im Jahr 1929 seines Amtes enthoben. Er nahm daraufhin eine Professur an der Universität Köln an, musste wegen nationalsozialistischer Verfolgung allerdings bereits 1933 nach Genf flüchten, wo ihm ein Ordinariat übertragen wurde. 1936 folgte er einem Ruf an die Prager Universität, wo er jedoch abermals von Nationalsozialisten wegen seiner jüdischen Herkunft bedroht wurde. Kelsen emigrierte deshalb im Jahr 1940 in die USA, nahm kurzfristig eine Anstellung in Harvard an und wechselte 1942 nach Berkeley, wo er 1945 zum ordentlichen Professor ernannt wurde und bis 1952 tätig war. Seine zum Teil bis heute grundlegenden Beiträge zur Rechts-, Verfassungs- und Staatslehre brachten Kelsen zahlreiche Ehrendoktorwürden europäischer und amerikanischer Universitäten ein (Métall 1969; Leser 1979).

Kepler, Johannes (1571–1630) war ein deutscher Astronom, Mathematiker und Theologe. Er wurde 1571 in der Nähe des heutigen Stuttgart geboren. Mit der Absicht, evangelischer Pastor zu werden, begann er zunächst 1589 ein Theologiestudium. Sein starkes Interesse für Mathematik und Astronomie ließ ihn jedoch bald von diesem Vorhaben abrücken. Seine astronomisch-mathematische Laufbahn führte ihn über die protestantische Stiftsschule Graz nach Prag, wo er Assistent von Tycho Brache wurde. Er setzte sich intensiv mit dem heliozentrischen Weltbild des Kopernikus auseinander und versuchte dieses sowohl theoretisch zu differenzieren als auch theologisch zu verteidigen. In diesem Zusammenhang stand er bereits in den 1590er Jahren mit Galilei in Briefkontakt. Nach Tycho Braches Tod übernahm Kepler 1601 den Posten des kaiserlichen Hofmathematikers, welchen er bis 1612 inne hielt. Durch die aufkeimenden religiösen Spannungen war er gezwungen, nach Linz zu fliehen und dort eine vergleichsweise unbedeutende Mathematikerstelle anzunehmen. Seine Bemühungen um Professuren an diversen Universitäten scheiterten, weil seine wissenschaftlichen Theorien auf religiös motivierte Ablehnung stießen. 1627 besserte sich seine Lebenssituation zwischenzeitlich, als Albrecht von Wallenstein ihn zu seinem Hofastrologen ernannte. Bereits drei Jahre später verlor Wallenstein jedoch sein Generalsamt und damit auch Kepler seine Anstellung. Nach Stationen in Leipzig und Nürnberg starb Kepler schließlich noch im selben Jahr 58-jährig in Regensburg. Kepler beschrieb in den nach ihm benannten keplerschen Gesetzen die Planetenbewegungen und gilt damit als Begründer der modernen Astronomie. Überdies lieferte er der Mathematik und Optik wichtige Weiterentwicklungen (Lemcke 1995; Gerlach 1987; Hoppe 1987).

Kunstadt, Isaak (Ignáz) ben Elieser Lipmann (1883–1909) war ein bekannter Rabbiner und Autor theologischer Schriften. Er wurde 1883 in Pozsony (Ungarn) geboren. Er erhielt seine Ausbildung durch seinen Lehrer Abraham Samuel Benjamin Schreiber in Pressburg und ging anschließend nach Wien. Zwischen 1859 und 1882 wirkte er als Rabbiner in Nagy-Abony. Von 1882 bis 1884 stand er der Synagoge von Großwardein vor. 1884 wurde er Oberrabbiner in Radautz und verfasste zahlreiche erklärende Schriften zu Büchern der Bibel (Österreichische Nationalbibliothek 2002, S. 5776).

Loeb, Richard (1905–1936) ermordete 1924 gemeinsam mit Nathan Leopold jr. den 14-jährigen Bobby Franks. Beide Jugendlichen waren vom Ehrgeiz beseelt, ein möglichst »perfektes« Verbrechen zu begehen, und wurden für die Tat zu lebenslanger Haft verurteilt. Ihr Strafprozess belebte die US-amerikanische Diskussion um die Todesstrafe. Die Tat und das anschließende Gerichtsverfahren stießen auf internationales Medieninteresse und wurden unter anderem zur Grundlage mehrerer (Musik-)Theaterproduktionen (vgl. Higdon 1999).

Leopold, Nathan junior (1904–1971) → Loeb, Richard

Mairet, Philippe (1886–1975), englischer Grafiker, Übersetzer und Autor von zahlreichen Fachpublikationen zu verschiedenen Themenbereichen, zählte 1926 zu jener Gruppe von jungen Intellektuellen, die mit Unterstützung Adlers die »London Society for Individual Psychologie« gründeten (Hoffman 1997, S. 188ff., 257). Nachdem er bereits 1928 das »ABC of Adler's Psychology« veröffentlicht hatte (Mairet 1928), gab er im Jahr darauf Adlers (1929c) »Problems of Neurosis« heraus. Als sich Adler damit konfrontiert sah, dass führende Mitglieder der »London Society for Individual Psychologie« zusehends rassistische, von autoritären Überzeugungen und obskuren Welterrettungsfantasien getragene Überzeugungen vertraten, distanzierte sich Adler von 1931 an zusehends von der »London Society for Individual Psychologie« und somit auch von Mairet (Hoffman 1997, S. 257, 315ff.; vgl. dazu die Angaben zu → Crookshank).

Mark Anton, lat. **Marcus Antonius** (83/86–30 v. Chr.), war ein römischer Feldherr und Politiker, der als Protegé von Gaius Iulius Caesar im alten Rom rasch Karriere machte und hohe militärische und politische Ämter bekleidete. Durch die Bürgerkriegswirren nach Caesars Ermordung im Jahre 44 v. Chr. gestärkt, übernahm er gemeinsam mit Oktavian und Lepidus, mit denen er das zweite Triumvirat bildete, die Macht über das römische Reich, dessen Osthälfte er verwaltete. Nach mehr oder weniger verlustreichen Feldzügen gegen die Parther und Armenier wurde Mark Anton der Geliebte der ägyptischen Königin Kleopatra VII., mit der er drei Kinder zeugte. Seine intensiven Beziehungen zum ägyptischen Reich führten zu politischen Spannungen mit Oktavian, die schließlich in militärischen Auseinandersetzungen mündeten. Nachdem Marc Antons Heer bereits 31 v. Chr. vernichtend geschlagen wurde, wählte er im Jahr 30 v. Chr. den Freitod, um den herannahenden Truppen Octavians zu entgehen (vgl. Southern 2000; Bengton 1977).

Metzger, Wolfgang (1899–1979): Als Schüler der Gestaltpsychologen Wolfgang Köhler und Max Wertheimer zählt Metzger zu den Hauptvertretern der deutschsprachigen Gestaltpsychologie. Von 1942 bis 1967 lehrte er als Ordinarius für Psychologie an der Westfälischen Wilhelms-Universität Münster. Mit Oliver Brachfeld, Johannes Neumann, Kurt Seelmann, Alfons Simon, Felix Scherke und Kurt Weinmann gründete er 1962 die Alfred-Adler-Gesellschaft (AAG), die sich 1970 in Deutsche Gesellschaft für Individualpsychologie umbenannte (Zeittafel 2008). Von 1962 bis 1964 war er erster Vorsitzender der AAG. Besondere Verdienste um die Verbreitung der Individualpsychologie erwarb sich Metzger von 1972 an damit, dass er zahlreiche Schriften Adlers im Fischer Verlag neu herausgab und mit fachkundigen Einführungen versah.

Naegele, Otto, Amtsrichter in München und Mitglied der Sektion München der Internationalen Gesellschaft für Individualpsychologie (Chronik 1926, S. 49), gründete 1920 in engem Kontakt mit Leonhard Seif die »Gesellschaft für gerichtliche Jugendfürsorge« sowie die »Münchner Fürsorgegemeinschaft«. Beide Organisationen entwickelten unterschiedliche Vortrags- und Weiterbildungsaktivitäten, die an Ärzte, Lehrer, Juristen und Mitglieder verschiedener Jugendfürsorgeeinrichtungen gerichtet waren, und hatten ganz allgemein die Aufgabe, die Zusammenarbeit zwischen Individualpsychologie, Jugendamt, Schule, Ärzteschaft, Justiz und Universität zu fördern (Naegele 1924b; Bruns 1991a, S. 28). In Verbindung damit engagierte sich Otto Naegele für die 1920 gegründeten Münchner »Gesellschaft für vergleichende Individualpsychologie« sowie für den Aufbau des »Internationalen Vereins für Individualpsychologie« (Bericht 1923/24b; Bruns 1991b): Er bot in München Kurse und Vorträge an (vgl. Chronik 1926, S. 49, 400), nahm an den Tagungen des Internationalen Vereins für Individualpsychologie teil (Bericht 1923/24a,b, 1925; Freudenberg 1925; Lenzberg 1927), referierte mehrfach im Rahmen der Kongresse des Internationalen Vereins für Individualpsychologie (Naegele 1924a, 1925, 1925b) und publizierte in den 1920er und frühen 1930er Jahren wiederholt über Individualpsychologie, Rechtsfragen (inklusive Strafvollzug) und Jugendfürsorge (Naegele 1926a, 1930, 1931), unter anderem auch in dem von → Erwin Wexberg herausgegebenen »Handbuch der Individualpsychologie« und in der von → Otto und Alice Rühle herausgegebenen Schriftenfolge »Schwer erziehbare Kinder« (Naegele 1926b, 1927).

Neuer, Alexander (1883–1941): Geboren 1883 im Lemberg, dem heute in der Ukraine gelegenen Lwiw, kam Neuer 1905 nach Wien, wo er an der Universität mit dem Studium der Philosophie begann, das er 1909 mit seiner Promotion beendete. Danach begann er mit einem Medizinstudium, das er 1921 abschloss. Schon vor dem Beginn des Ersten Weltkriegs wurde Neuer Mitglied der Individualpsychologischen Vereinigung. Die Kriegsjahre verbrachte er im Militärdienst. Nach dem Krieg war Neuer an mehreren individualpsychologischen Erziehungsberatungsstellen tätig und publizierte unter anderem zu Grundlagenfragen der Individualpsychologie. Ende der 1920er Jahre übersiedelte er nach Berlin, kehrte jedoch um 1930 wieder zurück nach Wien. 1939 emigrierte er nach Frankreich, wo er kurz darauf in einem Konzentrationslager interniert wurde und vermutlich 1941 verstarb (Kenner 2007, S. 156ff.).

Papanek, Helene (1901–1985) entstammte einer vermögenden russisch-stämmigen Wiener Ärztefamilie. Auch Papanek studierte Medizin und promovierte 1925 an der Wiener Universität. Ab 1927 absolvierte sie ihre neurologische und internistische Facharztausbildung am Wiener Allgemeinen Krankenhaus. Von 1929 bis 1938 arbeitete sie in einem Privatsanatorium für psychisch und neurologisch erkrankte Menschen. 1931 wurde sie zunächst zur Assistenzärztin ernannt, 1936 übernahm sie als leitende Chefärztin die Kuranstalt. Bereits in jungen Jahren engagierte sich Papanek in der Jugendbewegung und lernte in diesem Zusammenhang Alexandra Adler und ihren späteren Ehemann Ernst Papanek, einen Pädagogen und sozialdemokratischen Politiker, kennen, den sie 1925 heiratete. Über den Kontakt zu Alexandra Adler begann sich Papanek für die Individualpsychologie zu interessieren, besuchte einschlägige Vorträge Adlers und begab sich Anfang der 30er Jahre bei → Joseph Friedjung in Analyse. Von 1930 an setzte sich Papanek bis zur erzwungenen Emigration im Jahr 1938 für die Sozialdemokratische Partei ein. Die erste Station der Flucht führte Papanek in die Nähe von Paris, wo ihr Mann die Leitung eines jüdischen Kinderheims übernahm (vgl. Papanek 1983). Bis zum Einmarsch der deutschen Truppen in Frankreich engagierte sie sich in diesem Kinderheim als Ärztin und stellvertretende Direktorin. 1940 emigrierten Papanek und ihr Mann schließlich nach New York. Bis sie 1943 ihre ärztliche Zulassung erhielt, arbeitete sie als Krankenschwester. Bereits wenig später begann sie am New York Health Department zu lehren und ihre psychiatrische Privatpraxis aufzubauen. Fortan übernahm sie für zahlreiche Wissenschafts- und Gesundheitseinrichtungen Konsiliar- und Supervisionsaufgaben. Ferner begann sich Papanek in den Vereinigten Staaten zusehends für die Individualpsychologie zu engagieren und wurde 1952 zum »Dean and Executive Director des Alfred Adler Institutes of New York« ernannt. Von 1963 bis 1965 war sie Präsidentin der »American Society of Adlerian Psychologie«. Zwischen 1971 und 1975 stand Papanek der Abteilung für Gruppenpsychotherapie an der Mental Hygiene Clinic in New York vor. Überdies war sie in äußerst zahlreichen psychiatrischen Organisationen und Verbänden aktiv (Kenner 2007, S.171ff.).

Petersen, Peter (1884–1952) zählt zu den zentralen Vertretern der wissenschaftlich fundierten Reformpädagogik. Er studierte nach der Matura im Jahre 1904 in Leipzig und Kiel Theologie, Philosophie, Geschichte und Anglistik. 1907/08 folgte er einem Angebot, in Posen die Redaktion der Zeitschrift »Ostdeutsche Korrespondenz für nationale Politik« zu übernehmen, wobei er in dieser Zeit auch Pädagogik-Vorlesungen an der Posener Akademie hörte. 1908 kehrte er nach Leipzig zurück, reichte seine Dissertation jedoch in Jena ein. 1909 absolvierte Petersen in Leipzig die Lehramtsprüfung und begann zunächst an einem Leipziger, dann in einem Hamburger Gymnasium zu arbeiten. In Hamburg kam er in Kontakt mit Persönlichkeiten, die für eine Reform des Bildungswesens eintraten, wobei sich Petersen für einen undogmatischen und kindgemäßen evangelischen Religionsunterricht engagierte. 1912 wurde er in den Vorstand des »Bundes für Schulreform – Allgemeiner deutscher Verband für Erziehungs- und Unterrichtswesen« gewählt, für den er bis 1923 tätig war. Ebenfalls 1912 wurde Petersen Mitarbeiter der konservativen, nationalliberalen Tageszeitung »Hamburger Nachrichten«. 1920 habilitierte sich Petersen an der Hamburger Universität. Nach dem Kriegsende trat er dem radikaldemokratischen »Werkbund geistiger Arbeiter« bei und war in der Hamburger Volkskirchenbewegung aktiv. 1920 wurde er Direktor einer Hamburger Realschule, in der er reformerisch tätig wurde und die 1921 den Namen »Lichtwarkschule« erhielt. 1923 nahm er einen Ruf auf den Lehrstuhl für Erziehungswissenschaft an der Universität Jena an, wo er ab 1924 an der Jenaer Universitätsschule, einer an die Universität angegliederten Versuchsschule, seine Reformvorstellungen umzusetzen begann, in deren Zentrum die Idee der sozialen Gemeinschaft in Form einer »Arbeits- und Lebensgemeinschaftsschule« stand. 1927, auf einem Kongress zur »New Education« in Locarno, erhielt sein Schulmodell den Namen »Jena-Plan«. Bereits seit 1924 hielt Petersen auch regelmäßig einwöchige Fortbildungsveranstaltungen für Lehrer ab, die er bis 1949 fortführte. 1929 wurde er nach Chile zur Reform des höheren Schulwesens und der Lehrerbildung eingeladen. 1937 veröffentlichte Petersen sein schulpädagogisches Hauptwerk »Führungslehre des Unterrichts«. Zu Beginn der NS-Ära hoffte Petersen, der niemals Mitglied der NSDAP wurde, sein Schulmodell könne deutschlandweit umgesetzt werden – doch geschah dies nicht, obwohl er sich in einigen Schriften bemühte, seine Vorstellungen als mit der NS-Ideologie vereinbar darzustellen. Zudem hielt Petersen unter anderem an NS-Eliteeinrichtungen Vorlesungen. 1945 konnte Petersen, da er der NSDAP nicht angehört hatte, seine Lehrtätigkeit fortsetzen und wurde noch im selben Jahr an die Universität Halle berufen – doch gab er diesen Ruf 1946 zurück, da er keinen adäquaten Nachfolger für seine Reformtätigkeit in Jena gefunden hatte. Nach langen Querelen mit der politischen Führung der »Sowjetischen Besatzungszone (SBZ)« wurde die Jenaer Universitätsschule 1950 geschlossen (Retter 2004; Böhm 1982, S. 268, 413f.; Killy u. Vierhaus 1998, S. 620).

Robespierre, Maximilien François Marie Isidore (1758–1794) war ein französischer Politiker mit großem Einfluss auf die Französische Revolution. Robespierre studierte Rechtswissenschaften am Collège Louis le Grand in Paris und arbeitete nach Abschluss des juristischen Examens zunächst als Anwalt. Als solcher war er vor allem für Adelige tätig, deren Rechtsansprüche er sichern und ausweiten sollte. Bald darauf begann er jedoch erste Flugschriften zu veröffentlichen, in denen er vehement gegen die Privilegien des Adels und des Klerus auftrat. Bereits als 31-Jähriger wurde er als Vertreter des dritten Standes in die Generalstände gewählt und konnte im Jakobinerklub durch seine radikalen Ansichten rasch führende Position erlangen. Ab 1772 erlangte er im Nationalkonvent immer mehr Macht und Einfluss und betrieb maßgeblich die Hinrichtung Ludwigs XVI. und den Sturz der Girondisten. Mit Rückgriff auf sein philosophisches Vorbild, → Jean-Jacques Rousseau, versuchte er den Einsatz von Gewalt und Terror zur Umbildung des Staates theoretisch zu legitimieren. Unter Robespierres Herrschaft wurden nahezu zweitausend seiner (politischen) Gegner durch die Guillotine hingerichtet. Sein rigoroses Regime weckte zusehends Kritiker, die eine Verschwörung gegen ihn in Gang brachten, ihn 1794 im Nationalkonvent stürzten und am 28.07.1774 öffentlich hinrichten ließen (vgl. z. B. Gallo 2007; Digel 1982; Sieburg 1978).

Rosegger, Peter (1843–1918) war ein bekannter österreichischer Schriftsteller, der 1843 in eine ärmliche Waldbauernfamilie geboren wurde. Aufgrund seiner schwächlichen Konstitution schien er seinen Eltern nicht zum beschwerlichen Bauernberuf geeignet. Er absolvierte daher eine Wanderschneiderlehre, zog von Bauernhof zu Bauernhof und bekam so einen breiten und tiefen Einblick in das ländliche Leben und seine Bräuche. Die gewonnenen Impressionen ließ er bereits im späten Jugendalter in erste Erzählungen einfließen. Personen seines Umfelds wurden rasch auf Roseggers schriftstellerisches Talent aufmerksam und ermunterten ihn zur Veröffentlichung seiner Geschichten und Erzählungen. Erste Verkaufserfolge und wohlwollende Förderer ermöglichten ihm ein gesichertes Auskommen und damit die Möglichkeit, sich ausschließlich auf das Schreiben zu verlegen. Sein umfangreiches Werk an Erzählungen, Romanen, autobiografischen Darstellungen und Gedichten erlangte im deutschen Sprachraum rasch Beliebtheit und brachte Rosegger noch zu Lebzeiten erhebliche Popularität sowie drei Ehrendoktorate und zahlreiche weitere Auszeichnungen ein (Philippoff 1993).

Rousseau, Jean-Jacques (1712–1778) war ein schweizerisch-französischer Philosoph, Pädagoge und Naturwissenschaftler. Durch seine staatstheoretischen Schriften (vor allem »Vom Gesellschaftsvertrag oder Prinzipien des Staatsrechts« aus dem Jahr 1762) wurde er zu einem wichtigen Vordenker und Wegbereiter der Französischen Revolution. Mit seinem pädagogischen Hauptwerk, der Erziehungsfiktion »Emile oder über die Erziehung«, nahm er entscheidenden Einfluss auf die Pädagogik des 19. und 20. Jahrhunderts (Oelkers 2008; Damrosch 2005; Dent 2005).

Rühle-Gerstel, Alice (1894–1943): In eine gutsituierte jüdische Familie geboren, wuchs Alice Gerstel in Prag auf. Nach ihrer Tätigkeit als Krankenschwester zu Beginn des Ersten Weltkriegs begann sie 1917 mit dem Studium der Literaturwissenschaft und Philosophie, das sie 1921 mit ihrer Promotion abschloss. Um 1920 traf sie in München Leonhard Seif, der ihr die Individualpsychologie Alfred Adlers nahebrachte. Zudem absolvierte sie bei ihm eine Psychotherapie, die sie dazu befähigte, eigenständig als Psychotherapeutin tätig zu werden. Ebenfalls 1920 hatte sie den um 20 Jahre älteren → Otto Rühle kennengelernt, den sie 1921 heiratete. Als überzeugte Marxistin beschäftigte sich Alice gemeinsam mit ihrem Mann intensiv mit Fragen des Marxismus und der Individualpsychologie und deren Integration in eine Theorie der sozialistischen Erziehung, weshalb beide dem marxistischen Flügel der Individualpsychologie zugerechnet wurden. Darüber hinaus beschäftigte sich Alice Rühle-Gerstel auch mit Frauenfragen und mit literarturwissenschaftlichen Themen. Dies und Weiteres trug – neben ihrer umfangreichen Vortragstätigkeit – dazu bei, dass Alice und Otto Rühle »zu den führenden Köpfen und zu den bekannteren und erfolgreichen Autoren in der Gemeinschaft der Individualpsychologen« (Lehmkuhl u. Gröner 2001, S. 8) gehörten. Die politischen Entwicklungen in Deutschland hatten zur Folge, dass das Ehepaar Rühle zuerst 1932 von Dresden nach Prag und 1935 weiter nach Mexico City flüchtete. Dort erhielten sie zunächst zwar eine Anstellung, doch wurden sie – wohl aufgrund ihrer marxistischen Weltanschauung – kurze Zeit später wieder entlassen. Der weitere Lebenserwerb gestaltete sich als sehr schwierig. Der überraschende Tod ihres Mannes veranlasste Alice Rühle-Gerstel, noch am selben Tag Suizid zu begehen (Mackenthun 2002b; Bruder-Bezzel 2005b, S. 413 ff.).

Rühle, Otto (1874–1943): Der ausgebildete Volksschullehrer war schon vor dem Ersten Weltkrieg politisch tätig, unter anderem ab 1912 als deutscher Reichstagsabgeordneter. 1918 wurde er zum Mitbegründer der KPD, später auch von anderen linken Organisationen, von denen er sich aber jeweils bald wieder löste. Schon seit 1911 publizierte er aus marxistischer Perspektive Schriften über Erziehungsfragen.

Seine Kritik an linken Parteien und der Arbeiterbewegung führte ihn zusehends in politische Isolation. Die Enttäuschung über das Ausbleiben der Revolution in Deutschland und über die Entwicklungen in der Sowjetunion führte dazu, dass er sich in den 1920er Jahren verstärkt psychologischen und pädagogischen Fragen zuwandte. 1921 heiratete er Alice Gerstel (→ Rühle-Gerstel), mit der ihn nicht nur die weltanschauliche Sicht, sondern auch das Bedürfnis verband, eine Synthese von Individualpsychologie und Marxismus in einer Theorie der sozialistischen Erziehung voranzutreiben. Gemeinsam mit seiner Frau begründete er den Verlag »Am anderen Ufer« (s. Adler 1926l) und gab Zeitschriften sowie Buchreihen mit individualpsychologischen Themen heraus. Neben seiner Publikations- und Vortragstätigkeit führte er auch Kurse im Bereich der Arbeiterbewegung durch. Dies und seine Kontakte mit linken Individualpsychologen begründeten seinen großen Einfluss auf Entwicklungen im Bereich der sozialistischen Erziehung, so auch auf den Ausbau der Jugendorganisation der »Kinderfreunde« in Österreich (Tesarek 1958). 1932 musste das Ehepaar Rühle aufgrund der politischen Entwicklungen in Deutschland zunächst von Dresden nach Prag flüchten, 1935 dann weiter nach Mexiko. Von 1936 bis 1939 war er im mexikanischen Erziehungsministerium angestellt. Die nachfolgenden Jahre bis zu seinem Tod im Jahre 1943 gestalteten sich in ökonomischer Hinsicht als sehr schwierig. Sein Tod veranlasste seine Frau, noch am selben Tag Suizid zu begehen (Bruder-Bezzel 2005a; Mackenthun 2002b, S. 219f.).

Sadger, Isidor (1867–1942): Geboren 1867 in einer galizischen Kleinstadt im heutigen südlichen Polen, übersiedelte mit den Eltern nach Wien, wo er 1885 seine Reifeprüfung ablegte und bis 1891 an der Universität Medizin studierte. 1893 war er als (Nerven-)Arzt tätig und besuchte ab 1895 → Sigmund Freuds Vorlesungen. 1906 wurde Sadger in Freuds Mittwoch-Gesellschaft aufgenommen. 1933 trat er aus der Wiener Psychoanalytischen Vereinigung aus. 1942 wurde Sadger in das Konzentrationslager Theresienstadt deportiert, wo er Ende des Jahres umkam (Mühlleitner 1992, S. 282ff.).

Schjelderup-Ebbe, Thorleif (1894–1976) war ein norwegischer Zoologe. Er dissertierte bei → David Katz, dessen Mitarbeiter er später wurde. Der Zusammenarbeit von Katz und Schjelderup-Ebbe entstammt unter anderem der Begriff der »Hackordnung«, den sie aus der Erforschung von Hühnerkulturen ableiteten (vgl. Adler 1931r; Price 1995).

Schmidt, Eugen, Rechtsanwalt in München und Mitglied der Sektion München der »Internationalen Gesellschaft für Individualpsychologie« (Chronik 1926, S. 50), befasste sich aus individualpsychologischer Sicht mit Fragen der Sozialphilosophie, der Sozialpolitik, des Strafvollzugs und der forensischen Psychologie. Seit 1923/24 hielt er regelmäßig Vorträge im Rahmen des Veranstaltungsprogramms der »Münchner Ortsgruppe des Internationalen Vereins für Individualpsychologie« (vgl. Chronik 1923/24, 1 / S. 47; Chronik 1930, S. V; Chronik 1931, S. I, XXV; Chronik 1932, XXVII), referierte mehrfach auf Kongressen des »Internationalen Vereins für

Individualpsychologie« (Bericht 1923/24a, S. 40f.; Bericht 1925, S. 344; Lenzberg 1927, S. 469) und publizierte bis 1933 kontinuierlich Artikel in der »Internationalen Zeitschrift für Individualpsychologie« (Schmidt 1923/24, 1925, 1926, 1928, 1930, 1931, 1933).

Schulhof, Hedwig (geb. 1868), Individualpsychologin und Frauenrechtsaktivistin (Witte et al. 2008, S. 362), kam mit Adler zunächst brieflich und dann als Patientin in Kontakt (Schulhof 1937b, S. 169). Sie publizierte von 1914 an unter anderem in der »Internationalen Zeitschrift für Individualpsychologie« und in den »Schriften des Vereins für Individualpsychologie« zu Fragen des Frauenrechts und der – insbesondere skandinavischen – Literatur (Schulhof 1914a, 1914b, 1923a, 1923b, 1929b, 1930a). 1922 referierte sie am ersten, 1925 am zweiten »Internationalen Kongress für Individualpsychologie« (Schulhof 1923b; Bericht 1925, S. 344). Einer späteren Publikation ist zu entnehmen, dass sie auch als Erziehungsberaterin tätig war (Schulhof 1929a). Bereits zuvor hatte sie begonnen, Artikel in Publikationsorganen der Frauenrechtsbewegung zu veröffentlichen, in denen sie in späteren Jahren wiederholt auf Individualpsychologie Bezug nahm (Schulhof 1930b, 1937a). Sie starb in den frühen 1940er Jahren (Birnbaum, Novotny und Spiel 1947, S. 7ff.).

Spiel, Oskar (1892–1961): Nach der Matura wird Spiel 1912 als Lehrer an einer Knaben-Volksschule angestellt und legt 1916 die Lehrbefähigungsprüfung ab. 1916 heiratet Spiel Hermine Stöger; ihr Sohn Walter wurde 1920 geboren. Ab 1918 beschäftigt Spiel sich mit der Psychoanalyse, wendet sich 1920 jedoch der Individualpsychologie zu, nachdem er Alfred Adler bei einer Erziehungsberatung kennengelernt hat. Von 1924 an leitet er eine individualpsychologische Erziehungsberatungsstelle. Zwischen 1925 und 1927 wirkt Spiel bei dem an mehreren Wiener Schulen unternommenen Schulversuch mit, die Schulklasse als Arbeits- und Lebensgemeinschaft zu gestalten. 1931 wird jene Schule in der Staudingergasse, an der Spiel gemeinsam mit den Individualpsychologen → Ferdinand Birnbaum und Franz Scharmer arbeitet, vom Wiener Stadtschulrat zur individualpsychologischen Versuchsschule erklärt, die bis zu den bürgerkriegsähnlichen Unruhen in Österreich im Februar 1934 existiert (Datler, Gstach u. Wittenberg 2001; Gstach 2003; Gstach u. Datler 2001; Wittenberg 2002). Danach wird der individualpsychologische Schulversuch für beendet erklärt und Spiel an eine andere Schule versetzt. Er verfasst eine ausführliche Darstellung der Arbeit, die an der individualpsychologischen Versuchsschule geleistet wurde, welche allerdings erst 1947 unter dem Titel »Am Schaltbrett der Erziehung« in Buchform publiziert werden konnte (Spiel 1947/2005). In den Jahren 1942 bis 1945 arbeitet Spiel gemeinsam mit → Ferdinand Birnbaum in der von → August Aichhorn geleiteten Wiener Arbeitsgruppe des Deutschen Zentralinstituts für psychologische Forschung und Psychotherapie mit (Gstach 2006). Gleich nach Kriegsende setzt sich Spiel aktiv für den Wiederaufbau des Vereins für Individualpsychologie in Wien ein, hält zahlreiche Vorträge, arbeitet als Erziehungsberater und publiziert zu Grundlagenfragen der Individualpsychologie (Spiel 1948). Er versucht das Konzept der individualpsychologischen Versuchsschule zu reaktivieren, was ihm schließlich 1949 in der Schule in der Schweglerstraße in leitender Funktion gelingt, und ist in der individualpsychologischen Aus- und Fortbildung von Ärzten und Pädagogen tätig. Geehrt und angesehen stirbt Spiel 1961 (Kümmel 2002; Gstach 2005). Sein Sohn, Walter Spiel, arbeitet nach dem Zweiten Weltkrieg als Individualpsychologe und Mediziner in Wien und wird der erste Ordinarius der neugegründeten Universitätsklinik für Neuropsychiatrie des Kindes- und Jugendalters der Universität Wien, die er von 1975 bis 1991 leitet; von 1982 bis 1993 ist Walter Spiel überdies Präsident der Internationalen Gesellschaft für Individualpsychologie.

Starez Sosima ist eine Figur aus Fjodor Dostojewskis Roman »Die Brüder Karamasow«. »Starez« steht im Russischen für »der Alte«, womit in der russischen Kirche unter anderem Mönche bezeichnet werden, die in einer Einsiedelei leben. In Dostojewskis Roman ist Starez Sosima ein liberaler Mönch, der von der Bevölkerung wie ein Heiliger verehrt wird.

Stein, Leopold (geb. 1893) wurde nach seinem Studium der Medizin an der Universität Wien Schüler des Laryngologen, Logopäden und Individualpsychologen Emil Fröschel. Bis 1925 tritt Stein als Vortragender bei individualpsychologischen Vereinssitzungen in Erscheinung. 1925 bot Stein an, all jene Kinder in Behandlung zu nehmen, bei denen im Rahmen einer individualpsychologischen Erziehungsberatung eine Sprachstörung vermutet wurde. Zu Beginn des Jahres 1926 wurde an der Kinderabteilung des Franz-Josef-Spitales im 10. Wiener Gemeindebezirk eine eigene individualpsychologische Abteilung eingerichtet, die sich unter der Leitung von Leopold Stein mit schwer erziehbaren und sprachgestörten Kindern beschäftigte. Im selben Jahr übernahm Stein auch die Leitung der Erziehungsberatungsstelle der »Bereitschaft« (Gstach 2009). Ab 1927 wurde Stein Mitglied der »Arbeitsgemeinschaft individualpsychologischer Ärzte«, hielt Kurse zum Thema der Sprachstörung aus individualpsychologischer Sicht und wirkte bei dem neu eingeführten individualpsychologischen Ausbildungscurriculum mit (noch 1933 scheint er als Referent auf). Ebenfalls 1927 wurde ein Nachmittagshort innerhalb des Vereins »Die Bereitschaft« gegründet, dessen ärztliche Leitung Leopold Stein oblag (vgl. Fußnote 170 auf S. 342 in diesem Band); hier bot er ab 1928 auch ein »Seminar für Erziehung nervöser Kinder« an. Spätestens ab 1932 war Stein an der Poliklinik im 9. Wiener Gemeindebezirk beschäftigt, wo er Beratungen für Sprach- und Stimmstörungen anbot. 1938 emigrierte Leopold Stein mit seiner Frau Irma Stein nach England. Über seinen weiteren Werdegang ist bislang nichts bekannt (Handlbauer 1984; Schiferer 1995, S. 128; Kenner 2007, S. 208f.).

Strasser, Charlot (1884–1950) war ein Schweizer Psychiater und Schriftsteller, der – gemeinsam mit seiner Frau Vera Strasser-Eppelbaum – Adler darin unterstützte, Kontakte in die Schweiz aufzubauen (Witte et al. 2008, S. 370f.). Strasser publizierte ein von Adler geschätztes Werk zur forensischen Psychologie, veröffentlichte im ersten Jahrgang der Zeitschrift für Individualpsychologie und steuerte mit seiner Frau einen Beitrag zur ersten Auflage von »Heilen und Bilden« bei (Strasser 1913, 1914, 1916; Eppelbaum u. Strasser 1914). Am Ende des Doppelheftes 4/5 des ersten Jahrgangs der Zeitschrift für Individualpsychologie (1914) findet sich die redaktionelle Mitteilung, dass Charlot Strasser in den Kreis der Herausgeber der Zeitschrift eingetreten ist. Gemeinsam mit seiner Frau machte er es möglich, dass die Hefte 6–9 des ersten Jahrgangs, mit einem Geleitwort des Ehepaars Strasser versehen, verspätet im Kriegsjahr 1916 erscheinen konnten. Die Kontakte zu Adler dürften nach 1918 nicht weitergeführt worden sein (Bruder-Bezzel 1991, S. 29f.).

Virchow, Rudolf Ludwig Karl (1821–1902) war ein berühmter Arzt an der Berliner Charité und Politiker der Deutschen Fortschrittspartei. Er gilt als einer der Begründer der modernen Medizin und setzte sich als Politiker für Anliegen der Volksgesundheit und der staatlichen Gesundheitsfürsorge ein. Geboren wurde Virchow in Schvielbeim (im heutigen Swidwin in Polen). Als Kind eines Landwirts wuchs Virchow in ärmlichen Verhältnissen auf und konnte dank eines Stipendiums an der Berliner militärärztlichen Akademie Medizin studieren. Nach der Promotion im Jahr 1843 wurde er Assistent in der Prosekturabteilung der Berliner Charité und später deren Leiter. 1847 habilitierte er sich. Aufgrund seines politischen Engagements für die Demokratiebewegung verlor Virchow 1848 seine Anstellung an der Charité und folgte einem Ruf nach Würzburg. In Würzburg erlangte er rasch fachliche und öffentliche Anerkennung und wurde 1856 zurück nach Berlin berufen, wo für ihn der Lehrstuhl für »Pathologische Anatomie« neu geschaffen wurde. 1858 veröffentlichte er sein medizinisches Hauptwerk »Die Zellularpathologie in ihrer Begründung auf physiologische und pathologische Gewebelehre«, mit dem er maßgeblich zur Grundlegung der modernen Medizin betrug. Von 1859 an bis zu seinem Tod war Virchow Mitglied der Berliner Stadtverordnetenversammlung. 1861 begründete er die Deutsche Fortschrittspartei mit, als deren Vertreter er 1880 in den Deutschen Reichstag einzog. Ferner fungierte Virchow für mehrere wissenschaftliche Zeitschriften als Herausgeber, betätigte sich als Archäologe und setzte sich für die Gründung von Museen in Berlin ein (Ackerknecht 1957; Wengler 1989; Goschler 2002).

Wolfe, Walter Beran (1900–1935) war als junger amerikanischer Psychiater bereits in Wien mit Adler in persönlichen Kontakt gekommen, ehe er Adlers »Menschenkenntnis« ins Englische übersetzte und damit zur Popularität beitrug, die Adler in Amerika erzielte (Adler 1927a/1927t; Hoffman 1997, S. 242). Er gab überdies »The Pattern of Life« heraus (Adler 1930a) und veröffentlichte selbst einige Schriften zur Individualpsycholgie in englischer Sprache. Er widmete sich von 1927 an überdies dem Aufbau von organisatorischen Strukturen, die der Verbreitung der Individualpsychologie dienlich sein sollten (Hoffman 1997, S. 225).

Wernicke, Carl (1848–1905) war Professor für Neurologie und Psychiatrie an den Universitäten Breslau und Halle. Er gilt als Begründer der Aphasielehre. Zwischen 1881 und 1983 erschien sein stark rezipiertes dreibändiges »Lehrbuch der Gehirnkrankheiten« (Witte et al. 2008, S. 386).

Wexberg, Erwin (1889–1957): An der Universität Wien studierte Wexberg Medizin. 1910 wollte er in den psychoanalytischen Kreis um → Sigmund Freud aufgenommen werden, wurde jedoch aufgrund seines jugendlichen Alters abgelehnt. Nach seiner Promotion im Jahre 1913 arbeitete er an verschiedenen medizinischen Anstalten in Wien. Schon kurz nach Alfred Adlers Trennung von Sigmund Freud wurde Wexberg Mitglied des Vereins für freie psychoanalytische Forschung und gehörte zum engen Kreis um Adler. Nachdem er bereits zuvor Vorträge zur Individualpsychologie gehalten hatte, leitete er 1925 gemeinsam mit Adler Besprechungen zu Erziehungsfragen im »Volksheim«. Ab 1926/27 übernahm er – mit anderen Individualpsychologen – Alfred Adlers Vortragstätigkeit am »Volksheim« und leitete ab 1927 mehrere Erziehungsberatungsstellen. 1928 veröffentlichte er ein Lehrbuch zur Individualpsychologie mit dem Titel »Individualpsychologie. Eine systematische Darstellung«, das in zahlreichen Auflagen erschien und in systematischer Weise die verschiedenen Ansätze der Individualpsychologie zusammenfasste sowie der theoretischen Fundierung der individualpsychologischen Erziehungsberatung breiten Raum gab. Wexberg gehörte der Arbeitsgemeinschaft individualpsychologischer Ärzte an und war bis 1932 Vorsitzender der Arbeitsgemeinschaft der Berater und Erzieher. 1934 wurde Wexberg in die USA berufen, wo er zunächst in Chicago, dann in New Orleans, unter anderem an der Louisiana State University, und – nach seinem freiwilligen Militärdienst während des Zweiten Weltkriegs – in Washington tätig war (Lehmkuhl 1991, 2005; Lévy 2002; Kenner 2007).

Literatur

ABGB (1811): Allgemeines bürgerliches Gesetzbuch für die gesamten deutschen Erbländer der österreichischen Monarchie. Wien

ABGB (1914): Kaiserliche Verordnung vom 12. Okt. 1914 über eine Teilnovelle zum allgemeinen bürgerlichen Gesetzbuche. Wien

Ackerknecht, E. H. (1957): Rudolf Virchow. Arzt – Politiker – Anthropologe. Stuttgart

Adler, A. (1902b): Eine Lehrkanzel für soziale Medizin. [Unter dem Pseudonym: Aladin]. In: Ärztliche Standeszeitung (Wien), Nr. 7, S. 1–2 [Neu in Studienausgabe, Bd. 7. Herausgegeben von A. Bruder-Bezzel, in Vorbereitung]

Adler, A. (1904a): Der Arzt als Erzieher. In: Ärztliche Standeszeitung. Central-Organ für die Gesamtinteressen der Ärzte Österreichs 3 (H. 13, S. 4f; H. 14., S. 3f., H. 15, S. 4f.) [Reprint 1904a/2007a]

Adler, A. (1904a/2007a): Der Arzt als Erzieher. In: Alfred Adler Studienausgabe, Bd. 1: Persönlichkeit und neurotische Entwicklung. Frühe Schriften (1904–1912). Herausgegeben und mit einer Einführung versehen von A. Bruder-Bezzel. Göttingen, S. 25–35

Adler, A. (1907a): Studie über die Minderwertigkeit der Organe. Wien [Reprint 1907/1977b]

Adler, A. (1907a/1977b): Studie über Minderwertigkeit von Organen. Mit einer Einführung von W. Metzger [Reprint der 4. Aufl.]. Frankfurt a. M.

Adler, A. (1908b/2007a): Der Aggressionstrieb im Leben und in der Neurose. In: Alfred Adler Studienausgabe, Bd. 1: Persönlichkeit und neurotische Entwicklung. Frühe Schriften (1904–1912). Herausgegeben und mit einer Einführung versehen von A. Bruder-Bezzel. Göttingen, S. 64–76

Adler, A. (1908d): Das Zärtlichkeitsbedürfnis des Kindes. In: Monatshefte für Pädagogik und Schulpolitik. Allgemeine und unabhängige Zeitschrift für Österreichs Lehrerschaft 1: 7–9 [Reprint 1908d/2007a]

Adler, A. (1908d/2007a): Das Zärtlichkeitsbedürfnis des Kindes. In: Alfred Adler Studienausgabe, Bd. 1: Persönlichkeit und neurotische Entwicklung. Frühe Schriften (1904–1912). Herausgegeben und mit einer Einführung versehen von A. Bruder-Bezzel. Göttingen, S. 77–81

Adler, A. (1910d): Trotz und Gehorsam. In: Monatshefte für Pädagogik und Schulpolitik. Allgemeine und unabhängige Zeitschrift für Österreichs Lehrerschaft 2: 321–328 [Reprint 1910d/2007a]

Adler, A. (1910d/2007a): Trotz und Gehorsam. In: Alfred Adler Studienausgabe. Bd. 1. Persönlichkeit und neurotische Entwicklung. Frühe Schriften (1904–1912). Herausgegeben und mit einer Einführung versehen von A. Bruder-Bezzel. Göttingen, S. 122–131

Adler, A. (1912a): Über den nervösen Charakter. Grundzüge einer vergleichenden Individualpsychologie und Psychotherapie. Bergmann: Wiesbaden [Reprint 1912a/2008a]

Adler, A. (1912a/2008a): Über den nervösen Charakter. Grundzüge einer vergleichenden Individualpsychologie und Psychotherapie. Alfred Adler Studienausgabe, Bd. 2. Herausgegeben von K. H. Witte, A. Bruder-Bezzel und R. Kühn unter Mitarbeit von M. Hubenstorf, mit einer Einführung von A. Bruder-Bezzel. Göttingen

Adler, A. (1912f): Zur Erziehung der Erzieher. In: Monatshefte für Pädagogik und Schulpolitik 4: 225–235 [Reprint unter dem Titel »Zur Erziehung der Eltern« 1912f/1914a und 1912f/2007a]

Adler, A. (1912f/1914a): Zur Erziehung der Eltern. In: A. Adler u. C. Furtmüller (Hg.): Heilen und Bilden. Ärztlich-pädagogische Arbeiten des Vereins für Indivdualpsychologie. München, S. 115–129 [Reprint 1912f/2007a]

Adler, A. (1912f/2007a): Zur Erziehung der Eltern. In: Alfred Adler Studienausgabe, Bd. 1: Persönlichkeit und neurotische Entwicklung. Frühe Schriften (1904–1912). Herausgegeben und mit einer Einführung versehen von A. Bruder-Bezzel. Göttingen, S. 223–236

Adler, A. (1913c/1974): Neue Leitsätze zur Praxis der Individualpsychologie. In: Adler, A.: Praxis und Theorie der Individualpsychologie. Vorträge zur Einführung in die Psychotherapie für Ärzte, Psychologen und Lehrer [Reprint der 4. Auflage von 1920a/1930q]. Neu herausgegeben und mit einer Einführung versehen von W. Metzger Frankfurt a. M., S. 40–47 [Neu in Alfred Adler Studienausgabe, Bd. 3. Herausgegeben von G. Eife, in Vorbereitung]

Adler, A. (1914a): Heilen und Bilden: Ärztlich-pädagogische Arbeiten des Vereins für Individualpsychologie. Herausgegeben von A. Adler u. C. Furtmüller. München [Bearbeitete Neuauflagen: A. Adler u. C. Furtmüller 1914a/1922a, 1914a/1928n und 1914a/1973c]

Adler, A. (1914e): Kinderpsychologie und Neurosenforschung [mit Diskussion]. In: Zeitschrift für Pathopsychologie. Ergänzungsbd. 1: 35–52; Diskussion: 122–127 [Reprint in diesem Band in der Fassung von 1914j/2009a]

Adler, A. (1914f): Soziale Einflüsse in der Kinderstube. In: Pädagogisches Archiv 56: 473–487 [Reprint in diesem Band 1914f/2009a]

Adler, A. (1914f/2009a): Soziale Einflüsse in die Kinderstube. In diesem Band, S. 50–65

Adler, A. (1914j): Zur Kinderpsychologie und Neurosenforschung. In: Wiener klinische Wochenschrift 27: 511–516 [Reprint in diesem Band 1914j/2009a]

Adler, A. (1914j/2009a): Zur Kinderpschologie und Neurosenforschung. In diesem Band, S. 31–49

Adler, A. (1914k/1974a): Das Problem der »Distanz«. Über einen Grundcharakter der Neurose und Psychose. In: A. Adler: Praxis und Theorie der Individualpsychologie: Vorträge zur Einführung in die Psychotherapie für Ärzte, Psychologen und Lehrer. Neu herausgegeben und mit einer Einführung versehen von W. Metzger [Neudruck der 4. Auflage von 1930q]. Frankfurt a. M., S. 112–119 [Neu in Alfred Adler Studienausgabe, Bd. 3. Herausgegeben von G. Eife, in Vorbereitung]

Adler, A. (1914p/1974a): Nervöse Schlaflosigkeit [Mit einem Anhang: Über Schlafstellungen]. In: A. Adler: Praxis und Theorie der Individualpsychologie: Vorträge zur Einführung in die Psychotherapie für Ärzte, Psychologen und Lehrer. Neu herausgegeben und mit einer Einführung versehen von W. Metzger [Neudruck der 4. Auflage von 1930q]. Frankfurt a. M., S. 170–179 [Neu in Alfred Adler Studienausgabe, Bd. 3. Herausgegeben von G. Eife, in Vorbereitung]

Adler, A. (1915): Kinderpsychologie und Neurosenforschung. In: A. Neuer: Bericht über den Int. Kongress für med. Psychol. und Psychother. Wien im Sept. 1913. In: Z. Psychother. med. Psychol. 6: 198–202 [Reprint in diesem Band in der Fassung von 1914j/2009a]

Adler, A. (1916): Die Frau als Erzieherin. In: Archiv für Frauenkunde und Eugenik: 341–349 [Reprint in diesem Band 1916/2009a]

Adler, A. (1916/2009a): Die Frau als Erzieherin. In diesem Band, S. 66–75

Adler, A. (1918c/1920a): Dostojewski. In: A. Adler: Praxis und Theorie der Individualpsychologie. Vorträge zur Einführung in die Psychotherapie für Ärzte, Psychologen und Lehrer. München, S. 196–202 [Neu in Alfred Adler Studienausgabe, Bd. 7. Herausgegeben von A. Bruder-Bezzel, in Vorbereitung]

Adler, A. (1918d/1920a): Über individualpsychologische Erziehung. In: A. Adler: Praxis und Theorie der Individualpsychologie: Vorträge zur Einführung in die Psychotherapie für Ärzte, Psychologen und Lehrer. München, S. 221–227 [Reprint in diesem Band 1918d/2009a]

Adler, A. (1918d/2009a): Über individualpsychologische Erziehung. In diesem Band, S. 76–86

Adler, A. (1918e): Bolschewismus und Seelenkunde. In: Internationale Rundschau 4: 597–600 [Neu in Alfred Adler Studienausgabe, Bd. 7. Herausgegeben von A. Bruder-Bezzel, in Vorbereitung]

Adler, A. (1919b): Bolschewismus und Seelenkunde. In: Der Friede 2: 525–529

Adler, A. (1919d): Absichten und Leistungen der Erziehungsberatungsstelle Volksheim. In: Bericht des Vereins »Volksheim« in Wien über seine Tätigkeit vom 1. Oktober 1918 bis 30. September 1919. Wien, S. 33–35 [Reprint in diesem Band 1919d/2009a]

Adler, A. (1919d/2009a): Absichten und Leistungen der Erziehungsberatungstellle Volksheim. In diesem Band, S. 87–89

Adler, A. (1920a): Praxis und Theorie der Individualpsychologie. Vorträge zur Einführung in die Psychotherapie für Ärzte, Psychologen und Lehrer. München [Reprints in diesem Band 1918d/2009a, 1920d/2009a]

Adler, A. (1920a/1924j): Praxis und Theorie der Individualpsychologie. Vorträge zur Einführung in die Psychotherapie für Ärzte, Psychologen und Lehrer. München [Neu bearbeitete 2. Auflage von 1920a] [Reprints in diesem Band 1918d/2009a, 1920d/2009a]

Adler, A. (1920a/1927s): Praxis und Theorie der Individualpsychologie. Vorträge zur Einführung in die Psychotherapie für Ärzte, Psychologen und Lehrer. München [Neu bearbeitete 3. Auflage von 1920a] [Reprints in diesem Band 1918d/2009a, 1920d/2009a]

Adler, A. (1920a/1930q): Praxis und Theorie der Individualpsychologie. Vorträge zur Einführung in die Psychotherapie für Ärzte, Psychologen und Lehrer. München [Neu bearbeitete 4. Auflage von 1920a] [Reprints in diesem Band 1918d/2009a, 1920d/2009a]

Adler, A. (1920a/1974a): Praxis und Theorie der Individualpsychologie. Vorträge zur Einführung in die Psychotherapie für Ärzte, Psychologen und Lehrer. Neu herausgegeben und mit einer Vorbemerkung versehen von W. Metzger. Frankfurt a. M. [Reprint von 1920a/1930q] [Reprints in diesem Band 1918d/2009a, 1920d/2009a]

Adler, A. (1920d/1920a): Verwahrloste Kinder. In: A. Adler (1920a): Praxis und Theorie der

Individualpsychologie. Vorträge zur Einführung in die Psychotherapie für Ärzte, Psychologen und Lehrer. München, S. 237–244 [Reprint in diesem Band 1920d/2009a]

Adler, A. (1920d/2009a): Verwahrloste Kinder. In diesem Band, S. 90–101

Adler, A. (1921/1922): Wo soll der Kampf gegen die Verwahrlosung einsetzen? In: A. Adler (1920a/1927s): Praxis und Theorie der Individualpsychologie. Vorträge zur Einführung in die Psychotherapie für Ärzte, Psychologen und Lehrer. 2. Aufl. München [Neu in Alfred Adler Studienausgabe, Bd. 7. Herausgegeben von A. Bruder-Bezzel, in Vorbereitung]

Adler, A. (1921/1973c): Wo soll der Kampf gegen die Verwahrlosung einsetzen? In: A. Adler u. C. Furtmüller (Hg.) (1914a): Heilen und Bilden. Ein Buch der Erziehungskunst für Ärzte und Pädagogen. Fischer: Frankfurt, S. 340–343 [Neu in Alfred Adler Studienausgabe, Bd. 7. Herausgegeben von A. Bruder-Bezzel, in Vorbereitung]

Adler, A. (1922b/1922a): Erziehungsberatungsstellen. In: Adler, A. u. Furtmüller, C. (Hg.) (1914a/1922a): Heilen und Bilden: Grundlagen der Erziehungskunst für Ärzte und Pädagogen. 2. Aufl., herausgegeben und bearbeitet von E. Wexberg. München [Bearbeitete Neuauflage von 1914a] [Reprint in diesem Band 1922b/2009a]

Adler, A. (1922b/2009a): Erziehungsberatungsstellen. In diesem Band, S. 102–106

Adler, A. (Hg.) (1923a–1937): Internationale Zeitschrift für Individualpsychologie: Arbeiten aus dem Gebiet der Psychotherapie, Psychologie und Pädagogik. Leipzig u. Wien

Adler, A. (1923e): Die Gefahren der Isolierung. In: Zentralblatt für das Vormundschaftswesen 15: 53–54 [Reprint in diesem Band 1923e/2009a]

Adler, A. (1923e/2009a): Die Gefahren der Isolierung. In diesem Band, S. 107–112

Adler, A. (1924e/1925): Neurose und Verbrechen. In: Internationale Zeitschrift für Individualpsychologie 3: 1–11

Adler, A. (1925c): Unerziehbarkeit des Kindes oder Unbelehrbarkeit der Theorie? Bemerkungen zum Falle Hug. In: Arbeiter-Zeitung (Wien), 5. März, S. 6 [Reprint in diesem Band 1925c/2009a]

Adler, A. (1925c/2009a): Unerziehbarkeit des Kindes oder Unbelehrbarkeit der Theorie? In diesem Band, S. 113–116

Adler, A. (1925g): Diskussionsbemerkungen zum Vortrage des Prof. Max Adler. In: Int. Z. f. Individualpsychol. 3, S. 221–223 [Neu in Alfred Adler Studienausgabe, Bd. 7. Herausgegeben von A. Bruder-Bezzel, in Vorbereitung]

Adler, A. (1926l): Schwer erziehbare Kinder. Heft 1 der von O. u. A. Rühle herausgegebenen Schriftenfolge »Schwer erziehbare Kinder«. Dresden [Reprint in diesem Band 1926l/2009a]

Adler, A. (1926l/2009a): Schwer erziehbare Kinder. In diesem Band, S. 117–132

Adler, A. (1927a): Menschenkenntnis. Leipzig [Reprint 1927a/2007b]

Adler, A. (1927a/2007b): Menschenkenntnis. In: Alfred Adler Studienausgabe, Bd. 5. Herausgegeben und mit einer Einführung versehen von J. Rüedi. Göttingen

Adler, A. (1927i): Die Erziehung zum Mut. In: Internationale Zeitschrift für Individualpsychologie 5: 324–326 [Reprint in diesem Band 1927i/2009a]

Adler, A. (1927i/2009a): Die Erziehung zum Mut. In diesem Band, S. 113–137

Adler, A. (1927j): Individualpsychologie und Wissenschaft. In: Internationale Zeitschrift für

Individualpsychologie 5: 401–408 [Neu in Alfred Adler Studienausgabe, Bd. 3. Herausgegeben von G. Eife, in Vorbereitung]

Adler, A. (1928a): Die Technik der Individualpsychologie. Erster Teil: Die Kunst, eine Lebens- und Krankengeschichte zu lesen. München [Übersetzung 1928a/1928p, Reprint 1928a/1974b]

Adler, A. (1928a/1928p): The Case of Miss R.: The Interpretation of a Life Story. New York. [Übersetzung von Adler 1928a]

Adler, A. (1928a/1974b): Die Technik der Individualpsychologie. Erster Teil. Die Kunst, eine Lebens- und Krankengeschichte zu lesen. Mit einer Einführung von W. Metzger. Frankfurt a. M.

Adler, A. (1929b): Individualpsychologie in der Schule: Vorlesungen für Lehrer und Erzieher. Leipzig [Reprint in diesem Band 1929b/2009a]

Adler, A. (1929b/1973b): Individualpsychologie in der Schule: Vorlesungen für Lehrer und Erzieher. Mit einer Einführung von W. Metzger. Frankfurt a. M. [Reprint in diesem Band 1919b/2009a]

Adler, A. (1929b/2009a): Individualpsychologie in der Schule: Vorlesungen für Lehrer und Erzieher. In diesem Band die Kapitel »Einleitung; Vorwort; 1. Die ersten fünf Lebensjahre; 2. Zur Vorgeschichte der Schwererziehbarkeit; 3. Kindliche Lebensstile; 4. Schicksalsschläge; 9. Übersicht; das Gemeinschaftsgefühl; Beispiele; Anhang: Schema«, S. 138–183

Adler, A. (1929c): Problems of neurosis: A Book of Case Histories. Edited by P. Mairet. With a Prefatory Essay by F. G. Crookshank. London [Neuübersetzung in diesem Band 1929c/2009a]

Adler, A. (1929c/1964d): Problems of neurosis: A Book of Case Histories. Edited by P. Mairet. With a Prefatory Essay by H. L. Ansbacher. New York [Neuübersetzung in diesem Band 1929c/2009a]

Adler, A. (1929c/1981a): Neurosen. Zur Diagnose und Behandlung [Übersetzung von 1929c, besorgt von W. Köhler]. Herausgegeben von H. L. Ansbacher und R. F. Antoch. Mit einer Einführung von R. F. Antoch. Frankfurt a. M. [Neuübersetzung in diesem Band 1929c/2009a]

Adler, A. (1929c/2009a): Neurosen. Zur Diagnose und Behandlung. In diesem Band: »Kapitel 7: Familienkonstellation« [Neuübersetzung aus 1929c, besorgt von S. Schumacher], S. 184–202

Adler, A. (1929d): The Science of Living. With a Prefatory Essay by P. Mairet. New York [Übersetzung 1929d/1978b]

Adler, A. (1929d/1978b): Lebenskenntnis. [Übersetzung von 1929d, besorgt von W. Köhler]. Mit einer Einführung von W. Metzger. Frankfurt a. M.

Adler, A. (1929g): Eine Beratung: stenografische Aufnahme. In: Internationale Zeitschrift für Individualpsychologie 7: 207–214 [Reprint in 1930e als »XIX. Kapitel: Enuresis als Bindemittel«.] In diesem Band, S. 335–344

Adler, A. (1930a): The Education of Children [dt. Original verloren]. Übersetzung von E. und F. Jensen. New York [Rückübersetzung 1930a/1976a; Neuübersetzung in diesem Band 1930a/2009a]

Adler, A. (1930a/1976a): Kindererziehung [Rückübersetzung von 1930a, besorgt von W. Köhler]. Mit einer Einführung von W. Metzger. Frankfurt a. M. [Neuübersetzung in diesem Band 1930a/2009a]

Adler, A. (1930a/2009a): Kindererziehung. In diesem Band die Kapitel: »1. Einführung. 3. Das Streben nach Überlegenheit und seine erzieherische Bedeutung. 10. Das Kind in der Schule. 12. Jugend und Sexualerziehung. 14. Elternerziehung. Anhang 1: Ein individualpsychologischer Fragebogen. Anhang 2: Vier Fallgeschichten mit Erläuterungen« [neue Rückübersetzung aus 1930a, besorgt von S. Schuhmacher, A. Funder und W. Datler], S. 203–273

Adler, A. (1930c): The Pattern of Life. Edited by W. B. Wolfe. New York [Übersetzung 1930c/1979a; Neuübersetzung in diesem Band 1930c/2009a]

Adler, A. (1930c/1979a): Das Leben gestalten. Vom Umgang mit Sorgenkindern [Übersetzung von 1930c, besorgt von E. und W. Schmidbauer]. Mit einer Einführung von W. Metzger. Frankfurt a. M. [Neuübersetzung in diesem Band 1930c/2009a]

Adler, A. (1930c/2009a): Das Leben gestalten. Vom Umgang mit Sorgenkindern. In diesem Band die Kapitel: »Der Weg ins Verbrechen. Dem Führer folgen« [Neuübersetzung aus 1930c, besorgt von E. Witte], S. 274–294

Adler, A. (1930e): Die Technik der Individualpsychologie. Zweiter Teil. Die Seele des schwer erziehbaren Schulkindes. München [Reprint in diesem Band 1930e/2009a]

Adler, A. (1930e/1974d): Die Technik der Individualpsychologie 2: Die Seele des schwer erziehbaren Schulkindes. Mit einer Einführung von W. Metzger. Frankfurt a. M. [Reprint in diesem Band 1930e/2009a]

Adler, A. (1930e/2009a): Die Technik der Individualpsychologie 2: Die Seele des schwer erziehbaren Schulkindes. In diesem Band die Kapitel: »Vorwort. 1. Übertreibung der eigenen Wichtigkeit. 2. Verzärteltes jüngstes Kind. 6. Einziges Kind. 10. Gehasstes Kind. 19. Enuresis als Bindemittel. 21. Wie spreche ich mit den Eltern?«, S. 295–345

Adler, A. (1930q): Praxis und Theorie der Individualpsychologie: Vorträge zur Einführung in die Psychotherapie für Ärzte, Psychologen und Lehrer. München [4. Auflage von 1920a]

Adler, A. (1930r): Verzärtelte Kinder. Manuskript des Eröffnungsreferats zum 5. Internat. Kongress für Individualpsychologie in Berlin, September 1930 [Reprint in diesem Band 1930r/2009a]

Adler, A. (1930r/1980): Verzärtelte Kinder. In: Z. f. Individualpsychol. 5: 177–181 [Reprint in diesem Band 1930r/2009a]

Adler, A. (1930r/2009a): Verzärtelte Kinder. In diesem Band, S. 346–353

Adler, A. (Ed.) (1930u): Guiding the child. On the principles of individual psychology. Translated from the German by B. Ginzburg. New York

Adler, A. (1931b): What life should mean to you. Edited by A. Porter. Boston [Übersetzung 1931b/1979b]

Adler, A. (1931b/1979b): Wozu leben wir? [Übersetzung von 1931b, besorgt von E. u. W. Schmidbauer]. Mit einer Einführung von W. Metzger. Frankfurt a. M.

Adler, A. (1931f): Zwangsneurose. In: Internationale Zeitschrift für Individualpsychologie 9: 1–15 [Neu in Alfred Adler Studienausgabe, Bd. 3. Herausgegeben von G. Eife, in Vorbereitung]

Adler, A. (1931g/1982b): Der Sinn des Lebens. In: A. Adler: Psychotherapie und Erziehung. Ausgewählte Aufsätze, Bd. II: 1930–1932. Ausgewählt und herausgegeben von H. L. Ansbacher und R. F. Antoch. Mit einer Einführung von R. F. Antoch. Frankfurt a. M., S. 71–84

Adler, A. (1931h/1982b): Die kriminelle Persönlichkeit und ihre Heilung. In: A. Adler: Psychotherapie und Erziehung. Ausgewählte Aufsätze, Bd. II: 1930–1932. Ausgewählt und herausgegeben von H. L. Ansbacher und R. F. Antoch. Mit einer Einführung von R. F. Antoch. Frankfurt a. M., S. 106–117 [Neu in Alfred Adler Studienausgabe, Bd. 7. Herausgegeben von A. Bruder-Bezzel, in Vorbereitung]

Adler, A. (1931l): Der nervöse Charakter. In: Z. angew. Psychol., Beih. 59: 1–14

Adler, A. (1931r): Das verzärtelte Kind in der Schule. In: Archiv für Psychiatrie und Nervenkrankheiten 93: 317–323 (inhaltlich nahezu identisch mit 1932k)

Adler, A. (1932h): Die Systematik der Individualpsychologie. In: Internationale Zeitschrift für Individualpsychologie. Bd. 10241–244 [Neu in Alfred Adler Studienausgabe, Bd. 3. Herausgegeben von G. Eife]

Adler, A. (1932k): Individualpsychologie und Erziehung. In: Vierteljahresschrift für Jugendkunde 2: 1–6 [Reprint in diesem Band 1932k/2009a].

Adler, A. (1932k/2009a): Individualpsychologie und Erziehung. In diesem Band, S. 354–361

Adler, A. (1933b): Der Sinn des Lebens. Wien/Leipzig [Reprint 1933b/2008b]

Adler, A. (1933b/2008b): Der Sinn des Lebens. Herausgegeben von R. Brunner. In: Alfred Adler Studienausgabe, Bd. 6: Sinn des Lebens – Religion und Individualpsychologie. Herausgegeben und mit Einführungen versehen von R. Brunner und R. Wiegand. Göttingen, S. 5–176

Adler, A. (1933i–a): Über den Ursprung des Strebens nach Überlegenheit und des Gemeinschaftsgefühles. In: Internationale Zeitschrift für Individualpsychologie 11: 257–263 [Neu in Alfred Adler Studienausgabe, Bd. 7. Herausgegeben von A. Bruder-Bezzel, in Vorbereitung]

Adler, A. (1933l/1983a): Vor- und Nachteile des Minderwertigkeitsgefühls. In: A. Adler: Psychotherapie und Erziehung. Ausgewählte Aufsätze, Band III: 1933–1937. Ausgewählt und herausgegeben von H. L. Ansbacher und R. F. Antoch. Mit einer Einführung von R. F. Antoch. Frankfurt a. M., S. 33–39 [Neu in Studienausgabe, Bd. 3. Herausgegeben von G. Eife, in Vorbereitung]

Adler, A. (1937i): Levensproblemen. Voordrachten en Discussies. Utrecht

Adler, A. (1937i/1994a): Lebensprobleme. Vorträge und Aufsätze [Übersetzung von 1937i]. Frankfurt a. M.

Adler, A. (1982a): Psychotherapie und Erziehung. Ausgewählte Aufsätze, Bd. 1: 1919–1929. Ausgewählt und herausgegeben von H. L. Ansbacher und R. F. Antoch. Mit einer Einführung von Robert F. Antoch. Frankfurt a. M.

Adler, A. (1982b): Alfred Adler: Psychotherapie und Erziehung. Ausgewählte Aufsätze, Bd. II: 1930–1932. Ausgewählt und herausgegeben von H. L. Ansbacher und R. F. Antoch. Mit einer Einführung von R. F. Antoch. Frankfurt a. M.

Adler, A. (1983): Psychotherapie und Erziehung. Ausgewählte Aufsätze, Band III: 1933–1937.

Ausgewählt und herausgegeben von H. L. Ansbacher und R. F. Antoch. Mit einer Einführung von R. F. Antoch. Frankfurt a. M.

Adler, A. (2007a): Persönlichkeit und neurotische Entwicklung. Frühe Schriften (1904–1912). Alfred Adler Studienausgabe, Bd. 1. Herausgegeben und mit einer Einführung versehen von A. Bruder-Bezzel. Göttingen

Adler, A. u. Furtmüller, C. (Hg.) (1914a): Heilen und Bilden. Ärztlich-pädagogische Arbeiten des Vereins für Individualpsychologie. München

Adler, A. u. Furtmüller, C. (Hg.) (1914a/1922a): Heilen und Bilden: Grundlagen der Erziehungskunst für Ärzte und Pädagogen. 2. Aufl., herausgegeben und bearbeitet von E. Wexberg. München [Bearbeitete Neuauflage von 1914a] [Reprint in diesem Band 1922b/2009a]

Adler, A. u. Furtmüller, C. (Hg.) (1914a/1928n): Heilen und Bilden. Ein Buch der Erziehungskunst für Ärzte und Pädagogen. 3. Aufl., herausgegeben, bearbeitet und mit einem Vorwort versehen von E. Wexberg. München [Bearbeitete Neuauflage von 1914a] [Reprint in diesem Band 1922b/2009a]

Adler, A. u. Furtmüller, C. (Hg.) (1914a/1973c): Heilen und Bilden. Ein Buch der Erziehungskunst für Ärzte und Pädagogen. Mit einer Einführung von W. Metzger. Frankfurt a. M. [Bearbeitete Neuauflage von 1914a/1928n] [Reprint in diesem Band 1922b/2009a]

Adler, A. u. Furtmüller, C. (Hg.) (1914b): Zeitschrift für Individualpsychologie: Studien aus dem Gebiet der Psychotherapie, Psychologie und Pädagogik [erschienen bis 1916; fortgesetzt als Internationale Zeitschrift für Individualpsychologie (A. Adler 1923a–1937)]

Aichhorn, A. (1925/1977): Verwahrloste Jugend. Bern u. a.

Aichhorn, A. (1934): Kann der Jugendliche straffällig werden? Ist der Jugendgerichtshof eine Lösung? In: Zeitschrift für psychoanalytische Pädagogik 8: 77–95

Ansbacher, H. L. (1964): Introduction. In: A. Adler (1929c/1964d): Problems of Neurosis: A Book of Case Histories. Edited by P. Mairet. New York, S. IX–XXVI

Ansbacher, H. L. (1985): Alfred Adler und G. Stanly Hall: ihr Briefwechsel und allgemeines Verhältnis zueinander. In: Zeitschrift für Individualpsychologie 10, 129–143

Ansbacher, H. L. u. Ansbacher, R. R. (1972): Alfred Adlers Individualpsychologie. Eine systematische Darstellung seiner Lehre in Auszügen aus seinen Schriften. Reinhardt: München

Ansbacher, H. L. u. Antoch, R. F. (Hg.) (1982a): Alfred Adler: Psychotherapie und Erziehung. Ausgewählte Aufsätze, Bd. I: 1919–1929. Mit einer Einführung von Robert F. Antoch. Frankfurt a. M.

Ansbacher, H. L. u. Antoch, R. F. (Hg.) (1982b): Alfred Adler: Psychotherapie und Erziehung. Ausgewählte Aufsätze, Bd. II: 1930–1932. Mit einer Einführung von Robert F. Antoch. Frankfurt a. M.

Ansbacher, H. L. u. Antoch, R. F. (Hg.) (1983): Alfred Adler: Psychotherapie und Erziehung. Ausgewählte Aufsätze, Band III: 1933–1937. Mit einer Einführung von Robert F. Antoch. Frankfurt a. M.

Antoch, R. F. (1981): Einführung. In: A. Adler (1929c/1981a): Neurosen. Zur Diagnose und Behandlung. Frankfurt a. M., S. 7–17

Antoch, R. F. (1983): Einführung. In: A. Adler: Psychotherapie und Erziehung. Ausgewählte

Aufsätze, Band III: 1933–1937. Ausgewählt und herausgegeben von H. L. Ansbacher und R. F. Antoch. Frankfurt a. M., S. 7–20

Antoch, R. F. (1994): Beziehung und seelische Gesundheit. Frankfurt a. M.

Appelt, A. (1914): Fortschritte der Stotterbehandlung. In: A. Adler u. C. Furtmüller (Hg.): Heilen und Bilden. Ärztlich-pädagogische Arbeiten des Vereins für Individualpsychologie. München, S. 226–245

BBF (2007): Pädagogisches Archiv – Monatsschrift für Erziehung, Unterricht und Wissenschaft. Leipzig: Quelle & Meyer, 1856–1914, elektronisch erfasst von der Bibliothek für Bildungsgeschichtliche Forschung (BBF) des Deutschen Instituts für Internationale Pädagogische Forschung (http://www.bbf.dipf.de/cgi-opac/catalog.pl?tdigishow=x&zid=2a61 [gelesen am 3.8.2007])

Bemmann, H. (1998): Theodor Fontane. Ein preußischer Dichter. Berlin

Benetka, G. (1995): Psychologie in Wien. Sozial- und Theoriegeschichte des Wiener Psychologischen Instituts 1922–1938. Wien

Bengton, H. (1977): Marcus Antonius. Triumvir und Herrscher des Orients. München

Bericht (1923/24a): Bericht über den I. internationalen Kongress für Individualpsychologie. In: Internationale Zeitschrift für Individualpsychologie 2 (2): 30–45

Bericht (1923/24b): Bericht über eine Tagung des Internationalen Vereins für Individualpsychologie zu Klesheim bei Salzburg am 29. Juni 1924. In: Internationale Zeitschrift für Individualpsychologie 2 (6): 36–39

Bericht (1925): Bericht über den zweiten internationalen Kongress für Individualpsychologie. In: Internationale Zeitschrift für Individualpsychologie 3: 340–346

Bernfeld, S. (1921/1996): Kinderheim Baumgarten. Bericht über einen ernsthaften Versuch mit neuer Erziehung. In: Siegfried Bernfeld: Sämtliche Werke, Bd. 11: Sozialpädagogik. Herausgegeben von Ulrich Herrmann. Beltz: Weinheim und Basel, 1996, S. 9–155

Bernfeld, S. (1926/1967): Sisyphos oder die Grenzen der Erziehung. Suhrkamp: Frankfurt a. M., 1967.

Bernfeld, S. (1929a/1996): Der soziale Ort und seine Bedeutung für Neurose, Verwahrlosung und Pädagogik. In: Sämtliche Werke, Bd. 11: Sozialpädagogik. Herausgegeben von Ulrich Herrmann. Weinheim u. Basel, S. 255–272.

Bernfeld, S. (1929b/1996): Verwahrloste Jugend. In: Sämtliche Werke, Bd. 11: Sozialpädagogik. Herausgegeben von Ulrich Herrmann. Weinheim u. Basel, S. 273–279

Beutler, E. (Hg.) (1951): Goethe. Gedenkausgabe der Werke, Briefe und Gespräche, Band 18: Briefe der Jahre 1764–1786. Zürich

Bindel, J. (Hg.) (1983): 75 Jahre Kinderfreund 1908–1983. Skizzen – Erinnerungen – Berichte – Ausblicke. Wien u. München

Birnbaum, M. (1924): Hoffnungslose Eltern. In: Internationale Zeitschrift für Individualpsychologie 11: 46–49

Birnbaum, F., Novotny, K. u. Spiel, O. (1947): Hedwig Schulhof. In: Internationale Zeitschrift für Individualpsychologie 16: 7–10

Bittner, G. (2001): Erziehungsberatung – »Kleine Psychotherapie« oder spezifisches Angebot der Jugendhilfe? In: Z. f. Individualpsychologie 26: 222–237

Black, C. (2003): Franklin Delano Roosevelt. Champion of Freedom. New York
Blankertz, H. (1982): Die Geschichte der Pädagogik. Von der Aufklärung bis zur Gegenwart. Wetzlar
Bleidick, U. (1984): Pädagogik der Behinderten. Grundzüge einer Theorie der Erziehung behinderter Kinder und Jugendlicher (5. Aufl.). Berlin
Bleidick, U. (Hg.) (1999): Studientexte zur Geschichte der Behindertenpädagogik, Bd. 1: Allgemeine Behindertenpädagogik. Neuwied
Boerner, P. (2002): Johann Wolfgang von Goethe. Reinbek bei Hamburg
Böhm, W. (1982): Wörterbuch der Pädagogik. Stuttgart
Breuer, J. u. Freud, S. (1883): Über den psychischen Mechanismus hysterischer Phänomene. In: S. Freud, G. W. Bd. 1. Frankfurt a. M., S. 81–98
Bruder-Bezzel, A. (1991): Die Geschichte der Individualpsychologie. Frankfurt a. M.
Bruder-Bezzel, A. (1995): Geschichte der Individualpsychologie. In: R. Brunner u. M. Titze (Hg.): Wörterbuch der Individualpsychologie (2. Aufl.). München u. a., S. 193–204
Bruder-Bezzel, A. (1999): Geschichte der Individualpsychologie. Vandenhoeck & Ruprecht: Göttingen [Überarbeitete Neuauflage von Bruder-Bezzel (1991)]
Bruder-Bezzel, A. (2005a): Rühle Otto. In: G. Stumm, A. Pritz, P. Gumhalter, N. Nemeskeri, M. Voracek (Hg.): Personenlexikon der Psychotherapie. Wien u. a., S. 412–413
Bruder-Bezzel, A. (2005b): Rühle-Gerstel Alice. In: G. Stumm, A. Pritz, P. Gumhalter, N. Nemeskeri, M. Voracek (Hg.): Personenlexikon der Psychotherapie. Wien u. a., S. 413–415
Bruder-Bezzel, A. (2007): Einleitung. In: Alfred Adler Studienausgabe, Band 1: Persönlichkeit und neurotische Entwicklung. Frühe Schriften (1904–1912). Herausgegeben und mit einer Einführung versehen von Almuth Bruder-Bezzel. Göttingen, S. 9–22
Brunner, R. (1995): Verstehen. In: R. Brunner u. M. Titze (Hg.): Wörterbuch der Individualpsychologie (2. Aufl.). München u. a., S. 538–541
Bruns, B. (1991a): Im Steinbruch. Zur Geschichte der Individualpsychologie in München. In: Luzifer Amor. Zeitschrift zur Geschichte der Psychoanalyse 4, Heft 7: Geschichte der psychoanalytischen Bewegung II, S. 8–50
Bruns, B. (Hg.) (1991b): Polizeiberichte über den 1. Internationalen Kongress der Individualpsychologen in München vom 8.–10.12.1922. In: Luzifer Amor. Zeitschrift zur Geschichte der Psychoanalyse 4, Heft 7: Geschichte der psychoanalytischen Bewegung II, S. 133–150
Capovilla, A. (2004): Entwürfe weiblicher Identität in der Moderne: Milena Jesenská, Vicki Baum, Gina Kaus, Alice Rühle-Gerstel. Studien zu Leben und Werk. Oldenburg
Christensen, O. C. (Ed.) (1993): Adlerian Family Counseling. Tucson
Chronik (1923/24): In: Internationale Zeitschrift für Individualpsychologie 2: 1/45–48, 2/47–48, 3/63–64, 4/35–36, 5/33–36, 6/44–45
Chronik (1925): Chronik. In: Internationale Zeitschrift für Individualpsychologie 3: 45–48, 142–144, 207–208, 266–267, 350–353
Chronik (1926): In: Internationale Zeitschrift für Individualpsychologie 4: 48–51, 106–108, 168–171, 249–250, 315–318, 399–403
Chronik (1928): Chronik. In: Internationale Zeitschrift für Individualpsychologie 6: I–XXVII

Chronik (1930): In: Internationale Zeitschrift für Individualpsychologie 8: I–XXV
Chronik (1931): In: Internationale Zeitschrift für Individualpsychologie 9: I–XXVIII
Chronik (1932): In: Internationale Zeitschrift für Individualpsychologie 10: I–XXX
Clostermann, L. (1927): Der Erziehungsgedanke im modernen Jugendrecht. Düsseldorf
Crookshank, F. G. (1932): Individual Psychology, Medicine and the Bases of science. Daniel: London
Damrosch, L. (2005): Jean-Jacques Rousseau. Restless Genius. Boston u. a.
Datler, W. (1995): Musterbeispiel, exemplarische Problemlösung und Kasuistik. Eine Anmerkung zur Bedeutung der Falldarstellung im Forschungsprozess. In: Zeitschrift für Pädagogik 41: 719–728
Datler, W. (1996): Adlers schiefes Verhältnis zum Konzept des dynamischen Unbewussten und die Identität der Individualpsychologie. In: Zeitschrift für Individualpsychologie 21: 103–116
Datler, W. (2004): Wie Novellen zu lesen ...: Historisches und Methodologisches zur Bedeutung von Falldarstellungen in der Psychoanalytischen Pädagogik. In: Datler, W., Müller, B., Finger-Trescher, U. (Hg.): Sie sind wie Novellen zu lesen: Zur Bedeutung von Falldarstellungen in der Psychoanalytischen Pädagogik (Jahrbuch für Psychoanalytische Pädagogik 14). Gießen, S. 9–41
Datler, W. (2005b): Bilden und Heilen. Auf dem Weg zu einer pädagogischen Theorie psychoanalytischer Praxis. Zugleich ein Beitrag zur Diskussion um das Verhältnis zwischen Psychotherapie und Pädagogik (3. Aufl.). Wien
Datler, W. u. Gstach, J. (2005): »Auch Chicago ist nun daran, einen Verleger für Ihre ausgezeichnete Arbeit zu finden ...« – Einführende Bemerkungen zur dritten Auflage von Oskar Spiels »Am Schaltbrett der Erziehung«. In: O. Spiel, (1947/2005): Am Schaltbrett der Erziehung (3. Aufl.). Mit einem Vorwort von W. Datler u. J. Gstach. Wien, S. 1–24
Datler, W., Gstach, J. u. Wittenberg, L. (2001): Individualpsychologische Erziehungsberatung und Schulpädagogik im Roten Wien der Zwischenkriegszeit. In: Zwiauer, Ch., Eichelberger, H. (Hg.): Das Kind wird entdeckt. Erziehungsexperimente im Wien der Zwischenkriegszeit. Wien, S. 227–269
Dent, N. (2005): Rousseau. Routledge: London u. a.
Digl, W. (Hg.) (1982): Meyers Taschenlexikon Geschichte. Band 5. Mannheim u. a.
Dornes, M. (2000): Die Bedeutung der biografischen Vergangenheit für die Gegenwart. In: Dornes, M.: Die emotionale Welt des Kindes. Frankfurt a. M., S. 133–175
Dölemeyer, B. (1997): Frau und Familienrecht im 19. Jahrhundert. In: Gerhard, U. (Hg.): Frauen in der Geschichte des Rechts. München, S. 633–658
Dosenheimer, E. (1922): Kongress der internationalen Gesellschaft für vergleichende Individualpsychologie vom 8. bis 10. Dezember 1922 in München. In: Zentralblatt für Vormundschaftswesen, Jugendgerichte und Jugenderziehung 14: 239–240
Dostojewski, F. M. (1879/1996): Die Brüder Karamasoff. München u. a.
Duden (2007): Duden – Deutsches Universalwörterbuch. Mannheim u. a. (6., überarb. Aufl.)
Ellenberger, H. E. (1985): Die Entdeckung des Unbewussten. Geschichte und Entwicklung der dynamischen Psychiatrie von den Anfängen bis zu Janet, Freud, Adler und Jung. Zürich

Ellger-Rüttgart, S. (2008): Geschichte der Sonderpädagogik. München u. a.

Engelbrecht, H. (1988): Geschichte des österreichischen Bildungswesens, Bd. 5: Von 1918 bis zur Gegenwart. Wien

Engelbrecht, H. (2006): Schülerbeschreibung. In: R. Bamberger, M. Bamberger, E. Bruckmüller u. K. Gutkas (Hg.): Österreich Lexikon. Elektronische Fassung: http://aeiou.iicm.tugraz.at/aeiou.encyclop/book.htm (Stichwort Schülerbeschreibung: http://aeiou.iicm.tugraz.at/aeiou.encyclop.s/s397116.htm [gelesen am 3.8.2007])

Eppelbaum, V. u. Strasser, Ch. (1914): Nervöser Charakter, Disposition zur Trunksucht und Erziehung. In: A. Adler u. C. Furtmüller, (Hg.): Heilen und Bilden. Ärztlich-pädagogische Arbeiten des Vereins für Individualpsychologie. München, S. 390–398

Eschbach, A. (1984): Bühler Studien. Band I und II. Frankfurt a. M.

Firchow, E.S. (Hg.) (1995): Einhard: Vita Karoli Magni. Das Leben Karls des Großen. Lateinisch mit deutscher Übersetzung. Stuttgart

Fontane, T. (1893/2003): Meine Kinderjahre. Autobiografischer Roman. Mit einem Nachwort von Rüdiger Görner. Düsseldorf

Francke, H. (1922): Das Minderwertigkeitsgefühl der Jugendlichen und seine Behandlung in der Jugendfürsorge. In: Zentralblatt für Vormundschaftswesen, Jugendgerichte und Jugenderziehung 14: 27–29

Francke, H. (1926): Jugendverwahrlosung und ihre Bekämpfung (Schriftenreihe der Vereinigung für Jugendgerichte und Jugendgerichtshilfe, 8). Berlin

Franklin, B. (1791/2003): Autobiografie. München

Freschl, R. (1913): Das »Lustprinzip« bei Nietzsche. In: Zentralblatt für Psychoanalyse 3: 516–518

Freschl, R. (1914/1916a): Eine psychologische Analyse. August Strindbergs »Corinna« aus »Heiraten«. In: Zeitschrift für Individualpsychologie 1 (1): 21–26

Freschl, R. (1914/1916b): Vorbemerkung zu einer Individualpsychologie der Persönlichkeit Nietzsches. In: Zeitschrift für Individualpsychologie 1 (4/5): 110–115

Freschl, R. (1914c): Von Janet zur Individualpsychologie. In: Zentralblatt für Psychoanalyse und Psychotherapie 4: 152–164

Freschl, R. (1936): Friedrich Nietzsche und die Individualpsychologie. In: Internationale Zeitschrift für Individualpsychologie 14: 50–61

Freud, S. (1902/1986): Schreiben an Alfred Adler. In: Handlbauer, B. (1996): Von »schlampigen Konflikten« und »großen Neurosen«. Ein neuer Blick auf die Freud-Adler-Kontroverse. In: Lehmkuhl, U. (Hg.): Heilen und Bilden – Behandeln und Beraten. Individualpsychologische Leitlinien heute. Reinhardt: München, S. 34

Freud, S. (1905d/1972): Drei Abhandlungen zur Sexualtheorie. In: Studienausgabe. Bd. 5 Sexualleben. Frankfurt a. M., S. 37–145

Freud, S. (1914c/1975): Zur Einführung des Narzissmus. In: Studienausgabe. Bd. 3. Frankfurt a. M., S. 37–68

Freudenberg, S. (1925): Bericht über eine Tagung des Internationalen Vereines für Individualpsychologie zu Nürnberg am 25. und 26. Oktober 1924. In: Internationale Zeitschrift für Individualpsychologie 3: 132–134

Friedjung, J. K. (1924): Dr. Hermine Hug-Hellmuth †. In: Internationale Zeitschrift für Psychoanalyse 10: 337

Friedmann, A. (1927): Erneuerung der Erziehung. Bericht über die Internationale Konferenz zu Locarno, 3.–15. August 1927. In: Internationale Zeitschrift für Individualpsychologie 5: 470–471

Fuchs, I. (2002): Carl Furtmüller – ein Politiker im Dienste der Jugend. In: A. Levy u. G. Mackenthun (Hg.): Gestalten um Alfred Adler. Pioniere der Individualpsychologie. Würzburg, S. 81–98

Furtmüller, C. (1914): Geleitwort. In: A. Adler u. C. Furtmüller (Hg.) (1914a): Heilen und Bilden. Ärztlich-pädagogische Arbeiten des Vereins für Individualpsychologie. München, S. V–VIII

Furtmüller, C. (1946/1983): Alfred Adlers Werdegang. In: L. Furtmüller (Hg.): Carl Furtmüller: Denken und Handeln. Schriften zur Psychologie 1905–1950. München u. a., S. 232–287.

Furtmüller, L. (Hg.) (1983): Carl Furtmüller: Denken und Handeln. Schriften zur Psychologie 1905–1990. München u. a.

Gallo, M. (2007): Robespierre. Deutsche Neuausgabe aus dem Französischen von Pierre Bertaux. Stuttgart

Gay, P. (1989): Sigmund Freud. Eine Biografie für unsere Zeit. Frankfurt a. M.

Geleitwort (1914): Geleitwort. In: Pädagogisches Archiv 56: 473

Gerlach, W. (1987): Kepler. Der Begründer der modernen Astronomie. München

Goethe, J. W. v. (1796/1981): Wilhelm Meisters Lehrjahre. In: Goethes Werke. Hamburger Ausgabe, Bd. 7. München.

Goethe, J. W. v. (1951): Gedenkausgabe der Werke, Briefe und Gespräche, Bd. 18: Briefe der Jahre 1764–1786. Herausgegeben von E. Beutler. Zürich

Göllner, R. (2003): Psychoanalytisch-pädagogische Praxis ohne Ideologie vom »Schädling«. August Aichhorns Erziehungsberatung zwischen Jugendamt und Psychoanalytischer Vereinigung. In: Luzifer-Amor. Zeitschrift zur Geschichte der Psychoanalyse 16 (31): 8–36

Goschler, C. (2002): Rudolf Virchow. Mediziner – Anthropologe – Politiker. Köln u. a.

Graf-Nold, A. (1988): Der Fall Hermine Hug-Hellmuth. Eine Geschichte der frühen Kinder-Psychoanalyse. Wien u. München

Grimm, M. (2005): Freud Anna. In: G. Stumm, A. Pritz, P. Gumhalter, N. Nemeskeri, M. Voracek (Hg.): Personenlexikon der Psychotherapie. Wien u. a., S. 157–160

Groenendijk (1998): Psychoanalytisch orientierte Sexualaufklärung vor dem Zweiten Weltkrieg. In: W. Datler, U. Finger-Trescher u. C. Büttner (Hg.): Jahrbuch für Psychoanalytische Pädagogik, Bd. 9. Gießen, S. 147–158

Gröger, H. (1992): Josef K. Friedjung (1871–1946). In: E. Federn u. G. Wittenberger (Hg.): Aus dem Kreis um Sigmund Freud. Zu den Protokollen der Wiener Psychoanalytischen Vereinigung. Frankfurt a. M., S. 133–136

Gstach, J. (2003): Individualpsychologische Erziehungsberatung der Zwischenkriegszeit. Wien

Gstach, J. (2005a): Birnbaum Ferdinand. In: G. Stumm, A. Pritz, P. Gumhalter, N. Nemeskeri, M. Voracek (Hg.): Personenlexikon der Psychotherapie. Wien u. a., S. 52–53

Gstach, J. (2005b): Spiel Oskar. In: G. Stumm, A. Pritz, P. Gumhalter, N. Nemeskeri, M. Voracek (Hg.): Personenlexikon der Psychotherapie. Wien u. a., S. 449–451

Gstach, J. (2005c): Von der »Bewegung für alle« zum »Verein für psychotherapeutische Spezialisten«? Anmerkungen zur Veränderung des Selbstverständnisses des Österreichischen Vereins für Individualpsychologie. In: Zeitschrift für Individualpsychologie 30: 151–170

Gstach, J. (2006): Die österreichische Individualpsychologie unterm Hakenkreuz und im Wiederaufbau. Zur Geschichte des österreichischen Vereins für Individualpsychologie zwischen 1938 und 1952. In: Zeitschrift für Individualpsychologie 31: 32–51

Gstach, J. (2009): Zur institutionellen Vernetzung der Wiener Individualpsychologie in der Zwischenkriegszeit. Die Wiener Individualpsychologie zwischen Volksbildung und kommunaler Fürsorge. In: Zeitschrift für Individualpsychologie 34: 23–42

Gstach, J. u. Datler, W. (2001): Zur Geschichte und Konzeption der individualpsychologischen Erziehungsberatung im Wien der Zwischenkriegszeit. In: Zeitschrift für Individualpsychologie 26: 200–221

Hainisch, M. (1902): Zur Vormundschaftspflege. In: Dokumente der Frauen, Bd. 6, Nr. 22: 617–621

Handlbauer, B. (1984): Die Entstehungsgeschichte der Individualpsychologie Alfred Adlers. Wien u. Salzburg

Handlbauer, B. (1990): Die Adler-Freud-Kontroverse. Frankfurt a. M.

Handlbauer, B. (1992): Carl Furtmüller (1880–1951). In: E. Federn u. G. Wittenberger (Hg.): Aus dem Kreis um Sigmund Freud. Zu den Protokollen der Wiener Psychoanalytischen Vereinigung. Frankfurt a. M., S. 141–149

Handlbauer, B. (1996): Von »schlampigen Konflikten« und »großen Neurosen«. Ein neuer Blick auf die Freud-Adler-Kontroverse. In: Lehmkuhl, U. (Hg.): Heilen und Bilden – Behandeln und Beraten. Individualpsychologische Leitlinien heute. München, S. 33–47

Hartmann, E. v. (1869): Die Philosophie des Unbewussten. 2 Bände. Berlin

Hauser, E. (1914/16): Individualpsychologie und Kriminalpolitik. In: Zeitschrift für Individualpsychologie 1 (6–9): 174–185

Heine, A. (Hg.) (1986): Einhardus: Das Leben Karls des Großen. Nebst Auszügen aus: Der Mönch von St. Gallen über die Taten Karls des Großen (Übersetzt von Wilhelm Wattenbach). Essen

Hell, D. (2001): Eugen Bleulers Herkunft, Kindheit und Jugend – Hintergrund für seine Lehre. In: D. Hell, Ch. Scharfstetter, A. Möller (Hg.): Eugen Bleuler – Leben und Werk. Bern, S. 19–27

Hell, D., Scharfstetter, Ch., Möller, A. (Hg.) (2001): Eugen Bleuler – Leben und Werk. Bern

Heydwolff, A. (2005): Jung Carl Gustav. In: G. Stumm, A. Pritz, P. Gumhalter, N. Nemeskeri, M. Voracek (Hg.): Personenlexikon der Psychotherapie. Wien u. a., S. 240–242

Higdon, H. (1999): Leopold und Loeb. The crime of the century. Champaign

Hoffman, E. (1997): Alfred Adler. Ein Leben für die Individualpsychologie. München

Hoffmann – La Roche AG (Hg.) (1984): Roche Lexikon Medizin. München u. a.

Hohmann, I. (2008): Guide to the Papers of Emery and Bertalan Gondor, 1909–2003 (bulk

1920–1945). Veröffentlicht unter: http://www.cjh.org/nhprc/EmeryGondor.html (gelesen am 7.7.2008)
Hohoff, C. (1989): Johann Wolfgang von Goethe. Dichtung und Leben. München
Hoppe, J. (1987): Johannes Kepler. Leipzig (5. Aufl.)
Hörburger, F. (1967): Geschichte der Erziehung und des Unterrichts. Österreichischer Bundesverlag: Wien u. a.
Hörster, R., Müller, B. (Hg.) (1992): Jugend, Erziehung und Psychoanalyse. Zur Sozialpädagogik Siegfried Bernfelds. Neuwied u. a.
Horwitz, E. (1919/2003): Tätigkeitsbericht aus der Erziehungs-Beratungsstelle »Volksheim«. In: J. Gstach (Hg.): Individualpsychologische Erziehungsberatung der Zwischenkriegszeit. Wien, S. 109–111
Hug-Hellmuth, H. (1919/1923): Tagebuch eines halbwüchsigen Mädchens. Von 11 bis 14 1/2 Jahren (Quellenschriften zur seelischen Entwicklung, 1). 3. Aufl. Wien
Hundsalz, A. (1995): Die Erziehungsberatung. Grundlagen, Organisation, Konzepte und Methoden. Weinheim u. München
Jahresversammlung (1913): Jahresversammlung des Internationalen Vereines für medizinische Psychologie und Psychotherapie am 19. und 20. September 1913 in Wien. In: Internationale Zeitschrift für Ärztliche Psychoanalyse 1: 598–601
Kant, I. (1746/1968): Gedanken von der wahren Schätzung der lebendigen Kräfte und Beurteilung der Beweise, derer sich Herr von Leibnitz und andere Mechaniker in dieser Streitsache bedient haben, nebst einigen vorhergehenden Betrachtungen, welche die Kraft der Körper überhaupt betreffen. In: Immanuel Kant: Werkausgabe, Band 1: Vorkritische Schriften bis 1768. Frankfurt a. M., S. 7–218
Karstedt, O., Dünner, J., Richter, L. u. Christian, M. (Hg.) (1924): Handwörterbuch der Wohlfahrtspflege. Berlin
Katz, D. (1952): Autobiography. In: H.S. Langfeld, E.G. Boring, H. Werner, M. Yerkes, (Hg.): A history of psychology in autobiography, Vol. 4. Worcester, S. 189–211
Kenner, C. (2007): Der zerrissene Himmel. Emigration und Exil der Wiener Individualpsychologie in den Jahren 1934–1939. Göttingen
Kepler, J. (1982): Gesammelte Werke. Band 19. Dokumente zu Leben und Werk. Hg. v. M. List. München
Killy, W., Vierhaus, R. (1998) (Hg.): Deutsche Biografische Enzyklopädie. Band 7. München
Kinast-Scheiner, U. (1999): Geschwisterbeziehungen: Ein Bericht über tiefenpsychologische und psychoanalytisch-pädagogische Veröffentlichungen. In: Datler, W., Finger-Trescher, U., Büttner, Ch. (Hg.): Jahrbuch für Psychoanalytische Pädagogik 10 (Themenschwerpunkt »Die frühe Kindheit: Psychoanalytisch-pädagogische Überlegungen zu den Entwicklungsprozessen der ersten Lebensjahre«. Herausgegeben von W. Datler, Ch. Büttner und U. Finger-Trescher). Gießen, S. 146–171
Kinderfreunde (2008): 100 Jahre Wiener Kinderfreunde. In: http://www.kinderfreunde.at/index.php?pagenew=10510 (gelesen am 11.8.2008).
Klubertz, H., May, M., Weidemann, S., Münnich, N. u. Hoffmann, A. (2007): Entwicklung der

Erziehungsberatung.Veröffentlichtunter:http://www.sonderpaedagoge.de/geschichte/ deutschland/erzber/index.htm (gelesen am 20.8.2007)

Kölch, M. (2006): Theorie und Praxis der Kinder- und Jugendpsychiatrie in Berlin 1920–1935. Die Diagnose »Psychopathie« im Spannungsfeld von Psychiatrie, Individualpsychologie und Politik. Dissertation an der Freien Universität Berlin. http://www.diss.fu-berlin. de/2006/472 (gelesen am 5.9.2007)

Kretschmer, W. (1982): Über die Anfänge der Individualpsychologie als »freie Psychoanalyse«. In: Zeitschrift für Individualpsychologie 7: 175–179

Kronfeld, A. u. Voigt, G. (1930): Bericht über den V. Internationalen Kongress für Individualpsychologie, Berlin, 26.–28.9.1930. In: Internationale Zeitschrift für Individualpsychologie 8: 537–570

Kümmel, U. (2002): Oskar Spiel – Ein Mensch wächst mit seinen Aufgaben. In: A. Lévy u. G. Mackenthun (Hg.): Gestalten um Alfred Adler. Pioniere der Individualpsychologie. Würzburg, S. 271–288

Kytzler, B. (2000): Horaz. Eine Einführung. Stuttgart

Lehmkuhl, G. (1994): Die Bedeutung psychosozialer Belastungen und der Familienstruktur für die kindliche Entwicklung. In: Lehmkuhl, U. (Hg.): Beiträge zur Individualpsychologie, Bd. 20: Familie und Gesellschaftsstruktur. München u. a., S. 140–149

Lehmkuhl, G. (Hg.) (1991): Erwin Wexberg: Zur Entwicklung der Individualpsychologie und andere Schriften. Frankfurt a. M.

Lehmkuhl, G. (2005): Erwin Wexberg. In: G. Stumm, A. Pritz, P. Gumhalter, N. Nemeskeri, M. Voracek (Hg.): Personenlexikon der Psychotherapie. Wien u. a., S. 504–505

Lehmkuhl, G. u. Gröner, H. (Hg.) (2001): Schwer erziehbare Kinder. Eine Schriftenfolge, Herausgegeben von Otto und Alice Rühle (1926/1927). Neu herausgegeben und eingeleitet. Gotha

Lemcke, M. (1995): Johannes Kepler. Reinbek bei Hamburg

Lenzberg, K. (1927): Der vierte internationale Kongress für Individualpsychologie in Wien, 16.–19. September 1927. In: Internationale Zeitschrift für Individualpsychologie 5: 467–469

Leser, N. (1979): Hans Kelsen 1881–1973. In: Neue Österreichische Biografie, Bd. 20. Wien u. a., S. 29–39

Lévy, A. (2002): Erwin Wexberg – der Systematiker der Individualpsychologie. In: A. Lévy u. G. Mackenthun (Hg.): Gestalten um Alfred Adler. Pioniere der Individualpsychologie. Würzburg, S. 311–321

Licht, B. (2002): Balzac. Leben und Werk des Romanciers. Mainz-Kostheim

List, E. (2006): Mutterliebe und Geburtenkontrolle – Zwischen Psychoanalyse und Sozialismus. Die Geschichte der Margarethe Hilferding-Hönigsberg. Mandelbaum: Wien

Loewenstein, H. (1918): Redebeitrag zur Kinder- und Jugendverwahrlosung in Wien in der Sitzung des Gemeinderats vom 30. Dezember 1918. In: Amtsblatt der Stadt Wien 1918: 62

Mackenthun, G. (2002a): Otto Glöckel – Organisator der Wiener Schulreform. In: A. Lévy u. G. Mackenthun (Hg.): Gestalten um Alfred Adler. Pioniere der Individualpsychologie. Würzburg, S. 99–117

Mackenthun, G. (2002b): Alice Rühle-Gerstels individueller Weg zwischen Marxismus und Individualpsychologie. In: A. Lévy u. G. Mackenthun (Hg.): Gestalten um Alfred Adler. Pioniere der Individualpsychologie. Würzburg, S. 215–238

Mairet, P. (1928): ABC of Adler's Psychology. London

Massen, C. u. Bredenkamp, J. (2005). Die Wundt-Bühler-Kontroverse aus der Sicht der heutigen kognitiven Psychologie. In: Zeitschrift für Psychologie 213 (2): 109–114.

Métall, R.A. (1969): Hans Kelsen. Leben und Werk. Wien

Metzger, W. (1973a): Einführung. In: A. Adler (1933b/1973a): Der Sinn des Lebens. Frankfurt a. M., S. 7–21

Metzger, W. (1973b): Einführung. In: A. Adler (1929b/1973b): Individualpsychologie in der Schule. Vorlesungen für Lehrer und Erzieher. Frankfurt a. M., S. 7–20

Metzger, W. (1976): Einführung. In: A. Adler (1930a/1976a): Kindererziehung. Frankfurt a. M., S. VI–XII

Metzger, W. (1977): Einführung. In: A. Adler (1907a/1977b): Studie über die Minderwertigkeit der Organe. Frankfurt a. M., S. 7–16

Metzger, W. (1979): Einführung. In: A. Adler (1930c/1979b): Das Leben gestalten. Vom Umgang mit Sorgenkindern. Frankfurt a. M., S. 7–11

Michel, C. (Hg.) (1998): Goethe. Sein Leben in Bildern und Texten. Frankfurt a. M.

Milde, W. (1991): Einhards Schriften. In: Einhard (1991): Vita Karoli Magni. Faksimileausgabe. Graz, S. 19–29

Mitgliederliste (1925): Mitgliederliste der Sektion Wien (des Internationalen Vereins für Individualpsychologie). In: Internationale Zeitschrift für Individualpsychologie 3: 351

Morgan, E.S. (2006): Benjamin Franklin. Eine Biografie. München

Mühlleitner, E. (1992): Biografisches Lexikon der Psychoanalyse. Die Mitglieder der Psychologischen Mittwoch-Gesellschaft und der Wiener Psychoanalytischen Vereinigung 1902–1938. Tübingen

Mühlleitner, E. (2005a): Bernfeld Siegfried. In: G. Stumm, A. Pritz, P. Gumhalter, N. Nemeskeri, M. Voracek (Hg.): Personenlexikon der Psychotherapie. Wien u. a., S. 42–44

Mühlleitner, E. (2005b): Charcot Jean Martin. In: G. Stumm, A. Pritz, P. Gumhalter, N. Nemeskeri, M. Voracek (Hg.): Personenlexikon der Psychotherapie. Wien u. a., S. 85–86

Müller, R. (2007): Max Adler. In: http://agso.uni-graz.at/marienthal/bibliothek/biografien/0704AdlerMaxBiografie.htm (gelesen am 20.12.2008)

Naegele, O. (1924a): Richter und Jugendlicher. In: Internationale Zeitschrift für Individualpsychologie 2 (2): 39–40

Naegele, O. (1924b): Die Münchener Fürsorgegemeinschaft. In: Internationale Zeitschrift für Individualpsychologie 2 (5): 35

Naegele, O. (1925a): Schule und Justiz. In: Internationale Zeitschrift für Individualpsychologie 3: 343

Naegele, O. (1925b): Der Erziehungsgedanke im neuen Jugendgerichtsgesetz. In: Internationale Zeitschrift für Individualpsychologie 3: 345

Naegele, O. (1925c): Der Erziehungsgedanke im Jugendrecht. Beiträge zur kriminalpädagogischen Reform. (Entschiedene Schulreform. Abhandlungen zur Erneuerung der deutschen Erziehung. Herausgegeben von Paul Oestreich, Heft 48). Leipzig

Naegele, O. (1926a): Schule und Justiz. In: Internationale Zeitschrift für Individualpsychologie 4: 115–124

Näegele, O. (1926b): Jugendlicher und Justiz. In: E. Wexberg (Hg.): Handbuch der Individualpsychologie. München, S. 382–418

Naegele, O. (1927): Das kriminelle Kind. (Band 8 der Schriftenfolge »Schwer erziehbare Kinder«, herausgegeben von Otto und Alice Rühle.) Dresden [Neu abgedruckt in: G. Lehmkuhl u. H. Gröner (Hg.) (2001): Schwer erziehbare Kinder. Eine Schriftenfolge, herausgegeben von Otto und Alice Rühle (1926/1927). Neu herausgegeben und eingeleitet. Gotha, S. 131–149]

Naegele, O. (1930): Menschenkenntnis und Selbsterkenntnis des Richters. Der Weg zur Gemeinschaft. In: Internationale Zeitschrift für Individualpsychologie 8: 181–188

Naegele, O. (1931): Kriminalität und Justiz. In: Internationale Zeitschrift für Individualpsychologie 9: 350–357

Nieder, G. (2005): Aichhorn August. In: G. Stumm, A. Pritz, P. Gumhalter, N. Nemeskeri, M. Voracek (Hg.): Personenlexikon der Psychotherapie. Wien u. a., S. 7–8

Noble H. C. (2006): Heinz Ansbacher, 101, Adlerian psychology expert, dies. In: http://www.nytimes.com/2006/06/24/us/24ansbacher.html (gelesen am 209.12.2008) NSSR (2008): History of New School for Social Research.

http://www.newschool.edu/nssr/subpage.aspx?id=9064 (gelesen am 20.7.2008)

Obituary (1933): C. F. Crookshank , M. D., F. R.C. P. In: British Medical Journal November 4: 848.

Oelkers, J. (2005): Reformpädagogik. Eine kritische Dogmengeschichte. Weinheim u. a.

Oelkers, J. (2008): Jean-Jacques Rousseau. London

Olechowski, R. (1983): Schulpolitik. In: E. Weinzierl u. K. Skalnik (Hg.): Österreich 1918–1938. Geschichte der Ersten Republik. Graz, S. 589–607

Österreichische Nationalbibliothek (Hg.) (2002): Handbuch österreichischer Autorinnen und Autoren jüdischer Herkunft 18. bis 20. Jahrhundert. Band 2. München

Overhoff, J. (2006): Benjamin Franklin. Erfinder, Freigeist, Staatenlenker. Stuttgart

Pädagogisches Archiv (2007): Pädagogisches Archiv – Monatsschrift für Erziehung, Unterricht und Wissenschaft. Leipzig: Quelle & Meyer, 1856–1914. In: http://www.bbf.dipf.de/cgi-opac/catalog.pl?tdigishow=x&zid=2a61 (gelesen am 3.8.2007), elektronisch erfasst von der Bibliothek für Bildungsgeschichtliche Forschung (BBF) des Deutschen Instituts für Internationale Pädagogische Forschung

Papanek, E. (1983): Die Kinder von Montmorency. Frankfurt a. M.

Perleth, C. (2004): Katz, David. In: S. Pettke (Hg.): Biografisches Lexikon für Mecklenburg. Band 4. Rostock, S. 111–117

Pfabigan, A. (1982): Max Adler. Eine politische Biografie. Frankfurt a. M.

Pfeiffle, H. (1986): Otto Glöckel und die Organisation des Bildungswesens. In: Wissenschaftliche Kommission zur Erforschung der Geschichte der Republik Österreichs (Hg.): Geistiges Leben im Österreich der Ersten Republik. Wien, S. 264–278

Philippoff, E. (1993): Rosegger. Dichter der verlorenen Scholle. Eine Biografie. Graz u. a.

Pieplow, L. (1992): 75 Jahre DVJJ [Deutsche Vereinigung für Jugendgerichte und Jugendgerichtshilfe e.V.]. Betrachtungen zur Entstehung und Geschichte. Eine um Fußnoten ergänzte Fassung des im Rahmen der Mitgliederversammlung auf dem 22. Jugendgerichtstag am 28.09.1992 gehaltenen Referats, nachlesbar unter: http://www.dvjj.de/druckversion.php?artikel=227 (gelesen am 8.12.2008)

Price, J. (1995): A remembrance of Thorleif Schjelderup-Ebbe. In: Human Ethology Bulletin 10: 1–6

Pschyrembel, W. (1977): Klinisches Wörterbuch. Berlin/New York

Radclyffe Hall, M. (1991): Quell der Einsamkeit. Göttingen

Reichmayr, J. (2005): Janet Pierre Maria Félix In: G. Stumm, A. Pritz, P. Gumhalter, N. Nemeskeri, M. Voracek (Hg.): Personenlexikon der Psychotherapie. Wien u. a., S. 231–232

Reisel, B. (2005): Bühler, Charlotte. In: G. Stumm, A. Pritz, P. Gumhalter, N. Nemeskeri, M. Voracek (Hg.): Personenlexikon der Psychotherapie. Wien u. a., S. 77–78

Restitutionsbericht (2004): Fünfter Bericht des amtsführenden Stadtrates für Kultur und Wissenschaft über die gemäß dem Gemeinderatsbeschluss vom 29. April 1999 erfolgte Übereignung von Kunst- und Kulturgegenständen aus den Sammlungen der Museen der Stadt Wien sowie der Wiener Stadt- und Landesbibliothek. In: http://www.wienbibliothek.at/bibliothek/1938/restitutionsbericht2004.pdf (gelesen am 20.12.2008)

Retter, H. (2004): Petersen, Peter. In: Biografisch-Bibliografisches Kirchenlexikon, Band XXIII. Nordhausen, Spalten 1061–1083

Rogner, J. (1995): Begabung. In: R. Brunner u. M. Titze (Hg.): Wörterbuch der Individualpsychologie (2. Aufl.). München u. a., S. 53–57

Röhrs, H. (1995): Der Weltbund für Erneuerung der Erziehung. Wirkungsgeschichte und Zukunftsperspektiven. Weinheim

Rosche, Ch., Zumer, P. (2009): Notizen zum Tod eines Vortragsreisenden. Nachforschungen zum Ableben Alfred Adlers und zum Aufbewahrungsort seiner Urne. In: Zeitschrift für Individualpsychologie 34: 43–54

Rosegger, P. (1900): Als ich noch der Waldbauernbub war. In: Ausgewählte Werke, Bd. 1. Wien, 1964, S. 19–345

Roth, H. (Hg.) (1972): Begabung und Lernen. Deutscher Bildungsrat – Gutachten und Studien der Bildungskommission 4 (8. Aufl.). Stuttgart

Rousseau, J.-J. (1782/1996): Die Bekenntnisse. In der Übersetzung von A. Semerau. 2. Aufl. Düsseldorf u. a.

Rüedi, J. (1988): Die Bedeutung Alfred Adlers für die Pädagogik. Eine historische Aufarbeitung der Individualpsychologie aus pädagogischer Perspektive. Bern u. a.

Rüedi, J. (2005): Ansbacher Heinz L. In: G. Stumm, A. Pritz, P. Gumhalter, N. Nemeskeri, M. Voracek (Hg.): Personenlexikon der Psychotherapie. Wien u. a., S. 20–21

Rühle, O. u. Rühle, A. (Hg.) (1926–1927/2001): Schwer erziehbare Kinder. Eine Schriftenfolge. Neu herausgegeben und eingeleitet von G. Lehmkuhl u. H. Gröner. Gotha

Scharfstetter, Ch. (2006): Eugen Bleuler 1857–1939. Polyphrenie und Schizophrenie. Zürich

Scheipl, J. u. Seel, H. (1987): Die Entwicklung des österreichischen Schulwesens von 1750–1938. Graz

Schey, J. Freiherr von (1915): Das allgemeine bürgerliche Gesetzbuch für das Kaisertum Österreich samt den einschlägigen Gesetzen und Verordnungen und einer Übersicht über die zivilrechtliche Spruchpraxis des k.k. Obersten Gerichtshofes. Wien

Schiferer, R. (1995): Alfred Adler. Eine Bildbiografie. Unter Mitarbeit von Helmut Gröger und Manfred Skopec. München u. Basel

Schirlbauer, A. (2005): Sprache und Geist der Reform. Anmerkungen zur Pädagogik des frühen 20. Jahrhunderts. In: Schirlbauer, A.: Die Moralpredigt. Destruktive Beiträge zur Pädagogik und Bildungspolitik. Wien, S. 11–19

Schjelderup-Ebbe, T. (1922): Beiträge zur Sozialpsychologie des Haushuhns. Mit einem Anhang von David Katz zur Tierpsychologie und Soziologie des Menschen. In: Zeitschrift für Psychologie und Physiologie der Sinnesorgane 88: 225–264

Schlieben-Lange, B. (1997): Ernst Cassirer und Karl Bühler. In: M. Hassler u. J. Wertheimer (Hg.): Der Exodus aus Nazideutschland und die Folgen. Jüdische Wissenschaftler im Exil. Tübingen

Schmidt, E. (1923/24): Individualpsychologie und Strafrecht. In: Internationale Zeitschrift für Individualpsychologie 2 (2): 40–41

Schmidt, E. (1925): Individualpsychologische Bemerkungen zur Politik. In: Internationale Zeitschrift für Individualpsychologie 3: 252–257

Schmidt, E. (1926): Individualpsychologie und Strafvollzug. In: Internationale Zeitschrift für Individualpsychologie 4: 109–115

Schmidt, E. (1928): Zur deutschen Strafrechts- und Strafvollzugsreform. In: Internationale Zeitschrift für Individualpsychologie 6: 86–95, 109–115

Schmidt, E. (1930): Formen der Solidarität. In: Internationale Zeitschrift für Individualpsychologie 8: 194–200

Schmidt, E. (1931): Vorgeschichte eines Attentats. In: Internationale Zeitschrift für Individualpsychologie 9: 358–367

Schmidt, E. (1933): Neurose, Verbrechertum und Hochstaplertum. In: Internationale Zeitschrift für Individualpsychologie 10: 283–295

Schmidt, J. (1970): Johann Kepler. Sein Leben in Bildern und eigenen Berichten. Linz

Schnell, H. (1977): Alfred Adler und das Wiener Schulwesen. In: E. Ringel u. G. Brandl (Hg.): Ein Österreicher namens Alfred Adler. Wien, S. 134–154

Schulhof, H. (1914a): Individualpsychologie und Frauenfrage (Schriften des Vereins für Individualpsychologie, 6. Heft). München

Schulhof, H. (1914b): Ricarda Huch. Zur Psychologie ihrer Kunst. In: Zeitschrift für Individualpsychologie 1 (4/5): 130–136

Schulhof, H. (1923a): Zur Psychologie Strindbergs. In: Internationale Zeitschrift für Individualpsychologie 2 (2): 20–25

Schulhof, H. (1923b): Strindberg und Ibsen als Frauenpsychologen. In: Internationale Zeitschrift für Individualpsychologie 2 (2): 44–45

Schulhof, H. (1923c): Henrik Ibsen, der Mensch und sein Werk im Lichte der Individualpsychologie. Reichenberg

Schulhof, H. (1929a): »Schwachsinn« als Waffe. In: Internationale Zeitschrift für Individualpsychologie 7: 394-395

Schulhof, H. (1929b): Romantik und Individualpsychologie. In: Internationale Zeitschrift für Individualpsychologie 7: 443-446

Schulhof, H. (1930a): Die Lebensfragen der Frau. In: Internationale Zeitschrift für Individualpsychologie 15: 168-171

Schulhof, H. (1930b): Ein Kongress praktischer Lebenskunde. In: Die Österreicherin. Zeitschrift für alle Interessen der Frau 3 (Nr. 8, 1. November): 8

Schulhof, H. (1937a): Alfred Adler (Nachruf). In: Die Österreicherin. Organ des Bundes österreichischer Frauenvereine 10 (Nr. 5/6 – Juni/Juli 1937): 3

Schulhof, H. (1937b): Erinnerungen an Alfred Adler. In: Internationale Zeitschrift für Individualpsychologie 15: 168-171

Seehafer, K. (2000): Johann Wolfgang Goethe. Mein Leben ein einzig Abenteuer. Aufbau-Taschenbuchverlag: Berlin

Seidenfuß, J. (1995): Gemeinschaftsgefühl. In: R. Brunner u. M. Titze (Hg.): Wörterbuch der Individualpsychologie (2. Aufl.). München u. a., S. 185-191

Seidler, R. u. Zilahi, L. (1929): Die individualpsychologischen Erziehungsberatungsstellen in Wien. In: Internationale Zeitschrift für Individualpsychologie 7: 161-170

Sieburg, F. (1978): Robespierre. Stuttgart (Neuausgabe)

Sitzungsberichte (1914): Sitzungsberichte des Vereins für Individualpsychologie. In: Internationale Zeitschrift für Individualpsychologie 1: 28-32, 95-96, 142-144

Southern, P. (2000): Marcus Antonius. Ein Lebensbild. Erfurt

Spiel, O. (1947/2005): Am Schaltbrett der Erziehung (3. Aufl.). Mit einem Vorwort von W. Datler und J. Gstach. Wien

Spiel, O. (1948): Gemeinschaft als Idee und Realität. In: Internationale Zeitschrift für Individualpsychologie 18: 145-156

Spiel, O. u. Birnbaum, F. (1929): Schule und Erziehungsberatung. In: Internationale Zeitschrift für Individualpsychologie 7: 184-190

Strasser, C. (1913): Das Kumulativverbrechen. Ein Beitrag zur Psychologie der Kollektivverbrechen. Leipzig

Strasser, Ch. (1914): Zur forensischen Begutachtung des Exhibitionismus. In: Zeitschrift für Individualpsychologie 1 (1): 33-44

Strasser, Ch. (1916): Über Unfall- und Militärneurosen. In: Zeitschrift für Individualpsychologie 1 (6-9): 185-207

Stumm, G., Pritz, A., Gumhalter, P., Nemeskeri, N. u. Voracek, M. (Hg.) (2005): Personenlexikon der Psychotherapie. Wien u. New York

Tesarek, A. (1958): Die österreichischen Kinderfreunde 1908-1958. Wien

Titze, M. (1995a): Antisuggestion. In: R. Brunner u. M. Titze (Hg.): Wörterbuch der Individualpsychologie (2. Aufl.). München u. a., S. 31-32

Titze, M. (1995b): Denken. In: R. Brunner u. M. Titze (Hg.): Wörterbuch der Individualpsychologie (2. Aufl.). München u. a., S. 79-82

Többen, H. (1927): Die Jugendverwahrlosung und ihre Bekämpfung. 2. Aufl. Münster

Volksheim (1917): Bericht des Vereins »Volksheim« in Wien. Wien

Volksheim (1919): Bericht des Vereins »Volksheim« in Wien. Wien

Wehr, G. (1969): C. G. Jung. Reinbek

Wengler, B. (1989): Das Menschenbild bei Alfred Adler, Wilhelm Griesinger und Rudolf Virchow. Ursprünge eines ganzheitlichen Paradigmas in der Medizin. Frankfurt a. M.

Wernicke, C. (1900): Grundriss der Psychiatrie in klinischen Vorlesungen. Leipzig

Wexberg, E. (1924): Erziehung der Erzieher. In: Zeitschrift für Individualpsychologie 2 (3): 41–45 (Reprint in: E. Wexberg: Zur Entwicklung der Individualpsychologie und andere Schriften. Herausgegeben von G. Lehmkuhl. Frankfurt a. M., 1991, S. 87–95)

Wiegand, R. (1995): Individualpsychologie. In: R. Brunner u. M. Titze (Hg.): Wörterbuch der Individualpsychologie (2. Aufl.). München u. a., S. 246–249

Wiemer, H. U. (2005): Alexander der Große. München

Witte, K.-H., Bruder-Bezzel, A., Kühn, R. (2008): Kommentare. In: A. Adler (1912a/2008a): Über den nervösen Charakter. Grundzüge einer vergleichenden Individualpsychologie und Psychotherapie. Alfred Adler Studienausgabe, Bd. 2. Herausgegeben von K. H. Witte, A. Bruder-Bezzel und R. Kühn unter Mitarbeit von M. Hubenstorf, mit einer Einführung von A. Bruder-Bezzel. Göttingen, S. 321–394

Wittenberg, L. (2002): Geschichte der Individualpsychologischen Versuchsschule in Wien. Eine Synthese aus Reformpädagogik und Individualpsychologie. Wien

Wolf, J. C. (2006): Eduard von Hartmann. Ein Philosoph der Gründerzeit. Würzburg

Wolfe, W. B. (1931): Adler and our Neurotic World. An Introductory Essay. In: A. Adler (1930c/1931t): The pattern of life. Edited by W. B. Wolfe. London, S. 7–46

Wolfgruber, G. (1997): Zwischen Hilfestellung und sozialer Kontrolle. Jugendfürsorge im Roten Wien, dargestellt am Beispiel der Kindesabnahme. Wien

Wurzel, T. (1991): Einleitung. In: Einhard (1991): Vita Karoli Magni. Faksimileausgabe. Graz, S. 9–18

Young-Brühl, E. (1995): Anna Freud: eine Biografie. Band 1, 2. Wien

Zehetner, F. (1994): Keine akademische Ausbildung für Pflichtschullehrer in Österreich. Frankfurt a. M.

Zeittafel (2008): Zeittafel der Deutschen Gesellschaft für Individualpsychologie (DGIP). http://www.dgip.de/ueberuns/chronik/dgip/ (gelesen am 17.8.2008)

Zeller, H. (1914/16): Das Strafrecht in seinen Beziehungen zur Individualpsychologie. In: Zeitschrift für Individualpsychologie 1 (6–9): 145–156

Zwiauer, Ch. (2002): Hammerschlag, Gertrude. In: B. Keintzel u. I. Korotin (Hg.): Wissenschaftlerinnen in und aus Österreich. Leben, Werk, Wirken. Wien, S. 274–276

Personenverzeichnis

Achilles 68, 201
Ackerknecht, Erwin Heinz 387
Adler, Alexandra 380
Adler, Alfred 7–16, 18–29, 31 ff., 35, 37 f.,
  41 f., 45, 50 ff., 59, 62 f., 66 ff., 74, 76 f.,
  80, 83, 87 f., 90 f., 101 ff., 106–109, 114,
  116–120, 124, 131, 133 f., 136, 139–142,
  148, 151, 179, 182–185, 193 ff., 201–205,
  215, 236, 241, 246, 256, 274–277, 283–
  286, 293–299, 302, 308 f., 313, 318,
  320 ff., 324–328, 335, 340–344, 346 f.,
  349, 351 f., 354 f., 364–367, 370, 372 f.,
  375, 377, 379, 381, 384–388
Adler, Kurt 119
Adler, Max 139, 364
Aichhorn, August 19, 89 f., 107, 364 f., 367,
  370, 385
Alexander der Große 365
Ansbacher, Heinz L. 21, 28, 107, 184 f., 346,
  354, 365 f.
Antoch, Robert F. 16, 28, 107, 184, 346, 354,
  365 f.
Appelt, Alfred 35

Bachmayr, Sandra 28
Balzac, Honoré de 117, 366
Baumgartner, Armin 28, 375
Bemmann, Helga 370
Benetka, Gerhard 368 f.
Bengton, Hermann 379
Bernfeld, Siegfried 27, 90, 366, 374
Bindel, Jakob 321
Birnbaum, Ferdinand 86, 92, 139, 365, 367,
  385
Birnbaum, Maria 92
Bisanz, Alexandra 28
Bittner, Günther 27
Blankertz, Herwig 133

Bleidick, Ulrich 12, 18
Bleuler, Paul Eugen 31, 366, 367
Boerner, Peter 374
Böhm, Winfried 382
Borgia, Cesare 351
Brache, Tycho 378
Brachfeld, Oliver 379
Bredenkamp, Jürgen 368
Breuer, Josef 37, 372
Bruder-Bezzel, Almuth 8, 11, 19, 21, 377,
  383, 384, 387
Brunner, Reinhard 23
Bruns, Brigitte 380
Bühler, Charlotte 139, 365, 367 f.
Bühler, Karl 139, 367 ff., 374

Caesar, Gaius Iulius 193, 351, 379
Capovilla, Andrea 377
Charcot, Jean Martin 24, 37, 369, 372,
  376
Christensen, Oscar C. 27
Christian, Michel 28
Clostermann, Ludwig 107
Crookshank, Francis Graham 184, 369,
  379
Cziegler, Eva 28

Damrosch, Leo 383
Dante, Alighieri 377
Datler, Wilfried 12, 24, 28, 101, 246, 369,
  385
Dent, Nicholas 383
Dilthey, Wilhelm 23
Dölemeyer, Barbara 10
Dollfuß, Engelbert 372 f.
Dornes, Martin 27
Dosenheimer, Elise 108 f.
Dostojewski, Fjodor Michailowitsch 193

Ehalt, Hubert Christian 28
Einhard (auch
Einhart oder Einhardt) 369 f.
Ellenberger, Henry F. 37, 369, 376
Ellger-Rüttgart, Sieglind 12
Engelbrecht, Helmut 19, 104, 373
Eppelbaum, Vera (später
Strasser-Eppelbaum) 386 f.
Erkinger, Diana 28
Eschbach, Achim 369

Fenichel, Otto 367
Fontane, Theodor 190, 370
Formanek, Emmy 89, 370
Francke, Herbert 107 ff., 370
Frank (Lehrerin) 88
Franklin, Benjamin 248 f., 370 f.
Franks, Bobby 378
Freschl, Robert 34, 371
Freud, Anna 139, 371
Freud, Sigmund 7 ff., 12, 18, 21, 32, 37, 51,
83, 120, 349, 367, 369, 371 f., 376, 388
Freudenberg, Sophie 380
Friedjung, Josef Karl 113, 372, 380
Friedmann, Alice 89

Gstach, Johannes 19 f., 22, 28, 101 f., 342,
365, 367, 385 f.

Hainisch, Marianne 10
Hall, Stanley G. 21
Hammerschlag, Gertrude 89, 201, 374
Handlbauer, Bernd 7 f., 19, 87, 372, 386
Hartmann, Eduard von 160, 374
Hartmann, Heinz 374
Hauser, Emil 108
Heine, Alexander 158
Hell, Daniel 367
Hetzer, Hildegard 368
Heydwolff, Andreas 376
Hickman, William Edward 241, 374
Higdon, Hal 378

Hoffer, Willy 374
Hoffman, Edward 21 f., 25, 109, 203, 302
Hohmann, Iris 374
Hohoff, Curt 374
Home, Henry 368
Hoppe, Johannes 378
Horaz (Quintus Horatius Flaccus) 352, 374
Horowitz, Stephanie 89
Hörster, Reinhard 366
Horwitz, Else 87 ff., 374, 375
Horwitz, Hugo Theodor 375
Hug, Rolf 113–117, 201, 375
Hug-Hellmuth, Hermine (geb. Hug von
Hugenstein) 113 f., 201, 375
Hugo, Victor 366
Hundsalz, Andreas 27, 105

Janet, Pierre Marie Félix 37, 375 f.
Jensen, Eleonore 203
Jensen, Friedrich 203
Jung, Carl Gustav 21, 37, 367 f.

Kant, Immanuel 351
Karl der Große, lat. Carolus Magnus 158,
369
Karl-August von Weimar (Herzog) 373
Karstedt, Oskar 121
Katz, David 356, 376, 384
Kaus, Otto 309, 377
Kelsen, Hans 139, 377 f.
Kenner, Clara 357, 373, 377, 380 f., 386,
388
Kepler, Johannes 351, 378
Killy, Walther 382
Kinast-Scheiner, Ulrike 27
Kleopatra VII. (Ägyptische Königin) 379
Klubertz, Heike 105
Köhler, Willi 184, 203, 246
Köhler, Wolfgang 246, 379
Kölch, Michael 107, 370
Kretschmer, Wolfgang 8, 371
Kronfeld, Arthur 346

Personenverzeichnis 413

Kühn, Rolf 377
Kümmel, Ullrich 386
Künkel, Fritz 377
Kunstadt, Isaak (Ignáz) ben Elieser Lipmann 82, 378
Kytzler, Bernhard 375

Langer, Marianne 335
Lazar, Erwin 364
Lazarsfeld, Paul 368
Lehmkuhl, Gerd 27, 118, 383, 388
Leibniz, Gottfried Wilhelm 374
Lemcke, Mechthild 378
Lenzberg, Karl 108, 380, 385
Leopold, Nathan junior 241, 378
Lepidus 379
Leser, Norbert 24, 108, 141 f., 378
Lévy, Alfred 388
Licht, Bettina 33, 41, 128, 152, 167, 169 f., 175 f., 192, 202, 210 f., 213, 217, 219, 224, 227, 229, 241, 244, 265, 366
List, Eveline 9
Loeb, Richard 241, 378
Ludwig I. (französischer Kaiser) 369
Ludwig XVI. (französischer König) 382

Mackenthun, Gerald 118, 373, 383 f.
Mairet, Philippe 184, 369, 379
Mark Anton, lat. Marcus Antonius 193, 379
Massen, Cristina 368
Métall, Rudolf Aladér 378
Metzger, Wolfgang 28, 31, 76, 90, 138, 140, 142, 148, 203 f., 256, 274, 277, 295, 299, 366, 379
Michel, Christoph 374
Milde, Wolfgang 233, 345, 370
Molière, John Baptiste 366
Möller, Arnulf 367
Morgan, Edmund S. 371
Mühlleitner, Elke 113, 365 f., 369, 371–375, 384
Müller, Burkhard 366

Müller, Reinhard 364
Naegele, Otto 107 f., 379 f.
Neuer, Alexander 31, 380
Neumann, Johannes 379
Nieder, Gernot 365
Nietzsche, Friedrich 371, 374
Novotny, Karl 385

Oelkers, Jürgen 19, 26, 383
Oktavian 379
Olechowski, Richard 373
Overhoff, Jürgen 371
Ovid (Publius Ovidius Navo) 374

Papanek, Ernst 380 f.
Papanek, Helene 346, 380 f.
Parker, Marion 374
Perleth, Christoph 376
Petersen, Peter 133, 381 f.
Pfabigan, Alfred 364
Pfeiffle, Horst 19
Philippoff, Eva 383
Pieplow, Lukas 370
Price, John 384

Radclyffe Hall, Margaret 244
Reichmayr, Johannes 376
Reisel, Barbara 368
Renner, Karl 377
Retter, Hein 382
Richter, Lothar 108, 270
Robespierre, Maximilien François Marie Isidore 190, 382
Rogner, Josef 27
Röhrs, Hermann 133
Rosche, Christine 26
Rosegger, Peter 313, 382 f.
Roth, Heinrich 27
Rousseau, Jean-Jacques 179, 382 f.
Rüedi, Jürg 16, 22, 28, 139, 365
Rühle, Otto 118, 380, 383
Rühle-Gerstel, Alice 118, 380, 383 f.

Sadger, Isidor 114–117, 375, 384
Scharfstetter, Christian 367
Scharmer, Franz 367, 385
Schauhuber, Ilse 28
Schenk-Danzinger, Lotte 368
Scherke, Felix 379
Schey, J. Freiherr von 10
Schiferer, Ruediger H. 38, 87, 377
Schiller, Friedrich 350
Schirlbauer, Alfred 26
Schjelderup-Ebbe, Thorleif 356, 376, 384
Schlieben-Lange, Brigitte 369
Schmidbauer, Elisabeth 274
Schmidbauer, Wolfgang 274
Schmidt, Eugen 108, 384, 385
Schmidt, Justus 351
Schreiber, Abraham Samuel Benjamin 378
Schuhmacher, Sonja 28, 186
Schulhof, Hedwig 10, 34, 45, 385
Seehafer, Klaus 374
Seelmann, Kurt 379
Seidler, Regine 86
Seif, Leonhard 379, 383
Sieburg, Friedrich 382
Simon, Alfons 379
Southern, Pat 369, 379
Spiel, Hermine, geb. Stöger 385
Spiel, Oskar 19, 86, 101, 230, 364 f., 367, 385 f.
Spiel, Walter 385 f.
Starez Sosima 193, 386
Stein, Irma 386
Stein, Leopold 342, 386
Steiner, Bernadette 28
Stekel, Wilhelm 8
Strasser, Charlot 72, 386 f.
Strindberg, August 34
Strümpell, Ludwig 18

Tesarek, Anton 321, 384
Titze, Michael 26, 134, 298, 309
Többen, Heinrich 107, 121
Tymister, Hans-Josef 27

Vergil (Publius Vergilius Maro) 375
Virchow, Rudolf Ludwig Karl 77, 387

Wallenstein, Albrecht von 378
Wehr, Gerhard 94, 376
Weinmann, Kurt 379
Wengler, Bernd 77, 387
Wernicke, Carl 196, 387
Wertheimer, Max 379
Wexberg, Erwin 380, 388
Wiegand, Ronald 11
Wiemer, Hans-Ullrich 365
Wiener, Gina (später Kaus bzw. verehelichte Zirner) 377
Wininger, Michael 28
Witte, Elfriede 28, 277, 287
Witte, Karl Heinz 28, 277, 287, 377, 385 ff.
Wittenberg, Lutz 101 f., 230, 302, 367, 385
Wolfe, Walter Beran 274 ff., 387
Wolfgruber, Gudrun 331
Wundt, Wilhelm 368 f.
Wurzel, Thomas 45, 110, 216, 370

Young-Brühl, Elisabeth 371

Zehetner, Franz 139
Zeller, Heinrich 108
Zilahi, Ladislaus 86
Zumer, Peter 26
Zwiauer, Charlotte 374

Sachverzeichnis

A

Aberglaube 56f., 61, 106, 135, 161, 186, 202, 221, 231
abnorm 82, 199
abstrakt 212, 223, 230
Abwehr 37f., 88, 146
Abweichung 62f., 213, 224, 303
Adenotomie 340
Affekt 33, 37f., 41, 59, 300
Affektivität 44
Aggression 35, 41, 45f., 75
  kulturelle 45
Aggressionstrieb 136
aggressiv 35, 249, 283
Aktivität 42, 72, 75, 111, 147, 159, 177, 187, 206f., 239, 310f., 315
Aktualkonflikt 37f.
Alkohol 58
Alkoholiker 330
Alkoholismus 254
Alleinsein 39, 253
Allgemeinheit 16, 73, 77ff., 103, 109, 122f., 134–137, 165, 301, 303, 358
  Nutzen der 16, 77
  Nutzen für die 109
als ob 37, 43, 49, 62f., 74, 81–84, 95, 97, 112, 117, 129, 135, 158, 163, 170, 283, 303, 305, 328, 331
Als-ob 48, 143
Alter 79, 81, 115, 177, 179, 191, 195, 198f., 217, 241, 254, 262, 266, 269, 270f., 277f., 281, 320, 388
Amaurose 36
Ambivalenz 314
Analyse 34, 48, 66, 114, 265, 371, 375, 380
Anamnese 202
anamnestisch 36f.
Anerkennung 22, 61, 133, 155, 184, 220, 240, 243, 245, 258f., 283, 285, 288, 296, 307, 311, 369, 387
Anfall 42
angeboren 16, 97, 147, 204, 215
Angst 35, 40f., 56, 59, 61, 64, 67, 83, 93f., 127, 172, 187, 191, 195ff., 207, 217, 221, 232, 241, 251, 259f., 282, 290, 327, 331, 334, 352, 355, 359
Angstanfall 40
ängstlich 64, 127, 327, 352
Ängstlichkeit 93, 123f., 198, 211, 253
Angstneurose 281
Ankylose 336
Anlage 73, 255, 350
Anlehnungsbedürfnis 60, 211
Anpassung 16, 50, 62, 208, 223, 245
antisozial 226
Antrieb 8, 47, 72, 152
Apperzeption 300
Apperzeptionsschema 273
Arbeit 8, 10, 12, 14f., 19–22, 26ff., 35, 37, 50, 53, 55, 60, 70ff., 74, 76, 86, 94, 98, 102, 105, 118, 122, 125, 141f., 146, 148, 150, 156, 163, 180, 184, 198, 204f., 212, 224, 227f., 231, 237, 241, 247, 251, 255, 260, 265, 274, 276, 286, 289f., 295f., 298, 311, 317, 323, 331, 340, 349, 358, 368, 373, 375f., 385
Arbeitsgemeinschaft 102, 386, 388
Arrangement 35f., 54, 196
Arzt 12, 33, 42, 52, 76ff., 81, 84ff., 97, 195f., 279f., 282, 285, 369, 372, 384, 387
  als Erzieher 12, 76
Assoziation 372
Asthma 187
Attitüde 36, 40f., 46, 283
  zögernde 41, 46, 58, 283
Aufbau 20, 62, 66, 102, 146, 157, 160, 168,

170, 206, 275, 296, 365, 373, 377, 380, 387
Aufklärung 14, 16, 26, 61, 77, 81, 83, 98
Aufmerksamkeit 15, 18, 25, 43, 52 f., 55, 63, 85, 90, 95, 113, 146, 149, 157, 169, 178, 186 f., 189 ff., 197, 207, 223 f., 226, 228, 243, 245, 255, 257–, 271, 280 f., 288, 307, 310 ff., 322, 324, 331, 351, 366
Aufregung 219, 254, 259, 271, 309, 334
Ausartung 52, 83 f., 92
Ausbruch 21, 50, 66, 313
Ausdrucksform 111, 120, 125, 152 f., 159 f., 165, 211 f., 301, 338
Ausrede 241, 272
Ausschaltung 40, 177
Außenwelt 110, 310 f.
Autismus 41
Autorität 46 f., 57 f., 67, 69, 71, 105, 111, 190, 226, 288

B

Baby 186 f., 194, 243, 265 f., 285
Bande 96, 124, 225, 233, 240, 268, 287, 290–294
Bedürfnis 106, 142, 154, 210, 384
Befriedigung 60, 91, 96, 218, 357
Begabung 51, 55 f., 106, 131 f., 255, 311 f., 323
Begehren 55, 120
Behandlung 7, 15, 24, 33 f., 47, 55, 57, 77, 79, 87 f., 109, 125 f., 140, 143, 159, 165, 169, 177, 182, 184, 196, 204 f., 222, 252, 258, 267, 275, 282, 292, 295 f., 308 f., 345 f., 374, 386
Behandlungsmethode 331
Belohnung 210, 234
Berater 297, 302, 335, 344 f., 377 f.
Beratung 14, 16, 18 f., 23 f., 27, 89, 102 f., 237, 295 f., 335, 342, 386
Beratungsstelle 19, 23, 88, 101 ff., 105, 236, 260 ff., 268, 270, 320, 342, 344 f.
Bereitschaft 102, 107, 217, 221, 342, 386

Beruf 62, 65, 109 f., 173, 177, 188, 195, 226, 232, 239, 254, 285, 301, 350, 353
Berufswahl 29, 58, 77, 85, 111, 172, 185
Besitz 329
Besorgnis 187, 265
Besserung 34, 105, 110, 162, 251, 316, 319, 323
Bestrafung 67, 163, 232, 251, 278, 282
Bettnässen *siehe* Enuresis
Bettnässer 128, 295, 297
Bevormundung 350, 353
Bevorzugung 69, 350
Bewältigung 35, 41
Bewegung 7, 20, 42, 53, 84, 113, 118, 127, 129, 150, 154, 159 f., 163 f., 178 f., 182, 225, 236, 313, 318, 358, 366
zögernde 178 f.
Bewegungsgesetz 355, 359
Bewegungslinie 16
Beweis 45 f., 49, 55, 74 f., 137, 153, 161, 242, 258, 265, 267, 301, 333, 338
bewusst, das Bewusste 8, 48, 51 ff., 56, 62, 70, 169, 212 f., 228, 246, 300, 302 f., 309, 313, 335, 369
Bewusstheit 34, 345
Bewusstsein 36, 91, 94, 134, 160, 300, 358
Bewusstwerden 39
Beziehung 7, 12, 16, 27, 33, 37, 50, 52, 58, 60 ff., 76 f., 79, 94, 97, 99, 108, 118, 120, 135 f., 142, 145, 152, 157, 159, 164, 167, 170 f., 187, 192, 199 f., 212 ff., 239, 242, 244 f., 251, 260, 277, 313, 347, 350, 358, 367, 379
bilden 68, 93, 225, 233, 242, 247, 265, 298
Bildung 19, 221, 234, 358
Bolschewismus 15
Bosheit 313, 317, 319
Bruder 8, 11, 19, 21, 35, 39, 44, 62, 83, 149 ff., 153, 155, 161, 178, 188 ff., 192 ff., 201, 243, 252, 259, 264, 266 f., 279, 282, 288 f., 291 ff., 330, 333 f., 337, 377, 383 f., 386 f.

Burghölzli 367
Buße 283

C

Charakter 9f., 21, 32–35, 48, 60, 62, 79, 142, 182, 186f., 195, 211, 231, 240, 242, 249, 254, 264, 343
Charakterzug 59, 73, 80, 95, 173f., 206ff., 211, 221, 226, 238, 255, 261f., 300, 357, 360
Child-Guidance-Clinic 105
Chlorose 168
Chorea minor 187
Common Sense 135, 301, 303

D

Defekt 323, 335f., 340
Delirium 44
Dementia 64
Demut 248f.
Demütigung 250, 278, 287, 290, 315
Denken 23, 32, 34f., 40, 43, 47, 77, 134, 206, 229f., 244, 300, 354
Despotismus 73
Determination 34, 172
Deutung 36, 39
Diagnose 24, 184, 301, 310, 329, 359
Diagnostik 297, 301
Dichter 117, 352, 374
Diebstahl 99, 115, 280, 291, 297, 324
disponiert 42
Dissoziation 35
Distanz 41, 63, 71, 179, 182, 301
Distanzproblem 42
Drang 216, 313
Drohung 319, 322
Dynamik 76, 207
dynamische 206, 216
Dysfunktion 43

E

Egoismus 187, 209, 253
egoistisch 79
egozentrisch 111
Ehe 20, 43, 56, 60, 73f., 148, 155, 171, 192, 196, 198, 213, 239, 242, 245, 254, 258, 272, 330, 348, 377
Ehrgeiz 35, 54f., 58, 95ff., 99, 103, 195, 208, 217–222, 225f., 241, 254, 282, 297, 307, 348, 378
Eifersucht 103, 178, 187, 191, 253, 284f.
Eigenliebe 103
Eigensinn 44, 253
Einengung 70
Einfügung 50, 52, 58, 65, 70, 85, 110ff., 185
Einfühlung 43, 170
Einheit 18, 59, 116, 121, 129, 137, 154, 203, 206f., 214, 230, 240, 242, 252, 303
einheitlich 9, 134
Einschätzung 13, 41, 67, 123, 298f.
Einsicht 26, 39f., 68, 131, 173, 199, 219, 221, 231, 242, 244, 252, 358
Einstellung 54, 228, 239f., 245, 253f., 266, 283, 358
Einzelfall 52, 295f.
Eisenmangelanämie 168
Eitelkeit 103ff., 112, 201, 253, 264, 348
Eltern 9, 12, 14ff., 19, 32, 35, 52, 54, 63, 69, 74, 77f., 81, 84–87, 92–95, 97f., 103, 105, 111, 120, 122, 126, 129, 141, 143, 146f., 150, 152f., 163, 169, 171, 175f., 178, 187ff., 191f., 194, 197, 200f., 204ff., 209, 211, 214, 224f., 227, 229, 231f., 234, 236, 240–248, 250ff., 254, 262, 264, 269, 271, 274ff., 279, 283, 285–288, 290, 296, 298ff., 307, 310, 319ff., 323, 326f., 331, 333, 336, 338f., 342, 344f., 347, 350, 371, 374f., 377, 382, 384
Elternerziehung 204f., 246
Emotion 100
Empfindlichkeit 44, 63, 73, 80, 82, 95, 112, 253
Empfindung 40, 70, 149, 162, 177, 313, 318

Endziel 44
Energie 34, 85, 90, 172
Entbehrung 324
Entmutigung 111f., 156, 165, 168, 190, 210, 212, 221, 226, 235, 253, 255 f., 270, 290, 292
Entthronung 186, 188, 191
Entwertung 35, 60, 111, 301
Entwertungstendenz 35, 67, 71
entwickelt 27, 32, 37, 44, 62, 67, 73, 85, 94 f., 100, 109 f., 129 ff., 146 ff., 154 f., 166, 172, 178, 186, 188, 192, 197, 199, 201, 209, 220 ff., 224, 227 f., 232, 234, 237, 242, 274, 278, 284, 288, 296, 303 ff., 316, 324, 328, 333, 337, 343, 358
Entwicklung 8, 12 f., 16 f., 19, 23, 27, 42, 51, 54 f., 58, 62, 68, 78, 81–87, 94, 104, 110 f., 113 f., 119, 121–124, 127, 130, 134, 138, 143 f., 152, 154, 159, 161, 172 f., 182, 186, 188 f., 193, 197 f., 200 f., 203, 205–210, 214 f., 218, 223, 225 ff., 231, 237–240, 245 f., 248, 255, 263, 279, 287 f., 297 f., 303, 347, 349, 353, 355 ff., 367
Entwicklungspsychologie 376
Enuresis 35, 46, 84, 142, 253, 260, 280 f., 295, 297, 300, 335–338
Epilepsie 254
Erblichkeit 303
Erbmasse 130 f.
Erfahrung 48, 53, 105, 123, 142, 155, 160, 165, 190, 199, 201, 218, 229, 237, 253, 262, 268, 278 f., 284 f., 301 ff., 338, 353
Erfolg 13, 39, 42, 69, 107, 114, 132, 136, 143, 152 f., 159, 166, 172, 179, 184, 190, 192, 210, 213 f., 219–223, 235 f., 242, 248, 256, 260, 262 f., 265, 317, 333, 340, 357, 360
Erhöhung 160, 297
Erinnerung 36, 43, 140, 164, 188, 200, 281, 290 f., 300
Erinnerungsspur 300
Erkrankung 43, 47, 335, 337

Erlebnis 36 ff., 56, 126
Erleichterung 80, 99, 180, 182, 352
Erlösung 58, 73
Ermutigung 166, 265, 268, 284
Ernährung 78, 129
Erniedrigung 39, 47, 84, 104, 125, 281, 287
erraten 57, 63, 121, 152, 172, 196, 359
Erregung 313, 330
Erscheinung 34 ff., 48, 53 f., 71, 81, 96, 113, 123, 147, 217, 256, 308, 338, 358 ff., 371, 375, 386
Erstgeborene 81, 186 f., 190
Erwachsener 41, 222, 227
Erwartung 39, 54 ff., 73, 351
Erziehbarkeit 103
erziehen 56, 94, 123, 129 f., 144, 155, 166, 197, 221, 234 f., 244, 251, 259 f., 318, 321, 352
Erzieher 12 ff., 24, 52 ff., 56–59, 74, 76 ff., 81, 89, 103, 106, 130, 132, 134 f., 137 f., 141, 143, 178, 223, 230 f., 388
erzieherisch 348, 355
Erziehung 7, 10, 12, 15 f., 19 f., 22, 24 ff., 28, 47, 50, 52 f., 55 f., 59, 63, 66–78, 85, 88 ff., 92 ff., 97 f., 104–107, 110, 117, 125, 127, 131–135, 137, 142, 144, 147 f., 151, 155, 161, 166 f., 172, 182, 198 f., 202, 205, 209 ff., 223 f., 230 f., 235 f., 238, 241, 246 f., 251, 254, 259, 304 f., 315, 321, 329, 338, 346, 354 f., 357, 366, 370, 383–386
verzärtelnde 42, 63, 271, 336, 339, 351
Erziehungsberatung 7, 19 f., 22, 24–28, 86, 113, 205, 261, 295, 385 f., 388
Erziehungsberatungsstelle 20, 86 ff., 102 f., 105, 113, 141, 143, 335, 342, 365, 370, 375, 380, 385 f., 388
Erziehungsfehler 63, 88, 204
Erziehungsideal 134 f., 137
Erziehungsinstitut 117
Erziehungskunst 63, 67, 71, 85, 87 ff., 147
Erziehungslehre 52
Erziehungsmethode 116, 197, 202, 349

Erziehungsmittel 26, 74
Erziehungsprobleme 76, 103
Erziehungsschwierigkeit 18, 26, 67, 76, 354
Erziehungswerk 70 f., 141
Essen 157, 176, 187, 253, 267, 307 f., 315, 326, 331, 333, 335, 338, 348, 353
Esslust 41
Ethik 373
Eugenik 66
Experiment 145, 147, 165, 357
Experimentalpsychologe 265

F

Fähigkeit 14, 22 f., 43, 48, 86, 103, 106, 132, 142 f., 173, 197, 206, 221, 253, 258, 267, 301 f., 304, 329
Fall 9 f., 24, 43, 45 f., 53 f., 57, 64, 73 f., 79 ff., 87 f., 92, 95 f., 98 f., 101, 121 f., 130 f., 144, 161, 165 f., 171, 174, 185 ff., 189 ff., 193–197, 199–202, 204, 207, 210 f., 217, 220, 226 ff., 230, 232 ff., 237 ff., 242, 249 ff., 256, 258–263, 265 f., 269, 272, 275–278, 281 ff., 285, 289, 291–295, 297, 299, 304 ff., 308, 316 f., 325, 331, 339, 349, 359 f., 374
Fallgeschichte 204 f., 242, 256, 268, 276 ff., 283, 287 ff.
Familie 9, 20, 22 f., 33, 35, 51, 56, 59, 66, 70 f., 74 f., 80 f., 89–93, 99, 104 f., 111, 115 f., 121, 124, 126, 131, 139, 141, 144, 149, 151, 163, 166, 168, 172, 176, 178, 185 ff., 189, 194, 197, 200–203, 219 f., 223, 226, 232 ff., 240, 243, 246, 252, 254, 259, 266 f., 269 f., 276 ff., 281–284, 288 ff., 292, 307 ff., 330, 338, 343, 348, 350, 353, 357 f., 364, 367, 371 ff., 377, 383
Familienkonstellation 184 ff., 254, 347
Familienleben 55, 59, 63, 126, 237
Fantasie 48, 84, 112, 140, 172, 179, 188, 198, 209, 254, 297

Faulheit 51, 53 ff., 63, 83, 97, 159, 178 f., 190
Faust 123, 373
Fehlschlag 89, 105, 115, 143, 161 f., 172 f., 183, 235, 304, 349, 355
feige 72, 101, 181, 210
Feigheit 72, 75, 95 f., 99, 123, 156, 194, 210, 241, 315, 319
Feind 94, 99, 101, 123, 126, 180, 191, 257, 314, 332 f.
Feindesland 110, 121, 123, 136, 145, 176
feindlich 49, 56, 61, 91, 121, 330
feindselig 237, 250, 354
Feindseligkeit 61, 93, 110, 124 f., 253 f.
Fetischismus 35
Fiktion 9
fiktiv 10, 36, 41, 245
Finalität 32
Fleißaufgabe 179, 328, 339
Folgsamkeit 96
Forderung 57, 61 f., 102, 111, 118, 128, 133 f., 351
Fortschritt 26, 105, 139, 177, 191, 224, 294, 303, 308, 355
Frage 7, 8, 24, 37, 50, 52, 57, 64 f., 68 f., 77 f., 92, 100, 105, 108 f., 119, 130, 151, 155, 159, 165 ff., 170 f., 174, 181 f., 205, 212 f., 235, 245, 253–256, 261, 275, 296, 316, 318, 326, 364, 376, 383 ff.
Fragen des Lebens 64, 155
Fragebogen 140, 143, 159, 165, 204 f., 252
französische Schule 37
Frau 9, 15, 32, 35, 38, 40, 43, 47, 49, 51 f., 56 f., 60 f., 66–75, 89 f., 166 f., 188 f., 196 f., 199– 202, 207, 223, 244 ff., 261, 270, 296, 313 ff., 318 f., 324, 327, 330, 341, 346, 348, 365, 368 f., 375 f., 384, 386 f.
in der Erziehung 73
Frauenbewegung 10, 45
Frauenrechtsbewegung 385
Frauenrolle 74, 104

Freude 34, 149, 167, 179, 190, 213, 242, 257, 313, 319, 322, 343
Freundschaft 120, 122, 148, 171, 173, 177, 181, 189, 212, 246, 285, 327, 352
Fühlen 35, 300
Führung 67, 70 f., 89, 193, 205 f., 264, 312, 382
Furcht 35, 40, 42, 47, 58, 64, 69, 71 f., 74, 82, 94, 96, 136, 253, 267, 281, 291 f., 350

G

Ganzes, das Ganze 113, 206, 222
Gebrauch 154, 185, 187, 221, 273
Geburt 45, 83, 99, 153, 155, 166, 171, 178, 191, 220, 227, 243, 288
Gedächtnis 128, 151, 173, 226, 228, 302, 320
Gedanke 67, 125, 149, 167, 264, 317
Gefühl 35, 42, 44 f., 48, 55, 70, 73 f., 77, 79 f., 84, 91, 93 f., 96 ff., 100, 110 f., 123, 125, 127 ff., 135 f., 142, 147, 152, 158, 160, 162, 169, 170, 176, 179, 191, 194 ff., 200, 208, 210, 213, 215 ff., 219 f., 230, 242, 245, 262, 264, 267, 270 ff., 278, 281–285, 287 f., 294, 313, 316, 318, 323, 326, 329, 334, 344, 348, 352, 355 f.
Gegenmensch 177
Gegensatz 49, 83, 85, 94, 98, 137, 161, 358
Gegenwart 33, 160, 170, 187, 207, 238, 356
Gehirn 168, 231, 291
Gehorsam 12, 41, 43, 48, 58, 166, 189, 191, 204, 259
Geiz 253
Geld 179, 189, 201, 280, 289, 291, 308, 323 f., 326, 341
Gelenksteife 336
Geltung 16, 39 f., 45 f., 67, 70, 79 f., 94, 99 f., 136 f., 155, 163 f., 178 ff., 240, 332
Geltungsstreben 16, 67, 182
Geltungssucht 45
Gemeinschaft 16, 51, 53, 65, 85, 88, 98, 105, 110 ff., 118, 123, 126 f., 136, 139, 144, 148, 153 ff., 161, 174, 213 f., 301, 315, 322, 324, 338, 352, 354, 381, 383
Gemeinschaftsbeziehung 349
Gemeinschaftsgefühl 15 ff., 20, 22, 25 f, 77, 91, 99 f. 101, 103, 105, 111, 119, 121, 123 f., 136 f., 139 ff., 147 f., 150, 153 f., 156, 164, 169–173, 176 ff. 182, 185, 203, 209, 214, 261, 265, 278 f., 301, 304, 308, 332, 334, 338, 348, 352, 357, 360 f., 364
Gemeinschaftsgefühle 120
Gemeinschaftsmensch 177
Gemeinsinn 59
Gemeinwohl 53
Genese 20, 297
Genie 131, 201
Gesamtheit 14, 20, 27, 110, 125, 133
Gesamtpersönlichkeit 38, 51, 211, 252
Geschlecht 9, 45, 60 ff., 84, 130, 136, 200, 213, 239 f., 244, 253, 369
Geschlechtsrolle 84, 244, 246, 253
Geschlechtsverkehr 200
Geschwister 35, 81, 148, 172, 174 f., 193, 197, 246, 284, 335, 337
Geschwisterreihe 15, 23, 77, 185 f.
Gesellschaft 45, 50 f., 53 f., 59 f., 62, 64 f., 69, 73, 75, 95, 99 ff., 103, 109 ff., 116, 118, 121, 127, 144, 150 f., 154, 158, 188, 195, 201, 210, 213, 222 f., 226, 252, 321, 346, 365 f., 369, 372, 376, 379 f., 384, 386
Gesellschaftsschicht 69
Gestalt 9, 14, 67, 108, 116, 124, 129, 192, 218, 254, 296, 308, 317
Gestaltpsychologie 379
gesund, der/die Gesunde 44, 78, 149, 153, 175, 196, 228, 238, 243, 338
Gesundheit 19, 78
Gewissen 309
Gewissensbisse 98
Gier 46, 59, 94, 253, 281
Gleichgewicht 61, 101, 151, 220, 235, 239, 315
Gleichwertigkeit 46, 61, 132, 334

Gott 216f., 284
Gottähnlichkeit 217
Gottähnlichkeitsgedanke 42
Gouvernante 226
Grausamkeit 188, 374
Größenideen 41
Größenwahn 218
Großmannssucht 55, 101, 104
Grundfragen 212
Güte 120, 313, 323

H
Halluzination 46
Haltung 26, 33, 36, 42, 45, 47, 54–63, 68, 71, 73f., 79, 81f., 84, 94, 100, 110f., 122, 144f., 150, 155, 166, 169, 172, 178, 188, 192, 195, 197, 199–202, 212f., 217, 227, 231, 248f., 254, 257, 261, 271f., 289, 303, 310, 325, 351
Handeln 12, 38, 60, 119, 300, 333, 351
Handlung 161, 222
Härte 75, 81
Hass 34, 48, 95, 122, 181, 211, 350
Hauptlinie 95f., 99
heilen 85, 248
Heilerziehung 89
Heilpädagogik 13, 101
Heilsarmee 279, 282f.
Heilung 257, 268, 331, 345
Heldenrolle 74, 297
Hemmung 261
Herabsetzung 97, 337
hereditär 136
Heredität 63, 338
    Vererbung 231f.
Hermeneutik 23
Herrschaft 35, 70, 80, 190, 308, 382
Herrschsucht 43, 60, 62, 73, 75, 190, 348
Hexenverbrennung 47
Hexenwahn 32, 47
Hilflosigkeit 33, 109
Hingabe 201

historisch 133, 223
Hoffnung 16, 18, 26, 39, 42, 57, 92, 125, 178, 187, 190, 196, 221, 225, 233, 247, 279, 281, 284ff., 312, 325
höher 158, 216
Höherwertung 44f.
Homosexualität 186, 198f., 201
homosexuell 43, 199
Homosexuelle 200
Hörstummheit 339
Hygiene 47, 381
Hypnose 369
Hypochonder 169
Hysterie 32, 37
hysterisch 36f., 187, 369

I
Ideal 16, 53, 70, 103, 134, 144, 147f., 154, 176, 214, 223, 236, 292
Idee 47, 55, 134, 145, 153f., 167, 193, 217, 219, 231f., 237, 324, 326, 337, 381
    leitende 133f.
Identifizierung 170
Imagination 48
Impotenz 43
Individualität 23, 33, 43, 256, 329
Individualpsychologie 7f., 11–17, 19–22, 24, 26, 31, 33f., 42, 45, 57, 62, 66, 76, 78, 85f., 88–91, 101, 105, 107ff., 116, 118f., 133, 136–139, 141ff., 146, 154, 158, 170, 181f., 202–211, 214, 222, 230–233, 238, 244, 247, 275f., 295–298, 300f., 335, 340, 342, 345ff., 349, 353ff., 364f., 367, 370f., 373ff., 377, 379ff., 383–388
    Verein für I. 11, 89, 182, 364, 367
individualpsychologisch 104, 140
Individuum 11, 25, 52, 58, 151f., 206ff., 211ff., 223, 242, 257, 300f., 303
Indolenz 35, 41, 64, 72, 83
Infantilismus 41
Instinkt 151f., 215, 348
Insuffizienz 48, 63

Intelligenz 200, 222, 229, 253, 306, 340
Interesse 17, 32, 35, 47, 57, 69, 97f., 114, 120, 136, 140, 144f., 147f., 153, 157, 159, 164, 166, 171–175, 177, 180, 184, 190, 197, 200, 227f., 230, 237, 239, 240, 247, 262f., 300, 310f., 325, 327, 332, 340, 342, 346, 348, 352, 355, 358, 360f., 374, 378
Intoleranz 42
Intuition 23
Irrtum 29, 57, 69, 116, 121, 124, 127, 167, 177, 186, 235, 249, 256, 304f., 326
irrtümlich 69
Isoliertheit 111, 120
Isolierung 20, 41, 107ff., 111f., 120, 128, 255

J
Jena-Plan 133, 381
Jugendbande 277
Jugendbewegung 380
Jüngste 95, 194, 297, 309, 312

K
Kampf 10, 21, 42, 50f., 54, 56, 58, 61, 75, 99, 119, 129, 149, 150, 175, 177f., 187, 206, 260f., 272, 281, 297, 314f., 322, 335
Kampfbereitschaft 257
Kampfposition 42, 59
Kausalität 79, 300, 358
Kind 9–12, 14ff., 18, 20, 22, 24, 26, 32–36, 39, 41f., 44, 47ff., 51–59, 62ff., 66–72, 74f., 77–84, 86–105, 110–113, 115, 117–132, 134–137, 139–195, 197–211, 214–242, 244–247, 250–273, 275–291, 294, 297–361, 370, 372, 374f., 377, 379f., 386f.
Kinderfehler 18, 64, 104, 119
Kindergarten 151, 171, 227, 299, 326, 331, 333f., 353, 359
Kinderheim 87, 89, 105, 279, 331, 366, 374, 381
Kindersegen 73f.
Kindheit 10, 32, 35, 37, 41–44, 47, 59ff., 70f., 73, 79, 81, 84, 110, 135, 152, 156, 159, 162, 164, 182, 188, 192, 195, 200, 206f., 214, 227, 238f., 241ff., 263, 267, 270, 310, 338, 352, 356, 366
Kindheitserinnerung 23, 39, 43, 98, 140, 172, 185, 217, 282, 291
kindlich 41, 55, 71, 77, 83, 119, 120, 349, 355
Kino 96, 288
Kirche 144, 386
Klagen 155, 165, 170, 174, 306
klein 91, 197, 246, 281, 291, 293
Kleinheit 9, 142, 215
Kleinseinwollen 41
Klimakterium 45
Knabe 35, 44ff., 54f., 61, 81, 83, 98f., 115, 150, 328, 369
Koedukation 235
Kompensation 47, 72, 80, 159, 161, 192, 207f., 210, 216, 279, 292, 301, 324
Komplex 77, 181, 228, 301, 308
Konflikt 214, 247
Kongress 31, 108f., 133, 346, 381, 385
Können 88, 130, 149, 165, 191, 356
Konstitution 35, 48, 78, 199, 382
konstitutionell 34, 48, 55, 136, 255
Konstruktion 54, 207
Kontakt 23, 79, 99, 110f., 122ff., 126f., 210, 214, 219, 224, 239, 245, 253, 278, 345, 349, 364, 367, 369, 372, 374, 379ff., 385, 387
Kontaktfähigkeit 111, 153, 301
Konzentration 128, 227, 254, 333
Kooperation 16, 86, 143, 246, 301, 357
Kooperationsfähigkeit 227
Kopfschmerz 39
Körper 68, 78, 80, 98, 128, 199, 206, 257, 277, 331, 348
Körperhaltung 63, 93, 227
Kostkind 121

Sachverzeichnis 423

Kraft 14, 16, 56, 58 f., 64, 73 ff., 95, 111, 121, 124 f., 143, 155 f., 157, 159, 176, 215, 278, 312 ff., 350 f., 355 f., 360, 368
Krankheit 39, 60 f., 80, 84 f., 110, 129, 156, 168 f., 187, 192, 210 f., 252, 254, 277, 283, 301, 330, 337, 339, 347
Krankheitslegitimation 79
Kranksein 80
Krieg 17, 66 ff., 72, 74, 90, 365, 380
Kriminalität 72 f., 108, 148, 209, 225, 283
kritisch 37, 51, 367, 374
Kultur 8, 9, 42 f., 45, 52, 67, 70 f., 85, 103 f., 109, 128, 245, 258, 305, 347, 375
kulturell 42, 45, 68, 73, 80
Kunst 23, 109, 140, 147 f., 158, 165, 177, 211, 228, 251, 294 ff., 301, 304, 345, 368, 374
Kunstgriff 44, 55, 58 ff., 69, 111
Künstler 53, 182, 206, 329, 366, 374
Kur 34, 37, 224

L
Lachen 222, 254, 290, 323, 329
Lampenfieber 74, 195
Laster 53, 58, 248
Leben 7, 9, 14, 17, 21, 24 f., 33, 35 f., 39–45, 48, 51 f., 54 ff., 58 ff., 62 ff., 68, 73, 75, 79 ff., 83, 93–97, 100 f., 103 f., 109–112, 115, 119 f., 122, 124 f., 130–133, 135 ff., 139, 142, 144–149, 152, 154–168, 170 f., 175, 177, 181 f., 185, 187–192, 194, 196 ff. 200 ff., 206–209, 212–215, 218, 221 ff., 226 f., 229, 231, 236, 238–241, 243, 245, 249, 255, 257, 260, 262, 264 f., 267 f., 272, 274, 277, 280, 286, 292, 294, 296, 300 f., 307, 309 ff., 326, 328, 346, 348–352, 354–358, 360, 367, 374, 382, 385
Lebensaufgabe 25, 109, 173
Lebensform 121, 123, 172
Lebensfragen 130, 173, 188, 195, 305, 357
Lebenslinie 34, 36, 38 f. 59, 207
Lebensmethode 74
Lebensplan 9 f., 23, 32 ff., 36, 38, 40 f., 43, 48, 60, 151 ff., 350 f., 358
Lebensproblem 214
Lebensstil 22 f., 26, 136, 139, 147, 149, 160 ff., 164 f., 168, 170–175, 178 f. 185 f., 195 ff., 201, 206 f., 213 f., 223, 228, 233 f., 238 f., 261, 264, 272, 276, 297, 300 ff., 304, 307, 311, 314, 317, 320, 324, 338, 345, 350 ff.
Lebenssystem 36
Lebensziel 356, 368
Lehrberatung 298
Lehre 117, 160, 181, 206, 365
Lehrer 14, 19, 24, 31, 52, 54, 62 ff., 69 f., 72, 76, 78, 86, 90, 97, 101 f., 104 f., 122, 126, 128, 138, 140 f., 143, 145 ff., 155, 162 f., 171, 176, 204 f., 212, 221 f., 224, 227–237, 241, 243, 246 ff., 250 ff., 254, 257–262, 267 ff., 271, 275 f., 284 ff., 288, 290, 292, 294, 311, 313, 320, 322–325, 341, 344 f., 355–361, 364, 372, 375, 378 f., 382, 385
Lehrerausbildung 102, 138
Lehrerbildung 138, 376, 382
Lehrerin 57, 68, 85, 88, 92, 166 f., 226, 235, 277–280, 314, 316–326, 329, 334, 341 ff., 374
Leiden 34, 46, 52, 57, 85, 110, 157, 169, 305, 336, 373
Leidenschaft 264
Leistung 36, 52, 109 f., 124, 131, 135 f., 142, 153, 159, 165, 176, 179, 223, 297, 306, 316 f., 333, 340, 345, 347, 351, 355
Leistungsfähigkeit 110
Leitbild 54, 58
Leitidee 134
Leitlinie 38, 44, 48, 300
libidinös 120
Liebe 34, 43, 47 f., 57, 82, 88, 99, 101, 109 f., 120, 143, 145, 148, 155, 171, 181, 186, 189, 192, 211, 213, 239, 245, 286, 297, 301, 327, 333, 348, 350, 352 f.

Liebesfähigkeit 43
Liebling 188
Lieblosigkeit 81, 110 f., 147, 319, 350, 352
Linkshänder 158 f., 180, 220, 221, 224, 290, 293, 310, 327, 328 f.
Linkshändigkeit 158, 220 f., 327 f.
Lob 82, 193, 224, 255, 259, 333
Logik 25, 85, 93, 103 f., 110, 136, 196, 213, 257, 264, 266
logisch 103, 111, 196
Lues 254
Lüge 112, 120, 129, 190, 278, 281, 285 f., 297, 315, 318 f., 323, 325, 341
Lügenhaftigkeit 72, 315, 319
Lust 34, 245, 305

M

Macht 9, 15 f., 25 f., 40 ff., 49 f., 80 f., 91, 94, 97, 99 f., 103 f., 153, 190, 193 f., 213, 238, 242 f., 301, 326, 342, 379, 382
Machtstreben 91, 98, 100
Mädchen 33, 37, 39, 40, 44 f., 56 f., 61, 68, 71 f., 81–85, 95, 104, 161, 166, 168, 174 ff., 185, 188, 191, 196, 198–202, 227, 235, 241–244, 254, 268–272, 278, 288 f., 304–309, 319, 321, 323, 334, 350
Maler 129, 157, 302
Mangel 53, 60, 71, 89, 99, 102, 111, 121 f., 147 f., 150, 157, 159, 164, 185, 223, 244, 256 f., 260, 265, 280, 283, 333
Mann 9, 34, 36, 40, 43, 44, 47, 49, 51, 55 f., 60 f., 67, 70 f., 73 ff., 98, 164, 166 f., 188–193, 195 f., 198, 200, 223, 227, 242 f., 245 f., 251, 269, 292, 308, 323, 325, 331, 348, 367 f., 381, 383
Manngleichheit 40, 44
männlich 9, 32, 34, 43–47, 61, 67–71, 73, 75, 84, 185, 241
männlicher Protest 47, 185
Männlichkeit 9, 83, 241
Märchen 47, 55, 82, 186, 194
masochistisch 179, 200

Masturbation 47, 196, 199
masturbatorisch 47
masturbieren 198, 267
Material 58, 89, 124, 275, 296, 298, 307, 310
Mechanismus 37, 39, 44, 53, 207, 208
Medizin 11 f., 101, 107, 294, 346, 359, 366, 371 f., 375, 380, 384, 386 ff.
Meinung 25 f., 175, 178, 211 f., 220, 225 f., 231, 237, 248 f., 285, 293, 309, 355 f., 358
Mensch 25, 34, 38, 47, 109, 116, 121 ff., 125 f., 130, 152, 154, 188, 206, 210, 212 f., 216, 239, 245, 264, 350, 355, 359
Menschenkenntnis 21, 24, 82, 88, 114, 144, 146, 184 f., 204, 215, 355, 359, 387
Menschheit 25, 44, 148, 152, 154, 171, 173, 182, 193, 211, 213, 216, 236, 348
Menses 39, 45
Messen 42, 44, 142
Methode 23, 55, 103, 116, 131, 136, 158, 169, 175, 180, 193, 205 f., 219 f., 222, 233, 236 f., 250, 257, 281, 313, 322, 343 ff., 372
Migräne 187
Milieu 94, 114, 186, 311
Mimik 250
minderwertig 42, 45, 157, 160, 215, 220, 271, 284, 294, 337
Minderwertigkeit 8, 40, 44 ff., 59 f., 63, 73, 95, 97, 110, 136, 153, 200, 208, 210, 215 f., 220, 225, 264, 318
Minderwertigkeitsgefühl 40, 44 f., 47, 58, 60, 71 ff., 88, 97, 109, 123, 131 f, 142, 159, 174 f., 180 ff., 198, 207 f., 214 f., 218, 253, 264 f., 289, 291, 303, 318, 332, 336 ff., 348
Minderwertigkeitskomplex 203, 259, 278
Minussituation 25, 216
Misstrauen 36, 56, 61, 81, 99, 103, 231
Mitarbeit 101, 112, 146, 165, 258, 357
Mitarbeiter 19, 89, 103 f., 173, 373, 376 f., 381, 384

Mitmensch 120, 126, 148, 172, 177, 213
Mitmenschlichkeit 112, 144, 146, 154 f., 348
Mitspieler 62, 99, 173
Mittel 32–35, 40 f., 44 f., 53, 80, 91 f., 97, 101, 103, 137, 146, 149, 168, 172, 177, 186 f., 191, 193, 224, 260, 282, 286, 297, 306, 312, 314, 326, 337
Mittwochgesellschaft 7, 372, 384
Molimina 45
Mongolismus 340
Moral 40, 71, 73, 123, 161
moralisch 111, 123, 135, 209, 210
Mord 100
Motilität 43
motorisch 290
Musiker 129
Mut 20, 57, 72, 79, 93, 100, 112, 115, 124, 129 f., 133–137, 140, 147, 155–158, 163 f., 167, 172, 176, 178, 181 f., 189–192, 214, 220 ff., 235, 237, 251, 254, 255, 268, 270, 278, 283, 292, 294, 301 ff., 307, 310 f., 325, 328 f., 339, 350, 356
Mutlosigkeit 156, 159, 163
Mutter 16, 37, 39, 44, 46 f., 55 ff., 62, 66–72, 74 f., 90, 93, 98 f., 111, 113, 116, 119–123, 127 f., 145 f., 148–152, 155 f., 161, 163–167, 170–178, 188 f., 196–200, 212, 228, 232, 237, 241 ff., 245 f., 253, 257–261, 266 f., 269–272, 277–287, 289, 292, 307–321, 323–337, 339–344, 347–353, 355, 358 f., 361, 366

N

Nachkommen 232
Nachlässigkeit 63
Nächstenliebe 173
Nägelbeißen 85, 253
Nahrungsverweigerung 35, 44, 84
Narzissmus 120
Nasenbohren 85, 253, 327
Nation 111
national 134, 381

Nebenkriegsschauplatz 97 f., 256
Nebenlinie 97
Negativismus 44
negativistisch 240
Neid 103, 187, 191, 211, 217, 219, 253
Neigung 47, 54 f., 63, 71, 81, 83 f., 109, 120, 123, 132, 153, 155, 158, 177, 199, 201, 249, 309 ff., 315, 325, 335, 341, 357
Nervenarzt 42, 61, 128, 341
nervös 9 f., 21, 32, 35, 42, 62, 74, 79, 83, 85 f., 128, 132, 182, 209, 226, 257, 327, 342, 386
nervöse Erkrankung 132
Nervöser *siehe* Neurotiker
Nervosität 56, 61, 63, 65, 155, 219, 257, 305, 319
Neukantianismus 133
Neurologie 387
neurologisch 380
Neuropathologie 7
Neurose 24, 33, 35, 37, 40 ff., 45 f., 56, 61, 63, 65, 81, 83, 111, 143, 148, 155, 172, 182, 184, 186, 190, 192, 196, 217, 219, 254, 257, 277, 305, 319, 355
Neurosenforschung 10, 31, 33, 38, 66
Neurosenwahl 37
Neurotiker 47, 142, 221, 350
neurotisch 8, 32, 35, 41, 44 f., 47, 85, 188, 197, 262, 265, 276
neurotische 35, 45, 188, 265
New Education Fellowship 133
Niederlage 42, 54, 56, 61, 75, 84, 96 f., 132, 145, 188, 191, 221, 225, 350
Norm 143, 183, 214
normal 166, 190, 195, 231, 244, 253, 316, 337, 339, 340 f.
Normen 92, 133
Not 44, 53, 80, 90, 128, 305, 315, 372
Nutzen 16, 77, 109, 136, 234, 374
nützlich 69, 119 f., 124 ff., 130, 133 f., 136 f., 148, 153–157, 165, 173, 178, 182, 189,

213f., 218, 226, 294, 297, 303, 307, 309, 320, 340
Nützlichkeit 135 ff., 159, 213, 301

O

Objekt 120, 244, 348
Obstipation 44, 84
Oheim *siehe* Onkel
Ohnmacht 54, 74, 104, 255
Onkel 155, 164
Opposition 8
Optimismus 50, 131, 148, 177, 231
optimistisch 59, 156, 159, 231, 355 f.
Organ 8, 42, 48, 60, 80, 157, 199, 208, 232, 340, 342, 351
Organdialekt 185
organisch 144
Organismus 8, 48, 61
Organminderwertigkeit 188, 232, 354
Orientierung 38, 296, 368
Osteomyelitis 336

P

Pädagoge 13, 50 f., 53, 90, 123, 131, 141, 181, 194, 204, 210, 247, 251, 320, 344 f., 355, 380, 383, 386
Pädagogik 11 ff., 22 f., 27 f., 41, 44, 51, 74, 87, 103, 105, 107, 115, 130, 138, 226, 366, 371, 374, 381, 383
pädagogisch 24, 66, 81, 89, 226
Pädagogisches Institut 19, 138 f., 141 f.
Pathopsychologie 31
Patient 34 f., 37, 49, 76, 187 f., 195 f., 198 ff., 212
Pedanterie 348
Person 32 f., 110, 113, 116, 120, 123, 125, 145, 148, 153, 159, 170 ff., 174, 212 f., 224, 232, 265, 267, 270, 273, 278 f., 309 f., 324 f., 339, 355, 358, 360 f.
Persönlichkeit 18, 20, 22 f., 34, 39, 41, 59, 63, 71, 88, 139, 203, 206 f., 211–214, 216, 219, 222, 230, 239 f., 258, 293, 297, 345, 369, 370

Persönlichkeitsgefühl 9 f., 136, 160, 297
Perverse 221
Perversion 148
Pessimismus 255
Pflegeeltern 57, 253, 330, 332
Phänomen 36, 48
Philosoph 139, 374, 383
Philosophie 64, 372, 374 f., 380 f., 383
Platzangst 34, 43
Plumpheit 176
Plussituation 25, 216
Position 15, 23, 69, 77, 103, 172, 174, 184 f., 203 f., 219, 231, 282, 286, 327, 382
Prahlerei 104, 241, 264, 307, 318
Prinzip 42, 70, 92, 104, 170, 236, 242, 304, 358, 371
Proletarier 93
Prophylaxe 13, 20, 85, 147
Prostitution 155, 172
Protest 10, 45, 47, 56, 104, 185, 241
Protestversuch 61
Prozess 7 f., 13, 19, 23, 27, 107, 109 f., 114 f., 146 f., 172, 211, 295, 303, 307
Prüfung 65, 97, 106, 125, 151, 158, 166, 214, 217, 229, 306, 357
Prügel 93, 117, 251, 334
Prügelstrafe 75, 98, 117
Psyche 13, 16, 32, 196, 206, 314
Psychiatrie 37, 369, 387
psychiatrisch 142
psychisch 27, 32, 35, 37, 52, 77, 100, 114, 120, 252 f., 297, 331, 335, 380
Psychoanalyse 7 f., 11, 113 f., 201, 364, 367 ff., 371 ff., 375, 385
Psychoanalytiker 27, 37, 83, 114, 366 f., 374
psychoanalytisch 375
psychodynamisch 27
Psychologe 206 f., 209, 211 f., 227, 236 f., 365, 376
Psychologie 7, 10 f., 25, 31, 39, 107, 138, 146, 186, 204, 206, 236, 238, 245, 264,

266, 273 f., 288, 303, 306, 359, 365–369, 375 f., 379, 381, 384, 386
psychologisch 160, 182, 194, 206 ff., 214, 227, 229, 237 ff., 367 f., 385
Psychopathologie 8, 76, 353
Psychose 35, 41 f., 48, 56, 81, 85
Psychotherapeut 309
Psychotherapie 7, 10–13, 31, 41, 51 f., 76, 90, 102, 107, 185, 298, 309, 346, 354, 365 ff., 376, 383, 385
Pubertät 64, 189, 238, 240, 245

R
Rache 58, 98
Racheakt 99
Rachitis 253, 266, 339
Rachsucht 217
Ratschläge 88
Reaktion 187, 193, 208, 332
reaktiv 215
real 44
Realität 214, 218, 250
Realitätsanforderung 43
Religion 109, 134, 283
Reminiszenzen 37
Resignation 45, 54, 104
Revolte 42, 44 ff., 54, 71 f., 74, 84 f., 88, 104, 350, 352
Richtigkeit 135, 137, 148
Richtung 11, 27, 42, 44, 55, 110, 136, 146, 157, 161, 196, 200, 213, 218, 222, 225 f., 237, 240, 256, 268 f., 281 ff., 330, 357, 359, 366
Richtungslinie 48, 58 f.
Rivalität 35, 39, 219, 228, 254, 259, 266
Rolle 42, 56, 69, 85, 90, 96, 99, 104, 120, 127, 131, 134, 152, 170, 175, 187, 193 f., 198, 200, 202, 212, 217, 223, 228, 241, 244, 263, 286, 291 f., 297, 302, 308, 311 f., 320 f., 325 f., 337, 349
Rückschlag 153, 218
Rückzugslinie 74

S
Sadismus 190
sadistisch 42, 190
Salpêtrière 369, 376
Säugling 245, 263, 266, 347
Schädigung 74, 115, 147, 169
Scham 179, 217
Schamhaftigkeit 175
Schein 40, 43 f., 61, 99, 182, 190
Schema 49, 54, 59, 74, 105, 124, 140 f., 181 f., 252, 281, 300, 306
Schicksal 55, 58, 63, 72 f., 96, 100, 122, 129, 148, 166, 170, 194, 222, 229, 231, 243, 351
Schlaf 127, 129, 172
Schlaflosigkeit 309
Schlafverweigerung 41
Schläge 57, 259, 271, 331, 333, 348, 360
Schlamperei 85
Schmerz 39, 43, 169, 179, 195 f.
Schonung 97
schöpferisch 53, 74, 155, 157, 159, 162, 257, 300, 306
schöpferische Kraft 155, 157, 159
Schreck 245
Schüchternheit 56
Schulberatungsstelle 86, 141 ff.
Schuld 63, 124, 210, 313, 349 f.
Schuldbewusstsein 247
Schule 14, 16, 22 ff., 37, 50 f., 54, 57, 59–64, 67, 69–73, 75, 79 f., 86, 89, 93, 95 ff., 99, 101, 103, 104 f., 111, 119, 123–126, 128, 131, 138–141, 143–146, 148 f., 151 f., 155, 158, 162 f., 165–168, 171, 173, 175 ff., 180, 189, 191, 198, 202, 204, 205, 209, 210, 218, 220, 222–228, 230–235, 239 f., 243, 247 f., 251, 253–258, 260 ff., 266, 268–272, 276, 280, 285, 287–290, 292, 299, 304–307, 309, 311 f., 314, 317, 320 f., 323–329, 332, 335, 337, 341 ff., 347, 348, 349, 353–358, 360, 368, 374, 376, 380, 385 f.
Schülerbeschreibungsbogen 104

Schuleschwänzen 225
Schulreform 19, 102, 104 f., 138, 230, 316, 381
Schutzmittel 117
Schwäche 9, 33, 42, 44, 46, 48, 52, 55, 58, 73, 77, 79, 95, 152 f., 157, 187, 210, 215 ff., 257, 263 f., 266, 278, 292, 342, 347
Schwächlichkeit 153
Schwachsinn 265 f., 306
Schwangerschaft 74, 83
schwererziehbar 130, 156, 181, 353
Schwererziehbarkeit 140 f., 143, 148, 151, 154 f., 172, 182
Schwester 37, 39, 43 f., 46, 83, 95, 99, 149, 155, 161, 174–177, 179, 188 f., 191 f., 196, 201, 207, 243, 278 f., 281 f., 285 f., 288 f., 292, 318 f., 375
Schwierigkeit 18, 33, 45, 56, 59, 61, 63, 67–72, 74 f., 78 f., 93, 97, 100, 104, 110 ff., 114, 127, 129 f., 132, 134, 136, 145 ff., 157 ff., 165, 168, 173 f., 176 f., 180, 182, 187, 191, 197, 202, 205, 208, 219 ff., 224, 226 ff., 231 f., 234, 242, 244, 250 f., 253–256, 259, 262, 265 f., 268, 272, 274, 278, 282, 303, 305–308, 310, 321, 326 ff., 333 f., 337–340, 344, 347, 351 ff., 355, 357, 359 f.
Seele 24, 48, 54 f., 59, 61, 80 f., 94, 101, 109, 111, 119, 137, 154, 172, 178, 206, 208, 270, 295, 297, 300, 319, 348, 351
Seelenkunde 15, 41, 142
Seelenleben 16, 35 f., 41, 48, 53 f., 56 f., 61, 78, 93, 104, 120, 154, 157, 160, 168, 174, 246, 301, 351
seelisch 33, 36, 40 f., 47 f., 53 f., 58 ff., 62 f., 76, 78–81, 85, 88, 97 ff., 111, 143, 146, 152 f., 159, 182, 186, 193, 233, 347, 350
Seite des Nützlichen 119
Seite des Unnützlichen 119, 125
Sekretion 169
Selbstbehauptung 217
Selbstbetrug 136

Selbsteinschätzung 60, 159–165, 179 f., 225
Selbstentwertung 61
Selbsterkenntnis 140, 161, 205, 304
Selbstmord 64, 111, 116, 148, 232, 243, 262, 286, 383 f.
Selbstmörder 172, 221
Selbstständigkeit 54, 71, 79, 98, 135
Selbstsucht 104
Selbstvertrauen 71, 79, 93, 135, 190, 218 f., 221, 223, 226, 242, 267
Selbstwert 220
Sexualerziehung 204 f., 235, 238, 244 ff.
Sexualität 83, 113, 196, 198 ff., 204, 239 f., 245 f.
Sexualtrieb 245
sexuell 8, 37, 55, 57, 77, 83, 148, 155, 161, 172, 179, 181, 190, 198 f., 225, 235, 244 ff., 278, 306, 331, 333, 335
Sicherheit 56, 115, 160 f., 165, 188, 212, 301, 303, 310, 316, 322, 338, 340, 353, 359
Sicherung 10, 100, 307
Sinn 7, 9, 12, 16, 17, 23, 25, 38, 42, 51, 60, 66, 76, 93, 102, 107, 109, 113, 130, 182, 185, 216, 224, 228, 236, 251, 265, 270, 309, 311, 344, 346, 349, 352
Sinn des Lebens 25, 182, 185, 346, 349, 352
Sinnesorgane 43, 52, 153, 157, 159, 214, 236
Skizze 68, 119, 124, 143, 182, 183
Sklaverei 371
solipsistisch 42
Sorgenkind 270
Sozietät 33
Spiel 19, 86, 95, 101, 105, 115, 189, 192, 199, 217, 230, 245, 254, 332 f., 347, 364 f., 367, 385 f.
Spielverderber 122
Sprache 26, 52, 59 f., 63, 111, 122 f., 148, 184, 203, 257, 261, 268, 272, 274 f., 277, 312, 339, 387

Sprachfehler 257, 260 f.
Sprachstörung 255, 386
Staat 72, 116
Stadtschulrat 101, 385
Stehlen 163 f., 237, 281, 284 ff., 324, 327 ff.
Stellungnahme 63, 73, 79, 100, 110, 152, 163, 181, 330, 358
Stiefkind 253
Stolz 96, 175, 248 f., 264, 339, 341
Störung 209, 224, 303, 311, 314
Stottererbehandlung 35
Stottern 35, 122, 217
Strafe 54 f., 97, 110, 119 f., 124, 136, 150, 152, 170, 172, 179, 189, 210, 224, 230, 304, 321, 323, 349, 360
Streben 9, 16, 25, 32, 40, 61 ff., 69, 98 f., 104, 110 f., 125, 129 f., 135, 145, 147, 150, 154, 156, 160 f., 163 f., 178 f., 182, 187, 192, 203–208, 212–215, 222, 243, 257, 266, 282, 312, 314, 355
    nach Vollkommenheit 216
Streben nach Überlegenheit 179, 203 ff., 208, 214 f., 222, 314
Strebung 13, 119, 301
Strenge 75, 208, 323, 345
Struktur 16, 99, 185, 275, 346 f., 350
Stuhlentleerung 84
Symbol 62
Symptom 33, 35, 39, 84 f., 187, 195 f., 210 f., 222, 225, 239, 242, 252, 257, 301, 338, 359
Synthese 374, 384
Syphilis 58
System 43, 68, 73, 104, 160, 211, 235, 344

T
Tadel 82, 146, 164, 172, 228, 310, 344
Tagesheimstätte 89
Tagtraum 172, 209, 375
Täuschung 161
Technik 24, 111, 142, 144, 209, 275 f., 295–298, 300 ff.

Temperament 33 f., 59, 63
Theater 152, 170, 342, 373
Theologie 381
Theorie 7–12, 16, 18, 20 ff., 27, 31 f., 37 f., 66, 68, 76, 90 f., 113 ff., 140, 144, 151, 184 f., 193, 203, 206, 295, 349, 369, 383 f.
Therapie 296
Tierquälerei 330
Tod 10, 39, 113, 189, 201, 252, 348, 366, 372 f., 378, 383 f., 387
Tonsillektomie 339
Totalität 303
Tradition 18, 134 f., 232, 258, 364
Trägheit 231
Training 94, 158, 160, 174, 178, 267, 282, 300, 310, 312, 351
Traum 46, 140, 185, 194, 196, 200, 255, 272, 292, 309
    Albtraum 209
    Angsttraum 255, 327
    Tagtraum 172, 209, 375
Traumleben 172, 266, 269
Treue 122
Trieb 34, 48, 58 f., 152, 154, 161, 339
    Sexualtrieb 245
Triebbefriedigung 111
Triebfeder 324
Triebleben 152
Triebpsychologie 339
Triebregung 263
Trisomie 21 340
Triumph 156, 179, 337
Trotz 12, 35, 41, 44, 48, 50, 63, 75, 77, 84 f., 98, 172, 191, 226, 276, 305, 312, 319, 335, 367
Trunksucht 148, 155
Tuberkulose 168, 191
Tugend 124, 218, 248
Typ 194, 236, 241 f.
Typen 68, 73 f., 93, 110, 171, 187, 208, 218, 241 f., 265, 287, 359
typisch 44, 172, 201, 241
Typus 43, 64, 74 f., 82, 93, 128, 145 ff., 152,

194, 236, 241 f., 305, 307, 310, 331, 340, 352
Tyrannei 61, 73, 277, 352

U

Überempfindlichkeit 42
Übererregbarkeit 44
Überkompensation 71
Überlegenheit 9, 16, 32 f., 35, 45 f., 48 f., 56, 59, 61, 81, 91, 94, 99, 127, 135, 154 f., 160, 182, 192, 198–201, 206, 208, 210, 217, 241, 245, 250, 301 ff.
Überlegenheitsgefühl 210, 287
Überlegenheitskomplex 264
Übertragung 51
Übertreibung 242, 295, 297, 300, 302, 306, 309
Überwindung 145, 159, 182, 215, 329
Umweg 60
Umwelt 48, 58, 79, 93, 121, 252 f., 255, 260 ff., 266, 347
Unannehmlichkeit 61
Unbefangenheit 47, 61 f.
unbewusst, das Unbewusste 9, 13, 32, 38, 52 f., 56, 62, 91, 161, 193, 206, 214, 223, 282, 307
Unbewusstheit 34
Unerziehbarkeit 20, 113, 115
Unfähigkeit 63, 73, 97, 132, 185, 186, 224 f., 255
Ungeduld 112
Ungerechtigkeit 73
Ungeschicklichkeit 220
Unhaltbarkeit 37
Unlust 34, 180
Unreinlichkeit 41
Unruhe 61, 70, 156, 271
Unsicherheit 9, 35, 45, 48, 57, 67, 70, 84, 90, 109 ff., 117, 152, 160, 195 f., 215 f., 219, 222, 278, 347
Unterdrückung 201, 226
Unterricht 62, 230, 237, 261, 271, 291, 293, 307, 311–314, 316, 320, 329, 370, 373, 382
Unterwerfung 35, 41, 58, 60, 104, 216
Unterwürfigkeit 291
Untreue 37 f.
Unüberwindlichkeit 58
unverstanden, Unverstandenes 300
Unvollkommenheit 182, 344
Unvollständigkeit 105
Unzufriedenheit 45, 112, 208
Unzulänglichkeit 97, 195, 200, 208
Ursache 34, 62, 63, 111, 119, 168, 205, 232, 356

V

Vater 10, 16, 37, 44, 46 f., 55, 62, 66 f., 69–72, 74, 85, 90, 92 f., 98 f., 104, 111, 127, 148 ff., 155, 163 f., 172, 175, 177, 179 ff., 188 ff., 197, 199 ff., 212, 228, 232, 241 ff., 245 f., 250, 253, 258 f., 261, 263, 266, 269, 270 ff., 278 f., 282 ff., 286 f., 289, 291, 293, 297, 300, 309, 313, 317, 319, 323 f., 326 f., 329 f., 333, 337, 341, 343, 347, 349, 358, 371 ff.
Verantwortung 63, 65, 70, 210, 223, 227 f., 231, 247, 252, 290, 293 f., 316, 347
Verbrechen 86, 88, 99 ff., 107, 111, 156, 172, 190, 225, 233, 241 f., 247, 262, 277, 288, 374, 378
Verbrechensneigung 42
Verbrecher 92, 96 f., 100, 117, 137, 156, 210, 226
Verdauung 78
Verdrängung 38, 83
Verehrung 68, 201
Verein 8, 11, 89, 182, 321, 342, 364, 367
Vereinigte Staaten von Amerika, USA 22, 105, 139, 184, 203, 241, 272, 287, 387
Vererbbarkeit 231
Vererbung 18, 193, 231 f., 255
Vererbungslehre 231
Verfehlung 348

Sachverzeichnis 431

Vergangenheit 33, 40f., 160, 170, 187, 238, 269f., 324
Verhalten 27, 43, 59, 67, 78, 81f., 105, 107, 124, 145, 150, 152, 164, 169, 171f., 179, 187, 189, 190f., 193, 197, 200f., 206, 219, 224, 227f., 241, 250ff., 255, 262, 272, 283, 285, 288, 312, 351ff., 355, 358
Verhätschelung 82
Verkürztheit 44, 79, 176
Verlässlichkeit 110
Vernachlässigung 37, 72, 121
Verschleierung 74
Verschlimmerung 34
Verschränkung 15, 139
Verstand 173, 209, 232
Verstehen 11, 23, 32, 51, 119, 137, 151, 170, 274
Versuchsschule 19, 101, 133, 230, 381, 385f.
Versuchung 73, 289
Vervollkommnung 25, 215
verwahrlost 125, 162, 331
Verwahrlosung 21, 85, 88, 90–96, 99ff., 104, 108, 111, 123, 125, 130
Verweichlichung 42
Verweigerung 85
Verwöhnung 238
Verzärtelung 26, 74, 79, 82, 110, 127, 147, 152, 169, 204, 263, 265, 318, 325, 335f., 339, 347, 350, 353f., 359
verzärtelte Kinder 163, 171f., 263, 268, 354f., 360
Vieldeutigkeit 43, 53
Volk 88, 91, 129
Volksheim 20, 87f., 102, 105, 113ff., 342, 375, 388
Vollkommenheit 46, 206, 301
Vorbereitung 34, 59, 67, 70, 111, 121, 123f., 128, 147f., 151, 155f., 166, 170, 174, 201, 227–230, 244, 247, 255, 275, 282, 296, 301, 337, 356ff.
Vorgeschichte 140f., 151, 248

Vormund 69, 116
Vorsicht 26, 53, 61, 143, 255, 310
Vorstellung 15f., 18, 26, 50, 61, 106, 107, 139, 199, 206, 213, 216, 256, 274, 282f., 292f.
Vortrag 10f., 19, 21, 26, 31, 38, 66, 76, 87f., 90f., 102, 108, 113ff., 118f., 133f., 203, 237, 346, 364f., 370, 375, 379f., 383ff., 388
Vorurteil 60, 62, 68, 303
Vorwand 56, 59, 374

W

Wahrheit 83, 110, 132, 136, 219, 249, 269, 318, 341
 absolute 110, 219
Wahrnehmung 76, 190, 226, 349
Wahrscheinlichkeit 266, 279, 301
Weib 49
weiblich 49, 201
Weiblichkeit 60, 199
Weltanschauung 93, 154, 300f., 383
Weltbild 378
Weltbund zur Erneuerung der Erziehung 133
Weltkrieg 50, 66, 87, 90, 364, 367, 369, 373, 376, 380, 383, 386, 388
Wert 51, 60, 62, 67f., 72ff., 109, 124, 136, 154, 169, 175, 217, 229, 230f., 340, 348, 351, 355f.
Wertlosigkeit 217
Wertung 36, 60
Wesen 26, 34, 47f., 55, 61, 70, 82, 92, 103, 109, 152f., 180, 215, 274, 302, 375
Wettbewerb 189f., 194, 199, 230
Wettlauf 176f.
Widerspruch 48, 70, 136f., 154, 191, 249, 255
Widerstand 62, 88, 104, 117, 129, 192, 196, 199, 237, 312
Wiederholung 311, 319
Wien 9, 15, 17ff., 21, 25, 27, 31, 63, 86f., 89,

91, 101f., 104, 113, 138, 141f., 230, 236, 298, 302, 329, 331, 337, 342, 358, 364–369, 371ff., 375–378, 380, 384–388
Wille 33, 62, 161, 168, 334
Wirklichkeit 41, 58, 73, 193, 207ff., 212, 215, 229, 236, 238, 240, 245, 262, 265, 297, 329
Wirklichkeitswert 45, 59
Wissen 26, 97, 135, 144, 206, 236ff., 244, 246, 252, 308, 320
Wissenschaft 109, 119, 131, 147, 182, 211, 239, 252, 263, 359, 375f.
wissenschaftlich 23, 26, 46, 117, 137, 142, 155, 206, 229, 295, 322, 368, 376, 381, 387
Wohlfahrt 147, 331
Wollen 34f., 48, 319
Wunsch 22, 184, 196, 199, 215ff., 224, 228, 240, 241, 244, 260, 262, 271, 282, 296, 308, 329, 349, 373
Wünsche 128, 238, 339

Z

Zaghaftigkeit 67, 71, 75
Zärtlichkeit 39, 98, 192, 245, 326, 347, 350
Zärtlichkeitsbedürfnis 12, 119f.
Zeitschrift für Individualpsychologie 11, 34, 62, 66, 86, 108, 133, 142, 182, 295, 335, 342, 346, 364, 385ff.
Zeugnis 126, 162, 225, 228f., 232f., 251, 271f.
Ziel 20, 32–36, 38, 47f., 52, 55, 59f., 62, 69f., 77, 107, 110, 133ff., 142, 149, 154f., 160, 163f., 170, 175, 177, 187, 189, 192, 196, 198–201, 206, 207, 213f., 216, 218, 223, 230, 238, 255, 258, 260, 265, 272, 281, 294, 302f., 306ff., 311, 320, 340, 348, 350f.
zielen 60, 107, 142
Zielgerichtetheit *siehe* Finalität
Zielsetzung 34, 48, 154
Zielstrebigkeit 48

zögern 304
Zorn 312, 345
Zuflucht 340
Zukunft 33, 41, 58f., 78, 111, 115, 123ff., 132, 216, 221, 225, 236, 240f., 254f., 284
Zurücksetzung 44, 98
Zusammenleben 15f., 25, 75, 100, 136, 258, 266
Zuspätkommen 222, 255
Zuversicht 46, 51, 60, 111, 141
Zwang 34, 41, 44, 48, 59f., 71, 84, 99, 150, 281
zwangsmäßig 84, 110
Zwangsneurose 35, 42, 346
Zweck 77, 134, 194, 230, 234, 236, 272, 304, 318, 324
Zweifel 26, 43, 46, 58f., 144, 160, 196, 199, 232, 305ff., 311
Zweitgeborene/r 81